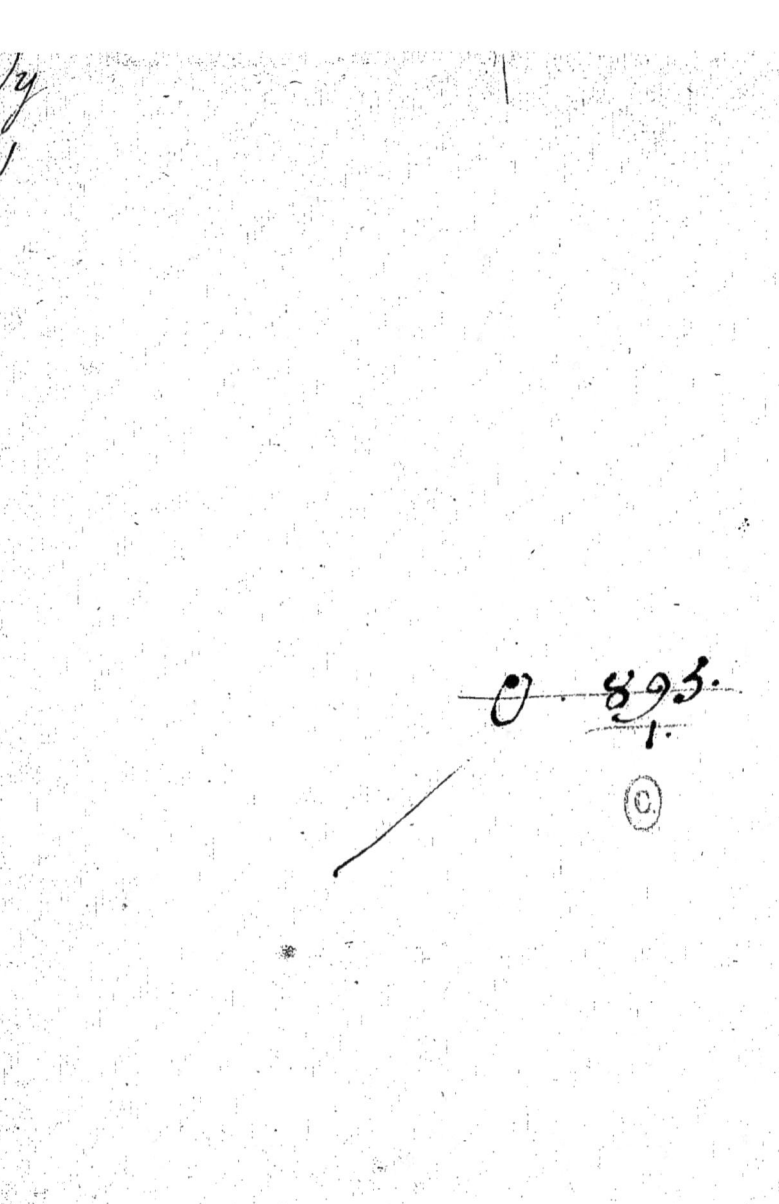

Ville de Lisbone et Flote des Indes.

HISTOIRE
DES DÉCOUVERTES
ET
CONQUESTES
DES PORTUGAIS
DANS LE NOUVEAU MONDE,

Avec des Figures en taille-douce,

Par le R. P. JOSEPH FRANÇOIS LAFITAU
de la Compagnie de JESUS.

TOME PREMIER.

A PARIS,

Chez { SAUGRAIN Pere, Quai des Augustins, au coin de la rue Pavée, à la Fleur de Lis.
JEAN-BAPTISTE COIGNARD Fils, Imprimeur du Roi, rue S. Jacques, à la Bible d'Or.

MDCCXXXIII.
AVEC APPROBATION ET PRIVILEGE DU ROI.

A Monseigneur
Le Comte de Maurepas
Ministre et Secretaire d'État.

onseigneur

Les Découvertes & les Conquêtes des Portugais dans le Nouveau Monde, dont j'ai l'honneur de vous préfenter l'Hiftoire, ont eu quelque chofe de fi

EPITRE.

éclatant, qu'on ne pourra la lire sans en concevoir une haute idée du ministere de la Marine, dont vous êtes revêtu.

C'est cela même, MONSEIGNEUR, qui m'engage à vous l'offrir, comme un hommage qui vous est dû, & comme une aſsûrance certaine pour moi qu'elle sera reçûe favorablement, dès qu'on la verra honorée de votre puissante Protection.

J'obéïs, quoiqu'avec peine, à l'ordre précis & rigoureux que vous m'avez donné, & souvent réiteré, de ne rien dire qui pût tant soit peu intéreſser votre Modestie, ordre étendu presque jusques à me faire une loi de passer sous silence la nombreuse suite de vos Illustres Ayeux, employés depuis deux siecles aux differents départements du Ministere, de peur que je ne paruſse vouloir faire rejaillir sur Vous les justes éloges que j'en pourrois faire.

Je me bornerai donc, MONSEIGNEUR, au seul témoignage que je dois au soin que vous avez de faire fleurir la Religion dans nos Colonies. L'emploi que j'occupe sous vos Auspices, l'honneur que

EPITRE.

j'ai de vous approcher pour vous rendre compte du succès de nos Missions, & de les pourvoir par vos ordres, d'Ouvriers nécessaires, m'imposent l'obligation de rendre cette justice à votre zéle, & de vous donner cette preuve de notre réconnoissance. Heureux moi-même si en suivant toutes les impressions de ce zéle, je puis mériter la continuation de vos bontés.

J'ai l'honneur d'être avec le respect le plus profond,

MONSEIGNEUR,

DE VOTRE GRANDEUR,

Le très-humble & très-obéïssant
serviteur, LAFITAU, J.

PREFACE.

Quoique la nation Portugaise, à remonter jusques à son origine, se soit soûtenuë avec gloire pendant plusieurs siécles, rien cependant ne la rend plus recommandable que ce qu'elle a fait en ces derniers tems par ses découvertes & ses conquêtes dans le nouveau Monde. Est-il rien de plus grand que d'avoir porté notre Religion jusques aux extrémités de la terre, & d'avoir donné lieu à une infinité de nations ensevelies dans les ténebres du Mahometisme ou de l'Idolâtrie, d'ouvrir les yeux à la lumiere ? Quoi de plus illustre que d'avoir apporté à tous les peuples de l'Europe les facilités du commerce, dont ils joüissent aujourd'hui, en leur traçant une route jusques alors inconnue, pour rassembler chez eux les trésors & les richesses des pays les plus reculés ?

Pour peu que nous soyons touchés de ces grands avantages, nous devons sentir que notre reconnoissance lui est engagée pour nous les avoir procurés, furtout fi nous faifons attention qu'ils font le fruit de près de deux cens ans de travaux & de fatigues immenfes. Pendant ce long periode de tems, on voit cette nation, dans le cours d'une hiftoire liée & toûjours interéffante, vaincre les obftacles les plus infurmontables par une patience & un courage à l'épreuve, mettre de grands hommes en tout genre fur la fcéne, prendre l'afcendant partout où ils fe montrent malgré leur petit nombre, établir leur réputation & leur domaine fur la ruine des Empires, & forcer en quelque forte la fortune à les feconder toûjours par d'heureux fuccès.

Cela doit paroître d'autant plus digne d'admiration qu'à confiderer en foi le Portugal, qui eft un Royaume affez petit, & reftraint dans des bornes très-étroites, il n'étoit pas naturel de préfumer qu'il pût trouver en lui-même tant de reffources, former de fi vaftes entreprifes, embraffer une auffi grande étenduë de pays, fournir à tant de dépenfes, fubjuguer tant de peuples divers, & mettre en œuvre un fi grand nombre de fujets capables de faire réüffir fes projets avec tant de gloire.

Les découvertes & les conquêtes des Portugais ont eu trop d'éclat dans leur tems,

PREFACE.

pour être ignorées. Il est surprenant néanmoins que l'histoire n'en ait pas été faite en nôtre langue, & c'est là ce qui m'a déterminé à la donner au public, par estime pour une nation à qui le monde se trouve si redevable, & dont les grandes actions méritent si fort d'être transmises en détail à la posterité. Autant que j'avois de plaisir de voir entre les mains des François les traductions de la belle histoire de la conquête du Méxique, & de la conquête du Perou, qui ont tant fait d'honneur aux Espagnols, autant ai-je eu de peine de ce que personne parmi nous n'eût entrepris de réünir dans un corps d'ouvrage ce que les Portugais ont fait de grand de leur côté.

Il est vrai qu'anciennement on en a donné un essai sous le titre d'*Histoire de Portugal, contenant les entreprises, navigations & gestes mémorables des Portugallois, tant à la Conquête des Indes Orientales par eux découvertes, qu'es guerres d'Afrique, & autres exploits, &c.* Mais ce livre imprimé depuis plus de cent cinquante ans n'est proprement qu'une traduction de la Chronique du Roi Don Emmanuel écrite en latin par le celebre Osorius Evêque de Sylve dans les Algarves, & des Livres de Lopez de Castagneda. Ce n'est par consequent qu'une partie de cette histoire mêlée de beaucoup d'autres faits qui lui font étrangers. Le ſtyle en eſt d'ailleurs ſi ſuranné, qu'on ne peut plus en ſoutenir la lecture.

La nation Portugaiſe n'a pas manqué d'Ecrivains qui ayent célebré la gloire de ſes conquêtes en d'autres langues que la nôtre, & peut-être que le mérite de ces Ecrivains a rebuté ceux d'entre nous qui auroient voulu l'entreprendre, ſoit qu'on ait appréhendé de ſe hazarder d'en écrire l'hiſtoire de génie, ſoit qu'on ait deſeſperé d'atteindre à la force de leurs expreſſions dans une ſimple traduction. Je n'ai pas crû devoir me faire un point de délicateſſe ſur cet article. Il me ſuffit que l'hiſtoire ſoit intéreſſante par elle-même, & qu'elle puiſſe faire plaiſir aux Lecteurs.

Fernand Lopes de Caſtañeda commença le premier à écrire en Portugais l'hiſtoire de la découverte & conquête des Indes qu'il a donnée en huit livres, & conduite juſques vers la fin du Gouvernement de Nugno d'Acugna. Elle fut imprimée à Conimbre en 1552. Le mérite de cet Auteur eſt médiocre. Il eſt extrémement diffus & minutieux. Cependant comme il avoit été lui-même dans les Indes à la ſuite de ſon pere, qui y avoit un office de judicature, il parle en homme entendu & inſtruit des faits qu'il rapporte.

PREFACE.

Jean de Barros homme de qualité, mais plus recommandable encore par son goût pour les belles Lettres, écrivit aussi presque en même tems l'histoire des Indes en sa langue avec tant de succès, qu'il en a acquis le nom de Tite-Live Portugais. Il en donna trois Decades de son vivant, qui parurent successivement en 1552. en 1553. & en 1563. Cet ouvrage a conservé la réputation de son Auteur, qui passe pour très-élegant, très-exact dans la verité des faits, & très-entendu dans la description Géographique qu'il fait des pays dont il parle. Le mérite de cet Auteur est cependant contesté par quelqu'un de nos Ecrivains, qui a dit que Barros n'avoit fait que barbouiller du papier. Barros avoit été trois ans Gouverneur à saint George de la Mine sur la côte d'Afrique, & fut ensuite Trésorier général de la Chambre des Indes. C'est de-là qu'il a tiré les mémoires sur lesquels il écrivit par ordre du Roi. Sa troisiéme Decade finit avec le Gouvernement de Don Enrique de Meneses.

La quatriéme Decade de ce celebre Ecrivain est un ouvrage posthume, qui fut acheté cherement de Doña Loaïsa Soarez, veuve de Jerôme de Barros fils aîné de l'Auteur, & mis au jour par Jean-Baptiste Lavanha Historiographe de Philippe III. Roi d'Espagne, & par l'ordre de ce Prince. L'Editeur a beaucoup altéré, ajoûté & retranché. Il a inseré même des choses posterieures à la mort de son Auteur ; ce qui diminuë beaucoup son prix. Mais l'édition de cette Decade, qui fut faite à Madrid en 1615. de l'Imprimerie Royale, est magnifique pour le papier, les caracteres & les Cartes Geographiques dont elle est embellie. Cette Decade va jusques à la fin du Gouvernement de Nugno d'Acugna.

Diego Do-Couto a continué l'histoire de Barros, & a commencé par une quatriéme Decade, qui rentre dans celle de ce sçavant Ecrivain, laquelle n'avoit pas encore paru. Do-Couto avoit fait de grands progrés dans les belles Lettres, & dans la Philosophie qu'il avoit étudié sous le bienheureux Barthelemi des Martyrs, que l'Eglise a mis sur ses Autels. La mort de l'Infant Don Louis l'ayant privé de cette protection puissante, dont ce Prince honoroit les Sçavants, il passa aux Indes, où il servit d'abord pendant huit ans ; après quoi il revint en Europe. Il retourna depuis dans les Indes une seconde fois, & s'y établit à Goa, où il fut garde-archive. Là ayant puisé les meilleures connoissances pour cette histoire, il en entreprit la continuation par les ordres & sous les auspices de Philippe second. Sa 4. 5. 6. & 7e. Decades furent imprimées à Lisbonne en 1602. 1612. 1614. & 1616. Il avoit pouſſé juſques à la douziéme incluſivement ; mais ces dernieres ſont reſtées en manuſcrits qui ſe conſervent dans les cabinets de quelques curieux. M. Couvei Secretaire du Roi & Chevalier de l'Ordre de Chriſt, auſſi connu par ſon bon goût dans la litterature , que par ſon habileté dans les affaires, m'a fait l'honneur de me communiquer la huitiéme & la neuviéme, qu'il conſerve dans ſa riche Bibliothéque. Cinq livres de la douziéme furent imprimés à Roüen en 1645. par les ſoins de Don Emmanuel Fernandes de Villareal chargé des affaires de Portugal à la Cour de France. La ſeptiéme Decade de Do-Couto finit avec le Gouvernement de Jean de Mendoze. Cet Auteur eſt exact & détaillé. Son ouvrage lui a fait honneur & à ſa Nation.

Maffée ſi eſtimé par l'élegance de ſa belle latinité, paſſa exprès en Portugal pour y compoſer ſon hiſtoire des Indes, qu'il a conduite juſques à la mort du Roi Don Jean III. & qu'il a diviſée en ſeize livres. Il eſt aiſé de ſoupçonner que le lieu où il écrivoit lui a donné un peu de cette ſujettion, qui eſt ſi contraire à la liberté de l'hiſtorien & à la verité de l'hiſtoire. Il eſt pourtant fidelle, & n'a tout au plus que gliſſé legerement ſur certains points odieux, qu'il a cru devoir prudemment diffimuler.

Le Pere Antoine de faint Romain n'a fait gueres plus que traduire Maffée en Portugais. Emmanuel de Faria dit de lui, qu'il eft bien au-deſſous de fon original, & que fon propre traducteur Italien vaut encore mieux que lui.

Emmanuel de Faria & Soufa Chevalier de l'Ordre de Chrift, connu par plufieurs ouvrages, a celebré lui-même les éloges de fa Nation qu'il a fuivie dans les quatre parties du monde. Car après les quatre volumes de fon *Europa Portuguefa*, il a donné fon *Afia Portuguefa* en trois volumes in-folio. *L'Africa Portuguefa* en deux, & *l'America Portuguefa* en un. Le premier Tome de fon Afie n'eft qu'un abregé des quatre Decades de Barros, dont il a gardé l'ordre & la méthode fous d'autres titres. Il n'a pas cru faire violence à fa modeftie de fe comparer en cela à Florus & à Juftin, dont l'un abregea l'hiftoire de Tite-Live, & l'autre celle de Trogus Pompeïus. Le fecond Tome, qui finit à la mort du Cardinal Roi Don Henri, eft pareillement un abregé des Decades de Diego Do-Couto, de la Cronique du Roi Don Jean III. & de plufieurs autres livres & manufcrits. Le troifiéme comprend ce qui s'eft paffé aux Indes fous

les

les Regnes des trois Philippes d'Autriche Rois d'Espagne & de Portugal jusques à l'an 1640. qui fut celui de la révolution, & de l'établissement de la maison de Bragance sur le Trône de ses peres. Cet Auteur a préferé à sa langue naturelle, la Castillane, qu'il a trouvée plus conforme à son génie élevé, grave & sententieux. Son style est noble, serré, & quelquefois obscur pour être trop concis. Le caractere de verité qu'il affecte le rend hardi & libre. Ses réflexions trop frequentes le jettent dans des digressions qu'il pouvoit retrancher. Ses saillies font néanmoins plaisir. Partout il parle en homme avantageux qui applaudit à ses pensées.

A ces Auteurs, qui ont écrit par état l'histoire des Portugais dans le nouveau Monde, il faut ajoûter les Auteurs des Chroniques des Rois, sous qui se sont faites les découvertes & les conquêtes. Entre ceux-là les plus connus sont Jerôme Osorius, Damien de Goës, & François d'Andrade. Les deux premiers ont écrit l'histoire du Regne de Don Emmanuel, & le dernier celle du Roi Don Jean III. Osorius surnommé le Ciceron Portugais, ne cede en effet à personne dans la beauté de la langue latine, dans laquelle il a écrit, & qu'il possedoit parfaitement. Damien de Goës & d'Andrade ont écrit dans leur langue naturelle, & fort bien tous les deux. Goës & Oforius étoient liés avec tous les Sçavants de leur tems, les Bembes, les Sadolets, les Joves, les Erafmes, les Goclens, les Nannius, &c. Ils étoient eux-mêmes en une haute réputation de Doctrine.

On doit regarder encore comme un fecours néceffaire pour l'hiftoire générale de ces découvertes & de ces conquêtes, les Auteurs de quelques hiftoires particulieres, de quelques rélations & de quelques faits détachés, qui en font comme partie. Tels font les Commentaires d'Alphonfe d'Albuquerque, la vie du Viceroi Don Jean de Caftro, & l'hiftoire d'Antoine Pinto Peréïra. Les Commentaires d'Albuquerque font écrits avec une fimplicité modefte, qui releve infiniment ce Héros, & avec une moderation qui ne fait pas moins d'honneur à fon fils, qui les a digerés & donnés au Public. La vie de Don Jean de Caftro écrite en Portugais par Hiacynthe Freyre d'Andrade eft un chef-d'œuvre dans fon genre, & regardé comme tel en Portugal. Cette hiftoire a été très-bien traduite en latin tout nouvellement par le Pere François Marie del Roffo Jefuite, & imprimée à Rome en 1727. Antoine Pinto Peréïra écrivit du tems du Roi Don Sebaftien, l'hiftoire du premier Gouvernement du Viceroi Don

PREFACE.

Louis d'Ataïde Comte d'Atouguia, que les Portugais regardent comme un autre Noë après le déluge, & comme le reſtaurateur de leurs affaires dans les Indes. Cet ouvrage, qui eſt un in-quarto d'aſſez gros volume, ne contient que deux livres d'un détail très-curieux & très-inſtructif.

J'appelle maintenant, morceaux détachés, la deſcription latine de Damien de Goës du premier ſiége de Diu ; les trois Commentaires du même Auteur ſur la ſeconde guerre de Cambaïe ; l'hiſtoire du ſecond ſiége de Diu par Diego de Teïve, ouvrage qui n'eſt point inferieur à celui de Goës ; quelques voyages faits en ces tems-là, & quelques autres pieces fugitives qu'on trouve dans le Recueil de Ramuſius ; l'expédition de Chriſtophle de Gama écrite par Miguel de Caſtanhoſo ; le voyage de François Alvares à la Cour du Prêtre-Jean ; les hiſtoires d'Ethiopie de divers Auteurs ; celles du Breſil par Pierre Magalhaens & par le Pere Jean Joſeph de ſainte Thereſe : celle de Barthelemi d'Argenſola des Iſles Moluques ; l'hiſtoire du Pere Louis de Guſman des premieres Miſſions de la Compagnie de Jeſus ; les Lettres écrites des differentes Miſſions, &c.

Nous regretons aujourd'hui beaucoup d'ouvrages, qui n'ont été que manuſcrits où l'on auroit pu puiſer de grandes lumieres. Ces manuſcrits ſont ignorés, ou perdus, ou difficiles à tirer des mains des curieux qui les poſſedent.

Enfin nous avons outre cela une infinité de Relations modernes de tous les pays où les Portugais ont été. Ces Relations déguiſent beaucoup les choſes, & nous les repréſentent quelquefois bien differentes de ce que nous les voyons dans les hiſtoires anciennes. Il eſt vrai que par une longue fréquentation on a développé bien des choſes qu'on n'a pas aſſez connues d'abord en matiere de mœurs, d'uſages & de coûtumes, qui ne s'apprennent que par une connoiſſance parfaite des langues étrangeres, une grande habitude de commercer avec les naturels du pays, & une grande attention à réflechir ſur ces mêmes uſages. Mais il faut dire auſſi que tout à bien changé avec le tems, non ſeulement par rapport aux Empires qui ont ſouffert de grandes révolutions; mais encore par rapport aux mœurs qui s'alterent toûjours par la fréquentation & le mêlange des étrangers, ſans parler qu'il faut aller toûjours bride en main, & avec une ſage précaution dans la lecture des faiſeurs de Relations, à qui la démangeaiſon de dire des choſes nouvelles, & l'envie de parler de ce qu'ils ont vû

PREFACE.

& entendu, avant que de s'être donné le tems de l'approfondir, & de le bien connoître, font hazarder bien des particularités, dont la fausseté évidente ou le peu de vraisemblance se manifestent malgré eux. Fernand Mendez Pinto s'est fait une mauvaise réputation par cet endroit parmi les Portugais même. Son ouvrage paroît un Roman. Cependant je sçais, que des personnes instruites le justifient, & assûrent qu'il n'en a pas encore assez dit.

C'est sur quoi je ne prononce point. Je n'ai pas eu besoin de lui pour cette histoire, ni de beaucoup d'autres, dont la foi m'est suspecte. Je me suis également tenu en garde contre les Relations modernes ; quoique je les ai bien lûes. J'ai fait la même chose par rapport aux anciennes, sans en excepter celles des Missionnaires même de quelque Ordre qu'ils fussent ; non pas que je me défie de leur vertu ou de leur sincerité ; mais parce que je sçais que des Ouvriers Evangeliques, uniquement attentifs aux fonctions du zéle, ne sont souvent pas mieux informés en matiere d'affaires de politique & de Gouvernement, que l'est le peuple sur les nouvelles courantes : que le zéle même leur a fait voir quelquefois les choses d'un œil different de celui du commun, soit qu'ils approuvent, soit qu'ils blament ; & que le besoin qu'ils ont des personnes en place pour soûtenir leurs travaux Apostoliques, les oblige à taire ce qui pourroit tourner au désavantage de ces mêmes personnes, ou à relever avec emphase ce qui peut flater leur complaisance.

Je me suis donc attaché uniquement, & autant que j'ai pû, aux Auteurs qui ont écrit cette histoire par état, & parce que leur mérite en ce genre est connu, & parce qu'ayant été chargés, pour la plûpart, de ce travail par les ordres des Souverains, le dépôt leur a été confié, qu'ils ont puisé dans les vrayes sources, qui sont les archives de Goa & de Lisbonne, les cabinets des Ministres & les mémoires particuliers de ceux qui ont eu part au Gouvernement, soit en Portugal, soit dans le nouveau Monde.

J'ai fixé l'époque de cette histoire à l'événement mémorable qui réünit le Portugal aux autres Couronnes de la Monarchie d'Espagne. Je n'ai pas jugé devoir aller plus loin, ainsi qu'a fait Manuel de Faria, parce que en effet c'est là le terme des découvertes & des conquêtes, & que depuis ce tems-là les affaires des Portugais dans le nouveau Monde furent si négligées par un Ministre intéressé à affoiblir un Etat, dont il craignoit les forces & l'amour pour ses Princes naturels, que c'est une espece de prodige, qu'alors le

PREFACE.

Portugal n'ait pas perdu tout ce qui avoit été le fruit de tant d'années, de tant de dépenses, de travaux & de fatigues.

Les conquêtes des Portugais dans le nouveau Monde, n'ont pas le même agrément pour le coup d'œil qu'ont les conquêtes du Méxique & du Perou. Dans celles-ci on voit un Conquerant seul, qui par la force de son courage, son invincible patience, la capacité & l'étenduë de son génie, son habileté à trouver des ressources, son attention à profiter de tous ses avantages, vient à bout dans un assez petit espace de tems & avec assez peu de monde de conquérir un Etat puissant, & de s'établir solidement sur les ruines d'un grand Empire. Il semble que, comme dans le Poëme épique, ce n'est qu'une action seule embellie de quelques Episodes. Dans les premieres au contraire c'est un long periode d'années, une multitude de pays differents, un nombre infini d'actions, divers Chefs qui se succedent avec des idées differentes, un assemblage de choses disparates, qui n'ont ni unité ni suite, & un espece de cahos, d'où il ne resulte un tout, que parce que c'est la même nation qui agit partout, & à laquelle tout se rapporte.

J'avouë que cela même produit une sorte d'embarras, qui s'est fait sentir d'une maniere désagreable aux Auteurs mêmes qui en ont écrit. Enveloppés de cette multitude de faits, distraits par l'éloignement & la diversité des lieux, & ne sçachant, pour ainsi parler, auquel accourir pour représenter le tout avec ordre & avec méthode, ils se sont gênés eux-mêmes, en se faisant une loi d'écrire en maniere d'Annales selon la Chronologie des tems ; ce qui coupant leurs narrations les rend languissants & ennuyeux au Lecteur, qui s'attendant à voir la suite d'un article qu'il a commencé de lire avec plaisir, & auquel il prend déja quelque intérêt, se voit tout-à-coup transporté je ne sçais où, & obligé de dévorer un nombre de Chapitres de points moins intéressants avant que de pouvoir ratrapper celui dont il soupiroit de voir la fin.

C'est pour éviter cet inconvenient, qui m'a fatigué moi-même, que j'ai jugé devoir me donner un peu plus de liberté. A la verité j'ai suivi un ordre chronologique par rapport aux années des Gouverneurs & des Vicerois, en plaçant les principales actions dans l'ordre naturel qu'elles doivent avoir, surtout quand elles se sont faites sous leurs yeux, & qu'ils s'y sont trouvés en personne. Mais pour ce qui est des actions, qui n'ont pas le même éclat, ou qui se sont passées dans des lieux

PRÉFACE.

lieux éloignés, j'ai tâché de les reſtraindre davantage pour les repréſenter ſous un coup d'œil qui raſſemble differentes perſpectives, ſans avoir tant d'égard à l'ordre chronologique que je n'ai pas laiſſé d'indiquer en cottant les années à la marge, ou dans le corps même de la narration : par-là je crois avoir remedié à ce que peuvent avoir d'ingrat & de faſtidieux des narrations eſtropiées ou trop étenduës, dont l'effet eſt de produire de l'ennui & de la confuſion dans l'eſprit.

Mais ſans prétendre diminuer en rien la gloire que les Eſpagnols ont acquiſe, ſi leurs conquêtes l'emportent par l'avantage qu'elles ont de ſe faire lire avec plaiſir à cauſe de l'unité d'action, il faut convenir auſſi qu'elles ſont inférieures de beaucoup, ſi l'on compare Conquêtes à Conquêtes, Royaumes à Royaumes, Nations à Nations. Les Méxiquains & les Peruviens, quoique compoſant des Etats policés, riches & floriſſants, étoient cependant des eſpeces de Barbares, qui n'étoient pas mieux en défenſe que les autres peuples ſauvages de l'Amerique, ni moins faciles à vaincre que les Négres Afriquains. Les peuples des Indes Orientales au contraire, quoiqu'aſſez mauvais ſoldats par eux-mêmes, avoient cependant de plus grands ſecours, en ce que les armes à feu étoient chez eux en usage, & qu'ils avoient un nombre considerable de troupes auxiliaires composées de Chrétiens renegats, & de quantité de diverses nations Musulmanes, qui avoient auparavant tenu tête aux troupes de tous les Potentats de l'Europe, qu'elles avoient fait échoüer plusieurs fois en Asie dans le tems des Croisades. Que si malgré cela on veut s'obstiner & se confirmer dans le mépris qu'on a conçu des Rois & des Nations de l'Indostan, on ne pourra cependant refuser aux armes Portugaises le suffrage qui leur est dû, si l'on fait réflexion que le Sophi Ismaël Conquerant de la Perse, & les Rois Mogols aimerent encore mieux rechercher leur alliance, que leur déclarer la guerre, & que les Caliphes d'Egypte & deux Sultans aussi puissants que l'étoient Selim & Soliman Empereurs des Turcs, qui entreprirent de les troubler dans leurs conquêtes, ne firent qu'en rehausser l'éclat par la honte de leur défaite, & l'inutilité de tous leurs efforts.

Enfin si cette étenduë de pays, cette varieté de Chefs, cette difference d'actions, cette diversité de tems semblent ôter à l'histoire sa grace par l'endroit que j'ai dit, cela est compensé d'autre part & par cette varieté même, qui a son agrément, & ôte ce qu'auroit d'insipide une trop grande uniformité. Le contraste des caracteres differens des personnes, le mêlange des évenemens heureux ou malheureux font comme autant d'Episodes, qui rapprochés dans un corps d'histoire, y forment un harmonie, laquelle ne plaît pas moins quelquefois à l'esprit, que plaît à l'oreille celle qui resulte de l'accord de divers instrumens, & du concert de differentes voix.

Il faut néanmoins convenir, & les Portugais en conviennent eux-mêmes, qu'ils auroient travaillé solidement pour eux, encore plus que pour l'embellissement de l'histoire, s'ils avoient embrassé moins de terrain. Si par exemple ils s'étoient bornés à l'Isle de Ceilan, qu'ils l'eussent bien peuplée & bien fortifiée ; si avec cela ils eussent porté leurs droits avec moins de hauteur, & traité les peuples avec plus d'humanité, placés comme dans le centre de tout cet Orient, & à portée d'en faire tout le commerce, ils en seroient aujourd'hui seuls les maîtres, & il ne leur en eût presque rien coûté, en comparaison de ce qu'il leur en a coûté en effet, les Indes leur ayant absorbé des millions d'hommes & d'argent.

L'histoire ne doit point être dans le goût du Panegyrique. L'Auteur qui entreprend de tout loüer, sort du caractere de l'historien qui doit être vrai & également éloigné d'une exaggeration outrée des faits qui méritent quelque louange, comme auſſi d'une diſſimulation qui lui fait taire ceux qui ſont dignes de blâme. Les hommes qui entrent dans le détail de l'hiſtoire, ne ſont pas tous bons & vertueux ; les actions qui en font le fond n'ont pas toutes du merveilleux & de l'éclat. Il y a d'ordinaire dans le tableau plus d'ombre que de jour ; mais l'un ſert à relever l'autre, & c'eſt de l'accord de tous les deux que le tableau devient parfait, lorſqu'ils ſont bien ménagés. Je conçois qu'une Nation voit avec plaiſir dans l'hiſtoire de ſon pays, ce qui peut contribuer à lui faire honneur ; les actions de vertu & de valeur, les exemples qui peuvent ſervir de modele & exciter l'admiration ; qu'au contraire elle a de la peine d'y trouver certains traits qui revoltent, des lâchetés, des crimes atroces, des pertes de batailles & d'autres évenemens, dont le ſouvenir eſt affligeant. Quoique perſonnellement on n'y ait eu aucune part, on ſouffre, uniquement parce qu'ils intéreſſent la Nation, & qu'on ne voudroit pas voir rappeller le ſouvenir des choſes qui ſemblent la deshonorer ; mais vouloir ôter cela du corps d'une hiſtoire, c'eſt la défigurer, & s'en former une idée purement imaginaire.

L'hiſtoire que j'entreprends de donner ici

PREFACE. xxj

au Public, a de grandes & de belles choses, sans doute; mais tout n'y est pas beau. Le Lecteur même y trouvera des traits qui ont échappé à des particuliers, & dont naturellement il doit être frappé. Il sera étonné, surtout de ce que je dis des Moluques, où veritablement les Portugais se porterent en divers tems à d'étranges excès que j'ai eu moi-même de la peine à lire & à écrire. On sera après tout moins surpris de ces mêmes excès, si l'on fait attention que le gros de ceux qu'on envoyoit dans ces Colonies, n'étoit pas composé des plus gens de bien du monde, & qu'il se trouvoit dans les équipages des Vaisseaux une espece d'hommes, dont le Portugal se feroit délivré par des supplices, s'il n'avoit trouvé une voye de s'en défaire d'une maniere plus aisée, en leur laissant la vie dont ils étoient indignes. Ces hommes n'en devenoient pas meilleurs dans l'éloignement, & ne corrigeoient pas leurs mœurs, quoiqu'ils fussent souvent plus heureux à faire fortune que d'honnêtes gens qui le méritoient mieux qu'eux. Presque toutes les Nations qui ont eu des Colonies à fonder, ont essuyé le même inconvenient. Les conquêtes Espagnoles ont eu la même tache. Quoi qu'il en soit, j'ai cru qu'il étoit du devoir d'un Historien de dire la verité; je n'ai cependant rien dit que ce que les Auteurs Portugais ont écrit avant moi, & je me suis étudié à le faire avec encore plus de moderation qu'eux. S'ils ont exaggeré quelquefois leurs avantages, ils n'ont pas tû ce qui pouvoit leur faire honte. Je pense qu'ils ont jugé sagement que quelques fautes personnelles ne diminuoient en rien la gloire de tant d'autres belles actions, par où les mauvaises sont effacées & annéanties.

Par rapport à cette exaggeration en matiere de choses qui peuvent flatter & intéresser veritablement, elle paroît quelquefois un peu trop sensible dans la description de certaines actions, le gain des batailles. Je dis qu'elle le paroît, parce que l'esprit se refuse naturellement à croire une trop grande disproportion entre l'avantage & le désavantage. Je me suis contenté de l'indiquer quelquefois ; mais communément j'ai suivi mes Auteurs, abandonnant les réflexions au Lecteur judicieux, capable de faire un juste discernement selon les occasions.

La découverte & les conquêtes des terres inconnues, où les Portugais ont porté leurs armes, & l'établissement de la foi qu'ils ont plantée dans ces mêmes terres, sont les deux grands objets qu'on verra toûjours dans un long tissu de faits & d'actions mémorables, de maniere cependant que faisant mon capital du premier de ces objets, je ne puis qu'effleurer le second. La conquête spirituelle du nouveau Monde, les travaux des Ouvriers Apoftoliques, qui pleins de l'efprit de Dieu, & fous les aufpices de la Couronne de Portugal, ont confacré leurs fueurs & leur fang même à l'établiffement de l'Evangile, doivent faire la matiere d'un ouvrage à part, & méritent bien d'être écrits fans le mélange de tous ces autres faits qui peuvent en divertir l'attention.

Etranger au Portugal, je ne fçais quelle part prennent les familles Portugaifes aux noms qu'on trouvera dans cette hiftoire, & qu'elles portent aujourd'hui. Je fçais feulement qu'il y a une grande confufion de ces mêmes noms fans parenté & fans alliance. Des Indiens mêmes prenoient les noms des Albuquerques & des plus illuftres maifons pour s'honorer & fe faire une protection. Je n'ai pû ni voulu m'éclaircir fur ce point, car comme dans l'éloge des grands hommes je n'ai eu aucun intérêt à répandre les louanges, auffi fuis-je exempt de toute paffion envers ceux que je n'ai pû m'empêcher de blâmer, ne m'étant propofé que la gloire de la Nation en général, la fidélité düe à la verité des faits, le bien & l'utilité du public.

La ressemblance de ces noms cause quelquefois une espece d'obscurité. Souvent on peut confondre diverses personnes en une seule, & il y a lieu d'être étonné d'en voir revivre, qu'on croit que l'Auteur a fait mourir, c'est une confusion inséparable de toutes les histoires. J'ai tâché de démêler tout, autant que j'ai pû, & ai suivi mes mémoires.

J'avertirai ici, en finissant que par rapport au *Don*, qui est un titre honorifique que prennent des familles Nobles & Illustres, il n'est pas une marque tellement distinctive de la Noblesse que tous les Nobles puissent le prendre, ni tellement superieure aux simples Gentilshommes qu'il ne soit appliqué qu'aux maisons titrées, y en ayant plusieurs qui ne le prennent pas, comme celles des Cabrals, des grands Albuquerques, &c. parce qu'elles sont d'une Noblesse caracterisée long-tems avant l'origine de ce titre honorifique; quoique cependant on le donne aux Rois & aux Princes du sang. Comme je n'ai pas assez de connoissance du Nobiliaire de Portugal, pour appliquer ces distinctions à chaque famille, je me suis conformé aux Auteurs Portugais, d'après lesquels j'ai écrit. Ainsi personne n'aura lieu de se plaindre.

HISTOIRE

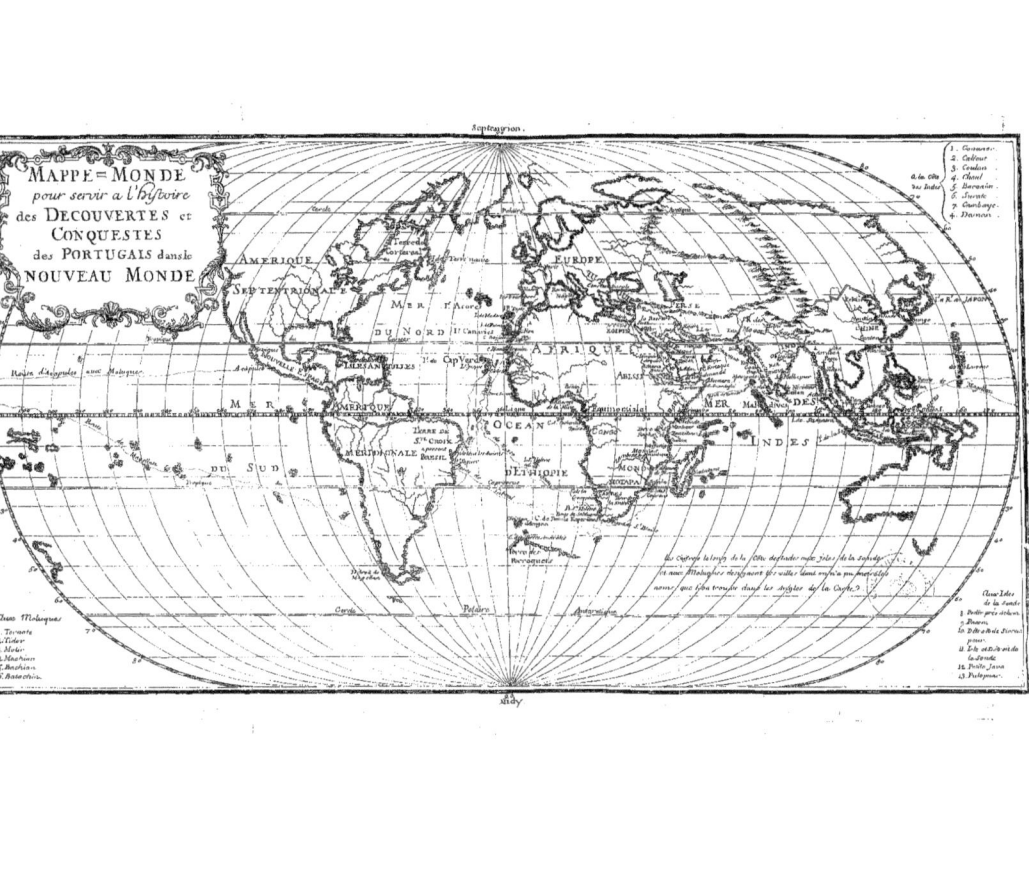

HISTOIRE
DES DECOUVERTES
ET
CONQUESTES
DES PORTUGAIS,
Dans le Nouveau Monde.

LIVRE PREMIER.

Uelque parfaite qu'ait pû être la Navigation dans tous les temps qui nous ont précedé, la vaste étendüe de l'Ocean avoit toûjours été comme un mur impénetrable & une digue ou avoient brisé l'ambition & la cupidité des hommes, sources fécondes de leur industrie. Les Colonnes d'Hercule avoient borné les exploits merveilleux de ce

A n n. de J. C.

Tome I. A

Heros. L'Antiquité ne connoissoit rien ou presque rien au-delà au couchant. Les Phéniciens si celebres par leur Commerce, n'ont connu que les bords de la Mediterranée du côté de l'Europe & de l'Afrique, &, s'ils font sortis du Détroit, ils n'ont gueres passé au-delà de Cadis. Le Voyage des Argonautes, quand nous le comparons avec ceux de nos jours, valoit-il la peine d'être si fort chanté par les Poëtes? Les Iles Fortunées & Atlantiques des Anciens étoient si peu connuës qu'on les a mises long-tems au rang des Fables, aussi bien que tout ce qu'ils en ont dit. L'Ophir de Salomon & le Tharsis de l'Ecriture sont encore une matiere de controverse parmi les Sçavans, ou chacun dit ce qu'il veut & ne manque pas de raisons pour s'autoriser. C'est aujourd'hui un Problême, si jamais les Anciens ont fait le tour de l'Afrique, quoiqu'on trouve dans Herodote des indices, que ce voyage a été entrepris, ou même fait du tems des Carthaginois, de Necao Roi d'Egypte, & de Xerxes; Mais supposé que cela soit, pendant combien de siecles cela a-t'il été ignoré ou regardé comme fabuleux? Enfin Ptolomée, Strabon, & les autres Géographes anciens, sont bien obscurs ou bien défectueux, pour peu qu'ils s'écartent des bornes de l'Empire Romain. Ces mêmes Romains au tems de leur plus haute fortune nous ont representé la grande Bretagne & la fameuse Thule comme les extrémités du monde vers le Pole Arctique.

Etoit-il donc plus difficile alors de pénétrer plus avant, ainſi qu'on l'a fait dans les derniers ſiecles, dont les découvertes ont été ſi magnifiques? Avoit-on alors moins d'envie de connoître, de conquerir, d'ajouter Empires à Empires, d'entaſſer richeſſes ſur richeſſes? Manquoit-on de moyens de perfectionner & d'embellir ſes connoiſſances, en perfectionnant l'art de Naviguer? Non ſans doute. Il eſt même inconcevable, qu'on n'ait pû faire alors, ce qui a été fait de nos jours avec tant de ſuccès.

Il ſemble donc neceſſaire de recourir aux Décrets éternels d'une Providence cachée, dont il ne nous eſt pas permis de ſonder les abyſmes, mais qui a ſes moments marqués pour conduire toutes choſes à leur fin, & faire éclater ſa gloire. Nous avons des preuves bien ſenſibles de la conduite adorable de cette Providence dès l'origine du monde ſur le fait de l'établiſſement de la Religion, en ce que le don d'une foi précieuſe, mais ambulante, a été tranſporté ſucceſſivement de quelques peuples à d'autres, les uns ſe rendant indignes du tréſor ineſtimable qu'ils poſſedoient & dont il paroiſſoient ſe laſſer, tandis que d'autres qui ne s'y attendoient pas, le recevoient avec avidité. C'eſt ce que nous avons vû encore d'une maniere bien plus ſenſible, dans ces derniers ſiecles, la foi alterée par les hereſies ou languiſſante dans les mœurs des

Chrétiens, semblant vouloir abandonner peu à peu ses anciennes demeures, pour aller chercher un asile dans des pays jusques alors inconnus, où les Nations barbares & policées, sans distinction ont eu le bonheur de courber leurs têtes sous le joug de l'Evangile, & d'embrasser la loi de Jesus-Christ. Heureuse la Nation Portugaise, d'avoir été l'instrument dont Dieu a voulu se servir pour executer un si grand dessein?

Ann. de J.C.

Jean Premier Roi de Portugal.

Le Portugal étoit alors en situation de seconder les vûës de la Providence. Long-tems en proye à la cruelle invasion des Maures, qui avoient inondé les Espagnes par la trahison du Comte Julien, sous le Regne de Roderic le dernier des Rois Visigots, dont les malheurs sont assez connus, il s'étoit non seulement soutenu, aussi bien que la Castille, contre la tyrannie de ces anciens ennemis, mais il avoit encore été assez heureux, pour être le prémier à les chasser de toute l'étenduë de l'Etat, à les forcer de repasser la Mer, à les aller chercher jusques dans l'Afrique, à les mettre sur la défensive dans leur propre terrain, & à commencer de les accoutumer à y porter ses fers.

Ce fut dans ces circonstances que Dieu, pour me servir des termes de la sainte Ecriture, suscita l'esprit de l'Infant Don Henri Duc de Viseü grand Maître de l'Ordre de Christ, comme il avoit suscité autrefois celui de Gédéon contre les ennemis de son Peuple, afin de se servir de ce jeune Prince, pour jetter comme la pierre fondamentale du grand Ouvrage des decrets de sa misericorde. Né assez près du Trône, pour paroître digne d'y monter, il en étoit assez éloigné par l'ordre de la naissance, pour se voir forcé à vivre en sujet; mais ce fut cela même qui le mit dans l'occasion de faire des choses, que le poids entier du Gouvernement eut pû troubler, & de procurer des événements, dignes fruits de son loisir, qui l'ont rendu Superieur aux Monarques, peut-être même aux Hercules & aux Jasons si vantés par l'Antiquité.

Il étoit le cinquiéme des Enfans du Roi Don Jean premier, surnommé le Vengeur & de Philippine de Lancastre Sœur d'Henri IV. Roi d'Angleterre. Il avoit suivi son Pere à son expedition d'Afrique, & signalé sous ses yeux ses premieres années par plusieurs actions de valeur. Mais ce qui est encore plus estimable, il avoit retiré ce fruit de ses premieres armes, que considerant en soi la qualité de Chrétien & de grand Maître d'un Ordre fondé pour combattre les Musulmans ennemis de la loi de Jesus-Christ, il se croyoit encore plus obligé de les soumettre à la douceur de son joug, qu'il ne l'étoit comme Prince, de travailler à étendre les Etats des Rois ses ancêtres. Animé de ces Nobles motifs, il avoit pris pour sa devise ces

Ann. de
J. C.

paroles françoises, *Talent de bien faire*, qu'on vit depuis si souvent gravées dans tous les pays nouvellement découverts sous ses auspices, soit qu'il voulut témoigner par ces paroles d'une langue étrangere son estime pour une Nation, dont il regardoit les Souverains comme la souche de sa Maison, soit qu'il eut trouvé dans cette devise déja faite, une idée qui repondit plus parfaitement à celle de ses desirs.

En effet, pensant qu'un Prince est plus obligé qu'un autre de soutenir la superiorité de son rang par la superiorité de son merite, il joignit aux vertus Chrétiennes & heroïques toute l'étude & l'application qui pouvoient enrichir un fonds déja riche de lui-même, par les belles connoissances que donnent les Sciences & les belles Lettres: Etude alors bien rare & qui n'étoit rien moins que l'objet des Princes de son tems.

Il s'appliqua en particulier aux Mathematiques, & comme elles ont differentes parties, il s'attacha sur tout à celles qui pouvoient le conduire au but qu'il s'étoit déja proposé. Pour y mieux réüssir, il crut devoir s'éloigner du tumulte de la Cour. Il alla s'établir dans les Algarves près de Sagres dans une de ses Maisons peu distante du Cap de saint Vincent. Là s'étant fait une solitude agréable, adoucie par la societé de quelques Scavants & l'amusement de ses Livres, il se confirma de plus en plus dans la perſuation où il étoit ſur les notices que lui en avoient donné les Maures mêmes, & ſur les lumieres qu'il avoit puiſées dans l'étude de la Geographie, qu'on pouvoit réüſſir à faire quelques découvertes avantageuſes, en ſuivant la Côte d'Afrique. On aſſure neanmoins qu'il y fut encore plus excité & d'une maniere plus efficace, ainſi que l'écrit Odoric Raynaldi dans la continuation des Annales de Baronius, par des François de la baſſe Bretagne, qui ayant été portez par les tempêtes bien au loin à l'Occident de la mer Atlantique, & y ayant découvert de nouvelles Terres, étoient revenus à Liſbonne, & lui avoient fait part de leurs avantures & de leurs découvertes.

 La Navigation dans ces mers étoit alors très-imparfaite. L'épouvante que donnoit la vûë de l'Ocean & l'ignorance où l'on étoit, des moyens qu'on a trouvez depuis de naviguer avec facilité, faiſoient qu'on ne s'éloignoit jamais des Côtes. Et comme dans les Pointes ou Caps que forment les terres qui s'avancent au loin dans la mer, le concours des eaux qui s'y fait des deux côtez, rend les vagues plus groſſes, & qu'on y eſt plus expoſé à l'agitation des vents, la difficulté qu'on avoit de les doubler intimidoit les plus hardis. Un des premiers Caps de l'Afrique qui ſe préſente du côté de l'Europe, paroiſſoit ſi épouvantable & d'un accès ſi difficile, qu'on lui avoit donné le nom de *Cap Non*, pour ſignifier ou l'impossibilité qu'il y avoit à le doubler, ou la vaine & inutile esperance d'en revenir, supposé qu'on le doublât.

Un reste d'opinion extravagante & émanée de l'Antiquité, rendoit le péril encore plus affreux. Sur la distribution qui avoit été faite de l'Univers en cinq Zones, on se persuadoit que les deux temperées étant seules habitables, les deux extrêmes étoient inaccessibles par le froid qui y regne, & que la Zone torride qui est dans le centre, étoit tellement brûlée par les ardeurs du Soleil, qu'elle n'étoit qu'une region de feu, & que les eaux qui l'approchent étoient ou des torrens de flammes, ou se consumoient peu à peu par l'excès de la chaleur. C'est ce qu'on croyoit appercevoir en dépassant les Caps qui l'avoisinent, parce qu'entrant dans les Golphes où les terres sont extrêmement basses, on y voyoit diminuer sensiblement les eaux qui paroissoient boüillir sur les bancs de sable où elles ont plus d'agitation qu'ailleurs.

L'Infant Don Henri, qui ne donnoit point dans ces chimeres, n'omettoit ni raisons pour dissiper ces fausses préventions, ni soins pour trouver de bons Pilotes & d'excellents Matelots, ni dépenses pour faire de bons armements, ni caresses, ni presens pour récompenser les uns & pour piquer les autres d'une noble émulation. Il s'étoit passé cependant près de dix années pendant lesquelles on ne fit autre chose

chose que de doubler le *Cap Non*, & de pénétrer trente lieües plus avant jufques au Cap *Boja-dor*, c'eſt-à-dire, *Tournant*, parce que les terres y font un grand circuit, en rentrant dans la profondeur. Les Capitaines des Vaiſſeaux toujours intimidés par l'idée de ces Voyages perilleux, ſe contentoient de quelques deſcentes ſur la Côte, & fiérs du peu qu'ils avoient fait, ils retournoient ſur leurs pas bien contents de leur perſonne, & de leur expédition.

A n n. de J. C. 1412.

J ean I. R.

L'Infant diſſimulant ce qu'il en penſoit, les recevoit toujours bien, & ne ſe rebutoit pas. Ceux, qui veulent trouver du merveilleux dans toutes les choſes, où il y a de la nouveauté, diſent que ce Prince, qui avoit été porté à commencer cette entrepriſe par quelque inſpiration céleſte, ou par quelque ſonge ſurnaturel, ſe ſentoit ſoutenu par les mêmes voyes à continuer. Mais, ſans recourir au prodige, on peut attribuer cette fermeté au caractere noble de ce Prince, dont l'ame naturellement grande n'étoit pas capable de céder aux premiers obſtacles, quelques grands qu'ils paruſſent.

Le Ciel voulut récompenſer ſa conſtance, & fit inopinément ce que n'avoient encore pu faire, ou le courage des Pilotes, ou leur habileté. Deux Gentilshommes de ſa Maiſon nommés Jean Gonçales Zarco & Triſtan Vaz

Tome I. B

s'étant offerts à lui pour doubler le Cap Bojador, & aller plus loin à la découverte, sur un petit batiment, qu'il leur fit équiper, furent surpris d'une violente tempête, qui les ayant jettés en haute mer, leur fit trouver pour afile, dans le tems qu'ils fe croyoient perdus, une Ifle, jufques alors inconnuë, à qui ils donnerent le nom de Porto Santo, parce qu'elle fut pour eux un Port de falut.

Ils n'eurent rien de plus preffé que de porter eux-mêmes en Portugal une fi heureufe nouvelle. L'Infant en parut au comble de fa joye, &, en ayant rendu de folemnelles actions de graces à Dieu, il mit de nouveau en Mer trois Bâtiments fous la conduite des mêmes Jean Gonçales Zarco & Triftan Vaz, aufquels il joignit Barthelemi Pereftrelle, qui étoit un Gentilhomme de la Maifon de l'Infant Don Jean fon frere. Ce fecond voyage fut encore plus heureux que le précédent, par la découverte de l'Ifle Madere fi excellente par fa fertilité, & fi renommée aujourd'hui par la délicateffe de fes vins. Elle n'étoit alors qu'un bois touffu; qui, regardé de l'Ifle de Porto Santo, & paroiffant à l'horifon comme une petite noirceur fixe, donna quelques foupçons à Triftan & à Zarco, que ce pouvoit être une terre, & les porta tous les deux à s'en éclaircir. Ils lui donnerent le nom de Madere, à caufe du bois dont elle étoit couverte, & furent les premiers qui en prirent poſſeſſion. L'Infant, du conſentement du Roi ſon Pere, la diviſa en deux Capitaineries, dont il les gratifia, autant pour cette découverte, que pour récompenſer leurs autres ſervices, l'un & l'autre s'étant ſi fort diſtingués à la priſe de Ceuta, & au ſiege de Tanger, où ils avoient ſuivi l'Infant, qu'ils avoient mérité par leur bravoure, qu'il les fit Chevaliers.

ANN. de J.C. 1422.

Le ſuccès qu'eut peu de tems après Gilles Anés, qui doubla le Cap Bojador, qu'on avoit regardé juſques alors comme l'extrémité du monde, & dont l'entrepriſe étoit crüe plus difficile, que ne l'avoit paru autrefois la Conquête de la Toiſon d'Or, fit revenir le peuple de ſes premieres erreurs, & enfla le courage des Portugais. On voyoit de toutes parts, du dedans & du dehors du Royaume, des gens de toute eſpece, venir s'offrir à l'Infant, pour aller découvrir & peupler les terres nouvelles, attirés également & par l'accueïl gracieux qu'il faiſoit toujours à ces ſortes de demandeurs, & par l'idée flateuſe des grands avantages qu'on eſperoit en retirer.

EDOUARD, ROI. 1433.

Cependant, comme il y a toujours dans un Etat des perſonnes trop ſages ou trop timides, à qui les nouveautez ſont ſuſpectes, & donnent de l'ombrage, il s'en trouvoit beaucoup, & ſur tout parmi les Grands du Royaume, qui, paroiſſant raiſonner aſſez juſte, ſe donnoient

ANN. de J. C. 1433.
EDOUARD ROI.

la liberté de condamner ces nouveaux établissemens, & de blamer assez haut la conduite & les projets de l'Infant.

Ils trouvoient mauvais, que tandis que l'E-tat » s'épuisoit d'hommes & d'argent, pour » soutenir la guerre contre les Maures, & se » maintenir dans les Conquêtes d'Afrique du » côté de Ceuta & de Tanger, il se fît une » nouvelle perte bien plus considerable, en » exposant aux perils d'une mer redoutable » par ses orages, ses tempêtes, & sa vaste » étenduë, tant de bons sujets, qu'on pouvoit » appliquer au bien du Royaume, en leur don- » nant des terres dans le Portugal, où il y en » avoit plusieurs en friche, qui rapporteroient » de grands profits, si elles étoient cultivées, au » lieu qu'on ne voyoit aucune lüeur d'espe- » rance, de pouvoir tirer un avantage so- » lide de ces terres inconnuës, que les ardeurs » du Soleil rendoient sans doute inhabitables, » & qui ne devoient être que des sables brû- » lants semblables à ceux des deserts de Ly- » bie. Ils disoient, que, s'il y avoit eu quelque » utilité à en esperer par le passé, leurs préde- » cesseurs, à remonter jusques aux tems des » Romains & des Pheniciens, auroient tenté » ces sortes de découvertes, & que, puisqu'ils » ne l'avoient pas fait, cela seul fondoit un » préjugé solide, qui marquoit la vanité, & la » légereté de ces projets chimeriques; Que

« quand bien même on en pourroit recüeil-
» lir quelque fruit dans la fuite, ce fruit in-
» certain & éloigné, ne devoit pas l'empor-
» ter fur un mal préfent & afluré, qui n'étoit
» que trop fenfible par le nombre des naufra-
» ges, qui rempliffoient les familles de deüil,
» en multipliant le nombre des veuves & des
» orphelins ; Que, fi l'Infant avoit tant de zéle
» pour le bien public, il devoit faire travailler
» aux appanages, que le Roi fon Pere lui avoit
» affignés, & fe conformer à la maniere de
» penfer de ce Prince, dont l'exemple con-
» damnoit fa conduite, puifqu'il avoit donné
» des terres à défricher dans le Royaume à un
» Seigneur Allemand, & à des familles venuës
» du Nord: par où il paroiffoit qu'il eut été bien
» éloigné, de permettre à fes fujets d'en for-
» tir, pour aller s'établir au-delà des Mers.

A n n. de
J. C.
1438.
ALPHONSE
V. ROI.

Ces raifons fpecieufes, qui faifoient impreffion fur les efprits, attirerent une efpece de
perfecution à l'Infant, qui ne s'en étonna pas,
& crut devoir méprifer les difcours populaires.
Le Roi Don Edoüard, qui avoit fuccedé au
Roi Don Jean premier, n'en tint pas plus de
compte, &, pour encourager l'Infant, il lui ceda
fa vie durant, le domaine de Porto Santo, de
Madere, & des autres terres qu'il pourroit découvrir fur la Côte Occidentale d'Afrique ; il
affecta en particulier la jurifdiction fpirituelle
de l'Ifle de Madere à l'Ordre de Chrift, fous

le bon plaisir des souverains Pontifes. Cette donation fut confirmée depuis par l'Infant Don Pedre, frere de l'Infant Don Henri, & Regent du Royaume pendant la minorité du Roi Don Alphonse V. leur Neveu. En conséquence de cette donation, l'Infant fit bâtir dans cette Isle deux Eglises, la premiere, sous l'Invocation de Notre-Dame de Cagliao, & la seconde, sous le nom de Notre-Dame de l'Ascension. Celle-ci fut depuis érigée en Archevêché, & joüit, pendant quelques années, de la prérogative de Primatie des Indes.

Pour s'authoriser davantage, l'Infant, charmé d'ailleurs de la vûë de quelques Esclaves, qu'Antoine Gonçales & Nugno Tristan, qui avoient poussé jusques au Cap Blanc, lui avoit amenés & qui étoient les premices de ces contrées, résolut d'envoyer vers le Pape Martin V. qui étoit alors sur la Chaire de S. Pierre, pour lui donner part de ses découvertes, & en obtenir quelques graces, dans la vûë des grands avantages, qui pouvoient en résulter pour le bien de la Religion, & l'honneur du saint Siege. Il jetta les yeux, pour cette négociation sur Fernand Lopès d'Azevedo Chevalier de Christ, & depuis Commandeur du même Ordre, déja honoré du titre de Conseiller du Roi, & recommandable par l'authorité, que sa rare prudence lui avoit acquise.

Ce Seigneur étant arrivé aux pieds du Trône

du Vicaire de Jesus-Christ, représenta à sa Sainteté en plein Consistoire avec beaucoup de force & d'énergie, les obligations infinies, que
» l'Eglise avoit à l'Infant son Maître. Il étala
» avec beaucoup de magnificence le zele de
» ce Prince, qui, depuis plus de vingt années,
» avoit fait une dépense Royale, pour décou-
» vrir des Pays immenses, dont les habitans,
» le joüet de l'ignorance & de l'erreur, gémis-
» soient depuis plusieurs siécles, sous le joug
» tyrannique du Demon, esclaves du Maho-
» metisme & de l'Idolâtrie : Que le principal
» motif, qu'il s'étoit proposé dans ses travaux,
» étoit la Gloire de Dieu, la dilatation de la
» foi, & d'aggrandir le Bercail du bon Pa-
» steur : Que la Nation Portugaise consacrant,
» dans cette vûë, ses biens, & la vie même
» exposée à tant de naufrages & d'autres pé-
» rils, sa Sainteté étoit priée de vouloir ani-
» mer, & reconnoître son zéle à étendre la
» foi, en attribuant à la Couronne de Portu-
» gal, toutes les terres qu'on découvriroit le
» long de l'Afrique jusques aux Indes inclusi-
» vement, puisqu'on devoit regarder comme
» des possesseurs injustes, toutes les Nations in-
» fidelles, qui y étoient établies, & dont ce-
» pendant on ne cherchoit que le salut : Qu'elle
» défendit en même tems à tous les Princes
» Chrétiens, sous les peines Canoniques les
» plus griéves, de traverser les Portugais dans

» leurs entreprises, de les troubler en quelque
» façon que ce pût être, ou de prétendre s'é-
» tablir dans les pays qu'ils avoient découverts,
» & qui, par-là même, leur étoient naturelle-
» ment acquis : Enfin, que, comme il s'agissoit
» du salut & du bien des ames, sa Sainteté ou-
» vrit les Trésors de l'Eglise, & répandit ses
» graces sur ceux, qui, mettant leur vie à la
» merçi d'un élement infidelle, s'exposoient à
» mille genres de mort, & à périr loin de leur
» Patrie, de leur famille, & de tous les secours
» spirituels & temporels qu'ils eussent pû trou-
» ver chez eux.

Le Pape & le Sacré College furent char-
mez du discours & des détails, que leur fit
Azevedo, ils en conçurent de grandes esperances pour la Religion, & ne se tromperent
pas dans leurs conjectures. De sorte que sa
Sainteté, de l'avis des Cardinaux, fit expedier
une Bulle dans la forme & teneur que l'Infant souhaitoit, accordant liberalement à la
Couronne de Portugal le souverain Domaine
de toutes les terres qui seroient découvertes
jusques aux Indes *inclusivement*, menaçant
d'agir par la voye des Censures contre ceux
qui la troubleroient dans ses Conquêtes, comme contre des usurpateurs, ratifiant ce que le
Roi Don Edoüard avoit fait en faveur de
l'Infant & de l'Ordre de Christ, ajoutant ensuite plusieurs Privileges, Graces, & Indul-
gences

gences spéciales aux Navigateurs & à quelques Eglises, que l'Infant avoit fondées dans les terres de ses découvertes. Avec cela, l'Envoyé se retira fort satisfait de sa Commission. Ces Donations & Privileges furent depuis confirmés & augmentés par les Souverains Pontifes Eugene IV. Nicolas V. & Sixte IV. &c.

Ceci ayant réüssi à l'Infant selon ses intentions, & ses *Découvreurs* faisant toûjours des progrès plus considérables, les murmures des Politiques tomberent. Les peuples susceptibles de nouvelles impressions déterminées par les occurrences des évenements, commencerent à lui rendre plus de justice. Le Portugal retentissoit par-tout de ses Eloges. On le regarda dès-lors comme le Restaurateur d'un Etat épuisé par les guerres de Castille & d'Afrique. On vit grossir le nombre de ceux qui ambitionnoient de servir sous ses Auspices. Les Etrangers accoururent de toutes parts, & du fonds même du Danemarc, pour lui offrir leurs services, & lui demander ou de l'emploi, ou des terres à cultiver dans le nouveau Monde. Mais ce qu'il y eut de plus solide pour lui, c'est qu'ayant été jusques alors presque le seul à soutenir toute la dépense des armements, dont le produit n'approchoit pas du débourse, il commença à se former des Sociétés, & des Compagnies d'inter-

Ann. de J. C. 1440.
Alphonse V. Roi.

1444.

reſſés, qui lui, payant le quint & les autres droits, que le Roi lui avoit adjugés, ou lui faiſant des conditions encore meilleures, ſe chargoient de tous les frais.

La Ville de Lagos fut la premiere qui arma ſix Caravelles, commandées par un Officier nommé Lançarot, qui avoit ſervi dans la maiſon de l'Infant. Peu de tems après elle fit un ſecond armement de quatorze Caravelles, ſous la conduite du même Général. Il ſe préſenta encore differents particuliers, dont les plus conſidérables furent Gonſalve de Sintra, Soeiro d'Acoſta, Alvare de Freitas, & Rodrigues Anés, deſorte que dans peu il y eut 26. ou 27. Bâtiments en état de faire voile, ou qui étoient actuellement en route. Les Caravelles de Lagos ayant été ſéparées par le gros tems, & les autres Vaiſſeaux n'ayant pas une même deſtination, allerent en differents endroits de la Côte d'Afrique, depuis le Cap Blanc, la Riviere d'or & les Iſles d'Arguin, juſques au Cap Verd, au-delà duquel on n'avoit pas encore paſſé. Quelques-uns toucherent aux Iſles Canaries, & prirent Port à l'Iſle Gomere, où les Habitans leur ayant fait beaucoup d'amitié, les engagerent à les ſervir contre ceux de l'Iſle de Palme, avec qui ils étoient en guerre. Mais, après cette expedition, étant revenus à l'Iſle Gomere, & voyant qu'ils n'avoient pas tiré de leur voyage tout le fruit qu'ils s'étoient promis en partant de Portugal, ils voulurent s'indemniser aux dépens des Hôtes, qui les avoient si bien reçûs, &, par une perfidie insigne, ils en firent plusieurs Esclaves, & leverent l'Anchre pour revenir à Lisbonne.

ANN. de J. C. 1444.

ALPHONSE V. ROI.

L'Infant, qui avoit été autrefois indigné contre Gilles Anéz, pour un trait semblable, qu'Anéz voulut réparer, en doublant le Cap Bojador, fut encore plus piqué de la trahison de ceux-ci. Il en témoigna son ressentiment aux Capitaines, & après avoir retiré les Esclaves, qu'il traita fort bien, pour leur faire oublier l'injure qui leur avoit été faite, il les fit remettre où ils avoient été pris, après les avoir comblés de ses bontés & de ses liberalités.

L'Ocean Atlantique est semé d'Isles, qui s'étendent assez avant dans la mer, le long de la Côte d'Afrique. Les Anciens ont eu connoissance de quelques-unes, ou les ayant supposées, nous en ont laissé une idée confuse, sous les Noms de Fortunées, Gorgades, Hesperides & Cassiterides. Mais depuis l'Origine du Christianisme, on les avoit absolument perduës de vûë, & elles paroissoient entierement ignorées jusques au quatorziéme siécle, qu'elles commencerent à être découvertes, par des Avanturiers Génois, Maillorquins, Castillans, Biscayens, François & Anglois. Les Biscayens firent des premiers une expédition dans celle de Lançarote, d'où ils emmenerent cent soixante-

C ij

dix personnes, & rapporterent quelques denrées du Pays. Louis de la Cerda Comte de Clermont, Prince du sang d'Espagne & de France, Neveu de ce Jean de la Cerda, qu'on appelloit le Prince deshérité, & qui se faisoit nommer lui-même le Prince de la Fortune, parut avoir quelque envie d'aller s'y établir. Il s'adressa pour cela au Roi d'Arragon, & ensuite au Pape Clement VI. qui le couronna Roi des Canaries dans Avignon, & lui donna le Domaine de ces Isles, à condition qu'il iroit les conquérir, & y feroit prêcher la Foi. Mais ce Prince préferant quelque chose de plus solide, vint chercher de l'emploi en France, où il servit bien dans la guerre contre les Anglois. Les Rois de Portugal & de Castille, acquiescerent à cette donation du Pape, ainsi qu'il est constaté par leurs Lettres rapportées par Raynaldi. Ils se plaignirent neanmoins l'un & l'autre, de ce qu'elle avoit été faite à leur insçû & à leur préjudice. Le premier prétendoit que les Canaries lui appartenoient, parce qu'elles avoient été découvertes par les Portugais, & le second se fondoit sur ce qu'il croyoit avoir un droit plus naturel & plus immédiat de conquérir l'Afrique, dont les Canaries étoient une dépendance.

Le premier qui s'établit dans ces Isles de l'Ocean, fut un François homme de qualité, nommé Jean de Betancourt, qui avoit engagé ses terres de Betancour & de Grainville à Robin de Braquemont Amiral de France son Cousin, lequel, ayant suivi en Castille Henri le Magnifique, & lui ayant rendu de grands services, pour l'établir sur le Trône de Pierre le cruel, obtint de ce Prince les Canaries à titre de Roi, pour Jean de Betancour son parent. Jean de Betancour conquit quelques-unes de ces Isles, mais il ne put se rendre maître de la grande Canarie. Les fonds étant ensuite venus à lui manquer, il repassa en Europe, laissant Menaud ou Massiot de Betancour son Neveu, pour lui conserver ses Conquêtes. Celui-ci s'étant broüillé avec l'Evêque ou Vicaire Général, que Jean avoit conduit dans les Canaries, rebuté d'ailleurs du long séjour, que son Oncle faisoit en France, où il fut retenu d'abord par ses infirmités, & ensuite par les instances du Roi, qui eut besoin de lui, Massiot ne pouvant plus se soutenir, traita avec l'Infant Don Henri, auquel il abandonna tous ses droits, & reçut de lui, en échange quelques terres dans l'Isle de Madere, où sa famille s'établit, & prit alliance avec celle de Gonçales Zarco, qui avoit la principale Capitainerie de l'Isle.

 L'Infant devenu maître de ces Isles par cet accord, qui donnoit une nouvelle facilité à ses découvertes, s'anima d'un plus grand zele, pour en achever la Conquête, & pour y établir la Réligion Chrétienne. C'est pourquoi en 1444.

——— il fit un puissant armément, pour y transporter deux mille cinq cens hommes d'Infanterie, & six vingt Chevaux, dont il donna la conduite à Fernand de Castro, Grand Maître de sa Maison. La pauvreté de ces Isles, qui ne pouvoient suffire à l'entretien de tant de monde, fit que l'Infant y perdit plus qu'il n'y gagna. Il eut néanmoins la consolation d'y avoir fait travailler utilement à la conversion de ces peuples infidelles. Ce fut le seul fruit qu'il en recüeillit. Car les Rois de Castille ayant repris ces Isles, comme appartenantes de droit à leur Couronne, puisqu'il étoit vrai que Betancour n'en avoit fait la Conquête, qu'à l'aide des Castillans, & les tenoit d'eux à foi & hommage, elles furent cédées aux Rois Catholiques dans un Traité fait entre la Castille & le Portugal.

Ann. de J. C. 1444.
Alphonse V. Roi.

Les soins que se donnoit l'Infant, pour faire fleurir le commerce dans les Pays nouvellement découverts, ou pour fonder solidement ses Colonies, étoient presque infinis. Les Navigateurs qui partoient par ses ordres, ne touchoient nulle part dans ces Isles désertes, qu'ils n'y jettassent quelques têtes de bétail & d'autres animaux domestiques, lesquels multipliant sans empêchement, donnoient ensuite de grandes facilités, pour subsister, à ceux qui venoient pour les établir. On peut juger de ses soins par tout ce qu'il fit pour l'Isle de Madere. Car il ne se contenta pas, outre le choix de ceux qu'il envoyoit pour l'habiter, de la fournir d'Ouvriers de toutes fortes, mais il envoya jufques en Chypre & en Sicile, pour y faire chercher des Cannes de fucre. & dans les Ifles de l'Archipel, pour y avoir du plan des meilleures vignes de Malvoifie, qu'il y fit tranfplanter. Tout y réüffit, fi bien en toutes manieres, que vingt cinq ou trente ans après qu'on eut commencé à y faire des plantations, elle étoit en état d'entretenir huit cens Habitans portant les armes. Barros affure, que, de fon tems feulement, le quint qu'elle produifoit en fucre à l'Ordre de Chrift montoit certaines années à plus de foixante mille Arrobes.

Pour ce qui eft du commerce des Côtes d'Afrique, Alvife Cadamofte, qui fut un des *Découvreurs* de l'Infant, écrit, que de la traite qui fe faifoit aux Ifles d'Arguin, on conduifoit chaque année fept à huit cents Efclaves dans le Royaume de Portugal. La Poudre d'or qu'on tira de la Riviere d'or fut auffi affez abondante, pour que le Roi Alphonfe V. en fit une affés belle monoye qu'il nomma, Crufades, à caufe de la Croifade que le Pape Calixte III. avoit fait publier, & à laquelle ce Prince s'étoit engagé par vœu. L'efpece de cette monnoye fubfifte encore en Portugal fous le même nom.

Ce commerce fut difficile dans les commencements, non feulement parce que la Côte d'Afrique est inhabitée bien au-delà du Cap Blanc, où commence un desert de sable brûlant de plus de soixante journées de cheval, jusqu'aux Pays des Negres, avec lequel il confine, & qu'il fallut du tems pour parvenir jusques-là, mais encore par les inconvenients inévitables dans la nouveauté de ces sortes d'établissements.

Les Negres, peuples miserables & presque nuds, Habitans d'une terre sterile & sablonneuse, vivants sans Loix apparentes, n'ayant pour demeure que quelques tentes, & pour nourriture qu'un peu de millet, le lait de leurs Troupeaux, & quelques viandes ou Poissons sechés au Soleil, n'avoient eu jusques alors qu'un très-petit commerce par les terres avec les Maures de Barbarie. Ceux-ci voyageant par Caravanes, s'avançoient jusques dans les Royaume de Tombut & de Melli, où ils traitoient avec les Negres, du sel, de l'yvoire, de l'or, de la malaguette & des Esclaves, pour des Chevaux barbes, & quelques autres denrées tirées du Royaume de Grenade, de la Sicile & de Tunis. Ces Negres, qui n'avoient jamais vû d'Européans avant la venuë des Portugais, furent bien surpris à la prémière vûë de leurs Vaisseaux. Car, étonnés d'un spectacle si nouveau, tantôt ils les prenoient pour des oiseaux ou pour des poissons, selon qu'ils avoient les voiles hautes ou carguées : tantôt mesurant l'espace l'espace que ces Vaisseaux avoient parcouru durant une nuit, ils s'imaginoient que c'étoient des fantômes & des esprits qui leur causoient ces illusions. La présence des Portugais qui avoient fait descente sur leurs côtes, fut un nouveau sujet d'admiration. Ces hommes si différens d'eux, qui étoient vêtus de fer, & portoient dans leurs mains la foudre & le tonnerre, augmenterent leur terreur & leur épouvante. D'un autre côté ces Portugais qui n'entendoient point leur langue & qui ne pouvant se faire entendre eux-mêmes, employoient vainement les caresses, pour les faire revenir de leur prémier étonnement, se voyoient obligés de recourir à la violence, pour en enlever quelques-uns, & en porter la montre en Portugal, acheverent de jetter parmi eux l'effroi & la consternation, sur-tout quand ils faisoient joüer leurs Canons & leurs Arquebuzes, & que ces pauvres malheureux voyoient tomber morts à leurs pieds leurs Compagnons, sans rien appercevoir qui eut pû les toucher & les offenser.

Ce la fut cause que les premiéres années, les *Découvreurs* ne pouvant lier aucune société avec des gens effarés, qui s'enfuyoient dans la profondeur des terres d'aussi loin qu'ils pouvoient appercevoir l'orage, dont ils étoient ménacés, ne purent aussi exercer qu'une espece de Piraterie, enlevant quelques cafes de

ANN. de J. C. 1444.

ALPHONSE V. ROI.

pêcheurs qui n'avoient pas eu le tems de pourvoir à leur salut, par la fuite, injustes envers ces pauvres miserables, avec d'autant moins de remords, qu'ils en avoient plus de mépris, & qu'à peine leur faisoient ils l'honneur de les distinguer des bêtes. Cela dura jusqu'à ce que quelques uns de ces Esclaves eurent appris assés de Portugais, pour servir de truchement, & que quelques Portugais, entre autres un nommé Jean Fernandès, se furent consacrés à vivre parmi ces peuples sauvages, pour apprendre leur langue. Alors il commença à se former un commerce réglé entre les deux Nations.

Pour l'assurer davantage, le Roi Alphonse V. établit un Comptoir à l'Isle d'Arguin, ou ce Prince & selon d'autres, l'Infant lui-même fit bâtir une espece de fort. Le commerce ex‑

1471.

clusif fut alors donné à Fernand Gomès pour cinq ans, à des conditions plus avantageuses pour lui que pour le Roi, comme c'est l'ordinaire de ces Traités. Fernand Gomès s'obligea outre cela à continuer la découverte de la Côte 150000. mille plus avant, à commencer au Cap de Sierre Lionne, où avoient fini celles de Pierre de Sintra & de Soeiro d'Acosta. Ce Fernand Gomès se rendit puissamment riche par ce Traité, qui fut renouvellé avec lui, & prorogé pour plusieurs années. Il rendit aussi de grands services à l'Etat, & fut d'un grand secours au Roi dans ses differents besoins, ce qui fit que ce Prince l'ennoblit, lui permit de prendre pour armes un Ecuſſon au Champ d'argent à trois têtes de Maures accollés d'or, avec trois Anneaux d'argent, l'un au nez, les autres aux oreilles. Il lui permit pareillement de prendre le ſur-nom de la Mine du nom d'un Poſte qu'il établit, & où ſe faiſoit le plus grand commerce de ces Contrées en poudre d'or. Les Découvertes furent pouſſées par ſes ſoins juſques au Cap Sainte Catherine, à deux dégrez & demi de latitude Auſtrale.

{ANN. de J.C. 1471.
ALPHONSE V. ROI.}

Le Roi Alphonſe V. étoit monté ſur le Trône à l'âge de ſix ans. Sa minorité fut aſſés tranquille, par la ſageſſe de l'Infant Don Pedre ſon Oncle qui lui fit épouſer ſa fille. Ce mariage fut funeſte à tous les deux. Il réveilla la jalouſie de l'Infant Don Juan, Frere de Don Pedre. Celui-ci eut beau remettre les rênes de l'Etat entre les mains de ſon Pupille, ſa retraite fut pour lui un crime, & cet infortuné Prince qui revenoit à la Cour, pour ſe juſtifier, eut le malheur de périr les armes à la main contre ſon Roi & ſon Gendre, dans un de ces coups fourrés qu'on ne peut prévoir ni parer. La Guerre qu'Alphonſe fit à la Caſtille, pour en diſputer la ſucceſſion, celle qu'il fit en Afrique, quoique plus heureuſe, la préoccupation qu'il eut enſuite pour la Croiſade, que Calixte III. avoit publiée, nuiſirent beaucoup au progrez des nouvelles découvertes, qui euſſent été poussées avec bien plus de vivacité & de succès sans toutes ces disgraces.

Pour ce qui est de l'Infant Don Henri, quelques chagrins qu'il eut des troubles domestiques, & de l'inégalité de la fortune de l'Etat, il agit toûjours aussi efficacement, qu'il le put, en s'accommodant au tems, & il ne relâcha rien de son zéle sur ce point. Et, bien que par affection il eut adopté l'Infant Don Fernand son Neveu, & Frere du Roi Don Alphonse, qu'il se fut dépoüillé en sa faveur de presque tous ses droits & de tous ses revenus sur ces nouvelles découvertes, Don Henri seconda toûjours ce jeune Prince, autant qu'il pût, sans jamais abandonner son ouvrage jusques à sa mort, qui arriva l'an 1463. la soixante-septiéme année de son âge, & la troisiéme année du Regne de Don Jean second son petit Neveu.

Quelque chose que j'aie déja dit pour sa gloire, je ne puis m'empêcher d'en donner ici une idée plus étenduë, pour rendre justice à la mémoire d'un Prince vrayement digne de l'immortalité, par l'assemblage de toutes les qualitées naturelles, & de toutes les vertus acquises, qui font les grands hommes & les bons Princes. Il étoit d'une taille médiocre, mais bien prise, d'un temperament fort & robuste. Il avoit le teint d'un assez beau coloris blanc & vermeil, les cheveux blonds & un peu frisés, l'air, grave & sévere, qui interdisoit au

prémier abord, mais cette severité apparente
étoit corrigée par une bonté rare & une égali- A n n. de
té d'ame parfaite, qui étoit l'effet d'un riche J. C.
naturel, de la candeur de fes mœurs, & de 1463.
l'empire qu'il avoit acquis fur fes paffions. Cet Don Jean
empire fe manifeftoit dans toute fa perfonne II. Roi.
par une pieté folide, une pureté à l'épreuve
même du foupçon, un grand ordre dans fa conduite & dans celle de fa maifon, qui étoit ré-
glée comme un Monaftere, une modeftie très-
remarquable dans fes paroles, dans fes habits,
fa table & fes équipages. Avec cela il penfoit
en grand, il étoit liberal jufques à la profu-
fion, & faifoit une dépenfe vrayement Royale, dans tout ce qui avoit pour objet l'avance-
ment de la Religion, la gloire de la Nation &
le bien de l'Etat. Amateur des Sciences, & s'y
diftinguant lui-même, autant que dans l'Art
militaire, où il avoit fouvent donné des preuves de fa bravoure & de fon habileté, il répandit des Tréfors immenfes, qui furent employés
à attirer de toutes parts des gens habiles, qu'il
entretenoit enfuite par de groffes penfions, &
à fonder des Académies, à qui il abandonnoit
fes propres Palais & fes revenus les plus clairs.
Toute la jeune Nobleffe de fon tems lui fut
redevable de fon éducation, & du goût qu'elle
prit alors pour les Sciences. Il ne fe contenta pas
de lui en donner les moyens, en lui procurant
de bons maîtres, il fourniffoit encore aux be-

D iiij

soins des pauvres Gentilhommes les faisant étudier à ses frais, & prenant soin ensuite de leur fortune. Mais en quoi sa magnificence éclata davantage, ce fut dans les frais inestimables qu'il fit pour ses découvertes, employant sans relâche, jusqu'aux derniers momens, le talent qu'il avoit de bien-faire, pour remplir dans tous les sens la devise qu'il avoit prise, s'épuisant lui-même pour enrichir un jour l'Etat, desorte que le Portugal peut le regarder avec justice, comme un de ses plus grands Princes, qui lui a fait le plus d'honneur, & à qui il a le plus d'obligation.

Le Roi Don Jean second du nom, ayant succedé à Don Alphonse son Pere, ne fut pas plûtôt monté sur le Trône, qu'il entra avec chaleur dans les vûës des Rois ses Prédécesseurs & de l'Infant Don Henri son grand Oncle. Outre qu'il avoit l'ame grande & noble, & qu'il n'avoit pas moins de zéle pour la gloire de Dieu, que pour celle des Etats, dont il se voyoit le maître, il sçavoit encore par sa propre expérience, quel étoit l'avantage que le Portugal commençoit à récüeillir des nouvelles découvertes. Car il avoit eu une partie des revenus de sa cassette, dans le tems qu'il n'étoit encore que Prince des Algarves, & héritier présomptif de la Couronne, fondés sur les produits du commerce des pays nouvellement découverts & établis. Ainsi pleinement con-

l'Infant Don henri.

Duc de Viseu, G.d M.e de Christ, prem. moteur des Découvertes.

vaincu de l'utilité de ce commerce, il n'omit rien pour le soutenir, pour l'animer, & pour le fonder d'une maniere solide.

Ann. de J. C. 1481.
Don Jean II. R.

Dans les commencements de l'établissement, les prémiers *Découvreurs* se contentoient de dresser des Croix sur les rivages où ils abordoient, de graver la Dévise de l'Infant sur les arbres voisins, les noms dont ils baptisoient ces Terres neuves, & telles autres notices qu'il leur plaisoit. Mais sous le Regne de ce Prince, on commença à dresser par tout des poteaux de pierre surmontés d'une Croix, & sur lesquels on voyoit gravés l'Ecusson de Portugal, le nom du Prince Regnant, celui du Capitaine qui avoit découvert, & l'an & le jour de la découverte, pour servir d'Acte & de témoignage authentique d'une prise de possession réelle de tous ces pays au nom du Roi & de la Couronne de Portugal. Il fit ainsi planter jusques à neuf poteaux le long de la Côte d'Afrique inclusivement, jusques au Cap de Bonne Esperance, où finirent les découvertes qui furent faites de son tems.

Peu d'années après Don Juan ajoûta à ses autres titres celui du Royaume de Guinée & Côte d'Afrique. Et afin de s'en assurer le Domaine effectif, il fit achever le Fort de l'Isle d'Arguin, commencé quelques années auparavant, & il en fit bâtir un plus considerable à saint George de la Mine, où se faisoit le plus grand trafic de ces Contrées en poudre d'or.

La Flotte qu'il destina pour aller bâtir le Fort de la Mine, étoit composée de dix Caravelles, de deux Ourques & d'une autre Barque plus petite. Cette Flotte étoit chargée de toutes les pierres de taille, briques, bois, & matériaux nécessaires pour la Forteresse qu'il ne s'agissoit plus que d'élever ; & de tous les vivres & munitions de bouche & de guerre suffisantes pour six cens hommes, parmi lesquels il y avoit cent pionniers & ouvriers. Le plus petit bâtiment étoit destiné pour faire la pêche sur la Côte, & approcher de plus près la terre dans les anses, où les Ourques & les Caravelles ne pouvoient entrer.

Don Diegue d'Azambuie, homme de mérite & d'expérience, que le Roi avoit choisi pour Amiral de cette Flotte, ayant mis à la voile le 11 Décembre de l'an 1481. ne fit que toucher à Bezeguiche, pour confirmer un Traité fait avec le Seigneur de la Côte. Pierre Devora Capitaine de la petite barque qui avoit pris les devants pour cet effet, termina heureusement cette affaire. Delà continuant leur route, ils arriverent à la Mine le 19. de Janvier de l'année suivante. D'Azambuie y trouva fort à propos un petit batiment Portugais, appartenant au Roi, & dont le Capitaine, qui faisoit là sa traite, servit d'interprete, pour faire sçavoir au Seigneur du lieu la venuë du Général,

&

& l'envie qu'il avoit de s'aboucher promptement avec lui.

Caramanſa, ainſi ſe nommoit le Seigneur de cette Bourgade de Negres, ayant paru ſatisfait de l'arrivée du Géneral Portugais, Don Diego d'Azambüie, deſcendit à terre, & s'empara d'abord d'une éminence voiſine de la Bourgade, qui lui parut propre pour le terrain de la Forftereſſe. Il y fit élever la Banniere & les armes de Portugal, en prit poſſeſſion au nom du Roi ſon Maître, & y fit dreſſer un Autel au pied d'un grand arbre, où fut chantée la premiere Meſſe qui ait été dite dans ces Contrées. Tous les aſſiſtans fondoient en larmes de dévotion dans la joye & l'eſperance de voir Jeſus-Chriſt prendre poſſeſſion de ces terres, où juſques alors avoient regné la ſuperſtition & l'idolâtrie.

L'entrevûë du General Portugais & du Prince Negre, ſe fit avec toute l'oſtentation poſſible. Chacun affecta de donner idée de ſoi par tout l'appareil dont il étoit capable, quoique de part & d'autre, ce fut très peu de choſe. La Cour du Negre fit peu d'impreſſion ſur les Portugais. Les Portugais au contraire frapperent les Negres, qui n'avoient pas encore vû un ſi nombreux & ſi pompeux étalage.

Après les premiéres cérémonies & les premiers complimens, d'Azambüie dit au Prince avec beaucoup d'emphaſe; » Seigneur, le

ANN. de
J. C.
1481.

DON JEAN
II. ROI.

» Roi mon Maître ayant appris avec un sen-
» sible plaisir les facilités que ses Sujets trou-
» voient à leur traite, dans cette partie de l'A-
» frique, qui vous est soumise, par la bienveil-
» lance, dont vous les favorisez, veut de son
» côté reconnoître un aussi grand service par
» un bienfait si signalé, qu'il est seul la digne
» recompense de tout le bien que vous leur
» avez fait & de toute la bonne volonté que
» vous pouvez avoir. Ce bienfait consiste à vous
» faire connoître un Dieu Maître & Créateur
» du Ciel & de la Terre, Remunerateur de
» ceux qui croyent en son nom, & le servent
» avec fidelité. Tous les Potentats de l'Euro-
» pe reconnoissent ce Dieu de Majesté, &
» soumettent leurs têtes au joug de sa Loi. Si
» vous voulez le reconnoître vous même & re-
» cevoir le saint Baptême qui est une profes-
» sion publique de cette Loi, le Roi mon
» Maître vous regardera alors comme son frere
» & comme son allié, puisqu'il vous sera uni par
» le même lien de la Religion, & que vous devez
» être participans dans le Ciel, d'un bonheur
» qui n'aura jamais de fin : en cette qualité
» il fera avec vous un traité de ligue offensive
» & défensive contre vos ennemis communs,
» il fera avec vous une espece de societé &
» de communauté de biens, en faisant por-
» ter dans vos Etats toutes les richesses des
» siens. Mais pour cela même la sûreté de l'un

» & de l'autre exige que vous lui permetiez
» de faire un établissement solide dans vos
» Etats, qui puisse servir de retraite à ceux de
» ses Sujets, qu'il enverra dans ces Contrées,
» afin que vous ayez toûjours à la main les
» Portugais, dans un lieu qui puisse leur ser-
» vir d'asile contre vos ennemis & les leurs,
» & de magazin, pour l'avantage de leur com-
» merce.

Caramansa, qui avoit de l'esprit & de la politique, plus qu'on n'en suppose communément à un Negre, affecta une gravité étonnante, pendant toute la scéance. Il écouta la Harangue du Général avec un silence & une attention merveilleuse, quoiqu'il s'en falût bien qu'il en comprît tout le sublime. Et après avoir rêvé profondément pendant quelque tems, il répondit en peu de mots d'une maniere fort gracieuse pour le Roi de Portugal, & pour celui qui representoit sa personne, mais assez équivoque par rapport au but essentiel; qui étoit l'article de la Citadelle, sur lequel le Général avoit glissé fort legerement.

L'un & l'autre en sentoient assés la consequence, & tous les deux ne disoient pas ce que naturellement ils en pensoient. D'Azambüie qui crut appercevoir dans le Prince Negre, quelques motifs de défiance repliqua, & parla de la maniere qu'il crut la plus propre à dissiper tous ses ombrages. Soit que Caramansa ne se crût pas en état de resister à tant de monde, qui pouvoit aisément lui donner la Loi, soit qu'il envisageât alors certaines considerations d'un interêt présent, qui prévalurent sur les craintes de l'avenir, il prit sur le champ son parti, & frappant des mains avec tous ses gens en signe d'approbation, il accorda pour lors de bonne grace, ce qu'il n'eût peut-être pas été sûr de refuser.

Dès le lendemain sans plus differer, le Général mit son monde en œuvre, pour creuser les fondements de la place, mais les pionniers n'eurent pas plûtôt commencé à foüir & à toucher à certaines pierres consacrées par la superstition, que les Negres accourant en armes se mirent en devoir d'empêcher le travail. Les esprits s'échauffoient & l'on alloit voir quelque fâcheuse scene quand Don Diegue, qui donnoit alors ses ordres pour faire décharger les matériaux, averti à propos par ses interprétes que la Religion avoit moins de part à ce désordre, que le déplaisir de n'avoir pas reçû encore les présents qu'on devoit faire au Prince, accourut en diligence & disant lui-même des injures à ses gens, il les fit cesser avec un air d'autorité & d'indignation qui calma l'émeute. Les présents furent portés avec pompe. Les Negres les reçurent avec plaisir, & vendirent ainsi, presque sans le sçavoir, une liberté qui devoit leur être bien plus précieuse. On travailla avec tant d'ardeur, que la place en vingt jours de tems se vit hors d'insulte. Don Diegue fit aussi bâtir une Eglise dans l'endroit, où à son arrivée il avoit fait dresser l'Autel. L'Eglise & la Forteresse furent mises sous la protection de S. George. On fonda dans la premiere une Messe chaque jour à perpetuité, pour le repos de l'ame de l'Infant Don Henri, & le Roi accorda à la seconde les privileges ordinaires des Villes. Don Diegue resta avec soixante hommes pour la garde de la place, & renvoya tout le reste en Portugal dans les Vaisseaux, avec l'or, les Esclaves & les autres denrées qu'il avoit traitées.

<small>ANN. de J. C. 1481. DON JEAN II. ROI.</small>

Quelques années après, le Roi fit un armement beaucoup plus considérable pour un troisiéme établissement qu'il avoit projetté de faire à l'Embouchure du Sénégal, & qu'il croyoit être d'une bien plus grande conséquence, mais qui eut un succès bien differend. En voici l'occasion.

Parmi les Nations qui sont situées entre le fleuve Gambéa & le Sénégal, les Jalophes sont les plus voisins de la mer, & étoient alors les plus connus des Portugais. Le Prince qui les gouvernoit faisant paroître peu d'estime pour ses deux freres aînés Fils du Roi défunt, abandonna en quelque sorte les rênes de l'Etat entre les mains d'un frere qu'il avoit du côté maternel, nommé Bemoin, & se livra sans reserve à

<small>1487.</small>

toutes fortes de vices. Le choix de ce Miniftre fut moins heureux qu'il ne devoit l'être. Il avoit de l'efprit, de la conduite & de la valeur. Pour fe maintenir contre les Princes fes Rivaux, il s'approcha encore davantage de la mer, & fit une alliance étroite avec les Portugais. Ceux-ci devoient en être contens ; il n'omettoit rien pour les gagner ; il facilitoit en tout leur commerce, payoit jufques aux chevaux morts dans le trajet, comme s'ils euffent été chargés pour fon compte. Tout alla le mieux du monde pendant la vie du Roi ; mais le Roi ayant été affaffiné par l'intrigue de fes propres freres, Bémoin fe vit tout à coup une groffe guerre à foutenir. Il eut recours pour cela à fes Alliés. Le Roi Don Jean lui fit promettre toute affiftance, pourvû qu'il voulut fe faire Chrétien & recevoir le Baptême : il lui envoya même pour cela des Ambaffadeurs, des préfents & des Miffionnaires. Bémoin promit tout ce qu'on voulut en faifant fentir néanmoins que le tems d'une guerre civile, étoit bien peu propre pour un changement qui devoit naturellement foulever contre lui, jufques à ceux qui lui étoient reftés fidelles, mais que dès qu'il fe verroit paifible poffeffeur, il pourroit & fe convertir & fe flatter de convertir avec lui toute fa Nation.

Il différa ainfi pendant un an, donnant toûjours de bonnes efperances. Cependant la guerre qu'il faifoit à fon défavantage troubloit beaucoup le commerce. Il empruntoit, ne pouvoit payer, & fe trouvoit arrierré de beaucoup. Les Négociants Portugais, dont les affaires alloient mal, en donnerent avis au Roi, qui voyant que Bémoin n'effectuoit pas la promeffe qu'il avoit donnée d'embraffer la foi, ordonna à tous fes Sujets fous de très-griéves peines de l'abandonner, & de retourner en Portugal.

ANN. de J. C. 1481.

DON JEAN II. ROI.

Bémoin, qui fentit que cet ordre feroit la caufe de fa perte, fit un effort, puifa dans la bourfe de fes amis & paya fes dettes. Mais voyant qu'il ne pouvoit retenir fes Hôtes, il fit embarquer avec eux fon Neveu, & le chargea d'un collier d'or, qu'il accompagna de cent Efclaves choifis, dont il faifoit préfent au Roi pour implorer fon fecours, mais ils n'eut pas le tems d'attendre ce fecours, il fut battu & fe fauva avec peine à la Fortereffe d'Arguin, où il s'embarqua pour venir en Portugal avec vingt-cinq des principaux de fa Cour, qui voulurent fuivre fa fortune.

Le Roi ayant fçû fon arrivée dans fes Etats, voulut le recevoir, non comme un Chef de barbares gueux & miferables, mais comme un Souverain & puiffant Monarque, plus encore pour donner à toute l'Europe une haute idée de fes Conquêtes, que pour reconnoître les fervices que Bémoin avoit rendus à la Nation.

Ann. de
J. C.
1487.
Don Jean
I. R.

Don Jean donna donc ſes ordres, pour le faire conduire au Palais de la Palmele, où il lui fit ſa Maiſon, & où il fut ſervi aux dépens de ſa Majeſté, en attendant que tout fût prêt, pour le jour de ſon Entrée publique dans Liſbonne.

Le jour deſtiné à cette entrée, étant arrivé, le Roi & la Reine, chacun dans leur Palais ſéparément, entourés d'une Cour nombreuſe des Dames & des plus grands Seigneurs du Royaume, tous vêtus ſuperbement, & parés pour la pompe, attendirent le Prince Negre que Don François Contiño Comte de Marialva étoit allé prendre avec un grand cortege de la jeune Nobleſſe. Bémoin ayant traverſé en cet état les ruës de Liſbonne, qui étoient tapiſſées & ornées comme pour un jour de triomphe, entra dans le Palais, & monta à la Salle du Trône. Dès que le Roi l'apperçut, il ſe découvrit un peu, & fit quelques pas pour venir au-devant de lui. Bémoin de ſon côté ſe proſterna aux pieds du Roi, faiſant ſemblant d'en tirer de la terre avec ſes mains qu'il portoit enſuite ſur ſa tête, pour marquer ſon reſpect, & ſe reconnoître ſon vaſſal. Le Roi l'ayant relevé d'un air gracieux s'acoſta du Trône, où il ſe tint debout, mais un peu appuyé, & fit ſigne à l'interpréte de dire à Bémoin de parler. Bémoin, qui étoit un homme de bonne mine, d'un grand ſens, & dans la force de l'âge,

commença

commença son discours avec un air dégagé, & le continua avec tant de grace & de dignité, n'omettant aucune des raisons qui pouvoient rendre sensibles tous les cœurs sur l'état present de sa fortune, que le Roi qui en fut touché, & qui d'ailleurs fut très satisfait, de toutes les questions qu'il lui fit, conçut de lui l'idée d'un homme sage & judicieux, & en fit encore plus d'estime qu'il n'en avoit fait sur les premieres relations qu'on lui en avoit données. Bémoin passa ensuite chez la Reine, lui baisa la main, & à Alphonse Prince de Portugal, priant l'un & l'autre par un petit discours court & bien entendu, de vouloir bien se rendre ses intercesseurs auprès du Roi, de qui seul il pouvoit tout attendre. Après quoi, il fut conduit au Palais qui lui avoit été destiné, avec le même cortege, & dans le même ordre qu'il étoit venu.

Comme la conversion du Prince Afriquain étoit ce que le Roi avoit le plus à cœur, la premiere chose qu'on fit par son ordre, ce fut de mettre auprès de sa personne des Ecclesiastiques vertueux & sçavants, pour l'instruire, avec tous ceux de sa suite. Il ne leur fut pas difficile d'y réüssir ; Bémoin avoit été longtems catechisé, & avoit alors un interêt tout différend de celui, qui jusques à ce moment, l'avoit empêché de faire ce qu'on avoit éxigé de lui avec trop d'empressement & assez, ce

ANN. de J. C. 1489.
DON JEAN II. ROI.

semble, hors de propos, de sorte que demandant lui-même avec ardeur le S. Baptême, pour soi & pour les siens, ils furent bien-tôt admis à recevoir cette grace.

La cérémonie en fut faite avec toute la solemnité possible. La nuit du troisième Décembre de l'an 1489. dans le Palais de la Reine, il fut présenté aux fonds Baptismaux avec deux des plus qualifiés de sa suite, par le Roi, la Reine, le Prince, le Duc de Béja, qui monta depuis sur le Trône, le Nonce du Pape, & les Evêques de Tanger & de Ceuta. Ce dernier fit la fonction, & fut en même tems du nombre des parains. On donna à Bémoin le nom de Jean pour lui faire honneur, parce que c'étoit le nom du Roi. Les autres Negres furent présentés par d'autres Dames & Seigneurs. Le lendemain cette cérémonie fut suivie d'une autre, le Roi ayant fait Chevalier le Prince Afriquain, à qui il donna aussi pour armes une Croix d'or en champ de gueules, avec les cinq petits Ecussons de Portugal pour bordure. Bémoin de son côté fit hommage de ses Etats au Roi & à la Couronne de Portugal. Ensuite le Nonce du Pape envoya à sa Sainteté une relation exacte de tout ce qui s'étoit passé, & l'acte authentique d'obédience du Prince nouveau Chrétien, au Souverain Pontife, comme Chef de l'Eglise.

Pendant quelque tems on ne vit dans Lisbonne, à l'occasion de l'entrée & du Baptême du Prince Negre, que fêtes & divertissements, feux de joye & illuminations, combats de Cannes & de Taureaux, courses de Barbes & autres plaisirs, qui donnant dans les yeux de ces pauvres Afriquains devoient leur imprimer une haute idée de la grandeur du Prince magnifique, qui les recevoit si bien par la comparaison qu'ils devoient en faire avec leur misere. Ils ne laisserent pas néanmoins de donner eux mêmes du plaisir à la Cour de Portugal par leur agilité & par leur adresse : car on les voyoit courir après les Barbes, dans le fort de leur course, voler sur leur croupe de plein sault, s'y tenir debout, descendre pour amasser des pierres disposées d'espace en espace, sauter encore sur la croupe de ces chevaux, & cela avec tant de legereté, qu'ils l'emportoient de beaucoup sur les Maures de Barbarie, quoique ceux-ci par leur adresse dans cet exercice, fussent eux-mêmes l'admiration de tous les autres peuples.

Cependant le Roi, qui pensoit plus au solide qu'aux plaisirs, fit armer en diligence vingt Caravelles bien pourvûës d'hommes, d'armes, de munitions de bouche & de guerre, & de tous les matériaux nécessaires pour élever une Forteresse. Il donna la conduite de cette Flotte à Pierre Vaz d'Acugna, surnommé Bisagu. Le Roi envoyoit en même tems un certain

A N N. de J. C. 1489.

Don Jean II. Roi.

F ij

nombre de Missionnaires, à la tête desquels étoit son Confesseur même, le Pere Alvarès de l'Ordre de S. Dominique, homme d'une grande condition, & d'une sainteté de vie plus grande encore. Mais toutes les esperances que le Roi avoit formées, tomberent tout-à-coup par une des brutalités les plus inoüies. Car à peine cette nombreuse Flotte, qui jetta la terreur dans tout le pays, eut-elle paru, à peine eut-on posé les fondements de la Forteresse, que le Général, qui avoit un déplaisir secret d'avoir commencé l'ouvrage dans un mauvais terrain, & qui souffroit de se voir obligé à rester dans un lieu mal sain, s'étant approché de Bémoin le jetta roide mort à ses pieds à coups de poignard, sous le faux prétexte qu'il brassoit quelque trahison. Cette action, qui causa bien de l'émotion parmi les Negres, & parmi les Portugais mêmes, fit une peine extrême au Roi, qui la laissa pourtant sans autre vengeance, que celle des remords qu'elle devoit causer à son Auteur. Peine trop dure pour un homme qui eût eu du sentiment, mais trop legere pour un homme capable d'une telle lâcheté.

Outre le desir de remettre sur le Trône un Prince allié, qui lui auroit obligation de sa fortune, Don Jean avoit encore un plus grand objet qu'il rouloit depuis long-tems dans son esprit ; c'étoit d'attirer dans ses Etats le commerce des grandes Indes, & de trouver une voye pour y pénétrer. Ses Mathématiciens l'assuroient que non seulement la chose n'étoit pas impossible, mais même qu'elle étoit très-faisable par plus d'un endroit; car d'une part ils l'assuroient qu'on pouvoit faire le tour de l'Afrique, & ils produisoient une Carte Géographique, que l'Infant Don Henri avoit reçûë de la main des Maures, qui lui en montroit la route, & que l'événement a fait voir être assés éxacte. D'un autre côté le monde étoit alors plein de l'idée d'un puissant Monarque Chrétien, connu sous le nom de Préte ou Prêtre Jean, mais dont les Etats étoient assez ignorés. Plusieurs trompés par des Rélations anciennes, & encore plus par celle de Marc Paul Vénitien, les croyoient placés bien avant dans la grande Asie. D'autres au contraire les situoient où ils sont véritablement, dans la haute Ethiopie, au voisinage de la Mer des Indes, & au-dessus des cataractes du Nil, ce qui avoit été confirmé par quelques Prêtres Abyssins qui étoient passés en Espagne, & par quelques Religieux Européans, qui avoient fait le Voyage de Jerusalem. Le Roi avoit un empressement extraordinaire d'éclaircir ses doutes sur ce point, dans le dessein de faire alliance avec ce Prince, pour achever de l'instruire dans la foi, le soumettre à l'obéïssance du Vicaire de Jesus-Christ, & établir entre ses Etats & ceux de ce Prince, une correspondance mutuelle, dont il prévoyoit des biens immenses, si elle pouvoit lui ouvrir une route à ces Indes si désirées ; & qui faisoient l'objet de sa plus forte passion.

Il avoit d'ailleurs quelques notices qu'on pouvoit pénétrer dans les Etats de ce Prince par les Royaumes nouvellement découverts sur les Côtes d'Afrique. Car l'an 1486. un Ambassadeur du Roi de Béin, qui étoit venu avec Jean Alphonse d'Aveïro, pour faire alliance avec la Couronne de Portugal, demander des personnes qui pussent prêcher l'Evangile, & l'instruire lui & ses sujets dans notre sainte Religion, racontoit qu'à l'Orient du Royaume de Bénin à 350. lieuës dans la profondeur des terres il y avoit un Monarque puissant, nommé *Ogane*, qui avoit jurisdiction spirituelle & temporelle sur tous les autres Rois voisins : que le Roi de Bénin & les autres, à leur avénement à la Couronne, lui envoyoient des Ambassadeurs avec de riches présents ; & qu'ils recevoient de lui l'investiture de leurs Etats, dont les marques Royales consistoient dans un bourdon en guise de Sceptre, une maniere de Casque, au lieu de Couronne, & une Croix de Laiton, sans quoi, ils n'étoient pas reconnus comme Rois legitimes : que les Ambassadeurs, pendant tout le séjour qu'ils faisoient à la Cour de ce Prince, ne le voyoient jamais; feulement qu'au jour de leur Audiance, il laiffoit paroître un de fes pieds, qu'ils baifoient avec refpect, comme une chofe fainte; & qu'à leur départ on attachoit auffi, au nom du Prince, une Croix de Laiton, au cou defdits Ambaffadeurs, ce qui les mettoit dès-lors en liberté, les affranchiffoit de toute fervitude, & étoit pour eux comme un ordre de Chevalerie qui les annobliffoit.

ANN. de J. C. 1489.
DON JEAN II, ROI.

Bémoin avoit affuré à peu près la même chofe au Roi, en lui difant qu'il y avoit à l'Orient du Royaume de Tombut, plufieurs autres Souverains, mais un en particulier qu'ils appelloient le Roi des peuples Mofaïques, qui n'étoit ni Mahométan, ni Idolâtre, & profeffoit une Loi qui paroiffoit affez conforme à celle des Chrétiens. Don Jean, dont toutes ces connoiffances, qui fe rapportoient aux Relations qu'on avoit du Prêtre Jean, animoient la forte envie qu'il avoit de parvenir jufques à lui, s'étoit fortement perfuadé qu'il en viendroit à bout en remontant le Sénégal, qui felon les conjectures de fes Mathématiciens, fortoit des mêmes montagnes, où font les fources du Nil à la hauteur des terres. C'eft pourquoi il avoit ordonné que dès qu'on auroit bâti la Fortereffe à fon embouchure, on le remontât auffi loin que l'on pourroit. Et comme dans la Defcription qu'on lui en fit, on lui avoit dit qu'il y avoit des cataractes & des faults femblables à ceux du Nil, il donna fes ordres pour les rompre jufques à fa fource. Projet noble & magnifique fans doute, mais dont felon toutes les apparences, il n'avoit pas affez pénétré la difficulté ou l'impoffibilité.

Il y avoit quelques années que fur les prémieres notices que le Roi avoit eu du Prêtre Jean, il s'étoit mis en devoir de le faire chercher par mer & par terre, jufques à ce qu'il l'eut trouvé. Les deux premieres perfonnes qu'il envoya revinrent de Jerufalem fans paffer outre, parce qu'on leur fit comprendre que fans la langue Arabe qu'elles ne fçavoient pas, il leur feroit impoffible & inutile de continuer leur voyage. Sur cela le Roi en expédia deux autres qui la poffedoient affez bien. L'un étoit un Gentilhomme de fa Maifon, nommé Pierre de Covillan, l'autre s'appelloit Alphonfe de Paiva. Ils reçûrent leur commiffion & leurs lettres de créance à Santaren le 7. Mai de l'an 1487. en préfence de Don Manuel Duc de Béja, qui fucceda à Don Jean.

Ceux-ci ayant pris le chemin de Naples, pafferent de-là à Rhodes, où ils s'embarquerent pour Alexandrie, allerent enfuite au Caire, d'où ils continuerent leur route jufques à Aden, ville fituée dans le Golphe Arabique,

au

au-deſſus de l'embouchure de la mer Rouge. Y étant arrivés au tems de la Mouçon, ils ſe ſéparerent. Alphonſe de Paiva fit voile en droiture pour l'Ethiopie, & Pierre de Covillan pour les Indes. Celui-ci aborda à Cananor, paſſa à Calicut & à Goa, où il s'embarqua pour aller à Sofala, ſur la Côte Orientale d'Afrique. De-là il retourna à Aden, & enſuite au Caire, où Alphonſe de Paiva & lui s'étoient donné rendés-vous. En arrivant il apprit Qu'Alphonſe de Paiva y étoit mort ; mais il y trouva deux Juifs Portugais avec de nouveaux ordres, que le Roi lui envoyoit. Car ce Prince, à qui l'un de ces Juifs avoit rendu un compte aſſez exact du commerce de la Ville d'Ormus, ſituée à l'entrée du Golphe Perſique, où ſe rendoient toutes les richeſſes des Indes, d'où on les tranſportoit enſuite en Syrie & en Egypte pour les faire paſſer en Europe, reſolut d'envoyer ce Juif & ſon Compagnon avec de nouvelles inſtructions pour Pierre de Covillan, par leſquelles il lui ordonnoit de renvoyer le ſecond de ces Juifs avec un détail exact de ſes voyages, & d'aller avec le premier juſques à Ormus, enfin de continuer toûjours les recherches du Prête-Jean, & de ne point ſe rebuter juſques à ce qu'il l'eût trouvé.

Ann. de J. C. 1489.
Don Jean II. Roi.

Pierre de Covillan pour obéïr aux ordres de ſon Prince, donna un ample Journal de ſes

Avantures au Juif que le Roi lui avoit défigné, & l'inftruifit de vive voix auffi pleinement qu'il le put. Après quoi s'étant remis en chemin avec l'autre il retourna à Aden, & paffa enfuite à Ormus, où après avoir bien confideré toutes chofes, il expedia fon nouveau compagnon de voyage, lui ordonnant de partir avec les Caravanes qui vont à Alep. Pour lui, il s'embarqua derechef pour la mer Rouge, & arriva enfin à la Cour du Prince qu'il avoit cherché avec tant de périls, de fueurs, & de fatigues.

Afin que rien ne fût omis de ce côté-là, le Roi fit écrire dans toutes les Echelles du Levant, aux Confuls de la Nation Portugaife, ou bien aux gros Marchands qui y étoient établis, pour avoir quelques connoiffances de tout ce qu'il defiroit de fçavoir. Enfin il lui vint de Rome un Prêtre Abyffin nommé Marcos, qui l'ayant fatisfait fur toutes les queftions qui lui furent faites touchant fon pays, il lui fit écrire plufieurs lettres, dont il lui fit faire auffi des copies, qu'il envoya en divers ports de l'Orient, afin que l'on en chargeât les Abyffins fujets du Prince dont il étoit fi curieux d'apprendre des nouvelles, dans l'efperance que quelqu'une venant à tomber entre fes mains, ferviroit à donner plus de créance à Pierre de Covillan, fuppofé qu'il fût affez heureux, pour arriver au terme de fon voyage. Après cela il fit partir le même Prêtre Abyssin chargé des mêmes lettres, dont il avoit fait les copies, & comblé des graces que répandit sur lui son extrême liberalité.

ANN. de J. C.
1490.

DON JEAN II. ROI.

 Ceux que le Roi envoya par l'Ocean Atlantique à la recherche de ce Prince, furent Barthelemi Diaz & Jean l'Enfant, qui commandoient chacun un Vaisseau, suivi d'un troisiéme uniquement chargé de vivres pour suppléer au défaut de ceux qui auroient été consumés dans le cours d'une longue Navigation, & pour ôter une raison spécieuse à ces Avanturiers, de revenir sur leurs pas, ainsi qu'avoient fait plusieurs de ceux qui les avoient précédés.

 La Navigation commençoit alors à devenir moins pénible. Le Roi qui entretenoit à sa Cour de très-habiles Mathématiciens, & qui étoit toûjours en action pour inventer quelque chose qui pût faciliter le succès de ses découvertes, les avoit souvent encouragés à imaginer quelque expédient pour rendre l'art de naviger plus aisé & plus facile. Ils répondirent à son attente, car les Auteurs Portugais leur font l'honneur de leur attribuer d'avoir trouvé le moyen de prendre hauteur par l'astrolabe, & d'avoir fait des Tables des déclinaisons à l'usage des Pilotes. Et quand ils n'auroient fait autre chose, ce seul service qu'ils rendirent alors à l'Europe, suffit pour les ren-

G ij

dre immortels; car depuis ce tems-là, on ne fut plus forcé à ranger la Côte, & on pouvoit s'expofer en pleine mer, fans craindre de perdre la terre, ce qui rend la Navigation bien plus courte & moins périlleufe.

Diaz & l'Enfant avoient ordre de continuer les découvertes, à commencer depuis le Fleuve Zaïre, où avoient fini celles de Diego Can, dont nous parlerons bientôt. Ils devoient planter par-tout des poteaux, & laiffer fur le rivage des Negres, & fur-tout des Negreffes, bien nippées & bien inftruites de ce qu'elles devoient dire, foit pour s'informer du Royaume du Prêtre-Jean, foit pour célébrer les loüanges du Portugal, & donner envie d'entrer dans fon alliance.

Diaz, qui commandoit, eut infiniment à fouffrir dans toutes les terres où il aborda. Il trouva des langues inconnuës, que fes Negres même n'entendoient point. Son monde fe revolta plufieurs fois contre lui; il le ramena toûjours avec douceur & avec fermeté: mais dans ce voyage il n'eut aucune nouvelle du Prince qu'il cherchoit. Il découvrit néanmoins trois cent cinquante lieuës de nouveau pays, planta fix poteaux, & arriva jufques à l'extrémité de l'Afrique à un Cap, qu'il nomma *le Cap Tourmente*, à caufe de la groffe mer qu'il y trouva. Son courage lui eût infpiré de paffer outre, mais fes gens étoient trop rebutés. Il se vit contraint de revenir sur ses pas, & trouva en retournant le Vaisseau qui portoit les vivres, neuf mois après s'en être séparé. De neuf hommes qu'il y avoit sur ce Vaisseau, il n'en restoit plus que trois, dont l'un fut si fort transporté de cette jonction, qu'il en mourut d'un excès de joye. Enfin Diaz arriva à Lisbonne en Decembre de l'an 1487. seize mois & dix-sept jours après en être parti. Le Roi le reçut fort bien, mais ayant entendu dans sa Rélation le nom de *Cap Tourmente*, il voulut qu'il se nommât le *Cap de Bonne Espérance*, pour servir d'heureux présage aux fruits qu'on devoit tirer de cette découverte.

Diego Can, qui avant l'expédition de Diaz avoit découvert depuis le Cap Sainte Catherine jusques au Fleuve Zaïre, où commence le Royaume de Congo, y avoit trouvé une nouvelle terre, une nouvelle Nation de Negres, dont les premiéres qu'on avoit déja découvertes n'entendoient point le langage. Quoique ce nouveau peuple dût être surpris à la premiere vûë des Portugais, il n'en parut cependant que médiocrement étonné, & loin de fuïr comme avoient fait les autres, il se familiarisa au contraire si fort dès l'abord avec des hôtes qui lui venoient de si loin & d'une maniere si extraordinaire, qu'on eût dit que les uns & les autres s'étoient toûjours connus.

ANN. de J. C. 1490.

DON JEAN II. ROI.

Diego qui vit qu'il alloit perdre beaucoup de tems en cet endroit par le défaut de s'entendre, prit sur le champ parti d'en enlever quelques-uns pour les conduire en Portugal, & de laisser de son côté quelques ôtages, qui des deux parts pourroient apprendre la langue du pays ; ce qui fut exécuté habilement : car s'étant assuré de quatre des principaux, il fit entendre aux autres, le tout par gestes & par signes, ou le mieux qu'il put, qu'il n'avoit que des intentions utiles au pays ; qu'il traiteroit bien ceux qu'il emmenoit & qu'il les rameneroit en quinze Lunes : Que pour gage de sa parole, il leur laissoit quelques-uns de ses gens, qui apprendroient cependant leur langue, & se mettroient en état de leur rendre service.

Cette action violente, faite si brusquement, & qui étoit une vrai hostilité, réüssit par une espece de prodige, & par un miracle de la Providence. Les Negres n'en furent point offensés ou se calmerent bien-tôt. Le Roi de ces peuples, qui en fut informé, ne s'en formalisa pas non plus, & traita fort bien les Portugais que Diego Can avoit abandonnés si imprudemment à sa discretion & à son ressentiment. Ceux-ci ayant appris à jargonner, firent estimer au Roi notre Religion, & se firent estimer eux-mêmes. Cependant Diego étant arrivé en Portugal, le Roi le fit repartir presque sur le champ, avec les mêmes Negres qu'il avoit conduits. Leurs compatriotes les voyant fains & faufs, contens d'ailleurs du traitement qu'ils avoient reçû, Diego en eut un accès bien plus facile dans cette Cour. Le Roi de Congo prit en particulier tant de confiance en lui, qu'il fe réfolut de le renvoyer avec un de ceux-là mêmes qu'il avoit enlevés, à qui il affocia deux jeunes gens des plus qualifiés en maniere d'Ambaffade, pour prier le Roi de Portugal de les faire inftruire & baptifer, & de les renvoyer enfuite avec des gens habiles, qui puffent procurer le même bonheur à lui, & à tous fes fujets.

Les Ambaffadeurs furent reçûs à Lifbonne avec beaucoup de diftinction, & comme le Roi apprit en même tems que le Roi de Congo étoit un Prince bien plus puiffant, & fes fujets un peuple bien plus fpirituel, que ceux qu'on avoit trouvés jufques alors, Don Jean crut devoir auffi faire plus pour eux; & lorfqu'ils furent inftruits, ils furent baptifés avec beaucoup de pompe. Le Roi, la Reine, & quelques-uns des principaux Seigneurs & Dames du Palais les préfenterent aux Fonds facrés, & les honorerent de leurs noms. Enfuite pour répondre à l'empreffement du Roi de Congo, le Roi les ayant chargés de riches préfents, les fit partir en toute diligence fur une Flote, dont il donna le Commandement

ANN. de J. C. 1490.

DON JEAN II. ROI.

à Gonsalve de Sosa, qui étant mort en chemin, eut pour successeur dans le Commandement Roderic de Sosa son Neveu, lequel l'avoit suivi en qualité de volontaire, & se montra digne du choix qu'on avoit fait de lui.

Dès que cette Flote parut à l'embouchure du Zaïre, l'Oncle du Roi, qui commandoit dans cette Province, vint au-devant de Sosa, avec toutes les démonstrations de la joye la plus parfaite. C'étoit un vieillard vénérable, qui ne soupiroit qu'après le moment de recevoir le S. Baptême, & en qui la grace avoit operé déja de grands effets. Ce fut aussi la premiere chose qu'il demanda, & cela avec tant d'ardeur & de raisons si solides, que Sosa ne put s'empêcher de la lui accorder. Trois Religieux de l'Ordre de saint Dominique, qui étoient venus sur la Flotte, acheverent de l'instruire,

1491.

& le baptiserent aussi solemnellement qu'ils purent, le jour de Pâques de l'année 1491. lui & un petit enfant qu'il avoit. Le respect qu'on eut pour le Roi, qui souhaitoit le Baptême avec autant d'ardeur, fit qu'on n'en baptisa pas davantage. Le fils aîné même du Commandant ne put obtenir cette grace. Son pere lui fit entendre que lui-même n'oseroit prendre la liberté de précéder son Souverain, sans la crainte qu'il avoit d'exposer son salut par un délai, à raison de son extrême vieillesse,

&

& le salut de cet enfant, à qui il procuroit le même bonheur que l'enfant n'étoit pas en état de demander, à cause de la foiblesse de cet âge tendre, à qui il ne faut rien pour emporter un soufle de vie naissante. L'Oncle du Roi fut baptisé au nom de Don Manuel Duc de Béja, frere de la Reine, l'enfant eut le nom d'Antoine.

A n n. de J. C. 1491.
Don Jean II. Roi.

Le Roi de Congo fut si content du procédé de son Oncle, que sur le champ il augmenta son appanage de trente lieuës de long en suivant la Côte sur dix de profondeur. La grace des eaux salutaires du Baptême se fit sentir dans la personne de ce vénérable vieillard, qui depuis fut toûjours plein de l'esprit de Dieu, zélé pour toutes les affaires de la Religion, avide de la parole du Seigneur, qu'il ne pouvoit se lasser d'entendre, & qui eut un tel respect pour le Sacrement de nos Autels, & sur-tout en entendant la Messe, que quelques jeunes Seigneurs ayant fait du bruit pendant ce saint tems hors de la Chapelle de branchages qu'on avoit élevée pour la cérémonie de son Baptême, & où l'on continuoit d'offrir tous les jours le saint Sacrifice, il les auroit fait mourir, croyant que ce respect avoit été violé, si le Général Portugais & les Religieux n'eussent moderé cet excès de zele.

Sosa, qui n'ignoroit pas que le Roi de Congo comptoit tous les moments jusques à son arrivée, ne tarda pas à se mettre en chemin pour la Capitale. Don Manuel lui fournit les Esclaves néceſſaires, pour porter les hommes & les bagages ſur les terres de ſon Gouvernement, & l'accompagna lui-même juſques à la frontiere. Le Roi de ſon côté, envoya pluſieurs fois ſur la route, pour complimenter le Général, & faire honneur à ſa marche juſques aux approches de la Ville Royale.

L'entrée du Général & ſa marche juſques au Palais du Roi furent magnifiques à la façon du pays, & la foule qui le ſuivoit étoit ſi nombreuſe, qu'à peine ſe pouvoit-il faire jour. Le Roi l'attendoit dans ſon Palais, aſſis ſur une Chaiſe d'yvoire placée ſur une eſtrade. Rien ne relevoit la Majeſté de ce Prince. Il avoit ſur la tête un petit bonnet de feüilles de palmier en façon de Mitre, & tiſſu aſſez proprement : Son corps étoit nud juſques à la ceinture, le reſte étoit couvert d'une pagne de coton juſques aux pieds. Son bras gauche étoit orné d'un bracelet de laton, & une queuë de cheval, marque diſtinctive de la Royauté, lui pendoit de deſſus une épaule.

Sofa ayant fait ſa harangue, & expoſé le ſujet de ſon ambaſſade, les préſents furent étalés. Le Roi les conſidera avec admiration, demandant raiſon de tout, & ſe faiſant repeter pluſieurs fois ce qui avoit été dit. Malgré la foule, le ſilence étoit grand, l'attention étoit vive; mais

Reception des Portugais à la Cour de Congo.

ce qu'il y avoit de plus remarquable, c'est que les Negres imitoient & copioient fidellement les Portugais dans tous leurs gestes, révérences, génufléxions, inclinations & signes de Croix, comme s'ils en eussent bien compris tout le mystere.

On ne sçauroit exprimer quelle étoit l'impatience du Roi pour recevoir le Baptême. La Cour & le peuple avoient le même empressement à l'imitation du Souverain. Il étoit cependant nécessaire d'éclairer & d'éprouver un peu ces Neophytes. Il falloit pouvoir s'en donner le tems, & les Missionnaires n'y suffisoient pas. Un événement imprévû décida l'affaire & hâta leur bonheur. Quelques Insulaires situés dans un Lac, qu'on prétend être dans le cœur de l'Afrique, & la source des principales Rivieres qui l'arrosent, avoient sécoüé nouvellement le joug du Roi de Congo, & faisoient des courses sur les Provinces. Ils étoient rédoutables, car on assure qu'ils pouvoient mettre sur pied jusques à trente mille combattans. Le Roi se voyoit forcé d'aller en personne, pour s'opposer au progrès de ces rebelles. Les risques de la guerre furent un motif plus que suffisant pour mettre tous les guerriers au nombre des Soldats de Jesus-Christ.

On commença par dresser une grande Croix, qui fut plantée le troisiéme de Mai avec beaucoup de solemnité. On n'en fit pas moins pour le Baptême de tant d'illustres Néophytes. On donna au Roi de Congo, à la Reine sa principale épouse & au Prince heritier, les noms de Jean, d'Eleonor, & d'Alphonse, qui étoient ceux du Roi, de la Reine, & du Prince de Portugal. On baptisa ensuite tant d'autres personnes de tout rang & de toutes conditions, que les bras des Missionnaires devoient en être fatigués.

Avant que de se mettre en campagne, Sosa mit entre les mains du Roi de Congo un Etendart précieux, que le Pape Innocent VIII. avoit envoyé au Roi de Portugal, & lui donna la Croix pour le rendre participant lui & les siens des mérites de la Croisade qui avoit été publiée contre les Infidelles. Le Roi de Congo partit plein de confiance dans ce signe salutaire. Ses esperances ne furent pas vaines, il revint victorieux de ses ennemis, & persuadé de l'obligation qu'il en avoit à Dieu, & au signe adorable de notre Redemption.

Les premiers mouvements d'une trop grande ferveur sont suivis pour l'ordinaire d'un prompt repentir, & ne servent qu'à précipiter dans l'excès d'un relâchement tout opposé. Cette nouvelle Chrétienneté formée un peu trop à la hâte l'éprouva d'abord. A la verité les Mysteres de notre Religion avoient fait peu de peine à l'esprit de ces Néophytes, peu accoutumés, & peu propres à difputer fur ces matiéres. Les princips de notre Morale, leur avoient paru fort juftes, & fondés fur ceux de la raifon. Mais comme la vie du Chrétien eft une guerre continuelle qu'il faut faire à foi-même, ces hommes vicieux dès le berceau, fentirent la difficulté qu'il y avoit à contrarier toûjours des paffions flatteufes, & à fe gêner, pour fe conformer à des maximes qui contredifoient tous les plaifirs. L'efprit de fuperftition ne s'étoit pas éteint dans les cendres de leurs *Fetiches*, & de leurs *Moquifies*, qu'ils avoient brûlées folemnellement, en faifant profeffion du Chriftianifme. Le feu de l'avarice, de la luxure, de l'intempérance, & des autres paffions avoit pris un nouveau dégré de chaleur par la refiftance de peu de jours qu'on avoit faite à ces mêmes paffions. Le Roi lui-même, qui avoit vieilli dans fes habitudes, trouvoit plus d'obftacle que les autres à foûtenir le nouveau perfonnage qu'il lui falloit faire ; deforte qu'en peu de tems, il fe forma une conjuration contre la Religion naiffante, compofée des Infidelles qui reftoient encore, & à la tête defquels étoit un des fils du Roi, qui avoit refufé de fe faire baptifer, & de ces Chrétiens lâches, qui étoient les premiers à blâmer leur legereté. Ceux-ci animés par les Prêtres ou Devins du pays, & foutenus par les femmes & concubines que le Chri-

ANN. de J.C. 1491.

DON JEAN II. ROI.

ſtianiſme avoit obligé de répudier, mirent la Religion dans un tel riſque, qu'elle penſa être étouffée dans ſon berceau ; & les Miſſionnaires & Portugais que Sofa avoit laiſſés pour retourner en Europe, en ſi grand péril de leur vie, qu'ils n'attendoient que le moment de ſe la voir arracher.

Dieu qui avoit pitié de ce peuple, oppoſa à ce torrent une digue qui l'arrêta. Ce fut Don Alphonſe le fils aîné du Roi. Ce Prince, ſeul fervent & vrai héros Chrétien, étoit alors dans ſon appanage, où il faiſoit l'emploi d'Apôtre, en même-tems qu'il étoit comme un mur impénétrable aux ennemis de l'Etat. Ayant appris le danger que couroit la Religion, il agit ſi efficacement auprès de ſon pere, qu'il ſuſpendit en lui les impreſſions qu'avoit faites ſa lâcheté. Mais Alphonſe penſa être la victime de ſon zele. L'orage fondit tout ſur ſa tête. Les efforts des ennemis de la Religion ſe réünirent ſur lui ſeul. On le noircit dans l'eſprit du Roi par les calomnies les plus atroces & les plus extravagantes. » Le Baptême, diſoit-on,
» en avoit fait un puiſſant enchanteur, qui,
» corrompu par les mœurs étrangeres, haïſ-
» ſoit ſa patrie, le Roi même qui lui avoit don-
» né le jour, tranſportoit les montagnes, ſé-
» choit les rivieres, gâtoit les fruits, troubloit
» la raiſon, & ce qu'il y avoit de plus odieux,
» ſoüilloit la couche nuptiale, par le fol amour

que ſes ſortileges avoit inſpiré aux épouſes de ſon pere. Le Roi aimoit Don Alphonſe, mais ſon eſprit affoibli par l'âge le fit donner dans ces rêveries. Peut-être auſſi qu'ayant fait ſemblant d'y donner pour ceder au tems, il entra en indignation contre ce fils cheri, le priva de ſes Charges, de ſes honneurs, & de ſes revenus.

<small>Ann. de J. C. 1491.
Don Jean II. Roi.</small>

Don Alphonſe étoit perdu ſans l'habileté de la Reine Eleonor ſa mere. Cette Princeſſe ſage laiſſa couler le tems juſques à ce que cette grande émotion des eſprits fut un peu calmée. Alors elle mit en jeu les Seigneurs de la Cour les plus reſpectables par leur âge & par leur prudence, qui ayant perſuadé adroitement au Roi le tort qu'il ſe faiſoit à lui-même par le triſte état où il avoit reduit un fils qui avoit tant de fois affermi ſa Couronne par ſa valeur, le mirent dans la défiance & dans le gout d'approfondir, ſi dans le fond ce Prince n'avoit pas été calomnié. En effet le Roi rentrant en lui-même, & uſant d'une profonde diſſimulation, fit des recherches ſecrettes; & ayant découvert l'innocence de ſon fils, il le rétablit dans tous ſes premiers honneurs, & fit périr ſes principaux accuſateurs par le dernier ſupplice.

Cette ſévérité quoique juſte, ne fit qu'irriter davantage la cabale qui avoit juré la perte de Don Alphonſe, & s'étoit liguée pour met-

ANN. de J. C. 1491.

DON. JEAN II. R.

tre sur le Trône à sa place Pansa Aquitimo, son frere, l'ennemi capital des Chrétiens & des Portugais. Mais la crainte qu'elle inspira l'ayant renduë moins hardie, elle n'en devint que plus dangereuse, & le Roi en fut encore la dupe. Il se contenta pourtant de faire avertir son fils de moderer son zele, & de prevenir par un peu de politique les malheurs qu'il pouvoit attirer sur lui & sur toute sa maison. Alphonse ne changeant pas pour cela de conduite, le Roi lui ordonna de se rendre à la Cour. Mais le Prince instruit secrettement par sa mere, différant d'obéïr sous divers prétextes, éluda toûjours jusques à la mort de son pere, qu'il voyoit bien ne pouvoir pas être éloignée, & qu'il apprit en effet bientôt après.

Alors prenant sa résolution en homme de tête & de cœur, il marche à grandes journées vers la Capitale, y entre dans l'obscurité de la nuit, assemble le peuple dès la pointe du jour, harangue fortement & avec tant de succès pour soutenir ses droits, qu'il ramene tous les esprits, & est reconnu généralement pour l'héritier legitime du Trône. Pansa Aquitimo, qui étoit campé hors de la Ville, fut étourdi de ce coup conduit avec tant de secret & de prudence. Mais ne voulant pas donner à son frere le tems de se reconnoître, il marche sur le champ vers la Ville, ayant divisé sa petite armée en deux corps. Alphonse qui se confioit

plus

plus en Dieu, que sur le nombre & la qualité des hommes qu'il avoit auprès de lui, rassemble à la hâte le peu de combattans qu'il trouva à sa main, & les ayant animés au combat, fait ouvrir les portes de la Ville, & invoquant tout haut Jesus-Christ, & saint Jacques à la façon d'Espagne, se jette comme un Lion sur le premier corps des ennemis, qui aussi-tôt renversés qu'attaqués, se culbuterent sur le second corps, où ils porterent un tel désordre, que les uns ni les autres ne purent se remettre, desorte que la victoire ne tarda pas un moment à se décider pour le bon parti, en faveur duquel le Ciel parut avoir combattu.

Ann. de J. C. 1497.
Don Jean II. Roi.

Le malheur d'Aquitimo voulut que dans sa fuite il allât tomber dans une trappe faite pour prendre les bêtes feroces, il y fut pris & trouvé en cet état griévement blessé. Alphonse vouloit le sauver, mais cet homme feroce aima mieux perdre corps & ame, que de recourir à la clémence de son frere, & ouvrir les yeux à la verité. Le Général de ses troupes plus sage, ayant demandé à mourir Chrétien & à recevoir le Baptême, obtint la vie à des conditions qui lui parurent bien douces.

Cette victoire affermit Alphonse sur le Trône pour le reste de ses jours. Il regna cinquante ans, pendant lesquels il se montra toûjours si reconnoissant envers Dieu, & si affectioné envers les Portugais ses alliés, qu'on peut le regarder avec justice, comme l'Apôtre de ses Etats, qui lui furent redevables de la Religion, laquelle cependant par la suite des tems y est entierement ou presque entierement tombée, & qu'il fut toûjours un des amis des plus solides que le Portugal ait eus.

Tandis que le Roi Don Jean se donnoit tant de sollicitudes, qu'il faisoit tant de dépenses pour faire de nouvelles découvertes, & sur-tout pour arriver jusques aux Indes, qui étoient ce qu'il avoit de plus à cœur, il reçût une des mortifications les plus sensibles, & crut se voir enlever dans le moment par des Etrangers, une proye qu'il croyoit tenir entre ses mains. La peine qu'il eut, fut d'autant plus vive, qu'il croyoit devoir s'imputer à lui-même, que c'étoit uniquement par sa faute.

Christophe Colomb Génois de nation, ayant navigé long-tems dans le Levant, voulut aller tenter fortune sur la mer Atlantique, pour donner dans le goût qui regnoit alors. On prétend qu'il alla s'établir à Madere, où ayant recuëilli chés lui les débris d'un naufrage d'un Vaisseau François, il eut par le Pilote la connoissance de l'Amerique; connoissance dont il n'eut garde de découvrir la source, & dont il pouvoit se promettre le secret, le Pilote & tous ceux qui avoient échappé au naufrage étant morts de la misere & des fatiques qu'ils avoient foufferres.

Quoiqu'il en foit, Colomb paffa en Portugal, & vint fe préfenter au Roi avec de magnifiques promeffes de le mettre en poffeffion d'un nouveau Monde à l'Oueft aux extrémités de l'Ocean. Don Jean qui crut apperçevoir peu de folidité dans cet homme, le regarda comme un vifionnaire & en fit peu d'état. Toutes les autres Puiffances maritimes de l'Europe en firent autant. Enfin après fept ans de rébuts & de peines fouffertes, Colomb obtint par le moyen de l'Archevêque de Tolede, que la Reine Ifabelle lui fit armer trois Caravelles, avec lefquelles, après avoir foutenu en grand homme bien des contradictions de la part de fon équipage, il découvrit enfin les Ifles Antiles, toucha à plufieurs, & après avoir laiffé une partie de fon monde dans une efpece de Fort de l'Ifle Efpagnole, il repaffa en Europe, conduifant avec lui dix ou douze naturels du pays, portant de l'or & autres fruits ou denrées, qui puffent fervir de montre, & donner idée de ces Contrées & de fes découvertes.

Dès qu'il fut entré dans le Tage & eut moüillé au port de Lifbonne, le Roi qui eut avis de fon arrivée, fut bien aife de l'entretenir. Colomb étoit fi fier du fuccès de fon voyage, il en parloit avec tant d'emphafe & d'éxageration, entre-mêlant à ce qu'il difoit

A N N. de J. C. 1497.

Don Jean II. Roi.

des reproches qu'il fit au Roi fur le peu de confiance qu'il avoit eu en lui, & fur la perte qu'il s'étoit caufée par-là à lui-même, qu'il parut n'être venu dans fes ports, que pour lui faire infulte. Cette hardieffe peu refpectueufe penfa lui coûter la vie. Des gens de la Cour indignés eurent la penfée de l'affaffiner. On en fit même la propofition au Roi, qui la rejetta avec horreur, & affecta même de gracieufer Colomb & les Infulaires qu'il avoit amenés avec lui. Il fit habiller ceux-ci d'écarlate, & leur fit beaucoup d'amitiés & de largeffes.

Cependant ce Prince étoit veritablement piqué de la vanité de Colomb & de fes difcours peu mefurés ; mais ce qui le touchoit davantage, c'étoit la vûë de fes Infulaires mêmes, qui étoient tous gens bienfaits, & avoient toute une autre grace que les Negres d'Afrique. Comme néanmoins il jugea à leur air que ce pouvoient être des Indiens des grandes Indes, ou des pays qui pouvoient lui appartenir, il fe mit en devoir fur le champ de faire un puiffant armement pour s'affurer de ces pays-là.

Quoique le Roi Ferdinand ne fît pas encore grand fonds fur cette découverte de Colomb, néanmoins comme c'étoit un Prince très-politique & très-attentif à fes droits, il n'eut pas plûtôt appris la nouvelle de cet armement du Roi de Portugal, qu'il lui en fit porter fes plaintes par fes Ambaffadeurs, comme d'une hoftité & d'une contravention aux Traités faits entre les deux Couronnes. Sur ces plaintes, Don Jean suspendit ses préparatifs, & consentit à faire discuter ses droits à l'amiable. Il y eut en differens tems des Plenipotentiaires nommés de part & d'autre. Ferdinand envoya même des Ambassadeurs exprès en Portugal sur ce sujet. Mais comme ce Prince dissimulé ne vouloit rien conclure avant que de voir si la chose en valoit la peine, ses Ambassadeurs ne faisoient que traîner la chose en longueur, sans en venir à aucune décision. Cela fit dire assés plaisamment au Roi Jean que cette Ambassade n'avoit ni pieds ni tête, faisant allusion à la qualité de ces deux Ambassadeurs, dont l'un étoit boiteux, & l'autre passoit pour être un peu éventé. Ils étoient cependant sur cette affaire bien sages l'un & l'autre. Enfin ces deux Monarques s'étant remis à la décision du Pape Alexandre VI. qui étoit alors sur la Chaire de saint Pierre, sa Sainteté partagea le nouveau Monde entre ces deux Puissances, qui n'y avoient encore rien ou presque rien, par une ligne imaginaire tirée Nord & Sud à cent lieuës à l'Ouest des Isles du Cap Verd & des Açores.

Ann. de J. C. 1497. Don Jean II. Roi.

Bullar. Mag. Tom. 1. pag. 466. Spond. Ann. Eccl. 1493. n. 10. aliiq. multi.

Don Jean eut toûjours un violent regret, d'avoir rebuté Colomb, & de ne l'avoir pas écouté. Mais on peut dire que ce fut un effet de cette Providence, qui tient le cœur des

Ann. de J. C. 1497. Don Jean II. Roi.

Princes dans la main, & les fait agir selon ses vûës. Le Portugal étoit trop petit pour tout embraſſer. Le nouveau champ qui s'ouvroit d'un autre côté étoit ſi vaſte, qu'il pouvoit occuper pluſieurs Puiſſances, & laſſer l'ambition la plus déméſurée. Si celle de Don Jean avoit eu des bornes plus reſſerrées, il avoit aſſez lieu d'être content. Le nom Portugais rempliſſoit toute l'Europe, il avoit effacé la gloire que les Phéniciens, les Carthaginois, les Grecs & les Romains s'étoient acquiſe dans l'art de naviger : toute la Côte Occidentale de l'Afrique avoit ouvert ſes ports à ſes Vaiſſeaux ; il avoit aſſuré leur commerce par les Fortereſſes qu'il y avoit bâties, & par les alliances qu'il y avoit faites : les Rois de Bénin, de Tombut, de Madingue, de Congo avoient recherché ſon amitié par leurs Ambaſſadeurs : il avoit interpoſé ſon autorité pour pacifier leurs querelles, ayant aſſés de credit pour faire tomber les armes des mains aux vainqueurs mêmes. Mais comme les Indes furent toûjours ſon grand objet, qu'il y penſoit ſans ceſſe, juſques à perdre le ſommeil & le repos, il n'eut pas ſur ce point la ſatisfaction qu'il s'étoit promiſe, & la mort qui l'enleva à la veille des grands événements qu'il attendoit, fit connoître qu'il n'avoit ſémé, qu'afin qu'un autre plus heureux que lui recüeillît la moiſſon.

Fin du Livre Premier.

HISTOIRE
DES DECOUVERTES
ET
CONQUESTES
DES PORTUGAIS
Dans le Nouveau Monde.

LIVRE SECOND.

Ann. de J.C. 1497.

Don Emmanuel Roi.

DON Manuel Duc de Béja étoit cet homme heureux, que la fortune, ou pour mieux parler, la Providence avoit destiné pour le mettre dans la moisson d'autrui. La mort de Don Alphonse, Prince héritier de Portugal, & fils de Don Jean second, qu'une chute de cheval précipita au tombeau à la fleur de son âge, ouvrit à Manuel le chemin au Trône, où il étoit appellé par le droit de sa naissance & par le testament du feu Roi. Il étoit fils de ce Don Fernand, frere d'Alphonse V. que l'Infant Don Henri avoit adopté & tendrement aimé, desorte qu'il semble que Dieu voulut recompenser les mérites de ce vertueux

Prince, en faisant tomber sur une tête qui lui étoit chere l'abondance des biens dont il lui avoit frayé tous les sentiers. Ce fut même comme par une espece de pressentiment de la grandeur future de Don Manuel, que Don Jean qui le regardoit comme l'héritier présomptif de sa Couronne, l'obligea d'ajouter à l'Ecu de ses armes une Sphere ou une Mappe-Monde pour emblême, comme s'il eut prévû dès-lors, que ce jeune Prince devoit un jour avoir des Etats dans tous les pays que le Soleil éclaire.

Manuel étoit à Alcaçer-du-Sel avec la Reine sa Sœur, lorsqu'il apprit la mort du Roi & sa disposition testamentaire, & d'abord il y fut proclamé & reconnu pour legitime Souverain par tous les Ordres de l'Etat. Il étoit alors dans sa vingt-uniéme année, doüé de toutes les qualités qui font les grands Rois, & superieur même à sa fortune. L'avantage de la Monarchie, que Dieu venoit de lui mettre entre les mains, emportant tous ses premiers soins, il tint conseils sur conseils, pour regler plusieurs points qui avoient besoin de réforme, & pour tracer un plan général du Gouvernement.

Les affaires du nouveau Monde furent débattuës dans ces conseils avec chaleur. Il y eut trois sentimens qui eurent chacun leurs Partisans. Les plus vifs étoient pour la négative,

&

& vouloient abfolument abandonner une en- | ANN. de
treprife qu'ils regardoient comme la ruine | J. C.
infaillible de l'Etat. Ils ajoutoient aux raifons | 1497.
qu'on avoit apportées dans les commence- | DON EMMA-
ments, pour combatre les projets de l'Infant | NUEL ROI.
Don Henri, l'éloignement extrême des Indes,
& des pays inconnus du Prêtre-Jean: Le danger qu'il y avoit de foulever toutes les Puiffances Mahometanes, l'impoffibilité de fournir à tant de dépenfes, & de réfifter à de fi puiffans ennemis. Les feconds plus moderés, vouloient qu'on fe bornât aux découvertes faites jufques alors, & qu'on s'y portât même un peu plus fobrement, que par le paffé. Les troifiémes enfin, plus zélés pour la gloire de la Nation, vouloient qu'on paffât outre, jugeant que les faveurs que Dieu leur avoit déja faites dans le fuccès de ces découvertes, devoient leur tenir lieu d'un garand fûr de fa volonté pour les continuer. Ce fut à ce dernier fentiment que le Roi s'attacha comme plus conforme à fon inclination, à la nobleffe de fes fentiments, & à la réconnoiffance qu'il devoit à la mémoire du feu Roi fon prédéceffeur, à celle de fon Pere Don Fernand & de l'Infant Don Henri fon grand oncle.

Il ne fe fut pas plûtôt déterminé qu'il fit armer trois Vaiffeaux d'un gabarit plus fort que l'ordinaire, afin qu'ils fuffent en état de foutenir les groffes mers du Cap de Bonne-Efperance, & il y ajouta une Pinque uniquement,

ANN. de J. C. 1497.

DON EMMANUEL ROI.

pour porter le supplément des vivres & des provisions. Il nomma ensuite pour les commander Vasco de Gama, homme de qualité, de cœur, & de main, que le feu Roi avoit déja destiné à cette expédition. Il lui donna pour seconds Paul de Gama son frere, & Nicolas Coello. Pour la Pinque, ce fut un homme de sa maison que Vasqués choisit pour en être le Patron.

Dès que les Vaisseaux furent en état, Don Manuel considerant l'importance du sujet, voulut donner ses ordres au Général de cette petite Flotte avec quelque solemnité. L'ayant donc fait venir au milieu d'une Cour nombreuse à Estremos, lui, ses deux autres Capitaines, & ses principaux Officiers, il leur fit un discours étudié, où ayant relevé la confiance qu'il avoit dans leur fidelité & leur courage, ils les exhorta très-fortement à soutenir l'idée qu'il avoit conçûë d'eux, & dont il leur donnoit un témoignage authentique dans le choix honorable qu'il avoit fait de leurs personnes. Les animant ensuite par les promesses les plus magnifiques, & l'espoir des plus grandes récompenses, il leur recommanda très expressément l'obéïssance & la subordination qu'ils devoient à leur Général, qui leur réprésentoit sa propre personne, & à celui-ci la sagesse, la moderation & la fermeté qu'exigeoit de lui selon les occurrences le

ofte dont il l'honoroit. Après ce difcours ANN. de
donna à Vafqués fes lettres de créance pour J.C.
es Rois des Indes, l'itineraire de Pierre de 1497.
Covillan, & diverfes autres inftructions. Pour Don Emma-
erminer la cérémonie, un Sécrétaire d'Etat, nuel Roi.
qui, pendant tout le difcours, avoit tenu un
étendart déployé, où l'on voyoit peint le fi-
gne adorable de notre Redemption, le mit
entre les mains de Vafqués, qui s'étant mis
à génoux prêta ferment au Roi en fon nom,
& au nom de tous les fiens. Enfuite dequoi
emportant avec foi l'étendart, il partit avec
tout fon monde pour Lifbonne, où devoit fe
faire l'embarquement.

Il y avoit alors à une lieuë de cette Capitale
une petite Chapelle ou Hermitage, que l'Infant Don Henri avoit fait bâtir fur le bord
de la mer fous les aufpices de la fainte Vierge, pour animer la dévotion des Matelots,
& attirer fur eux la protection de la Mere de
Dieu. Vafqués voulut y aller la veille de fon
départ avec tous fes gens, pour y paffer la nuit
en prieres, fe difpofer au voyage par les Sacremens, & mériter les bénédictions du Ciel
par ces actes de Religion. Après y avoir fatisfait à leur pieté, ils en revinrent en ordre de
proceffion de la même maniere qu'ils y étoient
allés, chacun tenant un cierge à la main, chantant des Hymnes & des Pfeaumes, accompagnés d'un grand nombre de Prêtres & de Re-

K ij

ligieux, & suivis d'une foule prodigieuse de monde, que la nouveauté du spectacle avoit attiré de toutes parts.

Diaz & ses Compagnons avoient donné une idée si terrible des mers du Cap de Bonne-Espérance, qu'on n'en attendoit autre chose que des naufrages, & qu'on regardoit tous ces pauvres malheureux destinés à en tenter le passage, comme autant de victimes conduites à une mort presque inévitable ; de maniere que dans cette persuasion on s'imaginoit en les accompagnant assister à leur convoi funebre. Tout le monde fondoit en larmes en voyant une jeunesse si belle & si nombreuse, laisser parens, amis & biens, pour courir à un trépas assuré dans la fleur de ses plus belles années.

Nos nouveaux Argonautes, attendris eux-mêmes par-tout ce que cet appareil avoit de touchant, se virent ainsi conduits jusques au port. Là s'étant mis à génoux, ils reçurent de nouveau l'Absolution générale, comme pour mourir. Ils s'embarquerent ensuite au milieu des cris & des lamentations de tout ce peuple, qui ne pouvoit se lasser de les accompagner du cœur & des yeux, & qu'on ne pût arracher du rivage qu'après qu'ayant mis à la voile par un vent favorable, il les eût entierement perdus de vûë.

Vasqués partit au commencement de Juille

de l'an 1497. Il cingla en pleine mer droit aux Canaries, d'où continuant sa route sans s'arrêter jusques aux Isles du Cap Verd: il moüilla le 13e. jour à celle de saint Jacques où il fit aiguade, & prit quelques rafraîchissemens. S'étant remis en mer il fut près de quatre mois à lutter contre les vents, & forcé à chercher la terre, il prit port dans une grande anse, qu'on appella depuis la Baye de sainte Helene. Il y trouva un peuple barbare & miserable, mais d'une grande bonté & franchise: un soldat nommé Fernand Velloso obtint du Général la permission d'aller seul jusques aux habitations. Il y fut reçû avec une grande humanité ; mais saisi tout-à-coup d'une terreur panique, dont il ne pût jamais rendre raison, il se mit à fuïr vers les Vaisseaux de toute sa force. Ce pauvre peuple, qui ignoroit la cause de cette course précipitée, le suivit pour le rassurer : Cela même redoublant la crainte du soldat donnoit des aîles à sa lâcheté pour mieux fuïr. L'équipage, qui faisoit de l'eau, le voyant venir si effaré & poursuivi, soupçonnant quelque trahison, courut aux armes. Les Negres attaqués se mettent en défense, font pleuvoir une grêle de cailloux & de fléches, dont une blessa le Général au pied. Le combat eût été plus funeste sans la prudence de Gama, qui ayant fait donner le signal de la retraite, fit rembarquer son monde, &

ANN. de J. C. 1497. DON EMMANUEL ROI.

se mit à la voile, s'estimant heureux d'en être quitte à si bon marché, après avoir beaucoup risqué par l'étourderie d'un seul homme.

Comme on ne sçavoit pas encore bien qu'il y avoit des vents reglés en certains parages, qui rendent la navigation aisée en quelques saisons, & très-périlleuse, où même presque impossible en d'autres, il se trouva malheureusement que Vasqués étoit parti dans la saison la plus contraire de l'année ; desorte que lorsqu'il fut arrivé au Cap de Bonne-Esperance, il n'y trouva que des orages & des tempêtes si affreuses, que son équipage rébuté des fatigues d'une navigation de près de cinq mois, lassé de la mauvaise nourriture, & plus épouventé encore des fantômes qu'il se formoit sur les dangers de ce Cap redoutable, se mutina plusieurs fois, dit-on, contre lui, & lui eût fait courir risque de la vie, s'il n'eût trouvé une ressource dans sa fermeté & dans sa constance. Car, ayant fait mettre les Chefs de la sédition aux fers, & parmi eux les maîtres & les pilotes, il prit lui-même le timon en main; & pendant plusieurs jours que dura la tempête, ne faisant que louvoyer & courir la bordée, il se roidit tellement contre tous les obstacles & contre tous les périls, plus grands encore de la part de ses gens mutinés, que du côté des vents & des flots, qu'il doubla enfin ce fameux Cap en cinq jours de tems du

20. Novembre jusques aux 25. Trouvant ensuite des vents plus mous il eut la consolation de voir les esprits se calmer avec la tempête, & alla prendre terre près de soixante lieuës au-dessus du Cap en tirant vers l'Est dans une Baye qu'on appella depuis l'Aiguade de saint Blaise.

ANN. de J. C. 1497. DON EMMANUEL ROI.

Il s'y refit un peu des fatigues qu'il avoit souffertes & trouva d'abord dans les Cafres de cette côte assez de facilité pour lui laisser faire de nouvelles provisions dont il traita avec eux pour quelques sonnailles, de la Rassade, & d'autres merceries de vil prix: mais s'étant élevé entre-eux & les siens quelques difficultés pour la traite, il jugea à propos d'aller plus loin dans un petit port, où ayant reparti sur tous les Vaisseaux les vivres qui restoient sur la Pinque, il la brûla selon les ordres qu'il en avoit. Il partit de-là le jour de la Conception, mais en sortant il fut accuëilli d'une autre tempête qui mit sa patience à l'épreuve durant plusieurs jours. Elle cessa néanmoins sans qu'il lui arrivât aucun accident, & il se trouva sur une Côte qu'il nomma de la Nativité, parce qu'il la découvrit le jour de Noël. C'étoit l'usage reçû en ces tems-là, de donner communément aux terres nouvellement découvertes, des noms pris du mystere du jour ou du Saint dont on celebroit la Fête. Par la même raison, il donna le nom de *Fleuve des Rois* à une grande

Ann. de J.C. 1498.
Don Emmanuel Roi.

riviere où il entra le jour de l'Epiphanie de l'année suivante. Les Cafres d'une peuplade de cette Côte en uferent si bien avec lui, & il y fit son commerce avec tant de tranquillité, qu'il lui donna le nom d'*Aiguade* de la *Bonne Paix*. S'étant rémis à la voile pour continuer sa route, il passa de nuit un Cap qu'il nomma *des Courants*, à cause des courants, qui y portant à terre avec violence, l'engolphoient dans une grande Baye, d'où il apprehenda de ne pouvoir pas se relever. Cela fut cause qu'ayant pris le large, il passa sans s'en appercevoir toute la Côte de Sofala si celebre par ses mines d'or, & que quelques Sçavants ont cru avec assez de probabilité être l'Ophir, où Salomon envoyoit ses Flotes, & où il puisa toutes ces richesses, qui rendirent son Regne si florissant.

Jusques-là nos Avanturiers étoient presque à demi désesperés. Ils ne trouvoient par-tout sur leur route, que des peuples miserables, dont ils n'entendoient point le langage, avec qui il falloit toûjours être sur le qui-vive, & dont ils pouvoient à peine tirer quelques vivres pour prolonger leurs jours, sans entrevoir aucune lueur d'une meilleure fortune. Le Ciel commença à les favoriser dans cette terrible situation d'esprit ; car étant entrés dans un Fleuve à la suite de quelques *Almadies*, canots ou petits batteaux, qui avoient des voiles

les de feüilles de palmier, ils conçurent quel- | ques efperances fur des changements qui leur | parurent de bonne augure, & qui firent don- | ner à ce Fleuve le nom de Fleuve *des Bons Signaux*. A la verité les peuples en étoient noirs comme les précédens, mais il fe trouvoit parmi eux quelque mêlange d'olivâtres, qui indiquoit le voifinage des blancs ; d'ailleurs ils étoient plus policés & mieux vêtus. Quelques-uns portoient des pagnes de coton & de toile peinte, des bonnets de foye ou d'étoffe entremêlés d'or & d'argent. Il s'en trouva même qui entendant quelques mots Arabes, purent raifonner avec Fernand Martinez, qui en fçavoit affez & fervoit d'interpréte au Général. Mais ce qui acheva de les confoler, c'eft qu'on leur fit entendre, tant bien que mal, qu'en remontant plus haut ils trouveroient des blancs comme eux, & des Vaiffeaux à peu près femblables aux leurs, qui courroient ces mers pour y faire le commerce.

ANN. de J. C. 1498. DON EMMANUEL ROI.

On peut concevoir quelle fut la joye de Vafqués, à des fignes fi heureux. Animé donc par des efperances mieux fondées que par le paffé, il planta un nouveau poteau fur le rivage, à qui il donna le nom de S. Raphaël, & prit la refolution de faire radouber fes Vaiffeaux qui en avoient grand befoin. Il y fut aidé par les naturels du pays, qui lui don-

Tome I. L

ANN. de
J. C.
1498.
DON EMMA-
NUEL ROI.

nerent amiablement tous les secours qu'ils purent. Mais il est peu de joyes parfaites ; celle de Vasqués fut troublée par un nouveau genre de maladie peu connuë jusques alors : c'étoit le scorbut qui fit de grands ravages parmi son monde. Ils le regarderent comme une sorte d'érysipéle, qui leur gonflant les gencives & les pourrissant, leur faisoit tomber toutes les dents ; & leur causoit d'autres symptômes très-fâcheux. Ils en connurent la veritable cause, en l'attribuant aux viandes salées, & à l'air grossier de la mer. Quelques-uns en moururent, mais le grand nombre en réchappa.

Ce ne fut pas le seul accident qui lui arriva. Il pensa périr lui-même dans son esquif, & peu s'en fallut qu'il ne perdît son Vaisseau sur des battures. Mais ayant échappé heureusement à l'un & à l'autre danger, il arriva cinq jours après à l'Isle de Mosambique, & alla moüiller une lieuë au-dessus à quelques Isles, où il planta un nouveau poteau, & à qui il donna le nom de saint George.

Le Mosambique est une petite Isle peu éloignée du continent de la Côte Orientale de l'Afrique à 14. dégrez & demi de latitude australe. Elle n'étoit d'aucune consideration sous la domination des naturels du pays, qui sont des Cafres idolâtres du Royaume de Quiloa. Mais les Maures sectateurs de Mahomet s'étant répandus sur ces Côtes en avoient fai une échelle pour le commerce de Sofala & des Indes, à cause de la bonté & de la sûreté de son port. Il n'y avoit gueres dans l'Isle que des Maures logés assez misérablement dans de pauvres cabanes de terre couvertes de paille, ensorte qu'on n'y voyoit d'ouvrage de maçonnerie que la Mosquée & la maison du Cheq, qu'Ibrahim Roi de Quiola y entretenoit, pour percevoir ses droits & y commander en son nom. Quand les Portugais s'en furent rendus les maîtres, ils en firent l'entrepôt de leur Flotes pour les voyages des Indes. Le Mosambique devint alors un port des plus célebres, mais comme l'air en est très-mal sain, cette terre qui devore ses habitans, devint le lieu de la sépulture d'une infinité de malheureux, qui n'avoient resisté aux plus rudes travaux de ces pénibles voyages, que pour y terminer les restes d'une vie épuisée de fatigues.

Dès que Vasqués parut, il vit venir à lui sept petites Almadies ou chaloupes pleines de monde & de joüeurs d'instrumens à la suite d'un Officier du Cheq, qui, d'aussi loin qu'il put être entendu, fit le salut en Arabe, & demanda d'où venoient les Vaisseaux, & où ils alloient. Mais il ne fut pas plutôt assuré & par le pavillon & par la réponse qui lui fut faite, que les Vaisseaux étoient de Portugal, & cherchoient une nouvelle route pour aller aux Indes, qu'ennemi juré des Chrétiens par Reli-

L ij

ANN. de
J. C.
1498.

DON EMMA-
NUEL ROI.

gion, & des Portugais par naiſſance, étant né ſujet des Rois de Fez & de Maroc, il forma le deſſein de les perdre. Néanmoins comme l'execution n'en étoit pas poſſible à force ouverte, il crut devoir diſſimuler de ſon mieux : cependant il ne pût le faire ſi bien, que Vaſqués, qui l'obſervoit avec grande attention, ne jugeât à ſon air déconcerté de la perverſité de ſes intentions. Mais comme il convenoit à Vaſqués même de couvrir ſes ſoupçons, tout ſe paſſa de part & d'autre en politeſſes. Les démonſtrations de joye ne furent point épargnées. Le reſpect dû à l'Alcoran n'empêcha point les Maures de boire largement le vin que Vaſqués fit ſervir. On ſe fit mutuellement des préſents à diverſes fois ; enfin il fut convenu qu'on fourniroit aux Portugais pour leur argent des vivres, & qu'on leur donneroit deux Pilotes pour le prix dont ils conviendroient avec eux. Mais la haine de ces Infidelles ne pouvant ſe cacher long-tems, on s'apperçut bien-tôt à pluſieurs traits de leur trahiſon & de leur mauvaiſe volonté. Les Pilotes s'évaderent à la nage ; on fit cacher quelques Abyſſins, avec qui Gama avoit déja entamé quelques entretiens pour s'inſtruire des Etats de leur maître ; enfin on en vint aux hoſtilités, & quelques Almadies attaquerent les chaloupes Portugaiſes qui faiſoient de l'eau.

DANS LE NOUVEAU MONDE. LIV. II. 85

Le Général en ayant porté ses plaintes, & en demandant justice, on lui répondit avec assez de hauteur. Le pourparler finit même par quelques insultes, qui furent suivies d'une grêle de flêches. Alors Gama irrité, fit faire quelques décharges de son canon, qui allerent tuer quatre personnes, & en particulier, l'un des Pilotes fugitifs, jusques aux côtez du Cheq. Le fracas de ces tonnerres meurtriers, peu connus jusqu'alors, ou peu usités dans ces contrées, jetta une consternation si subite, qu'en un instant tous les Maures abandonnerent l'Isle pour se sauver dans le Continent. Le Cheq épouvanté, devenu plus docile, accorda à Vasqués tout ce qu'il voulut. Vasqués se contentant d'un Pilote, mit sur le champ à la voile & passa outre.

La peur n'avoit point corrigé la mauvaise volonté de celui-ci, & soit qu'il fût d'intelligence avec le Cheq, soit que de lui même il fût assez porté à faire un mauvais coup, il se flatta de pouvoir faire perdre les vaisseaux, résolu de périr lui-même, ou esperant de se sauver à la nage. Il étoit veillé d'assez près, & il s'en appercevoit; néanmoins il ne tarda pas à se manifester, ayant engagé les vaisseaux dans quelques Islets qu'il disoit être un Cap, ou une pointe adhérente au Continent. Il lui en coûta cher ; car Vasqués, qui connut par là sa méchanceté, lui fit donner la corde si rudement,

ANN. de
J. C.
1498.

DON EMMANUEL ROI.

L iij

que le souvenir en resta toujours depuis en ce lieu, qu'on appella *les Islets du fustigé.*

Cette correction faite à propos, ayant tiré de lui un repentir apparent, il promit qu'il conduiroit la flote à Quiloa, Ville opulente, fameuse par son commerce avec les Indes, & habitée en partie par les Chrétiens Abyssins. Mais ce qu'il ne disoit pas, c'est que sçachant qu'on y étoit instruit par des exprés, de tout ce qui s'étoit passé à Mosambique, il se persuadoit qu'on y auroit pris des mesures efficaces pour en tirer vengeance. Les courants & les vents n'ayant pas secondé ses projets criminels, le Pilote perfide crut y réussir en allant à Mombaze, où il disoit qu'on trouveroit les mêmes avantages qu'à Quiloa ; & Gama à la veille de se voir réduit à une extrême necessité, par le manque de vivres, fut forcé de s'y laisser conduire.

Mombaze étoit alors une Ville assez forte, sous la domination des Maures, qui y avoient leur Roy particulier & indépendant de celui de Quiloa. Elle étoit entourée ou presque entourée d'eau, & formoit une espece d'Isle ou de Presqu'isle, dont le port avoit deux goulets défendus par une assez bonne Forteresse. Ses maisons étoient bâties de pierre, & elle avoit assez l'apparence d'une Ville d'Europe. L'air y est très-sain, le terroir excellent. Avec cela elle étoit très-peuplée, très-florissante par son commerce, & les facilitez qu'on y avoit pour la vie la rendoit une Ville très-délicieuse.

Vasqués, que les trahisons précédentes avoient mis sur la défiance, ne voulut point entrer dans le port, & se tint au large dans la rade. Il y reçut cependant le même accueil, qu'il avoit reçû d'abord à Mosambique. Quelques Almadies remplies d'hommes vêtus à la Turque, le Turban en tête, armés de sabres, de poignards & de boucliers, aborderent les Vaisseaux au son des instrumens de musique, & avec les démonstrations d'une joye extraordinaire. Le Général attentif à tout, n'en voulut laisser entrer que quatre, qui étoient les plus apparens, à qui même il fit quitter leurs armes. Après les complimens, les buvettes, les présens ordinaires en ces occasions, ceux-ci lui représenterent, qu'il étoit de la bienséance & de sa sûreté même, qu'il entrât dans le port. Car, outre les dangers qu'il courroit dans une rade peu sûre, il se rendroit suspect, disoient-ils, par cette conduite extraordinaire, & resteroit exposé aux Vaisseaux qu'ils entretenoient sur la côte, & qui courreroient sur les siens comme sur des Pirates.

On avoit eu une attention particuliere à faire veiller le perfide Pilote, afin qu'il ne pût entrer en conversation avec ceux-ci. Cependant, dans ce peu de tems, on ne sçait comment il trouva le moyen de leur parler, & de

ANN. de J. C. 1498.
DON EMNA-NUEL Roi.

les instruire de tout ce qui s'étoit passé à Mosambique ; ce qui ayant excité leur haine, & leur ayant inspiré les mêmes sentimens de vengeance & de dissimulation, ils firent encore de plus vives instances pour engager le Général à faire entrer ses Vaisseaux dans le port. Gama qui vouloit leur ôter tout soupçon, & prendre en même-tems ses sûretez, leur promit qu'il le feroit le lendemain, pourvû qu'ils lui fournissent un bon Pilote, & les renvoya sur cette espérance, contens de la bonne chére & des présens qu'il leur avoit faits.

En partant de Portugal, Vasqués avoit pris sur ses Vaisseaux, dix hommes qu'on lui consigna dans les fers, & qui ayant été condamnés à la mort pour leurs crimes, pouvoient espérer de mériter leur grace, en tentant des évenemens, ausquels on ne pouvoit raisonnablement exposer de plus honnêtes gens qu'eux. Il devoit s'en servir dans les cas de défiance, & il en avoit déja laissé quelques-uns sur sa route. Le lendemain donc, quelques Maures de considération étant venus pour lui rendre visite, & le pressant d'effectuer sa parole, il demanda encore deux jours de délai, sous le prétexte que c'étoit la Pâque des Chrétiens ; mais que cependant il alloit envoyer deux personnes de distinction pour saluer le Roi de sa part, & l'assurer que le troisiéme jour il entreroit dans le port. C'étoit deux de ces criminels à qui il avoit

avoit donné ſes inſtructions; mais qui ayant été conduits avec les précautions dont on uſe dans les Villes de guerre, & dans des tems ſuſpects, ne purent rendre compte que de la multitude du monde qu'ils avoient vû, de la beauté du Palais du Roi, & de l'audience qu'il leur avoit donnée.

ANN. de J. C. 1498.

DON EMMANUEL ROI.

Le Général s'étant enfin déterminé à entrer dans le port au tems marqué, les Maures, comme pour lui faire honneur & eſcorte, vinrent dans pluſieurs petits batteaux galamment pavoiſés, & où le nombre & la variété des inſtrumens, formoient un Concert d'une muſique barbareſque, mais qui n'étoit pas abſolument déſagréable. Quelques-uns s'accoſterent des Vaiſſeaux, & quelques efforts qu'on pût faire, il y entra plus de monde qu'on ne vouloit. Vaſqués ne laiſſa pas de faire ſignal pour appareiller, ce qui fit grand plaiſir aux Maures, qui croyoient déja tenir leur proye. Mais quand les Vaiſſeaux furent ſous voiles, comme la Capitane avoit de la peine à venir au vent, Gama qui craignit, que ne gouvernant pas, elle n'allât donner ſur une batture voiſine, fit ſur le champ jetter un grêlin & carguer les voiles. Comme cette manœuvre ſubite ne put ſe faire ſans beaucoup de mouvement, & que la préſence du danger donnoit encore plus d'action à l'équipage, les Maures, qui étoient ſur les autres Vaiſſeaux, & qui ignoroient la cause de cette manœuvre si peu attenduë, crurent que leur trahison étoit découverte, & se précipiterent tous dans la mer pour se sauver à la nage. Ceux qui étoient dans la Capitane en firent autant à leur exemple, avec le traître Pilote du Mozambique, autheur secret de cette conspiration. Gama averti par-là de leur complot, & confirmé depuis par les efforts que firent les Maures en envoyant des gens la nuit pour couper ses cables, rendit graces à Dieu de l'avoir délivré de ce danger, & se remit en mer pour aller chercher un port plus sûr & une nation moins perfide.

Ayant trouvé sur sa route deux batteaux qui alloient à Mombaze, il les prit; & quoique la plûpart des Maures qui y étoient se jettassent à la mer, il lui en resta treize entre les mains, qu'il mit aux fers. Les ayant fait interroger séparément, il apprit d'eux qu'il y avoit près de là une Ville florissante nommée Mélinde, dont le Roi favorisoit extrêmement le commerce, recevoit parfaitement bien les étrangers, & qu'il y trouveroit des Pilotes pour le voyage des Indes, des provisions à souhait, & toutes sortes de denrées; sur quoi il ne balança pas à y aller.

Mélinde étoit en effet une Ville telle qu'on la lui avoit dépeinte, située dans une belle plaine, & entourée de magnifiques jardins. Son Roy, qui étoit un vénérable vieillard, avoit, à sa religion près, tout ce qui fait un homme d'honneur & de probité ; & quand Vasqués lui eut fait part de sa venuë par un de ces honnêtes envoyés dont j'ai parlé, & par un des Esclaves Maures qu'il venoit de faire, il fut sensible à l'arrivée des Portugais, & se crut honoré de se voir recherché de si loin par un Prince puissant, dont ce qui lui fut rapporté lui donnoit une haute idée. Dans cet esprit, il y eut entre cette Cour & le Général, un commerce alternatif de politesse & de bonne foi, qui causa de part & d'autre une mutuelle satisfaction. Le Roi, que son âge extrêmement avancé retenoit au lit, s'étoit déchargé du soin des principales affaires sur un fils légitime, héritier de ses Etats, & digne d'un tel pere par ses bonnes qualités. Celui-ci ayant aussi conçu pour les Portugais une estime veritable, s'étudioit à leur en donner toutes sortes de marques ; mais voulant attirer le Général à terre, il le fit priër instamment de ne point refuser une visite au Roi son pere, qui desiroit très ardemment de le voir, & que ses infirmités empêchoient de sortir de chez lui, s'offrant pour exciter sa confiance, de lui donner ses deux fils en ôtage.

Vasqués, que les amitiés qu'il recevoit, rendoient plus soupçonneux, s'excusa sur les ordres précis qu'il avoit du Roi son maître. Il ajouta néanmoins, que si lui-même vouloit lui faire l'honneur de s'aboucher avec lui, il

Ann. de J. C. 1498.
Don Emmanuel Roi.

An n. de J. C. 1498.
Don Emmanuel Roi.

feroit la moitié du chemin pour aller à sa rencontre. Le Prince, que la sincérité & l'estime faisoient agir, voulut bien en cette occasion, passer pardessus les bienséances de son rang, & y consentit. Vasqués flatté de cette démarche, qui le mettoit de niveau avec un Souverain, ayant donné ses ordres pour la garde des Vaisseaux, fit pavoiser sa Chaloupe, & n'oublia rien de ce qui pouvoit rendre l'entrevûë plus solemnelle. Le Prince de son côté, voulant lui donner idée de sa grandeur, s'avança vers le port, élevé sur un Palanquin, & suivi d'un nombreux cortége, au milieu des voix, & des instrumens, qui formoient autour de lui un concert. Dès que le Général l'apperçut, il descendit dans sa Chaloupe, mais la marche du Prince ayant été plus lente qu'il ne pensoit, il fit faire alte, & attendit sur ses avirons pour donner le tems au Prince d'arriver. Dès qu'ils furent joints, le Prince entra dans la Chaloupe du Général avec franchise, il l'embrassa tendrement, & s'étant un peu remis de la peur que lui causerent les salves d'artillerie des Vaisseaux, & qu'il fallut faire cesser, il se noüa entre-eux une conversation gracieuse, pendant laquelle le Prince fit le tour des Vaisseaux pour les contempler. Le Général de son côté voulut voir la Ville d'un peu près sans débarquer. Ainsi après avoir fait plusieurs tours ensemble, ils se séparerent très-satisfaits mutuel lement l'un de l'autre ; mais le Prince en particulier fut plus charmé du préfent des treize Efclaves Maures que le Général lui donna, que des autres dons qu'il lui avoit fait, & de toutes les belles chofes qu'il lui avoit dites.

AN N. de J. C. 1498.
DON EMMANUEL ROI.

Il y avoit dans le port, quand Vafqués y arriva, quatre Vaiffeaux des Indes fur lefquels fe trouvoient, difoit-on, des Chrétiens de ces Contrées, quelques Banianes & un Maure Guzarate, qui eurent une grande joye de la vûë des Portugais. Vafqués n'en eut pas moins de fon côté. Il eut toute liberté de leur parler, & dans les fréquentes conférences qu'ils eurent enfemble, il en tira des lumieres & des inftructions falutaires, fur tous les points qu'il lui importoit le plus de fçavoir.

On prétend même que ce fut dans ces entretiens, qu'il apprit une nouvelle maniere de prendre hauteur & de faire ufage de la Bouffole, qui font fans contredit deux points fi effentiels dans la navigation, que fans cela elle feroit impoffible pour les grands trajets ; & qu'avec cela on va par tout. Que fi on pouvoit y ajouter la connoiffance des Longitudes & la maniere de les prendre, on iroit auffi fûrement fur mer que fur terre. On dit donc que Vafqués leur ayant montré fon aftrolabe, & ce que les Mathématiciens du Roi Don Jean fecond avoient inventé pour l'ufage des Pilotes, ils n'en parurent point furpris, & lui firent voir quelque chose de plus parfait en cette matiere, qu'ils disoient être commun aux Arabes qui navigeoient dans la mer Rouge, & à tous ceux qui fréquentoient les mers des Indes. Qu'ils lui enseignerent en particulier, cette alliance admirable de l'aiman & du fer, dans l'aiguille aimantée, & que Vasqués étant de retour à Lisbonne, rendit publiques toutes ces connoissances ; ce qui seroit certainement un service des plus grands que le Portugal eût pû rendre à l'Europe. Mais quoique je sois persuadé que la connoissance de la Boussole en particulier, puisse être venüe en Europe des quartiers des Indes par les Arabes, ainsi que l'Imprimerie & la poudre à Canon, qui sont à la Chine depuis plusieurs siécles avant les voyages que les Européans ont fait au Cathay, du tems des Croisades, je ne vois pas qu'il conste que cette connoissance nous ait été communiquée par les Portugais; au contraire, je vois que les autheurs en font honneur à Flavius de Melphe dans le Royaume de Naples, deux siécles avant les premieres navigations du Portugal.

L'intelligence fut toujours parfaite entre la Cour de Melinde, & le Général Portugais. Celui-ci n'ayant pû rendre visite en personne au vieux Roi, la lui fit rendre par deux de ses Officiers dont le Roi fut très-content. Vasqués trouva toutes les facilitez qu'il voulut pour faire ses provisions & pour subvenir à tous ses befoins. Quelques Maures & quelques Indiens qui fe trouvoient étrangers à Mélinde lui demanderent paſſage, & voulurent aller en ſa compagnie. Le Prince héritier lui permit de planter un poteau aux armes du Roi de Portugal comme un témoignage de leur alliance. Il lui trouva un Pilote très-habile, Indien de Nation, & ſur lequel il pût compter. Enfin pour mettre le comble à toutes ſes honnêtetés, il lui fit promettre de paſſer par Mélinde à ſon retour, pour ſerrer plus étroitement les liens de leur amitié, & pour prendre les Ambaſſadeurs qu'il vouloit envoyer en ſon nom au Roi de Portugal.

Ann. de J. C. 1498.

Don Emmanuel Roi.

Le trajet de Mélinde aux Côtes de Malabar, eſt de près de 700. lieuës en droiture. Le Pilote mit d'abord le Cap au Nord, & dans peu ils apperçurent l'Etoile polaire qu'ils avoient perdu de vûë depuis long-tems. Ils repaſſerent la ligne, & coupant enſuite tout droit ſur l'Indoſtan, au bout de quelques jours, ſecondés d'un vent favorable, ils virent une terre élevée qu'ils furent encore deux jours ſans pouvoir reconnoître, parce qu'elle étoit enbrumée. Enfin le Pilote diſtingua les montagnes de Calicut, & vint donner cette heureuſe nouvelle à Gama, qui tranſporté de joye, comme ſi lui & les ſiens euſſent touché à la fin de leur travaux, en rendit de ſolemnelles actions de graces à Dieu. Peu d'heures après il moüilla à deux milles de cette Ville le 18. Mai de l'année 1499. le 21e jour après son départ de Mélinde, & près de onze mois, après être sorti de la Rade de Lisbonne.

Quoique par le nom générique d'Indes Orientales, on entende communément toutes ces vastes Regions de la grande Asie qui sont au-delà de la mer d'Arabie & du Royaume de Perse, les Indes néanmoins ne sont proprement que ce grand espace de la terre ferme bornée au couchant par le Fleuve Indus, duquel tous ces pays ont tiré leur nom, & qui les sépare de ce côté-là, de la Gédrosie, de la Carmanie, de la Perse & de l'Ariane, Provinces qui s'étendent jusques à la mer Caspienne. Elles ont au Septentrion les Monts Imaüs, qui font une production du Caucase, & les divisent de la Scythie & de la Tartarie. L'Empire de la Chine est à leur Orient. Elles ont au midi la mer Océane appellée aussi mer des Indes, dans laquelle se jettent bien avant les deux grandes Peninsules d'au-deçà & d'au-delà le Gange, entre la mer d'Arabie & la mer de la Chine, où se trouve un Archipélague semé d'une multitude d'Isles sans nombre, dont plusieurs sont elles seules des Etats très-considerables. L'Inde cependant considerée d'une maniere plus précise, & reserrée dans des bornes plus étroites, pour ce que les naturels du pays même appellent *Indostan*, est ce qui contient

tout

tout le pays compris entre l'Indus & le Gange, qui fortant tous deux du mont Imaüs, & courant Nord & Sud, vont se jetter dans la mer des Indes.

ANN. de J. C. 1499.
DON EMMA-
NUEL ROI.

L'Indostan est aujourd'hui presque tout entier de l'Empire des Grands Mogols qui ont achevé de le conquérir depuis environ deux siecles. Il étoit au tems de la découverte des Portugais partagé entre cinq puissans Monarques, dont chacun avoit sous soi plusieurs Rois tributaires. Ces Monarques étoient les Rois de Cambaïe, de Delli, de Decan, de Narsingue & de Calicut. Ce dernier étoit plus connu par le nom de Zamorin qui répond à celui d'Empereur, que par celui de sa Ville Capitale. Ses Etats étoient les plus maritimes, & s'étendoient dans tout le Malabar.

Ces Princes, les successeurs de Porus, étoient originairement tous Gentils. L'idolâtrie ancienne, & les Orgies de Bacchus transmises de main en main étoient encore la Religion dominante chez la plûpart, & elle étoit dans toute sa splendeur. On y voyoit la même distinction des Castes ou des Tribus dont nous ont parlé les anciens Géographes, & les Auteurs qui ont écrit les actions d'Alexandre. Entre ces Castes distinguées par la naissance & éternellement jalouses de la superiorité qu'elles ont les unes sur les autres, superiorité fondée sur les Fables de leur origine & de leur Religion, les plus considérables sont celles des Brachmanes & celles des Naïres ou des Nobles.

Les Brachmanes issus du sang des anciens Gymnosophistes, les héritiers de leur Esprit & de leur discipline, sont les seuls dépositaires de la Religion de leurs Ancêtres, les Oracles de leurs Dieux, les interprêtes de leurs Loix, & les seuls qui ayent droit au Sacerdoce & au ministere des Autels. Ils reconnoissent un Etre suprême nommé *Parabrama* lequel a produit trois Dieux supérieurs à tout le reste, qui, selon l'opinion des *Nianigueuls*, ne forment tous ensemble qu'une même Divinité, quoiqu'aujourd'hui selon l'idée commune & populaire ce sont trois Dieux créés & subalternes, sur lesquels l'Etre suprême s'est déchargé de tout. Brama le premier des trois est le Dieu Créateur. C'est de lui que sont sortis les Dieux inferieurs & tous les Etres visibles & invisibles. Vichnou est le Dieu conservateur, & Routren le Dieu destructeur. Les Brachmanes en memoire de ces trois Dieux portent en écharpe trois cordons unis ensemble, & composés de trois filets chacun de couleur differente, qui sont un témoignage & une profession de leur foi, qu'on prétend être une idée corrompuë de la révelation du mystere de la très-sainte Trinité, & une marque distinctive de leur Etat, & de leur Caste. Ces trois Dieux se sont incarnés plusieurs fois sous differentes formes, &

ont remporté sur les Démons plusieurs victoi- | Ann. de
res qu'on voit exprimées differemment sous | J. C.
les figures emblematiques des Idoles adorées | 1499.
dans leurs Temples. | Don Emma-nuel Roi.

Outre ces trois Dieux, il y en à une infinité d'autres distribués en divers *Chorcams* ou Paradis. Leurs idées sur les incarnations de leurs Dieux ont assez de rapport aux fables de la Mythologie des Grecs, & leurs differentes spheres de Divinités, aux idées des anciens Egyptiens & des Platoniciens, dont Jamblique nous a donné une connoissance assez étenduë dans son livre des mysteres. Leur doctrine sur la Palingenesie ou renaissance du monde & la transmigration des ames, est toute conforme à celle de Platon & de Pithagore. Rien n'est plus extravagant que leur Religion sous l'écorce des fables dont ils l'enveloppent. Les principes de leur morale seroient assez beaux, s'ils étoient suivis, & si leur Religion même ne les alteroit & ne les corrompoit. Leurs cérémonies légales sont infinies, mêlées de toutes les horreurs du culte de la milice du Ciel, de toutes les fatuités de l'Astrologie judiciaire, de la magie, & d'une superstition si minutieuse qu'on peut dire qu'elle est poussée jusques aux derniers excès.

Le *Vedam* divisé en cinq livres contient toute leur Religion, ses mysteres, & ses préceptes. Ils l'ont reçû d'une tradition immémoriale. Il est respecté parmi eux comme le sont parmi nous nos saintes écritures, & il est d'un langage si suranné, qu'il en est peu parmi eux qui l'entendent. Les commentaires suppléent au texte. Ils en font une étude qui fait presque toute l'occupation de leur vie. Ils la commencent, dès que la raison à fait briller ses premieres lueurs ; & à mesure qu'ils avancent en âge, ils sont admis à des connoissances plus rélevées, aux dégrés de leurs universités, & aux differents ordres de leur Hierarchie.

Ce cours d'études est en même tems un cours d'initiations, dont les épreuves sont un dur noviciat, & deviennent plus rudes à mesure qu'on est promu à des dégrès plus élevés, & par consequent plus saints dans leur idée. En général leur vie est très austere, assujettie à une infinité d'observances légales. Ils ne mangent rien qui ait eu vie, vivent d'aumônes, & se piquent d'une extrême régularité : régularité apparente, qui imposant à des peuples extrêmement superstitieux, les rend l'objet de la vénération de ces peuples, & leur inspire tant d'orgüeil pour leur propre personne & tant de mépris pour les autres, que le plus miserable de la Caste des Brachmanes se croiroit soüillé, s'il étoit touché par des Rois, où s'il mangeoit avec eux, si ces Rois n'étoient Brachmanes eux mêmes, quoiqu'ils ne se fassent pas de difficulté d'être leurs Cuisiniers, & de les servir dans les plus vils ministeres.

L'austerité de leur vie n'est pas pour tous la même. Elle est differente selon les sectes & selon les differens Dieux qu'ils font profession de servir d'une maniere plus particuliere. Quelques-uns vivent dans le monde, d'autres s'en retirent; les uns se marient, les autres font profession du célibat. On en voit qui vivent dans de nombreuses Communautés, & il en est, qui s'enfoncent dans la solitude, & parmi ceux-ci il est plusieurs ordres de Pénitens, dont la vie est si excessivement inhumaine, qu'on ne peut lire sans horreur les cruautés, où ils se portent contre eux-mêmes.

La seconde Caste est celle des Nobles distingués en deux ordres, qu'on peut regarder comme la haute & la petite Noblesse : la haute, est celle des Raïas & des Caïmales, qui sont de petits Souverains, ou d'autres personnes caractérisées, comme sont parmi nous les Ducs, les Marquis, les Comtes, &c. La petite, comprend les purs Naïres. Ceux-ci font profession des armes, & y sont élevés dès l'âge de sept ans dans des Académies qui répondent à celles de notre ancienne Chevalerie d'Europe. Les rigueurs en sont extraordinaires, & s'ils deviennent habiles dans l'art militaire on peut dire, qu'ils l'ont acheté par des épreuves terribles. Ils ne peuvent servir dans les armées, ni porter les armes pour parade, qu'on ne leur ait ceint l'épée

ANN. de
J. C.
1499.
DON EMMA-
NUEL ROI.

Ann. de J. C. 1499. Don Emmanuel Roi.

avec cérémonie après un certain nombre d'années qui terminent le cours de ces rudes épreuves. Pendant ces épreuves ils en font un continuel exercice, & cet exercice leur donne une adresse surprenante, une force, une legereté qui ne se comprend pas, & un mépris de la mort qui est au-dessus de tout. Ceux d'entre les Naïres qu'on nomme les *Dévoüés*, & qui ont attaché leur vie par serment à celle de quelque Prince, sont aussi les plus dangereux & les plus formidables. Car fidelles à leur serment ils ne manquent jamais à suivre leur Patron dans le tombeau, mais pour l'en garentir il n'est point de danger où ils ne s'exposent, & il n'est point de genres de mort qu'ils n'affrontent. Avec cela ils sont extrêmement superstitieux & fiers dans leur superstition, quoique tous gueux & miserables. D'aussi loin qu'ils paroissent dans les ruës ils crient pour se faire faire place, de peur d'être souillés s'ils étoient touchés par quelqu'un du peuple. Ce qu'ils ont de plus singulier, c'est que plusieurs d'entr'eux, & surtout les freres, ont une même épouse, qu'ils partagent sans jalousie. Ils ne transmettent leurs héritages qu'aux enfans de leurs sœurs ou de leurs autres parentes du côté maternel.

Les autres Castes du menu peuple sont distinguées, ainsi qu'Herodote nous le raconte des premiers Egyptiens, par les professions de Marchands, de laboureurs, de porchers, de vachers, & même de voleurs. La plus miserable de toutes est celle des *Parias*, qui mangent la chair des animaux, & qui sont pour cette raison si abominables, qu'à peine sont-ils regardés comme des hommes.

La condition des femmes est très dure dans les Indes, par l'obligation qu'elles ont de se brûler sur le corps de leurs maris, sous peine de tomber dans le dernier mépris, & d'être obligées de se prostituer pour le service des Temples. Abomination que leur Religion authorise aussi-bien que la coûtume inhumaine de se faire écraser sous les roües des chars des Idoles, ou de se faire barbarement mourir en leur honneur.

Rien n'égaloit la magnificence de leurs Temples ou Pagodes, & s'il est vrai, comme l'assurent quelques auteurs, que le portique seul d'un de ces Temples, où l'on tenoit les victimes destinées aux sacrifices, étoit composé de sept cens Colonnes qui égaloient en beauté celles du superbe Panthéon de Rome ; on peut dire qu'ils alloient de pair, où qu'ils l'emportoient même sur les édifices de l'ancienne Egypte. Leurs Pagodes sont encore très riches, leurs Monasteres très nombreux & très bien fondés, leurs Idoles chargées de bijoux d'un prix inestimable, ensorte qu'on auroit une très grande idée de leur Religion, si on devoit en juger par l'opulence.

Ann. de J. C. 1499.

Don Emmanuel Roi.

Calicut, qui étoit alors le siege du Sacerdoce & de l'Empire, étoit aussi la Ville la plus magnifique de ces contrées, & le rendésvous général de toutes les richesses de l'Orient. On y voyoit rouler dans le commerce les diamans & les pierres précieuses des riches mines de l'Indostan; les perles, l'or, l'argent, l'ambre, l'yvoire, la porcelaine, les étoffes de soye, les toiles peintes, le coton, l'indigo, le sucre, les épiceries de toute espece, les bois précieux, les aromates, & généralement tout ce qui peut contribuer à l'usage & aux délices de la vie.

L'Indostan est traversé par une chaîne affreuse de montagnes, qui le coupent par le milieu, & finissent au celebre Cap de Comorin. Le merveilleux, c'est que dans un même climat dans les mêmes tems de l'année, & dans un espace aussi petit que l'est l'épaisseur de cette chaîne, les saisons y sont tellement réglées alternativement, que ceux qui sont à l'Est de ces montagnes joüissent d'un été très sec & très beau, tandis que ceux du couchant sont plongés dans un hiver qui dure pendant les mois de nos chaleurs d'Europe. L'hiver est moins marqué par le froid qui s'y fait sentir, que par des pluyes continuelles, & des vents si pésants, qu'ils rendent les mers des Indes impraticables, ce qui oblige les étrangers, qui en sçavent le tems précis, à les prévenir

venir, en profitant de la *Mouçon*, pour se retirer chez-eux, & les naturels du pays à mettre leurs Vaisseaux à couvert en les tirant à terre sur des chantiers ou dans des arsenaux où on les conserve.

A n n. de J. C. 1499.
Don Emmanuel Roi.

Comme ce fut précisement le tems ou Gama aborda sur ces Côtes, on connut encore mieux par-là que par la forme inconnuë de ses Vaisseaux qu'il venoit de pays lointains, & qu'il avoit peu d'usage de ces mers. Sa bonne fortune voulut qu'en arrivant ceux qu'il envoya à terre, pour donner part au Zamorin du sujet de sa venuë, firent rencontre d'un étranger qui ayant reconnu à peu près à leur figure qui ils étoient, & leur ayant demandé en bon Castillan quel Démon les avoit portés là & ce qu'ils venoient y chercher, se fit ensuite connoître à eux, s'y affectionna & leur rendit des services si essentiels, qu'on peut dire, que le salut leur vint du côté d'où ils devoient le moins l'attendre.

C'étoit un Maure natif du Royaume de Tunis nommé Monzayde. Il sçavoit fort bien la langue Espagnole & avoit connu les Portugais à Oran. Et quoique leur ennemi par naissance & par Religion, comme il se trouve par-tout d'honnêtes gens, en qui la probité rend toûjours justice au vrai mérite, malgré la diversité de créance & les jalousies de Nation, il avoit conçû pour eux une estime que

Tome I   O

ANN. de les victoires qu'ils avoient remportées en Afrique, n'avoient fait qu'augmenter au lieu de l'affoiblir. Il faisoit alors l'office de courretier & d'agent de commerce à Calicut. Il se trouva être ami d'un autre Maure que Vasqués envoyoit avec l'un de ses criminels, desorte que les ayant d'abord reçus dans sa maison, il se porta à faire plaisir aux Portugais avec une sincerité & une civilité que Dieu récompensa dans la suite par la grace de sa conversion.

J. C.
1499.
DON EMMANUEL ROI.

Ayant négocié d'abord avec le Catüal qui étoit le ministre du Zamorin dans Calicut pour le commerce, & ayant applani les premieres difficultez, il fit pourvoir premierement à la sûreté de la petite Flotte, en la faisant entrer dans le port qui est un peu éloigné de la Ville. Il fit ensuite si bien que le Zamorin sentant sa vanité flatée aussi-bien que son interêt de voir une Nation noble, guerriere, riche & puissante, venuë des extrêmités du monde pour rechercher son amitié, & lui demander la grace de lui ouvrir ses ports, voulut recevoir Gama sur le pied d'Ambassadeur d'un des plus grands Monarques.

Comme il falloit pour cela que le Général en personne se présentât, la défiance où les Portugais avoient toûjours vécu sur ces Côtes barbares, & jusques alors inconnuës, forma une difficulté dans le conseil. Paul de Gama frere du Général s'opposoit plus vivement que personne à sa descente, & entraîna tous les autres dans son sentiment par de très solides raisons. Mais Vasqués qui étoit homme de cœur ne voulut entendre à aucune de ces raisons suggerées plûtôt par la nature & la timidité, que par la prudence. Il trancha net la difficulté par sa résolution. Ayant donc laissé ses ordres à son frere pour faire les fonctions de Général à sa place, commandé Nicolas Coello pour conduire les Chaloupes, les accostant de terre le plus qu'il pourroit, afin qu'il pût s'y retirer si le besoin le demandoit, & que la retraite lui fut possible ; il ordonna ensuite à Paul en vertu de tout son pouvoir que quand bien même il lui verroit porter le poignard dans le sein, il préférât le service du Roi au soin de sa vie ; qu'il ne fit pas le moindre mouvement pour le sécourir & le sauver, mais qu'il appareillât sur le champ pour retourner en Portugal, afin d'y rendre compte au Roi leur maître du détail de leur voyage, de la découverte des Indes, & de sa triste destinée.

Le discours que fit alors le Général tira les larmes des yeux de tout le monde. Mais lui, conservant toûjours son sang froid & un air d'intrépidité, qui ranimoit les courages abbatus, il choisit douze personnes pour lui faire cortége, leur ordonne de se mettre d'un air de propreté convenable à l'occasion présente & s'y mit lui-même. Il fit parer les Chaloupes, & alla

Ann. de J. C. 1499.

Don Emmanuel Roi.

à terre au bruit de l'artillerie des Vaisseaux, au son des tambours, des fifres, & des trompettes, ce qui faisoit une espece de pompe & de spectacle qui recevoit tout son prix de la nouveauté.

Le Catüal, qui l'attendoit à la descente accompagné de deux cens hommes, partie pour porter ses bagages, partie pour lui faire escorte, l'ayant reçu avec bien des démonstrations d'amitié & de politesse, le fit monter dans un Palanquin, & monta lui-même dans un autre. Les Portugais du cortége suivoient deux à deux au milieu d'une foule de monde que la curiosité attiroit de toutes parts, & à qui les figures & les habillemens de ces nouveaux hôtes paroissoient aussi bizares que celles de ces Indiens le pouvoient paroître aux Portugais.

Il falloit en cet équipage aller jusques à Pandarane maison de plaisance où étoit alors le Zamorin, cinq milles au-delà de la Ville de Calicut. On passa par cette Ville sans y arrêter, & on alla coucher au-delà en une petite bourgade. Le lendemain on se remit en marche. Il se trouva sur le chemin deux Temples d'Idoles, où il fallut entrer. Les Portugais qui étoient persuadés que tous les Indiens étoient Chrétiens convertis anciennement à la foi par saint Thomas, les prirent pour des Eglises. Ils furent confirmés dans leur idée par les Brachmanes rangés en haye à la porte qui présenterent leurs eaux lustrales qu'ils crurent être de l'eau bénite, avec laquelle ils firent sur eux le signe de la croix très devotement. On leur présenta un peu de cendres faites de fiante de vache, qu'ils mirent sur leur tête avec beaucoup d'humilité. Etant entrés dans les Temples ils se prosternerent devant les Idoles. Il est vrai que les figures de ces Idoles leur donnerent quelque soupçon, mais ils furent rassurés par une autre qui ressembloit assez à la Mere de Dieu tenant son fils. Quelques Indiens ayant même prononcé le nom de *Marian*, ils se persuaderent en effet que c'étoit elle, & l'honorerent avec toute la dévotion qu'on sçait être particuliere à la Nation Portugaise pour la Mere du Redempteur. Un seul cependant plus défiant que les autres s'écria. » Qu'il ado- » roit Dieu, & que si c'étoient là des Diables, qu'il » y renonçoit de tout son cœur. Vasqués qui l'entendit ne put s'empêcher d'en rire, mais ni lui ni les autres, comme leur erreur faisoit plaisir aux Indiens, n'en firent pas autrement semblant.

Ce fut à l'un de ces Temples que le frere du Catüal, mais qui étoit dans une dignité plus éminente, vint prendre l'Ambassadeur escorté d'un grand nombre des Naïres, & d'un équipage bien plus leste & bien plus noble que le premier. Vasqués monta dans un nouveau Palanquin riche & magnifique. Il étoit si content de son sort qu'il repetoit souvent avec complaisance : » Qu'on n'avoit garde de penser alors en Por-

ANN. de J. C. 1499.
DON EMMA-NUEL ROI.

» tugal que la nation reçût si au loin tant
» d'honneurs qu'elle en recevoit actuellement
» dans sa personne.

On arriva ainsi au Palais du Roi. Les plus grands Seigneurs de l'Etat vinrent recevoir l'Ambassadeur à l'entrée, & le conduisirent au travers de cinq grandes cours, aux portes desquelles il y avoit des gardes qui à grands coups de baton écartoient la foule, mais l'empressement de voir les nouveaux hôtes étoit si vif & la presse si grande, qu'il y eût bien des têtes cassées, & même quelques personnes étouffées.

La sale de l'Audience grande & spacieuse, étoit ornée de riches tapisseries de diverses couleurs. Le pavé étoit couvert de tapis de velours verd: Tout le tour étoit rempli de sieges disposés en amphithéâtre, & richement meublés: Dans le fonds étoit un superbe sopha ou lit de repos sur lequel le Zamorin étoit couché la tête mollement panchée sur quelques carreaux. Il paroissoit un homme entre deux âges, de belle taille & de bonne mine. Il avoit sur la tête une espece de bonnet en forme de Thiare ou de Mître. Une Tunique blanche de coton parsemée de roses d'or, & qui lui descendoit jusques aux genoux, faisoit tout son vêtement. Ses mains étoient ornées de divers anneaux d'or qui soutenoient des pierres d'un prix inestimable. Ses bras & ses jambes étoient nuës, & relevées par des carquans chargés de si grandes & de si belles pierreries qu'on en étoit ébloui. Il avoit devant lui deux grands vases d'or, l'un où étoit son betel qui lui étoit préfenté par un des Seigneurs des plus apparens, l'autre étoit plein d'eau pour se rincer la bouche, & il crachoit dans un bassin de la même matiere que les vases.

AN N. de J. C. 1499. DON EMMA- NUEL ROI.

Dès que l'Ambassadeur parut à l'entrée de la sale, le Brachmane ou Pontife de la Cour, vieillard respectable par son âge & par sa dignité, s'avança vers lui, le conduisit jusques au milieu de cette sale & le préfenta au Roi. Après que le Général & les siens eurent fait le salut à la maniere du pays, ainsi qu'ils en avoient été instruits, le Zamorin les fit asseoir. On servit ensuite quelques fruits & autres rafraîchissements que les Portugais mangerent avec grand appetit. Soit que l'air de ces étrangers ou leur maniere de manger eut quelque chose qui plut au Zamorin, lequel s'entretenoit tout bas avec le Seigneur qui lui préfentoit le bétel, il parut qu'ils faisoient la matiere de la conversation, & qu'on en avoit du plaisir. Quand on eut cessé de manger, les Portugais demanderent à boire & on leur servit de l'eau. Mais comme ils voulurent se conformer à l'usage du pays, qui est de boire sans toucher au vase avec les levres de peur de se souiller, cette maniere, qui leur étoit trop étrangere leur

ANN. de J. C. 1499.
DON EMMANUEL ROI.

réüffit affez mal pour fournir un nouveau sujet de divertiffement.

Le Zamorin ayant enfuite fait dire à l'Ambaffadeur qu'il pouvoit communiquer fa commiffion à quelques-uns de ceux qui étoient autour de lui, Vafqués, qui crut que l'honneur du Roi fon maître étoit intereffé à ce qu'il regarda comme une efpece de mépris, dit fierement que les Rois ne communiquoient qu'avec les Rois & avec leurs miniftres en préfence de peu de perfonnes. Le Zamorin qui fentit cette délicateffe, eut la complaifance de condefcendre à ce qu'il vouloit, le fit paffer dans un Appartement voifin, où il fe rendit lui-même avec quelques-uns de fes principaux Officiers.

Là on lut la lettre du Roi de Portugal. Vafqués fit un difcours qui difoit à peu près la même chofe. Le Zamorin répondit à tout avec bonté en termes courts & précis, qui firent comprendre qu'il eftimoit l'alliance d'un Prince qui le prévenoit d'une maniere fi gracieufe, & il témoigna qu'il étoit prêt de donner les mains au commerce, dès qu'on lui feroit connoître les denrées qu'on apportoit & celles qu'on fouhaitoit. Après quoi ayant demandé à l'Ambaffadeur ce qu'il aimoit mieux, de loger avec les Maures ou avec les Chrétiens, c'eft-à-dire, avec les Indiens Gentils que Gama qualifioit de Chrétiens, il le fit reconduire à Calicut, & lui fit affigner un logement pour lui & pour

fes

ses gens où il fut traité d'une maniere convenable à sa dignité.

Jusques-là tout alla bien. Mais deux choses renverserent toutes les belles esperances d'une entiere réüssite. La premiere fut l'impossibilité où se trouva le Général de faire des présents dignes du Prince à qui il étoit envoyé. Ce qu'il offrit étoit si peu de chose, qu'il fut rejetté avec mépris. Quelque rareté d'Europe eut été là bien en place, mais la Cour de Portugal avoit manqué à y pourvoir. Vasqués s'excusa le mieux qu'il put. » Il dit que depuis
» près d'un siecle les Portugais cherchoient
» une route pour pénétrer jusques à la Cour
» de l'Empereur des Indes : Que tous les
» Capitaines qu'on avoit envoyés jusques
» alors étoient revenus dans le desespoir de
» faire cette découverte : Qu'il étoit parti lui-
» même dans l'incertitude d'y pouvoir réüssir,
» & qu'il n'y étoit parvenu qu'après des tra-
» vaux incroyables : Que l'amitié du Roi son
» maître valoit mieux que tous les présents du
» monde, & que si l'on cherchoit des présents,
» lui même à son retour aux Indes, où ceux
» qui y viendroient après lui, en feroient
» de si considerables, qu'on apprendroit à
» estimer par-là le Prince à qui il avoit l'honneur d'appartenir.» Ces raisons étoient vrayes & legitimes. Mais il étoit fâcheux de n'avoir à donner que de belles paroles chez une Na-

ANN. de J. C. 1499.

Don Emmanuel Roi.

{ANN. de J. C. 1499.
DON EMMANUEL ROI.}

tion interessée, où la coutûme est de ne se présenter jamais les mains vuides devant les Rois & leurs Ministres.

Mais ce qui acheva de ruiner ses affaires & la seconde cause de son mauvais succès, ce furent les mouvements que les Mahometans se donnerent pour le faire échoüer. Leur haine pour les Chrétiens ne fut pas le seul motif qui les ameuta. Il y entroit plus de politique que de Religion. Ils faisoient un fort gros commerce à Calicut, d'où ils se rendoient des Côtes d'Afrique & de l'Arabie, & ils étoient les seuls dépositaires de toutes les richesses des Indes, que l'Europe recevoit d'eux de la premiere main. Voyant donc que les Portugais prenoient cette route, ils apprehenderent avec raison de se voir enlever ce commerce. Ce motif animant leur jalousie, ils se resolurent de les perdre, & pour obvier au mal qu'ils craignoient, de faire ensorte qu'il n'en retournât pas un seul en Portugal, pour y porter la nouvelle de cette fatale découverte. L'argent, qu'ils répandirent abondamment, leur ayant gagné le Catüal & les principaux ministres, & changé la disposition de la Cour envers les nouveaux venus, que leur pauvreté avoit déja décrédités, ils parvinrent jusques à donner des requêtes au Zamorin, dans lesquelles ils représentoient
» les Portugais comme de miserables pirates,
» sans foi & sans honneur, qui avoient laissé

» par-tout sur leur route des marques de leur
» cruauté & de leur perfidie, dont on n'avoit
» que de trop sûrs garands dans ce qu'ils avoient
» fait à leur passage à Mozambique & à Mom-
» baze. Ils ajoutoient, que s'il étoit vrai, ainsi
» qu'ils s'en vantoient, qu'ils fussent les sujets
» d'un Monarque puissant, on devoit bien
» plûtôt s'opposer aux projets d'un peuple fier,
» que l'ambition & l'envie de conquérir fai-
» soient venir du bout du monde, & qui se
» présentoit par-tout en tyran, que de le fa-
» voriser au préjudice des Musulmans, qui
» depuis un tems immémorial faisoient le com-
» merce dans ces Contrées en esprit de paix,
» & avec tant de profit pour l'Etat, que les
» seuls droits d'entrée, qu'on levoit sur eux,
» faisoit le plus clair des revenus du Monar-
» que.

A N N. de
J. C.
1499.

Don Emma-
nuel Roi.

Ces raisons, qui étoient appuyées sous main, ayant fait impression, Vasqués put s'appercevoir facilement du changement de la Cour à son égard. Averti d'ailleurs par Monzaïde, qui fut assez honnête homme pour ne pas entrer dans les complots de ceux de sa secte, il se trouva tout-à-coup dans un des plus grands dangers où il se fût encore vû, & comprit d'abord toutes les suites que pouvoit avoir contre lui cette conjuration. Il ne perdit cependant pas la tête. Attentif à tout il fit premierement passer l'avis à ses Vaisseaux d'être sur

leurs gardes. Le point essentiel pour lui étoit de s'y rendre. Il en vint à bout. Mais avant cela il lui fallut démêler bien des artifices, dissimuler ou surmonter bien de mauvais procédés. Il parvint néanmoins à parler au Zamorin, & à faire valoir la justice de sa cause. Ayant laissé ensuite à terre quelques ôtages & ses marchandises, il se retira à bord avec Monzaïde, qui ne se crut plus en sûreté avec les siens, & voulut suivre la fortune du Général, à qui il avoit toûjours été fidele. Alors Gama se voyant un peu plus libre, quelques représailles faites à propos, & quelques Indiens enlevés, le mirent en état de r'avoir ses marchandises & ses ôtages. Enfin il obtint du Zamorin une lettre pour le Roi son maître dans lequelle » ce Prince se faisoit honneur de l'al-
» liance que le Roi de Portugal vouloit con-
» tracter avec lui, justifioit un peu sa condui-
» te sur le mal-entendu de ses ministres avec
» les Portugais, & permettoit la liberté du
» commerce, pourvû qu'il se fît sans violence
» & sans préjudice des autres Nations, qui
» étoient les premieres en date, & qu'il avoit
» de fortes raisons de ménager.

Le Général content de ce petit avantage, fit voile pour les Isles d'Anchedive, ainsi nommées en Arabe, parce qu'elles sont au nombre de cinq. Elles sont situées sur la Côte, à cinquante lieuës au-dessus de Calicut. Là ayant fait radouber ses Vaisseaux, & s'étant pourvû d'eau, il se remit en mer où les calmes le tinrent long-tems avant que d'arriver à la Côte d'Afrique. La premiere terre qu'il y vit fut la Ville de Magadaxo qu'il canona sans s'arrêter par un reste de dépit & de chagrin contre les Maures. Il passa à Mélinde, où il prit un Ambassadeur que le Roi le pria de conduire en Portugal. Ayant ensuite touché à l'Isle de Zanzibar, où il fut très bien reçû, aux Isles de S. George près de Mozambique, où il perdit le Vaisseau saint Raphaël sur un banc de sable, qui en a depuis retenu le nom, il doubla le Cap de Bonne-Espérance dans le mois de Mars de l'an 1499. prit sa route par les Isles du Cap Verd & les Açores, & arriva enfin à Lisbonne au mois de Septembre plus de deux ans après en être parti, n'ayant plus que cinquante-cinq hommes de cent-soixante & dix qu'ils étoient lorsqu'ils partirent. Le scorbut & les maladies les avoient enlevés, & en particulier Paul de Gama qu'il ensevelit à l'Isle Tercere. Vasqués ressentit très-vivement la perte de ce frere qui ne lui étoit gueres inferieur en mérite. Avec cela il fut encore heureux ; car après tant de traverses essuyées sur mer & sur terre, son retour pouvoit être régardé comme un espece de miracle.

Avant que de rentrer dans Lisbonne, Gama voulut faire une neuvaine à l'Hermitage de

Ann. de J. C. 1499.

Don Emmanuel Roi.

Ann. de J. C. 1499.
Don Emmanuel Roi.

Notre-Dame, où il avoit fait ſes devotions avant que de partir, afin d'y rendre de ſolemnelles actions de graces à Dieu, de l'avoir conſervé parmi tant de périls. Le Roi, qui avoit ſçû tout le détail de ſon voyage par Nicolas Coello, qu'une tempête avoit ſeparé de Gama vers les Iſles du CapVerd, & qui étoit entré dans le Tage dès le 10. de Juillet, envoya vers lui les premiers Seigneurs de ſa Cour pour le ſaluer de ſa part. Il lui fit enſuite une entrée comme à un Souverain, & voulut célébrer ſon retour par des fêtes, des jeux, des illuminations & des feux de joye. Et, pour le récompenſer dignement, il lui permit d'ajoûter le *Don* à ſon nom, & de mettre dans l'Ecuſſon de ſes armes une partie de celui de la Couronne; il le fit Amiral des mers des Indes : lui aſſigna mille écus de rente, lui accorda de pouvoir charger toutes les années deux cents cruzades d'or en marchandiſes, exemptes de tous droits pour les Indes, ce qui rendoit environ ſept autres cents cruſades, & dans la ſuite des tems il le fit Comte de Vidigueira. Ce Prince récompenſa de la même maniere, mais avec quelque proportion, tous ceux qui avoient eu part à cette expédition, deſorte qu'il n'y en eut aucun, qui ayant mérité ſes bienfaits, put ſe plaindre de n'avoir pas eu de part à ſes liberalités.

Mais pour rendre éternelle la mémoire de cet évenement en Prince vrayement Chrétien, après avoir ordonné des actions de graces solemnelles dans tous ses Etats, il fit bâtir une Eglise magnifique sous les auspices de la Mere de Dieu dans le lieu même où étoit le petit Hermitage de l'Infant Don Henri, avec un Convent de Hieronymites pour la desservir. Il dota ce Convent de très grands revenus, à condition de recevoir & d'instruire tous les gens de mer, qui voudroient y aller faire leurs dévotions. Il voulut, que ce lieu saint portât le nom de Bélen ou de Bethléem, du nom de celui de la naissance du Sauveur du monde. Et quoiqu'il l'eut destiné pour être le lieu de sa sépulture & des Rois ses successeurs, il sembla vouloir en faire honneur à l'Infant Don Henri, le premier moteur des voyages & des découvertes Portugaises. Car il lui fit dresser une statuë dans l'endroit le plus éminent au-dessus de la grande porte de l'Eglise, & ajoûta de nouvelles obligations aux fondations anciennes qui avoient été faites pour le répos de l'ame de ce grand Prince.

ANN. de J. C. 1499. DON EMMANUEL ROI.

Rien n'étoit plus superbe pour Don Manuel que le coup d'œil qui se présentoit à lui, & la figure qu'il faisoit alors dans le monde. Héritier présomptif de tous les Etats des Rois Catholiques Ferdinand & Isabelle, par le fils, qui lui venoit de naître de l'Infante d'Espagne son épouse, il se voyoit à la veille d'être un des plus puissants Princes de l'Europe. D'ailleurs

ANN. de J.C. 1499.
DON EMMANUEL ROI.

au nombre & à l'étenduë de ses Monarchies, il alloit joindre le commerce des trois plus grandes parties du monde, de l'Afrique, de l'Asie, & de l'Amerique, à cause des découvertes que venoient de faire les Portugais & les Castillans. Desorte qu'animé plus que jamais par un point de vûë si flatteur, comptant pour rien l'épuisément de ses finances, les périls infinis des longs voyages, la perte de tant de Vaisseaux & d'un si grand nombre de ses sujets qui périssoient dans ces Navigations; pertes qu'il croyoit devoir céder aux autres avantages qu'en pouvoient retirer la Religion & l'Etat; il se confirma de nouveau dans ses résolutions. Ajoûtant ensuite à ses autres titres celui de maître de la Navigation, Conquêtes, & commerce d'Afrique, d'Arabie, de Perse, & des Indes, il ne se contenta plus d'y envoyer quelques Vaisseaux comme auparavant, mais des Flottes nombreuses en état de donner la loi par-tout où elles se présenteroient.

1500.

La premiere qu'il mit en mer fut prête à faire voile au mois de Mars de l'année suivante 1500 Elle étoit composée de treize Vaisseaux & de quinze cents hommes d'armes outre les équipages. Il fit Général de cette Flotte Pierre Alvarès Cabral homme de naissance, & lui donna pour Lieutenant un autre Gentilhomme nommé Sanche de Tovar. Tous les autres Capitaines étoient gens de merite & d'expérience. Cabral,

Cabral, selon les ordres qu'il avoit, devoit toucher à la Côte de Sofala, pour prendre connoissance de son commerce, visiter les Rois de la Côte de Zanguebar, & en particulier celui de Mélinde, à qui il devoit remettre l'Ambassadeur que Gama avoit amené, tâcher de faire alliance avec ces Princes, établir, s'il le pouvoit, quelques postes sur cette Côte qui pussent servir d'échelle & d'entrepôt pour les voyages & les retours des Indes. De-là il devoit aller droit à Calicut, & ne rien omettre pour engager le Zamorin par les voyes de douceur à laisser établir un Comptoir dans sa Ville, qui pût servir au commerce solide, & à la bonne correspondance qu'il vouloit mettre entre les deux Nations, lui insinuer secrettement de se débarrasser des Maures en lui promettant qu'il retireroit du Portugal plus d'avantages qu'il n'en pouvoit espérer d'aucune autre Nation. Enfin il devoit le prier de permettre à cinq Religieux de l'Ordre de saint François de prêcher l'Evangile dans ses Etats, lui faisant envisager ce point-là seul comme le plus grand bien qu'il pût lui procurer, & la plus haute marque d'estime qu'il put lui donner. Et supposé que le Zamorin se rendît rétif à toutes ces propositions, Cabral devoit lui déclarer une guerre ouverte, & venger par toutes sortes de voyes les mauvais procédés qu'il avoit eus pour Don Vasqués de Gama.

ANN. de J. C. 1500.

DON EMMA-NUEL ROI.

Avant le départt, le Roi, qui vouloit agir par esprit de Religion en toutes choses, pour attirer les bénédictions du Ciel sur cette entreprise, & lui donner plus de poids par une cérémonie éclatante, conduisit le Général avec tout son monde en procession à l'Hermitage de Belem, ainsi qu'avoit fait Gama. Cabral y fut toûjours à côté du Roi sous le même dais. L'Evêque de Viseu officia Pontificalement, fit au Général un discours très-éloquent capable de flatter son ambition, & d'exciter l'émulation de ses compétiteurs. Il benit ensuite l'étendart aux armes de Portugal que le Roi remit lui-même entre les mains de Cabral. Après quoi ce Prince mit sur la tête de ce Général le chapeau beni que le Pape lui avoit envoyé. Et la cérémonie finie il le conduisit dans le même ordre jusques au port, affectant de lui parler avec privauté, pour l'honorer davantage par ces marques de confiance, & ne se retira au Palais, qu'après qu'il l'eut vû s'embarquer au bruit de l'artillerie des Vaisseaux & du port, & aux acclamations de tout le peuple.

La Navigation fut heureuse jusques aux Isles du Cap Verd, où ils arriverent en treize jours. Deux jours après Cabral s'apperçut qu'il manquoit à son escadre un Vaisseau, qui probablement coula à fond, & dont on n'a jamais depuis oüi parler. L'ayant attendu deux jours inutilement, il continua sa route. Mais il prit tellement au large pour éviter les calmes des Côtes d'Afrique, que le 24. d'Avril, il se trouva à la vûë d'une terre inconnuë, située à l'Oueft. La groffe mer l'ayant obligé de ranger la Côte, il courut jufques vers le quinziéme dégré de latitude auftrale, où il trouva un bon port, qu'à caufe de cela même il nomma *Porto Securo*, après avoir impofé le nom de fainte Croix à la terre du continent, où il avoit abordé. Ce nom fut depuis changé en celui de Bréfil ou Brafil, qui eft celui d'un bois affez connu aujourd'hui, auffi bien que les peuples qui étoient les anciens habitans du pays.

ANN. de J.C. 1500.
DON EMMANUEL ROI.

Le Général ayant envoyé à terre les *Découvreurs*, fur le rapport qu'ils firent que la terre paroiffoit être très-fertile, arrofée de belles rivieres, couvertes d'arbres fruitiers de plufieurs efpeces, habitées d'hommes & d'animaux, il refolut d'y defcendre pour rafraîchir fon monde & s'en mettre dès-lors en poffeffion.

Ayant fait prendre quelques fauvages, les amitiés & les préfents qu'il leur fit fervirent à apprivoifer tous les autres qui fe familiariferent en peu de tems, & apporterent à la Flotte les fruits de leur terre. Ces Sauvages font entierement nuds, & peints depuis la tête jufques aux pieds d'une couleur rouge, qu'ils renouvellent tous les jours, & à laquelle ils ajoutent plufieurs agréments de differentes figures. Les hommes se razent le devant & le dessus de la tête, & coupent leurs cheveux au dessous des oreilles d'une maniere à peu près semblable aux couronnes des Moines. Ils se percent les oreilles, le nez, les levres & les joües, dans lesquelles ils inserent de gros boutons de porcelaine tirée des coquillages de mer, ce qui les rend affreux. Leurs autres ornements consistent en quelques tissus de plumes, quelques colliers & bracelets de porcelaine ou de fruits secs, qui font du bruit comme des sonnailles. Ils sont d'ailleurs grands & bienfaits, d'un bon temperamment, fort lestes, adroits, & uniquement occupés de la chasse, de la pêche, & de la guerre. Leurs armes sont l'arc, la fléche, une espece de Rondache, & la massuë. Ils se servent de pirogues, ou longs batteaux d'arbres creusés, capables de contenir jusques à soixante personnes. Leurs femmes, qui sont assez bienfaites, portent épars ou liés en deux tresses pendantes leurs cheveux, qu'elles ont fort longs & d'un très-beau noir. Ce sont elles qui ont la peine de tout le ménage. Elles sément le bled de Turquie & la racine de Manioc, dont elles font le pain de Cassave. Elles font boucaner les viandes, & aprêtent aussi les boissons enyvrantes qui servent à leurs festins. Les cabanes de ces sauvages sont longues & pauvres. Quelques hamacs où ils couchent & quelques vaisseaux de terre en font toute la richesse. Ce qui les caractérise davantage, c'est que les cou-sines germaines y naissent les épouses de leurs cousins germains : Que les maris se mettent au lict quand leurs femmes sont délivrées de leur fruit : Qu'ils mangent leurs ennemis dans une fête solemnelle, après les avoir assommés, & qu'ils font sécher les corps de leurs morts, les pilent, & en boivent les cendres.

An n. de J. C. 1500.

Don Emma-nuel Roi.

Cabral voyant un peuple qui lui paroissoit bon & simple, mais chez qui il ne remarquoit aucun vestige de Religion, de loix, & de gouvernement civil, en eut grande compassion. Il souhaita que le Pere Henri Supérieur des cinq Missionnaires, homme de mérite, qui fut depuis Evêque de Ceuta, lui annonçât les vérités de l'Evangile, ce qu'il fit par un très-beau discours Portugais, auquel les Sauvages quoique très-attentifs, n'eurent garde de rien comprendre. Mais le Missionnaire n'en eut pas moins de mérite devant Dieu, ni moins de gloire devant ceux de sa Nation, qui gouterent fort son sermon, le trouverent très-convainquant, & approuverent fort son zele.

Le Général ayant planté un poteau pour prendre possession de cette terre, y laissa encore deux de ces criminels, dont la peine de mort avoit été changée en celle de l'exil. Après quoi ayant dépêché un de ses Vaisseaux sur lequel il fit embarquer un de ces Sauvages, pour aller porter à Lisbonne la nouvelle de

Q iij

ANN. de
J. C.
1500.
DON EMMA-
NUEL ROI.

cette découverte, il se remit en mer coupant droit sur le Cap de Bonne-Esperance. Le trajet est d'environ 1200. lieuës. La saison étoit belle, les vents mous & variables, les calmes fréquents. Une cométe qui parut durant dix jours consecutifs, sembla lui pronostiquer le malheur qui lui arriva. Toutes les voiles étoient sur les mâts & les battoient en attendant le vent. Les Pilotes ignoroient la conséquence de cette manœuvre dans un parage où les ouragans sont ordinaires & prompts comme l'éclair. Tout-à-coup il en vint un si furieux, que quatre Vaisseaux furent renversés sous voiles en un instant & périrent sans qu'on pût leur apporter aucun secours, ni sauver personne. Barthelemi Diaz, celui qui avoit découvert le Cap de Bonne-Esperance, en commandoit un, & finit là sa carriére digne d'un meilleur sort. La tempête, qui suivit cet orage, dura vingt jours & dispersa ce qui restoit de Vaisseaux, dont l'un fut porté en Portugal. La Capitane suivie de deux autres, qui furent toûjours à mats & à cordes, dépassa le Cap de Bonne-Esperance sans s'en appercevoir. Les trois qui restoient joignirent le Général sur la Côte de Sofala.

Cabral ayant réüni les restes de cette Flotte diminuée de plus de la moitié, alla jusques à Mozambique, où la crainte qu'inspira son arrivée, fit qu'il fût mieux reçû que n'avoit été Vasqués. Cette même crainte rendit plus circonspect Ibrahim Roi de Quiloa, avec qui le Général s'aboucha sur mer, ainsi que l'Amirante en avoit usé avec le fils du Roi de Mélinde. La crainte n'ôta pas cependant à Ibrahim l'envie de brasser quelque trahison. Outre que le Général s'en apperçût, il en fut encore averti par un frere du Roi de Mélinde, qui se trouvoit pour lors à Quiloa. Quelque envie qu'eut Cabral de châtier ce Roi perfide, il crut plus avantageux aux interêts du Roi son maître de passer outre. Il continua donc sa route jusques à Mélinde, dont le Roi fidelle à l'alliance qu'il avoit contractée avec le Portugal, jusques à soutenir le poids d'une guerre cruelle que lui fit le Roi de Monbaze, fut ravi de revoir les Portugais, & son Ambassadeur qu'ils lui ramenoient avec des présents considérables, si bien qu'après avoir comblé le Général de politesse, & l'avoir pourvû de rafraîchissements & de vivres de toutes sortes, il lui donna encore deux Pilotes Guzarates, avec lesquels s'étant mis en chemin, il arriva aux Isles Anchedives en peu de tems, par une navigation fort heureuse.

Le Zamorin instruit de l'arrivée de la Flotte envoya bien loin au-devant du Général des principaux Seigneurs de sa Cour pour le saluer de sa part, & lui offrir ce qui dépendoit de lui, pour la sûreté du commerce, témoignant une joye extrême de sa venuë dans ses

Etats, & une grande senfibilité à l'honneur que lui faifoit le Roi de Portugal de vouloir entrer dans fon alliance. Cabral que les démarches du Zamorin rendirent fier, & que fon procédé avec Vafqués avoit mis fur la défiance, lui fit demander une audience. Mais en même-tems il lui fit entendre affez réfolument qu'il ne mettroit pas le pied à terre, qu'il n'eut entre fes mains des ôtages qui répondiffent de fa fidelité, & il voulut que ces ôtages fuffent le Catüal même & les miniftres, dans lefquels il pouvoit avoir le plus de confiance.

Cette propofition plus que hardie, étonna le Zamorin. Mais foit que la crainte l'emportât fur lui, foit, ce qui eft plus probable, qu'agiffant par le Confeil des Seigneurs que les Maures avoient gagnés, il eût refolu dès-lors de pouffer la diffimulation jufques à l'excès, pour attirer les Portugais dans fes pieges, il fe rendit après quelques jours de conteftations fur cet article, & les ôtages furent livrés.

L'audience fut des plus fuperbes. Cabral y parut avec toute la magnificence Portugaife. Le préfent qu'il fit au nom du Roi fon maître, étoit digne du Monarque qui l'envoyoit. Le Zamorin, qui vouloit faire honneur à cet Ambaffade, étoit chargé de pierreries, & accompagné de la Cour la plus brillante. Les honneurs qu'on rendit à l'Ambaffadeur étoient fans exemple. Enfin comme rien ne manqua

manqua à la pompe du spectacle, rien aussi ne fut refusé de tout ce qui fut proposé. Le Zamorin accorda à l'Ambassadeur une maison qu'on pouvoit appeler un Palais, dont il lui fit une donation entiere, & dont l'acte fut écrit en lettres d'or. Il lui fut permis d'y arborer l'étendart du Portugal, & d'en faire un lieu de franchise. André Corréa fut agréé pour facteur ou Consul de la Nation. Il en prit sur le champ possession tranquille & commença à y étaler ses magasins.

Ces commencements étoient trop beaux pour n'être pas suspects. Ce qui étoit arrivé à l'Amirante Vasqués de Gama, les differentes tentatives qu'avoient fait les ôtages pour se sauver, & plusieurs autres circonstances devoient les obliger à se tenir sur leurs gardes. Le Général assez défiant par lui-même étoit de cet avis, mais la trop grande confiance de Corréa l'ayant emporté sur ses soupçons, il se laissa trop facilement aller aux avis de cet homme aveuglé par son interêt & par ses préjugés, dont il fut la premiere victime.

Les Maures avoient à Calicut deux personnes de leur Nation & de leur secte, pour veiller aux affaires de leur commerce, & faisoient l'office de *Sabandar*, c'est-à-dire, de Consuls. L'un avoit jurisdiction sur les Caravanes de terre, l'autre présidoit à la Marine. Le premier nommé Coje-Béqui, & le second Coje-Cemeri.

Ces deux hommes se regardoient d'un œil jaloux, comme il arrive d'ordinaire aux personnes en place, qui ont des interêts à démêler. Coje-Béqui avoit de la probité, il s'attacha aux Portugais en homme d'honneur, & s'y attacha si bien, que cela fut dans la suite la cause de sa perte. Coje-Cemeri s'y attacha aussi, mais en homme double & fourbe. Comme il avoit plus de manége que son Collégue, le malheur de Corréa voulut que méprisant tous les avis de Coje-Béqui, il se livra entierement à son rival, qui abusant de l'empire, qu'il prenoit peu à peu sur son esprit, le fit donner pendant trois mois dans toutes sortes de panneaux.

La principale attention de celui-ci étoit de faire faire à Corréa des fautes, qui retombant sur les Portugais, alienassent d'eux l'esprit des Indiens, & il y réüssit parfaitement. Il lui en fit faire en particulier deux considerables. La premiere fut de l'engager à faire attaquer & prendre de force un gros Vaisseau chargé de sept Elephans pour le compte des Indiens, & qu'il lui avoit persuadé appartenir à des Maures contrebandiers, par une supposition, qui étoit toute de son invention. Le Zamorin qui connivoit à tout, eut le plaisir du spectacle de ce combat & en recüeillit tout le profit. La seconde faute qu'il l'obligea de faire, ce fut de le porter à faire attaquer un autre Vaisseau dans le port même, sur une autre fausse supposition.

Les Portugais ne pouvoient venir à bout de faire leur cargaison. Coje-Cemeri persuada à Corréa, que le Zamorin en étoit la cause, & que sous le prétexte qu'il apportoit de n'avoir pas dequoi, il faisoit enlever le tout pendant la nuit par les Maures, & que le Vaisseau en question en étoit chargé. Le Zamorin ayant nié le fait & donné la permission aux Portugais de se saisir du Vaisseau, ceux-ci l'attaquent, le prennent, & trouvent par l'événement qu'au lieu de marchandises, il n'étoit chargé que de vivres pour le compte des Indiens.

{.sidenote}
ANN. de J. C. 1500.
DON EMMANUEL ROI.

Cependant Coje-Cemeri, qui sous main faisoit un autre personnage ameute le peuple, & fait trouver quatre mille hommes, qui investissent la maison des Portugais, enfoncent les portes, la pillent, y mettent tout à feu & à sang, avant qu'on en pût donner l'avis aux Vaisseaux. De soixante-six Portugais, il y en eut cinquante de tués, parmi lesquels fut Corréa. Les autres se sauverent avec peine vers le rivage, où les Chaloupes qu'on envoya des Vaisseaux au premier bruit les reçurent, la plûpart blessés & accablés de fatigue, & des efforts qu'ils avoient fait pour se défendre.

Le Général incertain, si le Zamorin avoit part ou non dans un événement, où le droit des gens étoit violé d'une maniere si atroce, attendit quelques jours ses excuses. Mais voyant qu'il n'en recevoit aucune satisfaction, il fit appareiller pour aller attaquer treize gros Vaisseaux des Maures, qui étoient dans le port, fait un feu terrible d'artillerie sur eux, les brûle ou les prend, mettant à la chaîne tous ceux, qui échapperent au naufrage, ou aux flâmes. Et afin que les Maures ne fussent pas les seuls à porter la peine des trahisons qu'on lui avoit faites, il canona deux jours entiers la Ville avec un effet si prodigieux, qu'ayant abbatu plusieurs maisons, fait périr plus de six cents personnes, il obligea le Zamorin de s'enfuïr à la campagne, tout épouvanté d'avoir vû un de ses principaux favoris emporté à ses côtés d'une volée de canon.

Après ce coup de vigueur, qui l'avoit assez vengé, Cabral met à la voile pour aller à Cochin trente lieuës au-delà de Calicut, en tirant vers le midi. Cette Ville située à l'embouchure du Mangat, qui l'environne, étoit la Capitale d'un petit état tributaire du Zamorin, mais dont le Roi, homme sage d'ailleurs, toûjours en crainte du voisinage d'un Prince trop puissant, piqué d'ailleurs du tort qu'il faisoit au commerce de ses sujets, écouta trop facilement les raisons d'un interêt présent, sans prévoir les conséquences de l'avenir, & forgea lui-même ses propres fers, en se donnant des alliés, qui devinrent ses maîtres.

La réputation des Portugais avoit volé dans

tout l'Indoſtan, & tous les Princes Malabares mécontens du Zamorin penſoient à s'en faire un appui pour les cas de néceſſité. Le Général ne s'imaginoit pas alors qu'il y eût dans l'Inde de ſi favorables diſpoſitions en ſa faveur, au contraire regardant tous les Indiens ſur le même niveau, il ſe défioit de tous également. Ainſi il ne voulut traiter d'abord avec Trimumpara, c'étoit le nom du Roi de Cochin, que par l'entremiſe d'un Jogue, que le Pere Henri avoit converti à la foi. Mais il trouva dans ce Prince tant de facilité, qu'il regla avec lui tout ce qu'il voulut, pour le préſent & pour l'avenir. Le pays étant plus fertile encore en épiceries & autres denrées de l'Indoſtan, le Général fût en état de faire promptement toute ſa cargaiſon, telle qu'il pouvoit la ſouhaiter.

Il ne reſtoit plus qu'à partir lorſqu'il ſe vit recherché par les Rois de Coulan & de Cananor. Mais comme il avoit déja terminé ſes affaires, il ne put leur donner pour le préſent que de belles paroles. Il paſſa néanmoins à Cananor, avant que de retourner en Europe. Il y fut reçû avec toutes les marques d'honneur & de cordialité qu'il pouvoit déſirer. Quoiqu'il eut déja ſa cargaiſon faite, il voulut y prendre quelques marchandiſes, mit ſur ſon bord un Ambaſſadeur que le Roi de Cananor envoyoit en Portugal, à l'imitation du Roi de Cochin, qui y envoyoit auſſi le ſien pour y ſerrer les nœuds d'une plus parfaite alliance. Il partit enſuite pour Liſbonne, où il arriva heureuſement la veille de ſaint Jean, l'an 1501. ayant perdu cependant ſur ſa route le Vaiſſeau de Sanche de Tovar, qui toucha ſur de hauts fonds près de Monbaze. Cabral fut obligé d'y mettre le feu, après en avoir retiré l'équipage & les marchandiſes. Mais Sanche repara bien ce malheur, car ayant été envoyé ſur un autre petit bâtiment à Sofala, ſelon les ordres que le Roi en avoit donnés, il découvrit cette côte, fit alliance avec le Cheq, regla le traité de commerce, & vint moüiller dans le Tage auſſi-tôt que ſon Général.

L'ardeur qu'avoit Don Manuel pour la réüſſite des affaires des Indes, ne lui permit pas d'attendre qu'il eut des nouvelles de Cabral. Il fit partir quatre Vaiſſeaux pour aller le joindre, & lui ſervir de renfort. Ayant appris peu de tems après la découverte du Bréſil, par le retour du Vaiſſeau, que Cabral avoit depêché, il fit un autre armement de ſix Vaiſſeaux ſous la conduite de Gonſalve Coello, pour aller en prendre une plus ample connoiſſance & une poſſeſſion plus aſſûrée.

Jean de Nove Gentilhomme du Royaume de Galice, homme habile & d'éxpedition, qui commandoit les Vaiſſeaux deſtinés pour les Indes, ne put parvenir à joindre le Géneral Portugais, à qui il étoit envoyé, mais dans tout le reste il fut aussi heureux qu'on peut l'être. Il découvrit, en allant, l'Isle de la Conception. Il trouva à l'aiguade de saint Blaise une lettre suspenduë à un arbre & cachée dans un soulier, qui l'instruisoit du voyage de Cabral allant aux Indes. Il donna son nom à une autre Isle, qu'il découvrit sur la côte de Zanguebar. Arrivé à Mélinde, il y reçût des nouvelles plus particulieres de la mauvaise foi, dont le Zamorin en avoit usé en dernier lieu avec les Portugais, ce qui l'obligeant à le regarder comme ennemi, il donna la chasse à deux de ses Vaisseaux, dont il prit l'un & le brûla. Ayant ensuite fait route pour Cananor, il y arriva assez à tems pour y faire bien les affaires de son commerce, & acquérir de la gloire.

La politique des Maures négocians de Calicut étant de dégouter les Portugais du commerce d'un Pays si éloigné, leur principale attention étoit de les empêcher de faire leur cargaison. Ils y avoient assez bien réüssi par les artifices, dont ils avoient joüé André Corréa, & par le tumulte qui en avoit été la suite. L'alliance que les Portugais avoient contractée avec les Rois de Cochin, & de Cananor les embarrassoit, & ils étoient bien déterminés de la troubler en toutes manieres. Alors sçachant que Cabral étoit à Cochin, ils mirent en mer de concert avec le Zamorin une Flote de plus de 60. voiles, parmi lesquelles il y avoit vingt-

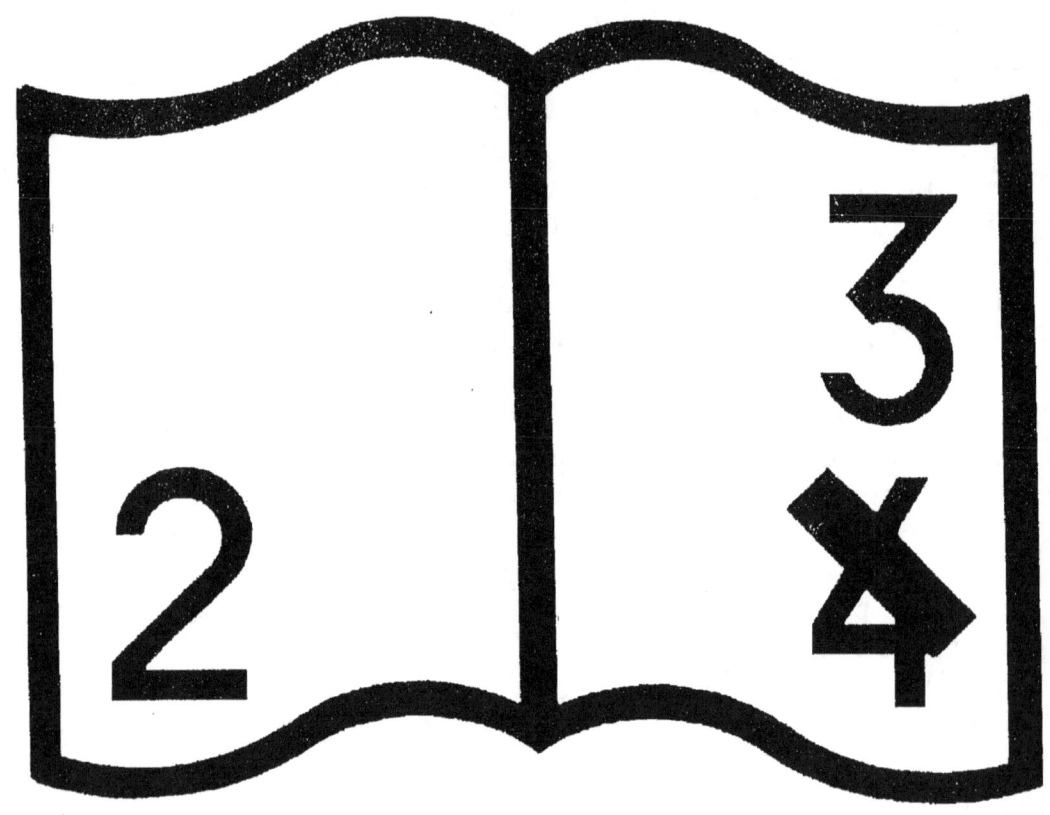

Pagination incorrecte — date incorrecte

NF Z 43-120-12

cinq Vaisseaux d'un bon port. Cabral, qu'ils joignirent, comme il partoit de Cochin, ne put les combattre, parce qu'ils rangeoient trop la terre, & qu'il étoit déja trop au large, de-sorte qu'il continua sa route sans s'arrêter. Cette retraite fut pour eux une prétenduë victoi-re, qui anima si bien leur courage, qu'ils résolurent de le chasser encore de Cananor, comme ils se flattoient de l'avoir chassé de Cochin. Ils y arriverent trop tard pour trouver Cabral, qui étoit déja loin, mais assez tôt pour embarrasser de Nove, qui y étoit arrivé depuis le départ de l'autre, & se préparoit lui-même au retour. De Nove fut averti par le Roi de Cananor de l'arrivée de la Flote & de se tenir prêt. En effet dès le lendemain il parut plus de cent bâtimens, qui lui barrerent l'entrée du port. De Nove étoit trop brave pour reculer. Il ne perdit ni le cœur ni la tête, & ayant mis ses Vaisseaux en telle situation, qu'il ne put être investi, & rangé tous ses canons sur l'un des deux bords, il foudroya la Flotte ennemie pendant tout un jour, sans discontinuer, avec tant de furie, qu'ayant coulé à fond dix-neuf bâtimens, & mis plus de quatre cens hommes hors de combat, il obligea les ennemis à lever l'étendart de la paix, & les contraignit de s'en retourner à Calicut, où ils porterent la désolation avec la honte de leur défaite.

Le

Le Zamorin tenta encore de surprendre celui-ci par des propositions artificieuses, mais de Nove étant averti par Coje-Béqui & par un Portugais prisonnier, qui avoit échappé au massacre de Calicut, ne daigna pas seulement faire réponse à ce Prince fourbe & dissimulé, & s'étant mis en chemin pour le Portugal, il découvrit encore sur sa route la petite Isle de sainte Helene, qui étant excellente par la bonté de ses eaux, de son air, & des autres rafraîchissements qu'on y trouve, semble avoir été faite exprès, pour la commodité de ces longs voyages, n'y ayant presque point de bâtiment qui ne cherche à s'y arrêter.

Ann. de J. C. 1501. Don Emmanuel Roi.

Il s'en fallut bien que Gonsalve-Coello eut autant de bonheur de son côté. Des six Vaisseaux qu'il commandoit, un furieux ouragan lui en fit périr quatre. Les deux autres à la verité arriverent au Brésil, & retournerent, mais chargés seulement de bois de Brésil, de Singes & de Perroquets. Pauvre retour, eu égard à la dépense d'un tel armement. Mais que les pensées humaines sont trompeuses! Ce pays qui parut alors si miserable est de toutes les découvertes qu'ait fait le Portugal celle dont il tire aujourd'hui de plus grands avantages.

Les honneurs que Don Manuel faisoit à ceux qui revenoient des voyages d'Outre-mer, sur-tout quand ils avoient quelques petits succès, avoient mis une émulation inconcevable dans

ANN. de J.C. 1501.
DON EMMANUEL ROI.

tout le Royaume. Les plus grands Seigneurs n'en étoient pas exempts, comme si le métier d'Avanturier d'une certaine façon eût été alors la seule porte ouverte à la fortune. Gaspard Cortereal, homme de distinction & en bonne posture à la Cour, voulant se distinguer comme les autres, en obtint l'agrément du Roi. Mais croyant que tout étoit découvert du côté du Sud, il tourna ses pensées vers le Nord, & découvrit en effet l'Isle de Terre-Neuve, & la Terre de Labrador, qu'il nomma Terre-Verte, & qui depuis a été nommée pendant quelque-tems de son nom Terre de Cortereal. Il y trouva les Esquimaux qui sont les naturels du pays. Ces Sauvages absolument differents de tous les autres peuples de l'Amérique, auprès desquels ils paroissent étrangers, sont si extraordinairement défiants, que quoiqu'ils ayant été des premiers connus, on n'a pû encore les apprivoiser, & qu'on ne peut commercer avec eux qu'à la pointe du fusil, & avec toutes les précautions qu'inspire la crainte de la trahison. Cortereal de retour en Portugal, y rendit compte de son expédition, & y retourna le plûtôt qu'il put. Ce second voyage lui fut fatal, y il périt, soit qu'il fut tué par ces sauvages, soit qu'il fit naufrage. Michel son frere qui voulut aller après lui, pour avoir de ses nouvelles, & qui avoit armé deux Vaisseaux à cet effet, eut le même sort. Le Roi qui aimoit

1502.

beaucoup ces deux freres, envoya deux autres Vaisseaux exprès pour les chercher, mais tous leurs soins ayant été inutiles, il desespera de leur salut, & ne voulut pas permettre que Jean Vasqués Cortereal leur aîné, & qui étoit grand maître de sa maison, entreprit ce voyage, que l'amour fraternel lui avoit inspiré de faire en personne sur la vaine esperance de les retrouver.

Ann. de J. C. 1502. Don Emmanuel Roi.

Cependant Cabral étant de retour en Portugal, & y ayant rendu compte de son voyage & de l'état des Indes, Don Manuel, qui, malgré la perte de la moitié de cette Flotte, conçut de solides esperances de réüssir, mit encore en mer vingt Vaisseaux, qu'il partagea en trois escadres differentes. L'Amirante Don Vasqués de Gama, qui avoit eu le tems de se remettre des fatigues du premier voyage, commanda la premiere qui étoit de dix Vaisseaux. Vincent de Soldre & Estevan de Gama cousin de Vasqués en avoient chacun cinq, du nombre des dix autres. Ils devoient obéir à l'Amirante tous les deux. Soldre avoit une commission particuliere, pour croiser dans la mer des Indes, & y faire respecter la banniere de Portugal, en courant généralement sur tous les ennemis de la Couronne. Il devoit soutenir les deux Comptoirs établis à Cananor & à Cochin, & surtout ne rien omettre, afin d'interrompre le commerce de la mer Rouge, en faisant garder le passage de Babel Mandel.

S ij

ANN. de J.C. 1502.
DON EMMANUEL ROI.

L'Amirante ayant établi sur sa route deux nouvelles Factoreries ou Comptoirs sur la Côte de Zanguebar, l'un à Sofala, l'autre à Mozambique, vint surgir avec toute sa Flotte au port de Quiloa. Ibrahim épouvanté à la vûë d'un si puissant armement, contre lequel il n'avoit pas eu le tems de se mettre en garde, se vit dans la nécessité d'accepter toutes les conditions que Gama voulut lui imposer, & vint exprès en mer pour s'aboucher avec lui. Gama qui étoit le plus fort, & qui ne se fit pas un scrupule de violer le droit des gens à l'égard d'un Prince, dont il avoit éprouvé la mauvaise foi, le prit prisonnier, & crut lui faire grace, de l'élargir en l'obligeant de se reconnoître vassal de la Couronne de Portugal, & de lui payer un tribut annuel de deux mille miticals d'or. Ibrahim promit tout sans pein. Mais ce Prince qui s'étoit emparé violemment du Trône, & s'y maintenoit en tyran, surprit le Général, & le trompa en lui donnant en ôtage, pour se tirer de ses mains un des Seigneurs des plus apparens de sa Cour, dont il craignoit le mérite, & dont il esperoit que les Portugais irrités de voir qu'il leur manquât de parole, prendroient soin de le défaire, en le sacrifiant à leur indignation. Mais celui-ci qui étoit homme d'esprit & de probité, découvrit à l'Amirante tout ce mystere, lui paya de son fond les deux mille miticals d'or, & se comporta avec tant de dexterité & de droiture que Gama lui rendit la liberté, & ne put lui refuser son estime.

ANN. de J. C. 1502.

L'Amirante eut bien voulu prendre vengeance de la mauvaise foi d'Ibrahim, mais craignant les suites d'une affaire qui pouvoit avoir un succès douteux, traîner en longueur, & lui faire manquer l'occasion de la belle saison, il suivit sa route pour les Indes. En arrivant sur la Côte du Malabar, il trouva la *Meris* gros Vaisseau, que le Sultan d'Egypte envoyoit toutes les années dans l'Indostan, d'où il revenoit ordinairement chargé richement, pour le compte de ce Prince, & portoit en même tems plusieurs passagers, que leur devotion conduisoit à la Meque au Tombeau de Mahomet. Vasqués suivit en cette rencontre un peu trop les mouvements de sa haine contre les Maures, & le fit d'une maniere peu digne d'un Gentilhomme. Car ne s'étant pas contenté de piller ce Vaisseau qui n'avoit fait aucune resistance, & de prendre d'abord vingt enfans qu'il destina à en faire des Religieux dans le Monastere de Notre-Dame de Belem, il essaya ensuite de le faire couler à fonds, pour y noyer tous ceux qui étoient dedans, & qui étoient au nombre de près de trois cens personnes. Mais n'ayant pû y réüssir, il fut obligé de l'attaquer à force ouverte, & d'y mettre le feu, ce qu'il n'eut pas executé si aisément qu'il le fit, si ces malheureux pré-

DON EMMANUEL ROI.

ANN. de J. C. 1502.
DON EMMANUEL ROI.

voyant un si mauvais traitement se fussent mis en défense.

Ayant pris port à Cananor, il fut reçû du Roi, avec toute la magnificence possible, & il traita avec lui d'égal à égal. Mais ayant pris les choses avec trop de hauteur, il ne put rien conclure avec lui sur l'article du commerce, & se retira mécontent pour aller à Calicut. Sur sa route il prit une cinquantaine d'Indiens dans de petits batteaux de pêcheurs, & attendit quelque tems à la vûë de la Ville, pour voir si le Zamorin ne feroit point mine d'entrer en quelque négociation. En effet, il se présenta bientôt un homme qui abordant la Capitane en habit de Cordelier, & disant *Deo gratias*, se fit ensuite connoître pour un Maure député par le Zamorin, pour faire des excuses de tout le passé, & jetter de nouvelles propositions. L'Amirante ne voulut entendre à rien avant qu'on eut satisfait pour tout ce qui avoit été pillé dans le Comptoir de Calicut, lorsque Corréa & les autres furent massacrés. Il se passa trois jours en allées & en venuës, pendant lesquelles le Zamorin se justifioit assez bien, & faisoit voir qu'on lui avoit fait plus de dommage qu'il n'en avoit reçu. Mais l'Amirante ne voulant point démordre de sa premiere résolution, & le Zamorin ayant laissé passer le tems qu'il lui avoit fixé pour se reconnoître, Gama fit le signal à l'heure marquée, pour faire pendre aux vergues les cinquante Indiens qu'il avoit fait distribuer dans les Vaisseaux pour ce sujet. Après cette cruelle execution qui fut faite à la vûë de la Ville, il fit couper les pieds & les mains de tous ces cadavres, & les ayant fait exposer sur un radeau, il prit le tems pour le lâcher que la marée pût les porter à terre, pour y donner le triste spectacle d'une vengeance aussi éclatante que celle-là, signifiant au Zamorin par la même voye dans une lettre écrite en Arabe. » Que c'étoit là un » présent qu'il lui faisoit en représaille du meur- » tre des Portugais, & ajoutant par rapport aux » marchandises, qu'ils les lui payeroit au cen- » tuple. « Ayant ensuite fait approcher ses Vaisseaux du rivage pendant la nuit le plus près qu'il pût, il canona la Ville sans discontinuation tout le jour suivant, avec un si terrible effet, qu'outre le monde qu'il fit périr, il ruina un grand nombre d'édifices, & endommagea considérablement un des Palais du Zamorin.

La solitude ou cette espece de bombardement avoit réduit la Ville, mettoit l'Amirante en état d'entreprendre quelque chose de plus, mais soit qu'il ne sçut pas ce qui s'y passoit, soit qu'il ne voulut, ou qu'il n'osât pas y entrer, il se contenta de ce qu'il avoit fait, & ayant mis le feu à un gros Vaisseau qu'il avoit pris dans le port, & qu'il avoit gardé quelque tems,

ANN. de J. C. 1502.
DON EMMANUEL ROI.

croyant qu'il donneroit lieu à quelque pourparler, il fit voile pour Cochin.

Les difficultés, que l'Amirante avoit eûes avec le Roi de Cananor, donnoient de l'inquiétude aux Portugais, inquiétude qui fut augmentée par les foupçons du facteur Gilles Gonzales. Celui-ci, homme d'un efprit inquiet, voulut perfuader à Gama, que le Zamorin avoit gagné fecrettement les Rois de Cochin & de Cananor, par le moyen de quelques Brachmanes, & que le but de tous les incidents que ce dernier avoit fait naître pour ne rien conclure, n'étoient qu'un concert entre ces Princes, pour traîner les affaires en longueur, afin d'obliger la Flotte d'hyverner dans les Indes, efperant de pouvoir la brûler dans les ports, où elle fe retireroit. Ces foupçons foûtenus de quelques conjectures affez folides, furent encore fortifiés par la conduite du Roi de Cochin, qui dans la premiere entrevûë qu'il eût avec l'Amirante, fe montra auffi difficile que l'avoit été le Roi de Cananor. Si bien que l'Amirante en fortit auffi mécontent de celui-ci, qu'il l'avoit été du premier. Mais dans le fond, le cœur de ces Princes étoit droit, & s'ils avoient fait des difficultés, ce n'étoit que parce que les prétentions des Portugais n'étoient pas raifonnables.

L'évenement le fit bien voir. Car le Roi de Cananor inquiet du peu de fatisfaction, que l'Amirante l'Amirante avoit fait paroître en sortant de ses ports, lui fit dire par les Portugais qui étoient chez lui, qu'il préferoit l'amitié du Roi de Portugal à ses interêts propres ; qu'il reglât les conditions du traité selon sa volonté, que lui-même s'engageoit à satisfaire au tort qui en resulteroit pour les autres négociants, en s'accommodant avec eux, & leur relâchant partie de ce qui devoit lui revenir des droits d'entrée & de sortie, & qu'ainsi toute la perte tomberoit sur lui seul. Le Roi de Cochin fit encore mieux. Car ayant vû le Général partir en colere & un peu ému, il le suivit dans une Almadie, avec quatre ou cinq rameurs, & l'ayant joint, il monta dans son Vaisseau, & lui dit avec cet air de franchise, que donne la droiture de cœur. » Je vois bien que vous êtes un » homme plus difficile à contenter, que je ne » le suis à vous accorder tout ce que vous de- » mandés. Faites ce qu'il vous plaira, vous êtes » le maître, ma personne que je viens remet- » tre entre vos mains, sera le garand de ma » bonne volonté. « Le Général étourdi également, & confus de cette démarche, répondit par des complimens, qui marquoient plus sa surprise, qu'un retour réciproque à une pareille generosité. En effet il prit la parole au bond, & conclut à bon compte le traité, comme il l'avoit d'abord éxigé, & l'acte en fut dressé sur le champ. Le Roi de Cananor

ANN. de J. C. 1502.

DON EMMANUEL ROI.

n'eut pas plûtôt appris cette nouvelle, que ne se contentant pas de ce qu'il avoit fait dire à l'Amirante, il lui envoya encore deux Ambassadeurs pour le prier de revenir chez lui avec une pleine assurance, qu'il regleroit toutes choses pleinement à son gré.

Cependant l'Amirante pensa périr dans le précipice, où le jetterent trop de confiance & de présomption. Quelque outré que fut le Zamorin de tout ce qui s'étoit passé, il n'avoit pas perdu l'esperance de noüer encore quelque négociation, soit qu'il le voulut de bonne foi, soit qu'il eut conçû le dessein de se venger par quelque perfidie. Les Auteurs Portugais sont assez de concert pour accuser la duplicité de ce Prince, & ses lâches artifices. Des Auteurs Indiens n'en conviendroient peut-être pas aussi facilement qu'eux. Il me semble démêler qu'il avoit assez de raison de se plaindre; Qu'il devoit paroître fort étrange à un aussi puissant Monarque, qu'un petit nombre d'étrangers vinssent dans ses Etats pour lui parler en maîtres, & lui faire des propositions telles qu'il n'en pouvoit conclure autre chose, si ce n'est qu'ils prétendoient lui donner la loi, & recourir d'abord aux voyes de fait les plus violentes, lorsqu'il ne vouloit pas leur accorder tout ce qu'ils demandoient.

Quoiqu'il en soit de ses intentions, voici le fait. Dans le tems que l'Amirante étoit encore à Cochin un Brachmane, homme d'esprit & d'un âge assez avancé, vint lui présenter deux de ses enfants, & un de ses neveux, pour les conduire en Portugal, où il vouloit, disoit-il, qu'ils fussent instruits dans la Religion, & les sciences de l'Europe. S'étant ensuite insinué peu-à-peu dans son esprit, il lui avoüa qu'il étoit envoyé de la part du Zamorin, & fit si bien qu'il lui persuada de retourner à Calicut. Gama croyant donc faire assez que de laisser le Brachmane & les trois jeunes gens pour ôtages, donna le Commandement de la Flotte à Etienne de Gama, & partit contre l'avis de ses Capitaines seulement avec deux Vaisseaux, dont même il envoya l'un pour avertir Vincent de Soldre, qui étoit à Cananor, de venir le joindre. Le Zamorin ne concluant rien, & affectant des délais, enfin Gama se vit investi tout-à-coup, d'une centaine d'Almadies qui avoient entrepris de le brûler à la faveur de la nuit. La trahison fut si bien conduite, qu'il ne s'en apperçut que lorsque les Indiens s'attachoient déja aux cordages, & il n'eut le tems que de couper le cable & la chaîne de fer qui le tenoit amarré. Un vent d'Est assez fort s'éleva très à propos, mais les ennemis s'acharnant à le suivre au large, il fut joint encore à point nommé par Vincent de Soldre, qui avec ses Caravelles & le feu de son artillerie, en ayant coulé plusieurs à fond dissipa bientôt le

A N N. de
J. C.
1502.

Don Emmanuel Roi.

reste. L'Amirante de retour à Cochin, fit pendre le Brachmane, dont les enfants & le neveu vrais ou prétendus, avoient déja pourvû à leur salut par la fuite.

Outre les Ambassadeurs du Roi de Cananor, qui étoient venus à Cochin, pour traiter avec l'Amirante, il lui en vint encore deux autres de Cranganor. Ceux-ci se disoient les Députez des anciens Chrétiens des Indes, descendus de ceux que l'Apôtre saint Thomas avoit converti avant que de consommer ses courses Apostoliques, par un glorieux martyre. Après avoir exposé toute leur tradition touchant ce glorieux Apôtre de Jesus-Christ, & l'état présent de leur chrétienneté, qui se montoit à près de trente mille ames, gouvernées pour le spirituel par des Evêques & des Prêtres, qui reconnoissoient le Patriarche d'Armenie, pour leur premier Pasteur, ils dirent qu'ils étoient envoyés de la part de leur petite République, ,, pour signifier à l'Amirante la joye
,, qu'ils avoient eu à la premiere nouvelle de
,, l'arrivée des Chrétiens, sujets d'un des plus
,, puissants Monarques de l'Europe, & de l'es-
,, perance qu'ils avoient conçûë en même-tems
,, dans la pensée que Dieu les avoit envoyés,
,, pour les delivrer de la servitude, où ils gé-
,, missoient sous la tyrannie des Princes infi-
,, delles de cette Gentilité & des Sarrazins, en-
,, nemis mortels des Chrétiens, que leurs ri-

„ cheffes & leur commerce avoient extrême-
„ ment accredités dans ces Contrées. Qu'ainsi
„ ils avoient recours à leur bonté, & qu'afin de
„ les engager plus efficacement à les prendre
„ sous leur protection, ils leur présentoient le
„ Sceptre, par lequel ils s'engageoient au Roi
„ de Portugal, qu'ils vouloient reconnoître
„ desormais, pour leur veritable & legitime
„ Souverain.

Ann. de J. C. 1502. Don Emma- nuel Roi.

Rien ne pouvoit être plus flatteur pour l'A-
mirante que cette Ambassade. Aussi y répondit-
il de la maniere du monde la plus gracieuse
& la plus consolante, acceptant la proposition
au nom du Roi son maître, & assurant les Députez, „ Qu'ils trouveroient dans ce Monarque
„ un protecteur zélé & efficace: Que les Géné-
„ raux, qui étoient ses Lieutenants, & repre-
„ sentoient sa personne dans les Indes, pren-
„ droient toûjours leurs interêts en main de tout
„ leur cœur: Qu'ils devoient les regarder com-
„ me les interprétes de ses volontés, & recourir
„ à eux dans leur besoin: Que pour lui en par-
„ ticulier il les assuroit de son affection & de
„ sa disposition à leur faire plaisir: Que dans
„ son absence & à son départ, il les recomman-
„ deroit à celui qui entreroit en sa place, &
„ qui leur feroit un autre lui-même." Avec cela
il les congédia, les laissant charmés de ses caresses, & de ses liberalités.

Le Zamorin ne s'endormoit pas. Voyant

ANN. de
J. C.
1502.
DON EMMA-
NUEL ROI.

que ses artifices ne lui avoient servi de rien, il eut recours à d'autres moyens qu'il crut plus sûrs & plus infaillibles. Ce fut d'écrire au Roi de Cochin son vassal, & de faire agir en même-tems auprès de lui, & par promesses, & par ménaces, pour l'obliger à lui livrer les Portugais, ou bien à les contraindre de sortir de ses Etats. Trimumpara aussi ferme qu'il étoit sincere, répondit à ces lettres du Zamorin avec une grandeur d'ame, qui devoit lui faire sentir sa constance, & sa résolution. Il eut outre cela la délicatesse de ne vouloir rien découvrir de cette négociation à l'Amirante, pour lui épargner les ombrages & les inquiétudes qu'elle eût pû lui causer, & il ne lui en parla, que lorsqu'il fut en état de lui faire voir avec certitude, qu'il risquoit le tout pour le tout, & qu'il faisoit tant de cas de l'alliance qu'il avoit faite avec lui, qu'il aimoit mieux tout perdre que d'y renoncer.

Gama qui étoit sur son départ, fut ravi des dispositions où il laissoit ce Prince, & n'omit rien pour lui persuader qu'il devoit tout attendre de la reconnoissance des Portugais. Ayant ensuite pris congé de lui, il partit pour Cananor avec treize Vaisseaux. Il trouva sur sa route assez près de Pandarane une Flotte de trente neuf bâtiments, que le Zamorin envoyoit pour le combattre. La conclusion fut bientôt prise d'accepter le défi. Soldre, Raphaël, & Pétreïo, dont les Vaisseaux étoient moins chargés, tomberent d'abord si rudement sur deux gros bâtimens Sarrazins, qui faisoient l'avant-garde ennemie, que la plûpart de ceux qui devoient les défendre, n'ayant pas assez de courage, pour soutenir un si rude choc, se lancerent à la mer, où les Portugais qui sauterent dans leurs Chaloupes en assommerent plus de trois cens à coups de demi-piques, d'avirons, & de léviers. Le reste de la Flotte saisi de la même terreur, ayant gagné la terre, l'Amirante, dont les Vaisseaux trop chargés ne pouvoient les suivre, se borna à dépoüiller ceux qu'il avoit pris, y mit le feu, & continua son chemin. Entre les richesses qu'il y trouva, il est parlé d'une Idole d'or du poids de soixante livres, dont les yeux étoient deux trèsbelles émeraudes, & qui avoit sur la poitrine un rubis, ou une escarboucle de la grosseur d'une chataigne, & d'un très grand éclat. Le manteau de l'Idole relevé en broderie d'or étoit pareillement enrichi de perles, & d'autres pierreries d'un très-grand prix.

L'Amirante conclut son traité avec le Roi de Cananor, aux mêmes conditions qu'avoit accepté le Roi de Cochin. Il engagea de plus ce Prince à faire ligue offensive & défensive avec celui-ci, pour lui procurer un défenseur, au cas que le Zamorin voulut l'attaquer. Ayant ainsi conclu toutes choses à sa satisfaction, il reprit la route d'Europe, prit des rafraîchissements à Mozambique, & arriva à Lisbonne le premier de Septembre 1503.

L'entrée que le Roi lui fit faire dans cette Capitale, put être regardée comme une espece de triomphe, où l'on porta avec toute la solemnité possible, les présents des Rois de Cananor & de Cochin, les dépoüilles de celui de Calicut, le sceptre des Chrétiens de S. Thomas, & les deux mille miticals d'or de tribut du Roi de Quiloa devenu feudataire de la Couronne de Portugal, dont le Roi Emmanuel voulut éterniser la mémoire, employant tout l'or de ce Tribut, à une Custode superbe qu'il fit faire & qu'il consacra dans sa magnifique Eglise de Notre-Dame de Belem.

Fin du Second Livre.

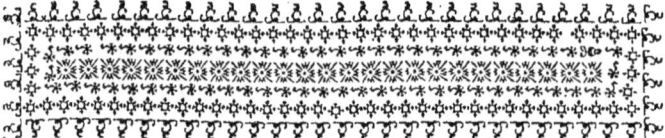

HISTOIRE
DES DECOUVERTES
ET
CONQUESTES
DES PORTUGAIS
Dans le Nouveau Monde.

LIVRE TROISIÉME

L E départ de l'Amirante laiffant un grand vuide dans les Indes, le Zamorin, excéde par les Portugais, & piqué au vif des réponfes du Roi de Cochin, crut que la conjoncture étoit des plus favorables, pour fe venger, & que la fortune lui livroit en quelque forte fes ennemis entre les mains. Voulant neanmoins agir felon les regles, pour paroître fe déterminer prudemment fur un point qu'il avoit déja réfolu, il affembla un grand confeil, où fe trouverent plufieurs Princes fes vaffaux, & plufieurs autres vaffaux du Roi de Cochin, que la crainte avoit déja dérobés à celui-ci. Dans ce confeil il expofa fes griefs

A n n. de
J. C.
1503.

Don Emmanuel Roi.

Tome I.   V.

avec toutes les apparences d'une grande moderation, mais avec tout l'artifice des raisons captieuses, que lui suggeroit la plus vive animosité. La plûpart des Seigneurs gagnés par les Mahometans, ou poussés de diverses passions selon l'ordinaire des Cours, applaudirent aux motifs de son indignation. Le seul Naubeadarin, fils de sa sœur, & l'héritier présomptif de sa Couronne, Prince, qui avoit de la probité & de la valeur, entreprit de combattre ses raisons prétenduës. Et il le fit avec tant de respect d'une part, tant de force & de solidité de l'autre, qu'ayant justifié pleinement les Portugais dans tous les cas, inspiré de l'admiration, même pour le Roi de Cochin, dont il releva extrêmement la constance & la bonne foi, il ébranla tellement l'esprit de son oncle que la raison alloit triompher de sa haine, si le Caïmale de Repelin, ennemi personnel du Roi de Cochin, au sujet d'une place qu'il prétendoit que celui-ci lui retenoit injustement, emportant tous les suffrages du conseil par sa hauteur, n'eût fait pancher la balance en faveur de sa haine contre la raison.

La guerre étant donc résoluë, la nouvelle en fut bientôt portée à Cochin, où elle causa un grand trouble & une grande émotion dans les esprits. Les Maures établis depuis plusieurs siecles dans cette Ville, ainsi que dans presque toutes les Villes maritimes des Indes, y étoient si puissants, qu'ils donnoient de la sujettion au Souverain même. Ils avoient mis dans leurs interêts la plûpart des Ministres & des Naïres. Les Portugais au contraire y étoient extrêmement haïs du peuple & de la noblesse, soit par l'instigation des Maures, ennemis d'autant plus dangereux qu'ils cachoient mieux leur haine, soit parce que les Portugais naturellement méprisants, & ne connoissant pas encore assez bien le pays, en violoient trop aisément les coûtumes, & vivoient un peu trop à l'Européane.

Ann. de J.C. 1503. Don Emmanuel Roi.

Dans cette disposition des esprits, le Roi de Cochin recevoit de furieux assauts de la part de ses sujets les plus fidelles, qui lui représenterent vivement le tort qu'il se faisoit à lui-même, & à toute la famille Royale, s'exposant lui, & ses peuples à tout perdre pour quelques étrangers que personne n'aimoit. Les Portugais eux-mêmes, qui sentoient le danger qui les pressoit, & qui avoient encore plus à craindre les habitans irrités d'avoir à soutenir malgré eux, une guerre dont ils appréhendoient avec raison d'être les victimes, que toute l'armée de Calicut, firent tous leurs efforts pour persuader au Roi de ceder au tems, de faire semblant de les abandonner, de mettre sa personne & ses Etats à couvert, en leur permettant de se retirer à Cananor, où ils seroient en sureté. Mais ce Prince qui faisoit plus d'état de son honneur, que de sa Couronne & de sa vie même, croyant que cet expédient, qui étoit une maniere honnête de manquer à sa parole, blessoit sa délicatesse, ne voulut écouter aucune de ces propositions, & se roidissant contre tout le monde, tint ferme, & donna aux Portugais une garde de Naïres, pour les empêcher de s'évader, & pour les sauver de la fureur du peuple.

Sur ces entrefaites Vincent de Soldre arriva à Cochin, avec les Vaisseaux de son escadre. Le Roi & les Portugais commencerent à respirer en le voyant. Mais quoiqu'il eut un ordre exprès de l'Amirante de secourir Cochin, supposé qu'il fut menacé, soit lâcheté, soit avarice, ou bien l'un & l'autre, il ne pût jamais se laisser fléchir de consentir à demeurer. Le Président de la factorerie n'épargna ni raisons, ni prieres, ni larmes. Tout fut inutile. Cet homme indigne du sang d'une nation noble, comptant pour rien la vie de ses concitoyens, l'honneur du Roi son maître, & les mérites d'un Prince, qui sacrifioit tout pour eux par pure générosité, & préferant à tout, le gain de ses pirateries, répondit froidement. » Qu'il n'é-
» toit pas venu pour faire la guerre sur terre:
» Que le Roi de Cochin & les Portugais se
» tirassent d'intrigue comme ils voudroient, ou
» comme ils pourroient: Que pour lui il avoit
» ordre du Roi de Portugal, de croiser dans

» le Golphe Arabique, qu'il fe croiroit cou- »pable, s'il n'éxecutoit fes ordres. « Sur cela il partit avec fon efcadre, laiffant dans Cochin une confternation encore plus grande qu'elle ne l'étoit avant une retraite fi peu attenduë & fi mal juftifiée.

Dieu vengeur des crimes l'en punit, & l'aveugla de maniere, qu'il ne put s'en prendre qu'à lui-même de fa perte. Son avarice fe trouva d'abord bien flatée, par cinq ou fix groffes nouvelles prifes qu'il fit, fur lefquelles il trouva, feulement en or monoyé, plus de deux cents mille ducats. Mais il alla enfuite faire naufrage aux Ifles de Curia-Muria, vers le détroit de la Meque. Les Bedüins Arabes, quoique Mahométans, en uferent bien avec lui, & le fécoururent bien à propos, par un commerce mutuel de leurs beftiaux avec fes marchandifes. Ils lui donnerent enfuite l'avis falutaire, de fe mettre à couvert d'un coup de vent de Nord ordinaire dans ce parage au mois de Mai, & fi violent, qu'il n'y avoit point de Vaiffeau qui pût y tenir. Soldre méprifa également, & leurs avis, & ceux de fes Capitaines, qui fe féparérent de lui. Deforte qu'endurci par fon obftination, ou plûtôt par la juftice de Dieu, qui vouloit que fon or & lui fuffent en perdition, fon frere & lui périrent effectivement de ce terrible coup de vent, fans qu'on pût jamais rien recüeillir de ces grandes richeffes, qui avoient été la cause d'une des plus lâches actions du monde.

Trimumpara, à qui l'exemple de Soldre pouvoit fournir un prétexte de manquer à sa parole, ne jugea pas que ce fut pour lui un exemple à suivre, & qu'une lâcheté pût en justifier une autre de sa part. Il n'en resta pas moins troublé & confus. Le Zamorin étoit aux portes, avec une armée de cinquante mille hommes, dont le nombre grossissoit tous les jours, par la desertion des Princes vassaux du Royaume de Cochin. Il s'avançoit à grandes journées plein de cette animosité, & de cette joye, qui sont les présages de la victoire. Trimumpara ne voyoit au contraire autour de soi, qu'un air sombre & triste sur le visage de ceux qui lui étoient restés fidelles ; & cela seul suffisoit pour lui annoncer sa ruine future. Mais rien ne le mortifia davantage, que la désertion de deux Européans transfuges fondeurs de leur métier, & excellents armuriers, qui étant passés sur la Flotte de Gama, en qualité de maçons, & déguisant leur véritable profession, donnerent lieu par leur apostasie de soupçonner qu'ils étoient venus dans les Indes, où même qu'ils y avoient été envoyés pour nuire aux Portugais. En effet ils rendirent de très-grands services au Zamorin, qui sçut les employer à propos pour en tirer de grands avantages, & les retenir en leur faisant agréer leur nouvelle condition par de gros appointements.

La dénonciation solemnelle de la guerre qui vint en même tems au Roi de Cochin de la part du Zamorin, jointe aux lettres pressantes de ce Prince, & de plusieurs autres Seigneurs de ses amis, qui lui faisoient de vives instances d'avoir pitié de lui-même & de son peuple, mit son cœur à une terrible épreuve. Mais inébranlable à tant d'attaques, comme un rocher battu vainement des ondes de la mer, & se confiant sur la justice de sa cause, il ranima lui-même les courages ébranlés des siens & des Portugais. Continuant ensuite à agir de sang froid, & avec cette serenité de visage, qui inspire de la securité, il mit ordre à tout, & se trouva en état de faire une vigoureuse résistance.

L'Isle de Cochin est tellement séparée du continent, que le détroit que la mer y forme se trouve guéable sur la fin du Jusant, surtout en un endroit qu'on nomme le pas de Palurt. C'étoit celui par où le Zamorin prétendoit entrer avec toutes ses troupes. Trimumpara qui connoissoit l'importance du poste, le donna à garder à Naramuhin, fils de sa sœur & l'héritier de ses Etats, selon la loi de la Ginécocratie établie dans le Malabar, & y mit sous ses ordres cinq milles cinq cents Naïres, ausquels se joignirent Laurent Moreno, & un petit nombre de Portugais. Naramuhin étoit brave & homme de tête. Il en donna de grandes preuves en

ANN. de J. C. 1503.

DON EMMANUEL ROI.

cette occasion. Car le Zamorin s'étant présenté le 2. d'Avril pour tenter le passage, Naramuhin s'y porta avec tant de vigueur, qu'il l'obligea de se retirer avec beaucoup de perte. Le lendemain le Zamorin ayant doublé son monde sous les ordres du Caïmale de Repelin, qui devoit être soutenu dans le Canal de l'eau, par un grand nombre de Paraos, le combat plus opiniâtré, & bien plus sanglant que la veille, fit encore plus d'honneur à Naramuhin, qui s'étant distingué par tout où il se montra, força les ennemis à une retraite honteuse. Toutes les tentatives & toutes les diversions que fit depuis le Zamorin, ne lui réüssirent pas mieux. Naramuhin ne prenoit point le change, paroit à tout & faisoit face de tous côtez, ensorte que le Zamorin toûjours battu, & desesperant du succès de son entreprise, l'auroit abandonnée lâchement sans son conseil qui le picqua d'honneur.

La force ne lui servant de rien, il eut recours à la trahison. Il gagna par de grosses sommes d'argent le Trésorier de l'armée de Naramuhin. Ce perfide séduit feignit d'être malade, & se retira à la Ville. Les Naïres accoutumés à recevoir tous les jours leurs montres, & leurs vivres, commencerent bientôt à murmurer de son absence, & retournerent en foule à Cochin. Le Trésorier qui l'avoit bien prévû les differoit de jour en jour sous divers prétextes,

prétextes, ce qui augmentant les murmures, & la desertion dans le camp, Naramuhin se vit bientôt abandonné. Le Zamorin qui joüoit ce jeu avec le traître, & qui de concert avec lui fut quelques jours sans faire aucun mouvement, saisit alors l'occasion de tenter le passage, & s'y présenta avant la pointe du jour. Naramuhin averti y courut, il soutint le combat toute la journée jusques à la nuit, avec le peu de monde qu'il avoit, mais étant accablé par le nombre, il fut forcé & tué avec deux de ses neveux, jeunes Princes d'une grande esperance, qui secondant leur oncle, vengerent bien leur mort, & ne succomberent sous les coups, qu'après avoir donné comme lui de grandes preuves de leur valeur.

<small>Ann. de J.C. 1503.
Don Emmanuel Roi.</small>

La perte de ces braves Princes consterna la Ville de Cochin, fortifia les motifs de la haine qu'on y avoit pour les Portugais, & mit le Roi au desespoir. Mais ce Prince, dont les Portugais partagerent le deüil par des larmes sinceres & de regrets veritables, n'en conçut que plus d'estime pour eux avec un plus violent desir de se venger. Ayant donc rassemblé ses troupes dispersées, il alla présenter la bataille au Zamorin, mais il fut battu, bléssé, & obligé de se sauver dans l'Isle de Vaïpin. De tous les Seigneurs de sa Cour, le seul Caïmale de cette Isle le suivit avec les Portugais, que le Roi voulut toûjours avoir avec soi, pour veiller lui-même a leur conservation.

Le victorieux Zamorin tenta encore la constance du généreux Trimumpara par les voyes de la douceur. Mais l'adversité n'ayant rien changé dans un cœur aussi fidelle, il déchargea sa colere sur Cochin, entra dans la Ville comme un furieux, y mit tout à feu & à sang, & osa aller attaquer le Roi fugitif dans sa retraite, quoique leur Religion en eut fait un asyle sacré. Mais l'Isle se trouvant bien fortifiée, & d'un difficile accès, tous ses efforts furent inutiles. L'approche du retour des pluyes l'obligea ensuite de se retirer chez lui. Il pourvût néanmoins à la défense de l'Isle de Cochin, y laissa quelques corps de troupes pour s'en assurer la possession, & retourna à Calicut tout fier de ses succès, & resolu de recommencer la guerre dès les premiers jours de la belle saison.

Dans cette extrêmité où se trouvoit reduit le Roi de Cochin, à la veille de tout perdre, la Providence lui envoya un nouveau secours, qui lui fit d'autant plus de plaisir, qu'il étoit alors moins attendu. Don Manuel croyant que tout étoit tranquille dans les Indes, n'avoit mis en mer l'année précédente, que trois petites escadres de trois Vaisseaux chacune. La premiere commandée par Antoine de Saldagne, ne devoit pas passer le Golphe Arabique, & devoit garder l'entrée de la mer Rouge. Les deux autres étoient destinées pour les Indes, sous la conduite des deux cousins germains, François & Alphonse d'Albuquerque. François arriva le premier aux Isles d'Anchedive, après avoir perdu un de ses Vaisseaux. Il en trouva là quatre autres de l'escadre de Vincent de Soldre, commandés par Pierre d'Ataïde, qui lui apprit le malheur arrivé à ce Général, & la triste situation où il avoit laissé le Roi de Cochin, que Soldre avoit abandonné dans son plus pressant besoin. Ces nouvelles obligerent Albuquerque à partir malgré la mauvaise saison qui duroit encore. Le détail qu'on lui fit à Cananor des mauvais succès de la guerre de Cochin, l'obligea à se hâter davantage, & le détermina à aller sans perdre de tems moüiller à l'Isle de Vaïpin.

Le Roi de Cochin, qui fut des premiers à reconnoître le Pavillon, s'écria transporté de joye, *Portugal, Portugal*, courut au port au-devant du Général, & le reçut comme son liberateur. François lui ayant fait les complimens du Roi son maître, l'ayant remercié de son attachement à ses interêts, lui fit porter les présents, que Don Manuel lui envoyoit, & lui fit donner au nom de ce Prince dix mille cruzades d'or, qu'il prit dans le trésor de la Flotte. Cette liberalité bien placée changea tous les cœurs des Indiens, sujets du Roi de Cochin à l'égard des Portugais. François lui offrit ensuite ses services, & lui promit de le rétablir bientôt sur son Trône.

L'effet suivit de près les promesses. Le Général ayant taillé en pieces ou mis en fuite les Garnisons que le Zamorin avoit laissées dans l'Isle de Cochin, ramena triomphament le Roi dans sa Ville capitale. Non content de ce premier succès, ayant distribué six cens hommes de sa Flotte sous la conduite des Capitaines, qui étoient venus avec lui, il se rendit maître de deux Isles voisines, qui appartenoient à des Caïmales rebelles, défit leurs troupes, laissa l'un des deux Caïmales mort sur la place, brûla leurs Palais, ravagea leurs terres, battit une Flotte de cinquante Paraos, qui appartenoient au Zamorin, fit plusieurs excursions sur les terres de Repelin toûjours avec succès, & une incroyable célérité, & retourna à Cochin tout couvert de gloire. Celui qui se distingua le plus dans ces premiers combats, fut Edoüard Pacheco Péreïra. Il avoit été du premier voyage de l'Amirante Don Vasco de Gama, & il s'étoit signalé sous les yeux du Zamorin dans la prise du Vaisseau chargé d'Elephants dont j'ai parlé. Il étoit venu cette seconde fois aux Indes, commandant un Vaisseau de l'escadre d'Alphonse d'Albuquerque, mais le gros tems l'ayant séparé de lui, il arriva avant lui, & fit de si grandes choses en arrivant, qu'il sembla préluder dès-lors aux actions héroïques, qu'il fit peu de tems après.

Le Roi de Cochin étoit si content, que le Général crut devoir profiter de ces heureux moments, pour lui proposer au nom du Roi Don Manuel, de lui permettre de bâtir une Forteresse dans sa Ville. Veritablement c'étoit lui faire agréer l'esclavage dans lequel on alloit le faire entrer. Triste récompense pour un Prince, à qui le Portugal étoit si redevable. Mais cette proposition délicate fut faite dans de si belles circonstances, & déguisée sous des raisons si specieuses, que, quoique le Roi & son conseil en vissent sans doute les conséquences, néanmoins les obligations toutes récentes, & la situation présente des affaires, firent que non seulement le Roi y consentit, mais qu'il fournit même les matériaux & des manœuvres pour accelerer l'ouvrage. Le Général, qui apprehendoit le prompt repentir d'un consentement donné avec trop de facilité, ne perdit point de tems. Il choisit un emplacement élevé, qui dominoit la Ville & le port, traça le plan de la Forteresse, & au défaut de pierres & de ciment, fit couper les bois de palmier, que le Roi donna liberalement. Quatre jours après qu'on eut commencé à mettre la main à l'œuvre, arriva Alphonse d'Albuquerque, qui ayant les mêmes ordres que François, y appliqua aussi tout son monde, & pressa tellement l'ouvrage, dont il eut la direction, qu'il fut consommé en très-peu de tems, aussi bien que l'E-

Ann. de J. C. 1503.
Don Emmanuel Roi

glise qu'il fit faire tout de suite.

Le Fort ne consistoit que dans un quarré de pieces sur pieces bien emboussetées & chevillées de fer. Il étoit terrassé en dedans & entouré par le dehors d'un fossé, où entroit l'eau du fleuve. On éleva deux Tours ou cavaliers à deux des angles du quarré, où l'on établit de fortes batteries. L'empressement qu'avoient les deux Albuquerques de faire leur cargaison & de retourner en Portugal, ne leur permit pas d'employer d'autre matiere que le bois à la construction du fort & de l'Eglise, ni de faire un ouvrage plus solide. La fin des travaux de ces deux édifices fut suivie d'une cérémonie sainte, & aussi pompeuse que le pût permettre la situation où les Portugais se trouvoient. Elle ne laissa pas de plaire aux infidelles, qui admirerent les usages de notre Religion, & furent témoins de la solemnité, avec laquelle on benit l'Eglise, sous l'invocation de saint Barthelemi, & le fort qui fut baptisé sous le nom de saint Jacques. Les Auteurs Portugais conviennent eux-mêmes qu'en ce jour Alphonse d'Albuquerque prit comme une possession réelle des Indes : qu'il captiva par cette Forteresse la liberté de toutes ces contrées, & mit comme la pierre fondamentale de toutes celles qu'il bâtit lui-même, ou qui furent baties après lui dans ce nouveau monde, dont il fut le conquerant.

Cette affaire terminée, les Albuquerques n'eurent rien de plus à cœur que de faire des courses dans le pays ennemi, & de venger le Roi de Cochin de ses vassaux rebelles. Ils firent plusieurs excursions coup sur coup sur les terres du Caïmale de Repelin, & sur celles du Caïmale de Cambalam. Ils ravagerent tout leur pays, brûlerent leurs villages, & firent périr beaucoup de monde. Mais comme de main en main on étoit averti dans tout le pays de leurs irruptions, il s'assembloit en très-peu de tems un si grand nombre de Naïres que les Portugais se trouvoient souvent en presse, & étoient obligés de regagner leurs bateaux à la hâte. Edoüard Pacheco n'ayant pas trouvé le sien, où il l'avoit laissé, pensa être accablé par la multitude, mais ayant fait des efforts de bravoure plus qu'humains, il donna le tems aux Albuquerques de le délivrer. Il rendit peu après le même service à Alphonse d'Albuquerque, qui lui étant obligé de la vie, lui fut redevable de toute la gloire qu'il acquit depuis. Pacheco défit aussi trente quatre Paraos de Calicut qui troubloient le commerce de Cochin, & croisoient sur la côte. Les Généraux auroient fait de plus grands progrez, ou pour mieux dire de plus grands ravages, si la bonté de Trimumpara l'interessant pour ses ennemis mêmes, ne les eut obligés de suspendre le cours de leurs sanglantes executions.

Le Zamorin, qui n'ignoroit rien de ces succès, & qui étoit ennuyé de la guerre, excité d'ailleurs par le Prince Naubeadarin, que son amour pour la justice, & son estime faisoient pancher pour les Portugais, demanda la paix. Elle fut traitée & concluë avec tant de secret, que les Maures de Calicut n'en sçurent rien qu'après que le traité fut signé. Il s'engagea à vivre en bonne intelligence avec le Roi de Cochin, à retirer ses Vaisseaux de ses ports, & à n'en point troubler le commerce. Il s'obligea de plus à payer quinze cens *Bahars* de poivre & quelques quintaux d'autres marchandises en dédommagement de ce qui avoit été pillé, lors de la mort d'André Corréa, enfin à ne point permettre qu'aucun des Maures de Calicut commerçât dans le Golphe Arabique. François d'Albuquerque vouloit outre cela, qu'il livrât les deux Chrétiens transfuges; mais ce Prince ne voulant pas consentir à un article si honteux pour lui, on passa pardessus. Le Comptoir du Roi fut rétabli à Calicut, & on commença à joüir de toutes parts des avantages d'une paix si désirée.

Alphonse d'Albuquerque, qui avoit ordre de Don Manuel d'aller charger à Coulan, étoit déja parti, appellé d'une maniere bien gracieuse par la Reine, qui étoit Régente pendant la minorité de son fils. L'estime qu'elle avoit conçû pour les Portugais, & les avantages

ges du commerce l'avoient engagée à les prévenir. Coulan eſt une Ville des plus anciennes de l'Inde, & d'où l'on prétend que ſont ſorties les Colonies qui ont fondé les Capitales des divers Royaumes de l'Indoſtan. Mais le commerce ne s'y faiſant plus avec tant d'avantage, depuis la ſuperiorité qu'avoit pris la Ville de Calicut, elle avoit beaucoup d'échû de ſa premiere ſplendeur. Cependant elle étoit encore belle & riche. Elle avoit un port commode dans une riviere bien navigable & aſſez ſûre, excepté en certains endroits où le canal de cette riviere ſe retrécit.. Alphonſe y trouva toutes les facilités qu'il voulut. Il y établit un magaſin avec un facteur & deux écrivains, auſquels il donna vingt hommes de garde. Ayant trouvé des Chrétiens de ſaint Thomas dans cette Ville, il adoucit leur ſervitude, & obtint du Gouvernement une relaxation aſſez conſiderable des impôts qu'ils étoient obligés de payer. Enfin ayant fait ſa cargaiſon, il y laiſſa pour Apôtre le Pere Rodrigues Religieux Dominiquain, qui joignant à la doctrine une grande vertu, & étendant ſon zele ſur les Chrétiens ignorants, & ſur les Indiens idolâtres, fit de grands fruits parmi les uns & les autres.

La paix ne fut pas de longue durée. Ce ne fut pas la faute du Zamorin; mais l'effet d'un trait indigne de l'avarice d'un Portugais. Fer-

ANN. de J. C. 1503.
DON EMMANUEL ROI.

<sub>Ann. de
J. C.
1503.
Don Emma-
nuel Roi.</sub>

nand Corréa, facteur de Cochin, ayant eu nouvelle qu'il paſſoit un bateau chargé de poivre, qui alloit à Cranganor pour le compte du Zamorin, envoya du monde pour l'enlever. Le Patron eut beau alleguer la paix, & le traité d'alliance nouvellement fait, dire que le bateau appartenoit au Zamorin, & qu'il étoit deſtiné, pour faire partie du payement dû aux Portugais, à qui on en avoit déja remis huit cens Bahars. On ne voulut entendre aucune raiſon. Le bateau fut ſaiſi avec violence, ſix Indiens y furent tués, & pluſieurs autres bleſſés. Une action ſi fort contre toutes les loix de l'équité & de la raiſon, ayant été divulguée à Calicut y cauſa une grande ſurpriſe, & une juſte indignation. Cependant Naubeadarin toûjours moderé, ſuſpendit tous les mouvements de la colere du Zamorin, dans l'eſperance qu'on lui rendroit juſtice. Mais François d'Albuquerque à qui les plaintes furent portées, en tint ſi peu de compte, que loin de faire reſtituer la priſe, il ne daigna pas même répondre, & donner la moindre ſatisfaction apparente; & comme la cargaiſon de tous ſes Vaiſſeaux étoit prête, il ſe diſpoſoit à repaſſer en Europe.

Le Zamorin irrité plus que jamais, & reſolu de ſe faire juſtice, mit d'abord tout en mouvement pour recommencer les hoſtilités. Alphonſe d'Albuquerque averti par Coje-Béqui, & par le facteur de Calicut, en donna l'avis à

François. Le Roi de Cochin lui-même inſtruit de tout par ſes eſpions, & qui voyoit que cet orage alloit fondre ſur lui, n'omit rien pour le détourner, mais tout fut inutile. Il eſt vrai que François promit au Roi de lui laiſſer du monde pour le defendre. En effet il laiſſa cinquante hommes dans le Fort ſaint Jacques. Il laiſſa pareillement un Vaiſſeau & deux Caravelles avec cent autres hommes ſous les ordres d'Edoüard Pacheco, qui au refus de tous les Capitaines ſe ſacrifia en cette occaſion pour la gloire de Dieu, & l'honneur de ſa nation. C'étoit tellement un ſacrifice, que François & ſes Officiers, qui voyoient combien ce ſecours étoit peu de choſe, regardoient déja Pacheco & les ſiens comme des gens perdus, & dont on pouvoit d'avance recommander les ames à Dieu comme de gens morts. Se ſouciant néanmoins fort peu de ce qui devoit arriver, ils ſe mirent en chemin pour le Portugal, ayant fait demander au Zamorin les Portugais, qui étoient à Calicut, prévoyant bien qu'il ne les leur accorderoit pas.

J'avoue que cette conduite des Albuquerques a lieu de ſurprendre, & met une tache à leur gloire. Ce qui pourroit juſtifier Alphonſe, c'eſt qu'il paroit par ſes commentaires qu'il eut de grands démêlés avec ſon couſin, qui ſe portant pour Général en premier agiſſoit avec beaucoup de hauteur, le conſultoit peu,

Y ij

& affectoit même de le dominer. Il semble d'ailleurs qu'Alphonse avoit ordre d'obéir à François quant à l'article du retour. Quoiqu'il en soit Alphonse partit le premier, & arriva le 16. Juillet de l'an 1504. à Lisbonne, où il fut très bien reçû du Roi, à qui il fit présent de deux beaux chevaux de Perse, les premiers qu'on eut transportés en Portugal : de quelques *Arrantas*, ou mesures de perles de prix & un plus considerable de semences de perles. Pour François il eut le même sort que les Soldres, dont il avoit suivi le mauvais exemple. Nicolas Coello & lui périrent sans qu'on ait jamais sçû où & comment. Pierre d'Ataïde qui étoit dans la même escadre, se brisa sur la côte de la haute Ethiopie, mais l'équipage se sauva. Et après bien des miseres, les uns se rendirent à Mozambique, les autres s'arrêterent à Mélinde.

Edoüard Pacheco, qui avoit suivi les Albuquerques à Coulan & à Calicut, se pressa de retourner à Cochin d'abord après leur départ. Il y trouva le Roi extrêmement ébranlé sur un faux bruit, que les Maures de la Ville avoient fait courir malicieusement à son sujet. Ils avoient persuadé à ce Prince, que Pacheco sentant sa foiblesse & l'impossibilité de resister à toutes les forces de l'ennemi, devoit se retirer à Coulan ou à Cananor avec tous ses Portugais, lorsqu'on y penseroit le moins, & le laisseroit sans défense exposé à toute l'indignation du Zamorin, indignation dont il ne pouvoit éviter les tristes effets, ses perfides alliez & ses sujets mêmes, se disposant tous également à l'abandonner. Trimumpara, sur qui ces discours n'avoient fait que trop d'impression, ne put s'empêcher d'en parler à Pacheco, & de lui témoigner sa défiance. Pacheco naturellement brusque, & qui sentit combien cette défiance blessoit son honneur & sa délicatesse, s'emporta si furieusement, & avec tant de vivacité, qu'il en perdit le respect dû à la Majesté, de maniere que le Roi en fut un peu ému. Mais ce Prince, qui avoit l'esprit bienfait jugeant par là même de la sincerité de Pacheco & de son courage, dont il avoit déja de bonnes preuves, se tranquilisa tout-à-fait. Pacheco de son côté se radoucissant lui donna ensuite de si bonnes raisons pour achever de le rassurer, & lui fit des protestations si fortes, si pleines de confiance & de présomption, que le Roi se rendant à tout ce qu'il voulut, ordonna par son conseil à tous ses sujets de lui obéir comme à lui-même, & défendit à quiconque de sortir de ses Etats sous peine de la vie.

Après cette démarche, Edoüard appella chez lui les principaux Négociants d'entre les Maures de Cochin. Lorsqu'ils furent assemblez, il leur fit un discours, dont le commen-

Ann. de
J.C.
1504.

Don Emma-
nuel Roi.

cement étoit très honnête & très poli. » Il
» loüa leur zele & leur ancien attachement
» pour l'Etat. Il leur marqua ensuite avec beau-
» coup d'affection le dessein où ils étoient lui
» & tous les Portugais, de verser jusques à la
» derniere goute de leur sang, pour la défen-
» se de leurs biens & de leur vie. Il leur fit
» comprendre en même tems combien il leur
» seroit honteux & desavantageux d'abandon-
» ner leur patrie, leurs familles, & leurs mai-
» sons sans autre fondement, que celui d'une
» vaine terreur. Enfin il ajouta que s'il s'en
» trouvoit quelques-uns assez lâches pour pren-
» dre ce parti, qu'il pût pressentir le dessein
» de leur fuite, ou les avoir entre les mains
» après qu'il se feroient enfuis, il les feroit tous
» pendre sans remission. « A mesure qu'il parloit son visage s'enflammoit, & il élevoit le ton
de sa voix. Mais il dit ces dernieres paroles
avec tant de vehemence & de colere, que ces
pauvres malheureux, qui se croyoient déja la
corde au cou, se jetterent à ses pieds protestant
de leur fidelité envers les Rois de Portugal & de
Cochin, pour lesquels ils étoient prêts de tous
sacrifier. Edoüard, par le principe de la même
politique qui l'avoit fait parler, faisant semblant de ne pas les entendre, se leva brusquement, leur tourna le dos, & sortit pour leur inspirer encore plus de terreur.

Comme les paroles n'ont jamais tant d'efficace que les actions, il fit faire une patroüille exacte de jour & de nuit, fouhaitant & cherchant l'occafion de verifier les ménaces qu'il avoit faites, pour intimider encore davantage par un coup de vigueur. Mais perfonne n'ofant fortir par la crainte extrême qu'on avoit de lui, il eut recours à un ftratagême qui produifit le même effet. Car étant tombé par hazard fur quelques bateaux de pêcheurs Indiens, il fit mine de les prendre pour des fugitifs, & donna fes ordres pour les faire pendre. Le bruit s'en étant répandu dans la Ville, le Roi les lui envoya demander. Il répondit avec hauteur, que la chofe étoit déja faite, & que fi elle étoit à faire, il n'auroit garde de les lui renvoyer. Cependant il les fit cacher, & quelque tems après il les fit rendre au Roi en fecret. Cet artifice lui réüffit parfaitement, & contint tout le monde dans le devoir.

D'autre part pour donner à entendre au Zamorin combien il le craignoit peu, il commença le premier les hoftilités fur fes terres, & fur celles des Caïmales fes alliez, enlevant & brûlant tous les jours, tantôt une peuplade, tantôt une autre, mais cela avec tant de celerité dans fes courfes, tant d'activité & de bonheur, que les Indiens même de fon parti, qui ne pouvoient comprendre comment il pouvoit refifter à tant de fatigues, & remporter tant d'avantages, le craignoient extrêmement, & di-

A n n. de J. C. 1504.
Don Emmanuel Roi.

soient de lui qu'il n'étoit pas un homme, mais un Demon.

Les cris des peuples fatigués par ces hostilités continuelles, étant parvenus jusques aux oreilles du Zamorin, l'obligerent à se presser de se mettre en campagne. Suivi de plusieurs Rois ses tributaires ou ses alliez, & de cinquante mille hommes, qui composoient ses armées de terre & de mer, il marcha à grandes journées jusques à Repelin, resolu d'entrer dans l'Isle de Cochin par le passage du Gué de Cambalam. Quelque courage qu'eut Pacheco, il sentoit mieux qu'un autre l'espece d'impossibilité qu'il y avoit, de pouvoir resister à un si prodigieux nombre d'ennemis avec cent cinquante hommes, sur lesquels seuls il pouvoit compter, & qu'il étoit obligé de diviser. Néanmoins comme on prend souvent des forces de la nécessité même, & d'une espece de desespoir il les assembla, & leur representa si pathetiquement la conjoncture où ils se trouvoient, pressez également de l'obligation indispensable, ou de faire des efforts plus qu'humains, pour défendre leurs biens, leur liberté, leurs vies, & l'honneur de leur nation, ou de mourir deshonorés, qu'excités, ou comme transportés par la vehemence de son discours, ils s'embrasserent mutuellement, & s'engagerent tous par les sermens les plus saints, de commencer par mettre ordre aux affaires de leur conscience;

en

en se munissant des Sacrements & de périr plûtôt, que de s'abandonner les uns les autres, de reculer ou de donner le moindre signe de lâcheté.

Content de la noble émulation qu'il vit dans tous les braves gens qu'il avoit sous ses ordres, il les partagea en cette maniere. Il mit dans le Fort de Cochin trente neuf hommes, commandés par le facteur Fernand Corréa, l'injuste & l'imprudent auteur de cette guerre. Il en donna vingt-cinq à Diego Péréira Capitaine du Vaisseau qu'il laissa pour la garde de la Ville. Des deux Caravelles, l'une, qui avoit besoin d'être radoubée, resta sur les chantiers hors de service. Il distribua le reste de son monde sur l'autre & sur deux bateaux, dont il devoit commander l'un pour aller avec ce foible secours se placer au poste de Cambalam qu'il entreprit de défendre. Avant que de partir il alla prendre congé du Roi, qui lui donna cinq cens Naïres, sous la conduite de deux Caïmales qu'il fit accompagner des deux trésoriers de ses finances. La gayeté affectée de Pacheco n'imposa point à ce Prince, qui en lui disant à Dieu, ne put retenir ses larmes dans l'idée qu'il le voyoit courir à une mort certaine, par la comparaison qu'il faisoit de cette petite troupe, avec la multitude innombrable de ses ennemis.

Etant arrivé au passage du Gué, Pacheco

178 CONQUESTES DES PORTUGAIS

ANN. de J. C. 1504.
DON EMMANUEL ROI.

mit d'abord en fuite huit cens Naïres, qui voulurent lui empêcher la defcente. Il moüilla enfuite dans le paffage même, de maniere que la Caravelle & les deux bateaux l'occupoient prefque tout entier, amarrés les uns aux autres avec des cables fortifiés & doublés par des chaînes de fer, afin qu'on ne put pas aifément les couper.

L'armée ennemie arriva le même jour, & dès la nuit le Zamorin fit élever par le confeil des deux Chrétiens transfuges, un Cavalier fur le bord de l'eau, & y fit dreffer une batterie. Le jour fuivant qui étoit le jour des Rameaux, jour marqué par les Devins comme un jour heureux & décifif, les ennemis s'ébranlérent pour le combat dès la pointe de l'aurore. La terre étoit couverte de troupes qui devoient tenter le Gué, & qui étoient commandées par le Zamorin en perfonne. La Flotte fous les ordres de Naubeadarin & du Caïmale de Repelin fon Lieutenant rempliffoit tout le canal, & étoit compofée de cent cinquante bâtiments à rames de trois differentes efpeces : fçavoir : foixante-feize Paraos bien gabionnés, ayant deux petites pieces d'artillerie chacun, vingt cinq archers & cinq arquebufiers, cinquante quatre Caturs & trente Tones, chacun avec une petite piece d'artillérie, & feize combattans differemment armés. La vûë de cette multitude d'ennemis, l'éclat de leurs armes, le fon de leurs inſtruments & leurs cris étourdirent ſi fort les Naïres du Roi de Cochin, qu'ils prirent la fuite & qu'il ne reſta pas un ſeul des ſujets de ce Prince, à l'exception des deux tréſoriers qui étant dans la Caravelle, furent retenus malgré eux par les Portugais, qui faiſoient de leur côté la meilleure contenance qu'ils pouvoient en répondant aux cris de l'armée ennemie.

Vingt Paraos enchaînés & armés de grappins pour accrocher la Caravelle, commencerent l'attaque. Une nuée de fléches qu'on décocha alors, & la fumée de l'artillerie ôtant, pour ainſi parler, l'eſpace au jour, on combattit quelque tems comme dans les tenebres. Mais les ennemis, ſi preſſés qu'ils ne pouvoient faire leurs évolutions, recevoient bien plus d'incommodité que les Portugais. Le canon des vingt Paraos ne laiſſa pas d'incommoder ceux-ci quelque tems. Mais Pacheco ayant fait tirer à propos deux coups d'une des plus groſſes pieces en coula quatre à fonds, & ayant rompu la chaîne, obligea les autres à ſe retirer. La ſeconde ligne des Paraos ayant ſuccedé à la premiere, il en coula à fond encore huit de ceux-ci, en mit treize hors de combat & le reſte en fuite. Le Caïmale de Repelin qui commandoit la troiſiéme ligne, s'étant avancé pour prendre leur place, l'armée de terre entra dans le Gué. En ce moment le com-

Ann. de J. C. 1504.

Don Emmanuel Roi.

ANN. de J. C. 1504.

DON EMMANUEL ROI.

bat devenu plus dangereux par cette double attaque, recommença avec plus de fureur, & dura jusques au soir, mais avec un succès si malheureux pour les ennemis, dont l'ardeur s'étoit fort ralentie, parce que les derniers Paraos se contenterent de se battre toûjours d'assez loin, qu'ils furent obligés de se retirer avec perte de quinze cens hommes, sans que les Portugais qui aiment mieux attribuer leur fortune à des miracles qu'à leur valeur, eussent eu de leur part que très peu de blessés.

Quoique étonné de cette premiere disgrace, le Zamorin encouragé par ses Devins, qui lui promirent un succès plus heureux pour le jour de Pâques resolut de tenter ce jour-là une nouvelle attaque. Son armée de mer avoit été renforcée. Elle étoit de cent Paraos, cent Caturs, & quatre-vingt Tones, avec trois cens quatre-vingt pieces d'artillerie, & quinze mille hommes. Il la divisa en deux corps, dont l'un devoit aller attaquer le Vaisseau qui étoit resté à la garde de la Ville, tandis que l'autre caché dans le Fleuve de Repelin, viendroit saisir le passage du Gué dans l'absence du Général, qu'il prévoyoit ne devoit pas manquer d'accourir au Vaisseau pour le défendre. Pacheco étoit averti du jour de l'attaque par ses espions, mais il ne sçavoit pas la feinte. Comme il s'étoit préparé au passage du Gué, il fut étonné de ne voir rien paroître. Mais sur les neuf heures il reçut un exprès du Roi de Cochin, qui lui donnoit avis du danger où étoit son Vaisseau. Sur le champ il prend son parti. Des deux Caravelles, qui étoient alors en état d'agir, il en laisse une avec un des bateaux à la garde du passage, à tout évenement, & avec l'autre Caravelle, & le second batteau il vole au secours du Navire aidé du Jusant & d'un vent de terre favorable. Sa présence mit les ennemis en fuite malgré leurs Généraux, qui ne purent les retenir. Comme il ne put les suivre, il continuoit sa route vers le Vaisseau, lorsqu'il se sentit rappellé par le bruit du canon de ceux qui attaquoient & défendoient le passage du Gué. Heureusement le vent ayant changé à la venuë du flot, il y fut rapporté en peu d'heures. Il étoit tems qu'il arrivât la Caravelle étoit percée à fleur d'eau, l'artillerie avoit razé presque tous ses plats bords, & ceux du bateau. Le combat étoit acharné d'une maniere extraordinaire de part & d'autre, & les Portugais n'en pouvoient plus. Mais la venuë du Général ayant jetté le même trouble dans cette nouvelle attaque que dans la premiere, les ennemis qui se virent pris en flanc, ne penserent plus qu'à fuïr, ayant perdu près de trois cens hommes & dix-neuf Paraos que les Portugais brûlerent, n'ayant point souffert eux-mêmes, à quelque dommage près & quelques legeres blessures, de plus grand mal que l'extrême fatigue de cette journée.

L'indignation du Zamorin ne lui permit pas d'attendre plus long-tems que le lendemain, pour recommencer le combat. Le Général, qui en fut averti par des Brachmanes, ordonna aux siens de se tenir prêts, mais de laisser approcher les ennemis le plus qu'ils pourroient, sans faire le moindre bruit. Le silence augmentant leur confiance; Ils vinrent en effet en foule & presque sans ordre. Dès qu'ils furent à belle portée, le Général ayant donné le signal, il se fit une décharge de toute l'artillerie & de la mousqueterie si vive & si heureuse, qu'elle leur ôta absolument le courage. Envain Naubeadarin & le Caïmale de Repelin animés par les injures, les reproches, & les affronts même que leur fit le Zamorin au desespoir, tâcherent de les râmener plusieurs fois à l'assaut, ils n'oserent jamais approcher, & se tinrent toûjours assez loin jusques à la fin de l'action, qui se termina par une retraite honteuse, avec perte de plus de vingt Paraos, & de près de six cents personnes.

L'affliction qu'eut le Zamorin d'une retraite si ignominieuse, l'obligea à abandonner le dessein de tenter desormais ce passage, auquel il ne s'étoit obstiné que par vanité. Il fit lever promptement camp & bagages, & se retira avec précipitation. Pacheco le suivit en queuë & le même jour, il lui brûla deux Pagodes, une petite peuplade, & battit un corps de troupes.

Quelques fatigués que fuſſent les Portugais, leur Général ne leur donnoit point de relâche pour ne pas laiſſer le tems aux ennemis de reſpirer. Comme il étoit averti à propos de tous leurs deſſeins, & que leurs attaques étoient toutes marquées par la ſuperſtition, & la fatuité des jours heureux & malheureux, il profitoit de tous les intervalles, & étoit toûjours en parti où on l'attendoit le moins; tantôt il brûloit une peuplade, tantôt il enlevoit un quartier, tantôt il tomboit ſûr un détachement de la Flotte. Toûjours il alloit à coup ſur, & ne revenoit point ſans coup ferir, & ſans avoir remporté quelque avantage conſiderable.

Le Zamorin en étoit ſi piqué, que, quelque honte qu'il y eût à abandonner une entrepriſe faite avec tant de dépenſe & d'éclat, & avec une armée ſi nombreuſe contre une ſi petite poignée de gens, ſans la finir, il auroit demandé la paix, & l'auroit concluë, ainſi qu'il le propoſa dans ſon conſeil, ſi le Caïmale de Repelin, les Maures & Brachmanes ne l'en euſſent détourné, en lui faiſant eſperer que la choſe réüſſiroit mieux, en tentant les paſſages de Palignard & de Palurt, où il avoit paſſé la premiere fois, lorſqu'il entra dans l'Iſle de Cochin.

Reſolu donc de faire cette nouvelle tentative, il y conduiſit ſes troupes. Pacheco ſur les avis qu'on lui avoit donnés, & ſur la route que

Ann. de J. C. 1504.
Don Emmanuel Roi.

ANN. de J. C. 1504.
DON EMMANUEL ROI.

le Zamorin avoit pris ne doutoit point qu'il ne se retirât à Calicut. Mais ayant été ensuite mieux informé de sa marche, & ayant sçû que déja quelques troupes avancées étoient entrées dans l'Isle d'Araül, & coupoient des branches d'arbre, ce qui parmi les Indiens est un signe de victoire, il y accourut, & leur tomba sur le corps si rapidement, qu'il les mit en fuite, encloüa le canon des batteries qu'on y avoit déja dressées, & fit couper les arbres qui étoient sur la pointe de l'Isle.

Les deux passages, de Palignard & de Palurt situés à une demie lieuë l'un de l'autre, avoient cela de commode pour les Portugais, qu'on ne pouvoit les passer tous les deux en mêmetems. Le premier n'étoit accessible aux gens de pied qu'à la fin du Jusant. Encore étoit-il alors très-difficile par la hauteur des vases, & l'épaisseur des halliers qui bordoient l'autre rive. Le second se pouvoit passer en bateau, lorsque la mer étoit haute, mais on ne le pouvoit pas absolument, lorsqu'elle avoit perdu. Pacheco à qui son attention avoit fait faire cette remarque, vit qu'il pouvoit être toûjours à tems de les défendre tous les deux. Ayant donc mis ses deux Caravelles dans le passage de Palurt, bien anchrées & bien amarrées ensemble par des chaînes de fer, il se laissoit aller au flux & reflux avec ses deux bateaux bien armés, de maniere qu'il arrivoit à Palignard sur la fin du Jusant,

Jufant, & revenoit avec le flot au pas de Palurt. Il continua ce travail sans relache jour & nuit, quelque tems qu'il fit, pendant qu'il eut les ennemis à craindre. Ceux-ci ne lui donnerent pas grand tems dès-l'abord, car ils l'attaquerent le premier jour de Mai, avec une armée aussi nombreuse que la premiere, mais avec le même succès & la même honte, la victoire s'étant déclarée une quatriéme fois pour les Portugais.

AN N. de J. C. 1504.
DON EMMANUEL ROI.

La peste, qui fit alors d'assez grands ravages dans l'armée du Zamorin, & l'obligea de s'en absenter pendant quelque tems, donna le loisir au Général de radouber ses bâtimens, de faire des provisions de guerre & de bouche, & de fortifier les passages. Il fit jetter dans celui qui étoit gueable aux gens de pied des poutres & autres machines garnies de longues pointes de fer ; mais celles-ci étant entrées trop profondément dans les vases, il y fit planter quantité de pieux de bois durci & aigu, qui eurent leur effet dans leur tems. Il fortifia ensuite la tête du Gué, & tira une longue estacade tout le long du rivage d'un passage à l'autre qui étoit gardée par les Naïres, que commandoit en personne le Prince héritier de Cochin.

Cette peste ayant un peu cessé, & les Devins ayant marqué un jour heureux pour le passage du Gué de Palignard, le Zamorin fit avancer ses troupes en cet ordre. Trois mille Naïres marchoient à la tête pour escorter l'artillerie, con-

Tome I.   A a

fiſtant en trente pieces de canon montées ſur leurs affuts. L'avant-garde compoſée de douze mille hommes, parmi leſquels il y avoit deux cens archers & trente Mouſquetaires, ſuivoit enſuite ſous les ordres du Prince Naubeadarin. Le Caïmale de Repelin commandoit le corps de bataille, qui conſiſtoit en un pareil nombre de troupes. Le Zamorin fermoit la marche avec l'arriere-garde qui étoit de quinze mille hommes, parmi leſquels il y en avoit quatre cens armés de haches, pour couper les pieux de l'eſtacade. Pacheco n'avoit à oppoſer à toute cette armée que quarante hommes dans ſes deux bateaux, ſur chacun deſquels il y avoit ſix pierriers, deux fauconneaux, & une autre plus groſſe piece. Il attendit ſans faire aucun mouvement que l'artillerie des ennemis fût logée, & eut commencé à tirer. Alors ayant fait approcher du bord ſes deux bateaux, il fit ſervir la ſienne ſi vigoureuſement, qu'il obligea les ennemis à reculer juſqu'à un bois, d'où ils continuerent encore quelque tems à canoner. Cependant Naubeadarin arriva avec l'avant-garde, & entra dans le Gué avec beaucoup de détermination. Il fut reçû très-vivement par les Portugais, qui firent un grand feu de canon, de mouſqueterie, & de grenades. La nouveauté de celles-ci cauſa un grand déſordre, & un grand étonnement aux ennemis, dont l'ardeur fut un peu ralentie. Pacheco qui craignit que son bateau ne restât à sec dans les vases, fut obligé de faire avancer Christophle Jusart commandant du second bateau qui étoit plus petit, afin d'occuper l'entrée, tandis que lui il se retira un peu pour le soutenir, se préparant à le rejoindre au flot qui ne pouvoit pas tarder.

Ce mouvement ne diminua rien de l'action des Portugais. Mais dans ce même tems les Naïres de Cochin qui devoient garder l'estacade s'enfuïrent par la trahison d'un Caïmale parent de Trimumpara, qui ayant quitté le parti de ce Prince, pour suivre celui du Zamorin, avoit quitté de nouveau celui ci, pour faire sa paix avec le Roi de Cochin, qu'il trahissoit encore. Le Prince de Cochin, qui devoit commander ce corps étoit absent, & ne sçavoit rien du combat. Le Général lui en avoit fait donner avis par un Brachmane, mais le perfide Brachmane ne l'avertit, que lorsqu'il jugea que l'action devoit être décidée. Jusart qui s'apperçût de la desertion de ces Naïres, cria à Pacheco pour la lui faire remarquer, mais le bruit de l'artillerie & les cris des combattans étoient si grands, que le Général ne put l'entendre.

Le reste des troupes avoit joint le gros de l'armée, tout faisoit effort en même tems. Le Zamorin exposant sa personne comme un simple soldat, animoit les siens du geste & de la voix. Pacheco l'ayant distingué à ses marques Royales, lui fit tirer un coup de fauconneau qui tua deux Naïres auprès de lui. Le Zamorin ne fit que s'écarter un peu fans ceffer d'exhorter Naubeadarin & le Caïmale de Repelin, de hâter leurs troupes pour prevenir le retour du flot. Ceux ci les pouffoient à grands coups de plat d'épée. Elles entrerent en effet bien avant dans le gué, mais quand elles eurent trouvé les pointes des pieux aigus, alors déchirées d'une part par ces pointes douloureufes, incommodées de l'autre par le feu des bateaux, ce ne fut plus qu'une confufion de cris & de gemiffements de gens, qui fe culbutoient les uns fur les autres, qui voulant rebrouffer le chemin, & ne le pouvant pas, s'embarraffoient d'avantage dans ces vafes, où plufieurs reftoient étouffés.

Tout reüffiffoit jufques-là aux Portugais; Mais la paliffade qui étoit fans défenfe, ayant été coupée, il s'ouvrit là un nouveau paffage, auquel le Général ne s'étoit pas attendu: & dans l'inftant il fut prefque environné. Déja l'ennemi faififfoit les rames du bateau, & il ne pouvoit plus manœuvrer. Il s'apperçût alors du danger, fe crut perdu, & appella Dieu à fon fecours de tout fon cœur. Le flot fembla revenir exprès en ce moment pour exaucer fa priere. Ce fut en effet le moment décifif. A mefure que le flot augmenta les Portugais trouverent plus de facilité, les ennemis au contraire fe virent obligés de ceder jufques à ce que le paffage étant devenu impoffible, le Zamorin fut forcé de faire fonner la retraite, & de ramener fes troupes dans fon camp, ayant perdu plus de monde en cette occafion, que dans aucune des précédentes. Il courut même un nouveau péril de la vie dans fa retraite. Car comme il cotoyoit le rivage, Diego Raphaël, qui commandoit une des Caravelles au pas de Palurt l'ayant reconnu, le pointa, & ayant fait mettre le feu à un canon tua trois des principaux Seigneurs de fa Cour fi près de lui, qu'il fut tout couvert de leur fang, contraint de defcendre de fon Palanquin & de fe fauver à pied.

L'indignation croiffoit dans le cœur de ce Prince avec fes malheurs. Irrité du peu de refpect qu'on avoit eu pour fa perfonne en faifant tirer fur lui, & affligé de la perte de tant de batailles, on l'accufe d'avoir eu recours à la trahifon & à l'artifice, voyant que la force ouverte avoit été jufques-là fi inutile. Car on prétend que fuivant les confeils pernicieux du Caïmale de Repelin, il mit des affaffins en campagne pour ôter la vie au Général Portugais, qu'il en employa d'autres pour empoifonner les eaux des puits & des fontaines, & qu'il avoit formé le plan d'une autre confpiration, pour faire mettre le feu au Vaiffeau & à la Ville de Cochin. Le Général qui n'ignoroit rien de ces projets vrais ou prétendus & ébruités peut être pour l'intimider, fit femblant de les méprifer, & ne laiffa pas de prendre fecrettement des mefures pour les prévenir. Voulant enfuite rendre le change à l'ennemi & l'intimider, il fit courir le bruit d'un certain plan qu'il avoit formé, & d'un ouvrage qu'il avoit à faire, dont les fuccès infaillible devoit être la prife de la perfonne du Zamorin. Cependant tout l'ouvrage fe reduifoit à fortifier le paffage du gué, où il fit creufer des foffez profonds, & à faire une redoute fur laquelle il fit dreffer une efpece de potence, dont on fe fert dans les Indes pour le fupplice du bas peuple. Interrogé par les Naïres de Cochin quel devoit en être l'ufage, il répondit froidement que c'étoit pour y faire pendre le Zamorin. Cette réponfe les étourdit fi fort, que pas un n'ofa lui repliquer. Mais le Zamorin en fut fi épouvanté, que fur le champ il envoya deux perfonnes pour traiter de la paix, fans en avoir communiqué avec qui que ce fût, qu'avec le feul Prince Naubeadarin fon neveu, qui la fouhaitoit avec ardeur. Le Général ne la fouhaitoit pas moins, mais les Députez fecrets ne produifant point leurs pleins pouvoirs, & agiffant fimplement en leurs propre & privé nom, le Général affecta de s'en foucier peu, & dit que fi le Zamorin la lui demandoit, il penferoit à ce qu'il auroit à lui répondre.

Cette fierté concertée & ce mépris apparent, foutenu d'ailleurs par le fuccès des courfes continuelles, & toûjours imprévûës du Général, acheverent de défoler le Zamorin, & augmenterent fes terreurs. Ne comptant donc plus fur la paix, il fe refolut de tenter encore le hazard de la guerre avec d'autant plus de facilité, qu'il fe laiffa perfuader trop facilement fur la réüflite de quelques machines, dont un Ingénieur Arabe avoit inventé le deffein, & avec lefquelles il comptoit de brûler les Vaiffeaux des Portugais. Ces machines confiftoient en huit tours ou donjons dont chacun étoit élevé fur deux Paraos joints enfemble, & pouvoit contenir dix arquebufiers, qui fe trouvant plus exhauffés que les Vaiffeaux pourroient dominer fur le pont & les combattre avec avantage. Pacheco, qui eut le plan de ces machines fe difpofa à les bien recevoir. Pour cet effet il accofta fes deux Caravelles l'une de l'autre la poupe fur le rivage portant fur des folivaux, afin que les Paraos ennemis ne puffent les inveftir dans l'action. Il fit à chacune un château de proüe au-deffus de l'éperon avec des demi mâts, qui pouvoient contenir chacun fix hommes. Et afin d'écarter les machines des ennemis, il fit jetter fur le devant à une diftance raifonnable un ponton compofé de quatre-vingt mats de huit braffes en quarré, bien affermi fur fix groffes anchres avec des chaînes de fer.

Le jour de l'Afcenfion ayant été choifi pour cette grande action, les deux armées de terre

AN M. de J. C. 1504. DON EMMANUEL ROI.

& de mer, se mirent en mouvement dès la pointe du jour. La premiere devoit tenter le gué de Palignard, tandis que la seconde attaqueroit les Caravelles au pas de Palurt, où devoit se faire le plus grand effort. L'ordonnance de celle-ci étoit telle. D'abord paroissoit un grand nombre de buchers élévés sur des radeaux, & remplis de toutes sortes de matieres combustibles qui étant allumées devoient être lâchées contre les Navires où le fil de l'eau devoit naturellement les porter. La Flotte suivoit ensuite rangée sur trois lignes, la premiere étoit de vingt Paraos, partie détachés, partie enchaînés. La seconde de cent catures & de quatre-vingt Tones. Après celleslà venoient les huit machines, dont on esperoit de si prodigieux effets. Mais toutes ces esperances de l'ennemi s'en allerent en fumée. Leurs projets ne servirent qu'à leur causer une nouvelle perte, & à les couvrir d'une plus grande confusion.

 Les buchers enflammés abandonnés au Jusant & détournés par le ponton des Portugais, qui faisoit une espece d'éperon ou de jettée, se consumerent inutilement. Bien loin de répondre à l'attente des ennemis, leur Flotte qui n'osoit avancer à cause de ces buchers embrasés, resta exposée pendant tout le tems que dura cet incendie au grand feu de l'artillerie de Portugais plus forte & mieux servie que celle des Indiens.

Indiens, de maniere qu'elle ne portoit pas un coup à faux, & que le fleuve étoit couvert de morts & de mourants, & du débris des batiments, dont les uns couloient à fond, les autres trop incommodés cherchoient à s'écarter, & ne faisoient qu'augmenter la confusion & le désordre.

Pour ce qui est des machines, lourdes, pésantes & difficiles à manier à cause des deux gouvernails qu'on avoit mis à chacune, & dont l'un empêchoit l'effet de l'autre, il n'y en eut que deux qui pussent approcher assez près pour avoir quelques succès. Le combat recommença alors avec une plus grande fureur, & dura quelque tems tenant la fortune en balance & la victoire incertaine. Mais le Général ayant fait tirer quelques coups d'une de ces couleuvrines qu'on nommoit *Chameaux*, les deux machines mises en pieces croulérent dans l'eau, avec un horrible fracas, & la perte de tous ceux qui y étoient.

Le Zamorin n'étoit pas plus heureux au passage du Gué de Palignard. Simon d'Andrade & Christophle Jusard, qui commandoient les bateaux, Laurent Moreno qui avoit sous lui quelques Paraos Indiens & le Prince de Cochin, qui veilloit avec ses Naïres à la garde de l'estacade, se défendirent avec une extrême valeur, jusques à ce que le flot revenu, décida encore du sort de cette journée, la plus

Ann. de
J. C.
1504.
Don Emma-
nuel Roi.

funeste de toutes pour le Zamorin, qui ne sachant à qui s'en prendre de tant disgraces, ou à la lâcheté de ses Généraux & de ses troupes, ou à l'imposture de ses Devins qui l'avoient tant de fois trompé, après avoir balancé quelque tems ne suivit plus que son dégoût, & leva le camp le jour de la saint Jean, pour se retirer à Calicut. On compte qu'il perdit dans cette guerre, qui dura près de cinq mois, dix-huit à vingt mille hommes, partie par la peste, & partie par le sort des armes. On n'estime point la perte de l'artillerie des Vaisseaux, & des autres apprêts de cette guerre.

Les chagrins suivirent en foule le Zamorin jusques à Calicut. La vûë de cette Ville désolée, les plaintes de ses habitans ruinés, la desertion & l'abandon des Rois alliés ou vassaux du Roi de Cochin, qui tous jusques au Caïmale de Repelin étoient r'entrés en grace avec lui, la prosperité de ce Prince triomphant, qui avoit attiré chez lui tout le commerce, & goutoit avec plaisir la douce satisfaction de l'avoir humilié, la confiance du Général Portugais, qui enflé de ses victoires profitoit de la consternation générale, & se montroit partout en maître, tout cela lui revenant sans cesse dans l'esprit, y fit de si fortes impressions, & le jetta dans une si profonde mélancolie qu'abandonnant les rênes de l'Etat, il renonça son sceptre pour se retirer dans un *Turcol*, espece d'Hermitage pour y paſſer le reſte de ſes jours dans l'exercice de la pénitence, & au ſervice de ſes Dieux.

Ann. de J. C. 1504.
Don Emmanuel Roi.

La nouvelle d'une retraite ſi éclatante fut bientôt portée dans toute l'Inde, & acheva de déranger ſes affaires. Mais cette retraite ne fut pas longue. La mere de ce Prince femme d'un grand courage & d'une bonne tête le picqua ſi vivement ſur la lâcheté d'une devotion, qui avoit la honte d'un dépit & d'une fuite, & ranima ſi fort ſon reſſentiment d'un nouveau deſir de vengeance, qu'elle l'en retira, & l'obligea de remonter ſur le Trône.

Mais il n'étoit plus tems de penſer à ſe venger. Lope Soarez d'Alvarenga, que le Roi de Portugal avoit envoyé cette même année ſur les inſtructions que l'Amirante lui avoit données à ſon retour, arriva ſur ces entrefaites avec les treize Vaiſſeaux de ſa Flotte, & quelques autres qu'il avoit joint chemin faiſant. Les nouvelles que Soarez reçut à Mélinde, à Monbaze & à Cananor des prodiges qu'avoit fait Pacheco, lui enflerent extrêmement le courage & le rendirent un peu trop fier & trop mépriſant. Le Zamorin, que l'arrivée de ce nouveau Général avoit rendu plus docile, ſouhaittoit la paix avec ardeur, & avoit ménagé ſous main qu'on députât juſques à Cananor au-devant de lui, pour lui demander cette paix au nom des Portugais captifs à Calicut, & des Principaux

B b ij

négociants de cette Ville. Mais à peine Soarez voulut-il les écouter. On lui renouvella les mêmes inſtances en lui envoyant toutes ſortes de rafraîchiſſements, lorſqu'il parut à la barre de Calicut. Mais devenu plus altier par ces ſoumiſſions, il ne voulut entendre à aucune propoſition qu'avant toutes choſes, on ne lui eût remis entre les mains les Portugais priſonniers & les deux Chrétiens transfuges. Le Zamorin conſentoit volontiers à rendre les premiers, & avec cela il l'auroit fait maître de toutes les conditions du traité, mais il ne pouvoit ſe déterminer à livrer deux hommes, que ſon honneur & ſa probité même l'engageoient de défendre après les avoir pris ſous ſa protection, & en avoir tiré de grands ſervices. L'un & l'autre s'étant obſtiné ſur ce point, Soarez fit canoner la Ville pendant deux jours avec un fracas terrible, pluſieurs édifices en furent ruinés, & plus de treize cens hommes y périrent.

Cette action, il faut l'avoüer, fut d'un bien mauvais exemple par le contraſte ſcandaleux, où l'on voyoit d'une part un Général Chrétien, pour ſatisfaire ſa vanité & ſa paſſion, preferer les évenements d'une guerre douteuſe, aux avantages certains d'une paix toûjours deſirable, & ſacrifier la vie des ſujets de ſon Prince, qu'il laiſſoit expoſés à toute la fureur de ſon ennemi, pour décharger ſa vengeance ſur deux hommes ſeuls, qui quoique coupables n'étant pas nez sujets du Portugal avoient été les maîtres de leurs actions, tandis que de l'autre côté un Prince idolâtre, lezé dans ses propres Etats, sacrifioit sa vie & ces mêmes Etats, pour garder la foi qu'il leur avoit donnée, & en usoit avec tant de moderation envers des ennemis, qui ayant été les premiers infracteurs de la paix, qu'il avoit jurée avec eux, le traitoient si mal, que loin d'immoler à son ressentiment ceux d'entre eux qu'il avoit entre ses mains, on peut dire qu'il leur laissoit même trop de liberté, puisqu'ils en abusoient, & servirent d'espions chez lui, pendant tout le tems que dura la guerre.

Soarez alla à Cochin, où le Roi, qui le reçut avec de grandes démonstrations d'amitié, lui presenta Pacheco comme son liberateur. Le Général remercia ce Prince au nom du Roi son maître de sa constante affection pour les Portugais, de sa generosité à persister dans leur alliance, lui offrit ses services, & se mit d'abord en état d'effectuer ses offres.

La Ville de Cranganor dont nous avons déja parlé, située dans le Malabar à quatre lieuës de Cochin, & composée de plusieurs nations rassemblées, & de plusieurs Religions idolâtres, Mahometans, Juifs, & Chrétiens, faisoit avec son territoire un petit Etat, qui se gouvernoit en maniere de Republique sous la protection du Zamorin, à qui elle payoit tribut pour se

ANN. de maintenir contre les Rois voisins, & soutenir
J. C. son commerce. Dans cette derniere guerre elle
1504. avoit paru fort zelée pour les interêts de ce
DON EMMA- Prince, par la faction des Maures qui y étoient
NUEL ROI. les plus puissants. Cochin en avoit beaucoup
souffert à cause du voisinage. Et actuellement
on avoit nouvelle que le Zamorin comptant
sur le départ prochain de la Flotte Portugaise,
y faisoit ses préparatifs de guerre, pour revenir sur l'Isle de Cochin, où il esperoit entrer
par un autre passage, qu'on appelloit le Pas de
Paliport: que le Prince Naubeadarin y assembloit une armée nombreuse de terre, & qu'un
Maure nommé Maïmane habile homme de
mer, faisoit travailler en diligence à une Flotte
& avoit déja quatre-vingt Paraos & cinq gros
Vaisseaux.

Il fut resolu de les prévenir & de le faire
avec toute la diligence & le secret possible.
Le secret fut bien gardé. Soarez ayant fait armer quinze bateaux, vingt-cinq Paraos & une
Caravelle, partit à l'entrée de la nuit, avec
mille Portugais & mille Naïres, qui devoient
se joindre à huit cens autres, à qui le Prince
de Cochin avoit fait prendre les devants, pour
occuper le Pas de Paliport. Malgré le secret
& la diligence, les ennemis eurent le tems de
se mettre en défense. Maïmane se présenta d'a-
bord avec deux de ses gros Vaisseaux enchaînés l'un à l'autre, bien fournis d'artillerie, &

qui couvroient toute la Flotte. Cinq bateaux qui faifoient l'avant-garde des Portugais, attaquerent avec beaucoup de refolution, on combattit longtems avec une extrême valeur de part & d'autre. Maïmane & fes deux fils fe défendirent en defefperez, & fe firent tuer en braves gens. Ces deux Vaiffeaux pris le refte de la Flotte fut bien-tôt diffipé. Le Général fit alors le fignal, pour faire la defcente. Naubeadarin s'y oppofa avec fes troupes. Le combat fut âpre & fanglant. Mais enfin obligé de céder, & entraîné par les fiens dans leur fuite, Naubeadarin rentra dans Cranganor par une porte pour en fortir par l'autre. Les Portugais le fuivirent dans la Ville, où ils mirent tout à feu & fang. Le Général avoit ordonné de fauver les Eglifes & les maifons des Chrétiens, qui étoient venus reclamer fa protection, mais comme les maifons font prefque toutes de bois dans les Indes, & couvertes de cannes, ou de grands feuillages, on ne put empêcher que beaucoup de leurs maifons ne fuffent brûlées comme les autres.

Dans ce même tems le Zamorin reçût deux nouveaux échecs du côté d'où il les attendoit le moins. En voici l'occafion. Le Roi de Tanor brave de fa perfonne & affez puiffant en terres, avoit été dépoüillé peu à peu par le Zamorin, qui ne lui avoit laiffé que Panane & Tanor. Il avoit fouffert cela avec patience, ainfi que font or-

Ann. de J. C. 1504.
Don Emmanuel Roi.

dinairement les petits Princes, qui sont forcés de ceder à une puissance majeure. Pendant tout le tems de la derniere guerre, il avoit servi le Zamorin, avec tout le zele imaginable, esperant que ses services lui desilleroient les yeux, & le porteroient à lui rendre plus de justice. Mais bien loin que le Zamorin daignât faire ces attentions, il pensoit encore à envahir le reste de ses places pour la commodité qu'il en retireroit dans le dessein où il étoit de continuer la guerre contre le Roi de Cochin. Le Roi de Tanor en fut outré, & resolut de lever le masque; il envoya ses Ambassadeurs au Général Portugais, pour rechercher son alliance, & lui demander du secours. Mais avant que ce secours fût arrivé, il porta deux coups mortels & décisifs au Zamorin avec une extrême célérité. Car ayant appris que ce Prince s'avançoit avec dix mille hommes, pour aller joindre les troupes qu'il avoit à Cranganor, il alla l'attendre dans un défilé, le battit à plate couture & lui tua deux mille hommes. De-là revenant sur Naubeadarin, dont on lui annonça en même tems la défaite, il tomba sur lui si fort à l'improviste, qu'il acheva de le détruire, & de dissiper les miserables restes de son armée fugitive.

La guerre avoit peu troublé le commerce des Portugais, Pacheco étoit un homme qui pourvoyoit à tout, & avoit mis les choses sur ce pied,

que

que personne ne pouvoit charger, que les magasins du Roi de Portugal ne fussent pleins. S'il trouvoit quelqu'un qui chargeât en fraude il le confisquoit, & le dépoüilloit avec une extrême rigueur, desorte qu'à l'arrivée de Soarez dans les Indes la cargaison se trouva prête & extrêmement riche. Ce Général n'ayant donc plus rien à faire, prit congé du Roi de Cochin, à qui il laissoit Manuel Telles Baretto avec quatre Vaisseaux, pour la garde de ses places, & pour croiser dans la mer des Indes. Ce Prince eût bien souhaité retenir Edoüard Pacheco, mais le Général ne voulut jamais y consentir, & Pacheco fut contraint de partir.

Soarez avoit un grand coup à faire avant que de prendre le large pour retourner en Europe. Il étoit instruit qu'il y avoit à Pandarane dix sept gros bâtiments des Maures richement chargés, & qui n'attendoient que le vent pour faire voile vers la mer Rouge. Résolu de les brûler, & ne voulant pas manquer son coup, il n'en dit mot même au Roi de Cochin. Il fit semblant de n'avoir d'autre vûë que d'aller à Cananor, & se mit en mer avec toute sa Flotte, se faisant accompagner de celle qu'il laissoit dans les Indes.

Dès qu'il fut par le travers de Pandarane, vingt Paraos ennemis bien armés, qui étoient à la découverte, ayant apperçû les Caravelles qui avoient gagné les devants, & qui avançoient

ANN. de J. C. 1505.
DON EMMA-NUEL ROI.

peu à cause que le vent étoit mou, les assaillirent avec beaucoup de détermination. Mais la Flotte qui suivoit étant survenuë peu après, ils regagnerent la terre bien vîte. Les dix sept Vaisseaux Sarrazins étoient dans une espece de bassin, tous liés les uns aux autres, la poupe sur le rivage, la proüe herissée de canons avec quatre mille hommes pour les défendre. Le bassin étoit à couvert d'un recif, sur la pointe duquel il y avoit une redoute, & une bonne batterie. Les Vaisseaux Portugais ne pouvant approcher si près de terre, à cause qu'ils étoient chargés, le Général se jetta avec l'élite de son monde dans les chaloupes qui étoient au nombre de quinze, & ayant observé que rien n'empêchoit les Caravelles d'entrer, il les fit remorquer. Toute la difficulté fut dans le passage du recif. Sa batterie & celle des Vaisseaux faisoit un si furieux effet, que pour peu que cela eût duré, les Portugais en sortoient à leur honte. Animés cependant par la grandeur du péril même, les Capitaines des chaloupes allerent s'attacher chacun à un des Vaisseaux ennemis, comme s'ils l'avoient concerté ensemble. Tristan de Silva fut le premier qui alla à l'abordage, & monta sur le Vaisseau qu'il accrocha. Cet exemple ayant été suivi de tous les autres, parmi lesquels Pacheco se signala, comme il l'avoit fait partout ailleurs, on combattit alors main à main, & pied à pied. Mais les Maures n'étant pas faits à foutenir de fi près les efforts de tels adverfaires, fe battirent en retraite le mieux qu'ils purent, & abandonnerent leurs Vaiffeaux, qui furent la proye des flâmes, & confommés avec toutes leurs richeffes, par ordre du Général, qui tout fier de cette belle victoire, prit la route de Portugal, où il arriva le 22. Juillet 1505. n'ayant mis que quatorze mois depuis fon départ de Lifbonne jufques à fon retour.

Ann. de J. C. 1505.

Don Emmanuel Roi.

Comme il étoit fils du grand Chancelier du Royaume, il fut reçu avec grande diftinction: & il la méritoit. Mais quelque gloire qu'il eût acquife, & quelques honneurs qu'on lui rendît, ce n'étoit rien en comparaifon de l'admiration qu'on avoit pour Pacheco. Tous les yeux étoient ouverts fur lui, comme ceux des filles d'Ifraël fur David, après la défaite de Goliath. On ne pouvoit fe laffer de voir, d'entendre, de parler, & de fe faire raconter les faits prodigieux de cet homme, qui étoit lui-même un prodige. Le Roi qui en fut des plus ébloüis, en fit faire des relations exactes qu'il envoya au Pape, & à toutes les Puiffances de l'Europe. Il le conduifit enfuite en proceffion à l'Eglife Cathedrale, où il fit rendre des actions de graces folemnelles à Dieu, & faire fon éloge par l'Evêque de Vifeu, le celebre Docteur Ortiz. La même chofe fut faite par ordre de ce Prince dans toutes les Eglifes du Royaume.

Il y avoit en tout cela bien plus d'oſtentation & de faſte, que de ſolidité pour le pauvre Pacheco. Son deſintéreſſement lui avoit fait refuſer avec obſtination tous les préſents du Roi de Cochin. Il s'étoit contenté d'une patente honorable, qui faiſoit l'éloge de ſes exploits, & d'un Ecuſſon qui ajoûté à celui de ſes ancêtres relevoit leur gloire par la ſienne. Il n'avoit travaillé qu'à ſa réputation, & non point à ſes affaires, en travaillant à celles du Roi ſon maître. Il n'en étoit que plus digne de ſes récompenſes. Avec cela on le laiſſa languir long-tems ſans penſer à lui. Ce fut comme par hazard que quelques Seigneurs ayant parlé en ſa faveur, on lui donna pluſieurs années après, le Gouvernement de ſaint George de la Mine. L'envie toûjours acharnée à perſecuter les grands hommes, ne l'y laiſſa pas long-tems tranquille. Pacheco vif d'ailleurs, d'un temperament boüillant, peu propre à faire ſa cour, & à ménager ceux qui ſont les organes des Rois, & les interprétes de leurs volontés, fut la victime de ſon humeur bruſque. Accuſé de malverſation il fut ramené en Portugal chargé de chaînes. On le laiſſa enſuite gemir long-tems dans une obſcure priſon, ſous le poids des mêmes fers. Enfin ſon innocence étant reconnuë, il fut élargi, mais il reſta toûjours dans la miſere, miſere qui alloit juſques à la mendicité. Bel exemple du fond qu'il y a à faire ſur les ſervices qu'on rend aux hommes, & de la reconnoiſſance qu'on en doit attendre, ſi on n'a pas l'eſprit de ſe conduire.

An. de J. C. 1505.

Un mois avant l'arrivée de Soarez dans le Tage, Don Emmanuel avoit fait mettre en mer une puiſſante Flotte de treize Vaiſſeaux & de ſix Caravelles, ſous la conduite de Don François d'Alméïda Comte d'Abrantes. Alméïda devoit reſider dans les Indes, d'abord en qualité de Gouverneur & de Capitaine général. Il devoit prendre enſuite le titre de Viceroi, mais il ne devoit le prendre qu'après avoir bâti quelques Foreteresses dans des lieux deſignés par la Cour. Le Roi avoit donné cet ordre exprès, afin de l'obliger à apporter toute la diligence poſſible à la conſtruction des places. Comme il devoit repréſenter la perſonne du Roi ſon maître, Don Manuel, qui vouloit qu'il figurât d'une maniere convenable, lui avoit aſſigné de gros appointements, cent hommes pour ſa garde, une Chapelle entretenuë avec ſes Chapelains & ſes Muſiciens, & avoit ajouté d'autres accompagnements propres à relever ſa dignité.

Don Emmanuel Roi.

Don François d'Almeyda, premier Gouverneur & Viceroi des Indes.

Il partit de Liſbonne le 30. Juin, & arriva aux Iſles d'Anchedive le 13. Septembre de la même année. Il y trouva en même tems un exprès dépêché par Gilles Barboſa, facteur de Cananor, pour donner avis aux premiers Vaiſſeaux venant de Portugal, que les magaſins étoient pleins pour le retour, & de veiller pendant le mois de Septembre fur cette côte, parce qu'on avoit nouvelle que trois Vaiſſeaux venant de la Meque, devoient amener quelques ſecours à Calicut pour le ſervice du Zamorin. Alméïda pour réponſe expédia ſur le champ l'exprès & une de ſes Caravelles, pour aller dans les differents Comptoirs de l'Inde y apporter la nouvelle de ſon arrivée. Il fit partir deux autres Caravelles, pour croiſer ſur la Côte, & commença lui-même à jetter les fondemens d'une Citadelle, à laquelle on travailla avec beaucoup de chaleur, auſſi-bien qu'à deux Galeres, & à deux autres bâtiments legers deſtinés à faire la courſe, & dont les bois avoient été apportés de Portugal tous prêts à être mis en œuvre.

Les Portugais avoient pris dès-lors une telle ſuperiorité dans l'Indoſtan, que par tout où ils ſe preſentoient ils y donnoient la loi. Les premieres conditions des traités qu'ils faiſoient avec les Princes, qui vouloient entrer dans leur alliance, étoient de ſe reconnoître tributaires du Roi de Portugal, de ſouffrir que les Portugais bâtiſſent des magazins, où même une Citadelle dans le ſein de leurs Villes capitales, ou bien ou bon leur ſembleroit. Quant au commerce ils fixoient le prix des denrées à leur gré, contraignoient les Indiens à en remplir d'abord leurs magaſins, avant que de pouvoit les vendre à d'autres. Aucun étranger ne pouvoit faire sa cargaison qu'ils n'eussent fait la leur, & soit étrangers, soit naturels du pays, personne ne pouvoit naviger dans ces mers en sûreté, sans être sujet à leur visite, & sans prendre la patente ou passeport des Gouverneurs ou des facteurs établis par le Général. Cette superiorité ne pouvoit être que très odieuse, mais la crainte obligeoit les uns à se soûmettre, & d'autres si soumettoient volontiers, pour des interêts particuliers & personnels.

{ANN. de J. C. 1505. DON EMMANUEL ROI. DON FRANÇOIS D'ALMEYDA VICEROI.}

L'établissement que fit Alméida dans l'Isle d'Anchedive, devoit naturellement donner de la jalousie aux Princes voisins. Celui d'Onor, qui n'en est éloigné que de dix lieuës, fut des plus allarmés. Le Général Portugais & lui se rechercherent mutuellement, & il se fit d'abord entre eux une espece de traité, où le Roi d'Onor ne parut que par la médiation de ses ministres.

Pour entendre les interêts de celui-ci, il faut sçavoir, qu'autrefois les ports d'Onor, de Baticala, & quelques autres de cette Côte, qui relevoient du Roi de Bisnaga ou de Narsingue, étoient les plus florissants des Indes par l'abord continuel des Maures, qui y venoient charger leurs épiceries Ils les échangoient avec des chevaux de Perse & d'Arabie, que le Roi de Narsingue achetoit fort cher, à cause du service qu'il en retiroit dans la guerre qu'il faisoit au Roi de Decan. Mais quelque foin qu'il prit pour faire lui feul ce commerce de chevaux, les Maures établis dans fes états étoient les premiers à le trahir par la contrebande qu'ils faifoient de ces mêmes chevaux qu'ils vendoient à l'ennemi, qui les payoit beaucoup plus cher & au double. Le Roi de Narfingue ayant tout tenté inutilement pour empêcher cette contrebande, réfolut de prendre une vengeance éclatante de ces perfides, & de les exterminer. Il fe fit dont en l'an de Notre-Seigneur 1469. & de l'Egire 917. une de ces fanglantes executions, dont on a vû en differens tems plufieurs femblables exemples contre les Juifs en divers états de l'Europe. Plus de dix mille Maures ou Sarrazins périrent dans celle-ci ; les autres qui purent s'échapper, & dont on favorifa l'évafion, allerent s'établir à Goa, & dans fon voifinage.

La vengeance du Roi de Narfingue lui fut plus dommageable, que ne l'avoit été la contrebande. Car les Maures étrangers irrités de la barbare inhumanité, dont ce Prince avoit ufé envers ceux de fes fujets qui étoient de leur Religion, fe vengerent à leur tour en abandonnant fes ports, & portant les richeffes de leur commerce dans ceux de fes voifins & de fes ennemis. Le Roi d'Onor que cette perte touchoit plus immediatement, ne devoit pas voir d'un bon œil le Zabaïe, ou Prince de Goa, profiter

fiter de fes dépoüilles. La profperité de ce rival fut une femence de difcorde & de haine, qui furent fuivies d'une guerre continuelle entre les deux Rois. Il paroît que celle qu'ils fe firent par terre fut plus avantageufe au Sabaïe, qui bâtit une place forte affez près de la Ville d'O-nor, dont cette Ville recevoit une grande fujettion. Par mer au contraire le Roi d'Onor plus heureux vint à bout de troubler le commerce de Goa, & de rappeller peu à peu les Sarrazins dans fes ports. Il avoit pour cela une Flotte toûjours bien entretenuë, & commandée par un des principaux Seigneurs de fa Cour nommé Timoja, homme de main & de tête, qui s'étoit acquis une grande reputation en fervant très-bien fon Prince.

Lorfque Vafqués de Gama arriva la premiere fois à Anchedive, le Roi d'Onor parut n'avoir d'autre deffein, que de le faire périr. Timoja avoit dreffé pour cet effet des machines en joignant deux Paraos enfemble, afin de le brûler, mais le canon des Portugais les diffipa bientôt. Le Sabaïe s'y prit plus induftrieufement, car il envoya un Juif Polonois, qui avoit dans fes inftructions d'obliger le Général Portugais, de fe mettre à la folde du Sabaïe, afin de fervir contre fon ennemi, ou de l'engager dans quelque piege pour le faire périr. Mais Gama averti par les Infulaires même d'Anchedive de fe défier de cet homme, tira de lui

Ann. de J. C. 1505.

Don Emmanuel Roi.

Don François d'Almeyda Vice-Roi.

tout son secret par la crainte des tourmens, le mena en Portugal, où il se convertit, prit le nom de Gaspar au Baptême, & rendit depuis dans les Indes de grands services aux Portugais.

Les belles actions que Pacheco avoit faites dans la guerre du Zamorin, avoient inspiré à Timoja une grande estime, pour ceux de cette nation. Il résolut de se les attacher à quelque prix que ce pût être. Il s'y employa avec chaleur à l'arrivée d'Alméïda. Il voulut même engager adroitement ce Général, qui n'étoit pas au fait des divers interêts du pays, à commettre quelque hostilité contre la place, que le Sabaïe avoit fait bâtir à Cintacora, & dont la Ville d'Onor recevoit de grandes incommodités. Mais le Gouverneur de Cintacora déconcerta les projets de Timoja par sa prudence, car il vint au-devant d'Alméïda, lui porta des rafraîchissements, fit alliance avec lui, & détourna l'orage dont il étoit ménacé.

Ce coup ayant manqué, un nouvel incident dérangea encore d'avantage la politique du Roi d'Onor & de son ministre. Les Portugais qui croisoient sur la Côte forcerent un bâtiment Sarrazin à s'echouer, & se rendirent maîtres de la cargaison, dans laquelle il y avoit douze chevaux de Perse. Le gros tems les ayant empêchés de les embarquer, ils furent contraints de les laisser en dépôt dans les mains des premiers venus, leur difant, que puifqu'ils étoient amis & alliés, ils devoient leur rendre le fervice de les leur garder, jufques à ce que le tems leur permit de venir les reprendre. Etant venus pour les repeter, les chevaux ne fe trouverent plus. On leur dit que le Roi d'Onor s'en étoit rendu le maître. Les Portugais font grand bruit. Le Roi d'Onor & Timoja étoient abfens. Les Maures du pays & le Gouverneur d'Onor promettent fatisfaction, & que le Roi payera les chevaux. Mais comme les delais firent naître des foupçons au Général, il crut qu'on vouloit le joüer, & eut d'abord recours aux voyes de fait, brûla les Vaiffeaux qui étoient dans le port, & mit auffi le feu à la Ville, dont une partie fut confumée.

ANN. de J. C. 1505.
DON EMMANUEL ROI.
DON FRANÇOIS D'ALMEYDA VICEROI.

Soit que le Roi d'Onor fe fut attiré ce malheur, foit que fa lenteur l'eût mis hors d'état de le parer, il fe crut obligé de diffimuler pour prévenir des fuites encore plus fâcheufes. C'eft pourquoi il envoya en toute diligence Timoja, qui ménageant avec délicateffe l'efprit du Général, excufa le mieux qu'il put, les excès où l'on étoit tombé de part & d'autre par un mal-entendu : le pria de fe contenter du mal qu'il avoit déja fait; promit une ample fatisfaction pour la perte des chevaux, quoiqu'il prétendît que le Roi n'en avoit aucune nouvelle : éxagera l'envie que ce Prince avoit de bien vivre avec la Couronne de Portugal, dont il vouloit

D d ij

A n n. de J. C. 1505.
Don Emmanuel Roi.
Don François d'Almeyda Viceroi.

se rendre tributaire, se montrant prêt à accepter toutes les conditions de paix qu'on voudroit lui préfenter. Le Général, qui étoit pressé de partir, répondit qu'il n'avoit pas le tems de s'arrêter pour regler les conditions du traité; mais il promit qu'en peu de jours il enverroit son fils pour cet effet. Qu'en attendant il prenoit le Roi d'Onor sous la protection du Roi son maître ; & lui laissoit une banniere de la Couronne , que tous les Portugais respecteroient dès qu'ils la verroient. Il renvoya ainsi Timoja fort content de sa négociation.

La Forteresse d'Anchedive étant élevée à une telle hauteur qu'elle étoit desormais hors d'insulte, Don François, selon les ordres qu'il en avoit reçus du Roi de Portugal, y laissa pour Gouverneur Manuel Pazzagna, avec une bonne garnison, & se rendit à Cananor, où il prit la qualité de Viceroi au moment qu'il y arriva.

Le nouveau Viceroi n'oublia rien de ce qui pouvoit donner du relief à sa dignité. Il parut en public avec toute la pompe qu'il put imaginer. Il affecta sur-tout plus d'éclat dans l'entrevûë qu'il eût avec le Roi de Cananor. Il traita avec ce Prince presque comme de superieur à inferieur, renouvella avec lui les premieres alliances, en regla les conditions en maître, & obtint de lui comme une espece de grace qu'il lui faifoit, l'agrément de faire bâtir une Citadelle, qui fut élevée en très peu de tems, le Roi fourniffant les matériaux, & tous les Portugais fans diftinction de rang mettant la main à l'œuvre pour la finir en toute diligence.

Mais ce qui fervit à relever davantage la fierté du Viceroi, c'eft qu'il fe vit recherché dans le même tems par le Roi de Narfingue ou de Bifnaga, dont nous avons déja parlé. Ce Prince outre les grands états qu'il avoit dans la profondeur des terres, s'étendoit encore fur toute la Côte de Coromandel, au-delà du Cap de Comorin, & en deçà il poffedoit les terres du Canara qui joignent le Malabar d'un côté, & le Royaume de Decan de l'autre. Il fe faifoit appeller le Roi des Rois, & en comptoit en effet plufieurs pour fes tributaires, & en particulier le Roi d'Onor. Son interêt demandant qu'il s'attachât aux Portugais, il envoya un Ambaffadeur à Alméïda, dès qu'il apprit fon arrivée à Anchedive. Alméïda trouva l'Ambaffadeur à Cananor, & lui donna audience à bord de fes Vaiffeaux, avec toute l'oftentation imaginable » L'Ambaffadeur dit que
» l'eftime que le Roi fon maître avoit conçû
» de la nation Portugaife l'ayant engagé à fou-
» haiter de fe lier avec elle, il confentoit vo-
» lontiers à toutes les conditions qui pourroient
» favorifer le commerce entre elle & fes fujets,

Ann. de J. C. 1505.
Don Emmanuel Roi.
Don François d'Almeyda Viceroi.

» & que pour l'aſſûrer davantage de ſa bonne vo-
» lonté, il permettoit au Viceroi de bâtir des
» Fortereſſes dans ſes ports partout où il vou-
» droit, excepté dans celui de Baticala qu'il avoit
» déja affermé à d'autres. Enfin que pour ſer-
» rer davantage les nœuds de l'union qu'il vou-
» loit former entre le Roi de Portugal & lui,
» il offroit au Prince de Portugal en mariage ſa
» ſœur qui étoit une très-belle Princeſſe. « Ces
offres étoient accompagnées de très-riches préſents. Le Viceroi répondit à cette Ambaſſade
noblement & avec dignité. Il regla pour le preſent les conditions qui convenoient à l'état de
ſes affaires, donna de belles paroles pour le reſte, & r'envoya l'Ambaſſadeur très-ſatisfait,
chargé également de preſents magnifiques
pour le Roi ſon maître, & pour lui-même.

Le Viceroi ayant laiſſé Laurent de Brito
pour Gouverneur de la Citadelle de Cananor,
partit pour Cochin, où il avoit hâte de ſe rendre, & où il avoit à faire une action d'un grand
éclat. Trimumpara cet ami ſi fidelle ſi con-
ſtant & ſi généreux des Portugais n'étoit plus
ſur le Trône. Sa devotion l'avoit porté à en deſcendre pour ſe confiner, ſelon un uſage aſſez
ordinaire des Rois Brachmanes dans une ſo-
litude, & y finir ſes jours dans l'exercice des
plus ſaintes pratiques de ſa Religion. Mais en
ſe retirant il avoit voulu donner aux Portugais
une preuve inſigne de ſon affection. Car ayant

à choisir parmi ses neveux un successeur, il rejetta celui qui avoit témoigné plus d'inclination pour le Zamorin, & donna la préférence à Naubeadora qui en avoit marqué davantage pour la nation Portugaise, quoique l'autre selon l'usage du Malabar, fut le plus proche heritier de la Couronne. Ce changement causa d'abord quelques embarras au Viceroi, mais toutes reflexions faites, rien n'étoit plus favorable au coup qu'il méditoit. Car Naubeadora ne regnant pour ainsi parler que par la faveur des Portugais, ceux-ci se servirent de la conjoncture, pour lui imposer le joug, & le reduire sous la domination de Portugal.

Ann. de J. C. 1506.
Don Emmanuel Roi.
Don François d'Almeyda Viceroi.

Après avoir pris toutes ses mesures, & fait tous les préparatifs pour rendre la Fête des plus solemnelles, le Roi étant assis au milieu de sa Cour, & le Viceroi assis également entouré de ses Officiers & de ses Gardes, Alméïda commença à parler. » Il releva d'abord les ser-
» vices importants que Trimumpara avoit ren-
» dus à la Couronne de Portugal, ayant expo-
» sé ses Etats & sa vie même, pour le salut des
» Portugais ses alliés. Il ajoûta ensuite que le
» Roi son maître y avoit été si sensible que
» voulant lui donner un témoignage écla-
» tant de sa reconnoissance, il lui avoit re-
» commandé trois choses qu'il alloit executer
» à l'égard du Prince regnant, puisque Tri-
» mumpara s'étoit mis hors d'état par sa renon-
» ciation, d'en profiter.

» La premiere étoit de lui mettre en tête » une Couronne d'or, marque diftinctive de » l'autorité Royale, qu'il lui conferoit fous la » protection du Portugal, l'exemptant dès ce » moment de toute fubordination au Zamorin, » ou quelque autre Prince que ce fut: lui don- » nant la permiffion de battre monnoye d'or, » d'argent, & d'autre métal, ainfi que le prati- » quent les Rois: s'engageant à défendre le » nouveau Roi & fes fucceffeurs, envers & con- » tre tous. « Cela dit le Viceroi fe leva, prit la Couronne, la mit fur la tête du Prince, au bruit des fanfares & des trompettes, l'établit dans fon Trône, & l'inftala Roi.

» La feconde confiftoit à lui offrir une coupe » d'or du poids de fix crufades, que le Roi » Don Emmanuel envoyoit à Trimumpara, » pour le confoler de la perte qu'il avoit faite » de fes neveux, dans la guerre qu'il avoit fou- » tenuë en faveur des Portugais, ajoûtant que » le Roi de Portugal en enverroit toutes les » années une femblable, comme un témoi- » gnage de fa gratitude & de fa protection. « Le Viceroi fe leva encore, & mit la Coupe en- tre les mains du Roi.

» Enfin la troifiéme chofe, dit-il, c'eft que » pour mettre la perfonne du Roi, & la Ville » de Cochin entierement hors d'infulte, j'ai » ordre de faire une nouvelle Citadelle plus » folide que la premiere, qui foit comme un » rempart

" rempart aſſûré de cet Etat.

Le Roi qui parut content de tout, répondit aussi très gracieuſement : " Qu'il reconnoiſſoit " les obligations qu'il avoit au Roi de Portugal " de qui il recevoit de ſi grands avantages : Qu'il " ſe feroit honneur de la protection d'un ſi grand " Prince, un devoir de la meriter, & de la mena- " ger, en concourant avec les Portugais, à tout " ce qui pouvoit leur faire plaiſir. "

Il fut fait un acte double de tout ce qui s'étoit paſſé. Les Auteurs aſſûrent que Naubeadora ſe reconnut alors pour vaſſal de la Couronne de Portugal, & il paroît bien que les Portugais le regarderent toûjours depuis comme tel. Le Viceroi content ne perdit point de tems, il fit travailler à reparer & à augmenter la Citadelle. Il expédia enſuite pour le Portugal huit gros Vaiſſeaux, dont la cargaiſon ſe trouva prête dans les magaſins de Cochin & de Cananor, & il donna le commandement de cette Flotte à Fernand Soarez.

Depuis les diſgraces arrivées au Zamorin par la valeur de Pacheco, ce Prince rebuté paroiſſoit ne ſouhaiter que la paix. Mais ſoit que la vanité l'empêchât de faire le premier la démarche de la demander, ſoit que d'autre part, la crainte lui ôtat le courage de rien entreprendre, il ne faiſoit ni la paix, ni la guerre, & ſe tenoit dans l'inaction. Les Portugais auroient pû en profiter, ſi la confiance qu'inſ-

ANN. de J. C. 1506.

DON EMMANUEL ROI.

DON FRANÇOIS D'ALMEYDA VICEROI.

ANN. de J. C. 1506.
DON EMMANUEL ROI.
DON FRANÇOIS D'ALMEYDA VICEROI.

pirent les succès à une nation fiere, ne les eut jettés dans cette présomption aveugle, qui est la suite de l'estime de soi-même, & du mépris qu'on fait de son ennemi. Ainsi, loin de penser à entamer quelque négociation, ce que le Zamorin desiroit passionnément, ils ne firent qu'aigrir le desespoir de ce Prince, par la course que faisoient leurs Vaisseaux sur la Côte, ce qui ruinoit absolument son commerce. Veritablement les Portugais étoient en cela peu politiques. Il étoit de leur interêt d'adoucir l'esprit des Indiens, de les apprivoiser peu à peu, & de les gagner, & il semble qu'ils s'appliquoient à les irriter de plus en plus. Il se passa même quelques actions si violentes de leur part, que naturellement elles eussent été la cause de leur perte, si la Providence n'eut travaillé à les conserver, en quelque sorte malgré eux.

Antoine de Sà facteur à Coulan, homme violent & interessé, fut un de ceux qui mit sa nation en plus grand risque, par son avarice & son emportement. Son attention à empêcher que personne ne pût charger, avant que ses magasins fussent pleins avoit causé quelque petite émeute contre les Portugais, & il y en avoit eu quelqu'un de tué. Le fait étoit arrivé au tems que Pacheco commandoit seul dans les Indes, & l'avoit obligé de se transporter à Coulan. Mais tout vif qu'il étoit lui-même, il crut devoir dissimuler prudemment le passé, assoupir l'affaire, & assurer ses droits pour l'avenir. Après qu'Alméïda eut moüillé à Anchedive, Jean de l'Homme Capitaine de la Caravelle, qui avoit été dépêché pour porter la nouvelle de l'arrivée du nouveau Général, étant allé à Coulan, Antoine de Sà fier de se voir renforcé par ce nouveau secours, renouvella ses instances & ses vivacités. Il y avoit dans le port de Coulan bon nombre de Vaisseaux Sarrazins, qui pressoient le Roi de les charger, & n'attendoient que cela pour repartir. De Sà l'avoit empêché jusques alors de les satisfaire, quelque volonté qu'il en eut. Mais apprehendant que le Roi ne se laissât gagner, il exposa à Jean l'Homme le sujet de sa crainte. Celui-ci plus violent & plus entreprenant que Sà, lui répondit froidement, qu'il ne falloit pas s'exposer à voir le Roi leur manquer de parole, & que, pour le mettre dans la nécessité de la leur tenir, il falloit sans le consulter, & par voye de fait, enlever le gouvernail, & les voiles de tous les bâtimens étrangers, & les enfermer dans ses magasins. Ce projet conçû avec trop de legereté, fut executé avec encore plus de hauteur. Ensuite de l'Homme remit à la voile, aussi content de sa personne, que s'il eût gagné une grande victoire.

 L'indignation que causa une telle action fut extrême, & parmi les Indiens, & parmi les Maures. Et bien que ceux-ci pussent aisément

ANN. de J. C. 1506.

DON EMMANUEL ROI.

DON FRANÇOIS D'ALMEYDA VICEROI.

en prendre vengeance, n'y ayant plus à Coulan que douze à quinze Portugais, le Ministre du Roi ne voulut permettre aucune voye de fait, avant que d'avoir tenté celles de la douceur. Il envoya donc auparavant demander au facteur, qu'il voulût bien lui remettre ce qui avoit été pris, & faire attention aux suites que pouvoit avoir une affaire si contraire au droit des gens. Mais cet homme étourdi réfléchissant moins au péril où il étoit, qu'excedé des reproches que lui fit l'Envoyé, se laissant transporter de colere, des paroles en vint bientôt aux mains avec lui. Ce fut là comme un coup de tocsin pour la populace mutinée, elle courut aux armes, les Portugais furent tous tués, la plûpart brûlés dans leur Eglise, qu'ils avoient gagnée comme un asile, ou massacrés en voulant éviter les flâmes.

Le Viceroi n'eut pas plûtôt appris cette triste exécution, qu'il donne ordre à Laurent d'Alméïda son fils d'aller sur le champ la venger. La commission étoit en bonnes mains. Don Laurent, quoique jeune, étoit un des grands hommes qu'eut le Portugal, & il étoit déja celebre par plusieurs belles actions. Il part donc en toute diligence, se presente au port de Coulan, & voyant, que, de la part du Roi ou de la Regence, on ne se mettoit point en devoir de faire aucune satisfaction, qu'au contraire les Vaisseaux, qui y étoient, s'attachoient les uns aux autres, & se disposoient à faire une vigoureuse résistance, il jette son monde dans ses chaloupes, & après un combat assez acharné, met le feu à tous ces Vaisseaux qui étoient au nombre de vingt quatre tous richement chargés. Jean de l'Homme fut choisi par Don Laurent, pour aller porter à son pere la nouvelle de ce succès. Il s'étoit fort distingué dans le combat, & avoit reçu sur son bouclier un boulet d'une petite piece d'artillerie qui tomba à ses pieds sans avoir penetré, & lui avoir fait aucun mal, miracle, disent les Auteurs, par où le Ciel sembloit avoir approuvé l'action vigoureuse qu'il avoit faite. Mais le Viceroi qui avoit été indigné de cette action, & qui le fut bien davantage, quand il apprit que le meurtre des Portugais en étoit le triste effet, en jugea tout autrement; Car il le cassa, & lui ôta sa Caravelle, au lieu des recompenses dont il s'étoit flatté.

Comme presque tous ces Vaisseaux appartenoient aux Maures de Calicut, le Zamorin en ressentit vivement la perte. Quoique ce Prince se fut tenu, ainsi que je l'ai dit, dans une espece d'inaction, elle n'étoit à proprement parler qu'apparente. Car outre qu'il faisoit agir dans les autres Cours tous les ressorts de sa politique, pour faire un soulevement général contre les Portugais, il ne discontinuoit pas de faire sous main de très-grands préparatifs, pour se mettre en état de faire réüssir ses pro-

ANN. de J. C. 1506.
DON EMMANUEL ROI.
DON FRANÇOIS D'ALMEYDA VICEROI.

E e iij

Ann. de J. C. 1506.
Don Emmanuel Roi.
Don François d'Almeyda Viceroi.

jets. Il les redoubla alors avec plus de vivacité, & afin que l'ennemi ne pût en avoir connoiſſance, il fit garder ſes ports avec tant d'exactitude, que perſonne n'avoit la liberté d'en ſortir; Mais ſes deſſeins furent éventés, malgré toutes ſes précautions.

Un Romain de la noble maiſon des Patrizzi, mais plus connu ſous le nom de Louis Barthema Boulonois qu'il s'eſt donné dans ſes mémoires, ſe trouvoit alors à Calicut. Sa curioſité & l'amour des voyages l'avoient porté dans toutes les échelles du Levant, & juſques aux Indes, déguiſant ſon nom, ſon état, & ſa patrie. Son habileté lui ayant fait penetrer tout ce qui ſe paſſoit à la Cour du Zamorin, il trouva le moyen de ſortir de la Ville, & de venir rendre un compte fidelle de tout à Don Laurent d'Alméïda. Le précis de ſon rapport contenoit. » Que le Zamorin outré de voir
» ſon commerce interrompu, ayant ramaſſé le
» plus grand nombre d'ouvriers qu'il lui avoit
» été poſſible, avoit mis ſur pied une Flotte
» des plus nombreuſes qu'il eut encore eu,
» pour lui faire convoyer tous les Vaiſſeaux
» marchands, qui viendroient dans ſes ports;
» qu'il eſperoit ſurprendre les Vaiſſeaux Portugais diſperſés & occupés en differens en-
» droits à faire la courſe : Qu'il s'étoit ſervi avan-
» tageuſement des deux Chrétiens transfuges
» dont nous avons déja parlé : Qu'ils lui avoient

« fondu un grand nombre de pieces d'artillerie
« de differens calibres, & lui avoient donné le
« deſſein du Gabarit de pluſieurs bâtimens, dont
« ſa Flotte étoit compoſée. Mais que ces deux re-
« negats, qui, par là, avoient fait bien du mal aux
« Chrétiens, étoient vivement tourmentés dans
« leurs conſciences : qu'ils ne ſervoient plus
« les infidelles, que par une eſpece de néceſſité,
« & ſe remettroient volontiers entre les mains
« des Portugais, s'ils pouvoient avoir un ſauf-
« conduit, & être aſſurés de leur grace.

An n. de J. C. 1506.
Don Emma-nuel Roi.
Don Fran-çois d'Al-meyda Vi-ceroi.

Le Viceroi inſtruit de tout ceci par le Gen-tilhomme Italien qui lui fut envoyé, expédia ſur le champ le même Gentilhomme à ſon fils avec ordre de le faire paſſer à Calicut, & de favoriſer en tout l'évaſion des deux transfuges, d'aſſembler en même tems tous ſes Vaiſſeaux diſperſés, & d'aller au-devant de la Flotte en-nemie pour la combattre. Don Laurent execu-ta bien les ordres de ſon pere, mais l'avidité des transfuges fut la cauſe de leur perte. L'en-vie qu'ils eurent de tranſporter leurs femmes, leurs enfants, & tous leurs effets, & les mou-vements qu'ils ſe donnerent, firent preſſentir le deſſein de leur fuite, le peuple s'en émût & les mit en pieces. Le Gentilhomme Romain plus habile ſe ſauva avec peine.

La Flotte ennemie parut bien-tôt après, ſe-lon l'avis qu'on en avoit eu. Elle étoit compo-ſée de plus de deux cents voiles : ſçavoir, quatre-vingt quatre gros bâtiments & cent vingt quatre Paraos. La mer en paroiſſoit toute couverte. Don Laurent en fut troublé, & n'ayant dans ſa Flotte que onze Navires en tout, trois galions ou gros Vaiſſeaux, cinq Caravelles deux galeres, & un brigantin, il apprehenda, que ſes gens ne perdiſſent courage, en faiſant comparaiſon de leur petit nombre, avec cette multitude innombrable d'ennemis, dont le coup d'œil avoit quelque choſe capable de déconcerter. Réſolu néanmoins de combattre, ſelon les ordres qu'il en avoit, il mit toute ſa confiance dans le ſecours d'en haut, & fit vœu de bâtir une Egliſe à Notre-Dame de la Victoire. Les ennemis, malgré leurs forces, ne laiſſerent pas auſſi d'avoir peur, & de la faire paroître, en demandant la liberté du paſſage. Peut-être auſſi voulurent ils mettre les Portugais dans leur tort, en diſant, qu'ils n'avoient pas ordre de combattre les Chrétiens, mais ſeulement de convoyer les Vaiſſeaux qui étoient ſous leur eſcorte.

La premiere journée on ne fit que parlementer, parce que le vent manqua. Mais le lendemain un vent frais s'étant élevé, Don Laurent, qui vouloit éviter d'être envelopé, gagna le large & le deſſus du vent. Les armées commencerent à ſe canoner, mais avec un ſuccès bien different. L'artillerie des ennemis mal ſervie fit peu d'effet ſur les Vaiſſeaux Portugais, aſſez éloignés les uns des autres, au lieu que

que ceux-ci ne perdoient pas un coup sur cette multitude de bâtiments serrés & pressés, ensorte qu'ils se nuisoient dans leurs évolutions. Dès que le Général apperçut le desordre dans la Flotte, & le fracas que faisoit son canon, changeant alors le premier système de ne combattre que de loin, il courut à l'abordage sur le Vaisseau le plus apparent. Trois fois ses grappins manquerent, & il n'accrocha bien qu'à la quatriéme. Don Laurent sauta le premier dedans, suivi de Jean l'Homme, qui tout mécontent qu'il étoit du Viceroi, voulut suivre son fils en qualité de volontaire, & partager avec lui l'honneur de cette journée. Philippe Rodrigues, Fernand Pérez d'Andrade, Vincent Peréïra sauterent en même tems, & furent suivis de plusieurs autres. Il y avoit dans le Vaisseau six cents Maures choisis, qui se battirent d'abord assez bien, mais qui épouvantés des grands coups qu'ils virent faire aux Portugais, se jetterent à la mer laissant le tillac jonché des corps de leurs morts.

Nugues Vaz Peréïra à l'imitation de son Général avoit été à l'abordage d'un autre Vaisseau, qui n'étoit gueres moindre que le premier, & sur lequel il y avoit cinq cens hommes, mais avec un succès bien different. Car sa Caravelle étant fort petite en comparaison, il étoit rudement mené. Les coups que le Vaisseau donnoit à la Caravelle sembloient devoir la couler à fond, & les ennemis raſſemblés au Château d'avant, lançant leurs traits de haut en bas, combattoient avec bien plus d'avantage. Heureuſement pour Vaz, Don Laurent, qui s'étoit rendu maître du Vaiſſeau qu'il avoit abordé, vola à ſon ſecours, & après un combat vigoureux ſe rendit encore maître de celui-ci. La priſe de ces deux gros bâtiments ayant déconcerté la Flotte ennemie, les Vaiſſeaux marchands, pour la plûpart, s'en ſéparerent, les uns pour retourner vers Calicut, les autres pour ſuivre leur deſtination. Mais les Paraos & les autres Navires de l'eſcorte prenant de nouvelles forces de leur deſeſpoir, s'ébranlerent tous en même tems, & s'étant élargis pour enveloper les Vaiſſeaux, ils le firent avec tant de réſolution & de bonheur, que les Portugais furent long-tems en doute, s'il ne ſeroient pas accablés par le nombre. L'animoſité étoit extrême des deux côtez. De part & d'autre on ſe battoit avec le plus vif acharnement. Les Portugais ſurtout faiſoient des prodiges. Jean Serran & Simon d'Andrade ſe diſtinguoient parmi ceux-ci, & combattoient comme des héros. Enfin après que l'action eut duré tout un jour, & une partie de la nuit au clair de la lune, la Flotte ennemie lâcha pied & ſe retira avec perte de plus de trois mille hommes, de pluſieurs bâtimens coulés à fond, & de neuf Vaiſſeaux pris, que le vainqueur fit entrer dans le port de Cananor, où il fut reçu avec un très grand applaudissement du Roi & de tout le peuple, qui avoient été témoins de tout le combat.

Sur ces entrefaites le Sabaïe Prince de Goa, jaloux de l'alliance que les Portugais, avoient faite avec le Roi d'Onor son ennemi, épiant les occasions de les prendre à son avantage, envoya une Flotte à Anchedive, dès qu'il sçût que Don Laurent, qui étoit allé ravitailler cette place, en étoit parti pour combattre la Flotte de Calicut. La sienne étoit composée de soixante bâtiments à rames, & étoit commandée par un Portugais renegat nommé Antoine Fernandés charpentier de Navire. C'étoit un de ces proscrits dont j'ai parlé, que Pierre Alvarés Cabral avoit jetté sur la Côte d'Afrique. Celui-ci avoit été laissé à Quiloa, où ayant changé de Religion & pris le nom d'Abdala, il trouva ensuite le moyen de pénétrer jusques aux Indes, où il s'étoit donné quelque consideration. Il attaqua la place avec beaucoup de vigueur, mais le Gouverneur Emmanuel Pazzagne la défendit si bien, qu'il l'obligea d'abbandonner le siege, & de s'en retourner à Goa assez maltraité. Le Viceroi voyant que cette place trop éloignée coûtoit beaucoup à entretenir, & servoit de peu de chose, la fit raser quelques jours après de l'avis de son conseil.

Ann. de J. C. 1506.
Don Emmanuel Roi.
Don François d'Almeyda Viceroi.

Ann. de
J. C.
1506.

Don Emma-
nuel Roi.

Don Fran-
çois d'Al-
meyda Vi-
ceroi.

Un nouvel incident qui arriva, pensa exciter de nouveau un soulevement général dans les Indes contre les Portugais, & causer la perte de toute la nation. Ce fut veritablement une action des plus atroces, & la faute d'un seul homme. Gonsalve de Vaz Goës sortant de Cananor, pour aller joindre la Flotte de Don Laurent d'Alméïda, tomba sur un Vaisseau Maure qui sortoit aussi du même port. Le Capitaine tranquille aborde au signal & produit un passeport expédié en bonne forme par Laurent de Britto Gouverneur de la Citadelle de Cananor. Mais l'avide Goës qui ne cherchoit qu'un prétexte pour se saisir du Navire, s'écrie en homme forcené, que le passeport est contrefait ou extorqué; suppose au Capitaine de mauvais desseins, & sans se laisser toucher aux raisons, & aux larmes de ces malheureux, ajoutant la barbarie à l'injustice, se saisit du Vaisseau, fait prendre tous ceux qui étoient dedans, les fait lier & coudre dans les voiles, & les fait jetter dans la mer.

Le flot qui porta ces cadavres sur le rivage dans le port même de Cananor, découvrit toute la noirceur de cette action, & excita toute l'horreur qu'elle méritoit. Cananor avoit changé de maître. Le Roi y étoit mort peu de jours auparavant, & le Zamorin par ses intrigues, & par son argent avoit eu le credit de lui faire donner un successeur aussi contraire aux Portugais, que le défunt leur avoit été favorable.

Le Capitaine du Navire qu'on avoit fait périr étoit le neveu du plus confiderable Maure qui fut dans Cananor, & dont le credit étoit très grand dans tout le Malabar. Ce malheureux vieillard n'eut pas plûtôt vû le cadavre d'un neveu si cheri, qu'assemblant sur le champ toute sa parenté avec celle de ceux qui avoient eu le même sort, il court à la Citadelle transporté de fureur & tout baigné de larmes : Il demande à parler au Gouverneur, lui reproche sa trahison, & la mauvaise foi de son passeport. Laurent de Britto ne pouvant prouver son innocence, ni justifier l'action barbare de Goës, demeure interdit, ou parle inutilement. Le vieillard aigri de plus en plus vole de là au Palais du Roi suivi du même cortege, & d'une foule infinie de peuple qui s'y joint: il demande audience à son Souverain, implore son équité, lui expose l'indignité du fait, & remplit sa cour de clameurs. Le Roi déja prévenu par les mouvemens de sa haine, sentit encore plus vivement l'horreur du crime. Il en eut de la joye dans son cœur, & consolant de son mieux le vieillard affligé, il lui promit de travailler à lui rendre justice.

Tout concouroit ce semble à aigrir le mal. Car dans le même tems la Ville de Cochin, étoit dans la désolation par un malheur arrivé, je ne dirai pas par la lâcheté, mais par le trop de prudence de la plûpart des Capitaines

Ann. de J. C. 1506.

Don Emmanuel Roi.

Don François d'Almeyda Viceroi.

Ann. de J. C. 1506.
Don Emmanuel Roi.
Don François d'Almeyda Viceroi.

de la Flotte de Don Laurent d'Alméïda. Ce jeune Seigneur avec une escadre de dix Vaisseaux avoit ordre de courir la Côte pour favoriser le commerce du Roi de Cochin, qui avoit alors plusieurs Vaisseaux en mer prêts à faire voile pour le retour. Don Laurent étant arrivé à Dabul, fut averti qu'il y avoit là plusieurs bâtiments de Cochin assiegés par la Flotte du Zamorin. Cette Flotte, qui étoit dans le fleuve ne pouvoit lui échaper, & après avoir délivré ses alliés, il étoit sur le point de remporter une nouvelle victoire de cette Flotte. Don Laurent souhaitoit combattre, mais dans le conseil le grand nombre des Capitaines fut d'un sentiment opposé. Laurent entraîné malgré lui fut obligé d'abandonner la partie. Les ennemis en profiterent, & brûlerent ou prirent tous les Vaisseaux qu'ils tenoient bloqués. La nouvelle de cette perte portée à Cochin remplit la Ville de deüil, & le Roi d'une extrême indignation. Le Viceroi en fut outré lui-même, & tâcha assez vainement de calmer la colere de ce Prince, lui promettant justice de son fils, supposé qu'il fut coupable. En effet dès qu'il fut arrivé, il le mit au conseil de guerre. Mais Don Laurent, qui avoit eu ordre de ne rien faire que de l'avis du plus grand nombre des Capitaines, & qui avoit eu soin de prendre leurs avis par écrit, portoit sa justification en main, & se tira bientôt d'intrigue. Les Capitaines condamnés par leur propre signature furent suspendus de leurs charges.

Par bonheur pour les Portugais, les habitans de Cochin se contenterent d'évaporer leur douleur par leurs plaintes. Mais il n'en fut pas de même à Cananor. Soit que la punition qu'on avoit fait de Goës, qu'on se contenta de priver de son emploi, parut trop legere, comme elle l'étoit en effet, soit qu'on fut trop irrité pour admettre aucune satisfaction, on commença à travailler secretement, & à prendre des mesures avec le Zamorin pour exterminer ces étrangers. Le Zamorin étoit trop habile pour laisser passer une aussi belle occasion ; il offrit d'abord au Roi de Cananor vingt-quatre pieces d'artillerie, & trente mille hommes.

Les circonstances du tems étoient toutes très-fâcheuses pour les Portugais. Il ne leur étoit point venu de Flotte du Portugal à l'ordinaire, & leurs ennemis en tiroient de grandes esperances fondées sur les prédictions des Devins, qui leur annonçoient pour cette année de très grands avantages. A la verité Don Laurent avoit jetté soixante hommes dans la Citadelle, & avoit ravitaillé la place, mais qu'étoit ce contre tant d'ennemis ? L'hyver approchoit, & il n'y avoit plus d'apparence de pouvoir secourir la place, jusques au retour de la belle saison, au lieu que le Zamorin, faisant marcher ses troupes par terre, pouvoit les en-

Ann. de J. C. 1506.
Don Emmanuel Roi.
Don François d'Almeyda Viceroi.

voyer en tout tems. Aussi est-il certain que les Portugais de Cananor étoient absolument perdus, sans la trahison d'un oncle & d'un neveu du Roi, qui étouffant la voix du sang & de la nature, pour les sacrifier à leur ambition & à leurs esperances, sacrifiant en même tems leur Roi, leurs parents & leur patrie, ne leur eussent donné des avis & des secours selon le tems & les besoins, & n'eussent été par ce moyen les causes de leur salut.

La Forteresse de Cananor étoit située sur une pointe de terre que la mer baignoit des deux côtés. Elle avoit un défaut essentiel, elle manquoit d'eau, & n'en pouvoit retirer que d'un puits, situé entre la Ville & la place, dans laquelle on n'avoit pû le renfermer. Le Roi de Cananor, qui voyoit bien qu'il auroit les Portugais à sa discretion, s'il pouvoit leur ôter la communication du puits, avant qu'il y eut de rupture ouverte, fit faire sous divers prétextes un profond fossé d'une rive à l'autre, ne laissant qu'un passage fort étroit pour aller au puits, & garnit ensuite toute cette ligne de redoutes & de bonne artillerie. Le Gouverneur instruit de ses desseins par les Princes perfides, fit la même chose de son côté, ne laissant, pour aller au puits, qui se trouvoit entre ces deux lignes, qu'un simple pont-levis.

L'ouvrage étant fini de part & d'autre, les hostilités commencerent. Ce fut vers les premiers

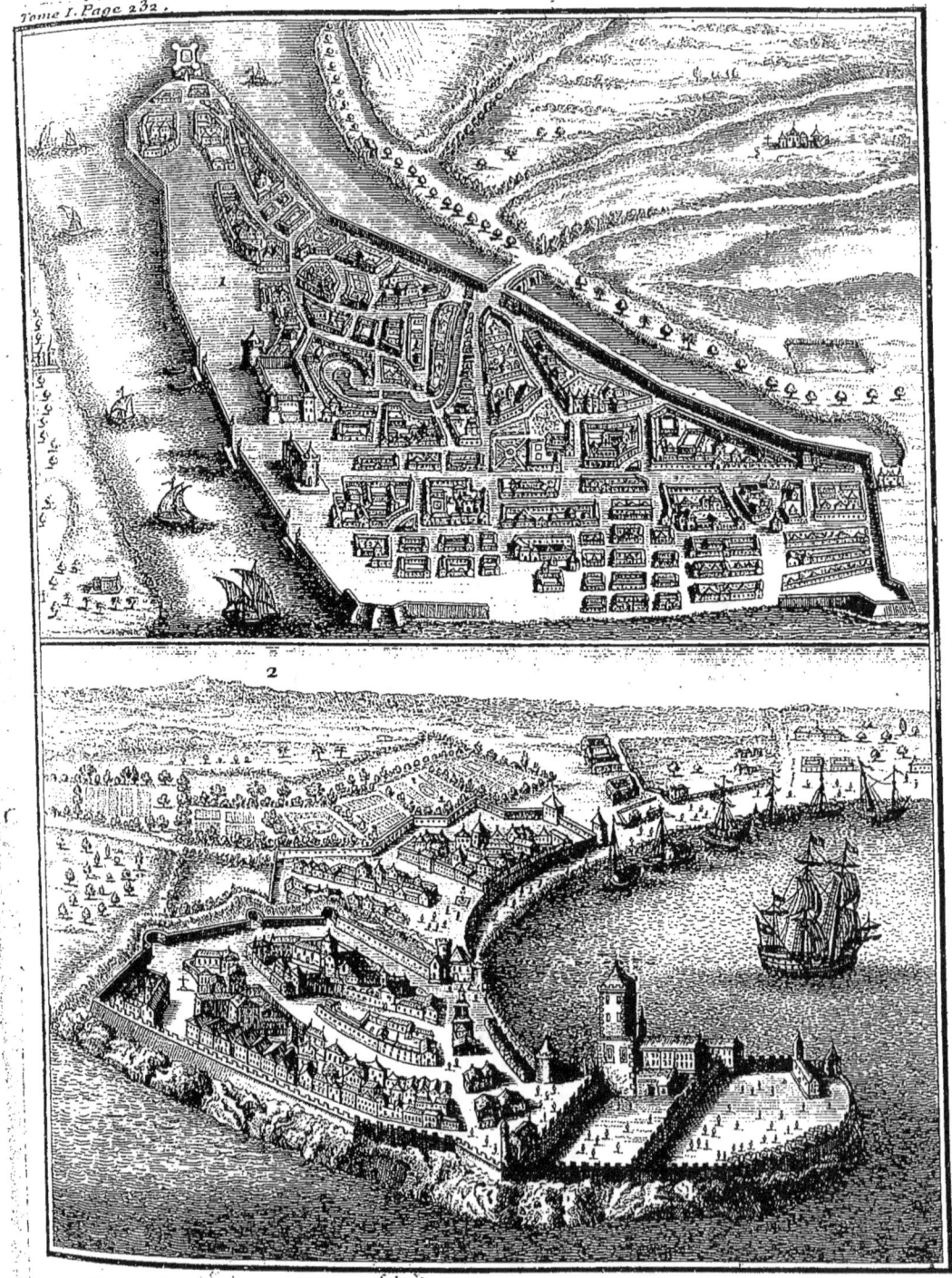

1. La Ville de Cochin. 2. La Ville Cananor.

miers jours de Mai que le Roi de Cananor se présenta avec soixante mille hommes, qui firent dans cette premiere montre plus de bruit que d'effet. Le puits fut ensuite pendant un mois le champ de bataille & le théâtre, où les plus braves des deux partis donnerent diverses scenes, pour faire preuve de leur valeur. Quoique les ennemis y eussent ordinairement du pire, néanmoins les Portugais étoient reduits à la triste nécessité, de ne pouvoir puiser de l'eau qu'il n'en coutât du sang. Pour l'avoir il falloit que toute la garnison se trouvât sous les armes, ce qui la fatiguoit extrêmement. Le peu qu'on en puisoit se distribuoit avec tant de reserve, que chacun avoit à peine dequoi étancher sa soif. Le Gouverneur qui n'avoit que quatre cents hommes, tant Portugais que Malabares, pour conserver son monde ménageoit les sorties, ce qui rendant l'eau encore plus rare, obligeoit les malheureux, que la soif pressoit, de passer par dessus les défenses, & d'exposer leur vie en trompant la vigilance des gardes, & plusieurs se faisoient tuer.

Britto sentant bien, que peu à peu il perdroit ainsi tout son monde, se trouvoit fort en peine. Mais Thomas Fernandés, qui étoit dans la place, & qu'on avoit envoyé dans les Indes en qualité d'Ingénieur du Roi, le tira de cette inquiétude. Il fit faire un chemin sous terre haut & spacieux, qui alloit jusques au puits au

ANN. de J. C. 1506.
DON EMMANUEL ROI.
DON FRANÇOIS D'ALMEYDA VICEROI.

niveau de l'eau. Pour empêcher ensuite que l'eau ne fut empoisonnée par les ennemis, il fit une voute le plus secretement qu'il lui fut possible au-dessus de l'eau, après quoi le Gouverneur fit razer le puits & le fit combler par dehors. Cette action étourdit si fort le Roi de Cananor & les Indiens, que, ne doutant pas que les Portugais n'eussent trouvé de l'eau dans la Citadelle même, il ne leur vint jamais en pensée qu'il y eut en cela de la ruse & de l'artifice.

Les ennemis ayant perdu toute esperance de ce côté-là, tournerent ailleurs leurs pensées, & resolurent d'attaquer la place dans les formes. Il y eut d'abord plusieurs assauts au retranchement que Britto avoit fait, mais le canon des Portugais éclaircissant les assaillants, les pertes frequentes que ceux-ci faisoient ralentit si fort leur ardeur, qu'ils n'avoient plus le courage de se montrer. Pour obvier à cet inconvenient, les Maures suggererent au Roi de faire préparer une grande quantité de gabions de laine fort épais, à l'abri desquels ils pussent être à couvert. Britto n'ignora point les préparatifs, il en découvrit le mystere par quelques uns des ennemis qu'il avoit pris dans une trappe, où il les avoit fait tomber après une sortie, & il en fut averti d'ailleurs par le Prince de Cananor, qui lui envoya la nuit un de ses confidents, avec deux bateaux chargés de vivres, nonobstant cela l'artifice des ennemis ne laissa pas d'avoir d'abord un grand succès. Les grosses pieces d'artillerie qu'on nommoit en ces tems-là, spheres & chameaux, mollissoient sur ces sacs de laine, ce qui intimida les assiegés, & enhardit au contraire si fort les Indiens, que sortant de leurs retranchements, & se présentant en foule pour escalader celui des Portugais, il s'attachoient déja aux pieces de bois de la palissade qui soutenoient les terres. Mais Britto ayant fait conduire sur le rempart quelques couleuvrines de celles qu'on appelloit basilics, & ayant fait charger les autres pieces à mitrailles, les gabions ne purent tenir contre ce nouvel effort, & laissant à découvert le monde qui étoit derriere, le canon chargé à cartouche y faisant de furieuses esquarres, y porta la terreur & le desordre. Britto qui s'en apperçut lâcha alors à propos une bande de ses gens qu'il tenoit prêts pour une sortie, mit les ennemis en fuite, & rentra victorieux dans la place. {ANN. de J. C. 1506. DON EMMANUEL ROI. DON FRANÇOIS D'ALMEYDA VICEROI.}

Le siege traînant en longueur, il y eut ainsi plusieurs attaques d'une part, & plusieurs sorties de l'autre. La plus celebre de ces sorties, fut celle que commanda un Gentilhomme Castillan, connu seulement sous le nom de Gadualajara sa patrie. Il choisit le tems d'une nuit fort obscure, froide & pluvieuse, & étant tombé sur un quartier des ennemis,

Gg ij

ANN. de J. C. 1506.
DON EMMANUEL ROI.
DON FRANÇOIS D'ALMEYDA VICEROI.

il leur tua trois cents hommes, & revint chargé de dépoüilles & de vivres. Une autre sortie qui se fit le jour de saint Jacques, ne fut pas tout à fait si avantageuse pour les Portugais. Ils y perdirent du monde & quatre personnes de marque, entre lesquelles fut Gonsalve Vaz de Goez, qui paya de son sang l'indigne action qui avoit attiré cette guerre, heureux d'en effaçer la honte par une mort glorieuse.

Les efforts des ennemis leur réüssissant si mal, la fortune sembla vouloir combattre pour eux. Un aide magasin ayant mis par imprudence le feu à la factorerie de la Forteresse, il y prit avec tant de violence, que n'y trouvant que des matieres conbustibles, en peu d'heures elle fut consumée avec presque tous les vivres, & plusieurs maisons voisines.

Le Gouverneur voulut en vain dissimuler cette perte aux ennemis & aux siens mêmes. Les ennemis s'en apperçurent, & en profiterent, s'étant avisés de pousser vers les retranchemens ennemis, des troupeaux pour irriter la faim des assiegez, par la vûë de ce qui pouvoit la rassasier, & les attirer par ce moyen dans les embuscades qu'ils leur avoient dressées. Pour ce qui est des assiegés, malgré les secours que le Prince de Cananor leur envoyoit de nuit & en cachette, ils se virent reduits à une si grande famine qu'ils furent obligés de manger les rats, les souris, & toutes sortes d'immodices.

En peu de tems il falloit périr ou se rendre. Dans cette extremité ils eurent recours aux prieres publiques, & firent des vœux à la Mere de Dieu dans l'Eglise, que Don Laurent d'Alméïda avoit bâti en son honneur, après sa victoire. Cette bonne Mere toûjours favorable à ceux qui l'invoquent sembla les avoir exaucés. Car le jour même de son Assomption glorieuse, un vent de mer jetta dans la place une si grande quantité de sauterelles, qu'il y en eut une ample provision pour plusieurs jours. Et comme dans les Indes cette nourriture est fort saine, non seulement elle servit de remede à la faim, mais encore aux maladies que cette faim avoit causées.

C'eut été un soulagement leger & inutile, si la saison eut été moins avancée. Mais le retour du beau tems ayant fait apprehender au Zamorin & au Roi de Cananor, les secours qui venoient alors d'Europe, ils résolurent de les prévenir par la jonction de leurs forces, & de faire un dernier effort pour emporter la place. A cet effet le Zamorin fit partir sa Flotte dès qu'elle put soutenir la mer. L'ordre de l'attaque étoit bien concerté. Elle devoit commencer à l'ordinaire par le retranchement interieur, pour attirer de ce côté-là toute l'attention des assiegés, qui ne se defieroient point

An N. de J. C. 1506.
Don Emmanuel Roi.
Don François d'Almeyda Viceroi.

de la feinte. Mais quand l'action seroit engagée, la Flotte cachée jusques alors devoit aller faire descente à la pointe, & s'emparer de la place par escalade sans craindre de resistance. Britto instruit du projet par les Princes ses espions ordinaires, ne négligea point leur avis. Le jour de l'action la Flotte s'étant présentée, selon ce qui avoit été concerté, quoique belle, nombreuse, & munie de machines d'un nouvel artifice, fut reçûë avec tant de valeur, & un si terrible fracas de l'artillerie, que les chefs étonnés d'une resistance à laquelle ils ne s'étoient pas attendus, se retirerent presque sans livrer de combat. Les Portugais qui défendoient ce poste, étant alors accourus au retranchement, où les Indiens de Cananor commençoient à avoir quelque avantage, il y eut en ce moment un si vigoureux choc, que les assiegeans ne pouvant soutenir l'impetuosité des assiegés furent obligés de se battre en retraite, laissant plusieurs de leurs morts sur la place.

Depuis cette action le Roi de Cananor rebuté ne prêta plus l'oreille qu'aux propositions de paix, laquelle fut accelerée par l'arrivée de Tristan d'Acugna, qui étant parti de Portugal, vint moüiller dans ce port. Ainsi le siege fut levé après avoir duré quatre mois, pendant lesquels Laurent de Britto & les braves qui étoient avec lui, acquirent beaucoup de gloire & de réputation.

Fin du troisiéme Livre.

HISTOIRE
DES DECOUVERTES
ET
CONQUESTES
DES PORTUGAIS
Dans le Nouveau Monde.

LIVRE QUATRIÉME.

Quelques soins que le Roi Don Manuel prit, & quelques dépenses qu'il fit pour la réüssite de ses affaires dans les Indes, il ne négligeoit point celles d'Afrique, qui étoient un acheminement aux succès de celles-là. Et tandis qu'il faisoit une guerre vive aux Maures de Fez & de Maroc, il envoyoit continuellement des Flottes nouvelles dans l'Océan, pour pousser plus loin les découvertes, & faire de nouveaux établissements sur ces Côtes. Déja il avoit presque entierement environné cette partie du monde, & avoit pénétré jusques au Cap de Guardafu. Tout étoit tranquille du côté de la mer Atlantique. Il y joüissoit paisiblement de ses

Ann. de J. C. 1506.
Don Emmanuel Roi.
Don François d'Almeyda Vicerois.

ANN. de
J. C.
1506.

DON EMMA-
NUEL ROI.

DON FRAN-
ÇOIS D'AL-
MEYDA VI-
CEROI.

possessions & de son commerce. Et ce Prince qui étoit animé d'un veritable esprit de pieté, n'avoit point d'autre sujet plus à cœur, que d'y établir la Religion, & d'y envoyer des Missionnaires. Ces Missionaires y firent beaucoup de fruit, surtout dans le Royaume de Congo, où ils étoient bien secondés par le pieux Roi Don Alphonse.

Sur la Côte Orientale où les peuples étoient plus policés, mieux en état de se défendre, & presque tous Mahometans, il y avoit souvent à combatre. Mais cela se faisoit presque toûjours avec succès. Le Roi de Mélinde & le Cheq de Mosambique demeuroient fidelles dans leur alliance. Le Roi de Mombaze au contraire se défendoit vivement, & molestoit le Roi de Mélinde son voisin, à cause de l'asile qu'il donnoit aux Portugais, & de l'inclination qu'il avoit pour eux. Ibrahim Roi de Quiloa, que l'Amirante avoit contraint de se reconnoître tributaire du Roi de Portugal, n'avoit fait qu'une alliance simulée qu'il rompit bientôt après. Don Manuel ayant ensuite envoyé trois Navires sous la conduite d'Antoine de Saldagne, ces Navires furent séparés par le gros tems. Diego Fernand Peréira, qui commandoit l'un, découvrit l'Isle de Socotora inconnuë jusques alors aux Européans, il y hyverna & passa aux Indes. Ruiz Laurent Ravasco, qui commandoit le troisiéme, fit une vive guerre au Roi de l'Isle de Zanzibar, quoi-

que

que allié de la Couronne, lui prit plusieurs bâtimens, tua son fils dans une mêlée, & obligea ce Prince de se rendre tributaire, en payant cens miticals d'or chaque année, & trente moutons pour le Capitaine qui iroit chercher le tribut. Il imposa pareillement un tribut de cinq cens miticals d'or par an, à la Ville de Brava, qui étoit une petite Republique sur la Côte de Zanguebar. Ayant rejoint Antoine de Saldagne, ils intimiderent tous les deux le Roi de Mombaze, & l'obligerent à faire une paix feinte avec le Roi de Mélinde, & passerent ensuite aux Indes.

Ibrahim usurpateur du Trône de Quiloa, & à qui sa conscience reprochoit sa mauvaise foi passée, se retira dans les terres, lors du passage du Viceroi Don François d'Alméida. Mahomet Anconin qu'il avoit laissé dans la Ville, n'osa lui-même y rester, mais ayant été rassuré par le Général Portugais, il retourna avec les troupes. Alméida qui sçavoit qu'il étoit agréable au peuple, le fit reconnoître pour Roi à la place de l'usurpateur fugitif. Il lui mit une Couronne sur la tête en grande cérémonie, & lui fit prêter serment de fidelité par ses nouveaux sujets, après qu'il l'eut prêté lui-même au Roi de Portugal, dont il se reconnut vassal.

On vit alors un bel exemple de probité dans la personne de ce Prince. Car se regardant plûtôt comme dépositaire de la Couronne, que comme Roi, il pria le Général de vouloir faire reconnoître pour héritier legitime de l'Etat au préjudice de ses propres enfants, un des fils du Roi Abulfaïl détrôné par l'usurpateur Ibrahim. Alméïda admirant dans ce Musulman une generosité qui condamnoit si hautement l'ambition ordinaire des Princes, toûjours prêts à envahir les Etats d'autrui, ambition qui n'a que trop d'exemples dans le sein même du Christianisme, lui accorda ce qu'il demandoit, à condition néanmoins qu'il portât le sceptre jusques à sa mort, & gouvernât en Roi les Etats de son pupille.

Après avoir bâti un Fort à Quiloa, qu'il fallut pourtant détruire dans la suite, Alméïda partit pour Mombaze dans le dessein d'en châtier le Roi, & de le mettre à la raison. Le pilote, qu'il envoya, pour reconnoître l'entrée du Port, fut reçû à coups de canon, dont il y en avoit quelques pieces aux armes de Portugal, & que le Roi de Mombaze avoit fait pêcher après le Naufrage du Vaisseau saint Raphaël échoüé sur cette Côte. L'ennemi s'étoit préparé à se bien défendre. Il avoit quatre mille hommes dans la place, & attendoit encore du secours. Nonobstant cela Alméïda ayant fait mettre le feu à la Ville en deux endroits, l'attaqua en même tems par trois autres, & la prit. Le combat dans les ruës fut long & sanglant. Il y eut sept cens personnes passées au fil de l'épée, & il fut fait deux cens prisonniers. Le Roi se sauva dans les terres, & fit jetter quelques propositions de paix qui ne furent point écoutées. La Ville fut saccagée. On y fit un butin considerable, dont le Général ne retint pour soi qu'une fléche. Don Laurent son fils se distingua beaucoup dans la prise de cette place. Le Général ne voulut point suivre le Roi dans sa retraite. Ses gens étoient si fatigués, qu'ils n'en pouvoient plus. Il se contenta de faire enlever le canon, & il continua sa route pour les Indes.

Dans l'idée qu'on avoit dès-lors, que Sofala étoit l'Ophir de Salomon, & qu'on retiroit de là presque tout l'or de ces Contrées, le Roi Don Manuel n'avoit garde d'oublier un tel poste. Aussi y destina-t'il une escadre qu'il fit partir peu de tems après le départ d'Alméïda. Pierre de Agnaïa la commandoit, & devoit être Gouverneur à Sofala. Son escadre étoit composée de six Vaisseaux, dont les trois plus gros dévoient aller servir dans les Indes, quand Agnaïa n'auroit plus besoin de leur secours. Les trois autres devoient servir de garde-côtes dans la basse Ethiopie, sous la conduite de François d'Agnaïa fils de Pierre.

On comprend sous le nom de Sofala une Ville, une Isle & un Royaume dans le pays des Cafres, assez au-delà du Cap de Bonne-Esperance, en remontant vers l'Equateur, entre le Cap des Courans & le Mozambique. L'Isle est fermée par les deux bras du fleuve Cüama, qui est une branche du Zambefe. Les habitans en font noirs & crepus: Ils font fuperftitieux, comme le refte des Negres, moins fimples néanmoins moins groffiers, & un peu plus induftrieux. Malgré cela ils font pauvres au milieu de l'abondance, & leur pauvreté fe fent dans leurs maifons, dans leurs perfonnes & prefque en tout. Mais le pays eft veritablement riche par l'or des mines qui font dans les terres, & encore plus par celui qu'on tire des lacs & des rivieres, qui coulent dans une vafte campagne, où fe trouvent, dit-on, quelques bâtimens d'une ftructure fi forte, qu'ils font à l'épreuve de tous les tems, & d'une antiquité fi reculée, que, quoiqu'on en ait des veftiges dans certains caracteres qu'on y voit gravés, ces caracteres même, par la raifon qu'ils font inconnus, femblent la faire remonter jufques aux premiers fiecles.

Ce Royaume étoit autrefois fous la domination du Monomotapa, dont l'Empire s'étend encore dans toutes les vaftes Contrées de la baffe Ethiopie Orientale. Mais des gens, tels que je viens de les dépeindre, n'étoient pas faits pour profiter des avantages de leurs terres, qui paroiffoient deftinées pour des étrangers plus habiles. Les Maures s'en étoient rendus les maîtres en dernier lieu. Ils s'y établirent d'abord affez pacifiquement. Quelques denrées de celles qu'apporte par tout le commerce furent autant d'amorces qui les firent recevoir avec plaisir. On prétend que ce furent ceux de la Ville de Magadaxo qui y allerent les premiers. Mais les Rois de Quiloa, ayant chassé ceux-ci, s'en emparerent, & y établirent des Cheqs ou Gouverneurs en leur nom. Celui qui y étoit lorsque les Portugais y arriverent, nommé Isuph, se rendit indépendant à la faveur des troubles de la derniere revolution de Quiloa, & s'érigea en Souverain. Mais il s'y étoit pris tard, & il n'en profita pas long-tems.

Ann. de J. C. 1506.
Don Emmanuel Roi.
Don François d'Almeyda Viceroi.

Agnaïa ayant abordé à Sofala, après quelques difficultés qu'il eut à surmonter, pour parvenir au Palais du Cheq, qui étoit dans une bourgade assez éloignée, prit la détermination d'y aller avec tout son monde, au son des tambours & des trompettes. Le Cheq, qui se seroit passé volontiers de cette visite, dissimula, & le reçut fort bien. Il étoit couché sur un sopha au fond de son Palais. Il avoit à côté de lui un faisceau de fleches. Le reste, quoique propre, étoit assez modeste. Il n'y avoit rien de plus grand & de plus remarquable dans toute sa Cour que lui-même. Et bien qu'il fut âgé de quatre-vingt ans & qu'il fut aveugle, il avoit encore un air qui marquoit sa superiorité, & soutenoit la réputation qu'il s'étoit acquise.

Agnaïa lui exposa sa commission, fit valoir la puissance du Roi de Portugal, & les avanta-

Ann. de J. C. 1506.

Don Emmanuel Roi.

Don François d'Almeyda Viceroi.

ges de son alliance, & conclut par demander la permission de bâtir un Fort, qui pût servir d'entrepôt pour les Vaisseaux qui iroient aux Indes, de maison de sûreté pour les marchandises, & de rempart même contre les ennemis du Cheq, dont les Portugais vouloient être les alliés fidelles.

Isuph n'avoit pas besoin du commerce des Portugais, & sçavoit qu'il avoit plus lieu de les craindre que de les aimer, mais ce fut cela même qui le rendit facile à toutes leurs demandes.

La permission de bâtir le Fort irrita furieusement les Maures, & sur-tout Musaph gendre du Cheq, qui s'étoit mis en possession de parler avec hauteur à son beau pere. Mais ce vieillard experimenté, qui étoit aussi clairvoyant des yeux de l'esprit, qu'il l'étoit peu de ceux du corps, suspendit un peu leur vivacité, en leur faisant peser les motifs de sa politique. » Il n'est pas tems aujour-
» d'hui, leur dit-il, de vouloir nous opposer à ce
» que nous ne pouvons empêcher. Rien ne re-
» siste à ces nouveaux venus. Vous n'ignorez
» pas ce qu'ils ont fait à Mozambique, à Quiloa,
» à Mombaze, & même aux Indes. Ce sont des
» hôtes incommodes, & de mauvais voisins. Je
» l'avouë. Je leur donne le tems de se fortifier,
» & de s'établir. J'en conviens encore. Mais ou
» sont les forces que nous avons pour commen-
» cer des hostilités, ou pour nous défendre, s'ils

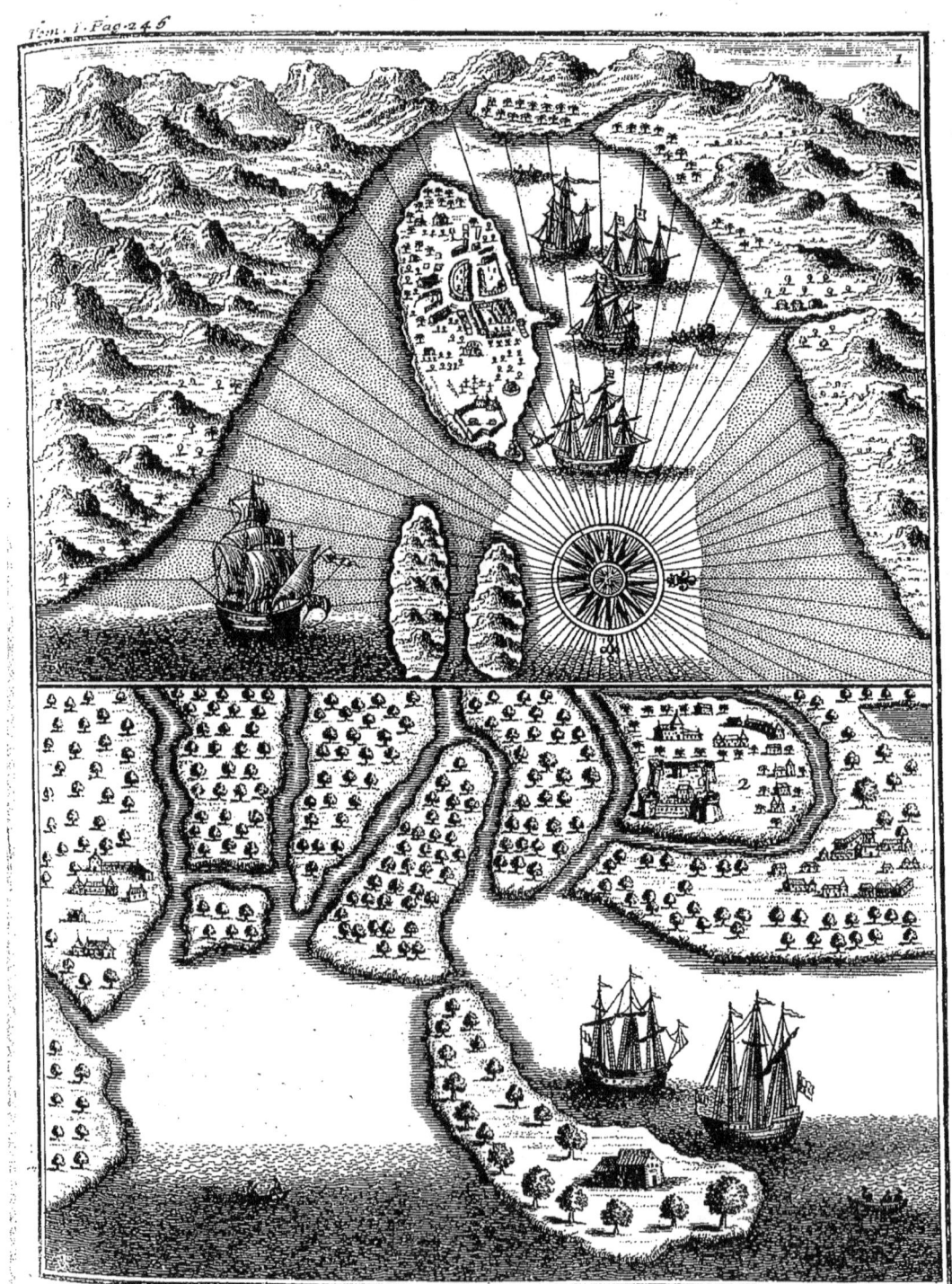

1. l'Isle de Mosambique. 2. Sofala.

» veulent nous opprimer ? Attendons ; laiſſons
» faire au tems ; Tout ce monde n'eſt pas pour
» reſter ici ; Laiſſons partir ceux que leur deſ-
» tination doit conduire ailleurs. L'air de ce
» pays mortel à tous les étrangers, ainſi que nous
» ne l'éprouvons que trop nous-mêmes, nous
» rendra bon compte de ceux-ci. Lorſque leur
» nombre ſera diminué, & qu'ils auront été
» affoiblis par l'air empoiſonné de ces Con-
» trées, alors nous les aurons à diſcretion, &
» nous nous délivrerons de ces fâcheux hô-
» tes. «

Ann. de J. C. 1506.
Don Emmanuel Roi.
Don François d'Almeyda Viceroi.

La prédiction d'Iſuph ſe verifia bientôt en partie. Agnaïa travailla en toute diligence à faire ſon Fort, & il y fut bien ſecondé des Cafres naturels du pays qu'il mit en œuvre à peu de frais. Alors il congédia Baretto, qui partit pour les Indes avec les trois Vaiſſeaux de charge, & il envoya ſon fils avec les trois autres faire la courſe juſques à Mozambique. Celui-ci fut ſi malheureux, qu'ayant perdu deux de ſes Vaiſſeaux, il eut bien de la peine à ſe ſauver à Quiloa, où le facteur Pierre Ferréira le fit mettre en priſon, comme s'il les avoit perdus par ſa faute. La garniſon étant ainſi diminuée tout à coup, le fut encore conſiderablement par les maladies, que cauſa l'air marécageux & peſtilentiel de ces Contrées devenu encore plus mauvais par le remuëment des terres, deſorte qu'elle ſe trouva reduite à quarante perſonnes, dont plusieurs avoient bien de la peine à se soutenir.

Les Portugais ne se comportoient pas pour cela plus politiquement. Ils attiroient à eux seuls tout le commerce de l'or. Ils établissoient là les mêmes regles, qui rendoient ailleurs leur commerce si odieux, & ils les faisoient observer avec la même rigueur, desorte que les Maures outrés, & se prévalant du credit de Musaph, obligerent enfin Isuph de profiter des conjonctures du tems, pour les exterminer.

Afin d'assurer mieux leur coup, & multiplier leurs forces, Isuph fit inviter un Prince voisin tributaire de l'Empereur de Monomotapa, à qui ils firent connoître leurs griefs contre les Portugais, l'exhortant à venir prendre part à leur défaite, & à leurs dépoüilles. Ils lui représenterent cette entreprise, comme une chose, très facile d'une part, & très lucrative de l'autre. C'en étoit assez pour exciter l'avidité du Cafre, & il se mit d'abord en campagne, avec une armée nombreuse.

Il y avoit alors auprès du Cheq un Seigneur très accredité, Abyssin de naissance, & qui, ayant été fait esclave à l'âge de dix ans par les Maures, avoit été circoncis par eux, & élevé dans leur Religion. Il étoit homme de mérite, & avoit gagné la confiance du Cheq. Dès qu'il vit Agnaïa, à la premiere audience qu'il eut, il le suivit, lia très étroitement avec lui, &, pour lui donner

donner des marques de son estime, il lui fit présent de vingt Portugais, qui étoient tombés entre ses mains. C'étoient des gens d'un des Vaisseaux de son escadre, qui s'étant mutinés contre leur Capitaine avoient été faits esclaves, ayant mieux aimé s'exposer à tous les périls qu'ils devoient courir dans une terre inconnuë, que de se rembarquer avec lui.

An n. de J. C. 1506.
Don Emmanuel Roi.
Don François d'Almeyda Viceroi.

L'amitié s'étant fortifiée avec le tems, il avoit toûjours soutenu le parti des Portugais dans le conseil. Mais n'y étant pas le plus fort, il vint avertir Agnaïa de tout ce qui avoit été résolu pour leur ruine, & se jetta dans la Forteresse avec cent hommes, qui étoient à lui, peu avant le moment de l'attaque, à laquelle Agnaïa avoit eu tout le tems de se préparer.

Le dessein des ennemis étoit de mettre le feu au Fort qui n'étoit que de bois, par le moyen des fléches enflammées & des fascines. En effet ils en lancerent un très grand nombre des premieres, & porterent une si grande quantité des ces fascines, qu'elles égalerent presque la hauteur du rempart. Agnaïa, qui avoit pris les précautions ordinaires contre le feu, laissa approcher les ennemis à leur aise, & fit joüer ses canons si à propos, que les Cafres, qui n'étoient pas accoutumés au bruit & à l'effet de ces machines, prirent d'abord la fuite, & se retirerent dans un bois de palmiers. Mais le canon abattant les arbres, & faisant un ravage en-

Tome I.   I i

ANN. de
J. C.
1506.
DON EMMA-
NUEL ROI.
DON FRAN-
ÇOIS D'AL-
MEYDA VI-
CEROI.

core plus terrible par les éclats, les Cafres indignés de ce qu'on les avoit appellés pour faire la guerre, non pas à des hommes, disoient-ils, mais à des Dieux, tournerent leur fureur contre les Maures, pillerent leurs peuplades, & se retirerent dans leurs terres.

Peu content d'en être quitte à si bon marché, Agnaïa voulut rendre le change à ses ennemis, & les mettre hors d'état de lui nuire, par un coup de vigueur. Ayant donc pris avec lui quinze Portugais & vingt hommes de l'Abissin son ami fidelle, il va surgir à la peuplade du Cheq à la pointe du jour, penetre jusques à son Palais, tuant tout ce qui se présente, entre dans l'appartement du Prince, qui tout vieux & tout aveugle qu'il étoit, ne se déconcerte point, se met en défense, lance ses javelots au hazard, & blesse Agnaïa au cou, quoique assez legerement. La vengeance de ce coup fut bien prompte. Le facteur Emmanuel Fernandés homme de main & bon soldat, s'approchant du vieillard lui coupe la tête, qui fut ensuite exposée au bout d'une pique sur les remparts du Fort, pour y être un spectacle de terreur.

Cette mort ayant sur le champ procuré la paix, la division se mit parmi les Maures au sujet de la succession. Les fils du Cheq ayant chacun leur parti, Agnaïa fit pancher la balance pour Soliman, qui avoit toûjours paru avoir plus d'inclination pour les Portugais, & qui accepta volontiers la condition de se rendre vassal de la Couronne de Portugal. Agnaïa mourut peu de jours après, emporté par la contagion de l'air pestiferé de cette Contrée. Emmanuel Fernandés prit le Gouvernement dans l'esperance d'y être confirmé en consideration de ses services. Mais le Viceroi des Indes, à qui il appartenoit de nommer à ce poste, & qui apprit la mort d'Agnaïa par les deux Capitaines des Vaisseaux, que Don Manuel, avoit envoyés à la recherche de François d'Albuquerque, le releva, & envoya pour y commander Nugnés Vaz Pereïra, à qui il donna ordre de passer par Quiloa, où les troubles arrivés demandoient sa présence, & un prompt remede.

Nugnés trouva en effet à Quiloa les choses dans un grand desordre. Mahomet Anconin, qui y entretenoit le calme par sa sagesse, après avoir échapé aux embûches des Partisans d'Ibrahim, devint la victime de sa propre générosité, à l'égard d'un Prince allié de l'usurpateur dépossédé. Pierre Feréïra facteur ou Gouverneur de Quiloa avoit pris un fils du Roi de Tirendiconde, & il le traitoit plus en esclave, qu'en prisonnier. Mahomet, qui n'étoit pas homme de naissance, & qui vouloit se faire un protecteur, délivra ce jeune Prince, & le renvoya à son pere avec des présents. Celui-ci feignant d'être fort sensible à cette marque de grandeur d'ame, attira Mahomet à une confé-

Ann. de J. C. 1506.

Don Emmanuel Roi.

Don François d'Almeyda Viceroi.

ANN. de J. C. 1506.
DON EMMA-NUEL ROI.
DON FRAN-ÇOIS D'AL-MEYDA VI-CEROI.

rence, fous prétexte de traiter des affaires de la paix, & l'ayant entre ſes mains, il le fit cruellement aſſaſſiner pendant qu'il dormoit.

Mahomet étant mort, & apparemment auſſi le jeune Prince de la race d'Abulfaïl, qu'il avoit fait déſigner pour héritier legitime du Royaume, le Trône fut diſputé par Hocen fils de Mahomet, & par Micant neveu de l'uſurpateur Ibrahim. Ces deux compétiteurs diviſerent, non ſeulement les Maures, mais les Portugais même. L'attachement de Mahomet pour les étrangers, n'étant pas un ſujet de mérite pour Hocen dans l'idée des principaux, qui d'ailleurs le mépriſoient à cauſe de ſon extraction, ils ſe déclarerent preſque tous pour Micant avec le Gouverneur Feréïra, qui ne penſoit pas en cela comme ceux de ſa nation. Mais ce n'étoit pas là la ſource du plus grand mal. Le Roi de Portugal mal informé avoit fait publier un ordre, pour empêcher qu'on ne tranſportât hors de cette Ville aucune des marchandiſes qu'on portoit d'ordinaire à Sofala, dont il vouloit faire ſeul le commerce. Cet ordre, qu'on faiſoit obſerver à la rigueur, révolta tellement les eſprits, qu'en peu de tems la Ville fut preſque déſerte, les principales familles s'étant retirées à Mombaze, à Mélinde, & dans les autres Villes voiſines. Nugnés, avant même que d'arriver à Quiloa, abrogea cet ordre, & fit ſignifier cette abrogation ſur ſa route, ce qui produiſit un ſi bon effet, qu'il y aborda suivi de plus de vingt bâtimens chargés de ces familles fugitives, qui revenoient avec joye, pour rentrer dans leurs anciennes possessions. Ainsi la Ville reprit son premier lustre. Nugnés fit ensuite plaider devant soi les deux Compétiteurs, &, nonobstant la faveur de Feréïra, mit Hocen en possession du sceptre, après quoi il partit pour Sofala.

Ann. de J. C. 1506.
Don Emmanuel Roi.
Don François d'Almeyda Vicerol.

Une victoire que gagna Hocen peu après, lui ayant acquis l'estime du peuple, il en devint si insolent, que les factions s'étant émuës de nouveau, le Viceroi des Indes envoya ordre de le déposseder, & Micant fut mis à sa place. Celui-ci se comportant encore plus mal que son rival, & donnant tous les jours de nouveaux sujets de plainte par la brutalité de ses mœurs, fut dépossedé pareillement, & on eût recours à l'usurpateur Ibrahim. Il eut d'abord de la peine à se confier aux Portugais, & à se mettre entre leurs mains. Mais ayant surmonté sa défiance, il regna paisiblement, & vécut toûjours depuis en bonne intelligence avec eux.

Tristan d'Acugna étoit parti de Portugal dans ces conjonctures pour aller aux Indes, & executer, chemin faisant, quelques ordres sur la Côte d'Afrique. Le Roi qui l'aimoit l'avoit nommé auparavant pour aller résider dans les Indes en qualité de Viceroi. Mais les vertiges, dont il étoit attaqué, l'ayant rendu aveugle, Alméïda fut nom-

ANN. de J. C. 1506.
DON EMMA-
NUEL ROI.
DON FRAN-
ÇOIS D'AL-
MEYDA VI-
CEROI.

mé à sa place. Les Medecins l'ayant guéri, le Roi le nomma alors Général des Vaisseaux de charge qu'il envoyoit aux Indes, pour lui donner quelques droits sur la cargaison, & le fit partir avec une Flotte de seize voiles, dont Alphonse d'Albuquerque en commandoit cinq.

Tristan s'étant trop élevé, fit la découverte de quelques Isles, à qui il donna son nom, qu'elles portent encore, & il arriva ensuite heureusement à Mozambique. Mais ayant perdu beaucoup de tems en route, pour n'avoir pas suivi les conseils d'Albuquerque, il trouva la saison trop avancée pour passer aux Indes. Il voulut se dédommager de cette perte, en allant reconnoître l'Isle de Madagascar ou de saint Laurent, que Ruy Peréïra avoit découvert par le dedans, & qui le fut ensuite par le dehors & du côté de la bande du Sud par Fernand Soarez, qui y toucha à son retour des Indes.

Cette Isle située sous la Zone Torride & sous le Tropique du Capricorne dans la mer Ethiopique, répond au pays des Cafres, & peut avoir trois cens cinquante lieuës de long & quatre-vingt, ou cent de large. Les habitans en sont, partie noirs & partie blancs ou bazanez. Ceux-ci habitent les bords de la mer, & paroissent être des Colonies Arabes. Les noirs, plus anciens dans le pays sont probablement descendus des Cafres, à qui ils ressemblent & dans leurs mœurs & dans leur Religion. La terre y est assez abondante en toutes choses nécessaires à la vie & utiles dans le commerce, mais Tristan n'y trouva pas les grandes richesses des Indes, dont on l'avoit flaté. Les peuples ne le reçurent bien d'abord que pour lui faire une trahison qu'il vengea bientôt. Mais voyant qu'il y avoit peu de chose à faire, il s'en retourna, perdit quelques uns de ses Vaisseaux sur la batture de l'Isle, qui porte fort au large, & pensa y périr lui-même.

{An. de J. C. 1506. Don Emmanuel Roi. Don François d'Almeyda Viceroi.}

Ayant trouvé tout tranquille à Quiloa, il passa jusques à Mélinde. Le Roi de Mélinde avoit alors la guerre avec les Rois d'Hoya & de Lamo, pour des interêts particuliers & d'anciennes prétentions. Mais ayant persuadé à Tristan, que c'étoit pour la faveur qu'il avoit donnée jusques alors aux Portugais, il engagea ce Général à entrer dans sa querelle. Hoya fut saccagée, & son Roi tué en la défendant. Celui de Lamo instruit par la disgrace de son voisin, détourna de dessus lui le même malheur par sa soumission, & se faisant tributaire de la Couronne de Portugal.

La Ville de Brava située trente lieuës plus haut imita l'exemple d'Hoya, & eût le même sort. Elle étoit grande, riche, peuplée, & fortifiée d'un mur, d'un fossé, & de plusieurs tours, défenduës par six mille Maures bien armés, & qui firent paroître qu'ils avoient du courage. Elle avoit été faite tributaire du Portugal par quelques uns des chefs de la République, qui se trouverent à Quiloa, ainsi que je l'ai dit. Mais elle fut si indignée de cette action, que, quoique ce n'eût été qu'un artifice pour sauver un Vaisseau richement chargé, & où se trouvoient des personnes de la Ville des plus considerables, elle jugea devoir punir séverement cette action dans ceux qui s'en trouverent coupables, & les cassa de leurs charges. Résoluë de se bien défendre lorsque Tristan d'Acugna s'y présenta, elle renvoya d'abord insolemment son trompette. Cependant, quelques reflexions faites, le Senat commença à noüer une négociation avec le Général Portugais. Mais la négociation traînant en longueur sous divers prétextes, le Général, qui se défia de cette lenteur, tira par la crainte des tourmens, la verité de la bouche même de celui qui portoit les paroles, & apprit qu'on ne l'amusoit que parce que dans cette saison là, il regnoit un coup de vent si violent, qu'il n'y avoit pas un seul Vaisseau qui ne vint périr à la Côte.

Sur cela, Tristan ayant assemblé le conseil, résolut d'attaquer la Ville dès la nuit suivante. L'armée s'embarqua dans les chaloupes, & se rangea en deux lignes. Albuquerque commandoit la premiere composée de quatre cents hommes, & Tristan la seconde, où il y en avoit six cents. Ils arriverent à terre au point du jour. Quoiqu'ils eussent pris toutes sortes de précautions, pour cacher leur marche, la Ville s'en apperçut,

apperçut, & il se trouva deux mille hommes sur la rive pour empêcher la descente. Elle se fit néanmoins heureusement, non sans répandre de sang. Les ennemis combattirent avec vigueur, mais, se voyant poussés, ils regagnerent la Ville, y rentrerent, & eurent le tems de fermer les portes à la faveur de ceux qui se sacrifiérent, en faisant tête aux poursuivants. Les Portugais se répandirent alors le long des murs. Albuquerque ayant apperçû une espece de brêche dans un endroit où le mur étoit fort bas, donna par là l'assaut & gagna le rempart. Le combat fut long & violent le long des ruës. Mais Tristan, qui attaquoit par un autre endroit, étant entré dans la Ville de son côté, les Maures gagnerent la grande place & la Mosquée. Là le combat se renouvella & fut plus échauffé. Enfin après avoir duré jusques sur le midi, les Maures se battirent en retraite, & sortirent de la Ville, y ayant eu déja quinze cens hommes de tués, parmi lesquels furent les chefs de la République. Il resta un assez bon nombre de Portugais morts sur la place, ils en eurent un plus grand de blessés, parmi lesquels fut le Général, qui dans le lieu même, où il avoit été blessé, voulut être fait Chevalier avec son fils par Alphonse d'Albuquerque lequel leur ceignit l'épée, & leur donna l'acolladeselon la forme ancienne. Le Général fit ensuite quelques Chevaliers lui même du nombre de ceux qui s'étoient

ANN. de J. C. 1506.

DON EMMANUEL ROI.

DON FRANÇOIS D'ALMEYDA VICEROI.

le plus distingués dans cette journée.

Tristan ne voulut pas qu'on suivit l'ennemi hors de la Ville, & en fit fermer les portes. Et comme il craignoit le coup de vent, dont il étoit ménacé, il la mit au pillage, & fit publier qu'on se dépêchât, parce qu'il vouloit y faire mettre le feu. On y trouva de grandes richesses de toutes sortes, mais l'avidité du soldat & du matelot fut si grande, que quelques uns ne pouvant s'assouvir furent envelopés dans les flâmes. Leur cruauté ne fut pas moindre, car ils couperent les mains & les oreilles à plus de huit cens femmes ou filles, afin de perdre moins de tems à leur ôter leurs bracelets & leurs pendants. Cette barbarie déplut infiniment au Général, qui, pour l'arrêter donna sur cela des ordres un peu trop tardifs. Dieu sembla ne vouloir pas la laisser impunie, car quinze de ces matelots & soldats conduisant à bord de l'Amiral une chaloupe extrêmement chargée, la chaloupe enfonça, & ne revint sur l'eau à vuide, qu'après qu'ils furent tous noyés, & tout le butin perdu.

Magadaxo autre Ville située à dix-huit lieuës de Brava, aussi riche & aussi puissante qu'elle, ne voulut point lui ceder en courage, quoiqu'elle eût à craindre la même infortune. Dès que la Flotte Portugaise parut, elle se mit en état de vaincre ou de périr. Lionel Coutigno que le Général envoyoit en qualité de trompette pour la fommer, voyant le rivage bordé d'une grande multitude de gens de pied & de cheval, qui faifoient bonne contenance, n'ofa fe rifquer, & ne débarqua qu'un efclave qui fut auffi-tôt mis en pieces. Ce mauvais début l'ayant obligé de retourner à bord, pour y faire fon rapport, Triftan d'Acugna affembla auffi-tôt fes Capitaines, qui ayant fuivi les lumieres de leur prudence, plûtôt que l'impetuofité de leur courage, furent d'avis de remettre la partie à une autre fois, & de continuer leur route jufques à Socotora, où ils arriverent au mois d'Avril de l'année 1507.

ANN. de J. C. 1507.
DON EMMANUEL ROI.
DON FRANÇOIS D'ALMEYDA VICEROI.

Socotora, qu'on croit être la Diofcoride des anciens Géographes, eft une Ifle à l'entrée de la mer Rouge dans le détroit de la Meque, qui eft formé par le Cap de Guardafu du côté de l'Afrique, & par celui de Fartaque du côté de l'Arabie. Elle eft placée précifément entre ces deux Caps à une diftance prefque égale, & à environ une trentaine de lieuës de l'un & de l'autre. Elle en a vingt de long fur neuf de large. L'air y eft chaud, mais affez fain, parce qu'il eft temperé par un vent de mer ordinaire. La terre y eft haute, montagneufe, feche & fterile, excepté en quelques vallons propres à nourrir des troupeaux. L'encens & l'Aloës y font meilleurs que par tout ailleurs. On y trouve du vermillon & de l'ambre, que la mer y jette fur la côte. On y recuëille auffi quantité de dattes, qui avec les laitages servent à la nourriture des gens du pays.

Ceux-ci sont originairement Arabes, & vivent dans des cases souteraines à la façon des anciens Troglodytes. Ils sont tous nuds, à l'exception de ce que la pudeur ordonne de cacher. Tout le reste se rapporte à leur nudité. Timides, paresseux, lâches, peu spirituels, ils ne semblent être nez que pour être esclaves & miserables. Leur Religion n'étoit qu'un assemblage monstreux de Judaïsme, de Mahometisme, & de Christianisme, dont on peut dire encore qu'ils n'avoient que les apparences extérieures tant étoit parfaite leur ignorance. On tient que S. Thomas allant aux Indes y avoit annoncé la foi que les Jacobites avoient ensuite alterée. Chrétiens sans baptême, ils portoient encore le noms de Marie & des Apôtres, rendoient un grand respect à la Croix, en avoient de dressées en differents endroits, & en portoient au cou. Ils faisoient leurs prieres en hebreu sans l'entendre, n'époussoient qu'une seule femme, observoient les jeûnes & les Fêtes, & avoient ainsi plusieurs autres vestiges d'une Religion, dont les notions veritables étoient entierement effacées de leur esprit & de leur cœur.

Le Roi de Caxem dans le pays des Fartaques, profitant de la foiblesse de ces pauvres Insulaires, s'en étoit rendu le maître, leur avoit imposé un joug fort dur, &, pour les mettre hors d'état de le secouer, avoit bâti une Forteresse dans l'Isle, où il avoit mis pour commander Ibrahim son fils, jeune Prince d'une grande résolution & d'un courage mâle, dont il donna de grandes preuves.

Comme une des grandes vûës d'Emmanuel étoit de ruiner absolument le commerce des Maures par la mer Rouge, & que presque nécessairement tous leurs Vaisseaux qui venoient de l'Inde ou de la Côte Orientale d'Afrique devoient passer par-là, il n'avoit aussi rien de plus à cœur que de se rendre maître de ce poste qui lui assuroit la possession du détroit, & lui donnoit un asyle pour les Flottes qu'il envoyoit croiser sur les Côtes d'Arabie. Ce fut dans ce dessein principalement qu'il fit partir Acugna avec ordre de chasser les Fartaques de l'Isle, de s'emparer de leur Fort, ou d'en bâtir un ailleurs dans un endroit commode. Et pour cela il fit charger sur neuf des Vaisseaux de la Flotte les matériaux d'une Forteresse qui se trouva toute faite dans les Arsenaux de Lisbonne, ensorte qu'il n'y avoit qu'à la monter.

Tristan ayant fait sommer Ibrahim de se rendre, n'en reçut point d'autre réponse que celle que devoit faire un galant homme, desorte qu'il fallut se résoudre d'en venir aux mains. La résolution prise, le Général envoya visiter la Côte, afin d'y chercher l'endroit le plus propre pour la descente. Comme la mer étoit haute on n'en trouva point de plus com-

ANN. de J. C. 1507.

DON EMMA-NUEL ROI.

DON FRAN-ÇOIS D'AI-MEYDA VI-CEROI.

ANN. de
J. C.
1507.

DON EMMA-
NUEL ROI.

DON FRAN-
ÇOIS D'AL-
MEYDA VI-
CEROI.

mode, que vis-à-vis un petit bois de palmiers, peu éloigné du Fort, où elle fut déterminée. Le Général devoit commander la premiere ligne avec les Capitaines de son escadre, chacun dans leurs chaloupes, & Albuquerque la seconde avec les Capitaines de la sienne.

Le jour suivant le Général se mit en mouvement, & alla droit à l'endroit marqué dès la veille. Ibrahim attentif à tout, sortit à la tête de ses Fartaquins, pour aller soutenir un retranchement qu'il avoit fait faire dans le bois pendant la nuit, & s'opposer au débarquement. Albuquerque, qui jugea de son intention, au lieu de suivre le Général, alla débarquer au port vis-à-vis de la Forteresse, où la mer étoit moins grosse que la veille & la descente plus facile. Ibrahim, qui de cette manœuvre, que le Général lui même n'apperçut pas, craignit d'être pris en flanc, ou même d'être coupé, partagea son monde, & de cent hommes qu'il avoit en envoya quatre-vingt vers le retranchement, & avec les vingt autres courut vers le port, pour faire face à Don Alphonse de Norogna neveu d'Albuquerque qui avoit déja débarqué, & gagnoit le chemin de la Forteresse. Ces deux chefs tous deux jeunes & tous deux braves, semblerent se chercher l'un & l'autre, & se battirent long-tems avec une égale valeur, mais enfin Norogna fut le vainqueur.

Ceux de la Citadelle voyant leur chef mort,

firent le signal pour la retraite, laquelle étoit déformais leur unique ressource. Tristan d'Acugna ayant trouvé une grande résistance avoit forcé le retranchement, & mis les Maures en fuite. Plusieurs r'entrerent dans le Fort. D'autres se sauverent dans les bois. Les Portugais rendus au pied des murailles s'efforcent d'entrer, font porter les échelles pour planter l'escalade, & les petards pour enfoncer les portes. Les assiegez se défendent du haut des murs, jettent des artifices & des pierres, dont l'une étourdit si fort Albuquerque, qu'il fut quelque tems sans pouvoir parler. Mais étant revenu à soi, & les Portugais s'étant emparés du mur, & ayant ouvert les portes, il fit des prodiges de valeur comme les autres, & sauva Norogna d'un coup mortel en le couvrant à propos de son bouclier. Les Fartaques voyant le Fort pris se retirent dans le Donjon. Acugna leur fait proposer la vie & la liberté s'ils veulent se rendre. Mais ces braves gens animés par la vûë de leurs compagnons morts, qui s'étoient battus en héros, répondent fiérement que ce n'est pas la coutume des Fartaques de capituler : Que le fils de leur Roi leur ayant donné l'exemple de mourir en braves, ils ne peuvent lui survivre, & qu'ils se défendront jusques à la derniere goute de leur sang. En effet le Donjon ayant été emporté, ils se firent tous passer au fil de l'épée, à la reserve d'un seul. C'étoit un

ANN. de J. C. 1507.
DON EMMANUEL ROI.
DON FRANÇOIS D'ALMEYDA VICEROI.

Ann. de J. C. 1507.
Don Emmanuel Roi.
Don François d'Almeyda Viceroi.

pilote habile, qui rendit depuis de grands services à Albuquerque.

Le Général fit ensuite avertir les Insulaires de venir lui parler. » Il leur dit. Qu'il n'étoit » venu que pour les délivrer du joug insupor- » table que les Fartaques leur avoit imposé : » Que le Roi de Portugal sçachant qu'ils étoient » Chrétiens, & qu'ils gémissoient sous la ty- » rannie des Musulmans, n'avoit eu rien tant à » cœur que leur délivrance, & leur instruction: » Qu'ils étoient enfin libres, puisqu'il s'étoit » rendu maître de la Forteresse, & qu'il leur » laissoit pour les instruire un saint Missionnai- » re qui en prendroit volontiers le soin. « C'étoit un Religieux de l'Ordre de saint François, nommé le P. Antoine de Lauriere, qui fit en effet de grands fruits parmi ce pauvre peuple. La Mosquée fut convertie en Eglise, & consacrée sous le nom de Notre-Dame de la Victoire. Alphonse de Norogna fut établi Gouverneur de la Forteresse, selon la destination que le Roi en avoit fait avant que la Flotte partît de Lisbonne.

Voilà quelle étoit la situation des affaires d'Afrique, quand Tristan d'Acugna fit voile de là pour les Indes. Il n'y fut pas long-tems. Sa présence comme nous l'avons dit accelera la paix de Cananor, & en fit lever le Siege. Il alla ensuite droit à Cochin, où il trouva sa cargaison prête, parce qu'il y avoit un an qu'il n'é-
toit

toit venu des Vaiſſeaux de Portugal. Ainſi il
fut bientôt expédié. Mais avant que de repartir il voulut ſe trouver à une belle entrepriſe,
que faiſoit en perſonne le Viceroi, qui fut bien
aiſe de l'avoir pour ſecond, & d'en partager
l'honneur avec lui.

Le Viceroi ayant eu avis, qu'il y avoit à Panane, à quatorze lieuës de Cochin, quinze à ſeize Vaiſſeaux Maures, qui étoient ſur le point
de charger & de partir, réſolut d'aller les y
brûler, & de mettre en même tems à feu & à
ſang cette Ville, qui étoit alors ſous l'obéïſſance, où dans l'alliance du Zamorin. L'entrepriſe étoit périlleuſe. Panane étoit ſituée ſur une
petite riviere qui y fait un port commode, à
une lieuë au-deſſus de ſon embouchûre. L'entrée de cette riviere étoit difficile, à cauſe des
ſables qu'elle regorge. Les ennemis, qui s'attendoient à être attaqués, avoient fortifié non
ſeulement la place, mais encore l'entrée de
cette riviere, y ayant élevé des deux côtés une
redoute hériſſée de groſſe artillerie. Le Zamorin y avoit outre cela quantité de troupes ſous
la conduite d'un Maure, nommé Cutial, qui
étoit en réputation d'un grand homme de guerre, & les Maures qui faiſoient l'élite de ces
troupes, étoient ſi outrés des pertes continuelles, que leur cauſoit la haine que les Portugais
avoient pour eux, que plus de ſoixante d'entre
eux, la plûpart Capitaines & Officiers de Vaiſ-

ANN. de
J. C.
1507.
DON EMMA-
NUEL ROI.
DON FRAN-
ÇOIS D'AL-
MEYDA VI-
CEROI.

feaux, s'étoient razés la tête & la barbe, ce qui est un signe parmi eux qu'ils se sont engagés par des sermens & des execrations à vaincre ou à périr.

La Flotte Portugaise au nombre de douze bâtimens, ayant paru à la barre de la riviere, étonna les ennemis, mais elle ne leur ôta pas le courage. Ils travaillerent toute la nuit à fortifier leurs retranchemens, & à se préparer à l'action. Les Généraux Portugais tinrent conseil. Alméïda ayant mis sur le bureau un plan exact du lieu, qu'il avoit eu par ses espions, il fut conclu que le lendemain 26. Novembre 1507. à la pointe du flot, tandis que les gros Vaisseaux barreroient la riviere où ils ne pouvoient entrer, Pierre Baretto & Diego Perez entreroient les premiers, chacun avec leur bateau, dans lequel il y auroit quatre-vingt hommes des plus déterminés de l'armée : Que le premier iroit débarquer à l'endroit, où les Vaisseaux ennemis tirés sur le rivage, étoient attachés ensemble, & que le second aborderoit au pied de celle des redoutes de l'embouchûre qu'on jugea la plus meurtriere. Don Laurent d'Alméïda & Nugnés d'Acugna fils des Généraux & tous deux émules, conduisoient le corps de bataille dans les chaloupes, où étoient repartis pour la plûpart, les Capitaines & les Officiers des escadres de leurs péres. Nugnés devoit soutenir Baretto & Don Laurent d'Al-

méida, Diego Perez. Les Généraux fuivoient
enfuite, & conduifoient la troifiéme ligne dans
les Galeres de la courfe.

Tout fut executé fort bien felon le projet.
Dès la pointe du flot Baretto & Perez s'ébranlerent, & pafferent entre les redoutes, les foldats couchés fur le ventre, fans que l'artillerie
ennemie qui portoit trop haut leur fit aucun
mal. Mais quand ce fut à la defcente, les Maures devoüés à la mort fortent de leurs retranchemens, fautent dans l'eau jufques à mi-corps,
faififfent les bateaux, & donnent tant d'occupation aux foldats, que fe trouvant trop pref-
fez dans ces bateaux, où ils ne pouvoient agir,
ils font obligés de fauter eux-mêmes à l'eau,
où le combat fut très-opiniâtré. Don Laurent &
Nugnés étant arrivés chacun à leur pofte, les
foldats malmenés reprirent cœur & de nouvelles forces. Le combat fut alors encore plus fanglant, tous ces dévoüés combattant en defefperés. On dit que Don Laurent en tua fix à coups
d'une demie pique qu'il manioit avec beaucoup d'adreffe & de vigueur. Comme c'étoit
l'homme le plus grand & le mieux fait qu'il y
eut alors dans les Indes, un de ces braves, qui
à fa mine le prit pour un des chefs, s'attacha à
lui, & fe cachant fous fon bouclier, vint à corps
à demi recourbé pour lui couper les jarrêts Don
Laurent qui étoit lefte efquiva le coup, & revenant fur fon ennemi d'une hache qu'il faifit

A n n. de
J. C.
1507.

Don Emma-
nuel Roi.

Don Fran-
çois d'Al-
meyda Vi-
ceroi.

An n. de J. C. 1507.
Don Emmanuel Roi.
Don François d'Almeyda Viceroi.

bien des deux mains lui fendit la tête & la lui partagea jufques à la poitrine. Mais ayant été bleffé par un autre dans l'endroit du bras, où il y a le plus de nerfs & de tendons, fon ardeur fut un peu rallentie, il fe trouva mal, & fe fentit des envies de vomir. Les Généraux, qui n'avoient pû arriver plûtôt, parce que leurs galeres tirant plus d'eau n'avoient pû entrer comme les autres, étant venus fur ces entrefaites, & animant leurs enfans & leur monde par leurs exhortations & par leurs reproches, Nugnés mit le feu aux Vaiffeaux ennemis, & les gens de Don Laurent gagnerent la redoute. Les dévoüés étant enfuite éclaircis & morts, la plûpart percés de coups, tout le refte fe mit en fuite. Les Vaiffeaux furent confumés par les flâmes auffi bien que la Ville, & prefque toutes fes richeffes, le Viceroi ayant porté un ordre très rigoureux, dans la crainte que l'amour du pillage ne devint la caufe de leur perte. Les redoutes ayant été emportées, tout le canon en fut enlevé.

Ce fut fans doute un très beau fait d'armes, car, quoiqu'il n'y eut eu que deux à trois cens morts du côté des ennemis, dix huit du côté des Portugais, & grand nombre de bleffés, parmi lefquels furent les deux fils des Généraux, certainement on n'avoit point encore vû, ni plus de bravoure, ni de plus belles actions dans les combattans des deux partis. Auffi le Viceroi en fut si charmé, qu'il voulut faire quelques Chevaliers en memoire de cette action. Après cela Tristan d'Acugna & lui étant allés à Cananor, les Vaisseaux du retour acheverent de se charger, le Viceroi repartit pour Cochin, & d'Acugna pour le Portugal, où il porta l'agréable nouvelle de ces succès.

AN N. de J. C. 1507.
DON EMMANUEL ROI.
DON FRANÇOIS D'ALMEYDA VICEROI.

Retournons à la Côte d'Arabie, où la gloire du grand Albuquerque nous appelle. Suivons-le dans ses premiers exploits, dont le seul projet semble nous annoncer d'avance les merveilles, que fit depuis ce nouveau conquerant de l'Inde. Ses Trophées l'ont mis presque dê niveau avec les Héros les plus celebres de l'antiquité, qui l'avoient précédé dans cette Conquête.

Dédaignant de croiser sur les gorges de la mer Rouge, selon les ordres qu'il en avoit, ce qui étoit faire en quelque sorte le métier de Corsaire: impatient d'ailleurs de se signaler par quelque entreprise digne de lui, & plus utile au service de son Prince, il conçut le projet de s'emparer du Royaume d'Ormus, & commença à se mettre en état de l'éxecuter, dès qu'il l'eut formé.

Le Royaume d'Ormus, ainsi nommé de sa Ville capitale, étoit alors un Etat assez puissant. Il commençoit au Cap de Rosalgate dans l'Arabie heureuse, & s'étendoit au loin de l'autre côté dans la Carmanie, où il embrassoit

Ll iij

ANN. de J. C. 1507.
DON EMMANUEL ROI.
DON FRANÇOIS D'ALMEYDA VICEROI.

une assez vaste étenduë de pays. Mais ce qui faisoit sa plus grande consideration, c'étoit la situation de la Ville même d'Ormus, placée dans l'Isle de Gérun à l'entrée du Golphe Persique, à un peu plus d'une demie lieuë de distance de la terre ferme d'une part, & à quatre lieuës de l'autre. L'Isle n'en a que cinq ou six de circuit. Mais elle forme deux ports magnifiques, séparés par une langue de terre très étroite, & si avantageusement situés, qu'ils semblent être faits pour être l'entrepôt général de tout l'Orient. La nature contente d'avoir donné à cette Isle une position si heureuse, semble lui avoir refusé tout le reste, comme si elle avoit prévû que l'art suppléant à son défaut, en feroit un des endroits du monde les plus délicieux. Car en effet quoique l'eau même y manque, & que l'herbe ait peine à y croître, la Ville grande, riche, superbe, & magnifique joignoit encore à la profusion des biens immenses, que lui apportoit le commerce de l'Asie, de l'Afrique, & même de l'Europe, une abondance surprenante de tout ce qui peut servir à l'utilité, & aux commodités de la vie, comme si tous les autres pays n'avoient été faits, que pour suppléer à la sterilité de celui-ci.

Le commerce ayant fait cette Ville, elle étoit à proprement parler un ramas d'étrangers de toutes les nations, de maniere cependant que les Arabes & les Perses plus voisins y dominoient avec la Religion de Mahomet, qui étoit aussi celle du Souverain. Le sang y étoit assez beau, les hommes très bien faits & très spirituels. Malgré le luxe de leur Ville, & les sentimens pacifiques du négoce, ils sçavoient parfaitement unir ensemble le courage mâle d'une origine guerriere, & d'une secte qui s'est étenduë par la voye des armes, avec l'amour pour les sciences & les beaux arts, qui sont les fruits de la paix & de la tranquillité.

Albuquerque ayant mis ordre aux affaires de Socotora, reprimé les factions des Fartaquins, qui étoient restés dans l'Isle, en partit avec six Vaisseaux & une fuste commandés par de braves Officiers, & sur lesquels il y avoit quatre cents soixante-dix Portugais. Avec ce petit corps il cingle en haute mer tirant vers le Cap de Rosalgate, où commencent les Etats d'Ormus, se présente devant Calajate qui lui ouvre ses portes, accepte ses propositions ou les élude avec adresse. Curiate plus fiere éprouve le sort des armes : la confiance qu'elle a dans ses propres forces, cause sa ruine. Mascate plus considerable & plus en état de resister plie sous le joug par la prudence de son Gouverneur. Mais deux mille Arabes, qui y entrerent la nuit suivante, la souleverent, quelque chose que put faire le Gouverneur pour leur faire éviter le châtiment inévitable de la trahison, dont on vouloit le rendre coupable.

A n n. de J. C. 1507.
Don Emmanuel Roi.
Don François d'Almeyda Viceroi.

Ann. de
J. C.
1507.

Don Emma-
nuel Roi.

Don Fran-
çois d'Al-
meyda Vi-
ceroi.

Ses prédictions furent vrayes. Les deux mille Arabes furent battus, & attirerent sur la Ville les maux dont ils avoient voulu la défendre. Le Gouverneur y périt en combattant en brave contre ses vûës & ses lumieres. Toutes les précautions du Général ne purent le sauver, mais les attentions qu'il eut pour tout ce qui lui appartenoit, eussent pû le dédommager, si rien pouvoit dédommager, qui perd tout avec la vie.

Soar & Orphazan toutes deux grandes, opulentes & fortifiées d'un bon mur & d'une Citadelle, n'eurent pourtant pas le courage de se défendre. Soar se soumit aux conditions qu'on voulut lui imposer. Mais les habitans d'Orphazan eurent tant de peur, que, quelques efforts que fit le Gouverneur, qui étoit un Officier de réputation, ils abandonnerent leur Ville pour s'enfuïr dans les bois. Les Portugais n'y ayant point trouvé ni resistance ni soumission, la pillerent & la brûlerent. Après quoi le victorieux Albuquerque alla moüiller le 25. de Septembre à la vûë d'Ormus, ayant fait précéder devant lui la terreur & l'épouvante, qui furent beaucoup augmentés par la décharge générale de toute son artillerie, dont il salua la Ville & le Palais du Roi.

Il envoya sur le champ un trompette à la Cour, pour y signifier les motifs de sa venuë. » Ce n'étoit pas, disoit-il, pour y porter la guer-
» re, mais la paix: Qu'à la verité il n'y avoit
» point

» point d'autre moyen d'obtenir cette paix,
» qu'en se soumettant au Roi de Portugal son
» maître, & en lui payant le tribut annuel que
» les Rois d'Ormus payoient aux Sophis. Mais
» que le Roi de Portugal étoit un si grand Prin-
» ce, qu'il étoit plus heureux de lui obéir, que
» de commander à des Empires : Que dès qu'ils
» seroient reconnus pour ses vassaux, ils pou-
» voient tout esperer de sa protection contre
» leurs ennemis, comme aussi ils devoient tout
» craindre de ses armes victorieuses, s'ils étoient
» assez aveugles pour refuser les avantages de
» cette même protection qu'il leur offroit,
» en voulant bien les accepter pour ses tribu-
» taires. «

Zeifadin second du nom étoit alors sur le Trône d'Ormus qu'il avoit hérité de ses peres, qui l'avoient fondé. Mais la jeunesse de ce Prince ne lui permettant pas de gouverner par lui-même, il étoit encore sous la tutelle d'un Eunuque, nommé Coje-Atar, homme habile & experimenté, qui avoit pris dans cette Cour le dessus sur tous ses concurrents.

Veritablement la proposition du Général Portugais avoit quelque chose de bien extraordinaire, & devoit paroître bien nouvelle. Mais Atar, qui n'ignoroit pas les grandes choses que les Portugais avoient faites dans l'Afrique & dans les Indes, qui étoit aussi parfaitement instruit de ce qu'Albuquerque venoit de faire sur sa route, intimidé d'ailleurs par la crainte qu'il eut que les mécontens du Gouvernement présent, n'en prissent occasion de faire quelque changement dans l'Etat, prit d'abord le parti de la dissimulation, cherchant à gagner du tems, afin de donner le loisir de se rendre aux troupes de terre & de mer, qui n'étoient pas loin, & dont une partie étoit déja arrivée. Ainsi il renvoya le Trompette avec un de ses Officiers avec des lettres & des présents considerables. Albuquerque reçut la lettre, & refusa fierement les présents, en disant qu'il n'en vouloit point recevoir qu'il ne sçut auparavant s'il devoit traiter avec lui, comme ami ou comme ennemi.

Atar ne fut pas moins choqué de cette réponse qu'il l'avoit été de la premiere proposition. Il continua néanmoins à dissimuler jusques à ce qu'il eut obtenu la fin qu'il s'étoit proposée. Mais quand il se vit vingt mille hommes de troupes, sa Flotte de rétour jointe à plus de soixante Vaisseaux de charge, & plus deux cens esquifs, chaloupes, & autres petits bâtimens qui étoient auparavant dans le port, alors levant le masque, il commença par faire arrêter les Portugais, qui avoient osé débarquer avec trop de confiance, & envoya dire au Général. Qu'il
» étoit surpris de la hardiesse de ses propositions
» & de l'injustice de ses demandes: Que les Rois
» d'Ormus bien loin de païer tribut aux étrangers

» qui venoient dans leurs ports, avoient coûtu-
» me d'en exiger d'eux: Que si les Portugais vou-
» loient commercer comme les autres nations,
» on leur accorderoit la permission & la liber-
» té aux mêmes conditions ; mais que s'ils en-
» treprenoient de faire quelque violence, ils
» apprendroient bien-tôt à leurs dépens qu'ils
» se trompoient, s'ils croyoient encore avoir
» affaire à des Cafres, & à de miserables Ne-
» gres. «

Ann. de J. C. 1507. Don Emmanuel Roi. Don François d'Almeyda Viceroi.

La fierté de cette réponse & les manœuvres qu'on faisoit dans le port, ayant fait juger au Général qu'il falloit se résoudre d'en venir à la force ouverte, il appelle au conseil, où ayant conclu d'attaquer les Vaisseaux ennemis, par où c'étoit une nécessité de commencer, il leve l'anchre & appareille sur le champ, occupe toute la Rade, y dispose ses Vaisseaux dans de justes intervalles, afin qu'ils pussent faire leurs évolutions, virer aisément de bord, lâcher à propos leurs bordées, & fait feu de toute son artillerie. Les ennemis distribués dans tous les petits bâtimens rangés en deux lignes, où Atar commandoit en personne, & à qui il avoit fait gagner le large pour investir la Flotte Portugaise, ne s'étonnent point du bruit, s'avancent hardiment malgré le fracas du canon. La fumée même qui pendant un tems déroboit tous les objets à la vûë, leur donna le moyen d'accoster de si près, qu'après avoir décoché en assez bon ordre une nuée de fléches, ils vinrent à l'abordage. Les Portugais à qui la multitude innombrable de ces fléches blessa beaucoup de monde, n'eurent pas peu à faire de se défendre de la vivacité de ce premier assaut, où il fallut combattre main à main à coups de lances, de leviers, de haches & de sabres. Mais pendant ce combat, qui dura assez long-tems, les plus hardis ayant été tués ou précipités dans la mer, le canon d'entre-pont & des basses batteries, qui étoient au niveau de l'eau, fit un si terrible effet sur ces petits bâtimens, qu'Atar, qui avoit commencé le combat avec une extrême confiance, & qui animoit tout de sa présence, les voyant éclaircis, mis en pieces ou coulés à fond la plûpart, prit le parti de se retirer le plus secretement qu'il put à l'abri des Vaisseaux de charge. Sa retraite néanmoins n'ayant pû se faire si secretement qu'on ne s'en apperçut, il eut le chagrin de voir que son mauvais exemple fut en peu de tems suivi de tous les autres.

Albuquerque délivré de l'importunité de tous ces petits bateaux, courut alors vers les gros Vaisseaux parmi lesquels il y en avoit deux du port de huit cens tonneaux, & d'environ cinq à six cens hommes d'équipage. Le premier appellé *le Prince*, appartenoit au Prince de Cambaïe. Le second avoit nom *la Méris*, & étoit à Mélique Jaz, Seigneur de Diu, dont nous parlerons beaucoup dans la suite. Le Général s'attacha à tous les deux l'un après l'autre, & après un combat très opiniâtré les coula à fond tous les deux. Les autres Capitaines imitant l'exemple de leur Chef s'attacherent aussi à divers bâtimens, & ce fut alors un feu, une mêlée, une confusion des plus horribles. La mer fut bientôt couverte de debris de Navires, de morts & de mourants, dont le sang fit changer de couleur à ses eaux. Le desordre étoit si grand parmi les ennemis, qu'ils combattoient les uns contre les autres, & que parmi leurs morts qu'on fait monter jusques à trois mille, il s'en trouva beaucoup qui étoient percés de fléches quoiqu'il soit certain que les Portugais n'en tirerent pas une seule. Enfin les ennemis abandonnerent absolument leurs Vaisseaux, & se lancerent à la mer pour se sauver. Albuquerque ayant fait le signal aux siens de se jetter dans les chaloupes, ce ne fut plus qu'un massacre géneral de tous ces malheureux, qu'on assommoit dans l'eau ou qu'on forçoit de se noyer; spectacle affreux lequel ayant pour témoins le Roi & tout le peuple, qui bordoit les murs & le rivage, pour voir le succès d'une si grande action, devenoit encore plus horrible par les hurlements & les cris déplorables que cette multitude poussoit jusques au Ciel.

Après que le combat eut duré huit heures, le victorieux Albuquerque n'ayant plus personne qui osât lui faire tête, & profitant de son avantage fit mettre le feu à tous ces bâtimens abandonnés, qui étant emportés loin du port par un vent de terre, qui souffla alors, furent donner un nouveau spectacle d'horreur sur les Côtes de la Carmanie, & de l'Arabie, où ils allerent se consumer ou s'échoüer. Faisant ensuite le tour du port, le Général fit pareillement mettre le feu à cent quatre-vingt bâtimens de toute espece, qui étoient encore sur les chantiers, prêts à être lancés à l'eau, & qui furent la proye des flâmes. Mais en passant sous une espeee de petit fortin ou Palais où étoit le Roi, & d'où malgré la consternation où l'on étoit, on tira une grande quantité de fléches, il fut blessé avec quelques-uns des Officiers qui étoient près de lui.

L'animosité des Portugais étoit inconcevable. Déja quelques-uns ayant mis pied à terre, avoient mis le feu à un des Fauxbourgs, où il y eut une Mosquée brûlée. Se laissant ensuite emporter à leur ardeur boüillante & impetueuse, ils alloient entrer dans la Ville pêle-mêle avec les fuyards; mais Albuquerque faisant attention à leur petit nombre & à leur lassitude, fit sonner la retraite, content d'une si belle victoire.

L'excès de la présomption d'Atar dégénera tout à coup, comme il arrive d'ordinaire aux ames viles, en un découragement extrême, en voyant un succès si contraire à son attente. Livré en ce moment à ses cruelles inquietudes, & apprehendant tout du dehors & du dedans, il se sentit une extrême impatience de conclure la paix à quelque prix que ce pût être. Il fit donc élever dans le moment un étendart blanc sur une des tours du Palais du Roi, & envoya dans un esquif avec un semblable étendart deux Maures de confiance, dont l'un étoit un des Grenadins chassés d'Espagne, lorsque les Rois Catholiques se furent rendus maîtres du Royaume de Grenade. Albuquerque qui étoit fatigué remit leur audience au lendemain, retint cependant celui-ci pour ôtage, & renvoya l'autre avec la permission qu'il donnoit d'éteindre le feu, & l'assurance qu'il ne troubleroit rien, qu'il n'eut entendu les propositions.

Le lendemain le Maure étant revenu avec quatre autres Notables, le Général leur donna audience publique sur son bord qu'il avoit fait pavoiser pour cette cérémonie.

Celui-ci qui portoit la parole, parla à peu près ainsi. »Seigneur Capitaine Général du Roi
» de Portugal, le Roi d'Ormus notre Maître te
» fait dire par notre bouche que dans les cho-
» ses qui se sont passées entre toi & lui, & qui
» ont causé tant de maux, la perte de tant de
» braves gens, & celle de tant de Vaisseaux, il
» n'a point d'autre excuse à te donner, que sa
» grande jeunesse, son peu d'expérience, & les

ANN. de J.C. 1507.

DON EMMANUEL ROI.

DON FRANÇOIS D'ALMEYDA VICEROI.

» mauvais conseils de ses Ministres, qui l'ont
» engagé à refuser la paix, & ton amitié que tu
» lui as offerte. Il en est très répentant. Et plut à
» Dieu qu'il n'en eût pas tant couté à lui & à son
» peuple, pour se repentir. Il convient que ce
» Royaume est à toi & au Roi de Portugal,
» puisque tu l'as conquis par la force de tes armes
» en preux Chevalier & en grand Capitaine. Il
» souhaite se remettre entre tes mains lui & ses
» Etats, pour que tu en disposes à ta volonté. Il
» te demande seulement que tu ayes pitié de
» lui & de son peuple ; que tu le traites comme
» un pere traite son fils désobéissant auquel il
» pardonne, dès qu'il le voit soumis & contrit.
» Ayes compassion pareillement de cette pau-
» vre Ville. Puisqu'elle est à présent du domai-
» ne du Roi de Portugal, n'acheve pas de la
» détruire. Elle est assez à plaindre, n'y ayant
» pas une maison où il n'y ait bien des sujets de
» verser des larmes. Pour ce qui est du Coje-
» Atar premier Ministre & des autres princi-
» paux Officiers de la Couronne, ils te font sça-
» voir également qu'ils sont tes esclaves, que
» le Royaume étant à toi, ils sont aussi à tes or-
» dres & à ta discretion. «

Afin de ne rien perdre des heureuses dispositions qu'annonçoit une telle harangue, Albuquerque ayant tenu conseil avec ses Capitaines, fit partir sur le champ deux personnes avec l'interpréte munies de pleins pouvoirs de sa part.

La

La paix fut bien tôt concluë en cette maniere. » Zeifadin se reconnut vassal de la Couronne de Portugal, & promit de lui payer toutes les années quinze mille seraphins d'or à titre de tribut. Il en payoit outre cela actuellement cinq mille au Général pour les frais de la guerre. Il s'engageoit de donner un emplacement dans la Ville d'Ormus, pour y bâtir une Citadelle, de fournir pour cela l'argent, les matériaux & les manœuvres nécessaires. En attendant il assignoit dans la Ville des maisons commodes, où les Portugais pourroient loger, jusques à ce que la Forteresse fût achevée & mise à sa perfection. Le Roi de Portugal de son côté prenoit le Roi d'Ormus sous sa protection, & s'obligeoit de le défendre envers & contre tous ses ennemis. « L'acte de ce traité fut fait double, & gravé sur des lames d'or, en langue Persane & Arabique. La Banniere de Portugal fut élevée sur la plus haute tour du Palais du Roi. Ce Prince & Albuquerque se virent l'un & l'autre, & s'envoyerent mutuellement des présens. Enfin la paix fut publiée avec toutes les démonstrations de joye, que pouvoit permettre le deüil où la Ville étoit plongée.

L'emplacement de la Citadelle fut marqué sur la pointe de cette langue de terre, qui fait comme une espece de jettée dans la mer entre les deux ports. Elle ne pouvoit être mieux assise,

<small>Ann. de J. C. 1507. Don Emmanuel Roi. Don François d'Almeyda Viceroi.</small>

puisqu'elle dominoit l'un & l'autre aussi bien que le Palais du Roi, en face duquel elle étoit placée. On ne perdit point de tems à y travailler. Tout le monde mettoit la main à l'œuvre, depuis le Général jusques au dernier mousse de Vaisseau. Chacun avoit sa tâche. Une escouade relevoit l'autre aux heures marquées, & on travailloit sans discontinuation. Mais toute la prudence du Général ne pût parvenir à cacher le petit nombre de ses gens. Atar s'en apperçut, il en rougit, & pénetré de honte & de confusion d'avoir sacrifié l'Etat & son Souverain à une si petite poignée de monde, il conçut dès-lors le dessein de reparer sa faute par la fourbe, & par l'artifice.

Plus habile dans les ressorts de la politique que dans le maniement des armes, il tourna toutes ses vûës à détruire les Portugais par eux mêmes, & il s'y prit avec tant d'adresse qu'il eut presque le bonheur d'y réüssir. Il commença d'abord par ceux du bas étage, qui ayant les sentimens moins élevés, & l'honneur moins à cœur sont aussi moins capables de resister aux vûës d'interêt qu'on leur propose. Il débaucha ainsi secretement par ses largesses quelques fondeurs d'artillerie & quelques charpentiers de Navires qu'il fit éclypser, & qu'il sçut appliquer utilement selon ses desseins. Le Général les fit repeter, mais l'habile Ministre qui sentit bien que pour si peu de chose, il ne voudroit pas rompre, sçut toûjours éluder ses demandes. Ceux qui demeurerent fidelles ne laisserent pas de concevoir de l'inclination, pour un homme qui affectoit de se montrer liberal, populaire, & qui alloit au-devant de tout ce qui pouvoit faire plaisir. Des petits il vint aux grands. Il en trouva plusieurs qui ne furent pas indifferents à ses dons & à ses caresses, & il sçut les employer si bien, qu'il se les rendit plus utiles, que s'il en avoit fait ouvertement des traîtres & des transfuges. Car comme il ne cherchoit qu'à faire naître la division & à la fomenter, il en eut bien-tôt l'occasion, & il y fut parfaitement servi.

A N N. de J. C. 1507.
Don Emmanuel Roi.
Don François d'Almeyda Viceroi.

La batisse de la Citadelle n'avançoit pas autant que chacun l'eut souhaité. L'adroit Ministre avec le talent de paroître zelé & empressé faisoit toûjours manquer sous main toutes choses pour le moment du besoin. Albuquerque d'un autre côté naturellement severe & dur, ne relâchoit rien de la rigueur du service, desorte que peu aimé des Officiers & des soldats, qui s'ennuyoient de son inflexible austerité, & qui ne soupiroient qu'après le moment où ils pourroient aller croiser, pour s'enrichir des prises qu'ils faisoient dans ce métier, il y avoit parmi les uns & les autres beaucoup de mécontens. Et comme dans ces sortes d'occasions on passe d'ordinaire bien-tôt des premieres plaintes & des murmures, aux discours infolens, aux petites cabales, & aux factions, le feu s'alluma de telle maniere en peu de tems, que tout étoit difposé à une fédition ouverte. Atar n'ignoroit rien, & ne fe négligeoit pas. Les Capitaines qui euffent dû contenir les mutins dans le devoir par leur exemple & par leur autorité, étoient les premiers à les ameuter. Albuquerque diffimuloit, & fe contenta de faire avertir fecretement ceux dont il avoit découvert les fentimens de fe tenir fur leurs gardes, à veiller à ce que la Cour d'Ormus ne pénétrât rien dans leurs divifions. Tout fut inutile, & les chofes vinrent au point, que les mutins eurent la hardieffe de lui faire prefenter par l'écrivain du Roi, une Requête fignée des principaux Capitaines & Officiers, qui declaroient, à la décharge de leur confcience, & pour leur fureté, & pour la juftification de leur conduite, qu'il étoit du bien du fervice du Roi, d'abandonner l'entreprife d'Ormus, pour aller croifer dans le Golphe Arabique felon les ordres de la Cour, où pour aller joindre le Viceroi dans les Indes. Albuquerque, qui étoit de caractere à devenir plus fier par la refiftance qu'il trouvoit, prit cette Requête avec un fouris moqueur, & pour témoigner fon indignation & fon mépris, il l'envoya fur le champ mettre dans les fondemens de la porte d'une tour de la Citadelle, qu'on appella depuis par dérifion *la Porte de la Requête*.

Le hazard voulut dans le même tems, ou bien ce fut une adreſſe d'Atar, qu'il parut des Ambaſſadeurs du Sophi, qui venoient chercher le tribut que le Roi d'Ormus avoit coutume de lui payer toutes les années. La Cour allarmée ou feignant de l'être, eut d'abord recours à Albuquerque, & lui fit expoſer ſes craintes par Raix Noradin l'un des Miniſtres d'Etat. Ce fut une nouvelle occaſion aux mutins de remuer. Mais Albuquerque prenant un air chagrin & imperieux, s'étant fait apporter ſur le champ un grand baſſin plein de boulets & de grenades, de fers de lances, & de piques, d'épées & de ſabres. » Allez, dit-il fierement à Nora-
» din, portez ce preſent aux Ambaſſadeurs de
» Perſe. Dites leur que c'eſt là le tribut que
» payent le Roi de Portugal & les Rois ſes vaſ-
» ſaux, à ceux qui le leur demandent. Aſſurez-
» les en même tems que dès que la Citadelle ſera
» achevée, j'entrerai dans le Golphe Perſique,
» pour aller aſſujetir à la Couronne du Roi mon
» maître, toutes les places qui dépendent du
» Sophi. Et gardez-vous bien de lui payer d'au-
» tre tribut que celui que je lui envoye, ſi vous
» ne voulez être dépoſé de votre charge, &
» châtié très ſeverement. «

Cette fermeté d'Albuquerque jointe au mépris qu'il avoit fait paroître pour la Requête, ayant aigri encore davantage les eſprits, le mécontentement dégenera en licence. Les or-

ANN. de J. C. 1507.

DON EMMANUEL ROI.

DON FRANÇOIS D'ALMEYDA VICEROI.

dres n'étoient plus obfervés ou l'étoient fi mal & fi à contre-tems, que le Général ne pouvoit pas s'empêcher de voir l'attache qu'on avoit à lui donner du dégout. Atar cependant croyant avoir conduit alors les chofes au point où il les vouloit, prenoit de fecretes mefures, pour fecoüer le joug, & accabler les Portugais lorfqu'ils y penferoient le moins. Il avoit fait fondre beaucoup d'artillerie par les transfuges : fait entrer fecretement des troupes dans la Ville : on avoit tiré par fes ordres tous les bâtimens du port : percé en plufieurs endroits les maifons qui répondoient à la Citadelle, & il n'attendoit que le moment pour faire fon coup. Mais comme les Cours des Princes ont toûjours leurs traîtres, & des ennemis du Gouvernement prefent, Albuquerque qui avoit auffi fes efpions, fut averti à propos par un de ceux-là, de tous les deffeins du Miniftre.

Sur cet avis, ayant affemblé le Confeil, & fait connoître aux mutins le danger où ils s'étoient précipités eux-mêmes par leur faute, ayant reveillé en même tems dans leurs cœurs les fentimens d'honneur, en leur repréfentant ce qu'ils devoient au Roi & à eux-mêmes, il les détermina à penfer à leur falut, fans pourtant venir à bout d'effacer de leur efprit les mauvaifes impreffions qu'y avoit fait l'aigreur.

L'ordre fut donc donné à tous les Portugais, tant à ceux qui étoient épars dans la Ville qu'aux autres qui étoient occupés à la conſtruction de la Citadelle, de ſe rembarquer avec tous leurs effets, le plus ſecrettement qu'il leur ſeroit poſſible, & ſur le champ l'ordre fut executé. Atar voyant ſes projets trahis, ne differa pas à éclater. Il fait ſonner le tocſin, il met ſes troupes en mouvement, brûle un Vaiſſeau que le Général avoit fait tirer ſur les chantiers pour le radouber, & vole ſur le port, d'où l'on décocha contre la Flotte, bien que très inutilement, toutes ſortes de traits.

Albuquerque s'étant plaint de cette infraction, & n'en recevant aucune ſatisfaction foudroye la Ville à coups de canon pendant huit jours conſecutifs, & brûle les Vaiſſeaux qu'Atar croyoit avoir mis à couvert. Mais s'étant apperçû que cela ne l'avançoit pas de grand choſe, il forma le deſſein d'affamer la place, & de fermer le paſſage à tous les ſecours. L'Iſle ne produiſant, ainſi que je l'ai dit, que quelques herbages qui y croiſſent à peine, les habitans n'ayant d'autre eau à boire que celle des pluyes conſervées en quelques ciſternes, la choſe étoit facile. Dans ce deſſein donc il entoure l'Iſle en quelque ſorte par ſes Vaiſſeaux qu'il diſpoſe par intervalles, & avec ſes chaloupes & bateaux, qui en faiſoient continuellement le tour, il fait une patroüille exacte. Quelques petits bâtimens des ennemis ne laiſſerent pas de ſe hazarder, mais tout autant qu'il en

Ann. de J. C. 1507. Don Emmanuel Roi. Don François d'Almeyda Viceroi.

prenoit, il faifoit couper le nez & les oreilles des prifonniers, & les faifoit remettre à terre, afin que fe montrant dans cet état, ils fuffent enfuite un exemple de terreur, qui intimidât les plus hardis.

Sçachant enfuite qu'il y avoit dans l'Ifle à un endroit nommé Torombac à une grande lieuë de la Ville, quelques puits gardés par un détachement de deux cens hommes & de vingt-cinq chevaux, il envoye de nuit George Baretto de Caftro avec quatre-vingt hommes. Caftro fait fon attaque un peu avant le jour, taille en pieces le détachement, & fait jetter dans les puits les cadavres des hommes & des chevaux pour les boucher.

L'action étoit belle, mais le pofte étoit trop important, pour que les ennemis ne fiffent pas des efforts confiderables, afin de le reprendre. Le Général, qui de fon côté avoit autant de raifons de le conferver, commanda vingt hommes pour cet effet, fous la conduite d'un brave Caftillan nommé Laurent de Sylva, à qui il donna ordre de faire porter une piece d'artillerie fur une éminence, où l'on ne pouvoit arriver que par un fentier fort étroit. Mais cela ne put être executé affez à tems, parce que les ennemis y accoururent en grand nombre, ayant à leur tête un des fils de Raix Noradin, à qui le Général avoit obtenu fa grace, & qu'il avoit fait rappeller de l'éxil, où il avoit été envoyé pour crime

crime d'Etat. Albuquerque étant arrivé par mer dans ces conjonctures, avec environ cent cinquante hommes d'élite, il se piqua de vouloir planter la piece d'artillerie dans le poste qu'il avoit marqué. Mais la troupe des ennemis étant renforcée par un nouveau corps de troupes beaucoup plus considerable, que commandoient le Roi & Atar en personne, il y eut là une des plus rudes escarmouches. Presque tous les Portugais y furent blessés. Albuquerque reçut plusieurs coups dans sa côte de maille & dans son bouclier, & peut être eut-il succombé sous celui de massuë, que lui portoit le fils de Noradin, lorsqu'un coup de feu qui emporta le bras à celui-ci, le délivra de cet ennemi. Ce fut là, ainsi qu'il le dit depuis, un des plus grands dangers qu'il eût couru de sa vie. Il se sauva néanmoins dans les bateaux avec presque tout son monde, laissant à ses ennemis la gloire de l'avoir fait fuïr, & à ses Capitaines, qui avoient contredit cette entreprise, la joye maligne qu'ils eurent de lui voir essuyer cette petite mortification.

Cependant la mer étoit exactement gardée, il ne passoit aucun secours, & la Ville reduite à une disette presque extrême étoit sur le point de se soulever. Tous les jours une troupe de femmes & d'enfans, soutenus par une multitude de faineans, qui dans ces rencontres font les braves, environnoient le Palais du Roi, &

tantôt par des prieres, tantôt par des menaces demandoient la paix ou du pain. Atar quelquefois les confoloit, & les amufoit par l'efperance de l'arrivée prochaine d'une Flotte qu'il attendoit, quelquefois il étoit obligé de les faire repouffer à main armée. On n'ignoroit point dans la Flotte d'Albuquerque l'état où étoit la Ville & la néceffité où elle fe trouveroit, de recourir à fa clemence. Ce moment étoit proche, quand par la lâcheté la plus indigne, furtout de gens de diftinction, Albuquerque fe vit enlever une fi belle proye par trois de fes Capitaines, qui laiffant prévaloir dans leur cœur la haine & la jaloufie fur leur devoir, l'abandonnerent honteufement, & firent voile pour les Indes, où voulant fe juftifier auprès du Viceroi de leur défertion, ils ajoutérent à l'infidelité qu'ils avoient faite à leur Général, la noirceur des plus atroces calomnies, dont ils le chargerent.

On ne fçauroit exprimer l'excès du depit d'Albuquerque, quand il apprit cette nouvelle, qui lui fut d'autant plus fenfible, qu'un de ces Capitaines emportoit avec lui les vivres de la Flotte, & toutes les provifions deftinées, pour ravitailler la garnifon de l'Ifle de Socotora, qui en avoit grand befoin. Nonobftant cela le defefpoir même où il étoit l'obftina d'avantage à vouloir continuer de reduire la Ville à la derniere extrêmité. Et quoique les autres Capitaines, qui restoient avec lui, ne fussent gueres mieux disposés que ceux qui venoient de le quitter, il fit encore deux entreprises sur l'Isle de Qucixome, d'où les assiegés attendoient quelques secours. Dans la premiere il saccagea un Palais du Roi, où ce Prince tenoit deux cens archers & trente chevaux, qui furent passés au fil de l'épée. Dans la seconde il défit un corps de cinq cens hommes, conduit par deux neveux du Roi de Lar, qui combattant vaillamment se firent tuer. Le Général qui sçavoit qu'ils étoient partis dans le dessein de ravitailler Ormus, & d'exposer leur vie pour la défendre, fit mettre le corps de ces deux Princes, & des plus considerables de cette troupe dans un bateau qu'il laissa à la conduite d'un Calender ou vieux Santon, avec ordre de dire de sa part à Cojé-Atar, qu'il lui enverroit dans cet état tous ceux qui entreprendroient de venir le secourir. Revenu pourtant un peu de l'excès de sa colere, faisant reflexion à la foiblesse présente où il se trouvoit, & craignant l'arrivée de la Flotte dont Cojé-Atar flattoit toûjours les assiegez, il prit le parti de se retirer, & fit voile pour Socotora, où il arriva sur la fin de Janvier 1508.

Ann. de J. C. 1508.
Don Emmanuel Roi.
Don François d'Almeyda Viceroi.

 Les succès presque continuels que les Portugais avoient eu jusques alors dans les Indes, furent interrompus au commencement de cette même année, par un échec qu'ils y reçurent

ANN. de
J. C.
1508.

DON EMMA-
NUEL ROI.

DON FRAN-
ÇOIS D'AL-
MEYDA VI-
CEROI.

& qui leur fut d'autant plus sensible, qu'il y fit un plus grand éclat, & qu'ils avoient raison d'en apprehender une revolution entiere de leur fortune. Pour entrer dans ce détail, il faut reprendre les choses de plus loin.

Dès les premiers progrès que les Portugais firent dans l'Indostan, les Maures, qui y étoient répandus, & établis depuis quelques siecles, & qui en faisoient le plus gros commerce, commençerent à pressentir, que ces étrangers n'y venoient que pour leur ruine. Ils furent bien plus confirmés dans cette pensée, quand voyant grossir leurs Flotes, ils leur virent tenir la mer, donner la loi aux Rois des Indes, bâtir partout des Forteresses, exiger qu'on ne pût faire aucune cargaison, qu'ils n'eussent fait la leur, qu'on ne pût naviger dans ces mers, sans prendre leur agrément & leurs passeports; & qu'enfin ils ne le cachoient pas; que leur intention étoit de rompre absolument tout le cours du commerce de la mer Rouge & du Golphe Persique: qu'ennemis des Maures par religion & par interêt, ils travailloient à toute force à les détruire, faisoient continuellement sur eux des prises, pilloient ou brûloient leurs Vaisseaux sans respecter même les passeports, que la crainte les avoit obligés de prendre d'eux, ne manquant point de mauvais prétextes, pour colorer leurs injustices qu'ils accompagnoient souvent de cruauté.

Les Maures donc ne se sentant pas assez forts pour se délivrer d'un ennemi qui dès les premiers pas s'étoit fait connoître par l'ascendant qu'il avoit pris, résolurent de recourir à une puissance superieure, dont les interêts joints aux leurs, pussent être un motif capable de l'engager à faire de grands efforts. Dans cette vûë ils persuaderent au Zamorin d'envoyer un Ambassadeur au Soudan d'Egypte, qui étant la partie la plus lézée, prendroit vivement feu, & étoit en état de porter un puissant remede au mal commun. Le Zamorin écouta la proposition, & députa au Caire un Santon nommé Maïmane, homme sage & en réputation d'une grande sainteté parmi ceux de sa secte. Celui-ci s'étant mis en voyage prit encore en chemin des lettres de recommendation des Rois de Cambaïe, d'Ormus, d'Aden, & d'autres Princes Musulmans, qui reconnoissoient le Caliphe ou Soudan d'Egypte comme Chef de leur Religion, & qui ayant les meilleurs entrepôts de ces Côtes, s'ouffroient aussi le plus de l'interruption du commerce, & avoient tous des plaintes personnelles à faire.

Campson, qu'on peut regarder comme le dernier des Caliphes de la race des Mammelus qui s'établirent en Egypte du tems des Croisades, étoit alors sur le Trône. Les Etats de ce Prince étoient vastes, & comprenoient, outre l'Egypte & une partie de l'Afrique Septentrio-

Ann. de J. C. 1508.

Don Emmanuel Roi.

Don François d'Almeyda Viceroi.

nale, toute la Syrie jusques à l'Euphrate, & une partie de l'Arabie. Le transport des marchandises des Indes & de l'Asie en Europe, ne pouvoient se faire que par les terres de sa domination, ou par les Flottes, ou par les Caravanes. Dans toutes les Villes où elles touchoient, il percevoit au moins le cinq pour cent pour les droits d'entrée & de sortie ; & dans celles de la Mediterranée, il retiroit le double des Vénitiens, des Génois, & des Catalans, qui seuls faisoient le commerce du Levant. Les principaux revenus de ce Prince consistant donc dans le produit des Doüanes, il n'est pas possible qu'il n'en sentît la perte, ou la diminution par l'interruption de ce commerce. Comme d'ailleurs les Maures des Indes avoient leurs Correspondants dans tous les entrepôts des Villes d'Egypte & de Syrie, les uns ne pouvoient souffrir sans faire souffrir les autres. Les banqueroutes devenues fréquentes & nécessaires, comme étant les suites de la circulation interrompuë, avoient aigri les esprits au dernier point, contre les Auteurs de cette interruption.

Maïmane étant arrivé en Egypte dans ces conjonctures y trouva toutes les dispositions, & toutes les ouvertures possibles, pour se faire écouter. Je ne puis m'empêcher de dire ici en historien fidelle, que quelques Auteurs imprudents & téméraires ont osé calomnier les Puissances Maritimes de l'Europe, qui faisoient alors le commerce du Levant, & qui veritablement perdoient beaucoup par sa cessation, d'e s'être jointes aux plaintes de Maïmane, d'avoir animé secretement le Caliphe, à s'opposer de toutes ses forces aux progrès des Portugais, & d'avoir fait passer jusques dans l'Inde des ouvriers habiles, pour le service des Infidelles contre les Chrétiens. Mais des Auteurs Portugais, plus réflechis & moins suspects, ont justifié ces Puissances de la noirceur de ces accusations. En effet il n'est pas probable que ces Puissances, qui se sont soutenuës pendant tant de siecles par la sagesse de leur politique, qui ont toûjours conservé une liaison étroite avec la Couronne de Portugal, eussent voulu descendre à des actions si indignes d'elles ; & il paroît bien que le Roi Don Emmanuel lui-même n'ajouta aucune foi à l'imposture dont on vouloit les noircir, puisque dans le même tems il équippa une Flotte à ses dépens, pour les défendre contre l'invasion des Turcs. Que si quelques miserables renegats Européans se comporterent mal alors, & furent également infidelles à leur patrie & à leur Religion, on ne doit pas plus imputer leur perfidie à ces Puissances, qu'on doit imputer à la Couronne de Portugal la trahison de tant de Portugais, qui imitant ces transfuges dans le rénoncement à leur foi, & aux devoirs de leur naissance, se donnerent aux Rois des Indes, pour les servir contre leurs Con-

Ann. de J. C. 1508.
Don Emmanuel Roi.
Don François d'Almeyda Viceroi.

citoyens & leurs propres freres.

Le Caliphe, qui étoit un Prince pacifique & moderé, voulant tenter d'abord les voyes de la douceur, fit glisser adroitement dans ses Etats la nouvelle, qu'il alloit détruire tous les lieux saints, effacer jusques aux vestiges des sanctuaires & des monuments consacrés par la présence de Jesus-Christ, interdire tout commerce avec les Chrétiens étrangers, & chasser tous ceux qui étoient établis dans les terres de sa domination, ou les forcer à se faire Mahometans. Le Superieur du Monastere du Mont Sinaï, nommé Maur, Religieux de l'Ordre de saint François, grand homme de bien, mais peu fait aux manéges de Cour, ayant entendu cette nouvelle, la prit avec chaleur, & se transporta au Caire tout allarmé. C'étoit ce que demandoit le Caliphe, qui, après avoir bien fait le difficile, consentit enfin à suspendre les effets de sa juste vengeance, supposé qu'on lui donnât satisfaction. Et, comme ce Religieux promettoit tout de sa médiation auprès du Pape, & auprès du Roi de Portugal même, le Caliphe approuva qu'il vint à Rome, & le chargea d'une très-belle lettre pour sa Sainteté.

La lettre fut lûë en plein Consistoire. Elle commençoit par les titres magnifiques, que le Caliphe se donnoit, & par ceux qu'il donnoit au Pape, qui n'étoient gueres moins honorables,

bles, & qui méritent bien d'être rapportés ici. "Le grand Roi, Seigneur des Seigneurs, Roi "des Rois, le glaive du monde, l'heritier des "Royaumes, Roi d'Arabie, de Gemie, de Per- "se & de Turquie, l'ombre du Dieu très-haut, "& sa ressemblance sur la terre, le distributeur "des Empires, le fleau des rebelles & hereti- "ques, le Souverain Prêtre des Temples, qui "sont sous sa puissance, la splendeur de la foi, "le pere de la victoire, Canaçao Algauri (c'é- "toit le nom de Campson,) dont Dieu perpe- "tuë le Regne & établisse le Trône au-dessus "de la constellation des Gemeaux; à toi Pape "Romain, excellentissime & spirituel, grand "dans la foi ancienne des Chrétiens fidelles de "Jesus, &c.

AN N. de
J. C.
1508.
DON EMMA-
NUEL ROI.
DON FRAN-
ÇOIS D'AL-
MEYDA VI-
CEROI.

"Après ce début, le Caliphe exposoit assez "au long les justes sujets de plaintes, qu'il avoit "à faire des Rois Catholiques, Ferdinand & Isa- "belle, & du Roi de Portugal, qui se mon- "troient les plus cruels ennemis d'une Religion "dont il étoit le Chef, qu'ils persecutoient à "feu & à sang jusques aux extremités du mon- "de, sans qu'il leur en eût jamais donné la moin- "dre occasion: Que son honneur, son zele "pour cette Religion l'obligeoient à la venger "de tout son pouvoir, par la raison même qu'il "en étoit le Chef. Qu'ainsi il l'avertissoit, que "si par le crédit qu'il avoit sur tous les Princes "sectateurs de la Loi de Jesus-Christ, il n'enga-

ANN. de
J. C.
1508.

DON EMMA-
NUEL ROI.

DON FRAN-
ÇOIS D'AL-
MEYDA VI-
CEROI.

» geoit ceux-ci à changer de conduite, il se ver-
» roit forcé à user de représailles, à détruire les
» lieux saints, à chasser tous les Chrétiens de
» ses Etats, ou à les contraindre d'embrasser la
» loi de Mahomet. «

Le Pape Alexandre VI. qui étoit alors sur le Siege de saint Pierre, & tout le sacré College épouvantés d'une menace qu'ils craignoient de voir s'effectuer, députerent d'abord le même Religieux en Espagne avec la copie de la lettre qu'il avoit apportée, à laquelle ils en ajouterent d'autres, qu'ils crurent capables de faire impression sur l'esprit des Princes, à qui elles étoient écrites. Je ne sçais ce que le Roi Ferdinand répondit. Il ne paroît pas qu'il changeât de conduite. Pour ce qui est de Don Manuel, il eut une veritable joye de voir le Caliphe recourir aux plaintes, & en conclut assez bien qu'elles étoient une preuve de sa foiblesse. » Il écrivit
» sur ce ton au Pape, qu'il tranquillisa sur ses
» vaines terreurs, l'assurant que le Caliphe n'o-
» seroit rien exécuter de ce qu'il sembloit pro-
» jetter contre les saints lieux, de peur de se
» priver d'un de ses plus grands revenus. Il lui
» prouva que le zele de Religion, n'avoit au-
» cune part dans les motifs de son Ambassade,
» puisqu'il avoit différé plus de vingt ans à se
» plaindre, de ce que Ferdinand & Isabelle
» avoient fait contre les Maures de Grénade:
» Que ce qui lui tenoit uniquement au cœur,

» c'étoit la perte que lui causoit l'interruption
» de son commerce. Qu'ainsi, bien loin de se re-
» lâcher dans ce qu'il avoit fait, il se confirmoit
» de plus en plus dans la résolution où il étoit de
» faire une vive guerre à ces ennemis de Jesus-
» Christ, étant bien juste qu'après la désolation
» qu'ils avoient apportée dans l'Europe, & dont
» l'Espagne avoit senti les terribles effets pen-
» dant tant de siecles, on portât la même dé-
» solation chez eux, & qu'on leur rendît au
» centuple, s'il étoit possible, les maux qu'ils
» avoient causés.

ANN. de J. C. 1508.
DON EMMANUEL ROI.
DON FRANÇOIS D'ALMEYDA VICEROI.

En effet Manuel redoubla dès-lors ses efforts, & ce fut à peu près vers ces tems-là, qu'il envoya Alméïda dans les Indes. Pour ce qui est du Religieux de saint François, après avoir fait deux fois inutilement le voyage de Rome, il retourna en Egypte, où il ne put rendre qu'un assez mauvais compte de sa négociation. Le Caliphe voyant qu'il falloit recourir à des moyens plus efficaces, se résolut à faire passer une Flotte dans la mer des Indes. Ce fut une dépense immense. Car comme l'Egypte & les bords de la mer Rouge ne portent point de bois de construction, il fallut faire couper tout ce bois dans l'Asie Mineure. La Flotte Egyptienne qui l'apportoit à Alexandrie composée de vingt-cinq bâtimens, fut rencontrée par le Bailli de Portugal, André d'Amaral grand Chancelier de l'Ordre de saint Jean de Jerusalem, qui étoit

Ann. de J.C. 1508.
Don Emmanuel Roi.
Don François d'Almeyda Viceroi.

sorti de Rhodes avec une escadre de six Vaisseaux & de quatre Galeres de la Religion. Amaral battit la Flotte du Caliphe, lui coula à fond cinq Vaisseaux, en prit six, & dissippa le reste, qui alla prendre port à Alexandrie & à Diamete. De là tout le bois ayant été conduit au Caire, & transporté ensuite sur des Chameaux jusques à Suez en cinquante jours de tems, on en composa une Flotte de quatre gros Navires, un Gallion, deux grosses Galeres, & trois Galliottes. Le Caliphe nomma pour la commander un de ses Emirs, nommé Hocem, homme de mérite, & en qui il avoit confiance. Avec cette Flotte sur laquelle, outre les équipages, il y avoit quinze cens Mammelus tous Chrétiens renegats, Hocem traversa la mer Rouge, rasa les Côtes d'Arabie, & alla moüiller à Diu dans le Royaume de Cambaïe sur la fin de l'année 1507.

Melic Jaz, Gouverneur ou Seigneur de Diu, reçut Hocem avec toute la joye imaginable, le regardant déja comme le liberateur de l'Inde. Jaz étoit un homme de fortune & d'un mérite rare. Il étoit Sarmate d'origine, né de parens Chrétiens, & avoit été pris par les Turcs étant encore à la mamelle. Ils l'avoient élevé dans la Religion Mahometane, & dans la suite du tems ils l'avoient vendu pour esclave au Roi de Cambaïe. Jaz entra dans les bonnes graces de ce Prince, par l'habileté qu'il avoit à tirer de l'arc. Il s'infinua enfuite fi bien par fon ef- prit, & fes manieres engageantes, qu'il parvint à l'intime confiance. Ayant eu depuis le Gouvernement de Diu & quelques autres places dans le continent, il fçut avec tant d'adreffe ménager l'efprit des Maures Afiatiques & Européans, qu'il fit de fa Ville un des plus celebres entrepôts des Indes, & fe mit prefque de niveau avec les Rois par fon credit & fes richeffes.

AN N. de J. C. 1508.
DON EMMANUEL ROI.
DON FRANÇOIS D'ALMEYDA VICEROI.

Hocem & Jaz, ayant uni leurs forces, réfolurent fans perdre de tems d'aller chercher les Portugais, & de tomber fur eux au dépourvû. Don Laurent d'Alméïda pour fon malheur étoit celui, qui fe trouva le plus à leur portée. Depuis le départ de Triftan d'Acugna, il n'avoit fait autre chofe que courir fur les Vaiffeaux Maures, il en avoit pris ou coulé à fond plufieurs, & après avoir rançonné la Ville de Dabul & les bâtimens qui y étoient, il s'étoit retiré à Chaül, où il attendoit vingt Navires de Cochin qu'il devoit efcorter. Chaül étoit alors une Ville d'un très-bon commerce, fituée fur un affez groffe riviere à deux lieuës au-deffus de fon embouchure, & à cinquante lieuës de diftance de la Ville de Diu. Elle étoit du domaine de Nizamaluc, l'un des tyrans qui s'étant foulevés contre le Roi de Décan, s'étoient érigés en petits Souverains dans le diftrict de leurs Gouvernemens. Ce Prince étoit très-curieux d'attirer chez lui les étrangers, & fur l'eſtime qu'il avoit conçuë des Portugais, il leur avoit ouvert ſes ports.

Don Laurent, qui croyoit n'avoir aucun ennemi à craindre, y vivoit en grande ſecurité, & paſſoit ſon tems en Fêtes, courſes de Bagues, & autres exercices militaires & de plaiſir, lorſque le bruit ſe répandit qu'il étoit arrivé une Flotte de Rumes ſoudoyez par le Caliphe, & que cette Flotte étoit à Diu. On appelloit alors Rumes ou Romains, les Turcs ou Muſulmans d'Europe qui s'étoient établis ſur les débris de l'Empire des Grecs, leſquels avoient affecté eux-mêmes de donner à leur Capitale le nom de nouvelle Rome, & de qualifier leur Empire d'Empire Romain, comme auſſi on y appelloit Francs ou Franguis tous les Latins ſans diſtinction, depuis les tems des entrepriſes des François ſur la Terre-Sainte lors des Croiſades, dont l'éclat s'étoit répandu juſques aux extrémités de l'Aſie.

Cette premiere nouvelle, qui ne fut d'abord qu'un bruit ſourd & incertain, fut confirmée enſuite à Don Laurent par Britto, Gouverneur de la Citadelle de Cananor, qui en avoit reçu l'avis de Timoja, & par le Viceroi lui-même qui fit partir Pierre Can pour Chaül avec ordre à Don Laurent d'aller combattre cette Flotte, avant qu'elle pût arriver à Calicut, & relever le courage du Zamorin. Le Viceroi fit en

cela une grande faute, car il eût dû venir
lui-même joindre son fils avec toutes ses forces.
Malgré ces avis Don Laurent & ses Capitaines
ne purent s'empêcher de regarder cette nouvelle comme une chimere. Il leur paroissoit
inconcevable que le Caliphe eût pû faire passer une Flotte de la Mediterranée dans la mer
Rouge, laquelle même ne peut porter de gros
Vaisseaux, à cause de la quantité de hauts fonds,
dont elle est pleine. Beaucoup moins se persuadoient-ils que cette Flotte eût pu faire le
tour de l'Afrique. Don Laurent ne laissa pas
néanmoins de donner ordre aux Vaisseaux de
Cochin de hâter leur cargaison.

Ann. de J. C. 1508.

Don Emmanuel Roi.

Don François d'Almeyda Viceroi.

Cependant la Flotte d'Hocem parut. Don
Laurent & ses Capitaines en la voyant, ne purent encore se persuader, que ce fût la Flotte
Egyptienne, & crurent que c'étoit Albuquerque qu'on attendoit de jour en jour. Mais quand
elle eut commencé à doubler une certaine
pointe, on la reconnut à ses flâmes & à ses pavillons rouges & blancs sémés de lunes noires.
Elle étoit toute pavoisée & ornée de banderolles de soye, comme pour une Fête galante.
Alors on se prépara tout de bon, & on eut encore assez de tems pour se mettre en état
de la bien recevoir. Les huit ou neuf Vaisseaux de la Flotte d'Alméïda, séparés les uns
des autres par de justes intervalles, avoient
tous la pouppe sur le rivage. Don Laurent les

laissa dans cette disposition, il se contenta de faire avancer le sien plus au large, & de placer au devant de lui, un peu plus loin dans le milieu de la riviere Pierre Baretto, n'y ayant qu'un espace entre deux par où la Flotte ennemie pût passer.

Hocem sur des rélations fideles qu'il avoit eûes de la situation de la Flotte Portugaise, avoit disposé la sienne de la maniere qu'il avoit reglé pour l'ordre de l'attaque. Il faisoit l'avangarde, pour s'attacher au Vaisseau d'Alméïda. Le reste suivoit à la file, les Galeres entre-mêlées avec les Vaisseaux de haut bord. Dès qu'ils furent tous à portée, ils firent une salve terrible de toute leur artillerie soutenuë d'une nuée épaisse de fléches, de pots à feu, & de toutes sortes d'artifices. Mais il leur fut répondu dans le moment avec tant d'exactitude & de succès en même tems, qu'Hocem, qui ne s'étoit attendu à rien moins, & qui fut étourdi de se voir environné de morts & de mourants, passa outre, se rangea près de la Ville, se mettant sur la défensive, attendant que MélicJaz, qui étoit resté à l'embouchure de la riviere, vint le joindre. Selon cette idée, il disposa tous ses Vaisseaux le long du port, de maniere qu'il en étoit un peu plus avancé, & avec de longs madriers, il fit comme une espece de pont de communication d'un Vaisseau à l'autre.

L'attaque quoique courte avoit été vive, &
les

les deux Flottes avoient beaucoup de blessés qu'on pensa toute la nuit. Mais Don Laurent, qui avoit conçu une grande esperance de la victoire, résolut d'attaquer dès le lendemain. Il communiqua son projet aux Capitaines, & donna à chacun leur tâche, afin que chacun se préparât à l'action. Dès que le vent se fut un peu élevé, l'armée s'ébranla, & commença le combat avec beaucoup de chaleur. L'Emir se sentant trop pressé par Alméïda & par Baretto *Cula*, se fit *Haller* vers la terre, où il sçavoit bien qu'ils ne pouvoient approcher. En effet les Vaisseaux Egyptiens étoient d'un Gabarit different, & plats du côté de la quille, ce qui avoit été fait exprès, pour éviter les basses de la mer Rouge. D'ailleurs l'Emir avoit fait décharger le sien pendant la nuit, ainsi il tiroit beaucoup moins d'eau que ceux des Portugais, qui avoient plus de courbure. Le vent ayant manqué en même tems, Laurent & Baretto ne purent accrocher, ce qui fut pour eux une grande disgrace. Car le Vaisseau d'Hocem étant beaucoup plus haut de bord, & défendu tout autour par un tissu de cordages, qui y faisoit un pont à la Levantine, ils tiroient à couvert & de haut en bas, ce qui fit un grand ravage dans le Vaisseau d'Alméïda, qui fut lui-même blessé de deux fléches, dont la derniere le frappa au visage. Le poste n'étant pas tenable, Don Laurent & Baretto se retirerent un peu plus

AN N. de J. C. 1508.

DON EMMA-NUEL ROI.

DON FRAN-ÇOIS D'AL-MEYDA VI-CEROI.

ANN. de J. C. 1508.
DON EMMANUEL ROI.
DON FRANÇOIS D'ALMEYDA VICEROI.

loin. Malgré cette difgrace on combattit ailleurs avec grand avantage. Les autres Capitaines coulerent quelques Galeres à fond, & allerent à l'abordage de quelques autres. Leur artillerie d'ailleurs faifoit un fi grand effet, que les Maures abandonnant leurs Vaiffeaux, fe jettoient tous à la mer pour fe fauver à terre. La victoire en ce moment étoit certaine aux Portugais, quand François d'Agnaïa croyant bien faire, la leur ôta des mains, en faifant paffer fa Caravelle entre les Vaiffeaux ennemis & le rivage, & defcendant dans fa Chaloupe. Car s'étant mit à pourfuivre à coups de lance tous ces malheureux qui tâchoient de gagner la terre à la nage, il arrêta les autres, qui penfoient à fuivre leur exemple, & obligea la plus grande partie de ceux-ci à regagner leurs Vaiffeaux, où ils continuerent à fe battre en defefperés. Don Laurent d'Alméïda fit de fon côté une autre faute, car il auroit pû brûler tous les Vaiffeaux ennemis, & c'étoit là le fentiment de fes Capitaines. Mais l'envie de s'en rendre le maître, & de les préfenter à fon pere, comme un beau monument de fa victoire, l'empêcha de fuivre ce confeil, ce qui fut la caufe de fa perte.

Le combat ayant ainfi duré jufques au foir on vit paroître la Flotte de Mélic Jaz, qui ayant rangé la terre fut fe joindre à l'Emir. Ce politique qui vouloit fe ménager des deux côtés, s'étoit tenu à l'entrée de la riviere, & n'avoit voulu se mêler de la partie, que quand il se croiroit sûr de faire pancher la victoire. Sa Flotte étoit composée de quarante fustes à rames, bien pourveües d'artillerie, & de toutes sortes de munitions de guerre & de bouche, mais sur-tout de gens choisis au nombre de trente trois sur chacune.

ANN. de J. C. 1508. DON EMMA-NUEL ROI. DON FRAN-ÇOIS D'AL-MEYDA VI-CEROI.

Les Portugais furent déconcertés à la vûë de cette nouvelle Flotte, dont ils n'avoient eû tout au plus que quelques avis incertains. Elle parut avec la même pompe que celle d'Hocem; & ce qui acheva de mettre le trouble, c'est qu'en même tems qu'elle commença ses hostilités, la Ville, qui jusques alors s'étoit tenuë neutre, se déclara en faveur des ennemis.

La nuit ayant suspendu l'ardeur des combattans, Don Laurent appella au conseil les Capitaines. Tous furent d'avis, que, vû leur petit nombre & la multitude des ennemis, la quantité de blessés qu'ils avoient, & la lassitude des autres, il falloit se retirer à la sourdine, & faire avertir les Navires de Cochin de prendre les devants. La plus forte voix vouloit que ce fut dès l'entrée de la nuit. Mais Laurent & quelques autres ne voulant pas que cela parut une fuite s'obstinerent à ne partir qu'un peu avant le jour. Les Navires Marchands passerent heureusement. Ceux de la Flotte les suivirent. Mais Laurent qui devoit faire l'arriere-garde s'étant opiniâtré à vouloir lever son anchre, qui étoit

Q q ij

près du Vaisseau d'Hocem, au lieu de couper le cable, les ennemis s'apperçurent de son dessein, & sa Chaloupe qui levoit l'anchre fut coulée à fond. Le Pilote du Vaisseau coupa alors son cable, mais trop tard. La frayeur l'avoit saisi. L'envie qu'il eut de s'éloigner de l'ennemi le plus qu'il pourroit, lui fit perdre l'air du Vaisseau, & aller à la Côte, où il donna sur une pêche & s'y échoüa. Comme Mélic Jaz qui le talonnoit de près avec ses Fustes, l'avoit percé d'un boulet à fleur d'eau sous le gouvernail, & qu'il étoit déja à moitié plein, tous les efforts de Pélage de Sosa qui le remorquoit furent inutiles. Le cable même de Sosa ayant rompu, soit par la violence des Rameurs, soit que la peur eût obligé quelqu'un de le couper, parce que Jaz, qui se tenoit assuré du Vaisseau, avoit fait avancer deux fustes sur Sosa, le Vaisseau resta sans esperance de secours. Car quelques mouvements que se donnassent Sosa, Diego Perez & quelques autres, il leur fut impossible de gagner sur le courant, qui étant très-fort & très-rapide, les emporta bien loin malgré eux.

Dans cette extremité les Officiers d'Alméïda le conjurerent de se sauver dans l'esquif qui étoit tout prêt, lui représentant, que la victoire consistoit dans son salut. Mais ce jeune héros qui craignoit moins la mort qu'une tache à sa gloire, refusa constamment de le faire, &

ménaça même de frapper d'une demi pique qu'il avoit à la main, le premier qui oferoit lui en parler davantage. Continuant donc à donner fes ordres de fang froid, quoiqu'il apprit en ce moment que le Vaiffeau couloit bas d'eau, de trente hommes qui lui reftoient, foixante-dix autres étant hors de combat, il fit trois corps qu'il diftribua fur les Châteaux d'avant & de poupe, gardant pour lui le pont à défendre.

Cependant toute l'attention & tous les efforts des ennemis étant réünis fur ce feul Vaiffeau, le feu étoit horrible. La réfiftance répondoit à la vigueur de l'attaque, mais Don Laurent eut d'abord la cuiffe emportée d'un boulet. Ce coup qui le renverfa, ne lui ôta pas le courage. Il fe fit mettre fur une chaife au pied du grand mât, où continuant à animer fes gens un fecond boulet qui le frappa dans la poitrine près du bras droit, le jetta roide mort. Le cadavre ayant été précipité entre-ponts pour le dérober à la vûë, le combat dura encore avec acharnement affez long-tems, & les ennemis étant venus quatre fois à l'abordage, en furent repouffés autant de fois. Ils s'en rendirent néamoins les maîtres à la cinquiéme, & alors le combat devint encore plus terrible. L'eau gagnoit toûjours. En même tems tout ce qui fe trouva entre deux ponts, tant des bleffés Portugais, que des ennemis y fut noyé. Cepen-

ANN. de J. C. 1508.
DON EMMANUEL ROI.
DON FRANÇOIS D'ALMEYDA VICEROI.

ANN. de J. C. 1508.
DON EMMANUEL ROI.
DON FRANÇOIS D'ALMEYDA VICEROI.

dant Mélic Jaz, qui eut pitié des braves gens qui restoient encore, & qui vouloit les avoir prisonniers, fit cesser le carnage & finir le combat.

On raconte deux belles actions de deux hommes qui se signalerent en cette occasion. La premiere fut d'un Page de Don Laurent, qui étant blessé d'une fléche à l'œil, n'abandonna point le corps de son maître, essuyant son sang d'une main & ses larmes de l'autre, jusques à ce qu'attaqué par les ennemis entre-ponts, il tomba sur un tas de corps morts qu'il avoit immolés à sa vengeance. La seconde fut d'un matelot, qui quoique blessé & privé de l'usage d'une main, se défendit deux jours & demi du haut de la hune où il étoit sans vouloir se rendre qu'à Mélic Jaz, après que celui-ci lui eut donné sa garantie en bonne forme.

Cette victoire couta six cens hommes aux ennemis, & environ cent quarante aux Portugais, mais la plus grande perte de ceux-ci fut celle de leur Général. Il avoit une taille telle qu'on la donne aux héros, & il étoit doüé de plusieurs belles qualités, qui le faisoient estimer & aimer. Il s'étoit déja signalé par plusieurs belles actions, & n'étant encore qu'à la fleur de son âge, il étoit celui de tous les Portugais qui donnoit les plus grandes esperances. Les ennemis perdirent aussi de leur côté un homme qu'ils avoient en grande vénération, c'étoit Maïmane, ce Santon, qui avoit été envoyé en Ambaſſade à la Cour du Caliphe, & qui avoit toûjours depuis ſuivi l'Emir. Il fut emporté d'un coup de canon, tandis qu'il faiſoit *la Zala*, & qu'il invoquôit ſon faux Prophete, pour obtenir la victoire aux ſiens. Après ſa mort on fit ſon Apotheoſe, on lui bâtit une Chapelle comme à un Saint, & on fonda pluſieurs lampes pour honorer ſon ſepulchre.

An n. de J. C. 1508.
Don Emmanuel Roi.
Don François d'Almeyda Viceroi.

La politique vouloit que les vainqueurs pourſuiviſſent les vaincus, & qu'ils allaſſent inceſſamment à Calicut, pour joindre leurs forces à celles du Zamorin. Hocem le ſouhaittoit, & s'échauffa beaucoup pour faire goûter cet avis. Mais le Mélic qui avoit une politique toute differente, s'y oppoſa, & conclut à ramener l'armée à Diu.

Comme outre beaucoup d'eſprit, il avoit encore beaucoup de politeſſe, & tout cet air de galanterie, dans laquelle les Maures ſe ſont ſi long-tems diſtingués, il traitta les priſonniers avec un ſoin extraordinaire, fit penſer leurs bleſſures, pourvut à leur entretien, & n'oublia rien de ce qui pouvoit rendre douce leur captivité. Il fit auſſi chercher le corps de Don Laurent, pour lui donner une ſepulture honorable, mais jamais on ne put le trouver & le reconnoître. Enfin il écrivit une lettre au Viceroi ſur la mort de ſon fils, le conſolant de ſa perte par tous les motifs qu'on peut apporter dans ces

ANN. de
J. C.
1508.

DON EMMA-
NUEL ROI.

DON FRAN-
ÇOIS D'AL-
MEYDA VI-
CEROI.

rencontres, où c'est en effet un sujet de consolation pour un pere qui aime la gloire, de sçavoir qu'un fils qu'il a perdu s'est rendu digne de lui, en mourant dans le lit d'honneur.

Avant que de recevoir cette lettre, le Vice-roi eut toutes les inquiétudes qu'on peut avoir sur le sort de son fils. La Flotte fugitive étant arrivée à Cochin, lui apprit bien le détail de l'action, & le sort de la Capitane, mais personne ne pouvoit dire, si Don Laurent étoit du nombre des morts ou des prisonniers. Dans cette perplexité plus cruelle qu'une connoissance claire & distincte, il fit partir un Jogue, espece de Religieux Indien, pour aller jusques à Cambaïe. Celui-ci ayant joint les prisonniers sur la route, mit entre les mains de l'un d'eux, sans que personne s'en apperçut, une boule de cire, dans laquelle il y avoit un billet du Vice-roi, & dit que dans deux jours il se représenteroit pour avoir la réponse. Il se représenta en effet, & porta au Viceroi le détail affligeant de tout ce qui s'étoit passé.

Alméïda soutint avec dignité dans le public tout le premier effort d'un coup si rude à son cœur. Et quoique le mérite de son fils eût parû avec plus d'éclat que jamais au moment qu'il l'avoit perdu, comme un flambeau qui semble redoubler ses feux, lorsqu'il est sur le point de s'éteindre, il sçut commander à la douleur, parla en héros Chrétien sur cet événement, & en homme,

homme, en qui l'éducation seconde les sentimens élevés que donne une naissance illustre. Mais dans le secret du cabinet, se livrant un peu trop à ses tristes reflexions, & peut-être à ses larmes, il se tint trois jours entiers sans paroître, de peur de laisser échapper quelques marques de foiblesse. Il eut même besoin de quelques reproches, qu'il prit bien, pour être tiré de cette affreuse solitude.

{ANN. de J. C. 1508.
DON EMMANUEL ROI.
DON FRANÇOIS D'ALMEYDA VICEROI.}

Les vainqueurs au contraire nageoient dans la joye. Toute l'Inde retentissoit du bruit de leur victoire. On ne parloit que de l'Emir & du Mélic. Leurs noms étoient célébrés dans les Vers & les Vaudévilles, qu'on faisoit à leur loüange. Tous les Rois & Princes de l'Indostan leur envoyoient leurs Ambassadeurs, pour leur faire leurs compliments. Les Peuples exaltoient leur triomphe par des fêtes & des réjoüissances. Ils les regardoient comme leurs Dieux Tutelaires, & tous croyoient être arrivés au moment de leur délivrance.

Le Viceroi qui ne pouvoit ignorer ce qui se passoit sur ce sujet, en recevoit un nouvel accroissement à sa douleur. Comprenant d'ailleurs de quelle importance il étoit de rabattre la fierté de ses ennemis, & de temperer la joye qu'ils faisoient paroître, sans quoi il y avoit danger, que ses Alliez même ne fussent entraînés par ce torrent, touché d'une part de la honte qui rejaillissoit sur sa Nation, animé de l'autre du

ANN. de J. C. 1508.
DON EMMANUEL ROI.
DON FRANÇOIS D'ALMEYDA VICEROI.

désir de reparer son honneur par une vengeance éclatante, il donna toute son application à rassembler toutes ses forces pour en executer le dessein. Heureusement pour lui, il lui vint en même tems de Portugal, les Flottes de deux années consecutives, celle de l'année précédente ayant été obligée d'hyverner en chemin.

Ce fut dans ces circonstances qu'Alphonse d'Albuquerque arriva à Cananor avec des Lettres de la Cour qui le constituoient Gouverneur Général des Indes. Ce grand Capitaine avoit eû des Patentes secrettes pour succeder à Alméïda, dès que son temps seroit expiré, il avoit gardé sur cela un profond secret, & peut être trop grand, lorsqu'il partit de Lisbonne avec Tristan d'Acugna; car s'il en eût laissé transpirer quelque chose, il eût sans doute trouvé plus de déference, de docilité, & de respect dans ceux, que les fautes qu'ils firent à son égard obligerent à lui procurer depuis des chagrins infinis pour soutenir leurs premieres démarches. Malgré ces Lettres, Albuquerque crut néanmoins devoir attendre de nouveaux ordres.

A son retour à Socotora il avoit ravitaillé la place, reprimé l'audace des Fartaquins qui étoient restés dans l'Isle, où ils souleuoient les naturels du pays, & il étoit allé croiser assez inutilement pendant trois mois vers le Cap de Guardafu. Enfin ayant reçû les provisions qu'il attendoit, & ayant été joint par trois Vaisseaux qui alloient aux Indes, il se mit en chemin. Mais il voulut avant que de se rendre à sa destination, donner un coup d'œil à Ormus; non pas qu'il crût avec si peu de forces pouvoir s'en rendre le maître, mais pour voir l'état où étoient les choses, & y faire tout le mal qu'il pourroit, pour faire dépit à Coje-Atar. Il alla d'abord à Calajate, & pour se venger de l'insulte qu'elle lui avoit faite autrefois dans une paix simulée, il la pilla, & quelques jours après ayant défait Zafaradin, qui à la tête de mille hommes étoit venu une nuit pour le surprendre, il acheva de décharger sa colere sur la Ville, qu'il brûla avec vingt-sept bâtimens qui étoient dans le port.

De-là s'étant présenté devant Ormus, il eut d'abord le chagrin de voir qu'Atar avoit mis son travail à profit, en achevant la Citadelle qu'il avoit commencée, qu'il l'avoit munie de bonne artillerie aussi-bien que la Ville qu'il avoit entourée de bons retranchements & de fortes batteries. Mais il eut une mortification encore bien plus sensible, quand Atar lui eut fait communiquer les Lettres que le Viceroi des Indes lui avoit écrites, Lettres par lesquelles il désapprouvoit toute la conduite qu'Albuquerque avoit tenuë dans la guerre d'Ormus, promettoit d'en porter ses plaintes au Roi de Portugal, & de lui faire rendre justice, lui deman-

ANN. de J. C. 1508.
DON EMMANUEL ROI.
DON FRANÇOIS D'ALMEYDA VICEROI.

A n n. de
J. C.
1508.

Don Emma-
nuel Roi.
Don Fran-
çois d'Al-
meyda Vi-
ceroi.

doit son amitié & une mutuelle correspondance entre les deux Nations.

Ces Lettres lui ayant fait comprendre les mauvaises dispositions où étoit le Viceroi à son égard, lui furent un funeste présage des désagrémens qui l'attendoient. Résolu néanmoins d'aller son chemin à tout évenement, après avoir fait le dégat autour d'Ormus, il alla tomber de l'autre côté sur Nabande, place située dans la Côte de la Carmanie, où il y avoit deux Officiers d'Ismael Roi de Perse, à la tête de cinq cens hommes d'élite, qu'ils conduisoient au secours de Zéifadin. Il les attaqua pendant une nuit fort obscure, croyant les surprendre, mais il les trouva prêts à le recevoir. Nonobstant cela, il les poussa avec tant de vigueur, qu'il tailla ce corps en pieces, & les deux Officiers furent trouvés parmi les morts. L'action parut si belle au Sophi même, quand il l'apprit, qu'il envoya un exprès à Albuquerque pour lui en faire compliment; mais l'Envoyé le trouvant parti pour les Indes, ne put alors s'acquitter de sa commission.

Soit qu'Alméida eût quelque motif de secrette jalousie contre Albuquerque, & qu'il ne l'aimât pas, soit qu'il fût d'un caractere d'esprit trop susceptible de préventions, il prit d'abord trop facilement les impressions que voulurent lui donner les Officiers qui l'avoient abandonné ; & bien loin de les punir de leur désobéissance, il reçut toutes leurs dépositions, & commença à instruire son procès dans les formes, sans entendre que ses parties. Piqué ensuite d'un secret dépit de se voir relevé par un homme qu'il avoit déja si maltraité, sur cette nouvelle, qui fut pour lui & pour ces Officiers coupables un coup de foudre, il prit encore d'eux les oppositions qu'ils lui présenterent, comme étant contre le service du Roi de remettre le Gouvernement entre les mains d'un homme capable de tout perdre. Et il conçut le dessein hardi de le ramener prisonnier en Portugal, dessein qu'il eut executé si Siquéïra, à qui le Roi avoit donné une petite Flotte pour aller reconnoître Malaca, eût voulu se charger *par interim* du Gouvernement des Indes, jusques à ce que le Roi y eût pourvû.

Il reçut néanmoins Albuquerque à son arrivée avec assez de politesse. Mais quand ce Général lui eut fait la proposition de lui remettre le Gouvernement entre les mains selon les ordres qu'il en avoit du Roi, il le rejetta avec hauteur, s'en excusa sur des raisons assez frivoles, le remettant après son expédition contre Hocem. Et comme Albuquerque s'offrit poliment à le suivre en qualité de volontaire, & sous ses ordres, il le remercia froidement, & lui commanda d'aller à Cochin, sous prétexte qu'il avoit besoin de repos, pour se remettre de ses fatigues.

Tandis que pour faire sa cour au Viceroi,

ANN. de J. C. 1508.

DON EMMANUEL ROI.

DON FRANÇOIS D'ALMEYDA VICEROI.

tout le monde abandonnoit Albuquerque, qui demeuroit livré à la tristesse de ses reflexions, celui-ci fier de se voir à la tête d'une belle armée Navale de dix neufs Vaisseaux, commandés par des Officiers de nom & de mérite, & sur laquelle il y avoit treize cens Portugais & quatre cens Malabares de Cochin, mit à la voile le 12. Decembre pour aller chercher l'ennemi. Après avoir brûlé quelques Vaisseaux de Calicut sur sa route, quand il fut à la hauteur de Dabul, résolu de châtier le Zabaïe à qui elle appartenoit, & qui en toute occasion marquant sa partialité contre les Portugais, avoit en dernier lieu témoigné trop de joye de la victoire de l'Emir, il tourna tout d'un coup sur cette Ville, & vint moüiller dans son port. Dabul située à peu près comme Chaül, au pied d'une montagne agréable & fertile, sur un fleuve large & navigable, à deux lieuës de son embouchûre, étoit une Ville grande, bien bâtie, riche, marchande & peuplée. Le Zabaïe l'avoit faite entourer d'un rempart & d'un fossé profond, & il y avoit fait ajoûter en plusieurs endroits d'autres fortifications & de bonnes batteries. Il y tenoit un Commandant, homme de réputation avec une garnison de six mille hommes, parmi lesquels il y avoit cinq cens Rumes, Turcs ou Chrétiens renegats.

Ce Commandant présumoit si fort de lui-même, qu'il ne voulut jamais souffrir qu'on fermât les boutiques, & qu'on tranfportât rien de la Ville ni des Fauxbourgs, comme s'il y eût eû le moindre danger à craindre, & qu'il fit venir de la campagne à la Ville la plus chere de fes époufes, pour lui donner le fpectacle agréable de fa victoire.

Dès qu'Alméïda eut fait la defcente, il vint au-devant de lui hors des portes avec toute fa garnifon. Veritablement il fe battit de bonne grace, & fe fit tuer en brave. Le combat même fut affez égal, tandis qu'on ne fe battit que de loin; mais quand on en vint aux armes blanches, ce ne fut plus qu'une déroute & un maffacre. Le Portugais entrant pêle-mêle dans la Ville avec le Citoyen la remplit toute de fang. On n'épargna ni âge ni fexe; l'époufe du Commandant même ne put racheter fa vie par l'offre de toutes fes richeffes. Le vainqueur infolent s'acharna avec tant de fureur fur ce miferable peuple, qu'il prenoit plaifir à écrafer contre les murs les enfans arrachés du fein des meres, & que fa cruauté paffa depuis en proverbe aux Indes, les Indiens dans leurs imprécations ayant pris la coutume de dire. » Puiffe la colere des » Franguis tomber fur toi, comme elle tomba » fur Dabul. Quand il fut faoul de meurtres, il ne penfa qu'à affouvir fon avarice, & pour le retirer de-là, Alméïda fut obligé de faire mettre à la Ville le feu qui acheva de détruire ce qui avoit échappé aux mains du foldat avide.

Ann. de J.C. 1508.
Don Emmanuel Roi.
Don François d'Almeyda Vicerol.

ANN. de J.C. 1509.
DON EMMA-NUEL ROI.
DON FRAN-ÇOIS D'AL-MEYDA VI-CEROI.

Ayant fait le dégat pendant quelques jours aux environs, le Viceroi enflé d'un fi beau début remit à la voile, & vint furgir devant Diu, le fecond Février de l'année 1509. Hocem voulut fortir du port pour lui préfenter la bataille en pleine mer. Le Mélic qui étoit chez lui, & qui vouloit refter à la garde de fa Ville, tenta inutilement de l'en empêcher, en lui repréfentant qu'il étoit plus prudent de refter dans le port, où il feroit foutenu par l'artillerie des boulevarts & des batteries, rafraîchi continuellement par de nouvelles troupes qu'il lui enverroit de terre, & où enfin il auroit un afyle, fi la fortune ne fecondoit pas fes efforts. Ces raifons n'ayant fait aucune impreffion fur un homme vain, & qui comptoit fur une Flotte de plus de cent bâtimens de toute efpece, il les fit tous fortir au-delà du Mole. Mais parce que le vent lui manqua, il les fit ranger le long de terre ou étoient déja quatre Navires de Cambaïe moüillés au-delà d'une batture qui s'avançoit dans la mer. Le vent ayant auffi manqué au Viceroi, il appella les Capitaines au confeil, à l'iffuë duquel il alla moüiller à une grande portée de canon des ennemis, la batture entre deux. Alors les bâtimens à rame qui étoient fortis du port, vinrent auffi moüiller près de la Flotte Portugaife, & fe mirent à la canoner, en quoi ils furent fecondés de l'artillerie du Mole & des autres batteries qui étoient

fur

sur la rive, ce qui dura jusques à la nuit.

Pendant cette nuit Hocem ayant changé de pensée rentra dans le port, & ne laissa au-delà de la batture que les quatre Navires de Cambaïe, & celui de Mélic Jaz. Il rangea ensuite ses Vaisseaux près du rivage sur deux lignes, dont la premiere étoit composée des six plus gros de la Flotte attachés deux à deux, le sien au milieu. Les Portugais ne pouvant aller là qu'à la file les uns des autres, Alméïda prié par ses Officiers de veiller à sa conservation, d'où dépendoit le salut de la Flotte & le gain de la victoire, fut forcé de céder le Commandement de l'Amiral, qui faisoit l'avant-garde, à Nugno Vaz Peréira son ami, qu'il fit soutenir par Diego Perez qui fut son matelot. Pour lui il resta à l'arriere garde pour donner de là ses ordres.

Un vent frais s'étant élevé à trois heures de jour le Viceroi fit donner le signal, & tous les Navires se mirent en mouvement à la reserve de celui de George de Mello qui ne put être *paré* par la malice de son pilote. L'artillerie des ennemis ayant commencé alors à joüer avec un bruit, une fumée, & un fracas terrible, Nugno eut six hommes emportés à la grande voile. Il ne laissa pas de passer outre. Hocem à son approche ayant fait écarter le Navire qui lui servoit de matelot pour le mettre entre deux feux, Nugno qui avoit encore à courir

ANN. de J. C. 1509.
DON EMMANUEL ROI.
DON FRANÇOIS D'ALMEYDA VICEROI.

avant que de l'élonger, fit tirer à celui-ci un coup de gros canon si à propos, qu'il le perça à fleur d'eau d'outre en outre. Hocem & Nugno ayant jetté en même tems leurs grappins, les deux Navires resterent accrochés. Les Portugais plus lestes ayant sauté dans celui de l'Emir, se rendirent maîtres du Château d'avant, & firent retirer les ennemis jusques à la coursive, mais comme ceux-ci avoient un pont de cables en forme de rêts au-dessus, ce fut pour eux un grand avantage. Le combat cependant s'attacha là, avec beaucoup d'animosité de part & d'autre, & les Portugais n'eurent pas peu à faire, parce que en même tems un des autres Vaisseaux de l'Emir ayant filé du cable, prit le Vaisseau de Nugno par l'autre bord. Nugno qui étoit sauté des premiers dans le Vaisseau d'Hocem animoit tous ses gens par son exemple. Mais comme il étoit fatigué & pressé par le gorgerin de son Casque qui l'étouffoit, l'ayant lâché pour prendre un peu d'air, il reçut un coup de fléche dans la gorge, dont il mourut trois jours après.

La blessure du Capitaine ne rallentit point l'ardeur des combattans, au contraire la mêlée devint plus affreuse par la jonction de François de Tavora, qui arriva sur le Navire d'Hocem, & sauta dedans suivi de ses gens, avec tant d'impetuosité qu'ils tomberent tous sur le nez.

L'action n'étoit pas moins vive ailleurs. Tous les autres Capitaines avoient accroché à l'exception de George de Mello, qui battoit de loin deux Navires de Cambaïe, & du Viceroi, qui faisant de son côté la même chose coula un grand Navire à fond. Le succès n'étoit pas égal par-tout, mais par-tout les Portugais avoient l'avantage. La victoire ne se déclaroit pourtant pas, parce que Mélic Jaz, qui étoit sur le rivage, fournissoit toûjours des troupes fraîches, & tuoit ou blessoit ceux des siens qui s'étoient jettés à la mer pour se sauver.

Ann. de J. C. 1509. Don Emmanuel Roi. Don François d'Almeyda Viceroi.

Dans le tems que le combat étoit plus échauffé, le Viceroi malgré les précautions qu'on avoit prises pour sa conservation, se trouva le plus exposé au danger. Car, outre qu'il étoit le plus à portée de l'artillerie de la Ville qui le foudroyoit, les Navires de Calicut, & les fustes de Mélic Jaz l'environnerent. Son Vaisseau paroissoit tout en feu, car comme il étoit à trois ponts & avoit trois batteries l'une sur l'autre, son artillerie fut si bien servie, qu'on compte que son Vaisseau seul tira mille neuf cens coups de canon. Il avoit une côte d'armes de velours cramoisi sur sa cuirasse, le heaume en tête, l'écu au bras gauche, & le sabre à la main droite. Et son attention étoit telle qu'il voloit, pour ainsi parler, d'un bout de son Vaisseau à l'autre, pour animer tout le monde par sa présence.

Enfin la victoire se déclara pour les Portugais, par la prise du Vaisseau de l'Emir. Le Vaisseau qui étoit venu à son secours, s'étant détaché, les gens d'Hocem perdirent courage, & se jetterent à la mer, lui-même se retira blessé, & étant arrivé à terre craignant que le Mélic ne le livrât au Viceroi, il prit un cheval & se retira secrettement à la Cour de Cambaïe. Les Navires de Calicut donnerent ensuite le premier exemple de la fuite. Ils firent le tour de l'Isle, & ne s'arrêterent qu'à Calicut, où ils furent suivis des fustes du Mélic. Ruy Soarez se mit à leurs trousses, & fit une très-belle action. Car en ayant joint d'eux, il y jetta deux anchres, & les remorqua vers le Vaisseau du Viceroi à la vûë de toute l'armée.

Il restoit le Navire de Mélic Jaz. Il étoit plus gros que les autres, extrêmement fort de bois & couvert par-tout de cuirs huilés, pour rendre l'abordage plus difficile. En effet on le tenta inutilement, ce qui obligea le Viceroi de se reduire à le faire canoner. L'artillerie même y faisoit assez peu d'effet, mais heureusement la Caravelle de Garcie de Sosa l'ayant percé à fleur d'eau, il coula bas.

Ce fut par-là que finit le combat qui dura jusques à la nuit. Les ennemis y perdirent environ quatre mille hommes & en particulier les Mammelus, qui, à la reserve de vingt-deux, se firent hacher tous en pieces. Les Portugais n'eurent que peu de gens tués, & environ trois cens blessés. Outre les deux Vaisseaux qu'ils coulerent bas, ils en prirent trois autres de la Flotte de l'Emir, deux Galeres & deux Navires de Cambaïe.

Dès le lendemain Mélic Jaz envoya demander la paix au Viceroi, & lui députa un Maure, nommé Cid-Alle, qu'Alméida avoit connu en Espagne du tems de la guerre de Grenade. Cet entremetteur ayant porté & rapporté les propositions de part & d'autre, le Mélic accepta toutes celles où son honneur n'étoit point engagé. Il rendit les prisonniers qu'il avoit, abandonna quelques Galeres, promit de ne donner plus d'asyle aux Flottes du Caliphe, mais il ne voulut jamais livrer des personnes qui avoient mis en lui leur confiance.

La paix ayant été ratifiée, le Viceroi repartit pour retourner à Cochin. Sur sa route il exigea le tribut de Nizamaluc, & de quelques autres Princes de la Côte, qui jusques alors l'avoient refusé. Mais il flétrit ses lauriers par sa cruauté; car étant arrivé à la vûë de Cananor, il fit pendre plusieurs des prisonniers qu'il avoit faits, & fit voler en pieces les corps de plusieurs autres de ces malheureux, qu'il fit attacher à la bouche du canon. Tant il est vrai qu'il est difficile de commander à sa passion dans la prosperité.

Les succès du Viceroi ne raddoucirent point son esprit à l'égard d'Albuquerque. Les choses

ANN. de J. C. 1509.
DON EMMANUEL ROI.
DON FRANÇOIS D'ALMEYDA VICEROI.

ne firent au contraire que s'aigrir, & il se passa entre eux bien des scenes désagréables, dont je crois bien faire de supprimer le détail odieux. Il suffit de dire que le Viceroi se laissant aller aux mauvais conseils de ses flatteurs le mit d'abord aux arrêts, qu'il fit saisir dans sa maison tous ses papiers & tous ses effets, & l'envoya ensuite prisonnier dans la Citadelle de Cananor, ne lui laissant que trois domestiques. Il fit arrêter aussi, & persecuta en differentes manieres, ceux qui avoient paru le favoriser.

Il y avoit trois mois qu'Albuquerque étoit dans cet état violent, ayant beaucoup à souffrir dans sa prison, parce que le Gouverneur Laurent de Britto étoit tout au Viceroi, quand Fernand Coutigno grand Maréchal du Royaume arriva à Cananor avec quinze Vaisseaux, & trois mille hommes d'armes.

Rien ne pouvoit être plus heureux pour Albuquerque. Le Maréchal étoit son parent, son ami, & il portoit de nouveaux ordres de la Cour en sa faveur. On peut juger de l'indignation du Maréchal, quand il eut appris par Albuquerque même le détail de ses disgraces. Mais comme il n'y avoit point de tems à perdre, & qu'il ne s'agissoit pas de raisonner, il le fit reconnoître aussi-tôt pour Gouverneur général, & le reconnut lui-même pour tel, ayant ordre de lui obéïr en tout. Il le prit ensuite sur son bord, & le conduisit à Cochin.

Le Viceroi reçut le Maréchal avec beaucoup de démonstrations d'estime, & ne fit point de difficulté d'obéir aux ordres de la Cour. Le Maréchal fit de son côté ce qu'il put, pour reconcilier ces deux grands hommes, à qui on ne pouvoit reprocher que leurs dissentions. Albuquerque parut oublier assez genereusement, ce que lui avoient fait les subalternes; mais il fut plus difficile à revenir à l'égard du Viceroi. Celui-ci parut le sentir; car du moment qu'il eut remis le Gouvernement entre ses mains, il se retira à son Vaisseau, & ne mit plus les pieds à terre. Ainsi, à en juger par les apparences, leur reconciliation fut assez froide & peu sincere, comme le sont d'ordinaire les réconciliations des Grands.

Ann. de J.C. 1509.
Don Emmanuel Roi.
Don François d'Almeyda Viceroi.

La plûpart des Officiers qui s'étoient déclarés contre Albuquerque jugeant de son cœur par le leur, n'oserent mettre sa generosité à l'épreuve, & s'exposer à son ressentiment. Ils partirent avec le Viceroi pour le Portugal. Mais le Viceroi qui avoit acquis tant de gloire dans les Indes, alla se faire tuer comme un (Carabin) par les plus miserables hommes du monde. Car étant arrivé à l'Aiguade de Saldagne près du Cap de Bonne Esperance, les gens de l'équipage, qu'il avoit envoyés vers les Cafres de cette Contrée, pour traiter de quelque bétail, leur ayant fait insulte, ces barbares se mirent sur la défensive, & en blesserent quelqu'uns. Le Viceroi croyant devoir en tirer raison par le conseil des mêmes Officiers, qui l'avoient engagé dans ses démêlés avec Alphonse d'Albuquerque, il y perdit la Banniere Royale, & y fut tué avec onze Capitaines & cinquante autres personnes, la plûpart de consideration, qui y périrent par les mains de ces Cafres les plus brutes de cette Côte, & armés seulement de pierres, de batons & de fléches. Perte plus flétrissante & plus considerable pour les Portugais, qu'aucune de celles qu'ils eussent faites en tant d'actions qui s'étoient passées dans les Indes.

Fin du quatriéme Livre.

HISTOIRE
DES DECOUVERTES
ET
CONQUESTES
DES PORTUGAIS
Dans le Nouveau Monde.

LIVRE CINQUIÉME.

A Peine Albuquerque commençoit-il à gouter le plaisir que devoit lui causer le changement de sa fortune, plaisir qui consistoit dans la satisfaction legitime & juste de se voir délivré d'une persecution outrageante, plûtôt que dans la joye maligne de voir son rival humilié, puisque les grandes ames ne sont pas capables de ces bas sentimens, qu'il eut une nouvelle mortification, à laquelle il ne s'attendoit pas, & qu'il fut obligé de dissimuler. En voici l'occasion.

Le Bailli Amaral, qui avoit battu dans la Mediterrannée la Flotte que le Caliphe avoit envoyé en Asie, pour y charger des bois de con-

Ann. de J.C. 1509. Don Emmanuel Roi. Alphonse d'Albuquerque Gouverneur.

ANN. de J. C. 1509.
DON EMMANUEL ROI.
ALPHONSE D'ALBUQUERQUE GOUVERNEUR.

struction, ayant rendu compte au Roi de son expédition, & du dessein que le Caliphe avoit de se servir de ces bois, pour faire passer une Flotte dans les Indes sur les instances que lui en avoit fait le Zamorin, Don Manuel piqué contre ce dernier, qui l'avoit déja assez offensé par la guerre obstinée qu'il faisoit aux Portugais, résolut de s'en venger d'une maniere éclatante, & de faire un effort considerable, pour le ruiner en détruisant sa Ville capitale. Pour cet effet il arma cette Flotte de quinze Vaisseaux & de trois mille hommes, dont je viens de parler. Et quoique le motif apparent de ce grand armement fût d'être en état de s'opposer à la Flotte du Caliphe, les vûës secrettes de la Cour avoient principalement pour but la destruction de Calicut.

Don Fernand Coutigno grand Maréchal du Royaume, homme vif, entreprenant, & qui aimoit la gloire, demanda au Roi d'être chargé de cette expédition, & le Roi, qui l'aimoit, le lui accorda volontiers, lui fit expédier les ordres que Coutigno voulut, & le rendit absolument independant du Viceroi & du Gouverneur pour cette journée, afin qu'il en eût tout l'honneur.

Après le départ d'Alméida, le Maréchal ne tarda pas à intimer sa commission. Il voulut dabord pressentir le Gouverneur, & lui fit porter la parole par Gaspar Peréïra, Secretaire de la

Couronne dans les Indes. Après cette premiere ouverture il parla lui-même, & pria Albuquerque, non seulement de ne pas le croiser dans une chose, qui naturellement ne devoit pas lui plaire, mais de vouloir bien comme parent & comme ami, l'aider en tout & le seconder. " Vous avez, lui dit-il, acquis assez de gloire
" jusqu'ici par tant de belles actions que vous
" avez faites. Il vous restera encore beaucoup
" à faire après mon départ pour vous immorta-
" liser. Laissez-moi me signaler aussi un peu dans
" la seule occasion pour laquelle je suis venu.
" Je ne veux point me fixer dans les Indes : Je
" ne porte point envie à ses richesses : Je n'ai
" d'autre passion que de me faire quelque hon-
" neur. J'espere que l'amitié & le sang qui nous
" lient & qui rendent tous les biens communs
" entre nous, feront que vous ne m'envierez pas
" l'avantage de pouvoir me faire un mérite,
" qui ne peut obscurcir le vôtre, ni même en-
" trer en parallele avec une partie des choses
" que vous avez faites, & qui vous ont déja
" mis en réputation d'un des plus grands Capi-
" taines. "

Les obligations qu'Albuquerque avoit au Maréchal étoient trop grandes & trop récentes, pour qu'il voulût lui refuser une demande qui paroissoit si raisonnable. Et quoique je croye qu'il la sentît très-vivement, & qu'elle lui déplût très-fort, il y répondit cependant fort

Ann. de J. C. 1509.
Don Emmanuel Roi.
Alphonse d'Albuquerque Gouverneur.

ANN. de
J. C.
1509.

DON EMMA-
NUEL ROI.

ALPHONSE
D'ALBU-
QUERQUE
GOUVER-
NEUR.

bien, & se comporta jusques au tems de l'action d'une maniere qui ne donna point d'ombrage.

Le Roi de Cochin, à qui le projet fut communiqué, l'approuva. Mais il fut d'avis qu'il falloit, avant que de rien statuer, prendre langue de Coje-Bequi l'ancien & fidele ami des Portugais, de qui on sçauroit au juste l'état où étoit la Ville de Calicut. On apprit en effet de lui que le Zamorin étoit actuellement occupé dans les terres sur sa Frontiere, à faire la guerre à un Prince allié du Roi de Cochin : Qu'il y avoit peu de Naïres dans la Ville par comparaison au grand nombre qui y étoit lorsque le Zamorin étoit présent : Que d'ailleurs la Ville étoit sans défense du côté du Nord, mais assez bien défenduë au midi, où il y avoit à quelque distance une maison de plaisance du Zamorin, nommée le *Cerame*, laquelle avoit un bon enclos & un fort retranchement bien muni d'artillerie ; Qu'enfin il y avoit un grand coup à faire en brûlant vingt bâtiments neufs, qui étoient sur les chantiers, & qui étoient destinés pour faire le voyage de la Méque.

L'expédition ayant été résoluë sur ces avis, on en fit tous les préparatifs avec toute la diligence possible. Mais pour en cacher le dessein on ébruitoit que tous ces préparatifs ne concernoient que la cargaison de quelques Vaisseaux, qu'on se disposoit à faire partir pour le

Portugal. Quelque secret néanmoins qu'on affectât, on fut averti, & tout se trouva prêt à Calicut pour les recevoir.

Toutes choses étant en état, l'armée composée de trente Vaisseaux distingués en deux Flottes, dont l'une étoit appellée la Flotte du Portugal, commandée par le Maréchal, & l'autre la Flotte des Indes conduite par le Gouverneur Général, partit le dernier de Decembre 1509. & arriva devant Calicut le second Janvier de l'année suivante.

Les Généraux tinrent conseil à la vûë de la Ville, où il ne paroissoit aucun mouvement, quoiqu'il y eût trente mille Naïres distribués dans les postes importans. Le Maréchal renouvella alors à Albuquerque son premier compliment, & lui signifia qu'il souhaitoit commander l'avant-garde. Albuquerque y consentit quoique à regret, soit qu'il craignît les suites du naturel impetueux & étourdi du Maréchal, soit qu'à l'âge avancé où il étoit il se laissât piquer d'un point d'honneur de jeune homme. Mais en y consentant, il regla tellement les choses, qu'il ne voulut pas s'éloigner du Maréchal: Qu'il fut ordonné qu'ils iroient tous les deux de concert chacun à la tête de sa Flotte, & défendu aux Officiers par un ordre exprès attaché au grand mât de chaque Vaisseau, de mettre pied à terre avant les Généraux. Albuquerque vouloit par là être toûjours à portée de

AN N. de J. C. 1510.

DON EMMANUEL ROI.

ALPHONSE D'ALBUQUERQUE GOUVERNEUR.

de moderer l'ardeur trop boüillante du Maréchal, ou lui enlever par voye de fait un honneur qu'il ne lui cedoit qu'en paroles & par pure bienséance.

Manuel Pazzagne vieux Officier augura mal de cette disposition. Il ne put s'en taire, & dit qu'il y avoit peu à esperer d'un corps qui avoit deux têtes. Il ajouta qu'étant assez heureux pour avoir vu mourir quatre de ses enfans dans le lict d'honneur & au service du Roi dans les Indes, il auroit encore l'avantage de lui faire le sacrifice de lui-même en cette occasion. Il avoit renvoyé le cinquiéme de ses fils en Portugal, comme s'il eût prévu que les Indes seroient son sepulchre, & celui de presque toute sa famille.

La Flotte du Maréchal étoit composée de braves Officiers, gens de distinction, mais qui étant nouveaux venus, ne connoissoient pas le pays, & ignoroient la maniere d'y faire la guerre. Celle du Gouverneur avoit aussi pour premiers Officiers des subalternes qu'il avoit fallu substituer aux anciens Capitaines, que leur haine pour Albuquerque avoit obligés de s'embarquer avec le Viceroi, pour ne pas rester exposés à la vengeance d'un homme qu'ils avoient trop offensé. C'étoit déja un assez mauvais pronostique. Ce qui se passa après que l'ordre eut été affiché fut d'un présage encore plus funeste; car l'émulation s'étant mise parmi les Officiers des deux Flottes & parmi la jeune noblesse, au-lieu de prendre de la nourriture & du repos, afin d'être plus alerte le lendemain, chacun s'empreſſa de s'armer, & de prendre ſa place dans les chaloupes où ils paſſerent toute la nuit, deſorte que le matin ils étoient épuiſés de veille, de fatigue, de faim & de ſoif, qu'ils ſentirent enſuite bien plus cruellement durant l'extrême chaleur du jour & de l'action.

ANN. de J. C. 1510.
DON EMMANUEL ROI.
ALPHONSE D'ALBUQUERQUE GOUVERNEUR.

Les chaloupes s'étant miſes en mouvement & approchant du rivage pour faire la deſcente, trouverent la mer qui y briſoit avec beaucoup de violence. Elles furent reçûës outre cela contre leur attente par l'artillerie du retranchement & du Cerame, qui ne laiſſa pas de les incommoder beaucoup, & l'auroit fait bien davantage, ſi les batteries euſſent été plus au niveau de l'eau. Albuquerque fit comprendre alors au Maréchal qu'il étoit plus expédient que les chaloupes ſe ſeparaſſent, & que chacun d'eux à la tête des ſiens allât deſcendre où il pourroit. Cela fut fait. Le Maréchal, qui comptoit toûjours d'avoir l'avant-garde, ne ſe preſſoit pas, & fut deſcendre aſſez loin. Mais Albuquerque uſant de plus de diligence & coupant plus court, gagna d'abord la terre, & après un leger combat s'étant rendu maître du retranchement, il alla droit au Cerame, qui étoit éloigné d'une portée d'arbaleſte. Il y trouva une aſſez forte reſiſtance, mais s'en étant encore emparé, ſes gens y mirent le feu.

Le Maréchal, qui n'étoit pas encore arrivé au retranchement, ayant apperçu le feu s'écria qu'il étoit trahi, & entra dans une furieuse colere. Puis jettant son casque & les armes qu'il tenoit à la main, il se fit donner une toque & une canne. Albuquerque étant venu à lui sur ces » entrefaites. » Et est-ce ainsi, Seigneur Albu-
» querque, lui dit-il, que vous gardez la parole
» que vous m'avez donnée? Vous voulez avoir le
» plaisir d'écrire au Roi que vous êtes entré le
» premier dans Calicut, mais je lui rendrai bon
» compte de tout, & je lui ferai connoître ce que
» c'est que cette canaille d'Indiens, dont vous lui
» faites de loin un épouvantail. Il le comprendra
» bien quand je lui dirai que je suis entré dans
» la Ville la toque en tête & la canne à la main. Il dit cela avec tant d'emportement, qu'on croïoit qu'il alloit le frapper du baton, & que quelque chose qu'Albuquerque pût dire pour sa justification, le Maréchal n'en voulut recevoir aucune, & se laissa tellement transporter dès lors à la passion, qu'il ne fut plus capable d'écouter conseil.

Cependant ayant fait venir l'interpréte, qui connoissoit le pays, il lui demanda où étoit le Palais du Roi, & lui dit de le conduire où il pût trouver des hommes à combattre. Car, disoit-il, on ne peu appeller ainsi ceux qui se sont rendus avec tant de facilité. L'interpréte lui montra le Palais de dessus un petit tertre. Il pouvoit bien y avoir de-là une demie lieuë.

Le

Le Maréchal déterminé à y aller, donna ordre à Pierre Alphonse d'Aguiar son Capitaine Lieutenant de prendre deux petites pieces d'artillerie, & ayant fait battre aux champs se mit en marche avec huit cens hommes, faisant dire au Gouverneur qu'il pouvoit le suivre, ou faire ce qu'il voudroit, qu'il ne s'en mettoit pas en peine.

ANN. de J. C. 1510.
DON EMMANUEL ROI.
ALPHONSE D'ALBUQUERQUE GOUVERNEUR.

Bien qu'Albuquerque fût extrémement piqué, & qu'il comprît bien le danger où la témérité du Maréchal alloit le précipiter, il le suivit avec six cens Portugais & les Malabares de Cochin. Mais auparavant il donna ordre à Don Antoine de Norogna son neveu, à Simon d'Andrade, & à Rodrigues Rabelo qu'il laissoit avec trois cens hommes, de veiller à la garde des chaloupes, d'y faire transporter le canon du retranchement & du Cerame, & de brûler les Navires qui étoient sur les chantiers, ce qui fut executé sans aucune opposition.

Quoique le Palais du Zamorin fût défendu par le Gouverneur de la Ville & par un grand nombre de Naïres, ils firent si peu de resistance, que le Maréchal, qui ignoroit que leur fuite n'étoit qu'un stratageme, se confirma davantage dans l'opinion qu'il avoit conçuë de leur lâcheté, & du mépris qu'on en devoit faire. Manuel Pazzagne l'avertit en vain d'être sur ses gardes, d'empêcher son monde de se debander, de mettre incessamment le feu au Pa-

ANN. de
J. C.
1510.
DON EMMA-
NUEL ROI.

ALPHONSE
D'ALBU-
QUERQUE
GOUVER-
NEUR.

lais, & de regagner les bateaux. Comme il étoit fatigué à n'en pouvoir plus, jusques-là qu'il avoit fallu le porter en chemin, & qu'il ne pouvoit se soutenir, il dit qu'il vouloit se reposer quelque tems, & s'assit. Les Portugais ne manquerent pas de se répandre dans le Palais, pour piller les richesses dont il étoit plein. Les Naïres qui étoient aux aguets les voyant épars, firent leur cri ordinaire pour se rassembler. Déja on les voyoit paroître de tous les côtés. Albuquerque, qui arrivoit alors au Palais, voyant les Naïres s'attrouper ne voulut pas y entrer, & envoya dire par deux fois au Maréchal d'en sortir. Le Maréchal lui fit répondre qu'il gagnât les devants, & qu'il le suivroit dans peu, lorsqu'il verroit le feu bien attaché en differens endroits. Il en sortit en effet pour lors, mais il étoit trop tard. Les Naïres rassemblés l'ayant suivi l'obligerent à revenir sur eux, accompagné seulement de trente hommes. On combattit avec assez de courage pour sauver la vie au Maréchal. Mais ce Seigneur, ayant reçu une blessure à la jambe, qui le fit tomber sur ses genoux, il se défendit là quelque tems en cette posture, & succomba enfin sous la multitude des coups avec Manuel Pazzagne, Lionel Coutigno, Vaz de Silveira & quelques autres Officiers au nombre de treize.

Albuquerque qui avoit gagné les devants, ayant appris le danger où se trouvoit le Maréchal, revint sur ses pas & accourut avec un gros de troupes. Mais comme les ennemis étoient en grand nombre, il ne put pénétrer jusques à lui. Il eut d'ailleurs assez à faire pour se défendre. Car comme il se trouvoit dans un sentier fort étroit & fort profond, les Naïres qui étoient au-dessus du chemin & qui le dominoient, l'attaquerent à leur aise de haut en bas, sans que les Portugais, qui étoient fort serrés puffent faire usage de leurs lances. Aucun des coups qu'on leur portoit au contraire ne tomboit en vain. Albuquerque fut blessé lui-même de trois fléches, dont deux lui percerent le bras gauche, la troisiéme le frappa au visage, quoique assez legerement ; mais il reçut un si grand coup de pierre dans la poitrine, qu'il en fut renversé & privé de tout sentiment. Il eût péri en cette occasion, sans la bravoure de Gonzales Quemado son Enseigne, qui se fit tuer à ses côtés, & sans le secours de Diego Fernandes de Béja, qui fit des efforts extrêmes pour le sauver, & qui l'ayant fait mettre sur un pavois, le porta en cet état jusques aux chaloupes.

Depuis ce moment ce ne fut plus qu'une deroute générale. La frayeur ayant succédé au courage, on ne vit plus que Portugais fuir, jettant leurs armes pour mieux courir. Les Naïres qui étoient à leurs trousses en tuerent beaucoup. Mais ils furent contraints de s'arrêter à l'arrivée de Diego Mendes de Vasconcellos &

Ann. de
J. C.
1510.

Don Emma-
nuel Roi.

Alphonse
d'Albu-
querque
Gouver-
neur.

de Simon d'Andrade d'une part, & de Don Antoine de Norogna & de Rodrigue Rabelo de
l'autre, qui venoient au secours des fuyards.
Malgré cela la terreur étoit si grande que la
plûpart jettoient encore leurs armes pour se
sauver, quoique personne ne les poursuivît. Le
dernier qui entra dans les chaloupes, fut George Botello qui fut long-tems occupé à ramasser
ces armes éparses.

Chacun des deux partis ennemis sentit vivement la perte qu'il avoit faite en cette occasion,
sans gouter les avantages qu'il avoit remportés. Les Portugais affligés de la mort du Maréchal & de quatre-vingt des leurs, dont la plûpart étoient gens de distinction : inquiets sur
les blessures d'Albuquerque, qui fut quelque
tems entre la mort & la vie : abbatus par
la honte de leur défaite, & encore plus humi-
liés par la lâcheté qu'ils avoient fait paroître
dans leur deroute en jettant leurs armes, se
retirerent à Cochin, où ils osoient à peine se
montrer.

D'autre part le Zamorin reçut un tel échec
dans cette journée qu'il eut de la peine à s'en relever. Il périt dans Calicut par le fer ou par le feu
plus de trois mille personnes, entre lesquelles se
trouverent le Gouverneur & deux Caïmales. Mais
la perte des hommes fut ce qu'il y eut de moins
sensible pour ce Prince. Sa Capitale, ses Palais, ses
Temples, ses Vaisseaux brûlés étoient ce qui fit

la plus vive impreſſion ſur ſon cœur, & le plus de tort à ſes affaires. Il apprit la nouvelle de ce deſaſtre dans le tems qu'il faiſoit la guerre en pays ennemi avec avantage. Sur le premier avis il delogea de nuit ſans trompette, & arriva le quatriéme jour après le départ d'Albuquerque. Le ſeul premier coup d'œil du ravage qu'avoit fait le feu le mit hors de lui-même. Mais quand il eut appris le détail de l'action, & qu'il y avoit eu ſi peu de Portugais tués, il entra dans une telle indignation contre la lâcheté de ſes gens, & ſur-tout des Maures de la Ville, qu'ayant aſſemblé ceux-ci, il en vint juſques à les ménacer de les chaſſer de ſes Etats. En effet il faut avoüer que Calicut ſe défendit mal, & qu'à l'exception de ces Naïres qui pourſuivirent les Portugais dans leur retraite, tous avoient très mal fait leur devoir juſques-là. Il n'y avoit preſque point eu de réſiſtance en pluſieurs attaques, & enſuite de part & d'autre amis & ennemis tous furent plus attentifs au pillage, qu'à ſe battre en honnêtes gens. Le grand nombre des morts ſe trouva être de femmes, d'enfans & de pluſieurs autres que les flammes envelopperent, ou enfin de ceux qui courant à l'envi au pillage, furent ſurpris, & ſe virent obligez de ceder à la force, à laquelle rien ne peut réſiſter.

Ann. de J. C. 1510.
Don Emmanuel Roi.
Alphonse d'Albuquerque Gouverneur.

Le ſeul qui profita ſolidement du malheur

ANN. de J. C. 1510.
DON EMMANUEL ROI.
ALPHONSE D'ALBUQUERQUE GOUVERNEUR.

commun fut Albuquerque. Car, outre que la mort du Maréchal le délivroit d'un ennemi qui l'eût perdu à la Cour, il est certain qu'il n'eût jemais osé entreprendre, s'il eût vecu, de lui enlever la Flotte qu'il avoit amenée de Portugal, ainsi qu'il fit à Pierre Alphonse d'Aguiar qui succedoit au Maréchal, dont il étoit Capitaine Lieutenant. Et sans ce coup hardi que fit Albuquerque en cette occasion, il eût été moins un Gouverneur Général, qu'un Capitaine garde-côte hors d'état de rien entreprendre

En succedant à Alméïda dans le Gouvernement des Indes, Albuquerque ne succedoit ni à tous ses honneurs, ni à tous ses droits. Le Roi Don Emmanuel faisant reflexion qu'un homme seul ne pouvoit veiller comme il faut à cette immense étendüe de pays, qui s'étend depuis le Cap de Bonne-Esperance, jusques aux extrêmités des Indes, avoit résolu de la partager en differens Gouvernemens. Et comme il avoit toûjours dans l'idée que le principal objet étoit les environs de la mer Rouge, dont il vouloit absolument rompre le commerce, il voulut appliquer là ses principales forces. Pour cela il en fit un Gouvernement particulier, qui s'étendoit depuis Sofala jusques à Cambaïe. Il y nomma George d'Aguïar qu'il y envoya avec une Flotte. Persuadé ensuite que le Gouverneur des Indes auroit peu à faire, sur-tout après la destruction de Calicut, il lui donnoit ordre d'envoyer à George d'Aguïar les Galeres & les Brigantins qui avoient été faits à Anchedive, & qui étoient destinés à faire la course sur la Côte du Malabar, comme s'il lui eût été facile de garder cette Côte sans ce secours, ou comme s'il n'eût eu plus rien à craindre. D'autre part Emmanuel avoit aussi envoyé une Flotte vers Malaca sous la conduite de Diego Lopés de Siquéira, pour y établir un Gouvernement distinct. Ainsi le Gouverneur des Indes borné au seul Indostan, se trouvant reduit presque à rien, c'étoit moins une grace dans la réalité qu'on avoit faite à Albuquerque de l'en revêtir, qu'une espece d'affront, puisqu'on ne le mettoit là en l'ôtant des environs de la mer Rouge, que pour le tirer d'un poste, qui dans les vûës de la Cour, étoit celui qui devoit être le plus considerable.

Ann. de J. C. 1510. Don Emmanuel Roi. Alphonse d'Albuquerque Gouverneur.

Mais Albuquerque qui sçavoit mettre à profit les conjonctures du tems, se servit à propos de sa fortune & de sa politique pour renverser tous ces projets, attirer tout à lui, & y faire trouver encore le bien du service. Il commença par Pierre Alphonse d'Aguïar. Il tâcha d'abord de lui insinuer qu'il ne convenoit pas à la situation des affaires, qu'il ramenât toute cette Flotte en Portugal ; qu'après le désastre arrivé à Calicut, il étoit dangereux que le Zamorin reduit au desespoir ne risquât le tout pour le tout, afin de se venger ; qu'il ne tâ-

Ann. de J. C. 1510.
Don Emmanuel Roi.
Alphonse d'Albuquerque Gouverneur.

chât de soulever les Princes de l'Inde amis & ennemis des Portugais, qui profiteroient d'autant plus volontiers de l'occasion de les perdre, qu'ils venoient d'apprendre par leur derniere disgrace, que les Portugais n'étoient pas invincibles ; & qu'après le départ de cette Flotte, il seroit d'autant plus facile de les vaincre, qu'ils resteroient sans défense, & ne seroient pas encore revenus de l'abatement de leur défaite. Aguïar ne se rendant point, le Gouverneur le prit sur le haut ton. Il lui dit nettement que puisqu'il s'obstinoit à vouloir ce qui étoit contre le service du Roi, il en écriroit à la Cour, & qu'il lui feroit demander compte des deux pieces de campagne, dont le Maréchal lui avoit confié le soin, & qu'il avoit si lâchement perdûës à Calicut. Comme Aguïar avoit veritablement ce reproche à se faire, il fut étourdi de cette proposition, & devint par là si docile, qu'il en passa par-tout ce que le Gouverneur voulut. Et celui-ci sentit si bien son avantage que, lorsque d'Aguïar faisoit le retif sur quelque article, il lui envoyoit demander où étoient les deux pieces de campagne. Enfin il le reduisit à se contenter de trois Vaisseaux, de quinze dont la Flotte étoit composée, lui enleva jusques à ses trompettes, & l'expédia ainsi pour le Portugal.

Il étoit plus difficile d'éluder la destination que le Roi avoit faite pour le Gouvernement de la

mer

mer Rouge si la fortune ne l'eût bien secondé. La Flotte nombreuse de douze Vaisseaux que le Roi y envoyoit, ayant été toute dispersée par une furieuse tempête, George d'Aguïar qui la commandoit, alla périr sur les Isles de Tristan d'Acugna. Les autres Vaisseaux suivirent diverses routes, & se rendirent pour la plûpart aux Indes. Edoüard de Lemos, neveu d'Aguïar à qui il succedoit, ayant attendu envain à Mozambique pour les rassembler, n'en put recüeillir qu'un petit nombre, avec lesquels il alla hyverner à Mélinde, & prit ensuite le chemin de Socotora, où il ne put joindre, ce qui l'obligea de continuer son chemin jusques à Ormus. Là il ménagea si bien toutes choses, qu'il engagea Atar à lui payer le tribut annuel des quinze mille seraphins stipulés avec Albuquerque ; mais il ne put jamais obliger ce Ministre à lui restituer la Citadelle, ni même à lui permettre d'établir une factorerie. Atar croyant alors devoir s'appuyer sur les liaisons qu'il avoit avec le Viceroi Don François d'Alméïda, & n'avoir rien à craindre d'Albuquerque, dont il sçavoit la disgrace & la detention à Cananor, éluda toutes ses demandes.

Lemos ayant resté près de deux mois devant Ormus, vivant en très-bon commerce avec les Maures & en fort grande securité, en partit pour venir regagner Socotora, & dépêcha de Mascate Nugno Vaz de Silvéira au

Tome I.

Gouverneur des Indes, pour lui demander les galeres & les bâtimens que le Roi avoit mis dans son ressort. Vaz arriva précisément dans le tems que le Maréchal & le Gouverneur se disposoient à l'entreprise de Calicut. On n'eut pas de peine à lui persuader qu'il falloit attendre les suites de cette affaire, à laquelle il voulut avoir part, & où il soutint bien l'idée qu'on avoit de sa bravoure; car il mourut dans le lit d'honneur, en volant au secours du Maréchal, & après avoir tué trois Naïres de sa main.

Après la mort de Silvéira, le Gouverneur Général fit repartir sur le Vaisseau qu'il commandoit, Antoine de Noguera, parent de Lemos, avec des provisions pour rafraîchir Socotora, & avec une Lettre qu'il le chargea de lui remettre. Dans cette Lettre, Alburquerque s'excusoit à Lemos sur la situation de ses affaires qui ne lui permettoient pas d'envoyer un plus puissant secours; mais il lui promettoit, que, dès que sa Flotte seroit en état d'être mise en mer, il iroit le joindre, & qu'alors il lui consigneroit les galeres & les brigantins, selon les ordres de la Cour. Cependant il le prioit de lui envoyer Don Alphonse de Norogna son neveu, que le Roi avoit nommé Gouverneur de la Forteresse de Cananor.

Au bout de quelque tems Albuquerque lui envoya encore un autre Vaisseau chargé de provisions sous la conduite de François Pantossa, avec une Lettre fort gracieuse, mais pleine de pareilles excuses pour justifier ses delais. Lemos, à qui tout cela ne convenoit point, ayant perdu presque tout son monde par les maladies, & s'étant vû contraint d'aller à Mélinde pour y retablir sa santé, se résolut enfin de partir lui-même pour les Indes, afin d'y solliciter en personne ce qu'on ne pouvoit lui refuser, sans violenter les ordres de la Cour. Albuquerque, qui vouloit lui donner quelque satisfaction, le reçut à bras ouverts, & s'appliqua à lui faire tant de compliments, tant d'honneurs & tant de caresses, sous prétexte de rendre justice à son mérite, & de tenir une conduite differente de celle qu'Alméïda avoit tenuë à son égard, que Lemos, dont la vanité étoit assez flattée par toutes ces demonstrations, fut très-satisfait pendant quelque tems, & n'eut pourtant autre chose que de belles paroles & de purs complimens, comme je le dirai plus au long dans la suite.

ANN. de J. C. 1510.
DON EMMANUEL-ROI.
ALPHONSE D'ALBUQUERQUE GOUVERNEUR.

Les vûës qu'avoit la Cour sur l'établissement d'un autre Gouvernement à Malaca, furent encore moins fastidieuses au Gouverneur par le peu de succès qu'eut Diego Lopés de Siqueïra dans son entreprise ; ce que je vais maintenant raconter.

Siqueïra étoit parti de Lisbonne le 5. Avril 1508. avec quatre Vaisseaux. Il avoit eu ordre de reconnoître en passant l'Isle de Madagascar ou de saint Laurent, & de s'informer s'il y avoit des mines d'or & d'argent, des épiceries & autres denrées, selon les avis qu'on en avoit donnés à Tristan d'Acugna, qui, quoiqu'il n'y eût rien trouvé de tout cela, n'avoit pas laissé d'en faire de belles relations à son retour. Siqueïra aborda l'Isle du côté du large, toucha à plusieurs ports, & y recueillit plusieurs des malheureux qui s'étoient sauvés du naufrage de Jean Gomez d'Abreu. Mais n'y ayant rien trouvé lui-même de conforme aux esperances qu'on en avoit conçuës, il continua sa route vers l'Isle de Ceilan, qu'il ne put gagner, le vent l'ayant mal servi; de sorte qu'il fut obligé d'aller prendre port à Cochin, où il moüilla le 21. Avril 1509. après avoir mis plus d'un an dans cette navigation.

Alméïda le reçut fort bien, & ayant vû sa commission, il lui donna un Vaisseau de renfort avec soixante hommes, parmi lesquels il en embarqua quelques-uns comme bannis, & dont le seul crime étoit d'avoir été favorables à Albuquerque. Avec ces cinq voiles Siqueïra partit de Cochin le 19. Août de la même année, & ayant pris connoissance de l'Isle de Ceilan le troisiéme jour, il traversa le Golphe de Bengale coupant sur l'Isle de Sumatra, rangea en chemin les Isles de Nicobar, & prit port à Pedir, après quelques jours d'un assez beau tems.

L'Isle de Sumatra la plus grande des Isles de

la Sonde, a), selon l'eſtimation des Maures qui l'ont meſurée, ſept cens lieuës de circuit. Elle eſt diſtribuée en pluſieurs Royaumes peuplés par deux ſortes d'habitans, dont les uns qui ſont les anciens naturels du pays ſont idolâtres, & quelques-uns même ſi barbares, qu'ils ſe nourriſſent de la chair de leurs ennemis. Les autres plus recens & plus policés, ſont originairement Arabes & de la ſecte de Mahomet. Comme cette Iſle eſt la plus grande de ces quartiers, elle eſt auſſi la plus riche en épiceries, pierres précieuſes, mines d'or, de cuivre, d'étain & de fer, & en toutes ſortes d'autres denrées. Le milieu de l'Iſle eſt plein de hautes montagnes, dont l'une a un Volcan celebre, & jette du feu & des flammes comme les monts Gibel & Veſuve; mais ſur les Côtes il y a de belles campagnes très-fertiles & couvertes d'arbres de toute eſpece. On y en voit ſur-tout un remarquable par ſa ſingularité, c'eſt celui que les Portugais appellent *l'Arbre triſte de jour*, parce que le jour il paroît entierement dépoüillé, mais tous les ſoirs au coucher du ſoleil ſes boutons s'épanoüiſſent, & pouſſent des feüilles & des fleurs d'une odeur très-agréable, qui tombent toutes, dès que le ſoleil reparoît ſur l'Horizon. La ligne qui coupe l'Iſle preſque par le milieu, la rend ſujette à de grandes chaleurs. L'air y eſt d'ailleurs aſſez mal ſain, dit-on, pour les étrangers. Les Sçavants ſont partagés entre cette

Ann. de J. C. 1510.
Don Emmanuel Roi.
Alphonse d'Albuquerque Gouverneur.

Isle & celle de Ceilan, pour sçavoir laquelle des deux est la Tapobrane des anciens.

Ann. de J. C. 1510.
Don Emmanuel Roi.
Alphonse d'Albuquerque Gouverneur.

Comme Siqueïra étoit le premier Portugais qui eût abordé cette Isle, & qu'elle pouvoit passer pour une nouvelle découverte, il obtint des Rois de Pedir & de Pacen, avec qui il fit alliance, sans traiter cependant qu'avec leurs Ministres, la permission de planter un poteau aux armes de Portugal, ainsi qu'en avoient usé les premiers *Découvreurs*; mais comme il n'avoit pas intention de s'arrêter là, il fit voile peu de jours après pour Malaca, où il arriva le 11. Septembre.

Malaca étoit alors une des Villes de l'Orient des plus riches & des plus délicieuses. Située au-delà du Golphe de Bengale sur la pointe de la celebre presqu'isle qu'on croit être la Chersonese d'or des Anciens, & sur le bord du détroit qui la sépare de l'Isle de Sumatra, elle semble en effet être là placée pour être le centre du commerce de l'Arabie & de l'Indostan d'une part; de la Chine, du Japon, des Philippines & des autres Isles de la Sonde de l'autre. Petite cependant, elle ne comptoit gueres que trente mille feux. La riviere à l'embouchure de laquelle elle est, la coupoit par le milieu, & en faisoit comme deux Villes fort longues & fort étroites unies ensemble par un seul pont de bois. Les habitans presque tous Mahometans d'origine & de Religion, vifs, spirituels, aimant le plaifir, y menoient une vie fort douce & très-conforme aux idées de leur fecte. L'abondance des pays voifins leur fournifſant toutes les délices contribuoit à leur vie voluptueufe, autant que leur opulence, qui étoit telle, qu'on ne comptoit leurs richeſſes que par plufieurs *Bahars* d'or. (Chacun de ces bahars contient quatre quintaux.) On n'y eſtimoit pas un homme riche, ſi dans un même jour il ne pouvoit mettre en mer trois ou quatre Vaiſſeaux, & les charger richement à ſes propres dépens. Elle avoit été autrefois de la dépendance du Royaume de Siam ; mais Mahmud, qui regnoit alors, en avoit fecoüé le joug, & il faifoit fi bien agir les reſſorts de ſa politique chés les Princes voifins, & chés les Miniſtres même de ſon legitime Souverain, que ce puiſſant Monarque, ou négligeoit, ou n'oſoit entreprendre de le reduire à ſon devoir.

Mahmud inſtruit des motifs de la venuë du Général Portugais, en fut bien aife, ou fit femblant de l'être. Il lui donna audiance avec toute la pompe qu'affectent les Rois de l'Orient. Le traité fut figné de part & d'autre, le ferment fait fur la loi de Mahomet d'une part, & fur les faints Evangiles de l'autre. Le Roi aſſigna enfuite une maifon commode dans la Ville, dont Ruy d'Aravio, qui devoit être le facteur, prit poſſeſſion, & dès ce moment les Portugais prirent tant de confiance dans les careſſes du

A N N. de J. C. 1510.

Don Emmanuel Roi.

Alphonse d'Albuquerque Gouverneur.

ANN. de J. C. 1510.

DON EMMANUEL ROI.

ALPHONSE D'ALBUQUERQUE GOUVERNEUR.

Prince & du *Bendara* son oncle, qu'ils se répandirent dans la Ville sans aucune précaution. Cependant les Maures de l'Indostan établis à Malaca, ennemis jurés des Portugais & naturellement jaloux d'un traité qui devoit préjudicier à leurs affaires, se donnerent tous les mouvements qu'ils s'étoient donnés ailleurs pour décrediter les nouveaux hôtes. Ils ne manquerent pas pour les rendre odieux, de rappeller tout ce qu'ils avoient fait à Quiloa, à Ormus & dans le Malabar. Les faits étoient si parlants & exposés avec des couleurs si vives, qu'ils firent d'abord tout l'effet qu'ils souhaitoient. Les Maures trouverent d'autant plus de facilité à leurs desseins pernicieux, qu'ils sçurent mettre à leur tête deux hommes d'un très-grand credit. Le premier étoit un nommé *Utemutis* Jave de nation, à qui on donnoit le titre de Raïa que prennent tous les petits Roitelets du Malabar. Il étoit si puissant dans Malaca, qu'on lui comptoit six mille esclaves mariés, & un bien plus grand nombre d'autres qui ne l'étoient point. Le second étoit un Maure Guzarate, qui faisoit l'office de Sabandar ou de Consul de sa nation.

Ceux-ci ayant tourné l'esprit du Roi & du Bendara ou premier Ministre, il fut conclu entre eux dans le conseil secret du Prince, qu'on tâcheroit d'attirer les Portugais dans quelque piége pour se defaire de tous en même tems. Cette résolution fut prise contre l'avis de
l'Amiral

l'Amiral & du Tréforier général des finances, qui ne purent gouter cette trahifon. On ne négligeoit rien cependant pour endormir les Portugais, & couvrir les mauvais defseins qu'on avoit conçu contre eux. Mais comme c'étoit principalement du Général & des principaux Officiers qu'on vouloit s'afsurer, & qu'il étoit difficile de les attirer à terre, le Roi, pour les mieux tromper, fit publiquement tous les préparatifs d'un repas magnifique qu'il vouloit leur donner, & pour lequel il fit bâtir exprès une maifon de bois joignant le pont de la Ville.

Il y avoit dans le port lorfque Siqueïra y entra, quatre Joncs de la Chine, dont les Capitaines allerent fur le champ faire civilité au Général, qui leur rendit leur vifite ; & il lia fi bien avec eux, qu'ils fe traiterent mutuellement dans leurs Vaifseaux, & entretinrent toûjours enfemble une mutuelle correfpondance. Ces Capitaines ayant apperçu l'aveugle confiance du Général, & la liberté qu'il donnoit à fes gens d'aller par la Ville, l'avertirent en amis de fe défier d'une nation naturellement perfide, & lui donnerent enfuite l'avis de la trahifon qu'on lui brafsoit. Mais Siqueïra n'en fit aucun cas, & n'en devint pas plus fage.

Une hôtefse, Perfane de nation, laquelle tenoit auberge dans la Ville, & logeoit chez elle un Portugais qui entendoit fa langue, ayant été inftruite du complot, fit dire au Général par ce

Tome I. Y y

ANN. de J. C. 1510.

DON EMMANUEL ROI.

ALPHONSE D'ALBUQUERQUE GOUVERNEUR.

même Portugais qu'elle vouloit lui parler en secret, & qu'elle iroit à son bord exprès la nuit, afin de n'être pas apperçuë. Siqueïra ne fit que railler de ce rendez-vous, & rejetta trois fois la proposition. Mais cette femme malgré son obstination étant allée à bord & l'ayant instruit de tout le secret, quoiqu'elle ne pût venir à bout de le persuader, gagna pourtant sur lui qu'il prétextât une incommodité, & fit échoüer les mesures prises pour le repas, ce qui fut fait.

Ce coup étant manqué, on eut recours à un autre artifice d'autant plus insidieux, qu'il marquoit une nouvelle faveur de la Cour. Le Roi fit donc dire au Général que faisant attention que le tems de la Mouçon s'avançoit, & considerant qu'il étoit venu des extrémités du monde, & avoit un plus grand voyage à faire pour le retour, il vouloit le preferer à toutes les autres nations qui étoient dans son port & l'expédier le premier : Que pour cet effet il n'avoit qu'à envoyer toutes ses chaloupes à terre à un jour marqué, auquel on lui donneroit sa cargaison. Dans le même tems le Bendara fit préparer une grande quantité de petits bateaux, dans le fond desquels on disposa toutes sortes d'armes qu'on couvrit de diverses provisions de vivres. Le nombre de ces petits esquifs étoit prodigieux, mais on les tint cachés jusques au moment qu'ils devoient faire leur coup, & commencer le massacre général des Portugais au signal qui en seroit donné par un feu.

Quoique Siqueïra eût dû juger par plusieurs contradictions de conduite, au sujet même de la cargaison, que le Gouvernement agissoit avec lui de mauvaise foi, il s'aveugla de plus en plus, & n'en conçut pas le moindre soupçon. Il envoïa donc au jour assigné les chaloupes & canots à terre, à l'exception d'une seule de ces chaloupes, qu'on calfeutoit, & qui pouvoit être nécessaire pour aller & venir dans le besoin. Dans le même moment le Bendara fit partir les petits esquifs qu'il tenoit prêts, & qui étoient pleins d'armes & de gens de guerre déguisés en paysans, sans qu'il parût qu'ils eussent d'autre prétention que de porter des provisions & des rafraîchissements pour la Flotte. La securité avec laquelle on vivoit fit qu'on ne se défia point d'abord de leur nombre, dont on avoit ménagé l'action, & qui ne croissoit que peu à peu.

Pour mieux endormir le Général, le fils du Raïa Utemutis, qui s'étoit chargé de le tuer, & le Sabandar accompagnés seulement de sept ou huit personnes vinrent à bord comme pour lui rendre visite. Siqueïra joüoit alors aux échecs, mais les traîtres lui ayant témoigné qu'ils auroient du plaisir de lui voir finir sa partie, d'autant mieux, disoient-ils, qu'ils avoient un jeu à peu près semblable, il se remit & continua à joüer avec beaucoup d'application.

Les Navires cependant se remplissoient de

ANN. de J.C. 1510.
DON EMMANUEL ROI.
ALPHONSE D'ALBUQUERQUE GOUVERNEUR.

tous ces faux marchands. Garcie de Sofa Capitaine d'un des cinq Vaiſſeaux, s'apperçut le premier du danger, & ayant crié à ſes gens de faire ſortir tout ce monde, il envoya Fernand Magellan ſi connu par ce fameux détroit auquel il a donné ſon nom, pour avertir le Général de ſe tenir ſur ſes gardes. Dans le même moment le contre-maître de l'Amiral, qui étoit monté à la hune, apperçut derriere Siqueïra le fils d'Utemutis, qui attendant avec impatience le ſignal, portoit de tems en tems la main ſur un poignard dont il devoit le frapper, & le tiroit à moitié. Saiſi à cette vûë il pouſſe un grand cri, donne l'alarme & avertit le Général, qui reveillé à ce bruit & ne ſçachant encore ce que c'étoit, ſe leve avec précipitation, demande ſes armes, & ordonne qu'on mette le feu au canon. Le fils du Raïa & les autres qui étoient avec lui ſe croyant découverts, n'eurent pas le courage de faire leur coup & ſe jetterent à la mer pour gagner les petits eſquifs. La même choſe fut faite dans l'inſtant par ceux qui étoient dans les autres Vaiſſeaux que cette terreur ſubite ſauva.

Mais comme alors le ſignal fut donné, on commença à faire main baſſe ſur les Portugais qui étoient dans la Ville, dont vingt ſeulement ſe ſauverent dans la maiſon de Ruy d'Aravio, où ils ſe mirent auſſi-tôt en défenſe. François Serrano gagna auſſi la chaloupe du Vaiſfeau de Jean Nugnes, qui eut bien de la peine à arriver à bord.

Le Général dans ce premier défordre ne fçachant quel parti prendre aſſembla ſon conſeil. Quelques-uns furent d'avis qu'il falloit prendre vengeance de cette trahiſon, brûler les Vaiſſeaux qui étoient dans le port, à l'exception de ceux des Chinois, de qui ils avoient toûjours reçu & des bons avis & des marques d'une amitié ſolide. Mais comme ils n'avoient que deux chaloupes, Siqueïra, devenu plus prudent par le danger qu'il venoit de courir, fut d'opinion d'appareiller, de faire quelques tentatives pour ravoir les Portugais qui étoient à terre, & de ſe retirer.

D'un autre côté le Bendara voyant le peu de ſuccès de ſon entrepriſe courut à la factorerie où Aravio ſe défendoit, & ayant écarté la foule des aſſaillants, il s'excuſa du mieux qu'il put, prétendit que le Roi & lui n'avoient aucune part à cette émotion, qui procedoit ſans doute d'un mal entendu, & ayant donné à Aravio un riche marchand Indien, ami des Portugais pour ſa caution, il le prit lui & les ſiens ſous ſa ſauve-garde.

La tranquillité ayant été ainſi retablie, le Bendara envoya faire les mêmes excuſes au Général, l'exhortant à revenir avec confiance, qu'il lui rendroit tous les Portugais & tous ſes effets. Mais le Général paſſant de l'excès de la ſecurité à un excès opposé, ne voulant point se fier à sa parole, & jugeant plus à propos d'exposer la vie de quelques particuliers à la sureté de sa Flotte, lui fit dire qu'il conservât précieusement les gages qu'il avoit entre ses mains, que dans peu on viendroit les lui redemander à main armée & lui faire païer cherement le droit des gens qu'il avoit violé dans sa personne.

Après cette ménace il se remit en mer, brûla sur sa route deux de ses Vaisseaux, parce qu'il n'avoit pas assez de monde pour les manœuvrer. Etant ensuite arrivé a Travancor, & y ayant appris qu'Albuquerque étoit en possession du Gouvernement des Indes, le souvenir du déplaisir qu'il lui avoit fait en se déclarant ouvertement contre lui pour complaire au Viceroi, & la crainte qu'il eut de se voir exposé à son ressentiment, firent qu'il se contenta de lui écrire, & de lui envoyer deux autres Vaisseaux de son escadre qu'il ne pouvoit conduire avec lui, parce qu'ils faisoient trop d'eau. Après quoi il partit de-là pour le Portugal seul, faisant la même route qu'il avoit faite en venant. Albuquerque ne laissa pas d'être sensible à sa disgrace, & au parti qu'il avoit pris. Car outre qu'ils avoient été amis, il l'estimoit & étoit fâché de perdre un bon Officier avec qui il eût pû renoüer.

Bien que le Gouverneur des Indes n'eût plus personne qui parut le troubler dans la possession de son Gouvernement, & que depuis la guérison de ses blessures il ne parût occupé d'abord que du soin de recevoir les Ambassadeurs des Princes qui venoient le feliciter sur son nouvel Etat, son esprit néanmoins n'étoit pas tranquille. Il faisoit de tristes reflexions sur les contrarietés qu'il avoit eûës du tems d'Alméida; il avoit vû partir avec lui pour le Portugal ses plus cruels ennemis, qui lui avoient déja fait trop de mal pour ne pas continuer à travailler de le ruiner tout-à-fait dans l'esprit du Roi. Il voyoit encore autour de lui beaucoup de mécontens qui servoient sous ses ordres. La disgrace de Calicut & la mort du Maréchal étoient pour lui une tache & une occasion à ses adversaires de lui porter de nouveaux coups. Mais ce qui lui faisoit le plus de peine, c'étoient les ordres du Roi, qui ayant borné son Gouvernement, le mettoient hors d'état de rien faire pour le service de l'Etat, & pour sa propre gloire.

Dans cette perplexité il rouloit sans cesse dans son esprit quelque grand coup, dont l'éclat pût servir à détruire les plus mauvaises impressions, parer à tous les efforts de l'envie & le rendre nécessaire malgré qu'on en eût. Il avoit en main de grandes forces pour executer ses desseins secrets, & afin de n'en pas laisser échapper l'occasion, il ne dormoit ni jour ni nuit, & se donnoit des mouvemens infinis

Ann. de J. C. 1510.

Don Emmanuel Roi.

Alphonse d'Albuquerque Gouverneur.

pour en preſſer l'éxécution.

Sa Flotte, qui conſiſtoit en dix-huit Vaiſſeaux, deux Galeres & un brigantin, deux mille Portugais de bonnes troupes, & quelques Malabares, ne fut pas plûtôt en état, qu'il aſſembla ſes Capitaines au conſeil. » Il leur dit qu'il
» avoit reçu des ordres preſſants du Roi de
» donner tous les ſecours qu'il pourroit à
» Edoüard de Lemos : que les vûës de la Cour
» étoient de tourner toutes les forces de l'Inde
» vers la mer Rouge, pour être en état de re-
» ſiſter aux nouvelles Flottes que préparoit le
» Caliphe, & pour rompre entierement ſon
» commerce. Que ſuivant ces vûës il étoit dans
» le deſſein d'aller en perſonne joindre Lemos,
» pour l'aider à bâtir la Citadelle que le Roi lui
» commandoit de faire dans l'endroit le plus
» convenable, pour être maître du détroit de
» Babelmandel, & qu'il étoit réſolu de l'aider
» en tout ce qui pourroit contribuer le plus au
» bien du ſervice & à l'honneur de ſa nation.
» Qu'au reſte rien ne l'empêchoit de ſuivre ce
» projet : que tout étoit tranquille dans l'In-
» doſtan, & que le Zamorin étoit ſi bas depuis
» la perte qu'il avoit ſouffert à Calicut, qu'il
» étoit abſolument hors d'état de rien entre-
» prendre. «

Ce Diſcours, qui fut reçu avec grand applaudiſſement ſur-tout de ceux qui ne l'aimoient pas, étoit tout au plus loin de ſa penſée, ée, & quelques Auteurs Portugais eux-mêmes en conviennent; mais ils se sont trompés, je crois, en pensant que sa vûë étoit d'aller tomber sur Ormus pour se venger de Coje-Atar, & s'assurer d'une conquête qui lui avoit échappé. Ils auroient parlé autrement, s'ils avoient fait attention qu'Albuquerque sortant de son Gouvernement, & entrant dans le district d'un autre perdoit toute son autorité, & ne pouvoit plus servir qu'en qualité de subalterne. Or je suis persuadé qu'il étoit trop habile homme, & en même tems trop jaloux du Commandement & de sa gloire, pour faire une aussi fausse démarche.

Ma pensée est donc que son projet secret étoit de tomber sur Goa, comme il fit, & on en conviendra, à en juger par les antecedents & par les suites. Car dès l'arrivée du Maréchal, & lorsqu'il fut question de déguiser l'entreprise de Calicut, qu'on vouloit tenir secrette, le Gouverneur, qui avoit dès-lors ses vûës, envoya sonder le port de Goa, ce qui apprêta beaucoup à rire à ses Capitaines, qui regardoient cette entreprise comme une folie, & en firent des Vaudevilles, où le Gouverneur n'étoit pas mal chansonné.

Dans le même tems Albuquerque écrivit au Roi d'Onor & à Timoja, ennemis capitaux du Sabaïe Prince de Goa, pour les interêts que j'ai expliqués ailleurs, & il leur envoya Lionel,

Tome I.

ANN. de J. C. 1510.
DON EMMANUEL ROI.
ALPHONSE D'ALBUQUERQUE GOUVERNEUR.

Coutinho & Blaife Texeira. Timoja ne put venir alors parler au Gouverneur qui le fouhaitoit; mais il le fit affurer que l'entreprife de Goa étoit facile, & qu'il le trouveroit toûjours prêt à le feconder quand il voudroit la tenter; & Albuquerque, qui vouloit gagner Timoja pour les befoins avenir, lui remit à fa prière les droits fur les marchandifes qui entroient dans le port de Mergeu, droits que le Viceroi Don François d'Alméïda avoit eu l'injuftice de lui ôter.

Enfin après la malheureufe expédition de Calicut, le premier foin du Gouverneur fut de lier avec le Roi de Narfingue. Il lui envoya pour cet effet un homme de confiance, qui étoit un Religieux de l'Ordre de faint François, nommé le Pere Louis. Le point capital de l'inftruction de ce Pere étoit de faire comprendre à ce Prince, que le but de l'alliance qu'il fe propofoit étoit de fe joindre à lui, pour l'aider dans la guerre qu'il avoit contre le Royaume de Décan, & en particulier contre le Sabaïe: De leur ôter le commerce des chevaux de Perfe, ce qui feroit d'autant plus facile, que depuis que le Royaume d'Ormus étoit Tributaire du Portugal, il feroit aifé d'empêcher que les chevaux allaffent debarquer ailleurs que dans fes ports: & que pour l'exécution de leurs projets communs, il fe tint prêt de faire marcher fes troupes dans les terres felon le befoin; que pour lui, il fe chargeoit de ce qui concernoit les Villes maritimes. Il y a bien de l'apparence que dans le même tems le Gouverneur fit reſſouvenir Timoja de ſes promeſſes, & que ſous main il concerta avec lui le perſonnage qu'il joüa dans la ſuite.

Quoi qu'il en ſoit, la Flotte partit de Cochin ſur la fin de Janvier de l'année 1510. tout le monde étant plein de l'idée du projet de la mer Rouge. Albuquerque pourvut en partant & ſur ſa route à diverſes places de ſon Gouvernement, où il laiſſa de bons Officiers, des garniſons nombreuſes & des munitions en abondance. En touchant à Cananor, il recüeillit les débris des deux Vaiſſeaux, qui retournant en Portugal avoient péri près des Iſles d'Anchedive, ſur ce qu'on appelloit les battures de Padoüe, où les équipages furent redevables de leur ſalut au courage de Fernand Magellan. De-là le Gouverneur ſe remit en mer faiſant toûjours la même route. Quand il fut par le travers d'Onor, Timoja parut comme le Dieu ſorti de la machine pour renverſer tout le ſyſtême de cette entrepriſe. Il venoit dans un bateau long, ſans autre motif en apparence que de ſaliier le Gouverneur ſur ſon paſſage, & lui apporter des rafraîchiſſements. Après les premiers complimens ils parlerent long-tems en particulier, & Albuquerque l'ayant entendu, voulut qu'il expoſât en plein conſeil, ce qu'il lui avoit dit dans le ſecret.

Ann. de J. C. 1510.
Don Emmanuel Roi.
Alphonse d'Albuquerque Gouverneur.

Quand le conseil fut assemblé, Timoja parla ainsi. " J'apprens avec une extrême étonnement " que cette puissante armée est destinée pour " aller faire la guerre au Caliphe jusques dans la " mer Rouge, & que tout cet appareil n'est que " pour empêcher ses Flottes de pénétrer jus- " ques ici. J'avoue ma suprise, & que je ne puis " comprendre, comment tant de gens aussi re- " commandables pour leur sagesse, que pour leur " bravoure, peuvent être ainsi les dupes de leur " fausse prudence. Car comment aller chercher si " loin un ennemi que vous avez dans votre sein ? " Ignorés-vous que le Caliphe a dans Goa un de " ses Généraux & plus de mille Mammellus ou " Rumes, qui s'y sont retirés depuis la défaite de " l'Emir Hocem ? Que ce Général a écrit au Ca- " liphe qu'il lui envoyât seulement des hommes " & des Vaisseaux, qu'il esperoit faire de Goa " une place d'armes, laquelle deviendroit la " ruine de tous les Portugais qui sont dans les " Indes ? Vous sçavez à n'en pouvoir douter, " que le Zabaïe, le plus cruel ennemi de votre " Nation depuis l'affaire de Dabul, s'est fait un " point capital de donner asyle à tous les étran- " gers de sa secte, & sur-tout aux Européans ; " qu'il a fait construire vingt Vaisseaux de la " grandeur des vôtres, & qu'il a mis tout en " œuvre pour être en état, non seulement de " vous resister, mais même de vous détruire. " Mais ce que vous ignorez peut-être, c'est qu'il

» vient de mourir dans le fort de tous ces pré-
» paratifs, & que l'Idalcan son fils & son suc-
» cesseur, jeune homme sans expérience, se
» trouve aujourd'hui dans le dernier embarras,
» occupé à faire la guerre aux étrangers ses
» voisins, dont chacun veut ravoir ce que son
» pere avoit usurpé, & à ses propres sujets, qui
» se vengent par leur révolte des violences
» exercées contre eux par le passé, déterminés
» à secoüer le joug trop pésant de leur servitu-
» de. Déja le Chef des Mammelus & des Rumes
» ne reconnoît plus de maître. Ainsi quoique
» Goa soit une Ville forte, elle est aujourd'hui
» bien affoiblie par la division qui y regne. La
» conquête en est facile, & j'y compte tellement,
» si vous voulez l'entreprendre, que je m'offre
» à être de la partie. J'irai mettre mes trou-
» pes & mes Vaisseaux en état pour vous join-
» dre, & quand je serai de retour, je monte sur
» le Vaisseau *Fleur de la mer*, afin qu'ayant ma
» personne entre vos mains, comme un ga-
» rand sûr de ma parole, vous puissiez vous
» venger, si je vous trompe, en me faisant cou-
» per la tête.

An n. de J. C. 1510. Don Emmanuel Roi. Alphonse d'Albuquerque Gouverneur.

Ce discours ayant fait une grande impression dans l'assemblée, Albuquerque, qui ne vouloit pas même laisser soupçonner qu'il y eût entre Timoja & lui la moindre connivence, repré-senta avec beaucoup de gravité, qu'à la verité il seroit fâcheux de manquer une aussi belle

occasion de prendre Goa que celle qui se presentoit, & de laisser les Mammelus prendre pied dans un poste, d'où peut-être on ne pourroit plus les chasser; mais que dans tout ce que Timoja avoit dit, il voyoit bien des choses sur lesquelles on pouvoit raisonnablement douter: Qu'il ne falloit pas aisément laisser le certain pour l'incertain, sacrifier les ordres du Roi & des avantages sûrs aux inconveniénts qui pourroient suivre, si le rapport qui venoit d'être fait n'étoit pas exactement vrai.

Comme c'étoit incliner pour la proposition que Timoja venoit de faire, & qu'il n'étoit question que d'avoir des informations plus sures & plus positives, on conclut à le renvoyer pour faire de nouvelles recherches, & le Général lui donna rendez-vous aux Isles d'Anchedive, où il devoit s'arrêter sous prétexte de faire aiguade.

Timoja ne manqua pas de revenir le plûtôt qu'il put avec les éclaircissemens qu'on lui demandoit. Il conduisoit avec soi quatorze fustes bien armées, & remplies de gens d'élite, sans que dans le pays, on en pût prendre aucun ombrage qui pût préjudicier au secret de l'entreprise, par le soin qu'il avoit eu de répandre le bruit, que le Gouverneur général lui faisoit l'honneur de lui donner part à la gloire qu'il alloit acquerir dans son expédition de la mer Rouge, & à la conquête d'Ormus qui devoit la suivre.

Timoja ayant donc confirmé & assuré par de nouveaux témoignages ce qu'il avoit avancé, il n'y eut plus que quelques contestations au sujet de la barre de Goa, où les Officiers étoient persuadés qu'il n'y avoit pas assez de fond. Mais Timoja ayant répondu sur sa tête qu'il y avoit au moins trois brasses & demi d'eau de basse mer, la conquête de Goa fut résoluë. Le Gouverneur voulut en avoir l'avis par écrit de tous ceux qui assistoient au conseil, & leur fit signer pareillement un autre acte, par lequel ils s'engageoient tous à reconnoître pour Gouverneur Général, Don Antoine de Norogna, supposé que, comme le sort des armes est incertain, il vînt à manquer dans cette guerre.

Cette résolution prise, Timoja par ordre d'Albuquerque s'en retourna, & ayant laissé sa petite Flotte au Cap de Rama, où elle devoit l'attendre, il alla tomber avec ses troupes de terre sur la Forteresse de Cintacora, dont le voisinage incommodoit fort la Ville d'Onor, l'emporte de vive force, passe tout au fil de l'épée, y met le feu, & usant d'une celerité incroyable revient joindre Albuquerque avec ses fustes dans le tems que ce Général arrivoit à la barre de Goa.

La Ville de Goa située au seiziéme dégré de latitude Nord dans l'Isle de Tiçuarin, laquelle a environ neuf ou dix lieuës de tour, & est fermée par le confluent de deux petites rivieres,

Ann. de J. C. 1510.
Don Emmanuel Roi.
Alphonse d'Albuquerque Gouverneur.

étoit alors une des Villes des plus confiderables de la prefqu'ifle d'en deça le Gange. Placée à une égale diftance entre Cambaïe & le Cap de Comorin, elle étoit d'autant plus propre à faire un grand commerce, qu'elle a le plus beau port de toutes ces Contrées, enforte qu'on ne fait pas de difficulté de le comparer aux ports de Conftantinople & de Toulon, qui paffent pour être les plus beaux de notre grand continent. Elle étoit anciennement du Royaume de Décan. Le Roi de Décan, à qui les principaux Seigneurs de fes Etats n'avoient plus laiffé qu'une ombre d'autorité, l'avoit confiée à un Officier de fa Couronne, Maure d'origine & de Religion, nommé Adil-Can, & par corruption Idalcan, que les Portugais continuoient à appeller mal à propos *le Zabaïe*, nom qui ne convenoit proprement qu'au Prince Gentil, fur qui Goa avoit été ufurpé. Cet Idalcan entretenant toûjours une grande correfpondance avec fon Souverin tandis qu'il vécut, s'étoit néanmoins mis en état de fe maintenir par la force en cas de befoin. Il avoit muni la Ville de bonnes murailles, de Tours & de Citadelles. Il avoit fortifié de la même maniere les paffages par où l'on pouvoit entrer dans l'Ifle, & il les faifoit garder avec une attention très-fcrupuleufe. Ne fe fiant point aux Indiens ni aux Maures du pays, dont il connoiffoit la lâcheté & la mauvaife foi, il s'étoit fait un corps de troupes compofé

d'Arabes

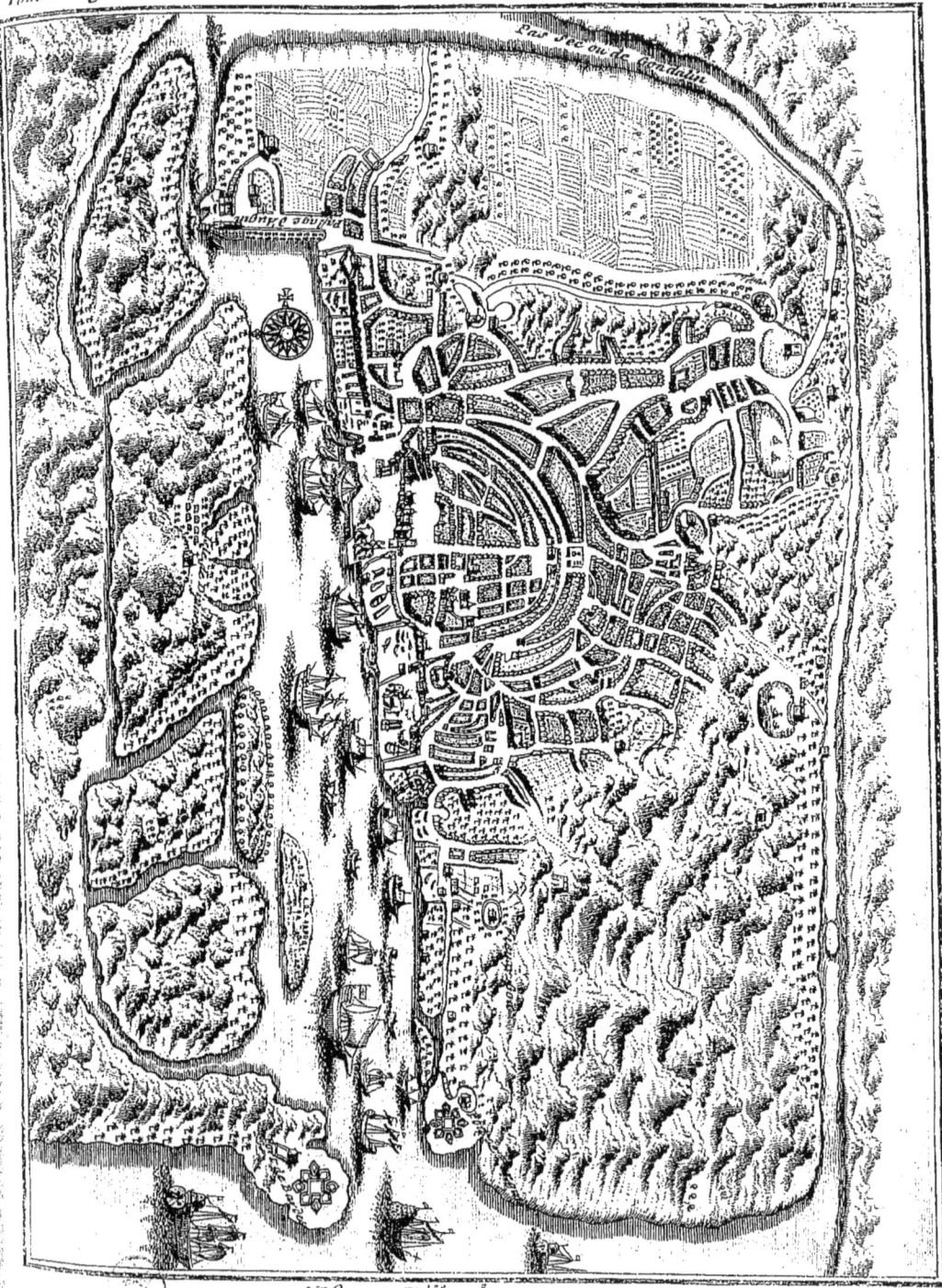

L'Isle et Ville de Goa.

d'Arabes & Perſans, de Mahometans d'Europe & de Mammelus d'Egypte, en qui il mettoit ſa principale confiance. Il avoit eu outre cela un ſoin extrême de pourvoir ſa Ville de toutes ſortes de munitions, & ſur-tout d'armes à la façon d'Europe; ſes magaſins étoient pleins, ſes arſenaux en bon état, il avoit dans ſes chantiers pluſieurs Vaiſſeaux d'un gabarit ſemblable à celui des Portugais. Enfin comme il étoit intelligent, vigilant & actif, quoique ſon Gouvernement fût un peu dur, il étoit parvenu à rendre ſa Ville belle, forte & floriſſante, n'oubliant rien pour y attirer le commerce, & recevant toûjours parfaitement bien les étrangers, qu'il ſçavoit employer & recompenſer ſelon leurs talens & leurs ſervices, & qui s'y établiſſoient d'autant plus volontiers, que le pays naturellement riche & fertile, y fournit abondamment aux commodités & aux délices de la vie.

L'inquiétude où étoit Albuquerque, & la crainte qu'il avoit d'aller échoüer à la barre, fit qu'il ordonna par précaution à Don Antoine de Norogna & à Timoja d'aller auparavant la ſonder. Il commanda enſuite au premier d'aller attaquer le Fort de Pangin qui étoit dans l'Iſle, & à Timoja de ſe préſenter devant l'autre Fort, qu'on appelloit le Fort de Bardes qui étoit dans le continent. Ces deux poſtes avoient été établis par le Zabaïe pour la défence de la barre.

Ann. de J. C. 1510. Don Emmanuel Roi. Alphonse d'Albuquerque Gouverneur.

Norogna devoit être foutenu par Simon d'Andrade dans fa galere, de Simon Martinés dans fon brigantin, de George Fougace, de Jerôme Texeira, George Silveira, Jean Nugnés, & Garcie de Sofa dans leurs chaloupes. Timoja devoit conduire fes fuftes.

A la vûë de la Flotte ennemie & dès la premiere alarme Melic Çufe-Curgi, cet Officier du Caliphe dont nous avont parlé, qui avoit la plus grande autorité dans la Ville, en étoit forti avec précipitation pour aller défendre le Fort de Pangin. Il combattit vaillamment fur la rive au premier retranchement pour empêcher la defcente; mais ayant été bleffé d'une fléche qui lui perça la main, la douleur qu'il en reffentit l'obligea à fe retirer dans le Fort, d'où peu après il regagna la Ville. Ses gens fe voyant fans chef regagnerent auffi le fort en diligence, mais Norogna ayant effuyé les premieres bordées de l'artillerie qui ne firent aucun effet, les pourfuivit fi vivement, que les Portugais entrerent pêle-mêle avec les fuyards. Timoja n'ayant pas trouvé plus de refiftance de l'autre côté, les deux Forts furent emportés, & toute l'artillerie enlevée.

Une victoire fi aifée mit la confternation dans la Ville, où il n'y avoit point de tête, chacun obéïffant mal volontiers à ceux qui vouloient s'y donner de l'autorité. Albuquerque, qui, parce que le vent ne le fervoit pas pour faire en-

trer les gros Vaiſſeaux dans la riviere, avoit
fait avancer toutes les chaloupes & eſquifs, &
qui étoit paſſé lui-même ſur la galere de Fernand de Béja, fut inſtruit d'abord de ce déſordre par quelques Maures de Cambaïe & de
Diu, qui vinrent ſe mettre ſous ſa protection.
Ceux-ci lui ayant repréſenté l'état des choſes,
& l'ayant aſſuré que les gens même de Mélic
Çufe-Curgi lui obéïſſoient peu, parce qu'il les
payoit mal, le Général renvoya ſur le champ
ces mêmes Maures pour faire de ſa part des propoſitions avantageuſes aux habitans, à qui il fit
dire : " Que bien loin d'être venu pour leur ôter
" leur liberté, il n'avoit eu d'autre intention que
" de les délivrer du joug odieux ſous lequel ils
" gémiſſoient : Qu'il confirmoit tous leurs pri-
" vileges, permettoit à chacun de vivre dans
" la Religion dans laquelle il avoit été élevé,
" & qu'il les déchargeoit de la troiſiéme par-
" tie du tribut qu'ils payoient à l'Idalcan : Ex-
" ceptant néanmoins les étrangers armés pour
" le ſervice de ce Prince, dont il vouloit être
" le maître, avec qui cependant il en uſeroit
" de maniere, que tout le monde ſeroit con-
" tent. "

Ces propoſitions ayant été reçûës agréablement dans la Ville, elle conſentit à ſe donner
aux Portugais, & le traité en fut ſigné de part
& d'autre malgré les efforts de Zufe-Curgi, qui
ne pouvant en empêcher l'exécution, ſortit de

Ann. de
J. C.
1510.
Don Emma-
nuel Roi.
Alphonse
d'Albu-
querque
Gouver-
neur.

ANN. de J. C. 1510.

DON EMMANUEL ROI

ALPHONSE D'ALBUQUERQUE GOUVERNEUR.

Goa aſſez peu ſuivi, & alla porter à l'Idalcan la triſte nouvelle de la reddition de cette place.

Les Magiſtrats ayant porté les clefs à Albuquerque, le Général y fit paiſiblement ſon entrée le 17. Février 1510. au milieu des acclamations du peuple toûjours adorateur de la nouveauté. Il étoit monté ſur un beau cheval de Perſe précédé des trompettes & autres inſtruments militaires, d'un Religieux Dominiquain, qui portoit devant lui l'Etendart de la Croix, & d'un Officier qui tenoit la Banniere de Portugal. Les troupes ſuivoient à la file marchant en bon ordre, leurs Officiers à la tête.

Ayant rendu graces à Dieu les genoux en terre, & verſant beaucoup de larmes de joye d'un ſi glorieux événement, il prit poſſeſſion de la Forterefſe & du Palais de l'Idalcan, & il mit un ſi bon ordre à tout, que perſonne ne put lui nuire, & qu'aucun des ſiens ne fit tort à un peuple qui s'étoit donné de ſi bonne grace.

On trouva dans la Ville quarante pieces de gros canon, cinquante-cinq fauconeaux & beaucoup d'autres pieces d'artillerie legere, poudre, boulets, grenades, & toutes ſortes d'armes & de munitions de guerre. On compta ſur les chantiers juſques à quarante bâtiments tant grands que petits, entre leſquels il y avoit dix-ſept fuſtes avec tous leurs agrez dans les magasins. On compta pareillement dans les écuries de l'Idalcan cent soixante chevaux de Perse. Ainsi de toutes choses à proportion.

Le Gouverneur, qui avoit dessein de faire Goa la Metropole des possessions des Portugais dans les Indes, commença par declarer à ses Officiers le dessein qu'il avoit d'y passer l'hyver, & donna ensuite tous ses soins pour pouvoir s'y maintenir, & pour introduire une bonne forme dans le Gouvernement qu'il prétendoit y établir.

Il nomma ensuite Antoine de Norogna son neveu Gouverneur de la Ville, & lui ceda la Forteresse. Pour lui il se logea dans le Palais de l'Idalcan, où étoient encore ses femmes & son Serail. Il établit Gaspar de Payva Castellan major, & donna la factorerie à François Corvinel. S'étant après cela informé avec exactitude du produit des doüanes, tant de la Ville de Goa, que des Isles voisines, qui montoient à quatre-vingt deux mille pardaos d'or par an, il établit des fermiers tant Maures que Gentils, qu'il soumit à Timoja qu'il fit fermier général, & à qui il donna outre cela la charge de sergent major de l'Etat & Royaume de Goa.

Ayant tout de suite fait enlever quelques postes, où les ennemis se maintenoient encore dans l'Isle, il fit entrer sa Flotte dans le port, retablit les postes de Cintacora, de Pangin & de Bardes qui avoient été ruinés, ajouta de

Ann. de J. C. 1510.
Don Emmanuel Roi.
Alphonse d'Albuquerque Gouverneur.

nouveaux ouvrages à la Citadelle de Goa pour pouvoir s'y retirer à tout événement, & pourvut aux passages de l'Isle, mettant dans chacun des Officiers subordonnés à Don Antoine de Norogna qui devoit veiller à tous en faisant le tour de l'isle, & porter du secours partout selon le besoin.

Cette premiere forme mise dans le Gouvernement interieur, le Gouverneur fit appeller les Envoyez des Princes étrangers, qui se trouvoient à Goa, & après avoir sçu d'eux le sujet de leur legation, il expédia d'abord ceux des Rois de Narsingue & de Vengapour, ausquels il joignit Gaspard Chanoca & le Pere Louis Franciscain en qualité d'Ambassadeurs pour tâcher de faire ligue offensive & défensive avec ces Princes ennemis de l'Idalcan, & demander l'agrément au premier de bâtir une Forteresse à Baticala. Ayant ensuite entendu les Envoyés d'Ormus & du Sophi de Perse, il dépêcha encore ceux-ci, & envoya avec eux en qualité d'Ambassadeur Ruy Gomez Gentilhomme de la maison du Roi de Portugal.

Ismael-Schah ou Sophi de Perse étoit un des plus grands Princes, qui eussent occupé ce Trône, qu'il avoit presque conquis. Il étoit consideré comme un des plus puissants Monarques de l'Orient, & s'étoit rendu fameux par deux grandes batailles qu'il avoit gagnées, l'une contre le grand Seigneur, & l'autre contre un Cham très-puissant de la grande Tartarie. Il estimoit Albuquerque particulierement, & lui avoit envoyé des Ambassadeurs, mais qui n'arriverent à Ormus qu'après qu'il en fut parti, ainsi que je l'ai dit. Rien n'est plus beau que la lettre qu'Albuquerque lui écrivit, & les instructions qu'il donna à son Ambassadeur, qu'on voit tout au long dans ses Commentaires. Le projet d'union qu'il proposoit à ce Prince pour détruire le Caliphe, marque bien l'étenduë de son génie, la noblesse de ses sentimens, la grandeur de son courage, & la solidité de ses vûës. Mais cette Ambassade n'eut aucun effet. Atar toûjours ennemi secret des Portugais & d'Albuquerque, fit empoisonner Gomez en chemin, après lui avoir fait toutes sortes d'honneurs.

An n. de J. C. 1510.
Don Emmanuel Roi.
Alphonse d'Albuquerque Gouverneur.

Cependant le jeune Idalcan frappé de la triste nouvelle de la reddition de Goa, ne pensa d'abord qu'à faire sa paix avec tous ses ennemis tant du dehors que du dedans, aux conditions les moins désavantageuses qu'il put pour tâcher de recouvrer cette place, qui étoit ce qui lui importoit le plus. Il y réussit. Le Roi de Narsingue qui aimoit encore mieux voir Goa entre les mains de son ennemi qu'entre celles des Portugais, dont il craignoit la trop grande puissance, fut le premier à donner les mains au traité. Les ennemis domestiques furent encore plus faciles à s'accommoder. Il n'y eut pas jusques aux habitans de Goa & à ceux même qui avoient livré la Ville, qui ayant honte de leur foibleſſe, & faiſant place dans leur cœur à l'amour de leur Prince legitime, ne priſſent avec lui des meſures pour ſecoüer une domination étrangere, qui de jour en jour leur devenoit plus odieuſe.

Ces pratiques ſecrettes ne furent pas inconnuës au Gouverneur, mais ce ne fut pas ce qui lui fut le plus ſenſible. Il étoit de la deſtinée de ce grand homme, d'avoir encore moins à combattre les ennemis de ſa nation que ſa nation même. Il avoit parmi ſes Officiers principaux des eſprits broüillons, dont il avoit déja éprouvé la mauvaiſe volonté. Car étant à Cananor avant que de venir à Goa, quatre de ſes Capitaines avoient projetté dès-lors de l'abandonner pour aller faire la courſe vers l'Iſle de Ceilan. Mais ce projet fut rompu, parce que le Gouverneur ôta à Jerôme Texeira, le plus factieux de tous, le commandement de ſon Vaiſſeau, qu'il lui rendit pourtant peu après.

Timoja n'étoit pas content. Il s'étoit flatté qu'on lui cederoit le domaine de Goa, moyennant quelque redevance qu'il feroit au Roi de Portugal, & l'engagement qu'il prenoit de défendre la place avec ſes ſeules troupes & à ſes dépens, ce qui étoit une chimere. Il avoit voulu ſe perſuader qu'Albuquerque le lui avoit promis, & voyant qu'il ne lui tenoit pas la parole qu'il
lui

lui en avoit donnée, ainsi qu'il le prétendoit, il travailla sourdement à gagner les Officiers, & à les mettre dans ses interêts. Le Gouverneur avoit de trop bonnes raisons pour ne pas leur faire comprendre la sotise de la proposition qu'ils lui en firent, & pour ne pas leur faire sentir la honte de la lui avoir faite. Mais lorsqu'on eut appris que l'Idalcan ayant fait sa paix avec ses ennemis, s'avançoit à grandes journées, qu'il avoit quarante mille hommes d'Infanterie & cinq mille chevaux, Timoja ayant recommencé ses menées secrettes, alors la crainte de ne pouvoir resister à de si grandes forces, l'ennui du travail des fortifications, & l'avidité de servir à d'autres interêts plus personnels, firent que chacun trouva des raisons plausibles du bien de l'Etat, pour appuyer les prétentions de Timoja, & pour obliger le Gouverneur à abandonner une entreprise que tout le monde croyoit au-dessus de ses forces.

<small>Ann. de J. C. 1510.
Don Emmanuel Roi.
Alphonse d'Albuquerque Gouverneur.</small>

Albuquerque dissimuloit, il avoit besoin de toute sa constance pour se roidir contre ce torrent, mais il étoit forcé de prendre patience. Malgré sa moderation néanmoins les factieux allerent si loin, qu'ils lui débaucherent entre leurs subalternes jusques à neuf cens personnes. Heureusement pour lui, il les surprit dans une maison, où ils déliberoient de lui faire proposer séditieusement par les troupes de leur payer

ANN. de
J. C.
1510.

DON EMMA-
NUEL ROI.

ALPHONSE
D'ALBU-
QUERQUE
GOUVER-
NEUR.

le prêt en argent, & non pas en vivres. Il en arrêta deux des principaux, & ayant sçu de ceux-ci les Auteurs de tous ces mouvemens, il élargit ceux-là, & se contenta de faire une forte reprimende aux autres. Quelque tems après il se délivra de Jerôme Tixeira, en lui accordant la permission qu'il demandoit d'aller à Cochin, où George de Silveira eut la hardiesse de le suivre sans ordre.

Tandis que le Général étoit ainsi occupé à se défendre des trahisons des habitans & des cabales des siens, l'Idalcan se disposoit à venir assieger Goa avec toutes ses forces. Il fit d'abord prendre les devants à une partie des troupes, sous la conduite d'un de ses meilleurs Capitaines, nommé Pulatecan, en attendant qu'il pût joindre avec le gros. Pulatecan ne trouvant aucune resistance sur sa route, s'avança jusques à deux des passages de l'Isle, qu'on nommoit les Pas de Benastarin & d'Agacin, & il se campa sur la petite riviere de Salsete au pied de la chaîne des montagnes de Gate, qui traversent toute cette presqu'isle de l'Inde. Le dessein de ce Général étoit de pénétrer dans l'Isle à la premiere occasion favorable qu'il en auroit, & pour cela il fit faire une grande quantité de radeaux & de petits canots d'osier pour le passage de ses troupes. Et parce que l'artillerie de Garcie de Sosa, qui commandoit au pas de Benastarin, & celle du Vaisseau d'Arias de

Sylva qui étoit au même poste, auroit pû beaucoup l'incommoder, il fit tirer un rideau qui le mit entierement à couvert de l'une & de l'autre.

Le desir qu'avoit Pulatecan de pouvoir rentrer dans Goa avant que l'Idalcan l'eût joint, lui fit tenter les voyes de la négociation plûtôt que les hostilités. Le Trompete qu'il envoya étoit un de ces proscrits que Pierre Alvarés Cabral avoit jettés sur la Côte d'Afrique. Il se nommoit Jean Machiado, & étoit Portugais de nation. De Mélinde il avoit passé à Diu, & de-là à Goa, où le feu Idalcan le croyant Turc de Religion & d'origine, & lui ayant d'ailleurs trouvé du mérite, lui avoit donné une compagnie de Rumes. Les propositions de Machiado étoient telles qu'en paroissant vouloir le bien de sa nation, il favorisoit toutes les prétentions de celui qui l'avoit envoyé, en représentant au Gouverneur » l'impossibilité où » il étoit de resister à une aussi puissante ar-» mée, au milieu d'une Ville toute prête à se » soulever, avec une poignée, pour ainsi par-» ler, de Portugais qui étoient peu de concert » avec lui, & cela à l'entrée d'un hyver qui » lui ôteroit tous les moyens de se retirer, sup-» posé qu'il ne prît pas ses mesures pour le pré-» venir par une capitulation honnête & avan-» tageuse. «

Bien qu'Albuquerque témoignât à Machia-

Ann. de J. C. 1510.

Don Emmanuel Roi.

Alphonse d'Albuquerque Gouverneur.

do sa sensibilité sur la bonne volonté qu'il lui marquoit, & sur les services qu'il lui pourroit rendre, sçachant néanmoins le peu de fond qu'il y a à faire sur la foi de gens de cette espece, il ne s'y fia que de bonne sorte, & présupposant qu'il pourroit bien lui avoir exaggeré tout ce qu'il lui avoit dit des forces de l'ennemi, il se confirma dans le dessein de se conserver dans sa conquête, & d'y faire les derniers efforts.

Timoja lui donnoit de la sujettion. Le dégoût qu'il lui avoit déja causé par ses intrigues avec les Officiers, le peu de solidité des troupes de cet Indien, qui étant postées au pas d'Augin, étoient tous les jours sur le point de l'abandonner, lui rendoient sa foi suspecte. Dans le fond je crois que Timoja ne pensoit à rien moins qu'à trahir. Il étoit retenu par de trop gros avantages, mais sa conduite donnoit lieu à quelques ombrages. Le Gouverneur, qui vouloit s'en assurer, le fit donner dans un piege où il se prit lui-même. Un jour donc qu'Albuquerque lui témoignoit la défiance qu'il avoit des principaux Maures de la Ville, dont il craignoit le retour vers leur ancien maître, & lui parlant avec cette ouverture de cœur d'un homme qui à besoin de conseil, il lui demanda par quelle voye il pourroit se tirer d'inquiétude sur cet article. » Obligez-les, lui » répondit Timoja, à mettre leurs femmes &

» leurs enfans dans la Forteresse comme des
» garands surs de leur fidelité. Cela sera diffi-
» cile, reprit Albuquerque, s'ils n'ont quelqu'un
» qui leur montre l'exemple ; mais comme vous
» êtes ici à leur tête s'ils voyent que vous le
» faites sans repugnance, ils le feront tous à
» l'envi. « Timoja atterré de ce coup imprévu
ne put reculer, il obéït & fit obéïr les autres.
Par-là il tranquillisa l'esprit du Gouverneur,
qui fit en cela un coup de maître.

Cette précaution néanmoins n'empêcha pas
les trahisons, & le Général en eut bientôt des
preuves par écrit en interceptant les lettres,
parmi lesquelles il en trouva de Miral & de
Mélic Çufe-Condal, de qui il devoit, ce semble,
le moins se défier ; car le premier avoit marqué le plus d'empressement pour remettre la
Ville entre les mains des Portugais, & le second étoit intimement lié avec Timoja, qui lui
avoit autrefois donné un asyle, après qu'il eut
été chassé de Goa par le défunt Idalcan. Albuquerque n'en fit pourtant pas semblant d'a-
bord, remettant à en prendre vengeance selon
les conjonctures.

Cependant il donnoit ses soins en grand Capitaine, & tenoit l'Isle si bien fermée, que les
ennemis n'y pouvoient pénétrer. Rien n'étoit
mieux établi que tous ses postes. Il avoit fait
tirer des tranchées des uns aux autres, il les
visitoit souvent en personne, & avoit mis des

Ann. de
J. C.
1510.

Don Emma-
nuel Roi.

Alphonse
d'Albu-
querque
Gouver-
neur.

ANN. de J. C. 1510.
DON EMMA-NUEL ROI.
ALPHONSE D'ALBU-QUERQUE GOUVERNEUR.

corps de reserve pour voler à tous selon le besoin. Une de ses premieres attentions avoit été aussi de faire rassembler tous les bateaux, pour que les ennemis n'en pussent pas profiter ; mais quand il en donna l'ordre, le Sabandar ou Commissaire de la Marine, qui trahissoit, l'ayant prévenu, les avoit tous envoyés vers les ennemis, qui s'en étoient saisis. Il n'en porta pas loin la peine, car n'ayant pu rendre raison de cette conduite, Albuquerque le fit massacrer par ses gardes, & jetter son corps dans la riviere.

La sentinelle que faisoient les troupes Portugaises, qui étoient toûjours alertes, ayant ôté l'esperance à Pulatecan de pouvoir les forcer de jour, il résolut de les surprendre pendant une de ces nuits sombres de l'hyver où l'on alloit entrer, & qui sont d'ordinaire accompagnées de vents & de pluyes. Il choisit celle du 17. de Mai qui se trouva telle qu'il la souhaitoit. Çufolarin Officier de reputation commandant un corps de mille hommes, parmi lesquels il y avoit treize cens Rumes ou blancs, devoit aller descendre au Pas de Benastarin, & le Mélic Çufe-Curgi avec un autre corps pareil devoit aller descendre avec les *Coties* ou petits bateaux que le Sabandar avoit envoyés de Goa, au poste de Gondalin. Ils furent si heureux qu'ils avoient débarqué la moitié de leur monde, avant qu'on s'en fût apperçu. Et bien qu'à la pointe du jour les Portugais fiffent un grand feu de leur artillerie, & un grand ravage fur ceux qui avoient paffé, néanmoins le nombre des ennemis croiffant toûjours, les deux poftes furent emportés, & les Portugais forcés de fe retirer dans la Ville; deforte que Pulatecan ne trouvant plus rien qui lui fît tête, fit paffer fes troupes dans l'Ifle, & vint camper en un lieu appellé *les deux Arbres* à demi lieuë de Goa. Victoire facile, mais qu'il n'auroit pourtant pas euë, fi deux des principaux Officiers Portugais euffent voulu faire leur devoir.

Ann. de J.C. 1510.
Don Emmanuel Roi.
Alphonse d'Albuquerque Gouverneur.

Le Gouverneur n'eut pas plûtôt appris que les ennemis étoient dans l'Ifle, que penfant au danger qui le preffoit de plus près, il fit fortir de la Ville toutes les troupes Indiennes qui y étoient, fous prétexte de les envoyer au fecours du pofte de Benaftarin. Il prévoyoit bien qu'elles iroient joindre les ennemis, ainfi qu'avoient déja fait les troupes de Timoja; mais il lui étoit plus avantageux de les écarter que de les laiffer dans la place, où elles auroient pû lui donner de plus fâcheufes affaires.

Voulant enfuite fe venger des traîtres, il fit couper la tête à quelques-uns, & en fit pendre d'autres dans la Citadelle affez fecrettement, afin que les habitans ignorant cette exécution fuffent toûjours retenus dans le refpect par ces gages qu'il avoit entre les mains. Mais comme ils ne purent fe perfuader qu'il ofât en venir

ANN. de
J.C.
1510.

DON EMMA-
NUEL ROI.

ALPHONSE
D'ALBU-
QUERQUE
GOUVER-
NEUR.

à aucune extrémité à leur égard, ils ne se gênerent point à marquer leur inclination pour l'ennemi, & dès que Pulatecan eut fait avancer ses troupes vers la Ville, tout parut prêt à s'y soulever. Pulatecan perdit cependant trois jours de tems devant la place, fut obligé de faire un ouvrage avancé, & d'y placer quelques pieces d'artillerie pour battre en breche. Alors chacun des habitans courut aux armes. Les Portugais attaqués au dedans & au dehors, combatirent cependant avec beaucoup de valeur. Timoja & Menaïque tous deux Indiens & tous deux fidelles à leur parti, se signalerent dans cette occasion, mais entraînés par la multitude des assaillants, ils furent obligés de gagner la Citadelle avec Albuquerque, qui eut bien de la peine à s'y sauver. Il eut néanmoins l'attention avant que de s'y enfermer, de faire mettre le feu aux magasins & aux Vaisseaux qui étoient sur les chantiers, ce qui fit une diversion, les ennemis ayant été obligés d'y accourir pour travailler à l'éteindre.

Dans le besoin où Albuquerque se trouvoit il dépêcha à Cochin, & envoya ordre à Jerôme Tixeira, & à George de Sylveira de venir le joindre, & de lui amener du secours. Mais ces deux hommes que leur haine aveugloit, ne tinrent compte, ni de ses ordres ni de ses prieres. D'un autre côté la division s'augmentoit parmi les siens, dont la hardiesse & la revolte

prenoient

prenoient de nouvelles forces à mesure qu'il leur sembloit avoir plus de raison de combattre son obstination. Pulatecan qui étoit informé de tout ce qui se passoit, allumoit le feu de cette division par les facilités qu'il donnoit au Général de se retirer avec honneur, & par la terreur qu'il vouloit lui inspirer, en publiant le dessein qu'il avoit de brûler sa Flotte, soit qu'il esperât par-là le forcer d'abandonner la partie, soit qu'il n'eût d'autre vûë que d'augmenter le trouble. Machiado toûjours zélé, du moins en apparence, donnoit des avis de tout, & ses avis qui se trouvoient toûjours vrais, produisoient cet effet, qu'ils broüilloient toûjours de plus en plus le Gouverneur avec ses subalternes.

Sur ces entrefaites l'Idalcan arriva, & entra dans la Ville avec le reste des troupes. La premiere chose qu'il fit, fut de tenter de boucher le Canal de la riviere, pour empêcher la Flotte Portugaise de sortir, & s'assurer de pouvoir la brûler. Pour cet effet il y fit échoüer deux corps de bâtimens dans l'endroit où le Canal se trouvoit le plus étroit. Albuquerque se trouva alors dans une terrible extrémité. Il se voyoit dans la nécessité d'abandonner la Citadelle pour sauver sa Flotte, avec cela il ne sçavoit si le Canal n'étoit pas absolument fermé, & supposé même qu'il pût forcer le passage, il étoit contraint d'hyverner dans ses Vaisseaux, y ayant toute apparence que la barre feroit entierement bouchée par les fables que les gros tems y affemblent à l'entrée de l'hyver.

Heureufement comme c'étoit le tems des inondations, la crûë des eaux lui fit jour, de maniere que fes Vaiffeaux pouvoient paffer à la file à côté des bâtimens échoüés. Sur cela la réfolution ayant été prife d'évacuer la Citadelle, il fe fit une nouvelle juftice des traîtres en faifant périr jufques au nombre de cent cinquante perfonnes qu'il avoit en ôtage. Il fit enfuite couper en pieces & faller les chevaux des écuries de l'Idalcan, pour s'en fervir de remede contre la faim, & ayant pris fes mefures pour embarquer tout ce qu'il vouloit emporter, il prit le tems de la nuit pour faire fa retraite. Don Antoine de Norogna ayant fait mettre mal à propos le feu à un des magafins, avertit par là les ennemis du deffein de la fuite. Albuquerque les eut bien-tôt fur les bras, de forte qu'il ne put regagner fes Vaiffeaux fans combat, & courut même affez de rifque, fon cheval ayant été tué fous lui.

La joye qu'eut l'Idalcan de fe voir maître de la Citadelle, fut bien temperée par l'affreux fpectacle de tant de têtes coupées & de troncs qu'il trouva dans la place, & par les cris des parens des morts, lefquels étant tous des principaux de la Ville appartenoient à prefque toutes les maifons qui en furent pleines de deüil. Pendant ce tems-là Albuquerque voguoit à pleines voiles, & alla anchrer dans un baſſin ſpacieux entre la pointe de Rébandar, la barre & les Forts de Pangin & de Bardes. L'Idalcan qui l'avoit fait ſuivre par un brigantin, craignant qu'il ne s'emparât de ces Forts, lui envoya Machiado pour l'amuſer par des propoſitions de paix. Et bien que la fierté du Gouverneur fût telle que celles qu'il faiſoit de ſon côté, puſſent paſſer pour extravagantes, tant elles étoient hautaines, ce Prince ne ceſſa point de continuer ſes négociations, juſques à ce que ces deux poſtes fuſſent entierement établis. D'autre part les Capitaines vouloient abſolument obliger Albuquerque de ſortir de la barre, &, quoique ce fût contre l'avis de tous les Pilotes, ils ne ſe rendirent que lorſque par condeſcendance, il eut permis à Fernand Perez d'Andrade de tenter la ſortie avec le Vaiſſeau le ſaint Jean, que l'entêtement de cet Officier fit périr, de maniere cependant qu'on ſauva l'équipage & toute la charge.

L'artillerie des Forts étant en état, elle commença à joüer avec tant de ſuccès, que comme le baſſin où étoit la Flotte, quoique grand, ne l'étoit pas aſſez pour elle, Albuquerque ne ſçavoit où ſe mettre, & étoit obligé de faire changer continuellement de place à ſes Vaiſſeaux, ſans pouvoir leur trouver d'aſyle aſſuré. La Famine ſe fit enſuite ſentir d'une maniere ſi cruelle, qu'on fut obligé de manger les rats &

jusques aux cuirs des cofres & des boucliers : mais ce qui mortifia le plus le Général, ce fut la désertion de trois de ses gens, qui allerent rendre compte à l'Idalcan de l'état miserable où il se trouvoit reduit. Ce Prince qui avoit autant de politesse que de bravoure, lui envoya, sur la premiere nouvelle qu'il en eut, une Fuste pleine de vivres & de rafraîchissements en lui faisant dire. » Que c'étoit par les armes qu'il vouloit » vaincre ses ennemis, & non pas par la faim. « Mais Albuquerque, qui crut que le dessein de l'Idalcan étoit de sçavoir au vrai s'il étoit en effet dans une aussi grande extrémité, usa de feinte. Car ayant fait exposer sur le tillac une barrique de vin avec le peu de biscuit qui étoit reservé pour les malades, comme si chacun eût pû en prendre à discretion, il éluda le piége, & renvoya le présent, répondant à l'Officier qui l'apportoit, gracieusement & fierement en même tems. » Dites à votre maître » que je lui suis obligé, mais que je ne rece- » vrai ses présents, que lorsque nous serons » bons amis. «

La Flotte souffrant toûjours beaucoup de l'artillerie des Forts de Pangin & de Bardes, le Gouverneur résolut de se délivrer de cette importunité, en tentant de les emporter de vive force. L'entreprise étoit hardie, & même téméraire. Dans la mauvaise disposition d'esprit où étoient les Officiers contre lui, il vit bien qu'il ne viendroit pas à bout de les y réfoudre, en mettant la chofe en délibération dans le confeil : c'eft pourquoi les ayant affemblés, il leur dit réfolument, qu'il étoit déterminé de les attaquer, qu'il ne vouloit contraindre perfonne à le fuivre, mais qu'il iroit à la tête de ceux qui le fuivroient de bonne volonté. Cette maniere de propofer la chofe réüffit. Il n'y eut perfonne qui ne voulut en être, & tous y donnerent les mains.

<small>ANN. de J. C. 1510.
DON EMMANUEL ROI.
ALPHONSE D'ALBUQUERQUE GOUVERNEUR.</small>

L'Idalcan, qui en avoit eu l'avis par un transfuge, avoit renforcé la garnifon de Pangin de cinq cens hommes, fuivant le confeil de Machiado, qui s'étoit obftiné, contre le fentiment des autres Officiers, à dire que les Portugais emporteroient le Fort, fuppofé qu'ils en fuffent trop incommodés. Quoique depuis l'évafion du transfuge Albuquerque fe fût défié que l'Idalcan enverroit ce renfort, il fe prépara néanmoins à faire fon coup dès la même nuit. Ayant fait fon projet & diftribué fon monde par mer & par terre, pour attaquer par differents endroits en même tems les deux Forts, & le camp même de Pulatecan, qui étoit pofté fur une colline affez près du Fort de Pangin, pour y porter du fecours felon le befoin, il arriva au débarquement deux heures avant le jour, fans avoir été apperçu. Alors ayant fait fonner la charge avec le plus grand nombre de trompettes & de tambours, qu'il lui fut pofsible, il attaque de tous les côtés. Pulatecan, qui crut avoir toute l'armée Portugaise sur le corps, n'eut que la pensée de se mettre en fuite pour se retirer à la Ville avec précipitation. Ceux qui gardoient le Fort de Pangin, avoient passé une grande partie de la nuit à boire, & étoient tous plongés dans un profond sommeil. Comme ils étoient tous couchés dedans & dehors le Fort, où ils ne pouvoient tous contenir, sans aucune précaution, portes ouvertes & les gardes même endormies, ils furent plûtôt vaincus qu'ils n'eurent, pour ainsi parler, le loisir de se mettre en défence. Les Forts furent emportés, l'artillerie & les vivres embarqués, & ce coup de vigueur qui fut une action très-mémorable, ne couta que peu d'hommes aux Portugais & quelques blessés. L'Idalcan y perdit trois de ses Capitaines, cent cinquante Rumes & cent Indiens qui resterent sur la place. Il en fut si effrayé, que craignant que les vainqueurs ne vinssent l'assieger dans Goa, il en sortit, & jetta encore de nouvelles propositions de paix.

Il lui restoit cependant une grande ressource dans l'esperance qu'il avoit de brûler la Flotte. Il avoit pour cet effet fait préparer quantité de radeaux pleins de matieres combustibles qu'il devoit faire suivre, & soutenir par quatre-vingt bâtimens à rames, dont la destination étoit pour assommer les Portugais qui se jetteroient à l'eau, lorsque leurs Vaisseaux seroient en feu. Albuquerque n'ignoroit pas ce projet, & prit d'abord quelque mesures pour s'en défendre, mais tout bien pensé, il crut qu'il valoit mieux prévenir le coup, & aller brûler les radeaux avant qu'ils fussent lancés. Il destina cette commission à Don Antoine de Norogna son neveu, à qui il donna trois cens hommes d'élite repartis en dix Chaloupes, qu'il fit précéder d'une fuste, d'un Parao & des deux Galeres de Fernand de Beja & d'Antoine d'Almade. Il donna ordre à ces derniers de mettre des gens à terre pour tacher de prendre quelqu'un qui pût leur dire la situation des ennemis, mais ceux-ci n'ayant vû paroître personne & s'ennuyant d'attendre, allerent moüiller à une portée de canon de la Ville. Jean Gonzalez de Castelblanco, qui commandoit le Parao, fut assez hardi pour y aller donner un coup d'œil, & passer sous tout le feu des batteries, dont il ne reçut aucun dommage.

<small>A N N. de J. C. 1510. Don Emmanuel Roi. Alphonse d'Albuquerque Gouverneur.</small>

Don Antoine de Norogna étant arrivé où ses Galeres étoient moüillées, apperçut par leur travers trente Paraos commandés par Çufolarin, qui venoit du côté de l'Isle de Divarin. Alors craignant d'être mis entre deux feux, & attaqué par les autres petits bâtimens qui seroient lâchés du côté de la Ville, il divisa ses Chaloupes en deux corps. Il en donna six à commander à George d'Acugna qu'il envoya contre ces derniers, lui donnant ordre de ne point tirer, qu'il n'en eût fait le signal. Pour lui avec les quatre autres Chaloupes soutenuës du Parao, de la Fuste & des Galeres, il alla affronter Çufolarin.

Le combat ayant commencé en même tems de tous les côtés, d'Acugna mit d'abord en fuite les Paraos qu'il avoit en tête, & les accula contre le rivage, où ne pouvant les suivre, il les canona long-tems à plaisir. Çufolarin fit d'abord plus de resistance & se battit bien, mais un coup de canon bien assené lui ayant enlevé quelques rameurs, il regagna la Ville: Norogna le talonna de si près, qu'il l'obligea à s'échoüer devant la porte de la Ville, qu'on appella depuis de sainte Catherine. Et parce qu'alors il se trouva avoir la proüe de sa Chaloupe dans la poupe de la Fuste ennemie, les deux d'Andrade sauterent d'abord dedans, & furent suivis de trois autres, ce qui étourdit tellement Çufolarin & ses gens, qu'ils se jetterent à bas, & abandonnerent le Vaisseau. Il pleuvoit pendant ce tems-là du haut des murs & du rivage un nuage de traits, dont l'un ayant blessé Norogna au gras de la jambe gauche dans le tems qu'il alloit sauter dans la Fuste de Çufolarin, après les cinq autres qui y étoient déja entrés, il retomba dans sa Chaloupe, qui s'étant détachée de la Fuste, parce qu'alors on ne pensa qu'à le secourir, les cinq braves

braves resterent exposés à la fureur des ennemis qui les environnerent. Leur nombre étoit si grand qu'aucun des Capitaines n'osa débarquer pour voler à leur secours : mais Louis Coutinho, qui commandoit une des six Chaloupes de l'escadre d'Acugna, étant entré dans une des autres Chaloupes avec la plûpart de ses gens, envoya la sienne avec son Patron & sept rameurs pour les prendre. Fernand de Beja ayant arrivé en même tems avec sa Galere pour soutenir la Chaloupe, le Patron accosta la Fuste, & sauva les braves qui combattoient comme des Héros, à l'exception néanmoins de Jean d'Eïras, que trop de bravoure avoit porté à se lancer parmi les ennemis, qui le tuerent. Beja ayant ensuite tenté inutilement d'emmener la Fuste en la remorquant, fut obligé de l'abandonner, après quoi tous se retirerent pendant la nuit pour rejoindre la Flotte.

L'Idalcan, qui étoit retourné à Goa, & qui fut le spectateur de tout le combat, fut si charmé de la valeur des cinq Champions, & sur-tout des deux freres d'Andrade qui firent des prodiges de bravoure, & servirent de bouclier aux trois autres, qu'il envoïa Machiado pour leur faire compliment de sa part, leur faisant dire qu'il estimoit si fort leur courage, qu'avec eux il espereroit de conquerir toute l'Inde ; qu'il les assuroit de son amitié, & leur demandoit la leur. Il leur eût même envoyé quelque présent, si Machiado

Tome I.   D D d

ne l'avoit assuré qu'ils ne le recevroient pas.

Cette victoire, qui déconcerta le projet de l'Idalcan, eût été complette sans la perte de Don Antoine de Norogna, qui mourut trois jours après de sa blessure. Sa mort fut d'autant plus sensible à Albuquerque, que la douleur en fut compliquée dans la nouvelle qu'il apprit peu après du désastre arrivé à Don Alphonse de Norogna, frere de Don Antoine. Il étoit parti de Socotora pour venir prendre le Gouvernement de la Forteresse de Cananor, ainsi que nous l'avons dit. Le Vaisseau qui l'apportoit ayant échoué par un gros tems sur la Côte de Cambaïe, Don Alphonse se confiant en ses forces, fut de ceux qui se jetterent à la mer pour se sauver. Il attrapa une boye, mais étant arrivé au rivage où la mer battoit furieusement, la boye même sur laquelle il étoit, l'écrasa. Ceux qui resterent attachés au corps du Vaisseau, se sauverent tous, & furent conduits prisonniers à la Cour du Roi de Cambaïe. Albuquerque aimoit ces deux freres, qui étoient fils de sa sœur, comme s'ils eussent été ses propres enfans. Ils avoient tous les deux infiniment du mérite, ils s'étoient distingués par de belles actions, & ils étoient generalement estimés & aimés. Il paroît que Don Antoine l'emportoit sur son frere dans le cœur de son oncle. Car quoiqu'il n'eût encore que vingt-quatre ans, il le destinoit à être son successeur dans le Gouvernement général.

Ce fut veritablement une perte pour le Gouverneur. Car comme Don Antoine étoit aimé, & qu'il avoit les manieres infinuantes, il rétablifſoit les affaires que la trop grande auſterité de ſon oncle avoit gâtées. C'étoit lui d'ordinaire qui ſe faiſoit l'entremetteur, & qui raccommodoit tout. Albuquerque éprouva bientôt qu'il lui manquoit au beſoin.

<small>Ann. de J. C. 1510. Don Emmanuel Roi. Alphonse d'Albuquerque Gouverneur.</small>

Le Général avoit dans ſon Vaiſſeau pluſieurs jeunes filles des Maures rebelles, qu'il ne voulut jamais rendre à leurs parens, ayant réſolu de les faire inſtruire dans notre ſainte Religion & de les marier à des Portugais, comme il fit en effet peu après. Il les appelloit ſes filles, & il y avoit aſſez de fondement pour ſoupçonner qu'elles étoient ſes maîtreſſes. Quelques précautions qu'il prît pour les garder, il s'y paſſa bien des déſordres, dont les principaux Officiers ſe trouverent les premiers coupables. Ruy Dias jeune volontaire convaincu du fait fut condamné à être pendu. Les Capitaines les plus échauffés, parmi leſquels étoient les deux d'Andrade, furent ſi indignés de cet arrêt, quoique porté par l'Auditeur des Indes, qu'ayant ſoulevé leur monde, ils allerent enlever le criminel, & vinrent tumultuairement à bord du Vaiſſeau du Gouverneur, pour lui demander en vertu de quel pouvoir il exerçoit une telle juſtice; & entre pluſieurs paroles peu ſéantes ils lui dirent réſolument qu'il falloit le délivrer ou changer sa peine, qui ne convenoit pas à un Gentilhomme. Albuquerque se possedant fit semblant de vouloir leur montrer ses pouvoirs. Les Capitaines furent assez bons pour monter à bord. Alors Albuquerque tirant son épée. »Voi-» là, dit-il, en vertu de quoi j'agis. « Les ayant ensuite fait mettre aux arrêts, & leur ayant ôté le Commandement de leurs Vaisseaux, il fit exécuter la sentence sans remission. Action de vigueur qui retint tout le monde dans un plus grand respect, mais qui ne fit qu'irriter de plus en plus les esprits.

Les avantages que les Portugais avoient remportés, les avoient mis un peu plus au large pour les vivres, & la facilité qu'ils leur donnerent d'en tirer des petites Isles du voisinage de Goa. Les pourparlers même de paix leur avoient été utiles pour cet effet. Car comme le Gouverneur avoit encore dans ses fers plusieurs Maures qu'il n'avoit pas fait périr par le dernier supplice, il se fit prier pour permettre que le facteur Corvinel traitât de leur rançon avec les parens des prisonniers, & c'étoit toûjours en vivres que la rançon étoit payée. Malgré cela néanmoins la Flote souffroit toûjours de la faim; mais comme l'hyver étoit sur son déclin, on se flattoit de voir bien-tôt la fin de toutes ces miseres.

Le dessein du Général étoit de ne point sortir de-là, sans avoir repris la Ville, & dans cette vûë il fit d'abord partir Don Jean de Lima, qui devoit conduire les malades à Anchedive, & donner ordre aux Vaisseaux qui arriveroient nouvellement de Portugal d'aller joindre le Général à la barre de Goa. Timoja fut dépêché en même tems avec ses Fustes pour aller chercher des vivres à Onor. Albuquerque avoit nouvelle assurée que le Roi de Narsingue revenu de la fausse impression qu'on lui avoit donnée au sujet de la prise de Goa, avoit derechef rompu avec l'Idalcan, & s'étoit joint aux Princes ses tributaires, pour aller assieger la Ville de Tiracol, ce qui mettoit l'Idalcan dans la nécessité de quitter Goa, pour aller au secours de cette autre place. Mais les Capitaines étoient si ameutés contre le Gouverneur, qu'il ne pût jamais leur faire gouter les meilleurs raisons, de sorte que rebuté des affronts qu'il en recevoit tous les jours, il se résolut de lever l'anchre pour se retirer. La premiere tentative fut inutile, & il fut contraint de revenir sur ses pas avec Lima & Timoja qui n'avoient pu passer. Enfin le 15. d'Août ayant appareillé, il sortit de la barre, & le même jour il eut la vûë de la Flotte de Diego Mendez de Vasconcellos qui arrivoit de Portugal.

Outre une Flotte de trente voiles que le Roi Don Emmanuel mit en mer contre les Maures de Fez & de Maroc, à qui il continuoit de faire vivement la guerre, ce Prince fit partir cette même année trois autres Flottes pour le nou-

ANN. de veau Monde. L'une de quatre Vaiſſeaux com-
J. C. mandée par Vaſconcellos qu'il envoyoit à Ma-
1510. laca, avant que d'avoir reçu aucune nouvelle
Don Emma- de Diego Lopés de Siqueïra, qu'il y avoit en-
nuel Roi. voyé les années précédentes. La ſeconde étoit
Alphonse de ſept Navires ſous la conduite de Gonzales
d'Albu- de Siqueïra, dont la deſtination étoit pour les
querque Indes : & la troiſiéme de trois autres bâtimens
Gouver- qu'il donna à Jean Serran, qui avoit ordre d'al-
neur. ler prendre une connoiſſance exacte de l'Iſle
de Madagaſcar, & des avantages qu'on en
pourroit tirer. Mais Serran ayant perdu beaucoup de tems à parcourir cette Iſle de ports
en ports, ſans être plus heureux que ceux qui
l'avoient précédé, continua ſa route pour les
Indes.

 La venüë de tous ces Vaiſſeaux fit grand plaiſir à Albuquerque, qui en eut nouvelle à Anchedive par Vaſconcellos, mais la deſtination
de celui-ci ne lui en faiſoit point du tout. Il ſe
garda bien néanmoins de lui en témoigner rien
d'abord : au contraire il le reçut très-gracieu-
ſement, & lui ayant fait comprendre qu'il ne
pouvoit l'expédier ſi-tôt, parce que la navigation pour Malaca ne ſeroit ouverte de trois
mois, il lui promit que dès qu'elle ſeroit bonne, il lui donneroit un plus grand nombre de
Vaiſſeaux pour le mettre en état d'exécuter
avec honneur une entrepriſe, dont il ne pourroit gueres venir à bout avec ſa petite Flotte.

Ayant enfuite fait quatre efcadres de trois Vaiffeaux chacune pour croifer en differens endroits de la Côte, il alla à Cananor, où Edoüard de Lemos qui y arriva pour lors, l'embarraffa davantage. Albuquerque prit le parti de le recevoir avec diftinction, ainfi que je l'ai dit, & Lemos fe contenta pendant quelque tems de ces demonftrations honorables ; mais les Capitaines mécontens ayant foufié le feu de la difcorde, il fe piqua au fujet d'un Ambaffadeur du Roi de Cambaïe, qui vint traiter de la paix avec Albuquerque. Lemos prétendit que le Général entreprenoit fur fes droits, & qu'il devoit lui renvoyer l'Ambaffadeur, parce que Cambaïe étoit dans fon diftrict. Albuquerque diffimula avec Lemos, & lui fouffrit bien des chofes qu'il n'auroit pas fouffertes dans un autre tems. Il crut devoir le ménager par refpect pour le Roi, & les provifions qu'il en avoit. Il ne laiffa pas d'aller fon train, & d'expédier l'Envoyé de Cambaïe. Les differens de ces deux hommes euffent eu de plus fâcheufes fuites, s'ils n'euffent été terminés par l'arrivée des Vaiffeaux de Siqueïra, qui portoient ordre à Lemos de retourner en Portugal, & de remettre le Gouvernement entre les mains d'Albuquerque.

Le Gouverneur ayant terminé les affaires qu'il avoit à Cananor, & vû le Roi, de qui il reçut toutes fortes d'honneurs, fe vit obligé

Ann. de J. C. 1510.
Don Emmanuel Roi.
Alphonse d'Albuquerque Gouverneur.

ANN. de
J. C.
1510.

DON EMMA-
NUEL ROI.

ALPHONSE
D'ALBU-
QUERQUE
GOUVER-
NEUR.

d'aller à Cochin par un nouvel évenement. Trimumpara étoit mort dans sa retraite. La loi du pays portoit que le Roi qui lui avoit succedé au Trône, allât le remplacer dans cette solitude, & cedât sa place à ce neveu, que Trimumpara en avoit exclus, parce qu'il avoit pris parti pour le Zamorin dans le tems que celui-ci lui faisoit la guerre. Le jeune Roi n'avoit pas assez de devotion pour s'enfermer si-tôt. Les Portugais de Cochin s'y opposoient de tout leur pouvoir ; mais son Competiteur qui étoit déja entré à main armée dans l'Isle de Vaipin, paroissoit se mettre en devoir de l'y forcer. La présence du Gouverneur lui en ôta les moyens, mais le Gouverneur qui avoit d'autres desseins en tête étant retourné à Cananor, le Prince ambitieux revint avec de nouvelles forces qu'il avoit eûes du Zamorin. Elles lui profiterent peu. Nugno Vaz de Castelblanco le battit à platte couture, pensa le prendre prisonnier, & lui ôta pour jamais l'esperance de regner.

L'entreprise de Goa tenoit toûjours extrémement au cœur d'Albuquerque ; mais les contradictions qu'il avoit souffertes de la part de ses Officiers, faisoient qu'il n'osoit témoigner l'inclination qu'il y avoit. Il la proposa cependant dans le Conseil, comme pour prendre les avis sur la conjoncture des tems, lesquels se trouverent si favorables, qu'elle fut déterminée à la pluralité. Albuquerque eut grand soin
de

de prendre les avis par écrit, & ne perdit pas un moment de tems pour l'exécuter.

Il eût bien voulu conduire à cette entreprise les Capitaines destinez à retourner en Portugal avec Lemos & Gonzales de Siqueïra, qui avoient ordre de revenir avec les Navires de la cargaison. Car quoique ces Capitaines fussent les principaux des mécontens, & des factieux, dont il devoit être bien aise de se délivrer; néanmoins comme ils étoient bons Officiers, & accoûtumés aux guerres des Indes, il n'eût pas été fâché qu'ils eussent voulu le suivre. Mais Jerôme Texeira & les autres bien loin de le seconder, firent tout ce qu'ils purent pour faire échoüer l'entreprise. Ils lui débaucherent cinq cens hommes, qui se cacherent au moment du depart, & n'ayant pû lui débaucher Vasconcellos, ils le calomnierent auprès d'Albuquerque en faisant donner à celui-ci par Gaspard Peréïra Secretaire des Indes, le faux avis que Vasconcellos vouloit s'échapper pour aller à Malaca. Cela fut cause que le Général qui donna trop facilement dans ce piege, le fit mettre aux arrêts avec les Capitaines de son escadre, à qui il ôta le Commandement de leurs Vaisseaux, qu'il leur rendit pourtant bien-tôt après, ayant découvert la fausseté de l'accusation.

Vers le commencement de Novembre, le Général mit à la voile, & alla moüiller à Onor, qu'il trouva toute en fête pour les noces de

Ann. de J. C. 1510.

Don Emmanuel Roi.

Alphonse d'Albuquerque Gouverneur.

Timoja, qui époufoit la fille de la Reine de Go-zompa. Albuquerque voulut honorer ces noces de fa préfence. Sa Flotte, qui étoit de trente-quatre Vaiffeaux, ayant enfuite été renforcée de trois autres bâtiments que Timoja lui donna, il fe remit en mer tandis que le Prince Indien de concert avec le Général, laiffant là fa nouvelle époufe, raffembla trois mille hommes de fes troupes pour l'aller joindre devant Goa.

L'effroi fut fi grand à Goa à l'arrivée de la Flotte, que les Forts de Bardes & de Pangin furent d'abord abandonnés par ceux qui les gardoient. Albuquerque, qui ne voulut pas perdre de tems, s'en faifit, & envoya quelques Chaloupes fous les ordres des deux freres, Don Jean & Don Jerôme de Lima pour donner un coup d'œil à la Ville, & faire leur rapport de l'état où elle étoit. Ils s'acquitterent fi bien de cette commiffion, qu'ils allerent jufques au pied de la Citadelle, & raferent la terre d'affez près, malgré les falves d'artillerie & la grêle des fléches, dont ils ne reçurent aucune incommodité.

L'Idalcan avoit laiffé dans la place neuf mille hommes, parmi lefquels on comptoit deux mille Rumes. Il y avoit ajoûté de nouveaux ouvrages, & il l'avoit pourvûë de toutes fortes de munitions de guerre. Le Général ayant reglé le projet de fes operations, alla defcendre deux heures avant jour le 25. de Novembre à une juste distance d'un ouvrage avancé, qu'il falloit d'abord emporter. On devoit l'attaquer en même tems par trois endroits, tandis qu'Albuquerque qui devoit faire une autre attaque à une des portes de la Ville, attendroit que le maître de la Capitane suivi de trente matelots, eût coupé une estacade, qui se trouvoit sur le chemin qu'il devoit tenir. Le signal de l'attaque ayant été donné avec un grand bruit de fanfares, Don Jean de Lima, Diego Mendez de Vasconcellos & un troisiéme, qui commandoient les trois corps destinés à donner l'assaut à l'ouvrage avancé, le forcerent tous trois en même tems, & suivirent les ennemis jusques à la porte de la Ville, que ceux-ci ne purent exactement fermer après eux, parce que Denis Fernandes de Mello, qui se trouva à la tête des poursuivants, insera entre les deux battans de la porte, qu'on appella depuis de sainte Catherine, le bois d'une grosse lance. Après de grands efforts de part & d'autre, les Portugais se rendirent maîtres de la porte, & se repandirent à l'instant par les ruës, où malgré les pierres & les traits qu'on leur lançoit des toits & des fenêtres des maisons, ils poussoient les ennemis devant eux, & se voyoient quelquefois repoussés eux-mêmes : mais secourus toûjours à propos, ils regagnerent aussi toûjours du terrain jusques au Palais de l'Idalcan.

Tandis que ceux-ci profitoient de leurs avan-

An n. de J. C. 1510.
Don Emmanuel Roi.
Alphonse d'Albuquerque Gouverneur.

tages, Albuquerque qui avoit entendu tout le bruit qui s'étoit fait de ce côté-là, envoya Simon Martinés pour lui faire le rapport de ce qui s'y passoit : mais n'ayant pas la patience d'attendre sa réponse, il enfila la ruë du Fauxbourg qui aboutissoit à la porte de son attaque. Là il eut sur les bras un corps de Maures qui fuyoient de la Ville, & qui se trouvant entre deux feux firent de necessité vertu, & se battirent bien. Le Général néanmoins leur passa sur le ventre, & entra dans la place.

Cependant ceux qui étoient arrivés des premiers au Palais furent assez maltraités ; quelques-uns des plus braves y furent tués, & Don Jerôme de Lima y fut blessé à mort. Ils étoient tous taillés en pieces, sans un nouveau renfort qui leur arriva à tems. Don Jean de Lima voyant son frere renversé voulut s'arrêter; mais celui-ci, qui dans l'état où il se sentoit, ne faisoit plus compte de sa vie, lui montra le chemin de la gloire, & lui parla en héros. Don Jean combattu de deux passions suivit son avis, & crut mieux faire en vengeant sa mort, qu'en témoignant une tendresse hors de saison. Ils ne laisserent pas d'avoir bien des affaires ; car il sortit du Palais par differens endroits tant de gens à pied & à cheval, qu'ils furent bien-tôt investis. Mais Diego Mendez de Vasconcellos étant arrivé sur ces entrefaites, fit pancher la balance, & eut veritablement l'honneur de cette journée auſſi bien que Manuel de Lacerda, qui ayant un fer de fléche planté dans le viſage, d'où il couloit beaucoup de ſang, ne ceſſoit de combattre, tua un Abiſſin qui paroiſſoit un homme de conſideration, & étant monté ſur le cheval de cet ennemi terraſſé, ſe trouva encore ſeul à faire tête à huit perſonnes qu'il défit.

ANN. de J. C. 1510.
DON EMMANUEL ROI.
ALPHONSE D'ALBUQUERQUE GOUVERNEUR.

Depuis ce moment les ennemis ne firent preſque plus de reſiſtance. Chacun ne penſa qu'à la fuite, & ſe ſauva par les portes ou par deſſus les murailles, deſorte que quand le Général arriva tout ſe trouva fait. Il fit d'abord fermer les portes, pour empêcher ſes gens de ſe debander, & après avoir rendu graces à Dieu d'un avantage ſi ſignalé, il fit Chevaliers Manuel d'Acugna, Frederic Fernandes qui étoit entré le premier dans la Ville, & quelques autres qui s'étoient des plus diſtingués.

Dans cette action il n'y eut qu'environ quarante Portugais tués ſur la place, mais il y en eut plus de trois cens bleſſés, parmi leſquels furent les deux freres d'Andrade, qui étoient toûjours des premiers aux coups. Pour la perte des ennemis elle fut très-conſiderable, ſoit de ceux qui paſſerent par le fer du vainqueur, ſoit de ceux qui ſe précipiterent du haut des murs & des toits des maiſons, ou qui ſe noyerent. On fit particulierement main baſſe ſur les Maures, & le Général bannit enſuite de la Ville & de

ANN. de J. C. 1510.
DON EMMANUEL ROI.
ALPHONSE D'ALBUQUERQUE GOUVERNEUR,

son territoire tous ceux d'entre eux qui avoient échappé au massacre qu'on en fit. Il fit aussi mettre le feu aux Fauxbourgs de Goa, ainsi qu'il l'avoit juré pour se venger des Canarins & Malabares, qui avoient favorisé le retour de l'Idalcan. Il mit la Ville au pillage, & pour punir les habitans, il leur imposa les mêmes tributs qu'ils payoient à leur premier maître.

Timoja arriva peu après l'action, & il n'y eut que la celerité avec laquelle tout s'étoit passé, qui pût justifier son retardement, & ôter les soupçons de trahison.

L'esprit du Général victorieux étoit trop vif pour s'endormir en goutant le fruit d'une nouvelle conquête. L'exécution d'un projet ne faisoit en lui que reveiller l'idée d'un autre. Il en avoit trois principaux. Le premier étoit celui de la mer Rouge. Le Roi Emmanuel le pressoit beaucoup sur les nouvelles qu'il avoit euës du Levant, que le Caliphe préparoit une puissante Flotte à Suez sur les vives instances du Zamorin, des Rois d'Ormus, d'Aden & de Cambaïe, & il avoit donné des ordres précis de contraindre le Roi d'Aden de gré ou de force, à laisser bâtir une Citadelle dans sa Capitale : Que si cela ne se pouvoit, on en bâtit une dans l'Isle de Camaran, qui étoit meilleure que celle de Socotora, où les Vaisseaux ne pouvoient hyverner. En effet Albuquerque envoya alors Fernandes de Beja pour la détruire, parce qu'outre son inutilité, elle lui coutoit trop à entretenir. Le second projet étoit celui d'Ormus, qui lui tenoit toûjours au cœur: & le troisiéme enfin étoit l'entreprise de Malaca, à laquelle il ne paroissoit penser, que pour favoriser la commission de Diego Mendez de Vasconcellos, qui s'étoit beaucoup distingué dans la prise de Goa. Effectivement un de ses premiers soins, fut d'envoyer des ordres à Cananor d'y mettre tout en état pour le voyage de cet Officier.

En attendant il donnoit toute son attention à s'assurer tellement de Goa, qu'on ne pût plus le lui enlever, & depuis la fin de Novembre jusques à la fin de Mars de l'année suivante, il ne perdit pas un moment, & pour le fortifier, & pour y introduire une forme de Gouvernement stable. Comme il en vouloit faire une Ville Portugaise, son plus grand empressement fut d'y établir les Portugais qui voulurent s'y fixer. Il les maria aux filles des Maures & des Gentils, qu'il tenoit prisonnieres; & afin de les y engager mutuellement, il leur distribua les maisons & les terres des Maures, qu'il avoit bannis, ou leur donna des emplois dans les Fermes & Doüanes. Il se rendit d'ailleurs extrêmement populaire & gracieux à cette nouvelle colonie. Il assistoit aux cérémonies de ces mariages, & bien qu'ils eussent assez l'air de ceux des premiers Romains avec les Sabines enlevées, ils ne laisserent pas de réüssir. Il fit

ANN. de J. C. 1510.
DON EMMANUEL ROI.
ALPHONSE D'ALBUQUERQUE GOUVERNEUR.

ensuite battre monnoye pour decrediter celle des Maures, & mit dans les finances un très-bel ordre, aussi-bien que dans les Fermes, dont il confera la Surintendance à Merlao frere du Roi d Onor.

Pendant tout ce tems, il reçut les Ambassadeurs de presque tous les Souverains de l'Inde, qui l'envoyerent complimenter sur sa nouvelle conquête, & rechercherent son alliance. Sa Cour ressembloit alors à celle d'un des plus grands Monarques du monde, & il en soutenoit l'éclat avec tout le faste imaginable.

Le tems s'écouloit, & Diego Mendez de Vasconcellos, voyant que le Gouverneur l'amusoit par de belles paroles, le pria de s'expliquer. Il le fit par des raisons très-solides, & lui faisant sentir l'impossibilité de son entreprise; mais voulant lui adoucir le dégout de ce refus, il lui offrit ou le Gouvernement de Goa, ou d'autres avantages considerables, supposé qu'il eût dessein de s'en retourner en Portugal. Mendez n'étant pas satisfait, Albuquerque lui fit parler par ses amis. Mais rien n'ayant pu le faire revenir, & cet Officier paroissant toûjours déterminé à suivre sa destination bon gré malgré, le Gouverneur mit la chose en déliberation dans le conseil, & en fit signifier juridiquement la résolution à Mendez sous peine d'exil pour lui, & de mort pour les autres de son escadre, supposé qu'ils passassent outre. Mendez étant parti malgré cette défense,

défense, il le fit suivre avec ordre de le faire revenir ou de le couler à fond. Malheureusement pour Mendez le mauvais tems l'arrêta à la barre de Goa. Il ne se rendit néanmoins qu'après quelques volées de canon qui lui coupèrent sa grosse vergue, & lui tuèrent deux mousses. Le procès fut fait aux coupables. Mendez fut condamné a être renvoyé en Portugal, & à tenir prison jusques à son depart. Denis Cerniche Capitaine devoit avoir la tête tranchée, & les maîtres & pilotes devoient être pendus. Il y en eut d'abord deux d'exécutés en présence de tous les Ministres étrangers, qui approuvèrent fort cette justice du Général, & en conçurent de lui une plus haute idée. Mais à la sollicitation des Officiers Portugais, ils demandèrent grace de la vie pour les autres, & l'obtinrent.

Le Général paroissoit toûjours vouloir suivre le projet de la mer Rouge. En effet il se mit en mer comme pour l'exécuter; mais ayant pris un peu le large, pour éviter les basses de Padouë, il fut surpris d'un gros tems. Il devoit l'avoir pressenti, parce que c'étoit la saison des vents généraux & reglés, qui rendent pendant quelques mois impossible la navigation de l'Inde dans le Golphe Arabique, & font au contraire la Mouçon pour Malaca. Il parut alors qu'il n'avoit fait de difficulté à Vasconcellos par rapport à cette entreprise, que parce qu'il vou-

An. de
J. C.
1511.

Don Emma-
nuel Roi.

Alphonse
d'Albu-
querque
Gouver-
neur.

loit la tenter lui-même. Il eſt vrai qu'il ne falloit pas moins que lui & toutes ſes forces pour
y réüſſir.

En ayant donc pris la réſolution de l'avis de
tous ſes Capitaines, il fit virer de bord, toucha en paſſant à Goa, à Cananor & à Cochin,
où après avoir mis encore quelque ordre aux
affaires de ſon Gouvernement, il traverſa le
Golphe de Bengale, prit, chemin faiſant, quelques Vaiſſeaux de Cambaïe, qui naviguoient
ſans ſes paſſeports, & aborda à Pedir dans l'Iſle
de Sumatra. Le Roi de Pedir, que ſa venûë intimida, lui envoya neuf ou dix Portugais de
la troupe d'Aravio, qui s'étoient ſauvés de
Malaca. Ceux-ci lui apprirent la révolution arrivée dans cette Ville, où le Roi ſur le point
d'être opprimé par le Bendara ſon oncle, avoit
prévenu ſes deſſeins en lui faiſant couper la tête. Il en auroit fait autant au Sabandar des Guzarates, qui étoit de la conſpiration, ſi celui-ci
n'avoit pourvu à ſon ſalut en ſe ſauvant chez le
Roi de Pacen, auprès de qui il étoit. Comme
le Bendara & le Sabandar avoient été les principaux auteurs de la trahiſon faite à Siqueïra,
cette nouvelle ne put que faire plaiſir au Général, qui en tira un bon augure.

Il partit du port de Pedir fort content des politeſſes que le Roi lui avoit faites, & alla moüiller dans celui de Pacen, où on lui fit les mêmes
démonſtrations; mais il en connut bien-tôt le

peu de sincerité : car le Roi de Pacen, qui lui avoit promis de lui remettre en main le Sabandar des Guzarates, le laissa échapper, dans l'esperance qu'il pourroit obtenir sa grace du Roi de Malaca, par la nouvelle qu'il lui apporteroit de l'arrivée de la Flotte Portugaise. Il tâchoit en même tems d'amuser le Général, pour donner le tems à Mahmud de se mettre en défense. Albuquerque s'en apperçut, mais ne voulant pas rompre avec ce Prince, il remit promptement à la voile. Le Sabandar ne porta pas loin la peine qu'il méritoit, le Général le surprit dans sa fuite sans le connoître. Il se battit comme un désesperé. Tous ceux de son bâtiment furent tués avec lui, & il blessa tous ceux de celui qui l'attaquoit. Il arriva alors une chose qui parut un prodige, car quand on le dépoüilla, on le trouva tout couvert de blessures, sans qu'il parut une goute de sang. Ce ne fut qu'après qu'on lui eut ôté un bracelet d'or, dans lequel étoit enchassé un os d'un animal, que dans le Royaume de Siam on appelle *Cabis*, que le sang sortit à torrens de toutes ses playes, où cet ossement avoit eu la vertu de le retenir.

Après ce que Mahmud Roi de Malaca avoit fait à Siqueïra, il devoit s'attendre à quelque hostilité de la part des Portugais : ainsi il ne devoit point être surpris de l'arrivée d'Albuquerque. Il paroît même qu'il y avoit en quel-

ANN. de
J. C.
1511.

DON EMMA-
NUEL ROI.

ALPHONSE
D'ALB?-
QUERQUE
GOUVER-
NEUR.

que forte compté. Car quoique fa Ville fût toute ouverte, il avoit trente mille hommes de troupes, & un nombre prodigieux de pieces d'artillerie, de forte qu'il paroiffoit s'appuyer beaucoup fur fes forces. Il ne laiffa pas d'envoyer faluer le Général, & de lui faire quelques excufes du paffé en rejettant la faute fur le Bendara qu'il en avoit, difoit-il, puni en lui faifant fubir les rigueurs de fa juftice par le dernier fupplice. Albuquerque voulut bien recevoir fes excufes, & fe contenta de demander que Ruy d'Aravio & les autres Portugais lui fuffent remis avec tous les effets du Roi fon maître, qui avoient été faifis & diffipez.

Mahmud eût bien voulu donner quelque fatisfaction à Albuquerque, dans la crainte que lui infpiroit fa préfence, & dans l'incertitude où il étoit s'il devoit fe réfoudre à la guerre, dont il apprehendoit les événemens. Mais Aladin fon fils & Prince héreditaire de Malaca, le fils du Roi de Pam, qui fe trouvoit alors dans cette Ville, où il étoit venu pour époufer la fille de Mahmud, & le nouveau Sabandar des Guzarates, qui n'étoit pas moins animé contre les Portugais que fon predeceffeur, l'aigriffant fans ceffe contre ces étrangers de qui il avoit tout à craindre, il fe détermina en effet à rifquer tout, plûtôt que de leur donner la fatisfaction qu'ils demandoient. Il les amufa cependant par de belles promesses, afin de donner le tems à son Amiral, qui étoit actuellement en mer, de revenir avec sa Flotte pour se joindre à plusieurs autres bâtiments à rames qu'il tenoit tous prêts, & tous ensemble brûler la Flotte Portugaise.

ANN. de J. C. 1511.
DON EMMANUEL ROI.
ALPHONSE D'ALBUQUERQUE GOUVERNEUR.

La maniere toutefois dont il amusoit le Général étoit si grossiere, qu'on pouvoit la regarder comme une suite d'insultes. Albuquerque ne s'en appercevoit que trop, & avoit besoin de tout son flegme, pour ne pas perdre patience; mais il croyoit devoir tout souffrir pour l'amour d'Aravio, à qui il avoit de grandes obligations, & qui ne se trouvoit à Malaca dans le danger d'y périr, que pour avoir été attaché à sa personne, le Viceroi Don François d'Alméïda l'ayant envoyé là comme banni pour la raison de cet attachement. Il croyoit d'ailleurs devoir cette déference aux ordres du Roi de Portugal, qui ne vouloit pas qu'on engageât mal à propos une affaire, tandis qu'il y avoit esperance d'y réüssir par les voyes de la douceur. Enfin il n'étoit pas fâché de voir ses Officiers se piquer des insultes qu'on leur faisoit, pour les animer davantage à la vengeance par le grand froid qu'il opposoit à leur vivacité.

A la fin pourtant rébuté de ne voir aucune fin à la négociation, il fit représenter à Aravio la triste nécessité où il se trouvoit d'entrepren-

An. de
J. C.
1511.
Don Emma-
nuel Roi.
Alphonse
d'Albu-
querque
Gouver-
neur.

dre quelque chose. Celui-ci lui fit répondre noblement qu'il ne songeât nullement à sa personne, mais seulement à se venger d'un Prince perfide, qui n'avoit d'autre vûë que de le perdre. Sur cette réponse le Général envoya quelques Chaloupes pour mettre le feu en quelques quartiers de la Ville, & à quelques Vaisseaux de Cambaïe. Cela réüssit si bien, que Mahmud renvoya sur le champ Aravio, & tous les Portugais prisonniers, priant en grace le Général de permettre qu'on travaillât à éteindre le feu.

La joye qu'eut le Général de r'avoir Aravio & ses gens lui enfla extrémement le courage, & le mit en état de faire des propositions bien plus fiéres. En effet il demanda alors : » Que » non seulement on lui payât la valeur de ce » qui avoit été enlevé dans la factorerie, mais » encore tous les frais de l'armement qu'il avoit » fait. Car comme il n'étoit pas venu en mar- » chandise, mais seulement pour repeter ce » qu'on lui detenoit injustement, il n'étoit pas » raisonnable, disoit-il, qu'il en supportât la » dépense. Enfin il exigeoit qu'on lui donnât un » emplacement pour bâtir une Citadelle, parce » qu'après la trahison qui avoit été faite à Si- » queïra, il ne convenoit pas que les sujets du » Roi son maître & ses effets fussent exposés à » de pareilles perfidies. «

Mahmud feignit d'accepter ces propositions,

& donna même la liberté au Général de choisir l'emplacement qui lui conviendroit le mieux. Mais les subterfuges dont il se servit, & les avis secrets que donnoient quelques Indiens amis des Portugais, ayant pleinement découvert sa mauvaise foi, Albuquerque se mit en devoir d'employer la force, & de donner un assaut à la Ville dans l'esperance de l'emporter. Aravio lui avoit fait entendre qu'il seroit le maître de la Ville dès qu'il le seroit du pont, & que du moins il diviseroit les forces de l'ennemi, une moitié de la Ville ne pouvant plus communiquer avec l'autre. Le pont étoit assez bien fortifié ; on y avoit bâti une espece de Château de bois, où commandoit un des principaux Officiers du Roi. Il étoit herissé d'artillerie. Des deux côtés on avoit fait quelques coupures ou retranchements, dont il falloit d'abord s'emparer. Outre cela l'une des têtes du pont étoit défenduë par le voisinage d'une Mosquée de pierre & du Palais du Roi. L'autre l'étoit également par les terrasses des maisons.

A N N. de J. C. 1511.
DON EMMANUEL ROI.
ALPHONSE D'ALBUQUERQUE GOUVERNEUR.

La veille de saint Jacque le Majeur, dans lequel le Général avoit une grande confiance, & parce que ce grand Saint est Protecteur des Espagnes, & parce qu'il est le Patron d'un Ordre dont il étoit Commandeur, toutes les Chaloupes & esquifs de la Flotte eurent ordre de se rendre à bord de l'Amiral, pour y concerter le projet de l'attaque. Le Général fit deux corps d'armée, dont chacun devoit aller descendre à l'un des bouts du pont pour se rejoindre ensuite tous les deux vers le milieu. Don Jean de Lima commandoit celui des deux corps, qui devoit débarquer du côté de la Mosquée & du Palais du Roi. Albuquerque en personne conduisoit l'autre, & devoit descendre au côté opposé où étoit le quartier des Marchands. Le débarquement se fit heureusement à la pointe du jour de la fête malgré le feu du canon, de la mousqueterie, & une grêle de traits; & de tous côtés le combat commença avec beaucoup d'animosité.

Albuquerque eut bien-tôt forcé les retranchements, où Simon d'Andrade entra le premier. Ce ne fut pourtant pas sans peine, & sans rendre de grands combats, que le Général put pénétrer jusques au pont, & se rendre maître d'une moitié. Il étoit surpris que Lima, qui étoit descendu de l'autre bord, n'en eût pas fait autant, & il se trouvoit embarassé. Mais Lima avant que d'arriver au pont, s'étoit vû en tête Aladin, & le fils du Roi de Pam son beau-frere, à la tête d'un gros corps de troupes: & à peine la partie fut-elle liée avec ceux-ci, qu'il fut obligé de diviser son monde, pour faire face au Roi qui venoit le prendre à dos. Ce Prince étoit monté sur un Elephant précédé de deux autres, & suivi d'un plus grand nombre

nombre, escortés de plus de cinq cens hommes. Chaque Elephant avoit une tour & sa trompe armée de faux & de sabres. La vûë de ces Elephans intimida d'abord les Portugais. Mais Lima ayant fait élargir les rangs, comme pour leur ouvrir un chemin, & les laisser passer, les prit en flanc. Fernand Gomez de Lemos & Vaz Fernand Coutinho furent les premiers qui les attaquerent. Ils percerent l'Elephant du Roi de leurs lances, & le blesserent dangereusement. L'Animal frappé poussa de grands cris, prit son conducteur de sa trompe, le foula aux pieds, & revenant sur ses pas, culbuta ceux qui venoient après lui, & mit tout en désordre. Mahmud, qui apperçut le danger où il étoit, & qui étoit déja blessé à la main, descendit secretement, & se sauva. La troupe d'Aladin n'ayant pas fait plus de resistance que celle du Roi, Lima se rendit maître de la Mosquée & de l'autre bout du pont.

Le Gouverneur général n'avoit pas eu peu à faire de son côté. Car dans le même tems que le Roi se présenta pour attaquer Lima & les siens, trois des Officiers principaux de ce Prince se séparerent de lui, & coururent au pont suivis d'un corps de sept cens hommes pour faire tête au Général, qui se trouva ainsi entre deux feux, obligé de faire face en même tems à ceux-ci, & à ceux du côté opposé, qui répondoit à la grande ruë de la Ville, d'où il venoit toûjours

ANN. de J. C. 1511.
DON EMMANUEL ROI.
ALPHONSE D'ALBUQUERQUE GOUVERNEUR.

sur lui des troupes fraîches. Il étoit outre cela extrémement incommodé des fléches & des artifices qu'on lui tiroit de dessus les terrasses des maisons les plus voisines du pont, sans qu'il pût s'en garantir. Mais quand Lima arriva au pont, les ennemis se trouvant alors eux-mêmes entre deux feux, après un assez longue resistance, furent obligés de se jetter en bas du pont dans la riviere pour se sauver. Le courant les ayant portés vers les bateaux, ceux qui étoient restés à la garde de ces bateaux, les assommerent, ensorte qu'il n'en échappa que très-peu.

Les deux corps s'étant ainsi réünis, & sentant ranimer leur courage par la jonction de leurs forces, Albuquerque travailla à se fortifier sur le pont avec le même bois que les ennemis y avoient, & fit mettre deux pieces de canon à l'entrée du retranchement qui enfiloit la grande ruë. Pour se délivrer ensuite de l'importunité des terrasses, il détacha Gaspar de Païva, & Simon Martinés, chacun avec cent hommes pour aller mettre le feu aux maisons. Le feu prit si bien qu'il y en eut plusieurs de consumées avec le toit de la Mosquée, une partie du Palais du Roi, & un autre petit Palais ambulant, traîné sur des roulettes, que le Roi avoit fait construire, pour le divertissement des noces de la Princesse sa fille.

Albuquerque ne réüssissoit pourtant pas à se fortifier sur le pont comme il le souhaitoit. Il avoit toûjours de nouveaux ennemis fur les bras: ſes gens étoient extrémement harraſſés: ils avoient paſſé toute la nuit ſous les armes: ils avoient combattu toute la journée: & ſouffroient extrémement de la ſoif, de la faim & de l'exceſſive chaleur du jour. A peine pouvoient-ils ſe ſoutenir. Le Général craignoit d'ailleurs pour ſa Flotte le retour de l'armée Navale des ennemis, ou les machines qu'on pouvoit lâcher ſur ſes Vaiſſeaux pour les brûler; de ſorte qu'il prit le parti de ſe retirer, réſolu de revenir une autre fois à la charge, & content de ce qu'il avoit fait cette journée.

{Ann. de J. C. 1511.
Don Emmanuel Roi.
Alphonse d'Albuquerque Gouverneur.}

Comme le Général avoit un peu trop compté ſur la facîlité qu'il auroit à ſe rendre maître de la Ville, ſur le rapport d'Aravio, il trouva par l'évenement qu'il lui avoit manqué beaucoup de choſes, auſquelles il voulut pourvoir, avant que de tenter une ſeconde attaque. Dans cette vûë il paſſa quelques jours à armer un Jonc qui étoit un Vaiſſeau d'un grand port, qu'il fit heriſſer de groſſes pieces d'artillerie, & bien gabionner pour le garantir de celle des ennemis. Il le fit remplir outre cela de futailles, & de toutes ſortes d'inſtruments propres à remuer la terre, afin de pouvoir s'en ſervir à ſe retrancher. Ce Jonc, qui paroiſſoit une Forterefſe flottante, devoit joindre le pont pour le dominer; mais comme les marées ne donnoient pas aſſez d'eau, il fallut pluſieurs jours

GGg ij

420 CONQUESTES DES PORTUGAIS

AN N. de
J. C.
1511.
DON EMMA-
NUEL ROI.
ALPHONSE
D'ALBU-
QUERQUE
GOUVER-
NEUR.

pour le toüer, & le faire avancer peu à peu, à mesure que les eaux crurent, en approchant de la nouvelle Lune. Les ennemis firent tout ce qu'ils purent pour le brûler, & lâchoient à chaque marée jusques à trois & quatre machines pleines d'artifices & de matieres combustibles, qui furent toujours détournées par les Chaloupes de la Flotte armées de longs bois & de grappins. Les batteries du rivage ne cessoient aussi de tirer sur lui, & de le cribler en divers endroits. La mousqueterie & les fléches qu'on décochoit de toutes parts, faisoient pareillement un très-grand effet, & Antoine d'Abreu qui commandoit, eut les deux joües percées d'une balle qui lui emporta une partie de la machoire, de ses dents & de la langue, ce qui n'empêcha pas ce brave homme de continuer à faire sa charge, & de s'offenser même contre Albuquerque qui le croyant hors de service, voulut le relever.

Enfin le jour de saint Laurent, le Gouverneur voyant, que le Jonc pouvoit être conduit jusques au pont, retourna à la charge comme devant. Les ennemis qui avoient eu le tems de se préparer, faisoient un feu effroyable, malgré lequel la descente se fit très-heureusement. Denis Fernandes, George Nugnés de Lion, Nugnés Vaz de Castel-Blanco, & Jacque Tesseira, ayant forcé les premieres tranchées à la tête de leurs compagnies, allerent attaquer la Mosquée. De l'autre part, Albuquerque ayant évité, sur des avis qu'il avoit eus, des mines & des chaussetrappes empoisonnées, que Mahmud avoit fait mettre dans les endroits où il croyoit qu'il passeroit, poussa les ennemis devant lui jusques au milieu de la grande ruë, où il fit les plus puissants efforts pour se rendre maître d'un retranchement que les Maures y avoient fait, & où ils combattoient avec une extrême valeur. En étant venu à bout, il laissa là une partie de ses troupes, & revint avec l'autre pour aider ceux qui attaquoient la Mosquée. Il trouva en chemin le pont libre & entierement netoyé par la valeur d'Antoine d'Abreu. Ceux qui combattoient à la Mosquée ayant eu le même succès, l'avoient emportée de vive force avant que Mahmud, qui venoit à la tête de trois mille hommes pour la défendre, fut arrivé; de sorte que ce Prince voyant la chose faite, retourna brusquement sur ses pas, & se retira à son Palais, où le Général ne voulut pas qu'on le suivît.

Toute l'attention du Général étant alors de s'assurer du pont, il envoya quatre barques à ses deux bouts, bien fournies de canon pour netoyer le rivage. Il fit ensuite tirer les futailles qu'on avoit portées dans le Jonc, ordonna qu'on les remplît de terre, & en fit deux bonnes batteries, l'une du côté de la Mosquée, & l'autre du côté de la grande ruë. Ayant ainsi fortifié les avenuës, il fit couvrir le pont & le

ANN. de J. C. 1511.
DON EMMANUEL ROI
ALPHONSE D'ALBUQUERQUE GOUVERNEUR.

jonc avec de grandes voiles, pour pouvoir y être à couvert également, & de la grande chaleur, & des traits, & des artifices qu'on ne discontinuoit pas d'y lancer. Mais pour se délivrer plus efficacement de cette incommodité, il fit occupper les maisons les plus voisines du pont, & mettre quelques pieces d'artillerie sur leurs terrasses. Le combat duroit encore dans la Ville, soit dans la grande ruë, soit dans les ruës de traverse. Un détachement qu'il y envoya avec ordre de passer tout au fil de l'épée, acheva de tout dissipper, tuant & massacrant jusques à la nuit, de maniere que les ruës & le lit même de la riviere étoient pleins de sang & de corps morts.

Le Général croyoit avoir encore beaucoup à faire le lendemain à l'attaque du Palais, mais le Roi au desespoir l'avoit abandonné, & s'étoit retiré pendant la nuit chez le Roi de Pam, d'où il écrivit aux Princes voisins, pour les engager de travailler à le rétablir. Six mille hommes de troupes ennemies qui restoient encore dans un quartier retranché s'étant sauvés de la même maniere, la Ville parut réduite en une affreuse solitude. Personne n'osoit sortir des maisons. Cela dura ainsi quelques jours, pendant lesquels le Raja Utemutis, qui avoit déja traité secretement avec le Général, lui envoya demander sauve-garde pour lui, & pour tous les Javes qui étoient de sa dépendance. Aravio interceda aussi pour Ninachetu. C'étoit un Gentil, considerable pour sa probité & pour ses richesses, qui par esprit de Religion avoit donné toutes sortes de secours aux Portugais pendant leur captivité, & avoit continué depuis à leur donner avis de tout ce qu'on tramoit contre eux. On fit quartier aux étrangers, mais pour ce qui est des Maures Guzarates & des Maures naturels de Malaca, tout ce qui ne fut pas passé au fil de l'épée, fut fait esclave. La Ville fut en proye pendant trois jours à l'avidité du soldat. Il est incroyable combien de richesses on y trouva. Car outre l'argent & les pierres précieuses qui furent emportées ou ensevelies par les ennemis; outre celles que le victorieux put divertir, le quint de tout le butin qui appartenoit de droit au Roi, se montoit à deux cens mille cruzades d'or. On ne toucha point aux magasins de la Ville, ni a tout ce qui pouvoit servir à retablir la Flotte, ou à fortifier la place, dans laquelle on aura peine à croire qu'on trouva trois mille pieces d'artillerie, dont il y en avoit jusques à deux mille de fonte. Ainsi le disent les Auteurs Portugais, que je suis obligé de suivre.

Cette conquête qui fut l'ouvrage de huit cens Portugais, & de deux cens Malabares auxiliaires, dont la Flotte d'Albuquerque étoit composée, ne couta au vainqueur que quatre-vingt hommes des siens, dont une grande par-

ANN. de J. C. 1511.
DON EMMANUEL ROI.
ALPHONSE D'ALBUQUERQUE GOUVERNEUR.

tie ne mourut qu'à cause des fléches empoisonnées, & qu'on ignoroit encore le remede à ce poison. Les ennemis au contraire perdirent un monde infini, dont on ne put estimer le nombre. On ne peut nier qu'ils ne se défendissent bien ; mais on vit en cette occasion ce que peut la bravoure, & de quoi sont capables des gens de cœur conduits par un grand Capitaine.

Fin du cinquiéme Livre.

HISTOIRE
DES DECOUVERTES
ET
CONQUESTES
DES PORTUGAIS
Dans le Nouveau Monde.

LIVRE SIXIÉME.

LA conquête de Malaca n'étant pas de moindre importance que celle de Goa, le Général s'y prit à peu près de la même maniere pour s'assurer de la possession de celle-là, qu'il en avoit usé pour s'établir solidement dans celle-ci. Et d'abord pour captiver l'esprit des peuples, & se les gagner, il donna l'Intendance des Maures étrangers au Raïa Utemutis, & celle des Indiens Idolâtres à Ninachetu. L'un avoit beaucoup de credit & d'autorité sur ceux de sa secte, l'autre avoit de la probité, les Portugais lui avoient obligation, & il ne lui manquoit que d'être d'une Caste plus noble. Ces deux hommes attirerent bien-tôt ceux que la

ANN. de J.C. 1511.
DON EMMANUEL ROI.
ALPHONSE D'ALBUQUERQUE GOUVERNEUR.

Tome I.   HHh

ANN. de J. C. 1511.
DON EMMANUEL Roi.
ALPHONSE D'ALBUQUERQUE GOUVERNEUR.

terreur avoit difperfés. De forte que Mahmud & le Prince Aladin, qui s'étoient campés fur le Fleuve Muar à huit lieuës de la Ville, ne purent empêcher la défertion d'une partie des fugitifs, qui les avoient fuivis dans leur malheur, plûtôt par la crainte d'une domination étrangere, que par affection pour leur perfonne. Ainfi la Ville commença à fe peupler, & à redevenir commerçante, comme auparavant.

En même tems que le Général portoit fes loix de police, pour mettre dans Malaca une nouvelle forme de Gouvernement, il ne négligeoit pas ce qui n'étoit pas moins néceffaire, qui étoit de conftruire une Citadelle pour fervir d'afyle aux Portugais, & de frein à une Ville qui eût pû aifément changer de maître. Il avoit défefperé, fur la rélation que lui avoit faite Aravio, de trouver de la pierre propre à la bâtir. Mais il fut plus heureux qu'il ne penfoit. Car ayant fait creufer aux pieds d'une montagne, il y trouva plufieurs fépultures des anciens Rois toutes travaillées en belle pierre de taille; il y découvrit en même tems une efpece de pierre bonne à faire de la chaux. Content de cette double découverte, il n'abandonna pas fon premier projet de faire un Fort de bois par provifion, & parce qu'il devoit être plûtôt fini. Mais le même jour qu'il commença celui-ci, il jetta les fondements de l'autre au pied de la montagne; & afin qu'elle ne le dominât pas, il fit élever le Donjon ou la Tour de l'hommage de cinq étages. Il fit aussi bâtir une Eglise sous le nom de Notre-Dame de l'Annonciation, & un Hôpital pour les malades.

On travailla à tous ces ouvrages avec assez de diligence, parce que le Général voyant que les siens ne pouvoient suffire à ces travaux, y employa *les Ambarages*, qui étoient une espece de menu peuple, qu'on appelloit *les Esclaves du Roi*, & qui étoit entretenu aux frais de l'Etat. Albuquerque les y engagea, & par douceur & par force, recevant fort bien ceux qui se présentoient d'eux-mêmes, & ayant porté un Edit rigoureux pour y contraindre les autres, assignant une récompense à quiconque représenteroit un de ces fugitifs ; ce qui donna lieu à quelque désordre, bien des personnes de condition libre ayant été dénoncées comme Esclaves.

Mahmud se fortifioit de son côté sur la riviere de Muar, qu'il barra pour couper chemin aux bateaux, qui auroient pû faire des courses vers son Camp. Il s'étoit flatté d'abord qu'Albuquerque se contenteroit de piller la Ville, & d'en emporter toutes les richesses dans l'Indostan. Mais quand il vit les mesures qu'il prenoit pour s'y établir, il voulut se persuader qu'il pourroit encore le chasser avec les secours qu'il attendoit ; d'autant mieux qu'il avoit nouvelle que Laczamana ou l'Amiral de sa Flotte,

ANN. de J. C. 1511. DON EMMA-NUEL ROI.

ALPHONSE D'ALBU-QUERQUE GOUVER-NEUR.

& le Prince de l'Isle de Linda son vassal, s'étoient mis en chemin pour Malaca, & n'en étoient pas loin. Mais le Prince de Linda voyant la Ville prise s'en retourna, & Laczamana fit jetter quelques propositions d'accommodement à Albuquerque, qui les accepta. Elles n'eurent pourtant aucun effet par la jalousie même de ceux des Indiens, à qui le Général avoit donné sa confiance. Car apprehendant que cet Amiral, qui étoit homme de mérite, n'eût plus de consideration & de credit qu'eux auprès de lui, ils le firent avertir sous main, qu'on en vouloit à sa vie, ce qui rompit la négociation.

Cependant Albuquerque, à qui le trop grand voisinage de Mahmud & d'Aladin déplaisoit, résolut de les débusquer de ce poste, avant qu'ils s'y fortifiassent de telle maniere qu'on ne pût plus les y forcer. Il donna cette commission aux d'Andrades, qui à la tête de quatre cens Portugais, de six cens Javes, de trois cens Malais du Royaume de Pegu, allerent le surprendre si brusquement, qu'il n'eut que le tems de s'enfuir, laissant presque tous ses bagages, parmi lesquels se trouverent sept Elephants richement enharnachés.

Tout étant bien plus tranquille à Malaca depuis cette retraite, Albuquerque y avoit bien plus de liberté pour pousser ses ouvrages, & pour y établir l'ordre. Les loix qu'il porta, fondées sur l'équité & sur la justice, furent reçûës d'une maniere d'autant plus agréable, qu'elles faisoient plus sentir le contraste du Gouvernement précédent, qui avoit été violent & tyrannique. Mais ce qui acheva de lui gagner le cœur du peuple, ce fut ce qu'il fit en battant une nouvelle monnoye. Car en même tems que sa politique lui faisoit porter l'Edit, qui interdisoit l'usage de toute autre monnoye sous peine de mort, il fit faire cette proclamation avec une pompe & une liberalité, qui sembloit tenir de la profusion. Rien ne manquoit à la beauté du spectacle, & dans toutes les ruës où passoit le cortege, Antoine de *Sosa* & le fils de Ninachetu répandoient cette monnoye d'or, d'argent & d'étain à pleines mains aux acclamations de tout le peuple empressé à la ramasser.

La nouvelle de la prise de Malaca s'étant répanduë en peu de tems, causa un grand mouvement dans toutes les Cours des Princes voisins. Chacun y prit part selon ses differents interêts. Tous néanmoins par divers motifs de politique envoyerent leurs Ambassadeurs pour se réjoüir avec le Général de sa victoire, & faire alliance avec lui. Le Roi de Siam même, qu'il avoit prévenu, lui envoya faire compliment sur ce qu'il lui avoit fait justice d'un de ses sujets rebelles, & lui témoigna la joye qu'il auroit de vivre en bonne intelligence avec la Couronne de Portugal. Albuquerque reçut tous ces Ambassadeurs avec éclat, & de grandes marques

A n n. de J. C. 1511.

Don Emmanuel Roi.

Alphonse d'Albuquerque Gouverneur.

HHh iij

de distinction, & après les avoir expédiés, il envoya les siens dans ces differentes Cours; Antoine de Miranda d'Azevedo & Nicolas Coello au Roi de Siam; Ruy d'Acugna au Roi de Pegu; & d'autres, dont les noms ne sont pas venus jusques à nous, aux Rois des Isles de Jave & de Sumatra.

L'occasion étoit trop belle pour manquer de faire reconnoître les Isles de Banda, & les Molucques celebres par la singularité du Macis, des Noix Muscades & du Clou de gerofle, qu'on ne trouve nulle autre part, & dont elles faisoient un grand commerce avec Malaca. Le Général y envoya trois Vaisseaux sous la conduite d'Antoine d'Abreu, qu'il voulut recompenser par cette distinction des services recens qu'il avoit rendus à la prise de Malaca.

Tandis que toutes choses tournoient si fort à souhait à Albuquerque, il couroit un risque d'autant plus grand, qu'il tenoit dans son sein l'ennemi qui cherchoit à l'opprimer, & que cet ennemi étoit plus puissant & plus couvert. L'âge de quatre-vingt ans n'avoit rien ôté à la vivacité de l'ambition d'Utemutis; elle sembloit au contraire croître & allumer tout son feu à mesure qu'il approchoit du tombeau, où toute grandeur va s'anéantir. Cet homme, trop riche & trop accredité pour un sujet, avoit toujours donné de la jalousie à Mahmud, qui avoit raison de l'apprehender; car il n'avoit jamais perdu de vûë le deſſein de le détrôner. Mais, comme il étoit extrémement fourbe & pliant, il s'étoit ſi bien accommodé au tems, & avoit tellement menagé ſes intrigues, que ſans rien précipiter, il ſembloit tout attendre des conjonctures. Il n'en pouvoit pas avoir de plus favorables, que celle du ſyſtême d'un Roi depoſſedé, fugitif, & d'un Gouvernement étranger & nouveau, dans lequel on lui avoit donné une ſi grande autorité.

Ses eſperances s'étant donc réveillées plus vivement que jamais, il preſſa d'une part les ſecours qu'il attendoit de l'Iſle de Jave, où il avoit toûjours eu des intelligences pour réüſſir dans ſon projet, & de l'autre il noüa une nouvelle intrigue avec Aladin, Prince héréditaire de Malaca, qu'il voulut bien leurrer de l'eſpoir du Trône. Albuquerque, qui connoiſſoit le caractere du perſonnage, avoit aſſez lieu de s'en défier d'ailleurs. Car à meſure que cet homme vain crut approcher du terme, où il devoit voir ſes vœux couronnés, il devint inſolent & moins docile : le peuple commença à ſe plaindre de ſes tyrannies, & le Général de ſes rapines & de ſon peu d'obéïſſance. Mais le Général fut bientôt éclairci de tout le myſtere des operations ſecrettes de cet homme intrigant par ſes lettres originales qu'il intercepta, & qui furent la cauſe de ſa perte.

Il étoit queſtion de ſe ſaiſir de ſa perſonne

Ann. de J. C. 1511.
Don Emmanuel Roi.
Alphonse d'Albuquerque Gouverneur.

& cela n'étoit pas aifé ; le Général fe fervit pour cela d'un artifice. Il y avoit dans la Ville un Perfan, nommé Ibrahim, ami d'Utemutis, qui fouhaitoit paffionnément un emploi qu'il follicitoit avec ardeur. Albuquerque fit femblant de vouloir le lui donner, mais il lui fit entendre en même tems qu'il s'étoit fait une loi de ne donner aucun pofte, fans avoir pris les avis des principaux Officiers, & de tous les membres du Confeil. Ibrahim, qui étoit affuré des fuffrages, les eut bien-tôt raffemblés dans la Fortereffe. Mais au lieu de traiter de cette affaire, le Général fit arrêter Utemutis, fon fils, fon gendre & fon neveu, & les ayant convaincus du crime de haute trahifon par leur propre fignature, il leur fit faire leur procès dans les formes, & les fit condamner à avoir la tête tranchée.

L'époufe d'Utemutis fit tout ce qu'elle put pour détourner ce coup, & offrit au Général fept bahars d'or, s'il vouloit fe contenter de commuer leur peine en exil. Le Général, qui crut devoir faire un coup d'éclat dans cette occafion, fut inflexible, & répondit que le Roi fon maître ne l'avoit pas revêtu de la charge, dont il l'avoit honoré, pour vendre la juftice. L'exécution fe fit avec tout l'appareil qui pouvoit infpirer la terreur fur le même théâtre, qui avoit été dreffé par l'avis d'Utemutis pour le fomptueux banquet, où l'on avoit projetté d'affaffiner Siqueïra & les fiens au milieu des délices de la table.
L'exécution

L'exécution faite, l'emploi du coupable fut donné à Patequitir, Jave de nation comme lui, mais que leurs richesses, qui les rendoient concurrens & rivaux, avoient faits ennemis. C'étoit un trait de politique dans le Général. Que ne peut pas une femme offensée ? L'épouse d'Utemutis, outrée de la mort de son époux, s'unit aussi-tôt à Patequitir, lui offrit en mariage sa fille, qui lui avoit été autrefois refusée, & lui assigna pour dot tout l'or qu'elle avoit voulu donner à Albuquerque, à condition qu'entrant dans son ressentiment, il entreprendroit de la venger pleinement. Patequitir, qui n'avoit pas moins d'ambition qu'Utemutis, promit tout, & conçut d'autant plus facilement le dessein de s'établir sur le Trône, que toutes les forces des Javes, jusques alors divisées, se réünissoient en sa faveur. Il donna bien-tôt des preuves de son changement en mettant le feu sous quelque mauvais prétexte au quartier des Quittins & des Chatins, qui avoient porté des plaintes contre Utemutis. Albuquerque connut alors la faute qu'il avoit faite dans le choix de cet homme; mais pour des considerations particulieres, il n'osa entreprendre de le dépoüiller de son office de Sabandar, & lui de son côté, il n'osa aussi se déclarer trop ouvertement rebelle, jugeant qu'il devoit attendre le départ du Gouverneur, qui ne pouvoit être differé long-tems, à cause du voisinage de la Mouçon. En

ANN. de
J. C.
1511.

DON EMMA-
NUEL ROI.

ALPHONSE
D'ALBU-
QUERQUE
GOUVER-
NEUR.

effet dès qu'elle fut venuë, il nomma Ruy de Britto Patalin pour Gouverneur de Malaca, & Commandant dans tout ce diftrict avec toute fon autorité. Ruy d'Aravio fut laiffé en qualité de facteur, & de Caftellan ou Gouverneur de la Citadelle ; & Fernand Perez d'Andrade, à qui il donna dix Vaiffeaux, fut pourvû de la charge d'Amiral de ces mers. Il fit ainfi plufieurs autres Officiers fubalternes, après quoi il mit à la voile pour retourner dans l'Indoftan, au grand regret du peuple de Malaca, qui lui fit de très-vives inftances pour le retenir encore quelque tems.

Goa s'étoit fentie de l'abfence du Général, & il s'en étoit peu fallu qu'elle ne retombât entre les mains de fes premiers maîtres. L'Idalcan foupiroit toûjours après cette place qui étoit fon plus beau fleuron ; il épioit le moment du départ d'Albuquerque, fur l'éloignement duquel il paroiffoit compter. Mais, trop occupé à la guerre que lui faifoient fes voifins dans la profondeur des terres, il ne put tenter l'entreprife en perfonne, & fut obligé de la commettre à Pulatecan, à qui il donna trois mille hommes de troupes & quelque Cavalerie. Melrao & Timoja avertis de fon arrivée, en raffemblerent auffi-tôt quatre mille & quarante chevaux qu'ils avoient pour garder les doüanes de terre ferme, & allerent lui prefenter la bataille. Pulatecan l'accepta & fut battu. Ses troupes mises d'abord en déroute, l'entraînoient malgré lui dans leur fuite ; mais un Officier de l'armée de Melrao l'ayant suivi trop imprudemment & sans ordre, lui remit en main la victoire. Car cet Officier ayant été tué, ses gens se dissiperent. Alors Pulatecan ayant rallié les siens, vint fondre sur Merlao, qui ne pensant à rien moins, goutoit tranquillement le plaisir de l'avantage qu'il venoit de remporter avec tant de gloire. Melrao défait à son tour n'osa de honte retourner à Goa, & s'enfuit chez le Roi de Narsingue, & conduisit avec soi Timoja, après avoir obtenu un saufconduit pour lui. Mais le saufconduit ne servit de rien à Timoja. Le Roi de Narsingue violant à son égard les droits de l'hospitalité & de la foi publique, je ne sçais pour quel sujet, le fit assassiner. Fin triste pour cet homme, qui avoit ses défauts ; mais qui avec cela avoit bien du bon, de la valeur, plusieurs belles actions par devers lui, & de grands services rendus aux Portugais. Melrao fut plus heureux, car dans ces circonstances la mort du Roi d'Onor son frere le délivrant d'un Competiteur injuste, le Trône lui fut déféré sans concurrence, & il s'y comporta toûjours en allié fidelle de la Couronne de Portugal.

Pulatecan n'ayant plus d'ennemis en tête, s'avança jusques aux pas de Benastarin & d'Agacin. Il tenta inutilement de faire soulever les

Ann. de J. C. 1511.
Don Emmanuel Roi.
Alphonse d'Albuquerque Gouverneur.

Indiens de l'Isle, qui demeurerent fidelles, & donnerent avis de tout à Roderic Rabelo, Gouverneur de Goa, afin qu'il pourvût à la sûreté de l'Isle en faisant garder les passages. En effet il y mit un très-bon ordre, & usa de beaucoup de celerité. Le Général ennemi ne s'en rebuta pas. Il espera qu'il en viendroit à bout comme la premiere fois, & y réüssit. Car ayant fait faire quantité de bateaux legers couverts de cuir, & choisi le tems d'une nuit obscure & pluvieuse, il donna si bien le change aux Portugais par plusieurs feintes, qu'ayant diverti leur attention, non-seulement il traversa dans l'Isle sans être entendu, mais s'empara encore de deux Caravelles, & passa au fil de l'épée ceux qui les gardoient.

Pour profiter ensuite du premier trouble que devoit causer son passage, & attirer l'ennemi dans quelque piége, il suborne un Indien, à qui il donna ordre d'aller à la Ville parler au Tanadar comme de lui-même, & lui donner avis que deux cens Maures étoient entrés dans l'Isle, & étoient postés au vieux Goa, où il seroit facile de les surprendre. Le Gouverneur brave, mais un peu trop jeune, donna dans le panneau contre le sentiment de Coje-Qui, à qui l'avis parut suspect. Il envoye d'abord Fernand de Faria à la découverte; mais suivant ensuite l'impetuosité de sa jeunesse, il sort à la tête de quarante chevaux, & de cinq cens Indiens. Tandis qu'il gagne les devants, le traître qui avoit donné le faux avis, découvre sa fourbe aux Indiens qui le sui- voient, leur dit le vrai nombre des ennemis, & se sauve. Ceux-ci s'arrêtent, voyant que la partie n'étoit pas égale.

ANN. de J. C. 1511.
DON EMMA-NUEL ROI.
ALPHONSE D'ALBU- QUERQUE GOUVER- NEUR.

Rabelo découvrant de dessus une colline les ennemis qui étoient bien au nombre de quinze cens, & se voyant abandonné de ses Indiens, fut étonné; mais se rassurant un peu: » Que » vous en semble, Messieurs, dit-il, à sa petite » trouppe. Mal, répond Coje-Qui : mais quel- » que parti que vous préniez, je vous suis. « Les autres ne disant rien, de peur qu'on n'attribuât à lâcheté le seul conseil sage qu'il y avoit à prendre, » Allons, leur dit Rabelo, on verra au- » jourd'hui ce que vaut le cœur de chacun de » nous. Cela me plaît, a dit Manuel d'Acugna aussi brave, mais aussi téméraire que le Gouverneur; & sans autre préambule, ils fondent sur l'ennemi avec tant de fureur, qu'ils le rompent, le culbutent, le mettent en fuite, & l'obligent à se précipiter dans la riviere. Trois cens resterent sur la place, & il y en eut un plus grand nombre qui se noya.

Des cinq cens Indiens de la suite de Rabelo, trois cens Canarins étoient retournés sur leurs pas; les autres deux cens qui étoient Malabares avoient suivi de loin, & arriverent assez à tems pour se mettre aux trousses des fuyards. Tandis qu'ils les poussent avec ardeur, on vient avertir Rabelo qu'il y avoit quelques-uns des ennemis retirés sur une hauteur entre des mazures. C'étoit Pulatecan & quatre-vingt hommes des plus braves de sa suite. Le Tanadar Coje-Qui le connut à ses Enseignes, & fit ce qu'il put pour arrêter l'impetuosité du Gouverneur, lui promettant qu'il les feroit entourer par ses gens, & percer de loin à coups de flèches, de maniere qu'il ne s'en sauveroit pas un. Le conseil étoit trop sage pour un jeune fou, que son premier succès avoit aveuglé. Il y vole seulement avec quatorze chevaux, & saute dans l'enclos. Les ennemis le prennent en flanc des deux côtés, percent son cheval qui se cabrant le renverse sous lui, où à l'instant il est tué à coups de lances. Manuel d'Acugna qui l'avoit suivi eut le même sort : les autres sont repoussés avec vigueur, & prennent le parti de se retirer à la Ville, sans que les ennemis se missent en peine de les suivre, contens de la mort de ces deux hommes, dont le courage trop boüillant avoit ravi aux leurs le fruit d'une si belle victoire.

François Pantoja devoit succeder de droit à Rabelo dans son poste, & le conseil l'en pressa; mais il le refusa, & prit Acte de son refus. A son défaut personne ne le méritoit mieux que Diego Mendez de Vasconcellos. Il est vrai qu'étant prisonnier d'Etat, c'étoit une consideration qui devoit empêcher, qu'on ne jettât les yeux fur lui. Néanmoins la néceffité fit paffer par deffus. On le lui offrit, & il l'accepta. Pantoja voulut revenir, fit fes proteftations, mais on n'y eut aucun égard.

Ann. de J. C. 1511.
Don Emmanuel Roi.

Mendez en homme entendu s'appliqua tout auffi-tôt à fe préparer à foutenir un fiége, dont il craignoit les rifques, parce qu'on étoit à l'entrée de l'hyver, & qu'il n'avoit pour toute garnifon que fix cens Malabares ou Canarins, qu'il avoit été obligé de recevoir dans la Ville, & deux cens Portugais, aufquels fe joignirent peu après trente autres que conduifit François Peréïra Berredo, qui avec ce petit renfort fut reçu comme une Divinité.

Alphonse d'Albuquerque Gouverneur.

Pendant ce tems-là Pulatecan qui avoit eu le loifir de fe remettre du dernier échec qu'il avoit eu, s'étoit mis en poffeffion du refte de l'Ifle, & fe fortifioit au pofte de Benaftarin, où il fit une efpece de Citadelle felon les regles de l'art. De-là il infultoit fouvent la Ville étant maître de la campagne, & courant jufques à fes portes. Mais dans toutes fes courfes il fut toûjours battu, & contraint de fe retirer avec perte.

Ces pertes néanmoins étoient peu de chofe, & il comptoit fi bien fe rendre maître de Goa, que s'affurant dès-lors de s'en approprier la Souveraineté, il ne fit plus état des ordres de fon Prince, & ne daignoit pas même l'inftruire de ce qui fe paffoit. L'Idalcan, à qui cette con-

ANN. de J. C. 1511.
DON EMMA-NUEL ROI.
ALPHONSE D'ALBU-QUERQUE GOUVERNEUR.

duite le rendit suspect, résolut de le faire relever, & envoya pour cet effet Rostomocan Arabe ou Turc d'origine & de Religion, dont le mérite personnel l'avoit engagé à lui donner sa sœur en mariage. Rostomocan conduisoit six mille hommes, & portoit un ordre à Pulatecan de lui remettre le Commandement des troupes. L'Idalcan s'étoit persuadé que la consideration de la personne qu'il envoyoit adouciroit à Pulatecan le désagrément de sa revocation ; mais celui-ci le prit au criminel, & refusa d'obéir.

Rostomocan prit le parti de dissimuler, mais il envoya sous main un prisonnier Portugais qu'il avoit, à Mendez pour lui dire de sa part. " Que tout ce que Pulatecan avoit fait il l'a- " voit fait sans ordre & contre la volonté de " l'Idalcan, qui ne demandoit pas mieux que " de vivre en bonne amitié avec la Couronne " de Portugal, dont il vouloit se rendre tribu- " taire. Que s'il vouloit joindre ses troupes aux " siennes pour l'aider à soumettre ce sujet re- " belle, il lui en auroit obligation, & le laisse- " roit ensuite dans la possession paisible de Goa, " auquel il n'avoit plus rien à pretendre, puisque " les Portugais s'en étoient rendus les maîtres. Mendez fut la dupe d'une proposition si flatteuse. Les deux Généraux s'unirent avec succès. Pulatecan dépoüillé se retira vers l'Idalcan pour se plaindre de cette trahison, & lui demander justice,

justice. Il la lui fit en lui faisant donner du poison.

Roſtomocan venu à bout de ſes fins, non ſeulement ne tint pas à Mendez la parole qu'il lui avoit donnée, mais il le fit ſommer ſur le champ avec beaucoup de fierté d'évacuer la place. Comme il n'eut d'autre réponſe que celle qu'il méritoit, il commença à la harceller avec bien plus d'ardeur que n'avoit fait ſon prédeceſſeur; mais ſon camp étant aſſez éloigné, il fut aſſez maltraité dans les differentes courſes qu'il fit, par les embuſcades que le Gouverneur mit ſur les diverſes routes qu'il tenoit. Dans toutes il eut toûjours du pire, & les aſſiegez ne perdirent qu'une ſeule perſonne de conſideration, qui fut le Tanadar Coje-Qui, dont ils reſſentirent vivement la perte, à cauſe de l'affection qu'il avoit toûjours eûë pour les Portugais, à qui il avoit rendu de grands ſervices; qu'il étoit homme de main, & étoit extrêmement animé contre les Maures ennemis. Il fut bleſſé dans une de ces ſorties d'un coup de feu, dont il mourut quelques jours après, n'ayant d'autre regret que de n'être pas mort ſur le champ de bataille.

Les pluyes continuelles abattirent enſuite un grand pan des murs de la Ville, de maniere cependant que le mur étoit encore de la hauteur d'un homme. Heureuſement ce fut la nuit. Ainſi on eut le tems de travailler à reparer la bréche. Roſtomocan, qui en fut averti par ſes *Découvreurs*, y vint ſur le champ donner l'aſſaut. Mais le combat ayant duré tout le jour, il y fut ſi mal mené, qu'il n'oſa reparoître le lendemain. On en jugea du moins ainſi par le loiſir qu'il laïſſa aux aſſiegés de fortifier ce poſte. Mais il parut la nuit ſuivante que ce n'étoit qu'une feinte pour les endormir. En effet il ſe préſenta à la bréche deux heures avant jour, & penſa s'en rendre maître par ſurpriſe. Quatre nuits de ſuite il fit la même choſe, & fut toûjours repouſſé; deſorte que devenu plus reſervé, il eut recours à un ſtratagême pour laſſer les aſſiegés, & les épuiſer de fatigues, ſans qu'il lui en coutât rien. Il plaça un corps de troupes aſſez près de la Ville avec ordre de faire joüer les trompettes pendant le tems de la nuit. Les aſſiegés reveillés à ce bruit étoient toûjours alertes, & ſouffroient beaucoup de la veille, de la peſanteur de leurs armes & des rigueurs de la ſaiſon. Ils ſe délivrerent néanmoins de cette incommodité, & taillerent le détachement en pieces.

Juſques là les aſſiegés avoient aſſez peu ſouffert de la part des ennemis : mais Roſtomocan s'étant ſaiſi d'une hauteur qui dominoit la Ville, & y ayant placé une groſſe coulevrine, le feu continuel de cette piece qui portoit partout & ſe pointoit à diſcretion, non ſeulement ſur les maiſons, mais ſur les hommes même, fit un très-grand dommage, & caufoit de grandes inquiétudes. La faim d'un autre côté fe fit fentir de maniere qu'un petit fac de ris fe vendoit cinq écus, & une poule une crufade. Les habitans ayant confumé leurs provifions, il ne refta plus que celles des magafins, dont la diftribution fe faifoit avec beaucoup de referve, & feulement à ceux qui portoient les armes, les autres ne vivant que du feul produit de leur pêche ; ce qui caufa bientôt une maladie populaire, qui ne fut pas un moindre fléau que la faim.

Ces miferes multipliées renverferent l'efprit de quelques foldats, qui comparant leur état préfent avec celui de Machiado, & des autres transfuges que les Princes de l'Inde, chez qui ils fe retiroient, combloient de biens & d'honneurs, pafferent dans le camp ennemi, & abjurerent leur Religion. Il y en eut peu d'abord qui donnerent ce mauvais exemple ; mais les amis qu'ils avoient laiffés dans la place travaillerent fi bien, qu'il y en eut enfuite jufques à foixante-dix qui firent le complot de s'évader. D'autre part Machiado, dont l'état faifoit envie à ces miferables, tyrannifé par les remords de fa confcience, excité par un refte d'amour pour fa nation, & craignant peut-être d'être puni comme traître (car il commençoit a être foupçonné) meditoit dans fon cœur une retraite toute oppofée. C'étoit à lui que les transfuges étoient addreffés, & il les incorporoit dans le corps qu'il commandoit. La diffimulation dont il étoit contraint d'uſer, l'obligeoit à leur faire bon viſage & bon accuëil; mais il gémiſſoit interieurement de leur apoſtaſie, qui lui renouvelloit tous les regrets de la ſienne. Il fut ſurtout extrémement touché, quand il vit que cette gangrene gagnoit juſques à la Nobleſſe, & qu'il ſçut le complot qu'avoient fait ceux qui étoient encore dans la place. Il en fut pénétré & effrayé, & la douleur qu'il en eut hâta l'exécution du deſſein qu'il rouloit depuis quelque tems dans ſa tête.

Il avoit eu deux enfans qu'il avoit baptiſés en ſecret. Il eût bien voulu pouvoir les enlever; mais n'y voyant point de jour, & craignant qu'élevés dans le Mahometiſme, ils n'euſſent le malheur d'être damnés, une pieté mal entenduë le rendit parricide; il les étouffa pendant la nuit, & après cet horrible meurtre qui parut l'effet du hazard, il prit ſon tems, & conduiſit avec ſoi les Portugais captifs & transfuges comme pour ſe promener. Il les mena aſſez près de Goa. Là leur ayant fait un diſcours vif & patétique, qu'il accompagnoit d'un torrent de larmes, il les exhorta à le ſuivre dans la Ville, à corriger leur faute paſſée par un repentir, dont il leur garantiſſoit le pardon. Les transfuges daignerent à peine l'écouter, & retournerent ſur leurs pas. Pour lui & les captifs ils ſuivirent le projet qu'ils avoient prémédité. On vint les recevoir en proceſſion & avec toutes les demonſtrations d'une joye parfaite. La Ville ſembla avoir reçu avec eux leur ſalut. Et dans le fond il eſt certain que ce retour, qui toucha tout le monde, ayant empêché la deſertion, empêcha auſſi la reddition de la place, que cette deſertion eût rendu inévitable.

Roſtomocan irrité de cette retraite de Machiado n'en devint que plus ardent à preſſer le ſiege. En effet pendant quelque tems il ne donna de repos aux aſſiegés ni jour ni nuit. Néanmoins dans une de ces eſcarmouches le Gouverneur ſorti à la tête de quatre-vingt chevaux, lui ayant defait deux cens chevaux Maures & ſept cens hommes d'infanterie qu'il avoit mis dans une embuſcade, il ménagea davantage ſon monde, mettant ſa confiance dans ce que devoit produire l'extrême famine où la Ville étoit reduite.

On y avoit déja ſouffert preſqu'autant qu'en aucun des ſieges les plus memorables dont il ſoit parlé dans l'hiſtoire, quoique la Ville ne fût pas aſſiegée dans les formes, & l'on étoit en ſituation de ſouffrir bien davantage ſans la généreuſe réſolution de François Peréira Berredo, qui entreprit malgré la ſaiſon d'aller à Baticala, chercher des vivres dans une Fuſte. Et quoique le poſte de Cintacora par où il devoit paſſer, fût gardé par des Fuſtes ennemies, il

Ann. de J. C. 1511.
Don Emmanuel Roi.
Alphonse d'Albuquerque Gouverneur.

fit un voyage si heureux, qu'il revint chargé & accompagné de vingt Paraos pleins de toutes fortes de provisions. Quelque tems après Sebastien Rodrigues ayant fait le même voyage avec le même succès, Goa eut de quoi se soutenir jusques vers la fin de l'hyver. Fernand de Beja, qu'Albuquerque avoit envoyé pour démolir le Fort de Socotora, arriva ensuite dès l'entrée de la belle saison. Peu après lui arriverent encore Jean Serran & Pelage Sala qui venoient de l'Isle de Madagascar. Ils furent suivis de près par Manuel de la Cerda, qui y mena les six Vaisseaux qu'Albuquerque lui avoit laissés pour faire la course sur la Côte de Malabar, & par Christophe de Britto qui étoit parti cette année 1511. dans l'escadre de Don Garcie de Norogna. Il n'y eut pas jusques à Mélic Jaz toûjours politique, qui voulant se faire un mérite d'y avoir donné du secours, y envoya deux Vaisseaux qui acheverent d'y apporter l'abondance.

Rostomocan ne se rebuta pas à l'arrivée de ces secours ; mais ayant été bien battu en diverses rencontres, il ne pensa plus qu'à se conserver dans le poste de Benastarin, dont il fit la meilleure place qu'eut l'Idalcan. Là néanmoins plûtôt assiegé qu'assiegeant, Goa se trouva entierement délivrée de toute crainte de sa part, après avoir fait beaucoup d'honneur à ceux qui l'a défendirent, particulierement à Mendez, qui y eût acquis encore plus de gloire sans les fautes que lui fit faire l'envie qu'il eut de se venger d'Albuquerque, & de renverser ce qu'il avoit établi.

Ce Général, que nous avons laissé sur mer partant de Malaca, seulement avec cinq Vaisseaux & un Jonc, fit un des plus malheureux voyages qu'on puisse faire, & ne s'en sauva que par un miracle de sa bonne fortune. Car rangeant la Côte de Sumatra & se trouvant par le travers du Royaume d'Auru, il se vit accueilli d'une des plus violentes tempêtes qu'on éprouve dans ces mers. Il étoit nuit. Tous les vents étoient déchaînés : le Ciel éclattoit en foudres & en tonnerres, & la mer étoit haute comme les Monts. Comme il étoit près des terres il arriva pour chercher un asyle & moüilla. Mais les vagues étoient si fortes, qu'il chassa sur ses anchres, & alla donner sur une bature ou le Vaisseau *Fleur de la Mer* qu'il montoit, celebre par ses voyages & ses expéditions, mais extrémement vieux & demi pourri, se coupa en deux par la moitié, & sur le champ tout le côté de la prouë fut englouti dans les flots. Le côté de la poupe resta assablé & mangé par les coups de mer. Tandis que les uns sont absorbés par les vagues, & que les autres saisissent la premiere chose qui se presente à eux, Albuquerque luttant contre les flots ne trouva qu'une petite enfant d'une de ses esclaves, il

ANN. de J. C. 1512.

Don Emmanuel Roi.

Alphonse d'Albuquerque Gouverneur.

l'embraſſa avec compaſſion, puiſque Dieu ſembloit la lui envoyer pour être ſon refuge, en mettant lui-même l'eſperance de ſon propre ſalut dans l'innocence de cet âge tendre. Pierre d'Alpoëm, qui commandant le Vaiſſeau *la Trinité*, avoit moüillé auprès d'Albuquerque, averti de ſon naufrage par les clameurs qu'il entendit malgré le ſifflement des vents, mit auſſi-tôt ſa Chaloupe à la mer, & ſauva le Général. Les autres qui étoient reſtés au Château de Poupe furent auſſi ſauvés, & par quelques radeaux qu'ils firent, & par le ſecours qu'on leur donna, lorſque le jour fut venu & que la mer fut tombée. Du reſte on ne put rien ſauver des grandes richeſſes que ce Vaiſſeau portoit. On y avoit embarqué le quint du Roi, & tous les effets du Général, qui regretta cependant plus que tout l'or & les bijoux de la cargaiſon, deux Lions de bronze qu'il avoit deſtinez pour ſa ſepulture, & le bracelet du fameux Sabandar de Malaca, dans lequel on avoit remarqué une ſi grande vertu pour étancher le ſang, & dont il vouloit faire préſent au Roi.

Ce ne fut pas le ſeul malheur de cette funeſte avanture. Les Javes qui étoient en grand nombre dans le Jonc, s'étant ſéparés par l'orage du Vaiſſeau de George Nugnés qui le veilloit, ſe revolterent contre le Capitaine Simon Martinez, le tuerent avec les autres Portugais à l'exception l'exception de quatre, qui s'étant jettés dans l'esquif se sauverent à terre, & furent recüeillis par le Roi de Pacen, qui les traita fort bien, pour s'en faire un mérite auprès du Gouverneur.

Ann. de J. C. 1511.
Don Emmanuel Roi.

Les calmes ayant succedé à la tempête, Albuquerque se vit dans un nouveau danger de périr de faim & de soif. Deux Vaisseaux qu'il prit, chemin faisant, porterent remede à l'un & à l'autre. L'un de ces Vaisseaux qu'il avoit donné à Simon d'Andrade, pour l'amariner avec quelques gens de son équipage, lui joüa un nouveau tour. Car comme d'Andrade ne put prendre hauteur, il fut obligé de se confier au Patron qui fit la route des Maldives. Là les Indiens du Vaisseau s'étant revoltés contre d'Andrade & ses gens, les dépoüillerent, & leur firent toutes sortes d'insultes. Ils n'oserent pourtant leur ôter la vie, de peur qu'on ne s'en vengeât sur le Capitaine du Vaisseau qui servoit d'ôtage sur celui du Général. Ils les envoyerent ensuite à Cochin, où le Général arriva de son côté sur la fin de Février.

Alphonse d'Albuquerque Gouverneur.

On l'y reçut avec d'autant plus de joye, que sur le premier bruit de son naufrage on l'y avoit pleuré comme mort. Si l'allegresse publique lui fut sensible, sa joye fut un peu temperée par la douleur qu'il eut des malversations & des tyrannies de ceux qu'il avoit laissés dans le Gouvernement. Ces hommes iniques, dont les mains étoient pleines de rapines, vo-

1512.

Tome I. LLl

ANN. de J. C. 1512.
DON EMMA-NUEL ROI.
ALPHONSE D'ALBU-QUERQUE GOUVER-NEUR.

loient effrontément, & avec si peu de pudeur, qu'ils avoient exilé Simon Rangel, uniquement à cause de la liberté avec laquelle il reprenoit la publicité & le scandale de leurs extorsions. Exil qui fut cause d'un nouveau malheur pour lui, car il fut fait esclave par les Maures, & conduit à Aden. L'équité d'Albuquerque fut vivement piquée de ce trait. Il en eût fait bonne justice; mais son conseil ne l'ayant pas jugé à propos, il se contenta d'en informer la Cour.

Il eut de quoi se consoler un peu par les nouvelles qu'il reçut des secours qui lui venoient de Portugal, & par le plaisir qu'il eut de revoir les Portugais qui avoient été faits prisonniers dans le Vaisseau qui périt sur la Côte de Cambaïe.

Dès l'année précédente le Roi, pour le consoler de la perte de ses deux neveux Don Alphonse & Don Antoine de Norogna, avoit fait partir Don Garcie leur frere à la tête d'un escadre de six Vaisseaux. Don Garcie eut un voyage très-disgracieux, il s'accosta de trop près des terres du Bresil; & s'étant ensuite trop élevé au-dessus du Cap de Bonne-Esperance vers le Pole Austral, il éprouva des froids aussi vifs, que ceux qu'on sent dans les voyages du Nord, & trouva les jours si courts, qu'ils étoient obligés de confondre en une même heure leur dîner & leur souper, (ainsi le disent tous les Auteurs.) Il mit ensuite sept mois entiers à se rendre à Mozambique, où il hyverna. Les Vaisseaux de Christophle de Britto & d'Arias de Gama, frere de l'Amirante, qui étoient de l'escadre de Don Garcie, firent au contraire un voyage si prompt, qu'ils furent de retour en Portugal, aussi-tôt que Garcie dans les Indes.

ANN. de J.C. 1512.
DON EMMA-NUEL ROI.
ALPHONSE D'ALBU-QUERQUE GOUVER-NEUR.

Cependant Norogna ayant trouvé en chemin quelques Vaisseaux, & donné avis à la Cour des lenteurs de sa marche, le Roi qui craignoit toujours les apprêts du Caliphe, fit partir douze Vaisseaux divisés en deux escadres commandées par George de Mello Pereira, & Garcie de Sosa, qui avoient sous eux de très-bons Officiers, parmi lesquels étoient George d'Albuquerque, Pierre son fils, & Vincent, tous trois proches parents du Général. Ces Flottes étant arrivées en même tems cette même année, furent d'autant plus agréablement reçuës, qu'elles portoient un renfort de plus de deux mille hommes.

Pour ce qui est des prisonniers de Cambaïe, ils furent délivrés d'une maniere singuliere, & qui mérite d'être rapportée. Le Roi de Cambaïe, quoique ligué secrettement avec le Caliphe & ennemi mortel des Portugais dans le fond du cœur, avoit toûjours traité ces prisonniers avec grande distinction par le conseil de Mélic Jaz & de Mélic Gupin, tous deux rivaux & concurrens, mais tous deux fort accredités auprès de sa personne, & passionnés également

ANN. de J. C. 1512.
DON EMMA-NUEL ROI.
ALPHONSE D'ALBU-QUERQUE GOUVER-NEUR.

pour se faire un appui des Portugais dans le besoin. Comme ces prisonniers pouvoient leur servir à entrer en quelque négociation, ils en usoient fort bien à leur égard, & leur donnoient toutes les facilités pour traiter de leur rançon. Albuquerque souhaita ardemment leur délivrance, tandis qu'il ignora le sort de son neveu Don Alphonse, qui étoit sur le Vaisseau échoüé ; mais quand il l'eut appris, quoique ces deux Ministres du Roi de Cambaïe & les prisonniers conjointement lui eussent écrit, il ne se pressa plus tant, je ne sçais par quel motif, de traiter de leur rachapt. Il ne fut pas moins froid sur cet article avec un Ambassadeur qui lui vint de la Cour de Cambaïe, d'autant mieux qu'il sçavoit que les prisonniers étoient bien. Cependant ceux-ci s'ennuyant de leur état, le Pere de Lauriere Franciscain, ce digne Missionnaire dont nous avons déja parlé, pressa le Roi de le laisser partir pour Cochin, afin d'y aller traiter lui-même de cette affaire. Le Roi lui ayant demandé quelle assûrance il lui donnoit de son retour, il détache son cordon, & le lui met en main, comme le gage le plus assûré de sa foi. Ayant obtenu l'agrément de ce Prince sur cela seul, il se rendit à Cochin. Albuquerque en étoit parti, & ceux qui avoient le timon dans son absence, étoient trop intéressés & trop peu affectionnés au bien public, pour être touchés de l'état de leurs Concitoyens, de sorte que ne voyant aucun jour pour réüssir, il retourna comme il étoit venu. Le Roi fut si frappé de cette fidelité, & conçut une si haute idée d'une nation qui produisoit des hommes capables de ces actes de vertu, qu'il les renvoya tous sans rançon.

Dès le moment de son arrivée à Cochin, le Gouverneur avoit appris tout ce qui s'étoit passé à Goa, où les choses étoient encore dans l'état où nous les avons laissées. Il y envoya d'abord des provisions de guerre & de bouche. Il releva Mendez, à la place duquel il mit Manuel de la Cerda. Il fit Manuel de Sosa Gouverneur de la Citadelle, & Fernand de Beja Général de l'armée de mer que la Cerda commandoit. Il fit partir aussi pour Malaca François de Mello, Martin Guedez, & George de Britto, avec un renfort de cent quarante personnes, quantité de munitions de guerre & de bouche, des Charpentiers de Navires, & tout ce qui étoit nécessaire pour mettre en mer six Galeres, qu'il destinoit à garder les détroits de Saban & de Sincapour. Il eût bien souhaité se transporter lui-même à Goa, où sa présence étoit nécessaire ; mais ceux qui y commandoient lui faisant faire attention au peu de forces qu'il avoit alors, le prierent de suspendre son voyage jusques à l'arrivée des secours qui venoient de Portugal, dont on avoit déja nouvelle.

Cette proposition lui ayant paru juste & rai-

A n n. de J. C. 1512.
Don Emmanuel Roi.
Alphonse d'Albuquerque Gouverneur.

sonnable, il suspendit en effet pendant quelque tems son voyage, & s'appliqua cependant à reformer les abus qui s'étoient glissés pendant son absence. Ce n'étoit pas seulement les chefs du Gouvernement qui avoient prévariqué dans leur administration, le desordre avoit passé des Grands au peuple ; & il y avoit une corruption de mœurs si générale & si peu mesurée, que les vices des Portugais faisoient horreur aux Mahometans & aux Idolâtres: de sorte que ces hommes, qui étoient passés dans l'Inde, plûtôt dans l'idée de la conquerir à Jesus-Christ, que de la soumettre au domaine de leur Souverain, étoient la Croix des Missionnaires, & le plus grand des obstacles à l'établissement de la foi, par le contraste affreux de leurs exemples & de leurs actions, avec les maximes saintes de la morale de l'Evangile. Albuquerque fut touché de ces excès, il travailla de son mieux a y porter remede ; & le moyen le plus efficace ce fut que de concert avec le Roi de Cochin, il sépara les quartiers des Malabares & des Portugais, avec défense sous peine de mort de passer des uns aux autres ; ce qui arrêta pendant quelque tems la licence, & ne servit pas peu à la conversion des Gentils.

Malaca ne se sentit pas moins de l'absence du Général, que l'avoit fait Goa. Mahmud & Aladin postés à l'Isle de Bintan, Lacsamana leur Amiral qui gardoit la rivierre de Muar, & Patequitir se concertoient ensemble pour lui faire une vive guerre, dans l'esperance de s'en rendre les maîtres. Les Indiens amis des Portugais, & les Portugais eux-mêmes se défiant de leur petit nombre, apprehendoient tout de l'union de ces ennemis, dont chacun pris séparément n'étoit pas à mépriser. Patequitir n'étoit pas sorti de sa peuplade d'Upi, où il faisoit sa demeure avec les Javes, depuis qu'il avoit eu la hardiesse de brûler le quartier des Quitins & des Châtins. Il s'y étoit fortifié d'une double enceinte, dont la seconde étoit faite du précieux bois de sandal. Il avoit aussi ses Vaisseaux, avec lesquels il faisoit des courses, & donnoit beaucoup d'inquiétude à la Ville.

Britto avoit fait un retranchement depuis la Ville, jusques à la pointe de la Forteresse, avec laquelle il faisoit comme une espece de Bastion, à l'angle duquel il plaça le corps d'un gros Vaisseau qui en commandoit les deux faces. Patequitir prenant le tems d'une nuit obscure, enleva le Vaisseau par la négligence du Capitaine, qui y fut tué avec tout son monde, à l'exception d'un maître canonier, que le victorieux épargna pour lui faire servir une grosse piece d'artillerie qu'il y prit.

Il étoit de conséquence de ne pas laisser joüir long-tems Patequitir d'un succès, qui lui enflant le courage abbatoit extrêmement celui des Indiens alliez, qui n'avoient déja donné

ANN. de J. C. 1512.
DON EMMANUEL ROI.
ALPHONSE D'ALBUQUERQUE GOUVERNEUR.

que trop de marques de leur défiance, en prenant le deüil au départ d'Albuquerque. Ainsi il fut résolu d'aller dès le lendemain l'attaquer dans son Fort. Alphonse Personne conduisit par terre le long du rivage les Malabares & les Malays, soutenus de quelques arquebusiers Portugais. Fernand Perez d'Andrade, qui commandoit le parti, étoit à la tête du reste dans les bateaux. Alphonse Personne arriva un peu tard, à cause qu'il fut arrêté à un gué. Botello d'une part avec vingt Portugais seulement, & Fernand Perez de l'autre attaquerent le Fort, & forcerent les barricades des deux enceintes. Le plus grand danger fut dans le dedans de la place, où ils trouverent quatre cens hommes en armes & trois Elephants, sur chacun desquels il y avoit une tour & plusieurs archers. Botello plus exposé que les autres eut le premier effort à soutenir avec sa petite troupe. Il ne se déconcerta pas, & donna ordre à ses gens de viser à tuer le Pasteur du premier Elephant, qui étoit une femelle beaucoup plus petite que les autres. Le Pasteur étant tombé percé de coups, l'Elephant prêta le côté, & sur le champ il reçut un coup d'arquebuze dans le cœur, dont il ne poussa qu'un cri, & tomba roide mort. Fernand Perez étant arrivé dans le moment par le côté opposé, les ennemis troublés ne penserent qu'à gagner les bois, où on ne se soucia pas de les suivre. On trouva dans le Fort tant de richesses & surtout tant d'épiceries, que les vainqueurs ne pouvant s'en charger, furent obligés d'inviter les gens de Malaca de venir prendre part au butin ; après quoi on mit le feu à tout ce qui resta. Botello se distingua beaucoup dans cette action ; mais celui qui eut le plus grand honneur de cette journée, ce fut sans contredit le maître canonier, que Patequitir avoit pris dans le Vaisseau qu'il avoit enlevé. Car ayant mieux aimé périr que servir le canon contre les siens, Patequitir lui fit couper la tête sur la culasse du même canon, qu'on trouva encore arrosé de son sang tout fraîchement repandu quand on le reprit.

A N N. de J. C. 1512.
DON EMMANUEL ROI.
ALPHONSE D'ALBUQUERQUE GOUVERNEUR.

La superstition empêcha Patequitir de revenir dans un endroit, où le sort des armes lui avoit été si contraire. Il se transporta une lieuë plus haut, & s'y fortifia encore mieux qu'il n'avoit fait dans le premier poste. On ne tarda pas à l'y aller attaquer, pour profiter de l'ardeur que donne la victoire aux vainqueurs, & de l'effroi qu'elle inspire aux vaincus. Les deux enceintes furent encore forcées avec beaucoup de valeur comme la premiere fois ; mais comme le terrain étoit un pays noyé, & où les eaux étoient ménagées par artifice, les Portugais ne pouvant pas s'en tirer aussi habilement que les Indiens, à cause de la pésanteur de leurs armes, Perez fit sonner la retraite pour regagner les bateaux. Celui d'Aravio trop chargé de monde s'affabla, & fut sur le champ le théâtre d'un grand combat. Perez le fit secourir; mais Aravio y fut tué avec Christophle Pacheco & Antoine d'Azevedo Capitaine d'une Caravelle. Fernand Perez, Pierre de Faria, & plusieurs autres y furent blessés : avantage qui faisant passer tout d'un coup la victoire d'une main dans l'autre, releva le courage des ennemis, & humilia beaucoup les Portugais.

Peu de jours après, ils eurent occasion de se dédommager sur la Flotte ennemie. Laczamana qui la commandoit, étoit un bon Officier; mais donnant plus à la prudence qu'à la valeur, il évitoit d'en venir à une action, se contentoit de molester les Portugais, & de leur couper les secours & les vivres. Cependant Mahmud pressé par Patequitir, & encouragé par son dernier succès, envoya ordre à son Amiral de se joindre aux Flottes du Roi d'Arguin & d'un autre Prince ses alliez, & de se montrer dans les détroits de Saban & de Sincapour, & vers l'embouchure de la riviere de Muar. Perez averti par les *Découvreurs* qu'il étoit en ce dernier endroit, alla aussi-tôt l'y chercher pour lui donner bataille. Laczamana apperçut le premier la Flotte Portugaise, lorsque le Vaisseau de Botello qui faisoit l'avant-garde, commença à doubler un Cap qui cachoit toute la sienne. Bien loin de lui courir sus, il s'enfonça davantage dans l'ance que faisoit le Cap, pour le laisser passer, & le couper ensuite. Botello s'apperçut de son dessein, & ne laissa pas de passer outre, dans la vuë de l'enfermer, & de lui barrer le chemin. En effet quand la Flotte Portugaise se fut développée; Laczamana ne pensa plus qu'à se mettre à couvert; & afin d'empêcher les Vaisseaux ennemis d'aller jusques à lui, il fit devant soi une estacade de Vaisseaux & de ballons qu'il fit percer par le fond, afin que l'eau les remplissant, ils fussent plus difficiles à forcer. L'artillerie commença à joüer ensuite de part & d'autre très-vivement, avec la différence ordinaire, que celle des ennemis étoit plus nombreuse, & celle des Portugais plus efficace & mieux servie; mais les premiers suppléerent à leur désavantage, par la multitude des fléches qu'on tiroit même de dessus le rivage, & dont les Portugais étoient fort incommodés.

Nonobstant cela néanmoins ceux-ci gagnerent les bateaux à mesure que le Jusant les découvrit, sautant de l'un à l'autre. Il y eut là un sanglant combat. Les Javes s'y distinguerent, & s'avancerent jusques à combattre à coups de sabre. Ils lâcherent pied pourtant à la fin, & les Portugais ne pouvant emmener les bateaux, y mirent le feu, qui n'y fit pas un grand dommage.

La nuit ayant séparé les combattans, Perez d'Andrade ne fut attentif qu'à veiller son ennemi, afin qu'il ne lui échappât point pendant les ténebres. Mais Laczamana ayant tiré ses Vaisseaux à sec, fit faire au-devant un retranchement de terre, sur lequel il établit une bonne batterie. Cela fut fait avec tant de promptitude & de silence, qu'il se trouva fini à la pointe du jour. Les Portugais l'avoient si peu entendu, qu'ils étoient dans le doute s'il n'avoit pas delogë. De sorte que le matin, quand Perez vit ce retranchement, & qu'il entendit les fanfares des ennemis, il fut dans la derniere surprise, & ne put s'empêcher d'admirer leur Général, qui en cette occasion lui parut grand Capitaine. Et n'ayant pas assez de monde pour hazarder de faire la descente, il se retira laissant à ce Général, quoique vaincu, plus de gloire, qu'il n'en avoit eu à le vaincre.

 La guerre qu'on faisoit à Malaca en ayant éloigné les étrangers, la disette y causa une famine, & ensuite des maladies, qui faisant tomber les armes des mains aux deux partis, les obligerent à faire une espece de treve, sans en être convenus. Le mal duroit & augmentoit. Perez fut contraint d'aller en course pour avoir des vivres. Il tomba sur un Jonc qu'il prit après un vigoureux combat. Cela pensa être la cause de sa perte. Il s'étoit contenté de désarmer les prisonniers, & leur laissoit la liberté d'aller partout sur son Vaisseau, où il en avoit fait passer une partie. Les prisonniers avoient conservé chacun un cric sous leurs habits, & formerent le dessein de s'emparer du Vaisseau. Le Capitaine devoit donner le signal, il prit le tems que Perez étoit couché sur son lit l'après midi pour dormir, & comme il se tournoit, il lui donna un coup par derriere. Les autres commençoient à vouloir joüer des couteaux, mais les Portugais furent si lestes, que le Capitaine n'eut pas le tems de redoubler : il fut saisi, les autres tués, ou pris, ou se jetterent à la mer. Perez fit donner la question au Capitaine, qui avoüa que le Jonc étoit à Patequitir, & que le fils même de Patequitir étoit actuellement dans le Vaisseau.

Comme le Jonc n'étoit plein que de vivres, & que le Capitaine declara encore trois autres Joncs qu'on prit sans coup ferir, l'allegresse fut d'autant plus grande dans Malaca, que les habitans y trouvoient le double avantage de leur bien propre & du mal de leur ennemi, à qui les Joncs appartenoient, & qui mouroit de faim. Mais le fils de Patequitir fut si mal gardé, qu'il se sauva.

La Ville fut ensuite un peu plus soulagée, non seulement par les prises que Perez continua de faire ; mais encore par l'arrivée des secours qu'Albuquerque envoyoit, par celle de Gomez d'Acugna, qui ayant fait alliance avec le Roi de Pegu, avoit conduit quelques Joncs pleins de vivres, & en avoit obtenu la liberté

ANN. de
J. C.
1512.

Don Emma-
nuel Roi.

Alphonse
d'Albu-
querque
Gouver-
neur.

de pouvoir en aller charger dans ses Etats. Antoine d'Abreu revint aussi pour lors des Molucques, & Antoine de Miranda de Siam, où le Général l'avoit envoyé, & où il avoit été très-bien reçu.

Réjoüis par ces nouveaux secours d'hommes & de munitions, les Portugais se résolurent à aller visiter derechef Patequitir dans ses retranchements, persuadés qu'ils en auroient meilleur marché, à cause de l'état où ils sçavoient que la faim l'avoit reduit. En effet cette fois-ci il fut totalement défait, ses retranchements forcés, partie de ses Elephants tués ou pris, ses gens taillés en pieces ou mis en fuite, & lui tellement déconcerté, que désesperant de l'état de ses affaires, il s'embarqua avec sa famille pour regagner l'Isle de Jave: mais il le fit avec tant de secret, qu'il y avoit trois jours qu'il étoit parti, avant qu'on en eût l'avis à Malaca. Et quoique Fernand Perez le guétât, & le poursuivit vivement ensuite, il lui échappa, & se mit en sureté.

La défaite de Patequitir désola Mahmud, qui se trouvoit abandonné, & privé d'un appui sur lequel il avoit beaucoup compté, mais elle fut un coup de partie pour les Portugais. Car en même tems qu'ils se virent délivrés de cet ennemi, il leur en tomba un autre sur les bras, qui les eût probablement détruits, s'il eût pû joindre ses forces avec celles de Patequitir, avec qui il entretenoit de secrettes intelligences, & qui ne cessoit de hâter son départ de la grande Jave, où il faisoit ses préparatifs.

Les deux Isles de Jave sont du nombre de celles que les Portugais nomment de la Sonde. La Grande, dont il est ici question, n'est séparée de celle de Sumatra, que par un petit détroit qui donne ce nom generique de la Sonde à toutes ces Isles. Elle à environ deux cens lieuës de long sur cinquante de large, & court l'Est & Oüest. Elle est comme coupée dans sa longueur par une longue chaîne de montagnes, ainsi que l'Italie l'est par les Apennins; mais si hautes, que les habitans qu'elle sépare dans ses deux bords, n'ont aucune communication. D'ailleurs elle est très-fertile en toutes sortes de choses nécessaires à la vie, sur-tout en épiceries & en aromates, dont il s'y fait un grand commerce. S'il est vrai que les naturels du pays sont originaires de la Chine, ainsi qu'on le leur fait dire, il faut qu'il y ait long-tems que se soit faite leur transmigration. Ces Insulaires sont en même tems polis & braves jusques à la ferocité, extrémement vindicatifs, & comptant la mort pour rien quand ils ont entrepris de se venger. A l'exception de quelques-uns des plus notables, qui portent des Tuniques de soye & de coton, ils vont nuds, & ne cachent que ce que la pudeur oblige de voiler. Ils razent le devant de leur tête & frisent le reste. Ils ne la couvrent

Ann. de J. C. 1512.

Don Emmanuel Roi.

Alphonse d'Albuquerque Gouverneur.

ANN. de
J. C.
1512.

DON EMMA-
NUEL ROI.

ALPHONSE
D'ALBU-
QUERQUE
GOUVER-
NEUR.

jamais, & regarderoient comme un affront des plus infignes qu'on ofât y toucher de la main. Ils aiment la guerre & la chaffe, à laquelle ils traînent leurs femmes & leurs enfans dans des Chars dorés. Le fexe, qui n'y eft pas défagréable, travaille bien à plufieurs ouvrages. Les hommes y font auffi très-induftrieux, & font fur-tout habiles dans les ouvrages de fer & de fonte. Originairement ils étoient Idolâtres, & ceux qui habitent dans le cœur du Pays le font encore. Ceux qui font aux bords de mer, ont embraffé la loi de Mahomet en s'alliant aux Maures qui s'y font établis comme par-tout ailleurs. Au tems dont nous parlons, il y avoit neuf Rois dans l'Ifle, mais qui avoient une autorité fort limitée fur la nation, laquelle fe gouvernoit proprement par le confeil des Anciens.

Paté-Onus, qui eft l'ennemi dont je vais parler, n'étoit pas Roi, mais il s'étoit foulevé contre fon legitime Souverain, & il étoit affez puiffant pour s'en faire craindre, ou même pour le detrôner dans la fuite. Il paroiffoit avoir dreffé fon plan pour s'établir fur les ruines de Mahmud Roi de Malaca, par les intelligences qu'il avoit avec Utemutis, & il y avoit fept ans qu'il s'y préparoit avec un fecret impénetrable par rapport à fes vûës. Après que les Portugais fe furent rendus maîtres de cette Ville, il n'en conçut qu'une plus haute efperance de s'en emparer,

Sa Flotte étoit, dit-on, de près de trois cens voiles de toutes especes, parmi lesquelles il y avoit plusieurs Joncs de grand port. Celui qu'il montoit, étoit un prodige par sa hauteur & par son épaisseur. La hune des Vaisseaux Portugais n'alloit qu'au niveau de son Château de poupe Il étoit si fort de bois, que ses précintes & ses plats bords, qui étoient de sept doubles mastiqués d'un ciment inseré entre les uns & les autres, étoient à l'épreuve du canon & renvoyoient le boulet.

Cette Flotte ne partit du port de Japara que l'année suivante 1513. Dès qu'elle eut passé le détroit de la Sonde, Ruy de Britto en eut aussi-tôt avis par ses *Découvreurs*. La nouvelle en fit quelque impression dans Malaca sur les Portugais même. Car, outre qu'ils sçavoient que les Javes sont gens déterminés & belliqueux, ils n'ignoroient pas qu'ils sont encore dangereux dans les combats de mer, par des stratagêmes qu'ils employent pour derniere ressource. Siqueira & Albuquerque les avoient éprouvés, & en avoient été étonnés. Le premier même y pensa périr. Car quand ils sont pris à l'abordage, ils ont un feu artificiel qui ne consume point; mais qui effraye ceux qui n'y sont pas faits. Ils ont outre cela l'industrie de percer leurs Vaisseaux, en sorte qu'ils se remplissent d'eau sans gâter les marchandises, & exposent cependant ceux, qui s'en sont rendus maîtres à se noyer. Néanmoins le Gouverneur de Malaca fans s'étonner envoya Fernand Perez d'Andrade avec ſes Vaiſſeaux pour tenir cette Flotte à vûë, & ſe diſpoſa à aller la combattre. Perez revint ſans avoir rien vû, parce que la Flotte ennemie étoit entrée du détroit de Saban dans un autre que forment quelques Iſles voiſines; mais à ſon retour il la vit ſe déveloper devant la Ville, où le nombre de ſes Vaiſſeaux ne laiſſa pas d'augmenter la terreur.

On vit cependant une noble émulation entre les Chefs pour en venir à une action. Il y eut même des paroles très-fortes entre Britto & Perez, parce que le premier vouloit commander la Flotte, & les choſes furent pouſſées d'abord ſi loin, que Britto mit Perez aux arrêts. Mais ce premier feu étant paſſé, il ſe repentit, le délivra, lui fit excuſe, & celui-ci ſacrifiant ſes reſſentimens au bien public, tout ſe mit en mouvement pour aller à l'ennemi. La Flotte Portugaiſe n'étoit que de dix ſept Vaiſſeaux, ſoutenus d'un autre petite Flotte toute compoſée de bâtimens du pays, que commandoit Ninachetu, qui avoit quinze cens Malais ſous ſes ordres.

Le jour ſuivant au lever du Soleil, les deux Flottes appareillerent, celle des ennemis pour entrer dans le port, & celle des Portugais pour gagner le large. Botello qui étoit à l'avant-garde, & qui avoit un bon voilier, gouverna ſur la capitane, qui ſe diſtinguoit aſſez par ſa maſſe. Il fut d'abord invefti par quinze petits bâtimens, aufquels il ne daigna pas feulement faire attention. Pierre de Faria le fuivit dans fa Galere avec la même ardeur. Leur deffein étoit d'aller à l'abordage. Mais quand ils confidererent de près fon exceffive hauteur, ils s'écarterent pour canoner. Le canon n'y faifant rien, ils revinrent fe mettre en ligne. Toute cette journée fe paffa en efcarmouches. Les ennemis n'avoient pas envie de combattre au large, & viferent à entrer dans le port, comme ils firent fur le foir, fans qu'on pût les en empêcher. Ils efperoient par leurs intelligences caufer quelque mouvement dans la Ville, & la faire déclarer en leur faveur. Les Portugais au contraire avoient envie de tenir le large, mais ils changerent de penfée, de peur d'être envelopés, & fe rangerent auffi dans le port affez près du rivage.

<small>ANN. de J. C.
1512.
1513.
DON EMMANUEL ROI.
ALPHONSE D'ALBUQUERQUE GOUVERNEUR.</small>

On dormit affez peu dans les deux Flottes. De part & d'autre les Chefs tinrent confeil, la divifion s'alluma plus qu'auparavant entre les Portugais. Britto & ceux de fon parti changeant d'avis vouloient éviter le combat, & envoyer demander du fecours dans l'Indoftan. Ils verbaliferent, & l'acte fut fignifié à Perez, qui en fit peu de cas, verbalifa de fon côté, & réfolu de donner la bataille, fe mit à pic fur fes anchres, tandis que le Gouverneur fit travailler au pont, & à la tête de la grande ruë pour fe mettre en défenfe. A la fin pourtant les Officiers se réünirent en faveur de Perez, & firent prier le Gouverneur de se tenir dans la Citadelle, afin de ne pas mettre en risque sa personne, d'où dépendoit le salut de la place, en cas d'un mauvais succès.

D'autre part quelques-uns des plus considerables de la Ville passerent sur le bord de Pate-Onus, à qui ils conterent la défaite & la fuite de Patequitir, ce qui le mit de très-mauvaise humeur. Mais comme c'étoit un mal sans remede, il fallut déliberer sur le parti qu'il y avoit à prendre. On lui conseilla d'éviter la bataille, dont le succès étoit au moins incertain avec les Portugais accoûtumés à vaincre. Paté-Onus se rendit à cet avis, & voulut descendre à terre; mais la crainte que ses Javes ne pillassent amis & ennemis, fit qu'on s'opposa à ce projet, & qu'on lui conseilla d'aller se joindre à Laczamana à la riviere de Muar, dans l'esperance qu'agissant de concert, & veillant seulement à fermer les passages, ils se rendroient maîtres de la place, en coupant les secours & les vivres.

Cet avis, qui étoit le plus sage & le plus sûr, ayant prévalu, Pate-Onus appareilla; mais afin de cacher sa manœuvre, il fit faire un si grand bruit de trompettes & de fanfares, que Perez ne put jamais le pressentir, & crut qu'une partie de ses troupes avoit débarqué, lorsque le jour suivant lui découvrit sa retraite. Cependant comme il étoit encore à la vûë, il ne désespera point de l'atteindre, & ayant sur le champ déferlé sa misaine & levé son anchre, tous les autres en firent autant, & eurent bientôt joint, quoique l'ennemi, qui le vit appareiller, mît toutes ses voiles dehors pour mieux fuir. Les Portugais animés par une retraite si honteuse & si peu attenduë, commencerent à faire joüer leur canon, & jetter des grenades & des pots à feu avec tant d'ardeur & de succès, qu'on ne voyoit de tous côtez que bâtiments brûler, couler à fond, voler en éclats, & ennemis qui se jettoient à la mer, où les Portugais descendus dans leurs Chaloupes se lassoient à les assommer. Perez craignant que les munitions ne lui manquassent, dépêcha pour en demander à Britto, qui les lui envoya, & fit décharger l'artillerie de la Citadelle, pour annoncer à la Ville une victoire qui étoit déja en bon train, mais que les habitans differemment affectionnés n'avoient osé esperer, ou ne s'étoient pas avisés de craindre.

Le combat ayant duré jusques à midi, Pate-Onus étourdi de l'effet de l'artillerie Portugaise, dont les boulets & les éclats avoient fait quelque désordre sur son tillac, fit signal à quatre Joncs des plus forts de sa Flotte de le venir accoster. Le Seigneur de Polimbam, son parent & son Vice-Amiral, eut ordre de se mettre au-devant de lui avec un autre Jonc, & de faire serrer tous ceux qui n'étoient pas encore

ANN. de
J. C.
1512.
1513.
DON EMMA-
NUEL ROI.
ALPHONSE
D'ALBU-
QUERQUE
GOUVER-
NEUR.

hors de combat tout au tour deux. Cela fut fait. Mais ce fut auſſi le plus mauvais parti qu'il put prendre. Car étant ainſi ſerrés, les Portugais ne perdoient pas un ſeul coup, & les éclats faiſant encore plus d'effet que les boulets, la mer étoit toute couverte de débris ou de Vaiſſeaux brûlants, toute teinte de ſang, & remplie de mourants & de morts.

Perez avoit donné ordre qu'on combattit toûjours de loin ſans aller à l'abordage ; mais la raiſon des ordres changeant quelquefois ſelon les circonſtances, ces circonſtances même obligent malgré qu'on en ait, à paſſer par-deſſus ces ordres. Ainſi Martin Guedez fut le premier qui ſe voyant à portée d'un Jonc, arriva pour l'aborder, le prit & y mit le feu. Jean Lopez d'Alvin en fit autant à un autre. Perez ayant renforcé ſon Vaiſſeau de monde qu'il prit dans quelques autres bâtiments, aborda le Vice-Amiral de l'armée ennemie par le flanc, de concert avec François de Mello qui l'accrocha par la proüe. Le neveu du Vice-Amiral jeune homme déterminé, voyant le péril de ſon oncle, joint le Vaiſſeau de Perez en l'élongeant, y paſſe comme ſur un pont ſans s'arrêter, & combatant comme un deſeſpéré, prend l'avantage. Perez, Simon Alphonſe Biſagudo ſont bleſſés. Ils étoient mal menés ſans Botello, qui ayant auſſi abordé, vola à leur ſecours. Nonobſtant cela ils eurent encore beaucoup à faire, & ce ne fut qu'après un combat des plus opiniâtres, ces cinq Vaisseaux restant toûjours accrochés, que les Portugais se rendirent maîtres des deux Joncs, auſquels ils mirent le feu, n'y restant plus personne pour les défendre.

Les autres Capitaines de la Flotte Portugaise faisoient chacun des merveilles de leur côté, aussi-bien que Tüan Mahamet, qui combattoit en leur faveur dans un Jonc qui lui appartenoit, & Ninachetu qui conduiſoit la petite Flotte Malayoiſe.

Après que Perez ſe fut rendu maître des deux Joncs, il ſe mit à donner la chaſſe à Pate-Onus, & le pourſuivit juſques au ſoir coupant ſes hauts bancs & ſa mâture, n'y ayant rien de ſain que le corps de ſon Vaiſſeau, où le canon ne pouvoit mordre. L'image du combat étoit toûjours affreuſe. Elle le devint davantage, parce que le Ciel ſe mit de la partie. Il ſe chargea tout-à-coup, & redoubla l'horreur de l'artillerie, en y mêlant ſes foudres, ſes tonneres & les tenebres de la nuit. Alors chacun commença à penſer à ſoi. Les deux Flottes furent diſperſées & confonduës, perſonne ne ſçachant ou il étoit. Les gros Vaiſſeaux coururent le plus de riſque; car comme on étoit près des terres, ils furent obligés de moüiller à deux braſſes d'eau.

Le lendemain après l'orage, Botello & Tüan Mahamet écartés du reſte de toute leur Flotte, ſe trouverent auprès du Jonc de Pate-Onus,

ANN. de J. C.
1512.
1513.
DON EMMANUEL ROI.
ALPHONSE D'ALBUQUERQUE GOUVERNEUR.

&~de deux autres. Le voisinage ayant rallumé l'ardeur du combat, ils se battirent avec fureur, jusques à ce que la poudre leur manqua. Alors Botello revint à Malaca pour prendre de nouvelles munitions & renoüer la partie. Dans le tems qu'il s'y portoit de nouveau, il trouva Perez aux Isles appellées les Isles aux Vaisseaux. Il l'exhorta en vain à le suivre, car ses Navires étoient extrémement maltraités, presque tout son monde blessé & accablé de la fatigue du jour & de la nuit précédente. Botello ne laissa pas de suivre sa pointe, mais inutilement. Pate-Onus avoit déja gagné le large pour aller, non pas à la riviere de Müar, selon le premier projet, mais à l'Isle de Jave, où il arriva blessé lui-même, après avoir perdu plus de huit mille hommes, presque tous ses joncs, qui étoient au nombre de soixante, & la plus grande partie de ses petits bâtiments. Pour ce qui est du Jonc qu'il avoit monté, il le fit tirer à terre & conserver dans un Arsenal fait exprès, pour éterniser la mémoire de cette journée, l'honneur qu'il avoit eu en allant chercher les Portugais, & son bonheur à échapper de leurs mains.

Au retour de Botello, toute la Flotte rentra dans Malaca aux acclamations du peuple, qui applaudit à une si belle victoire. Et après en avoir rendu à Dieu de solemnelles actions de graces, Fernand Perez qui avoit fini son tems, partit pour l'Indostan avec Antoine d'Abreu,

Vaz

Vaz Fernandez Coutinho & Lopez d'Azevedo, laiſſant le Commandement de la mer à Jean Lopez d'Alvin, qui en avoit eu les proviſions du Gouverneur.

Les nouvelles d'une Flotte du Caliphe, qu'on diſoit avec affectation être ſortie de la mer Rouge, & entrée dans le Golphe Arabique pour venir réprendre Goa ſur les inſtances de l'Idalcan, donnoient de l'inquiétude à Albuquerque, qui preſſé d'un autre côté par les ordres de la Cour de ſe mettre en devoir de prévenir cette Flotte, pouvoit ſe faire quelque reproche ſur ſa lenteur, & craindre, que ſes ennemis ſecrets ne s'en prévaluſſent. Ainſi ayant pourvû aux affaires les plus preſſées, & reçu les renforts qui lui étoient venus, il ſe mit en mer le 13e. Septembre 1512. avec ſeize Vaiſſeaux, auſquels ſe devoient joindre quatre autres qu'il devoit prendre à Goa. Mais ayant eu ſur ſa route des avis plus ſûrs des projets du Caliphe, dont la Flotte n'étoit pas encore en état, & qui, avant toutes choſes, vouloit ſe rendre maître d'Aden, pour l'être des Gorges de la mer Rouge, il changea tout à coup de penſée, & s'arrêta à Goa, déterminé à n'en point partir, qu'il n'eut chaſſé Roſtomocan du poſte de Benaſtarin.

Il fut reçu avec les mêmes honneurs qu'on eût rendu au Roi en perſonne, & avec les demonſtrations de tendreſſe & de reconnoiſſance, que la Ville lui devoit, comme à ſon fondateur & à son liberateur. L'ennemi, qu'elle avoit dans son voisinage, ne la pressoit plus comme auparavant, mais lui laissoit tout à craindre. Il avoit fait de Benastarin une place de guerre des mieux entenduës pour ces tems-là. Il l'avoit entourée de boulevards & de fortes murailles terrassées en dedans jusques aux creneaux, à l'exception d'un seul endroit, où le mur, fort par lui-même, n'avoit pas besoin de ce secours, à cause d'un marais qui le garantissoit, & sur lequel il tenoit un nombre de bateaux armés. Il y avoit neuf mille hommes de garnison ; il ne manquoit de munitions de guerre ni de bouche, & le bruit couroit que l'Idalcan lui envoyoit encore une armée de vingt mille hommes.

Le Gouverneur ayant pris connoissance de l'état des choses, entreprit d'en faire le siege dans les formes par mer & par terre, & commença d'abord par le côté de l'eau. C'étoit le plus difficile. L'ennemi avoit barré les passages en deux endroits par de fortes estacades, qui occupoient tout le lit de la riviere. D'ailleurs ces passages étoient si étroits, qu'ils étoient exposés à tout le feu des remparts. La difficulté ne l'arrêta pas. Il fit armer six bâtiments si herissés d'artillerie, qu'ils paroissoient avoir plus de fer que de bois, & fit faire au-dessus des ponts, des appentis en l'air, pour y mettre les travailleurs à couvert ; & comme ces appentis les faisoient un peu pancher d'un côté, il

les mit en équilibre par des futailles qui fai- | Ann. de
soient le contrepoids. Lorsqu'ils furent prêts, | J. C.
il en envoya deux par le côté du pas sec, & | 1512.
les quatres autres par le vieux Goa. | 1513.

Les Vaisseaux arrivés à leur poste, les esta- | Don Emma-
cades arrachées & enlevées, ce fut là le fort | nuel Roi.
du danger. Les ennemis faisoient un feu conti- | Alphonse
nuel & terrible. Ils avoient une batterie à fleur | d'Albu-
d'eau qui ne portoit pas un faux coup. Une | querque
grosse couleuvrine en particulier servie par un | Gouver-
renegat, les désoloit plus que tout le reste. Al- | neur.
buquerque, qui dans un *catur* se portoit partout
où le besoin étoit plus pressant, fut tout couvert
de la cervelle & du sang d'un malheureux,
qu'elle écrasa à ses côtés. Le Vaisseau que commandoit Arias de Sylva ayant mal gouverné
& touché, le canon des ennemis le maltraita
si fort, qu'ayant mis le feu à trois barils de poudre, il en fit sauter en l'air une partie, & mit
une telle épouvante dans l'équipage, que tous,
à l'exception de Sylva, se jetterent à l'eau. Mais
ils furent si honteux de voir le Gouverneur
dans son esquif accourir au plus fort du péril, qu'animés plus encore par son intrepidité,
que par les reproches qu'il leur fit d'avoir ainsi
abandonné leur Capitaine, ils regagnerent
tous le bord.

La couleuvrine donnant trop d'inquiétude
à Albuquerque, il proposa cent cruzades de
récompense, à qui pourroit la demonter. Son

OOo ij

maître canonier en vint à bout, il mit le boulet droit dans la bouche du canon, dont les éclats tuerent le renegat & deux aides qu'il avoit. Mais le feu de l'ennemi fut si frequent toute cette premiere journée, qu'il ne put jamais l'executer que le lendemain. Les ennemis tirerent aussi une si grande quantité de fléches, que les Vaisseaux en étoient couverts & herissés comme une Forêt. Cependant l'artillerie des Vaisseaux ayant beaucoup endommagé les batteries des ennemis, leur feu se rallentit. On se rendit alors maître des passages, &, ce qui étoit plus important, on coupa les vivres & les secours aux assiegez du côté du continent.

On n'avoit encore rien entrepris du côté de la terre, quand une avanture pensa rendre les Portugais maîtres de la place en un seul coup de main. Ce fut un vendredi jour de fête chez les Musulmans. Rostomocan sorti ce jour-là à la tête de deux cens cinquante chevaux, & d'un nombre beaucoup plus considerable de gens de pied, s'avança jusques à mi-chemin de Goa. Albuquerque étoit allé reconnoître quelque poste, & ayant découvert tout ce monde, il fut dans le doute, s'il n'y avoit point là quelque embuche, où si les ennemis n'avoient point eu intention de faire quelque bravade, pour faire voir qu'ils craignoient peu les Portugais. Cependant une des gardes avancées, ayant donné l'alarme à la Ville, on sonna le tocsin, & sur le champ sans attendre l'ordre du Gouverneur, les Officiers firent sortir les troupes par pelotons jusques au nombre de deux mille hommes, sans compter les Malabares & les Cenarins. Rostomocan se voyant suivi, batit en retraite, & rentra dans sa place ; mais ses gens qui se virent chaudement harcelés, ayant fermé les portes, ceux qui restoient dehors, furent obligés de se disperser autour des murs, d'où on leur jetta des cordes pour les aider à se sauver ; d'autres se noyerent ou furent tués.

Les Portugais arrivés au pied de la muraille, & animés par l'ardeur de la poursuite, entreprirent d'escalader par les mêmes endroits, s'aidant de leurs lances le mieux qu'ils pouvoient. Comme ceux qui arriverent des premiers étoient des gens de distinction & des plus grands Officiers, l'émulation les piqua encore davantage. Don Pedro Mascareñas & Lopez Vaz de Sampaio ou de saint Pelage, se distinguerent entre les autres. La resistance vigoureuse des ennemis qui accoururent à la défense de leurs murs, ne rallentit point leur ardeur, non plus que la mort de Diego Correa, de George Nugnés de Leon & de Martin de Mello, ni le nombre de leurs blessés. Mais Albuquerque qui étoit monté à cheval, & arriva à propos, voyant que la partie n'étoit pas égale, fit sonner la retraite, & tout transporté de joye, fut embrasser Mascareñas & le baisa au front, soit que par cette distinction il le voulut recompenser de ce qu'étant nommé par la Cour Gouverneur de Cochin, il refusa d'en prendre possession pour avoir l'honneur de se trouver au siege de Benastarin, soit qu'il voulut par là disposer le monde à souffrir de le voir transferé au Gouvernement de Goa qu'il lui destinoit. Mais cette distinction, qui fit bien des jaloux, mit le Gouverneur dans la nécessité de se justifier contre la vivacité des uns, & de faire semblant de ne point entendre les mauvaises plaisanteries des autres.

Il fallut donc en venir à un siege reglé qui fut commencé deux jours après. L'armée étoit composée de trois mille Portugais de fort belles troupes. Une sortie que fit l'ennemi sur le quartier de Manuel de Sosa Tavares, où Garcie de Norogna étoit mal mené, sans Mascareñas qui conduisit un nouveau renfort, obligea le Général à faire des lignes de circonvallation. Les ennemis se défendoient en braves gens, mais les batteries des assiegeans ayant commencé à faire brêche, Rostomocan qui apprehenda d'être pris d'assaut, fit battre la chamade, & arbora le Pavillon blanc.

Les articles de la capitulation furent signés un peu contre le gré des Officiers, qui vouloient emporter la place d'assaut. Les conditions furent que les ennemis sortiroient leurs biens &

leurs perſonnes ſauves, abandonnant au vainqueur l'artillerie, les munitions de guerre, les Vaiſſeaux qu'ils avoient dans l'Iſle, les chevaux & les renegats. Ce dernier article cauſa quelque conteſtation. Albuquerque leur promit la vie, & Roſtomocan par ſcrupule de Religion ſortit auparavant de la place, afin qu'il ne fût pas dit qu'il les avoit livrés. La place étant évacuée, le vainqueur y entra. Alors parut le ſecours envoyé par l'Idalcan, & commandé par Çufolarin. C'étoit un peu trop tard. Il s'en retourna comme il étoit venu.

Albuquerque tint parole aux transfuges. Il ne leur ôta pas la vie; mais voulant en faire un exemple de terreur pire que la mort même, après les avoir expoſés aux inſultes de la populace, il leur fit couper le nez, les oreilles, la main droite & le pouce de la main gauche, & les renvoya priſonniers en Portugal, pour y donner un ſpectacle affreux de la peine qu'avoit merité leur apoſtaſie. L'un d'eux, homme de qualité ne pouvant ſouffrir la vûë de ſa patrie qu'il avoit reniée, obtint par grace qu'on le jettât dans l'Iſle ſainte Helene alors deſerte. On l'y laiſſa avec quelques Negres, & de quoi faire une habitation. Il y fit penitence de ſes pechez, & repara la honte qu'il avoit faite à ſon nom & à ſa nation, en defrichant cette Iſle qui a été depuis d'une très-grande utilité aux Navigateurs de ces voyages de long cours.

Le Roi Don Manuel par confideration pour le Gouverneur, lui avoit envoyé Don Garcie de Norogna fon neveu, & l'avoit fait Général de la mer des Indes, afin qu'en cette qualité il pût aider fon oncle avec autorité, & fuppléer à bien des chofes qu'il ne pouvoit faire par lui-même. Ainfi Albuquerque que les affaires retenoient à Goa, l'envoya à Cochin pour expédier les Vaiffeaux de charge, qui devoient partir cette année 1512. pour le Royaume, & lui donna ordre en même tems de faire croifer fur la Côte de Calicut, pour empêcher les Vaiffeaux Maures d'y entrer, où d'en fortir. Il fit aufli partir Garcie de Sofa pour croifer fur la Côte de Dabul, avec ordre d'envoyer à Goa tous les Navires qui feroient chargés de chevaux de Perfe, fans leur permettre d'aller ailleurs, leur faifant déclarer par la même voye, qu'ils feroient déchargés d'une partie des droits qu'ils payoient auparavant pour ce commerce.

Cette manœuvre réüffit auffi-bien qu'il eût pû le defirer des deux côtés. Le Zamorin depuis long-tems étoit ennuyé de la guerre, qui lui avoit attiré malheurs fur malheurs. Ses alliés, ou l'avoient mal fervi, ou l'avoient abandonné. Son commerce étoit entierement mort. Ses concurrents & fes rivaux avoient profité de fes dépoüilles, en fe fortifiant de l'alliance des Portugais. Les Portugais eux mêmes étoient devenus fi puiffans depuis la prife de Goa & de Malaca,

Malaca, qu'ils étoient en quelque sorte les maîtres de l'Inde, de maniere que ce Prince ne voyant aucun jour pour sortir de l'embarras où il s'étoit plongé, que celui de la soumission, il donna commission au Prince Naubeadarin d'entrer en pourparler, & de conclure la paix à quelque prix que ce pût être. Celui-ci écrivit à Don Garcie de Norogna, s'offrit pour être médiateur entre le Zamorin & lui, & s'engagea à faire consentir son oncle à donner un emplacement pour une Citadelle.

D'autre part, Goa devint plus florissant que jamais. La diminution des droits d'entrée & de sortie attiroit les commerçans, toûjours avides du moindre gain, & toûjours attentifs au plus leger interêt. On les y voyoit accourir en foule & à l'envi. Le Roi de Portugal n'y perdit rien; car ce qu'il sembloit perdre par la diminution des droits, il le regagnoit par l'abondance des denrées & l'augmentation des fermes. Elles étoient d'un si grand revenu que le Roi de Vengapour, dont le Gouverneur souhaitoit extrémement l'alliance, envoya une Ambassade, afin d'obtenir la préference pour la ferme générale. Son Ambassadeur portoit un present superbe en housses, selles, & autres harnois de chevaux d'une riche broderie & d'un grand prix. Il demandoit en même tems qu'on lui vendit trois cens chevaux de Perse, ce qui lui fut accordé. Le Roi de Narsingue & l'Idal-

ANN. de J. C. 1513.
DON EMMANUEL ROI.
ALPHONSE D'ALBUQUERQUE GOUVERNEUR.

can lui-même toûjours ennemis, en conçurent de la jalousie, & craignant d'être prévenus l'un par l'autre, ils envoyerent leurs Ambassadeurs à Albuquerque pour faire leur traité.

Dans le même tems Albuquerque se vit recherché de nouveau par les Rois de Perse & de Cambaïe. L'Empereur des Abissins & le Roi d'Ormus lui envoyerent leurs Ambassadeurs, pour les faire passer en Portugal : & un Roi des Maldives se soumit, en se rendant tributaire de la Couronne.

La politique d'Albuquerque à l'égard de tous ces Princes fut merveilleuse. Car en même tems qu'il traitoit leurs Envoyés avec splendeur & avec amitié, il ne faisoit que noüer les négociations sans se hâter de terminer definitivement, & feignant de remettre l'entiere conclusion des traités au retour d'une expédition qu'il méditoit, & pour laquelle on lui voyoit faire de gros préparatifs, dont personne ne sçavoit la destination ; afin que chacun craignant que l'orage n'allât fondre sur lui, fît des propositions plus avantageuses, & donnât plus facilement les mains à celles qu'il vouloit faire lui-même.

De tous ces Ambassadeurs, celui dont il eut une joye plus sensible, ce fut celui du *Prêtre-Jean* ou de l'Empereur des Abissins, Prince connu jusques alors d'une maniere si confuse, & que les Rois Don Jean second & Don Emmanuel avoient si fort ambitionné de connoître. Il étoit flatteur pour Albuquerque, que les premieres notices sûres en vinssent à la Cour par lui, & que cela pût paroître comme un effet des soins qu'il s'étoit donnés pour parvenir à les avoir. Ainsi sur le premier avis qu'il eut que cet Ambassadeur étoit à Dabul, où le retenoit prisonnier le Tanadar ou Fermier de la Doüane de l'Idalcan, il envoya ordre à Garcie de Sosa de le repeter, & de le lui faire conduire en toute diligence. Sosa s'acquitta bien de sa commission. Et parce que cet Ambassadeur étoit chargé d'un morceau du bois précieux de la vraye Croix, que l'Empereur & l'Imperatrice Helene envoyoient au Roi de Portugal, le Gouverneur le fut recevoir en procession à la tête du Clergé & des troupes. Et après s'être entretenu fort au long avec lui au sujet de sa mission, il le fit partir pour Cochin, comblé d'honneurs, avec ordre au Commandant de Cochin de le faire passer en Portugal sur le meilleur voilier de la Flotte de la cargaison.

La Flotte d'Albuquerque, composée de vingt Vaisseaux, dix sept cens Portugais & de huit cens Malabares, étant prête, sans qu'on en pût pénétrer le mystere, il mit à la voile; & étant prêt à sortir de la barre de Goa, il assembla ses Capitaines, qui étoient tous Officiers distingués, ou par leur qualité, ou par leurs services. Il leur proposa les ordres qu'il avoit reçus du Roi pour

ANN. de J. C. 1513.
DON EMMANUEL ROI.
ALPHONSE D'ALBUQUERQUE GOUVERNEUR.

le voyage de la mer Rouge ; il les appuya par de fortes raisons, qui furent toutes approuvées par le Conseil.

Les calmes le tinrent long-tems en mer. Il fut obligé de toucher malgré lui à Socotora, & n'arriva à la vûë d'Aden que le jour du Jeudi Saint. Mais comme c'étoit à l'entrée de la nuit, & qu'il connoissoit peu la plage, il mit à la Cappe. Peu après Pierre d'Albuquerque lui étant venu dire qu'il trouvoit fond par trente cinq brasses, il fit continuer la route avec la seule Misaine, toûjours le plomb à la main, & moüilla par quatorze brasses sans vouloir se fier aux feux que les habitans, qui l'avoient apperçu, firent sur quelques rochers dans le dessein de le faire échoüer.

La vûë seule de la place fit juger à Albuquerque que l'entreprise étoit plus difficile qu'on ne la lui avoit faite. La Ville d'Aden située vers l'entrée de la mer Rouge au douziéme dégré quinze minutes de latitude Nord sur la Côte de l'Arabie, fait un bel aspect par sa situation & par la beauté de ses édifices. Une petite langue de terre, sur laquelle elle se trouve, s'avançant dans la mer y forme deux ports, qui en font une espece de presqu'isle au pied d'une montagne, laquelle s'élevant en plusieurs pointes très-escarpées, y présente un beau spectacle, mais d'une beauté mêlée d'horreur. Le sol de cette montagne est si aride, qu'on n'y voit jamais croî-

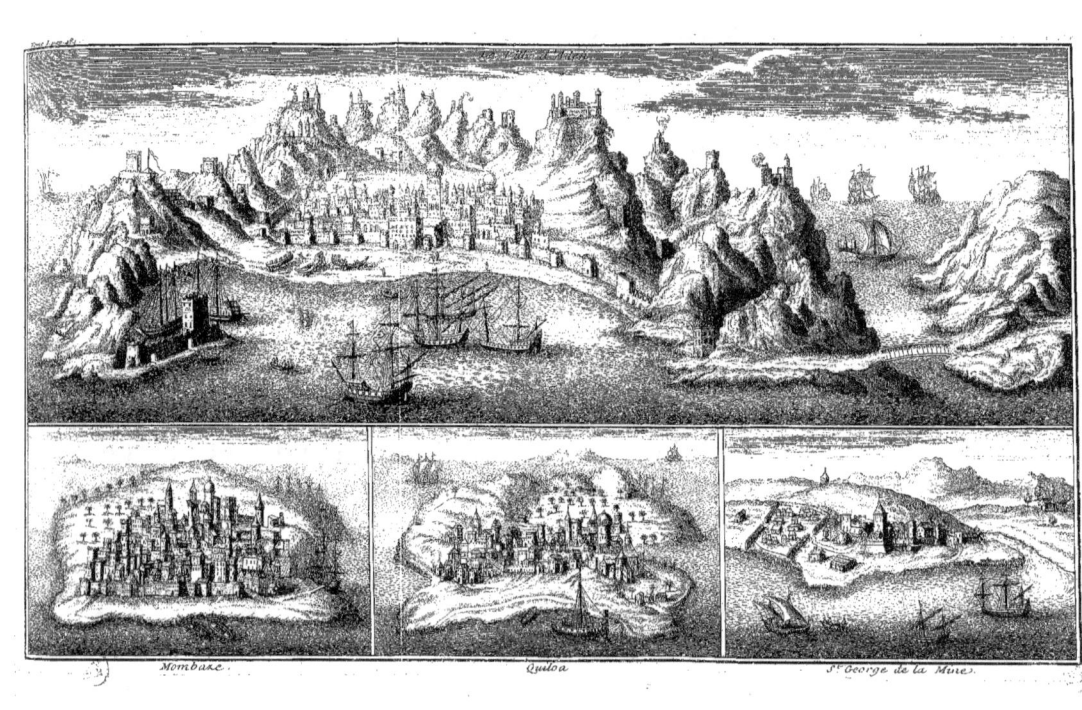

Mombaze.   Quiloa.   St. George de la Mine.

tre la moinde herbe, & qu'au lieu de fournir quelques sources, elle imbibe dans l'instant toute l'eau qui tombe du Ciel. Un seul acqueduc conduit à la Ville de quatre mille loin toute celle qu'on y boit. On est obligé d'y porter par mer, ou bien du fond des terres toutes les denrées nécessaires à la vie. Malgré cela la Ville ne laissoit pas d'être peuplée, riche & aisée. Elle avoit en particulier cette obligation aux Portugais, qu'elle s'étoit beaucoup accrûë en toutes manieres depuis leur établissement dans les Indes. Car auparavant, comme les Vaisseaux qui entroient ou sortoient de la mer Rouge n'avoient rien à craindre, ils faisoient leur route en droiture sans penser à Aden. Mais le danger des Vaisseaux Portugais qui croisoient, obligea ensuite les Marchands à s'y retirer comme en un asyle ; & dès-lors elle devint une échelle des plus celebres. La même raison fit qu'on la munit de bonnes murailles, & de fortes tours du côté de la mer, & que du côté même de la montagne on poussa les fortifications jusques au sommet en bâtissant de semblables tours sur toutes ses pointes, & de bons murs qui coupoient tous ses défilés.

Le Roi ou Cheq d'Aden n'y faisoit point sa résidence ordinaire. Il demeuroit dans les terres pour être plus à portée de se défendre de ses voisins. Il tenoit seulement à Aden un Emir qui en étoit le Gouverneur. Mir-Amir-

<small>Ann. de J. C. 1513.
Don Emmanuel Roi.
Alphonse d'Albuquerque Gouverneur.</small>

ANN. de J. C. 1513.
DON EMMANUEL ROI.
ALPHONSE D'ALBUQUERQUE GOUVERNEUR.

jam qui l'étoit lorsque Albuquerque s'y présenta, étoit politique & brave. Il donna des preuves de l'un & de l'autre, car il le joüa fort habilement pour se donner le tems de faire entrer des troupes dans la place, & il se défendit ensuite avec beaucoup de courage & de résolution. Albuquerque déchu des espérances que lui avoient fait concevoir les premieres politesses, dont l'Emir l'avoit prévenu, jugea, que, pour en sortir à son honneur, c'étoit une affaire qu'il falloit brusquer, & se détermina à donner l'escalade. L'Emir ne prit point le change. Il ne s'embarassa pas d'empêcher la descente, & attendit de pied ferme sur ses murailles.

Sa prudence & sa valeur eussent cependant échoüé contre l'effort des Portugais, si l'esprit de vertige & la folie du point d'honneur ne se fussent emparés de ceux-ci. Les Capitaines donnerent eux-mêmes l'exemple aux autres. La précipitation avec laquelle chacun s'efforçoit d'être le premier qui monteroit sur le rempart, & y planteroit ses étendarts les faisoit courir en étourdis. Plusieurs se jetterent à l'eau par impatience pour arriver plûtôt au pied de la muraille. Ils plantent ensuite leurs échelles, & malgré la furieuse resistance des ennemis, ils montent comme en courant, arborent leurs Enseignes; mais si fort à l'envi les uns des autres, qu'on ne put distinguer dans le nombre, qu'un Clerc revêtu de son surplis, qui arbora un Crucifix au lieu d'étendart. Cependant les échelles trop chargées se brisent en plusieurs pieces, lorsqu'il y avoit déja près de cent cinquante hommes qui étoient entrés dans la place, où ils eurent bien-tôt écarté les Maures qu'ils avoient en tête.

Le Gouverneur qui gémissoit d'un desordre qu'il ne pouvoit empêcher, s'appliqua à faire reparer les échelles. Mais Garcie de Sosa qui s'étoit laissé couler le long des creneaux, étant entré par une embrasure de la muraille qu'il fit deboucher avec environ soixante hommes, Albuquerque se transporta dans le même endroit, & en fit ouvrir une autre, par où il en entra encore une quarantaine. Il envoya ensuite ordre à Jean Fidalgo d'aller avec sa compagnie d'ordonnance pour tâcher d'entrer du côté de la montagne, ce qu'il ne put faire, le terrain étant trop escarpé, & les ennemis s'y défendant très-vaillamment.

Ils avoient repris cœur en voyant le desordre. Les Portugais qui étoient sur les murs combattoient de leur mieux, & Garcie de Sosa plus animé que tous les autres, s'étoit emparé d'un petit retranchement; mais Amirjam à la tête d'un corps de chevaux, donna sur eux avec tant de vigueur, qu'il nettoya le rempart, & obligea les Portugais à sortir par les mêmes embrasures par où ils étoient entrés. Sosa re-

ANN. de J. C. 1513.
DON EMMANUEL ROI.
ALPHONSE D'ALBUQUERQUE GOUVERNEUR.

ſtoit embaraſſé avec quelques gens qui étoient avec lui. Albuquerque leur fit donner des cordes pour deſcendre, mais la plûpart de ces braves croyant ſe deshonorer aimerent mieux périr, & ſe firent preſque tous tuer. D'autres qui combattoient ailleurs n'eurent pas cette délicateſſe. Ils deſcendirent du mieux qu'ils purent, & quelques uns ſe précipiterent. Garcie de Soſa qui reſta parmi les morts, avoit des proviſions ſecrettes de la Cour pour le Gouvernement d'Aden, c'eſt ce qui lui donna tant de chaleur pour ſe diſtinguer dans cette journée. On dit qu'il jetta au col du Patron de ſa Chaloupe un collier d'or qu'il portoit, & qu'il lui donna ſa bourſe, afin de l'animer à le mettre en état de ſauter le premier ſur le rivage. Penſée aveugle d'un homme qui ſe hâtoit d'aller chercher la mort, où il croyoit trouver le commencement de ſa fortune.

Rebuté d'un ſi mauvais ſuccès, Albuquerque ſe retira dans ſes Vaiſſeaux, ayant appris à ſes depens que la victoire n'eſt pas toûjours attachée au Char des Conquerans, & quelle abandonne quelquefois ſes plus chers favoris. Néanmoins avant que d'abandonner la partie, il voulut ſe rendre maître d'un boulevart qui étoit ſur une jettée, & dont le canon incommodoit beaucoup ſa Flotte. Mais tandis qu'il délibere, le maître du Vaiſſeau d'Emmanuel de la Cerda, qui en ſouffroit plus que les autres,

deſcend

descend à terre avec partie de son équipage, l'emporte, & passe au fil de l'épée ceux qui le défendoient. Fier de ce succès, il vouloit qu'on attaquât derechef la Ville, dont ce boulevard faisoit la principale force. Les Capitaines entrant dans cette pensée en sommerent le Général. Mais Albuquerque n'y voulut point entendre. Il se contenta de faire enlever le canon du boulevard, de piller les Vaisseaux qui étoient dans le port, & de les brûler, sans que la Ville fît aucun mouvement, après quoi il remit à la voile pour entrer dans la mer Rouge.

{A N N. de J. C. 1513. Don Emmanuel Roi. Alphonse d'Albuquerque Gouverneur.}

Cette mer, sur le nom de laquelle les Sçavants se sont beaucoup exercés, a la figure d'un Lezard ou d'un Crocodile, dont la tête est comprise entre les Caps de Fartaque & de Gardafu, jusques au détroit de la Méque ou de Babelmandel, qui en fait le cou. Le corps s'étendant ensuite entre les Côtes d'Arabie d'une part, & celles de la haute Ethiopie & de l'Egypte de l'autre, va se terminer en pointe, qui en fait la queuë jusques à Suez, qu'on croit être l'Asiongaber, d'où partoient les Flottes de Salomon, & où commence l'Isthme, qui la sépare de la Méditerranée, & qui joint les terres d'Afrique à celle de l'Asie. La mer Rouge ne reçoit dans son sein presque d'autres eaux que celles de l'Océan Indien. Elle est peu sujete aux orages, & ne connoît presque point d'autres vents que ceux du Nord & du Sud, qui y ont leur tems reglé comme la Mouçon dans la mer des Indes. Sa longueur eſt d'environ trois cens cinquante lieuës ſur quarante de large, à compter de Suez juſques au détroit. Les Arabes la partagent en trois bandes ou lizieres, dont celle du milieu, qui fait comme l'épine du dos du Crocodile, eſt nette, navigable de jour & de nuit, y ayant toûjours moüillage entre vingt-cinq & ſoixante braſſes. Les deux autres, qui ſont ſur les flancs & bordent les Côtes, ſont au contraire pleines d'Iſlots, d'Ecüeils, de baſſes & bancs de ſable. Cependant comme on n'y navigue que dans des bâtiments aſſez petits, qu'on nomme *Gelves*, les Pilotes ne gagnent le Canal du large, que lorſqu'ils craignent un coup de vent. Ils aiment toûjours le voiſinage des terres ; mais de peur d'accident ils moüillent d'ordinaire avant le coucher du Soleil. Il ſe trouve deux Iſles dans le détroit même, qui forment deux canaux. Celui du côté de l'Arabie eſt le plus frequenté. C'eſt dans une de ces Iſles qu'on prend les Pilotes dont on ſe ſert pour entrer dans la mer Rouge. Outre les défauts de cette navigation que nous avons déja touchés, & la difficulté d'aborder les ports, tant du côté de l'Aſie, que de l'Afrique, il en eſt encore un très-grand, c'eſt que les Iſles qui ſe trouvent dans cette mer ſont preſque deſertes, arides, qu'elles manquent d'eau, & des autres choſes néceſſaires à la vie.

Le Gouverneur entra dans la mer Rouge contre l'avis de tous ses Capitaines & de tous ses Pilotes, à qui il n'eut d'autre raison à donner, si ce n'est que c'étoit l'ordre de la Cour. En y entrant il fit faire une salve générale de toute son artillerie, comme par une espece de triomphe, parce qu'il étoit le premier des Européans qui y fût entré avec une Flotte. Personne ne l'avoit fait avant lui, depuis la découverte du nouveau Monde. Cependant ce qui lui avoit été prédit lui arriva. Il pensa périr sur les basses. Il fut obligé d'hyverner à l'Isle de Camaran. Il ne put joindre ni Suez, ni Gidda, ni avoir des nouvelles de la Flotte du Sultan. Il souffrit beaucoup de la soif, de la faim, & des murmures de ses Subalternes. Il ne put exécuter le projet qu'il paroissoit avoir de bâtir une Forteresse dans l'Isle de Camaran où dans celle de Maçua. Enfin après avoir essuyé toutes sortes de disgraces, il fit donner la carene à ses Vaisseaux, sortit de la mer Rouge, & vint se représenter devant Aden.

On sembloit l'y attendre. Tout y étoit bien fortifié. Il y paroissoit & plus d'ouvrages, & plus de monde, & plus de résolution qu'auparavant. Ce qu'il y a de singulier, c'est que lui, qui n'avoit pas voulu prendre la Ville, quand il y fut excité unanimement par toute sa Flotte, voulut tenter de la prendre ensuite, contre le sentiment général de tous ses Capitaines,

ANN. de J. C. 1513.
DON EMMA-
NUEL ROI.
ALPHONSE
D'ALBU-
QUERQUE
GOUVER-
NEUR.

Ann. de J. C. 1513.
Don Emmanuel Roi.
Alphonse d'Albuquerque Gouverneur.

& de tous ses hommes d'armes. Il fut si indigné de la contradiction qu'il trouva en ce point, que pour leur faire honte, il donna la commission aux gens des équipages d'aller enlever le même boulevard qu'ils avoient pris la premiere fois; ce qui fut fait. Néanmoins après avoir fait canoner la Ville, & tenté inutilement de brûler les Vaisseaux du port, il fut obligé de remettre à la voile pour s'en retourner.

Sur son passage il s'arrêta à Diu, où Mélic Jaz, de qui il vouloit obtenir l'agrément d'y bâtir une Citadelle, sçut si bien l'amuser, tantôt par des présents, tantôt par de belles paroles, que sans jamais se montrer, & sans lui donner lieu de se plaindre, il vint à bout de lasser sa patience, & de l'obliger à s'en aller, sans avoir rien conclu. Dès qu'il eut mis à la voile, le Mélic le suivit pour lui rendre visite. Il étoit si paré, qu'il sembloit n'avoir d'autre dessein que de lui faire honneur; & si bien armé, qu'on eût dit qu'il vouloit se faire craindre. Albuquerque ne put s'empêcher de rendre justice à sa sagesse. Il dit » Qu'il n'avoit jamais
» connu de courtisan, plus habile, plus ferme
» à refuser tout ce qu'on vouloit exiger de lui,
» & plus propre à faire recevoir agréablement
» ses refus. « Le Général continua ensuite sa route, sans avoir tiré aucun fruit d'une expédition qui avoit couté tant de dépenses, & dont

il sembloit qu'on devoit se promettre les plus grands avantages.

Il est des évenements qui paroissent être quelquefois uniquement l'effet de la fortune & du hazard, mais qui ont des causes secrettes, que le public ne pénétre pas toûjours, parce qu'il n'en voit pas les ressorts. Veritablement il doit paroître surprenant qu'Albuquerque ne voulut point prendre la Ville d'Aden, lorsqu'il le pouvoit, & que son Conseil l'en pressoit, sans être rebuté du mauvais succès qu'avoit eu l'escalade. Il est vrai qu'il apporta alors pour raison que la Ville étoit trop grande, & qu'il lui faudroit quatre mille hommes pour la garder. Mais cette raison ne contente pas. Lopez de Castañeda l'a senti, & suppose pour le justifier, qu'il couvroit sous ce prétexte le dessein qu'il avoit d'aller à Suez. Pour moi, je suis persuadé qu'il avoit d'autres motifs plus puissants d'échoüer dans toute cette entreprise.

Les Indes étoient devenuës le théâtre des passions des Portugais. Le grand éloignement de la personne du Souverain sembloit y autoriser, non seulement les impudicités les plus monstrueuses, les rapines les plus énormes, les injustices les plus criantes, l'avidité la plus insatiable; mais encore tout ce que la jalousie, la haine, & la vengeance ont de plus atroce. Albuquerque trop zélé pour le bien du service, trop austere dans sa maniere de Gouverner, ne pou-

ANN. de J. C. 1513.
DON EMMANUEL ROI.
ALPHONSE D'ALBUQUERQUE GOUVERNEUR.

voit souffrir l'excès de la licence, surtout dans les personnes en place. C'en étoit assez pour lui en faire autant d'ennemis mortels & d'injustes calomniateurs, qui ne cessant d'écrire à la Cour contre lui, tâchoient d'infirmer les accusations veritables qu'il eût pu faire contre eux, en le rendant suspect lui-même par d'autres accusations bien concertées, & soutenuës par la pluralité des témoignages de ceux qui se prétoient la main dans le mal.

Du nombre de ces derniers, dont la mémoire devoit être à jamais ensevelie, étoit Gaspar Peréïra Secretaire des Indes. C'étoit un homme dangereux, mauvais esprit, & du nombre de ceux dont on dit proverbialement qu'ils ne cherchent qu'à pêcher en eau trouble: propre à faire le personnage de criminel, d'accusateur, de témoin & de juge tout ensemble. Le Viceroi Don François d'Alméïda avoit eu des preuves de son caractere pervers, & Albuquerque en fut la victime. Péréïra étoit repassé en Portugal, où il s'étoit acquis la confiance du Roi, & beaucoup de credit auprès des Ministres. Il y avoit bien appuyé les articles secrets qu'on avoit écrit contre Albuquerque, & le Roi s'étoit laissé persuader que tout ce que ce Général avoit fait de bien étoit contraire à son service, particulierement dans la prise de Goa, & lui avoit envoyé ordre de le restituer à l'Idalcan; après cependant avoir mis la chose en déliberation dans son Conseil,

Albuquerque avoit reçu cet ordre par les Flottes qui arriverent de Portugal après son retour de Malaca. Mais il l'avoit prudemment dissimulé dans les circonstances où tout étoit à craindre pour cette Ville, par le voisinage de Rostomocan qui étoit encore maître de Benastarin. Gaspar Peréïra étant revenu dans les Indes avec le même ordre, ce fut alors que le Gouverneur fit part au Conseil des Lettres de la Cour. Heureusement il s'y trouva assez de gens bien intentionnés, pour que la négative l'emportât, & Goa fut conservé.

 En même tems que les calomniateurs d'Albuquerque faisoient tant d'efforts pour détruire son ouvrage, ils travailloient à le sapper par un autre endroit, en faisant de continuelles instances à la Cour, pour attirer les forces de l'Inde vers la mer Rouge, dans l'esperance que cela seul ruineroit son Gouvernement, ainsi qu'il avoit pensé arriver dans le partage qui fut fait en faveur de George d'Aguïar, à qui Lemos avoit succedé. Albuquerque le sentoit bien, & comprenoit encore mieux que c'étoit ruiner les affaires de son Prince sous le specieux prétexte du bien. C'est pour cela que je suis convaincu que prenant en homme habile toutes les mesures qui convenoient pour paroître entrer dans les vûës du Roi son maître, & d'une Cour trompée par des relations infidelles, il ne fut pas fâché qu'il pût paroître qu'elles

Ann. de J. C. 1513. 1514.

Don Emmanuel Roi.

Alphonse d'Albuquerque Gouverneur.

n'étoient pas pratiquables.

A son retour du voyage de la mer Rouge, le Général trouva que ses envieux avoient encore travaillé pour faire échoüer tous ses projets. Ils avoient persuadé aux Rois de Cochin & de Cananor, que la paix faite avec le Zamorin alloit ruiner leur commerce, parce qu'il détruisoit le leur. C'étoit dans le même esprit qu'ils avoient soulevé ces Princes contre l'entreprise de Malaca. En effet ils perdoient beaucoup les uns & les autres, parce que les Portugais devenus les maîtres de cette Ville, y prenoient les marchandises de la premiere main, & partoient de-là en droiture pour le Portugal, au lieu qu'auparavant toutes les denrées venoient aboutir de Malaca dans l'Indostan. Ces Princes, quoique ennemis du Zamorin, avoient trouvé le moyen de troubler toute sa Cour, pour l'empêcher de conclure, & de tenir au Gouverneur la parole qu'il lui avoit donnée d'assigner un terrain pour construire une Citadelle. Le vieux Zamorin étoit mort. C'étoit Naubeadarin qui lui avoit succedé : & ce Prince, tout ami qu'il étoit des Portugais, trouvoit tant d'obstacles dans sa propre Cour par les intrigues des broüillons, qu'il ne sçavoit quel parti prendre. Ce qui servoit d'une part à animer ces Princes, & à suspendre tout de l'autre, c'étoit la nouvelle que Gaspard Peréira avoit affecté de répandre en arrivant, qu'il venoit un nouveau Gouverneur, qui auroit des idées toutes differentes, & qu'il falloit attendre pour le bien public.

Outre ces pratiques, dont Albuquerque n'ignora presque aucune, il eut encore des avis secrets d'une lettre pleine d'horreurs, qu'Antoine Réal écrivoit au Roi contre lui à la sollicitation de Gaspard Peréira, qui sous main alloit de maison en maison pour la faire souscrire. Le Gouverneur trouva moyen d'en avoir copie. Quelques-uns des coupables avoüerent tout, & demanderent grace. La Lettre fut produite en plein Conseil, & Peréira convaincu. L'avis du Conseil fut qu'Albuquerque envoyât Peréira pieds & poings liés en Portugal ; & il eût bien fait. Mais il se contenta d'y envoyer une justification signée par le Conseil même ; soit qu'il craignît le credit que Peréira avoit à la Cour, soit qu'il se flattât que les coupables étant absens, on leur feroit plus aisément leur procès.

Cependant il négocia si bien avec le nouveau Zamorin, que ce Prince chassa hors de ses Etats les Maures qui s'opposoient à la paix, donna l'emplacement qu'on souhaitoit, se rendit tributaire du Portugal, ceda la moitié de ses droits d'entrée, fournit les matériaux & le monde nécessaire pour construire la Citadelle; & ne se contentant pas que ce traité fût signé par le Gouverneur, envoya un Ambassadeur au Roi de Portugal chargé de riches présents, afin qu'il ratifiât par lui-même cette paix qu'il méritoit, disoit-il; puisque n'étant encore que Prince de Calicut, il l'avoit toûjours favorisée, & qu'en cette consideration il venoit de renoncer à l'amitié du Caliphe, fermer l'entrée de ses ports aux Sujets de ce Prince, & à tous les avantages qu'il pouvoit en recevoir.

Les Rois de Cananor & de Cochin revinrent pareillement, après avoir ôté d'auprès d'eux les brouillons qui leur mettoient de mauvaises idées dans l'esprit. Albuquerque leur fit entendre raison sur leurs interêts, & les tourna de façon, qu'ils parurent satisfaits de sa conduite, & firent eux-mêmes leur paix avec le Zamorin.

Le Gouverneur traita aussi avec les Rois de Narsingue, l'Idalcan & le Roi de Cambaïe, en confirmation de ce qui avoit été commencé entre eux. Il obtint en particulier de ce dernier l'agrément de bâtir une Forteresse à Diu, à condition qu'il lui donneroit le même avantage à Malaca. Mélic Jaz avoit toûjours paru donner les mains à cette Forteresse, pressant les Portugais d'agir auprès du Roi de Cambaïe, qui étoit le maître de la leur accorder. Mais il agissoit sous main auprès de ce Prince, & employoit les plus forts moyens pour l'en detourner. Le Mélic Gupi, qui partageoit avec lui ses bonnes graces, & qui par cette raison étoit son ennemi, l'y fit enfin consentir. Il est vrai que cela n'eut aucun effet alors ; car Mélic Jaz se donna tant de mouvements toûjours en secret, que le Roi changea d'avis, & que Mélic Gupi déchut beaucoup du degré de faveur, où il étoit auprès de la personne du Monarque.

Tous ces avantages donnerent à Albuquerque autant de joye, que les intrigues des factieux qui avoient travaillé à les empêcher lui avoient causé de chagrin. Cette joye fut encore augmentée par Fernand Perez d'Andrade, qui étant arrivé dans ces circonstances, pour obtenir la permission de retourner en Portugal, apportoit l'agréable nouvelle de la victoire insigne qu'il avoit remportée sur Paté-Onus dans le port de Malaca.

Cependant cette Ville pensa être enlevée aux Portugais d'une maniere assez singuliere, & à bien peu de frais. Mahmud voyant que toutes ses forces & celles de ses alliés ne suffisoient pas pour le retablir, eut recours à l'industrie. Il avoit à sa Cour un Maure Bengale de nation, nommé Tüam Maxelis, en qui il avoit sa principale confiance. Il concerta avec lui le projet de sa trahison, & en traça le plan sur celui de l'ancien Zopire Babilonien. Il fait donc semblant de disgracier ce favori, le chasse d'auprès de sa personne, lui suscite des accusations comme s'il avoit malversé dans l'administration de ses finances, lui donne plusieurs dégoûts successifs & tous éclatans, de sorte qu'il

Ann. de J. C. 1513. 1514.

Don Emmanuel Roi.

Alphonse d'Albuquerque Gouverneur.

RRr ij

ne restoit plus que de lui faire son procès, & de le faire périr sur un échafaut. On n'ignoroit rien de ce revers de fortune dans Malaca, où l'on n'avoit garde d'imaginer que ce fût une feinte. Cependant Maxelis trouve le moyen de s'évader. Il se refugie auprès de Britto, qui le reçoit à bras ouverts. Comme il avoit de l'esprit, & qu'il parut fort affectionné aux Portugais, pour se venger de l'ingratitude de son Prince, il s'insinua bien-tôt dans l'esprit du Gouverneur, & de Pierre Personne qui étoit facteur, de sorte qu'il avoit les entrées libres dans la Citadelle, & y conduisoit une garde qu'on lui avoit permis d'avoir pour sa sûreté. Un jour dans le fort de la chaleur, Maxelis ayant disposé ses gens de concert avec Tüan Colascar, qui étoit un des Chefs des Maures de la Ville le plus voisin de la Citadelle, il entre dans la place à son ordinaire, laisse son monde à la porte, va à l'appartement du facteur, qu'il trouve couché pour faire sa méridienne. Il l'aborde, lui parle, & lorsqu'il y pensoit le moins, il le frappe mortellement d'un cric, & court aussitôt pour introduire ses gens. Le facteur quoiqu'aux abois a encore assez de présence d'esprit pour fermer sa porte, donner l'allarme, & en même-tems tombe mort. La garde court au bruit; s'empare des portes avant que Maxelis s'en fût rendu maître. On fait aussi-tôt main basse sur les Maures qui étoient répandus dans le Fort,

Maxelis lui-même tombe percé de coups combattant en desesperé, & paye sa perfidie de son sang, malheureux dans l'éxécution d'un projet bien concerté & bien suivi. Mahmud qui en fut informé bien-tôt, n'en eut que le regret & la confusion, & se vit peu-à-peu forcé à demander une paix qu'il étoit résolu de ne garder qu'autant qu'il y seroit contraint par nécessité, & qu'on ne lui accorda que parce qu'on étoit dans une espece de nécessité de le faire.

Ann. de J. C. 1513. 1514.
Don Emmanuel Roi.
Alphonse d'Albuquerque Gouverneur.

Malaca vit peu après deux cruelles scenes dans le sein de la paix, qui eut en cela quelque chose de plus affreux que les horreurs de la guerre. En voici l'occasion. Le Roi de Campar, gendre de Mahmud & beau frere d'Aladin, mécontent de ces deux Princes, s'étoit séparé de leurs interêts peu après la prise de la Ville, pour s'allier aux Portugais. Il avoit envoyé ses Ambassadeurs à Albuquerque, s'étoit ensuite abouché avec lui, & ils avoient conclu ensemble ce qui fut depuis la cause des deux accidents funestes que je vais rapporter.

Dans la distribution des emplois qui fut faite d'abord après que les Portugais eurent pris possession de Malaca, Ninachetu avoit eu celui de *Bendara*, qui étoit le plus considerable de tous. Il le méritoit, comme je l'ai dit, par sa probité & par ses services : on ne pouvoit lui reprocher que sa naissance. Mais cela même étoit un grand obstacle, n'y ayant rien au monde dont les Indiens soient plus jaloux, que des prérogatives de leurs Castes. Ceux des principales ne pouvant souffrir de se voir soumis à un homme d'une Caste inferieure à la leur, firent sentir à Albuquerque cet inconvenient, qui alloit éloigner de Malaca toute la Noblesse des Indiens idolâtres. Cependant ce Général n'osant alors ôter l'emploi de Bendara à Ninachetu à cause d'une certaine bienséance, se contenta de promettre au Roi de Campar, qu'il le mettroit en possession de cet emploi, quand les circonstances du tems pourroient le permettre. En effet deux ans après ayant envoyé George d'Albuquerque pour relever Britto, qui avoit fini son tems dans le Gouvernement de Malaca, il lui ordonna de déposseder Ninachetu, & de mettre le Roi de Campar à sa place.

George d'Albuquerque ne fut pas plûtôt arrivé, qu'il pensa à mettre la chose en exécution, & pour faire plus d'honneur à ce Prince, il lui envoya George Botello suivi de quelques Vaisseaux à rames pour le prendre, & le conduire à Malaca. Le Roi de Campar étoit alors assiegé dans sa Capitale par le Roi de Linga, vassal de Mahmud, & l'exécuteur de ses vengeances. Celui-ci avoit une Flotte de soixante voiles, & le Roi de Campar se voyoit presque réduit par la faim aux dernieres extrémités. On ignoroit sa situation à Malaca; mais Botello en ayant eu nouvelle fur fa route, & ayant envoyé demander du renfort, battit la Flotte ennemie, délivra le Prince affiegé, & l'amena à Malaca, où il fut reçu triomphamment, & mis en poffeffion de l'emploi de Bendara.

Ninachetu reçut ce coup de la fortune & de l'ingratitude des hommes en Heros Indien, & réfolu de donner un fpectacle femblable à celui que Calanus donna autrefois à la Grece du tems d'Alexandre le Grand, fpectacle affez ordinaire dans les Indes, mais fort nouveau pour les Portugais, il fit préparer un bucher de bois de fandal, & des plus précieux aromates. Ayant enfuite invité tous fes amis, il s'y rendit au jour marqué en leur compagnie, & en préfence de tout le peuple.

Là, d'un air tranquille & d'un fang froid admirable il tint à peu près ce difcours. »Les Por-
» tugais m'avoient honoré de la charge de Ben-
» dara. J'y fuis entré fans l'avoir ambitionnée,
» je l'ai exercée fans intérêt, plus pour leur
» avantage, que pour le mien, & je n'ai nul
» regret à la perdre. Malheureux eux feuls fi
» en me l'ôtant ils recompenfent ma vertu,
» comme ils puniffent les crimes, & s'ils ne
» fçavent pas difcerner que celui qui brigue un
» emploi, le mérite moins que celui qui ne l'a
» point defiré. Qu'Albuquerque apprenne aujourd'hui, & tous les Portugais avec lui, qu'en
» manquant de reconnoiffance à mon égard,

» ils ont pu me faire l'affront de me depoſſeder
» ſans faire une tache à ma gloire ; & qu'ils
» comprennent bien que celui qui ſacrifie les
» richeſſes, les dignités & ſa vie même à ſon
» honneur, n'étoit pas capable de ſacrifier cet
» honneur à l'amour des dignités, des richeſſes,
» & de la vie. Mon ame eſt pure, & va ſe pu-
» rifier encore dans ce feu comme l'or dans la
» fournaiſe pour s'envoler à l'auteur de ſon ori-
» gine. Vous, qui gouvernez le monde, qui eſt vo-
» tre ouvrage, Dieux immortels, que les hommes
» ne peuvent tromper, & qui diſpenſez les ré-
» compenſes & les peines ſelon le merite, re-
» cevez-moi dans votre gloire, rendez juſtice
» à mon innocence, & vengez-moi de l'ingra-
» titude. « Cela dit, il ſe lança dans le bucher,
où il fut bien-tôt conſumé.

Le Roi de Campar exerça pendant quelque
tems l'office de Bendara avec dignité, & avec
autant d'integrité & de fidelité que Ninachetu. La Ville ſe reſſentit de ſon Gouvernement.
Elle devint très-floriſſante & très-fréquentée
des Gentils & des Maures, qui y étoient attirés par l'eſtime de ſes vertus. Mahmud jadis
Roi de Malaca, que nous appellerons deſor-
mais Roi de Bintan, où il s'étoit établi après avoir
chaſſé celui qui en étoit le legitime maître, ne
put ſouffrir cette proſperité. Il réſolut de le perdre en tâchant de le rendre ſuſpect, comme
s'il eût entretenu avec lui de ſecrettes intelligences,

gences. Il en vint à bout très-finement. George d'Albuquerque trop credule, & donnant trop à de simples apparences qui firent de fortes impressions sur son esprit soupçonneux, fit prendre ce Roi innocent, lui fit faire son procès dans les formes; & ce Prince infortuné, condamné sur des présomptions plûtôt que sur des preuves, eut le malheur de perdre la tête sur un échaffaut par la main d'un bourreau. La cruauté barbare de cette exécution sanglante sur une personne de ce rang, & qu'on sçavoit n'être pas coupable, ayant revolté tous les esprits, reveillé le souvenir du passé, la mort de Ninachetu & le supplice d'Utemutis, la Ville redevint déserte & le nom Portugais fut en exécration.

{ANN. de J. C. 1513. 1514. DON EMMANUEL ROI. ALPHONSE D'ALBUQUERQUE GOUVERNEUR.}

Quoique l'expédition de la mer Rouge n'eût pas fait grand honneur à Albuquerque, elle avoit pourtant fait une terrible impression sur tous les peuples de ce voisinage, & particulierement à la Cour du Caliphe. Car ce Prince qui d'abord avoit fait peu de cas de la tentative sur Aden, & avoit fait répondre au Cheq, qui lui avoit envoyé demander du secours, & dont il n'étoit pas content, » Qu'il eût à défendre » ses Etats comme il pourroit, qu'il sçauroit bien » pourvoir à la sûreté des siens. « Néanmoins dès qu'il sçut que la Flotte Portugaise étoit entrée dans la mer Rouge, il eut si grand peur sur la nouvelle qui se répandit en même-tems qu'il devoit venir une autre Flotte des Princes Chrétiens par la Mediterranée du côté d'Alexandrie, qu'il se regarda alors comme perdu. Dans le Caire, déja ému par le supplice de trois des principales têtes de l'Etat, tout fut prêt à un soulevement général, & à cette occasion l'Emir qui commandoit à Alep se revolta, & fit déclarer la Ville en faveur du Roi de Perse; de sorte que le Caliphe, dès qu'il vit le danger un peu éloigné, pensa sérieusement à prendre des mesures pour garder la mer Rouge, & mettre ses Etats à couvert de ce côté-là.

Le Roi Emmanuel, qui en eut avis par les correspondances qu'il avoit dans le Levant, envoya de nouveaux ordres à Albuquerque pour retourner sur Aden, lui laissant néanmoins le choix de mettre en déliberation s'il ne seroit pas plus expédient de tomber sur Ormus. L'Ambassadeur que le Roi d'Ormus avoit envoyé en Portugal, étoit un Sicilien, qui enlevé dès son bas âge avoit eu d'autant moins de peine à se faire Musulman, qu'il n'avoit de Chrétien que le baptême. Etant à Lisbonne, il revint à la religion de ses peres, & prit le nom de Nicolas Feréïra, que le Roi lui donna. Le changement de Religion ayant changé ses interêts & ses inclinations, il avoit fort porté le Roi à s'assûrer d'Ormus, en lui faisant apprehender qu'il ne fût prévenu par le Sophi, qui muguettoit cette place; & le Roi entrant dans ses pensées l'avoit renvoyé à Albuquerque avec les ordres dont je viens de parler.

Le Général ayant mis en état sa Flotte, qui étoit de vingt-sept voiles de differentes grandeurs, & sur laquelle il y avoit quinze cens Portugais & sept cens Malabares ou Canarins, tint conseil à la vûë de Goa sur le Vaisseau de Vincent d'Albuquerque, qu'il montoit ; & outre ses Capitaines il y appella le Gouverneur de la Citadelle de Goa, & Nicolas Feréïra. Les sentimens furent fort partagés sur les deux expeditions : mais Feréïra ayant parlé, l'affirmative l'emporta pour Ormus, où l'on mit aussi-tôt le Cap.

Rien n'étoit plus flatteur pour Albuquerque. Il y avoit long-tems qu'il en vouloit à cette place, & depuis qu'il fut obligé de l'abandonner par la retraite de ses Capitaines, il avoit gardé le serment qu'il avoit fait de ne point couper sa barbe, qu'il n'eût eu raison de cette Ville, qu'il s'étoit vû si lâchement enlever. Les Rois d'Ormus n'avoient jamais voulu rendre la Citadelle qu'Albuquerque y avoit commencée, ni accorder aux Portugais une factorerie dans la Ville, pas même leur restituer les effets qui avoient été pris : mais comme sans le commerce des Indes, leur Ville étoit absolument ruinée, & qu'ils ne pouvoient le faire sans les passeports du Gouverneur, leur politique les avoit obligés de payer à la Couronne de Portugal le tribut annuel auquel ils s'étoient engagés. Ils avoient pourtant tâché de le faire diminuer, & c'étoit le motif pour lequel ils avoient envoyé leur Ambassadeur en Portugal.

La face des affaires avoit changé à Ormus. Coje-Atar étoit mort dans une vieillesse honorable. Raix Noradin, qui lui avoit succedé dans le ministere, avoit fait empoisonner Zeifadin, pour mettre à sa place au mépris de ses deux enfans Torun-Cha frere de ce Prince. Pour fortifier davantage son autorité, Noradin avoit fait venir de Perse trois de ses neveux, dont le dernier nommé Raix Hamed, homme d'esprit & de résolution, prit peu-à-peu un tel ascendant, qu'il se rendit le maître de la personne du Roi. Noradin trompé dans ses esperances, non-seulement n'avoit aucun credit, mais étoit même tenu comme prisonnier chez lui avec ses deux fils. L'habile Hamed agissoit en tout despotiquement. On prétend que son dessein étoit de livrer le Royaume au Sophi Ismaël. D'intelligence avec ce Prince, qui étoit fort zelé pour la secte d'Hali, il avoit déja fait prendre à Torun-Cha le Turban rouge, qu'Ismaël envoyoit par ses Ambassadeurs à tous les Princes Musulmans de l'Inde & de l'Arabie, pour les attacher à ses interêts par la Religion. Hamed avoit aussi attiré à Ormus sa famille, qui faisoit plus de sept cens personnes. Peu-à-peu il faifoit gliffer des troupes de Perfe dans Ormus & dans fon voifinage. Et fi déja il n'avoit pas fait mourir Torun-Cha , c'étoit apparamment que tout n'étoit pas encore prêt pour la révolution qu'il méditoit.

Ann. de J. C. 1515.
Don Emma- nuel Roi.
Alphonse d'Albu- querque Gouver- neur.

Hamed ne laiffoit pas de continuer de payer le tribut à la Couronne de Portugal; mais il avoit refufé de rendre la Citadelle, que le Général lui avoit fait demander de nouveau par Pierre d'Albuquerque, qu'il avoit envoyé croifer fur les Côtes d'Aden & du Golphe Perfique ; de forte que ce fut l'affemblage de toutes ces chofes, qui détermina le Confeil à préferer l'entreprife d'Ormus, qu'il eût été difficile de tirer des mains d'Ifmaël, fi une fois il en avoit été en poffeffion.

La Flotte ayant moüillé devant Ormus & falué le Palais du Roi de toute fon artillerie, Albuquerque fit fçavoir fes intentions à cette Cour, & après quelques allées & venuës, le Roi le mit en poffeffion de la Citadelle, qu'on fe hâta d'achever, lui affigna quelques maifons dans la Ville pour y établir fes quartiers, & fit arborer fur fon Palais la Banniere de Portugal. Hamed qui étoit le maître, confentoit à tout par crainte. La préfence de la Flotte avoit cependant diminué fon autorité, & fait concevoir au Roi & à Noradin l'efperance de fortir d'efclavage. Le foupçonneux Miniftre s'en doutoit bien, & ne permettoit pas que personne parlât au Général Portugais, où à qui que ce fût qui vint de sa part, qu'en présence d'un de ses freres qui lui servoit d'espion. Nonobstant cela néanmoins Noradin fit sçavoir secretement à Albuquerque, que le Roi & lui auroient beaucoup de plaisir qu'il les tirât de l'oppression.

Dans le tems que ces choses étoient en cet état, il y avoit à Ormus un Envoyé d'Ismaël, qui attendoit l'occasion favorable de passer dans l'Inde & d'aller trouver Albuquerque, à qui il étoit adressé de la part de son maître pour rechercher son amitié & celle du Roi de Portugal. Ce Prince depuis l'âge de huit ans jusques à celui de vingt qu'il pouvoit avoir alors, avoit conquis plusieurs Provinces, & s'étoit fait une Monarchie qui alloit de pair avec celle du grand Seigneur & du Caliphe. L'estime qu'il avoit pour le vrai mérite, en ayant beaucoup lui-même, lui avoit fait rechercher Albuquerque depuis long-tems, & cette passion s'étoit augmentée par les belles choses qu'Albuquerque avoit faites depuis. Comme les grands hommes s'estiment mutuellement, Albuquerque n'avoit pas moins d'envie de lier avec Ismaël de qui il esperoit tirer de grands avantages.

L'idée flatteuse que portoit avec soi une telle demande de la part du Sophi, fit qu'Albuquerque donna à cette Ambassade tout l'éclat qu'elle eût pu avoir dans les Cours les plus brillantes de l'Europe. Tout se passa avec pompe & avec magnificence, & se termina pourtant à de simples témoignages d'estime sans aucune conclusion, au moins que l'on sçache ; mais le Général en renvoyant l'Ambassadeur le fit accompagner à la Cour d'Ismaël par Fernand Gomez de Lemos, qui fut chargé de présens très-gracieux, & d'un très-beau projet d'alliance, qui eût pu produire de grandes choses, s'il eût pu être suivi par celui qui l'avoit conçu.

Cependant Hamed & Albuquerque cherchoient mutuellement à se nuire, & en vouloient à la vie l'un de l'autre. Albuquerque autorisé sur ce que le Roi lui avoit fait dire en trouva plûtôt les moyens que son adversaire, quoique celui-ci crût réussir par la même voye. Le Général fit donc proposer une entrevûë au Roi. Hamed vouloit que ce fût dans une tente faite exprès devant le Palais, où il prétendoit faire son coup. Le Général s'obstina à vouloir que ce fût dans la Citadelle. Hamed ne desesperant pas de réussir là même, y consentit. On regla le ceremonial & les conditions de cette visite. La principale de ces conditions étoit, que de part & d'autre on n'auroit point d'armes, condition qu'aucun des deux partis ne vouloit observer.

En effet dès le lendemain Albuquerque ayant pris toutes ses mesures, & Hamed les siennes,

ANN. de J.C. 1515.
DON EMMANUEL ROI.
ALPHONSE D'ALBUQUERQUE GOUVERNEUR.

Hamed entra le premier. On lui chercha querelle fur fes armes dans le tems qu'il fe plaignoit juftement lui-même de la même chofe; & comme il commençoit à s'emporter, il fut percé de mille coups. Le Roi qui vint enfuite fut furpris, & craignit pour lui-même; mais bien-tôt il fe tranquillifa. Les freres d'Hamed & leurs fatellites, à qui on avoit fermé les portes, voulurent les forcer. Les troupes Portugaifes qui étoient dehors & qui avoient le mot, accoururent. Le peuple alloit fe mettre de la partie, dans l'incertitude fi le Roi n'étoit pas mort: la préfence de ce Prince, qui fe montra de deffus un balcon l'appaifa. Cependant les freres d'Hamed gagnerent le Palais du Roi, qui étoit la principale Forterefle de la Ville, & s'y barricaderent. Il y avoit alors à Ormus un Officier du Sophi qui accompagnoit l'Envoyé de Perfe, dont nous avons parlé, & qui fous mains devoit appuyer les deffeins d'Hamed. Albuquerque l'envoya chercher, & lui commanda d'aller dire aux freres de ce perfide, que s'ils ne fortoient inceffamment du Palais, il ne feroit quartier à perfonne. Cette menace eut fon effet, ils abandonnerent le Palais, & peu après toute la famille de ce Miniftre fut bannie de l'Etat, fous peine de mort. On fignifia en même-tems une défenfe fous la même peine de porter des armes de nuit ou de jour; & cette défenfe, qui defarma le peuple, remit la tranquillité. Depuis

Depuis ce tems le Roi & le Général se virent avec plus de liberté, & Albuquerque parut avoir rendu la sienne à ce Prince, qui ne se possedoit pas de joye de se voir maître, au lieu qu'il ne l'avoit jamais été. Le Général ne se mêloit de rien dans les affaires du Gouvernement; mais dans le fond il prit de telles mesures, qu'Ormus ne put jamais secoüer le joug qu'il lui imposoit.

Un bruit qui se répandit alors qu'il venoit une Flotte du Caliphe sur Ormus en fut la principale cause. On ne sçauroit déterminer qui en fut l'auteur; si ce furent les Ministres du Roi, qui n'eussent pas été fâchés du départ d'Albuquerque, ou si ce fut Albuquerque lui-même qui le fit répandre à dessein de faire ce qu'il fit à ce sujet. Quoi qu'il en soit, accreditant cette nouvelle, qui n'avoit aucune apparence, il envoya Don Garcie de Norogna demander de sa part toute l'artillerie du Palais & de la Ville, sous prétexte qu'il avoit besoin de la sienne pour aller au-devant de cette Flotte, & ne pouvoit laisser la Citadelle sans armes. Noradin promit tout d'abord; mais s'étant ensuite repenti de sa facilité, il voulut se retracter. Don Garcie qui avoit ordre secret de l'enlever de force, si on la lui refusoit, lui ôta tout prétexte d'user de délais, en disant qu'il ne partiroit point, que l'artillerie ne fût livrée comme elle le fut en effet.

Ann. de J. C. 1515.
Don Emmanuel Roi.
Alphonse d'Albuquerque Gouverneur.

Albuquerque acheva d'aſſûrer cet Etat à la Couronne de Portugal par un coup d'un plus grand éclat. Car il fit ſi bien, ſous le prétexte qu'il pourroit naître des troubles dans le Royaume à cauſe de la multitude des Princes du ſang des Rois d'Ormus qu'on avoit aveuglés pour les écarter du Trône; mais qui avoient femmes & enfans, dont on pourroit ſe prévaloir contre le Roi regnant, qu'il ſe fit livrer ces Princes, qui étoient au nombre de quinze, & les envoya à Goa avec leurs familles dans l'eſcadre de Garcie de Norogna, afin de les y tenir ſous bonne garde. Et lorſqu'il partit lui-même d'Ormus, il donna ordre à Pierre d'Albuquerque, qu'il laiſſa Gouverneur de la Citadelle, de ſe rendre maître des deux enfans de Zeifadin, afin de tenir le Roi en bride par ces deux jeunes Princes, qui étoient les legitimes heritiers de la Couronne.

Avec cela il ménageoit ſi bien le Roi, que ce Prince, qui l'appelloit ſon pere, paroiſſoit lui avoir obligation de tout ce qu'il faiſoit; & il contenoit ſi bien les Portugais, qu'il n'y en avoit pas un qui oſât faire la moindre inſulte, ou qui la fit ſans en être puni. Il y en eut ſept qui deſerterent, & paſſerent chez les Arabes. Le Général les fit ſuivre, & ſe ſervit pour cela de Raix Noradin. Ils furent pris, & par ſentence de Juge ils furent brûlés vifs dans le même bateau, dans lequel ils s'étoient évadés, à l'ex-

ception de deux, qui ayant rendu quelque ser- Ann. de
vice dans la malheureuse affaire de Calicut où J.C.
le Maréchal fut tué, meriterent qu'on leur 1515.
commuât leur peine en celle des Galeres. Cet- Don Emmanuel Roi.
te severité, qui contenoit tout le monde dans Alphonse
le devoir, augmentoit l'estime qu'on avoit pour querque
le Général, & le mit en telle réputation, que Gouverneur.
les Cheqs ou Princes voisins se hâterent de demander son amitié, ou par eux-mêmes venant
en personne le saluër, ou par les principaux
Officiers de leur Cour.

Cependant il tomba malade: un dévoyement
causé par ses travaux continuels le mit si bas
en peu de tems, qu'il fit son testament, & reçut
tous les Sacrements comme pour mourir. Un
peu de relâche qu'il eut dans son mal l'obligea
de s'embarquer pour retourner à Goa. Il le fit
si secretement, que cela même fit qu'on le crut
mort. On fut néanmoins détrompé par ceux
que le Roi envoya à sa suite pour lui porter
des rafraîchissements de sa part.

A peine fut-il hors du Golphe qu'il parut un
petit bâtiment de Maures parti de Diu, qui
portoit des Lettres pour lui. L'une étoit d'un
Maure, nommé Cid-Alle, & l'autre d'un Ambassadeur du Sophi auprès du Roi de Cambaïe.
Le premier lui apprenoit que Loup Soarez
d'Albergaria étoit arrivé dans les Indes avec
douze Vaisseaux, & venoit pour lui succeder
en qualité de Gouverneur : Que Diego Men-

dez de Vasconcellos venoit commander à Cochin, Diego Peréïra être facteur, & que le Roi avoit ainsi disposé de plusieurs postes. Il ajoutoit que Mélic Jaz étoit si mortifié de son rappel, qu'il n'avoit pas eu le courage de lui écrire. L'Ambassadeur d'Ismaël lui disoit à peu près la même chose, tâchoit d'aigrir son esprit sur l'ingratitude avec laquelle on recompensoit ses services, & lui offroit un asyle chez son maître, avec tous les biens & tous les honneurs dont il étoit digne.

Albuquerque dans l'état où il étoit, n'étoit pas à l'épreuve d'un revers, si peu merité & si peu attendu. Saisi à la vûë du triomphe de ses ennemis, & du progrès qu'ils avoient fait dans l'esprit du Roi, il ne put s'empêcher d'en témoigner sa surprise. » Quoi, s'écria-t'il, Soa- » rez Gouverneur des Indes ? Vasconcellos & » Diego Peréïra, que j'ai fait passer en Portu- » gal comme criminels, renvoyés avec hon- » neur ? J'encours la haine des hommes pour » l'amour du Roi, & la disgrace du Roi pour » l'amour des hommes ? Au tombeau, mal- » heureux vieillard, il est tems, au tom- » beau. « Il repeta plusieurs fois ces dernieres paroles pénétré de la plus vive douleur. Après néanmoins que cette premiere impression eut passé, il parut plus tranquille, & se laissa persuader d'écrire au Roi. Il le fit en ces termes. » Seigneur, j'écris cette derniere Let-

» tre à votre Alteſſe avec un ſerrement de cœur,
» qui m'eſt un ſigne certain de ma mort pro-
» chaine. J'ai un fils dans le Royaume, je vous
» prie de le faire grand à proportion de mes
» ſervices, & je lui ordonne de vous le de-
» mander ſous peine d'encourir ma maledi-
» ction. Je ne vous dis rien des Indes, elles
» vous parleront aſſez, & pour elles, & pour
» moi. «

An. de J. C. 1515.

Don Emmanuel Roi.

Alphonse d'Albuquerque Gouverneur.

Il fit enſuite brûler les Lettres que les Maures de l'Indoſtan écrivoient à leurs correſpondans d'Ormus, en les avertiſſant de ne point livrer la Citadelle aux Portugais ; que le Gouverneur étoit relevé, qu'il en étoit venu un nouveau bien different de ſon prédéceſſeur, & qui feroit bien plus favorable à leurs affaires. Après cela il ne penſa plus qu'à ſon ſalut ; & quand il fut près de Goa, il envoya chercher le Vicaire général & le Medecin. Le mal avoit trop gagné pour que celui-ci pût y faire quelque choſe. Le Vicaire général lui adminiſtra les derniers Sacremens, qu'il reçut de nouveau avec les ſentimens d'une très-grande pieté. Toute cette nuit preſque s'étant paſſée dans les exercices de réligion, il rendit ſon ame à Dieu un peu avant jour le 16. Decembre 1515. la ſoixante-troiſiéme année de ſon âge, dont il avoit paſſé les dix dernieres dans les Indes.

Son corps fut porté à Goa, & enſeveli dans l'Egliſe de Notre-Dame de la Montagne, qu'il avoit bâtie. Les obseques qu'on lui fit furent magnifiques, & durerent près d'un mois. Mais le faste de la pompe lugubre de cette solemnité lui fut moins honorable que le deüil universel où cette Ville fut plongée, & les larmes que répandoient sans distinction Chrétiens, Musulmans & Gentils, dont chacun croyoit perdre en lui son pere ou son appui. Plus de cinquante ans après ses ossemens, furent transportés en Portugal, où on lui fit encore de grands honneurs.

Sa maison tiroit son origine des enfans naturels des Rois de Portugal, dont le sang fut autant honoré en lui que dans ses Princes legitimes. Il étoit le second fils de Gonzales d'Albuquerque, Seigneur de Villaverde, & de Dona Leonora de Meneses, fille du premier Comte d'Atouguïa. Dans sa jeunesse il avoit été grand Ecuyer du Roi Jean second, & s'étoit toûjours distingué; mais sa fortune l'attendoit aux Indes, où elle devoit lui faire acquerir le nom de *Grand*, & le mettre au niveau des Conquerants les plus celebres.

Il étoit d'une taille médiocre, mais bien proportionnée. Il avoit le tour du visage agréable, le nez aquilin & un peu long, l'air noble & majestueux. La vieillesse le rendit encore plus venerable par l'extrême blancheur de ses cheveux, & d'une barbe si longue, qu'il pouvoit la noüer à sa ceinture. Dans le Commandement il paroiſſoit grave & ſevere, & dans la colere terrible ; hors delà il étoit gracieux, plaiſant & aimable. Il avoit cultivé ſon eſprit par les belles Lettres. Il parloit ſur le champ avec grace, & écrivoit encore mieux. Il aſſaiſonnoit toûjours ſon diſcours de quelques bons mots, & il affectoit cela en particulier quand il parloit en maître, afin de corriger par-là ce que ſon air trop ſevere avoit de rebutant.

La droiture, la juſtice & l'amour du bien public faiſoient proprement ſon caractere. Il étoit ſevere ſouvent juſques à la cruauté, avare pour les intérêts du Roi, inflexible dans ce qui étoit du ſervice & de la diſcipline militaire ; mais ſi affectionné en même tems à procurer le bien d'un chacun, que de ce mêlange de qualités auſteres & officieuſes, il réſultoit une idée générale qui le faiſoit aimer de ceux-même qui haïſſoient ſa ſeverité outrée. Sa rigide équité avoit fait une ſi grande impreſſion, qu'après ſa mort les Gentils & les Maures alloient offrir des vœux à ſon tombeau, pour lui demander juſtice contre la tyrannie de quelques-uns de ceux qui ſuccederent à ſa place, ſans ſucceder à ſes vertus. Durant ſa vie ſa rigueur lui fit de grands ennemis, & lui procura bien des dégoûts ; mais la facilité avec laquelle il revenoit à leur égard, & les excuſoit même à ceux qui l'exhortoient de ſe venger, ne ſervit pas peu à relever ſa gloire.

ANN. de J. C. 1515.
DON EMMANUEL ROI.
ALPHONSE D'ALBUQUERQUE GOUVERNEUR.

Dans la guerre il fut veritablement grand par la nobleſſe de ſes projets, la prudence avec laquelle il les conduiſoit, & la vigueur avec laquelle il les exécuta. Dans le Conſeil & dans l'action il paroiſſoit en lui deux hommes tous differens. Un jour de bataille il étoit tellement Capitaine, qu'il ſe montroit tout ſoldat, allant aux coups & s'expoſant comme un enfant perdu. On lui en a ſouvent fait des reproches inutiles, & dans l'affaire de Benaſtarin Diego Mendez de Vaſconcellos, quoique mécontent de lui, fut obligé de l'avertir qu'il s'expoſoit avec trop de témérité. Sans faire tort aux plus grands Capitaines de ſon tems, il n'y en eut point qui eût une réputation plus étenduë que la ſienne dans les trois parties du monde, l'Europe, l'Afrique & l'Aſie. Avec cela il étoit heureux, ce qui fit dire au Roi Ferdinand le Catholique parlant à l'Ambaſſadeur de Don Manuel, qu'il s'étonnoit que le Roi ſon gendre eût penſé à le retirer des Indes ; mais Emmanuel le fit par la même politique qui avoit obligé Ferdinand lui-même à retirer le grand Capitaine Gonſalve de Cordouë du Royaume de Naples. Albuquerque avoit demandé Goa à titre de Duché, & ce fut ſur cette demande que ſes envieux acheverent de le rendre ſuſpect.

Trois Royaumes conquis, pluſieurs Forteresses bâties, la paix établie ſur toutes les Côtes de l'Inde, pluſieurs Rois ſoumis, faits tributai-

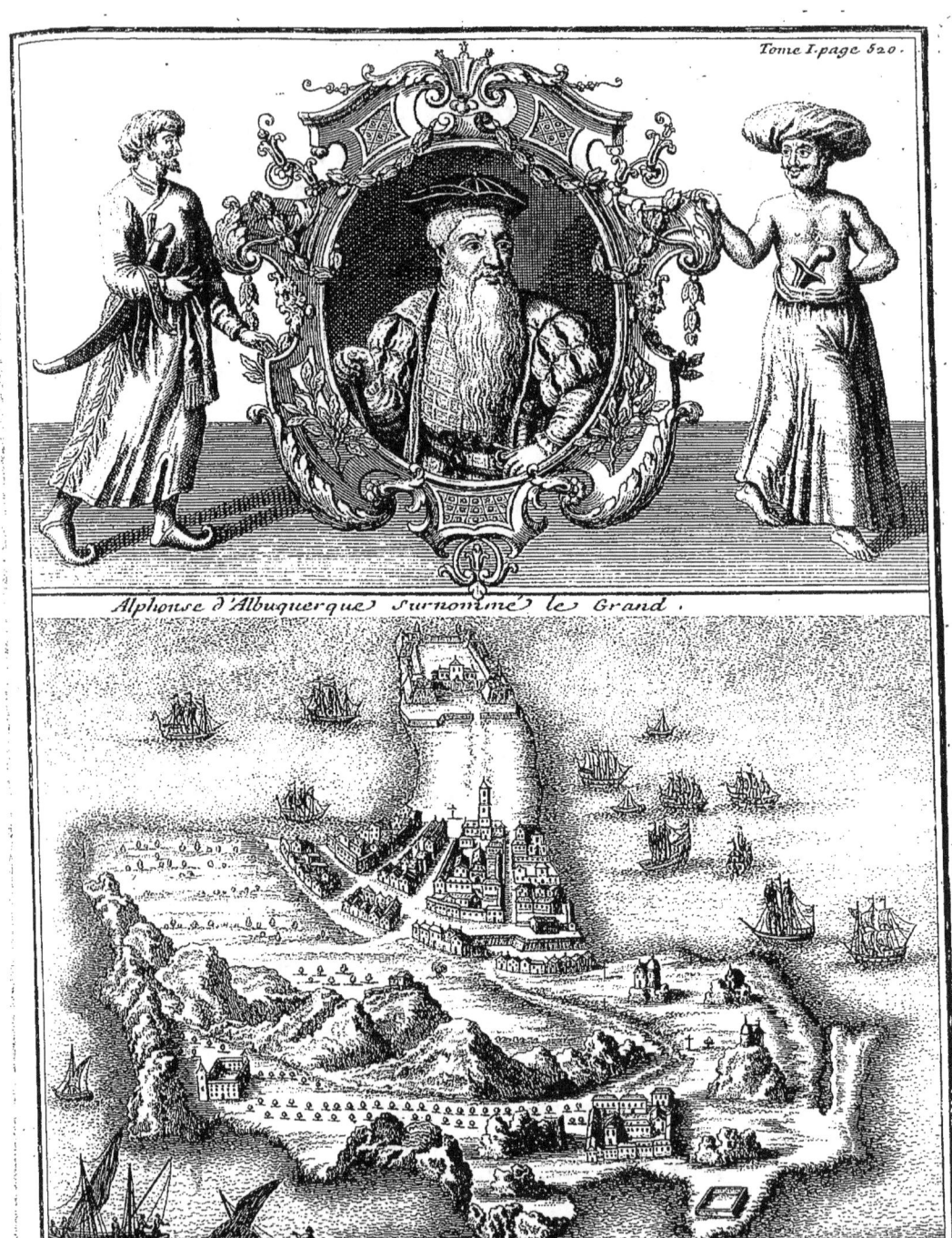

Alphonse d'Albuquerque surnommé le Grand.

Ville et Isle d'Ormus.

res ou alliés, furent son ouvrage, dont il n'eut d'autre récompense que le chagrin d'une disgrace qui le fit mourir là même, où il avoit commencé de naître en héros. Don Manuel connut pourtant la faute qu'il avoit faite, mais trop tard, & sans lui rendre justice de ses calomniateurs. Ce qu'il fit, c'est que veritablement il prit soin du fils qu'il lui avoit recommandé. Il lui fit quitter le nom de Blaise, pour prendre celui d'Alphonse. Il le maria ensuite à Marie de Norogna sa parente, fille du Comte de Linarés, & de Jeanne de Sylva, fille du premier Comte de Portalegre. Il lui eût fait sans doute de grands biens, ainsi qu'il l'avoit promis au Comte de Linarés son beau pere ; mais après la mort d'Emmanuel, Alphonse s'apperçut qu'on ignoroit sous le regne suivant les promesses qui lui avoient été faites, comme on avoit oublié les services de son pere. Ainsi les Héros ne doivent compter que sur la gloire qui éternise leurs belles actions, gloire que l'envie peut obscurcir pendant quelque tems, mais dont le tems même les fait toujours triompher.

Albuquerque avoit souhaité que quelqu'un pût écrire son histoire. Il eût pu le faire, comme Cesar avoit écrit la sienne. Ses travaux l'en empêcherent ; mais son fils y suppléa. C'est ce fils qui a donné les Commentaires que nous avons sous son nom. Il y paroît un grand amour

ANN. de J. C. 1515.
DON EMMA-NUEL ROI.
ALPHONSE D'ALBU-QUERQUE GOUVER-NEUR.

de la verité, une grande modération, beaucoup de ménagement, pour la perfonne des ennemis de fon pere, & tant de modeftie dans le détail des actions de ce Héros, qu'on peut dire que le portrait qu'il en fait, bien loin d'être outré, eft beaucoup au-deffous de fon original.

Fin du fixiéme Livre.

HISTOIRE
DES DECOUVERTES
ET
CONQUESTES
DES PORTUGAIS
Dans le Nouveau Monde.

LIVRE SEPTIÉME.

LA gloire de la nation Portugaise voloit avec la renommée dans toutes les parties du monde, tandis que le Portugal se remplissoit des richesses de l'Orient, & que l'Europe ouvroit des yeux admirateurs & jaloux sur sa prosperité. Don Manuel tranquille sur son Trône joüissoit du plaisir flatteur du grand nom que lui faisoient jusques au bout de l'Univers ses Capitaines par leurs succès, leurs travaux & leurs conquêtes, & il recüeilloit sans peine les trésors immenses qui étoient le fruit des fatigues inconcevables qu'ils avoient souffertes, & des périls sans fin qu'ils avoient courus.

Ce Prince sage & toûjours zelé pour la Re-

Ann. de J. C. 1515.
Don Emmanuel Roi.
Lope Soarez d'Albergaria Gouverneur.

ANN. de J.C. 1515.
DON EMMANUEL ROI.
LOPE SOAREZ D'ALBERGARIA GOUVERNEUR.

ligion se fit honneur de ses avantages auprès du saint Siege en Prince Chrétien. Alphonse Roi de Congo lui avoit envoyé le Prince Henri son fils, avec une nombreuse jeunesse composée des enfans des principaux Seigneurs de sa Cour. Emmanuel leur fit donner l'éducation qui convenoit à leur qualité, & les fit passer ensuite à Rome, où l'on vit avec une extrême satisfaction ces prémices de la Barbarie, venir des extrémités de l'Afrique reconnoître le Vicaire de Jesus-Christ, & lui mettre comme sous les yeux les preuves des progrès que faisoit la foi.

Peu de tems après Emmanuel voulut faire encore dans Rome la montre d'une autre sorte de biens, en faisant une espece d'honneur au Souverain Pontife, qui étoit alors Leon X. des prémices des richesses de l'Orient. Tristan d'Acugna fut le chef de cette Ambassade, & conduisit avec soi trois de ses enfans, dont l'un fut depuis Gouverneur général des Indes. Selon les relations qui nous restent de ces tems-là, ce fut une des Ambassades des plus splendides qui eût encore paru dans cette Capitale du monde. Rien ne manqua à la magnificence de l'entrée de l'Ambassadeur; mais rien n'égala la beauté des presens. Ils consistoient en tous les ornements qui conviennent à la personne du Pape, & à la décoration de ses Autels, lorsqu'il tient Chapelle. C'étoient des ouvrages en broderie d'or & d'argent, si chargés de perles & de pierres précieuses, qu'ils en étoient tout couverts; si richement travaillés, que le travail surpassoit en quelque sorte la matiere. Les yeux des Romains en furent éblouis; mais ce qui ne leur fit pas moins de plaisir, ce fut une Panthere & un Elephant. L'Elephant instruit, se prosterna trois fois devant le Vicaire de Jesus-Christ, & divertit ensuite la Cour en arrosant les spectateurs de l'eau qu'il avoit puisée avec sa trompe. La Panthere dressée à la chasse étrangla quelques bêtes, sur lesquelles elle fut lâchée. Le Roi de Portugal vouloit aussi procurer aux Romains le spectacle du combat d'un Elephant & d'un Rinocerot ; mais le Rinocerot ne put arriver jusques à Rome, & mourut sur les Côtes des Génes.

Tandis que tout l'Univers applaudissoit à ce Prince fortuné, il creusoit lui-même le tombeau, où il devoit ensevelir avec Albuquerque le plus beau de sa gloire & de celle de sa nation. Il se repentit, il est vrai, de lui avoir envoyé un successeur, & il écrivit à Soarez bornant son Gouvernement de Cochin à Malaca, & laissant le reste à Albuquerque, ainsi qu'on le voit dans la Lettre de ce Prince rapportée tout au long dans les Commentaires de ce grand homme. D'autres disent qu'il écrivit à Albuquerque le priant de choisir une place dans les Indes à son gré, où il seroit independant du Gouver-

Ann. de J. C. 1515.
Don Emmanuel Roi.
Lope Soarez d'Albergaria Gouverneur.

{{*Ann. de*
J. C.
1515.

Don Emma-
nuel Roi.

Lope Soa-
rez d'Al-
bergaria
Gouver-
neur.}}

neur, avec promesse que dès que le tems de Soarez seroit expiré, il lui rendroit le Gouvernement avec le titre & les honneurs de Viceroi. Mais le coup étoit frappé & le mal étoit sans remede.

Soarez arrivé à Cochin, fit ce que font quelquefois les personnes qui entrent en place par rapport à leurs prédecesseurs, à qui ils ne croiroient pas succeder, s'ils ne les détruisoient eux & leurs ouvrages ; en quoi ils sont secondés communément par des subalternes, qui changeant d'intérêt comme d'objet, ou n'ont d'autre mérite que celui de sçavoir faire leur cour à un nouveau venu, ou éclypsent le mérite qu'ils ont en se rengeant du côté des fades Adulateurs. Il visita les places, fit des changements partout, mit ses créatures dans les differents postes, cassa & persécuta toutes celles d'Albuquerque, renversa toutes ses idées, prit des systêmes tout contraires, s'attacha en particulier à chagriner par de mauvaises manieres Don Garcie de Norogna, à qui son oncle avoit fait prendre les devants pour Cochin, en lui permettant de retourner en Portugal. En un mot il fit tout nouveau, croyant sans doute faire bien. Mais on s'apperçut bien-tôt de la difference qu'il y avoit d'homme à homme. Les ennemis des Portugais reprirent cœur, leurs amis se refroidirent, les Rois de Cananor, de Calicut & de Cochin, & particulierement ce dernier, perdirent pour lui la confiance qu'ils avoient dans Albuquerque, à qui ils ne fçavoient rien refuser. Les Portugais eux-mêmes parurent s'abbatardir; & ceux qui jufques alors avoient été des Héros, ne parurent prefque plus que comme des Marchands ou des Pirates. Ce n'eſt pas que Soarez n'eût fon mérite; mais il pouvoit en avoir beaucoup, & être beaucoup au-deſſous d'Albuquerque.

<small>Ann. de J. C. 1515.
Don Emmanuel Roi.
Lope Soarez d'Albergaria Gouverneur.</small>

Les mauvais fuccès & les difgraces qui arriverent enfuite coup fur coup, firent fentir davantage le parallele par fon contrafte, la fortune qui fe mêle fouvent de la réputation des grands hommes, éclypfant d'ordinaire leurs belles qualités, ou faifant éclater les médiocres, felon qu'il lui plaît de les fervir bien ou mal. C'eſt pourquoi on a toûjours dit que les grands talents ne fuffifent pas feuls à ceux qui commandent; mais que dans le choix qu'on fait de leurs perfonnes, il faut encore faire attention s'ils font heureux.

Il y avoit déja quelques années qu'on menaçoit les Portugais d'une nouvelle Flotte du Caliphe; mais tous les bruits qu'on en répandoit, s'évanoüiſſoient enfuite, & rien ne paroiſſoit. En effet foit que ce Prince eût affez d'autres affaires, foit qu'il fût rebuté du malheureux fuccès de fa premiere tentative, il paroiſſoit s'endormir fur fes interêts. Deux chofes le reveillerent de ce profond aſſoupiſſement. La

ANN. de
J. C.
1515.

DON EMMA-
NUEL ROI.

LOPE SOA-
REZ D'AL-
BERGARIA
GOUVER-
NEUR.

premiere fut l'adreſſe de l'Emir Hocem. La ſeconde, l'épouvante que lui cauſa la Flotte Portugaiſe entrée dans la mer Rouge ſous les ordres d'Albuquerque.

Hocem ayant été battu par Alméida, n'oſa
pas retourner au Caire, de peur d'y payer de
ſa tête les fautes de ſa mauvaiſe fortune. Les
Princes Muſulmans en ces tems-là ne faiſoient
point de grace à leurs Généraux malheureux.
Mais comme c'étoit un vieux courtiſan, il
réſolut de faire ſa paix avec ſon Prince irrité,
par quelque ſervice important, qui pût lui
aider à rentrer dans ſes bonnes graces. Dans
cette penſée ayant conferé de ſes vûës avec le
Roi de Cambaïe & Mélic Jaz, il recüeillit les
débris de ſon armée, & ſe retira à Gidda ou
Judda, ainſi que les Portugais la nomment.
Cette Ville qui eſt ſituée ſur la Côte d'Arabie
à vingt-un dégrés & demi de latitude Nord,
quoique ancienne & aſſez jolie pour ſes édifices, n'avoit d'autre mérite que d'être frequen-
tée par les Pelerins qui alloient à la Méque,
dont elle n'eſt qu'à une journée. Le terroir n'y
produit rien ; on eſt obligé d'y payer l'eau très-
cher, parce qu'on l'y porte de fort loin ſur des
bêtes de charge. Elle n'avoit alors aucunes murailles, & étoit ſujette aux courſes des Bedüins
Arabes, qui l'infeſtoient par leurs voleries.

Hocem déterminé à s'y établir, fit entendre
aux habitans, pour gagner leur bienveillance,

qu'il

qu'il vouloit rester parmi eux pour les garantir du pillage des Arabes, qui venoient les rançonner jusques dans leurs maisons. Mais en même tems il écrivit au Caliphe d'autres motifs qu'il sçavoit devoir être agréés. Il commençoit sa Lettre » en exposant d'une manie-
» re délicate le malheur de sa défaite, qu'il at-
» tribuoit aux pechés des Musulmans, & à l'indi-
» gnation de leur grand Prophéte. De-là passant
» aux progrès extraordinaires que les Portugais
» avoient faits, dans les Indes contre l'effort de
» toutes les Puissances de l'Asie, il supposoit que
» leur principale vûë étoit de se rendre les maî-
» tres du tombeau de Mahomet, pour retirer des
» Mahometans les mêmes tributs qu'ils reti-
» roient eux-mêmes du saint Sépulchre & des
» Chrétiens qui le visitoient. Il ne se trompoit pas en un sens ; car il est certain qu'Albuquerque zélé contre l'Alcoran autant qu'on puisse l'être, avoit formé le dessein de détruire la Méque & Médine, sans y laisser pierre sur pierre, & d'en enlever les trésors qui y sont ; & il auroit exécuté ce projet, s'il eût vécu. Il l'avoit tenté d'abord étant dans la mer Rouge, lorsqu'il fit route pour Gidda ; mais les vents refuserent. Cela ne lui fit point perdre de vûë cette résolution qu'il crut pouvoir effectuer, quand il se feroit rendu maître d'Ormus & de quelques autres postes sur le Golphe Persique & dans l'Yemen, d'où il prétendoit envoyer par terre

An. de J. C. 1515.

Don Emmanuel Roi.

Lope Soarez d'Albergaria Gouverneur.

ANN. de J. C. 1516.
DON EMMANUEL ROI.
LOPE SOAREZ D'ALBERGARIA GOUVERNEUR.

des gens déterminés pour les emporter d'un coup de main. » Hocem repréſentoit enſuite » comme un moyen efficace de s'oppoſer à leur » entrepriſe, la vûë qu'il avoit de fortifier Gid- » da, qui aſſûreroit le tombeau de Mahomet » contre les armes des Chrétiens, & rendroit » encore le Caliphe maître de toute cette Côte » de la mer Rouge. «

L'artifice d'Hocem réüſſit. Le Caliphe gagné par ce zéle apparent de Religion, & par l'interêt perſonnel qu'il y trouvoit, lui envoya des ſecours d'hommes & d'argent, lui donna des ordres pour entourer Gidda de murailles, & y bâtir une bonne Citadelle afin de tenir les habitans ſous le joug; ce qu'il fit. Mais comme l'alarme qu'eut le Caliphe de la Flotte d'Albuquerque & des progrès de ce conquerant, fit encore plus d'impreſſion, il penſa ſérieuſement à faire une nouvelle Flotte pour les Indes. Il en fit couper les bois en Aſie, comme la premiere fois. Et quoique le Bailli Portugais de l'Ordre de ſaint Jean de Jeruſalem battit encore cette Flotte dans la Méditerranée, coula ſix Vaiſſeaux à fond, & en prit cinq, il ſauva aſſez de bois de conſtruction, pour faire à Suez vingt-ſept bâtimens, Galions, Galeres, Fuſtes & Gelves, auſquelles on travailla avec une extrême diligence.

Dans le fort de ce travail, Raiz Soliman, Corſaire celebre, arriva à Alexandrie, pour lui offrir ses services. C'étoit un homme de basse naissance né à Mytilene dans les Isles de l'Archipel. Il avoit fait d'abord le métier de Pirate, & acquis quelque réputation ; mais les plaintes que les Turcs même firent contre lui à la Porte lui ayant fait apprehender l'indignation de cette Cour, il vint croiser sur les Côtes d'Italie & de Sicile, où ayant fait des prises considerables, il se mit en état de se faire recevoir du Caliphe, avec d'autant plus d'estime, qu'il se présentoit en meilleure posture.

Ann. de J. C. 1516.
Don Emmanuel Roi.
Lope Soarez d'Albergaria Gouverneur.

En effet Sultan Campson le reçut comme un homme qui lui étoit envoyé du Ciel dans les circonstances, & aussi-tôt il le nomma Général de la Flotte qu'il avoit fait équipper à Suez. Il lui donna Hocem pour Lieutenant Général, avec ordre de l'aller prendre à Gidda, d'aller ensemble à Aden pour s'en rendre les maîtres ; & s'ils ne pouvoient en venir à bout, d'aller construire une Forteresse dans l'Isle de Camaran, où il sçavoit que les Portugais avoient tenté d'en faire une.

Soliman exécuta sa commission avec le plus de fidelité & de promptitude qu'il lui fut possible, & alla se presenter devant Aden. Le Roi d'Aden prévenu de l'arrivée de la Flotte Musulmane, & ne pouvant douter des mauvaises intentions du Caliphe, avec qui il étoit mal, avoit mis la Ville en défense. Il avoit tiré d'Elach & des autres places de ses Etats de puissants

ANN. de J. C. 1516.
DON EMMANUEL ROI.
LOPE SOAREZ D'ALBERGARIA GOUVERNEUR.

secours de troupes & de munitions, qu'il avoit envoyés à l'Emir Amirjam pour pouvoir soutenir un siege. Soliman voyant le peu de cas qu'on fit de sa sommation, bat la place avec fureur, fait une large bréche, monte à l'assaut, entre dans la Ville. Mais il y perdit tant de monde, qu'étonné d'une si vigoureuse resistance, & desesperant de pouvoir la prendre, il se retira, & alla à Camaran pour y commencer la Citadelle qu'il avoit ordre de bâtir.

Le séjour ennuyeux de cette Isle, où la faim & la soif ne pouvoient pas tarder à se faire sentir, joint à un travail désagréable & éloigné de son génie actif & entreprenant, lui ayant déplu, il laissa Hocem continuer l'ouvrage d'une place, dont le Caliphe lui avoit destiné le Gouvernement, & passa avec la meilleure partie des troupes dans la terre ferme, pour aller se rendre maître de la Ville de Zéibit, qu'il emporta.

Sur ces entrefaites la nouvelle est portée à Camaran, que le Caliphe ayant passé dans la Syrie à la tête d'une puissante armée contre Selim Empereur des Turcs, avoit été battu auprès d'Alep en bataille rangée, & y avoit perdu la vie. Quoique ce ne fût encore qu'un bruit sourd & incertain, Hocem, qui étoit piqué qu'on lui eût préferé Soliman dans le Commandement général, en profita pour débaucher les troupes qu'il avoit avec lui. Il ne manqua ni de raisons ni de facilités pour persuader des gens qui souffroient ; de sorte que tous de concert abandonnent l'Isle, & se retirent à Gidda. Soliman, qui en fut bien-tôt instruit, y vole de son côté. Hocem lui ferme les portes. On alloit en venir aux mains de part & d'autre, quand le Muphti de la Méque transporté du zéle de sa Religion, & saisi de l'horreur des maux qu'alloit causer cette guerre civile, accourut à Gidda, & termina les differents des deux Compétiteurs. Hocem fut la victime de cette fausse paix, quoiqu'il s'en défiât. Soliman se saisit de sa personne sous prétexte de l'envoyer au Caliphe pour en faire justice, & le fit jetter secretement dans la mer une pierre au cou. Les bruits de la mort de Campson s'étant ensuite vérifiés, Soliman se déclara pour Selim, & s'en fit un mérite auprès du Sultan, qui ayant l'année suivante achevé de détruire l'Empire des Mammélus, eut obligation à Soliman de ce qu'il avoit fait, & reconnut ses services.

Emmanuel qui avoit eu des avis sûrs des nouveaux préparatifs, que le Caliphe faisoit à Suez pour cette Flotte dont je viens de parler, avoit aussi envoyé de nouveaux ordres au Gouverneur, & de puissants renforts pour aller la combattre. Soarez avoit été instruit d'ailleurs par Don Alexis de Meneses, qui avoit hyverné à Ormus, d'une partie des choses que je viens de rapporter ; de sorte que sans perdre de tems, il se mit en mer. Sa Flotte composée de qua-

ANN. de J. C. 1516.
DON EMMANUEL ROI.
LOPE SOAREZ D'ALBERGARIA GOUVERNEUR.

rante-sept Vaisseaux étoit la plus belle & la plus nombreuse que les Portugais eussent encore euë dans ces mers. L'élite de ses Capitaines étoit de gens braves & de distinction ; mais bien inférieurs pourtant à ces vieux Officiers, qui avoient servi sous Alméida & sous Albuquerque, & que le dégoût du nouveau Gouvernement avoit obligés de repasser pour la plûpart mécontens en Portugal, avec Don Garcie de Norogna.

En entrant dans le port d'Aden, Soarez salua la Ville de toute son artillerie, & d'un grand bruit de fanfares & de trompettes, qui dura près de deux heures. La Ville ne répondit point au salut, ce qui étonna le Gouverneur, & commença à l'embarrasser; car il n'avoit point d'envie d'attaquer la place. Peu de tems après il se rassûra, voyant venir un esquif à son bord avec un drapeau blanc en signe de paix. La bréche que Soliman avoit faite, n'avoit point été réparée. Amirjam prenant conseil de la nécessité où il se trouvoit, envoyoit trois personnes des plus notables de la Ville pour en porter les clefs au Général, en lui disant. » Qu'il se recon-
» noissoit pour vassal du Roi de Portugal, &
» livroit la Ville à sa discretion : Qu'il auroit
» fait la même chose, lorsque Albuquerque s'y
» présenta, si ce Général trop austere n'avoit
» d'abord revolté tous les habitans contre lui,
» & inspiré une crainte qui les obligea de se
» mettre sur la défensive. «

Jamais occasion ne pouvoit être plus belle de s'emparer d'Aden, & d'y construire une Forteresse; &, jusques au dernier Mousse de la la Flotte, il n'y avoit personne qui ne jugeât qu'il ne falloit pas la laisser échapper. Soarez seul pensa autrement, & ne daigna pas même tenir conseil sur la conjoncture presente. Il fit répondre à l'Emir qu'il reservoit sa bonne volonté pour le retour, qu'il étoit pressé d'aller chercher la Flotte du Sultan pour la combattre, qu'il lui demandoit seulement quelques Pilotes, & des vivres qu'il payeroit bien. L'Emir ne se tint pas de joye à cette réponse qu'il n'eût jamais osé esperer, & n'attendant que l'heureux moment du départ de cette Flotte, il fit tout ce qu'il put pour l'accelerer, en envoyant tout ce qu'on lui demandoit, & cela avec des manieres si polies, que l'aveugle Soarez en prit occasion de s'applaudir de l'énormité de sa faute.

Ayant levé l'anchre huit jours après, il fit route pour la mer Rouge, & pensa périr dans le détroit, pour avoir voulu marcher la nuit. Une tempête qui s'éleva maltraita extrémement sa Flotte, & la mit en grand danger. Il en fût quitte pour la perte d'un de ses Vaisseaux, qui se trouva si chargé des prises qu'il avoit faites, qu'il coula à fond : digne récompense de l'avarice du Capitaine, qui eut le même sort que ses trésors.

<small>Ann. de J. C. 1516.
Don Emmanuel Roi.
Lope Soarez d'Albergaria Gouverneur.</small>

ANN. de J. C. 1516.
DON EMMANUEL ROI.
LOPE SOAREZ D'ALBERGARIA GOUVERNEUR.

Après bien d'autres disgraces la Flotte se montra devant Gidda. La frayeur pensa en chasser tous les habitans ; Soliman les rassûra. La prudence du Général Portugais les tranquillisa encore davantage. Il est vrai que le port étoit de difficile accès, qu'on ne pouvoit en approcher que par un canal tortueux, qui étoit fortifié de quelques redoutes & de quelques batteries. Soarez apprehenda de s'y engager. Tandis qu'il perd le tems en irresolutions, Soliman, qui connut à qui il avoit affaire, lui envoya proposer le duel corps à corps. Soarez eut la sagesse de le refuser. C'en étoit une, s'il avoit osé entreprendre de s'emparer de la Ville, & de brûler la Flotte du Caliphe, comme il le pouvoit, & que tous les Officiers, qui frémissoient de colere & de honte, le demandoient; mais n'ayant pu prendre cela sur lui, se voyant insulté en toutes manieres par les ennemis, & ne pouvant tenir contre les reproches des siens, dont la plûpart mouroient de soif, il se remit à la voile pour l'Isle de Camaran.

Là il éprouva de nouveaux chagrins. Les habitans s'étoient enfuis ; à peine put-il obtenir quelques vivres d'une Isle voisine, où quelques-uns de ses gens furent enlevés par trahison & envoyés à Soliman. Faute de commodités pour finir la Citadelle que les Mammelus avoient déja bien avancée, le Général la détruisit. La peste, la faim, la soif faisant ensuite de furieux

furieux ravages parmi son monde, les tempê- | ANN. de
tes lui ayant encore fait perdre quelques Vaiſ- | J. C.
ſeaux, les nations des deux bords de la mer | 1516.
Rouge étant comme conjurées pour lui refu- | DON EMMA-
ſer toutes ſortes de ſecours, il repaſſa le détroit | NUEL ROI.
de Babelmandel, & alla tomber ſur Zéila à la | LOPE SOA-
Côte d'Afrique. | RIZ D'AL-
BERGARIA
GOUVER-
NEUR.

 Cette Ville aſſez peuplée étoit toute ouverte & ſans défenſe ; mais comme on y comptoit beaucoup ſur le Général, dont on ſçavoit tous les déſaſtres, le mépris donna du courage à ſes habitans, qui ayant fait ſortir les femmes & les bouches inutiles, pour les mettre en ſûreté dans la profondeur des terres, s'armerent, & firent bonne contenance ſur le rivage. La néceſſité fit qu'on ſe réſolut à la deſcente. Les ennemis s'en étonnerent peu, & reprochant aux Portugais la lâcheté qu'ils avoient fait paroître à Gidda, ils leur inſultoient en leur promettant qu'ils leur feroient meilleur accüeil, que n'avoit fait Soliman. L'avant-garde & le corps de bataille avoient déja mis pied à terre, & s'impatientoient furieuſement des lenteurs du Général qui conduiſoit l'arriere-garde. L'ennui de ſes délais d'une part, & la honte des inſultes des ennemis de l'autre, l'ayant emporté ſur le devoir, tous de concert fondirent ſur ces habitans rodomonts, qui ſoutinrent mal la gageure. A peine firent-ils quelque reſiſtance. Ils gagnerent leur Ville, entrerent par une porte, & ſortirent par

Tome I.   Y Y y

{Ann. de J. C. 1516.
Don Emmanuel Roi.
Lope Soarez d'Albergaria Gouverneur.}

l'autre avant que le Général, qui procedoit avec beaucoup de phlegme, eut defcendu. Soit raillerie ou autrement, Simon d'Andrade lui envoya dire de fe hâter, qu'il pouvoit venir en toute confiance, & ne trouveroit plus perfonne qui lui fît tête. Le compliment ne plût pas beaucoup à Soarez, & il parut très-piqué, qu'on lui eût dérobé la gloire qu'il devoit acquérir à cette action.

La Ville fut pillée. On y prit quelques provifions ; mais peu. Le Général fit mettre le feu à tout le refte, comptant fe pourvoir abondamment de tout à Aden, où il retourna plein de cette confiance avec laquelle il en étoit parti. Mais il n'en étoit plus tems, l'habile Amirjam avoit profité de fa bévûë, & s'étoit fortifié de fon mieux. Les bréches étoient réparées, les remparts garnis d'artillerie, & la Ville pleine d'une bonne foldatefque prête à la bien défendre. Ainfi n'ayant plus rien à rédouter d'un homme qui avoit d'abord perdu toute fon eftime, & qui dans l'état ou il fe préfentoit, étoit plus capable d'exciter la compaffion que la terreur, il lui refufa jufques à cette compaffion même, ne voulut pas confentir qu'on lui fournît des vivres, & permit à peine qu'il pût faire de l'eau qu'il lui fit payer bien cher. Dans cette extrémité, Soarez confus & reduit à une efpece de défefpoir, retourna fur la Côte d'Afrique vers la Ville de Borbora ; mais les calmes l'ayant pris, il se vit contraint au premier vent de gagner Ormus, & de là les Indes, ayant perdu encore en route une partie de sa Flotte que les tempêtes dissiperent, sans avoir recüeilli d'un armement si formidable d'autre fruit, que la honte de n'avoir absolument rien exécuté de tout ce que le Roi lui avoit commandé, & d'avoir perdu par sa faute deux des plus belles occasions, que la fortune pût lui présenter.

{Ann. de J. C. 1516. Don Emmanuel Roi. Lope Soarez d'Albergaria Gouverneur.}

Un malheur est souvent suivi d'un autre. Pendant que Soarez étoit occupé à sa triste expédition, Goa pensa revenir à son premier maître par la faute de son Gouverneur, Don Guttieres de Montroi, homme de qualité, & proche parent du Général, avec qui il étoit revenu dans les Indes pourvû par le Roi du Gouvernement de cette place. En voici l'occasion. Fernand Caldéira qui avoit été Page d'Albuquerque, s'étoit établi à Goa sous la protection de ce Général, & s'y étoit marié. Il fut peu après accusé à la Cour d'avoir fait le métier de fourban, courant également sur amis & sur ennemis, & fut traduit en Portugal chargé de fers. Comme il étoit homme d'esprit, il se défendit si bien, qu'il fut absous, & renvoyé avec honneur. Il repassa avec Soarez, & s'embarqua sur le Vaisseau que commandoit Montroi. Celui-ci étant à Goa avoit eu quelque galanterie avec la femme de Caldéira, & dans la route, soit que Caldéira en découvrît alors quelque chose, soit que le souvenir du passé fît renaître des idées désagréables, ils eurent des paroles si vives, que Caldéïra laissant la Flotte à Mosambique, passa à Goa sur un autre petit bâtiment. Y étant arrivé, & ayant eu de nouveaux éclaircissements sur ses soupçons, il coupa le visage & les jarêts à Henri de Toro, qui avoit été l'entremeteur des intrigues de Montroi. Se défiant ensuite de la passion & de la vengeance de celui-ci dans une place où il devoit être le maître ; d'un autre côté se voyant sans appui par la mort d'Albuquerque, il se retira à Ponda place de l'Idalcan, y conduisit sa femme, & y porta tous ses effets. Ancostan, qui y commandoit pour l'Idalcan, sçachant qu'il étoit brave, le reçut avec plaisir, & lia bien-tôt avec lui.

Don Guttieres pressé également de son amour & du desir de se venger, fut très-irrité de la retraite de Caldéïra, & par divers messages ne cessoit de solliciter Ancostan de lui remettre ce transfuge, pour en faire justice. Ancostan qui avoit de la probité, ne voulut jamais entendre à ses propositions, & fut offensé qu'on voulût l'obliger à violer le droit d'hospitalité & d'asyle, qui devoit être inviolable sur les terres de son maître. Ces négociations ne réüssissant pas, Montroi suborne un Portugais nommé Jean Gomez pour assassiner Caldéïra. Gomez prend la commission, & va s'établir à Ponda. Caldéïra qui le connoissoit le reçoit à bras ouverts, lui donne un appartement dans sa maison, l'introduit chez Ancostan, & le met dans ses bonnes graces. Quelques jours après Ancostan étant monté à cheval, & s'étant allé promener avec eux hors de la Ville, Gomez fait semblant d'avoir quelque chose de particulier à dire à Caldéira ; il le tire un peu à l'écart, le tue sous les yeux même d'Ancostan, & pique des deux. Ancostan outré le fait suivre, & sans autre forme de procès lui coupe la tête, dès qu'on l'eut amené devant lui.

An n. de J.C. 1516. Don Emmanuel Roi. Lope Soarez d'Albergaria Gouverneur.

Plus irrité encore contre Ancostan, qu'il ne l'avoit été contre Caldéira, Montroi sentit aussi un plus violent désir de s'en venger, & ne pouvant le faire honnêtement, il voulut l'exécuter par une trahison. Afin donc de mieux couvrir son dessein sous les apparences d'un simple divertissement, il se prépare à donner un Carousel, des jeux de cannes, & autres spectacles pour les Fêtes de la Pentecôte. Il y invite toute la jeunesse de la Ville & des environs, tant Portugais que Maures & Gentils, & sous ce prétexte, il exerça assez long-tems sa Cavalerie à faire divers mouvements.

Le jour même de la Pentecôte sur le soir, sans rien dire de son projet, il prit quatre-vingt chevaux, soixante-dix arquebusiers Portugais, & environ cinq ou six cens Malabares, qu'il conduisit jusques au pas de Benastarin, où ils arriverent à l'entrée de la nuit. Là leur ayant expliqué ſes vûës, il trouva quelque difficulté dans les gens de probité, à qui cette trahiſon ne plût pas; mais ayant interpoſé l'autorité du Roi, prétexté le bien du ſervice, il les fit partir la même nuit pour Ponda, après avoir engagé Jean Machiado de laiſſer le Commandement du parti à ſon frere Don Fernand de Montroi. Machiado plus expérimenté que celui-ci, lui conſeilla de ſe ſaiſir d'un défilé pour aſſûrer ſa retraite; ce qu'il fit. Mais Don Fernand ne fut pas auſſi docile ſur le conſeil qu'il lui donna de faire l'attaque de nuit, tandis que tout le monde étoit plongé dans le ſommeil. Il voulut attendre le grand jour : ce qui l'ayant fait découvrir, Ancoſtan paſſa de l'autre côté de la riviere avec ſes troupes, & la plus grande partie des habitans, dont il fit un corps. Les Portugais étant entrés dans Ponda y paſſerent au fil de l'épée ce qu'ils trouverent; mais leur Commandant déſeſperant de forcer le bataillon quarré, qui étoit au-delà du pont, & ſentant la faute qu'il avoit faite, envoya dire à Machiado de ſe retirer avec ſes gens de pied, & qu'il alloit en faire autant avec la Cavalerie, avec laquelle il le ſoutiendroit.

Ancoſtan, prenant cette retraite pour une fuite, paſſe le pont, donne ſur Don Fernand, & fait pleuvoir ſur lui une ſi grande quantité de fléches, qu'il le met en déſordre, & le fait tomber fur fon Infanterie, qui en fut encore plus troublée, & fe mit en deroute. Ce fut encore pis quand on arriva au défilé: ceux qui devoient le garder, l'ayant abandonné pour avoir part au butin de la Ville de Ponda, Ancoftan ne manqua pas de l'occuper, & profitant de l'avantage du lieu, il mit les fuyards dans une fi grande preffe, que ce ne fut plus qu'une boucherie. Machiado, pour donner lieu à Don Fernand de s'évader, fit ferme pendant quelque tems, & fut tué après avoir fait des prodiges de valeur, pour ne pas tomber entre les mains des ennemis. Si ceux-ci euffent voulu, il n'échappoit prefque perfonne de ce parti. Ils eurent pourtant lieu d'être contens d'eux-mêmes; il refta cinquante Portugais fur la place; il y en eut vingt-fept de pris, & plus de cent Indiens ou morts ou prifonniers. Don Fernand de Montroi s'étant fauvé avec peine, & avec très-peu de fuite, arriva à Benaftarin où Don Guttieres l'attendoit répaiffant fon efprit d'avance du plaifir de la vengeance qu'il croyoit prendre d'Ancoftan, & ne s'attendant à rien moins, qu'à l'iffuë d'un fi trifte évenement.

Il y eut plus. Ancoftan fier de fa victoire, & indigné de cette complication de perfidies d'un feul homme, dépêcha fur le champ à l'Idalcan, pour lui rendre compte de ce qui s'étoit paffé, reveillant en lui l'efperance de fe rendre maître de Goa, que l'infraction de la paix lui donnoit droit d'attaquer, & qui

Ann. de J. C. 1516.

Don Emmanuel Roi.

Lope Soarez d'Albergaria Gouverneur.

étant bien affoiblie par la perte qu'elle venoit de faire, pleine de deüil & d'effroi, feroit d'autant moins de resiftance, que n'étant pas prête pour foutenir un fiege, elle ne pourroit être fecouruë, à caufe qu'on étoit à l'entrée de l'hyver. L'Idalcan, qui avoit fait une treve avec le Roi de Narfingue, profita de la conjoncture, & fit partir Çufolarin avec cinq mille chevaux & vingt fix mille hommes de pied. Celui-ci s'étant joint à Ancoftan, occupe tous les poftes de la terre ferme. A la verité il ne put parvenir à entrer dans l'Ifle; mais il lui ferma fi bien tous les paffages, que Goa reduit par la famine étoit dans la néceffité de fe rendre, fans les fecours que lui amenerent Jean de Sylvéira qui avoit hyverné à Quiloa, Raphael Pereftrelle qui revenoit de Malaca, & Antoine de Saldagne qui vint cette année de Portugal avec une efcadre de fix Vaiffeaux. Que de maux n'attire point un homme en place qui compte fur l'impunité! & que les Rois font à plaindre, s'ils les ignorent, où s'ils n'ont pas la force d'en faire juftice!

L'avarice & la concurrence de deux Compétiteurs mirent Malaca dans les mêmes rifques où Goa s'étoit vû reduit par un fol amour. George de Britto, qui fucceda à George d'Albuquerque, bien loin d'adoucir les efprits, que le fupplice du Roi de Campar avoit éloignés, ne fit que les aigrir par fon indifcretion. La Cour

Cour mal informée, lui avoit donné des ordres que George d'Albuquerque lui conseilla de ne pas suivre, prévoyant les inconvenients qui en arriveroient. Ces ordres concernoient les *Ambarages* & les *Ballates*, qu'on appelloit les esclaves du Roi. Ces gens étoient entretenus aux dépens du fisc. Ils n'étoient obligés qu'à certains travaux ; Du reste on les laissoit vivre en paix dans leurs familles, avec leurs femmes & leurs enfans. Britto suivant ses instructions, leur retrancha les appointements, & les rendit veritablement esclaves, les repartissant entre les Portugais. Il entreprit en même tems de mettre des Portugais dans tous les Joncs & Navires qui abordoient à Malaca, pour y faire le commerce. Ces entreprises odieuses dictées par une avidité sans bornes, & contre toutes les regles de la prudence, reduisirent la Ville à une veritable solitude, dont elle eut beaucoup à souffrir. En vain Britto voulut corriger ce qu'il avoit fait, il n'en put venir à bout, & mourut dans la peine.

Sa mort fut suivie d'une nouvelle calamité pour cette pauvre Ville. Il avoit nommé en mourant Nugnes Vaz Peréïra, pour commander à sa place. Peréïra s'étoit emparé de la Citadelle, & s'y maintenoit en vertu de cette nomination, & des ordres même de la Cour. Antoine Pacheco, qui étoit Capitaine de port & Général de la mer dans ces parages, préten-

ANN. de J.C. 1516.
DON EMMANUEL ROI.
LOPE SOAREZ D'ALBERGARIA GOUVERNEUR.

dit que le Commandement lui appartenoit, & se prévaloit de l'ordre que le grand Albuquerque avoit établi, en substituant Fernand Perez d'Andrade à Ruy de Britto Patalin, supposé que celui-ci vint à manquer. Les Portugais s'étant partagés sur cela en deux factions, Pacheco, qui vouloit éviter les occasions des voyes de fait, se retira avec sa Flotte à une petite Isle voisine. Un jour que Pacheco étoit venu à Malaca pour entendre la Messe, bien accompagné, Peréïra paroît sur le guichet de la Forteresse, l'appelle, & fait semblant de vouloir entrer en accommodement par voye d'arbitrage. Pacheco s'avance à la bonne foi, & est enlevé par force avec quelques-uns de ses Partisans. Cette violence ne fit qu'animer davantage les esprits, & augmenter le feu de la division. Le Roi de Bintam en profita. Il fit avancer avec un corps de troupes un Raja qui étoit à son service, nommé Ceribige, & qui s'étoit acquis beaucoup de reputation parmi les siens. Celui-ci vint se camper à cinq lieuës de Malaca à l'entrée du Fleuve Müar. Il s'y fortifia tellement en peu de jours, qu'on ne fut plus à tems de le débusquer. De-là faisant des courses par mer & par terre, il incommoda tellement la Ville, qu'aucun Vaisseau n'osoit s'y présenter, ce qui avec le tems auroit fait tomber cette place, si une Providence particuliere n'eût veillé sur les Portugais, en quelque sorte malgré eux-mêmes.

 Leur conduite n'étoit pas meilleure par tout ailleurs ; comme si la mort d'Albuquerque eût répandu parmi eux un esprit de vertige, & qu'ils se fussent donné le mot pour travailler à se détruire : de sorte qu'encourant en même tems le mépris & l'indignation des Gentils & des Mores, ils sembloient leur inspirer du courage, pour se soulever contre eux. A Baticala il y eut vingt-sept Portugais tués dans une émeute. A Cochin cinq autres, qui étoient allés chasser dans la terre ferme, éprouverent le même sort. Il s'en fallut de peu, qu'on ne fît main basse à Coulan sur tous ceux qui y étoient. Hector Rodrigues, qui y avoit été envoyé pour tâcher d'obtenir l'agrément d'y construire une Citadelle, para le coup par les ordres severes qu'il leur donna de ne point sortir, & d'être toûjours sur leurs gardes. Quinze Fustes de Mélic Jaz coururent sur Jean de Montroi, qui croisoit sur les Côtes de Cambaïe. Un renegat Portugais conduisit l'entreprise, & leur fit naître l'esperance de le prendre: la volonté ne leur manqua pas ; mais Montroi les battit. On contrevint, par haine pour Albuquerque, aux principales conditions du traité, par lequel le Roi des Maldives s'étoit rendu vassal du Roi de Portugal, & on éloigna l'esprit de ce Prince. Enfin les Rois de Pegu & de Bengale se retirerent d'eux-mêmes de l'alliance des Portugais.

ANN. de J. C. 1517.

DON EMMANUEL ROI.

LOPE SOAREZ D'ALBERCARIA GOUVERNEUR.

ANN. de
J. C.
1517.
DON EMMA-
NUEL ROI.
LOPE SOA-
RIZ D'AL-
BERGARIA
GOUVER-
NEUR.

Il étoit tems que le Gouverneur général revint de son expédition pour remedier à tous ces maux, & c'est d'abord à quoi il s'appliqua. Il est vrai qu'il eut en arrivant quelques dégoûts, qui firent une diversion dans son esprit. La Cour bornoit & limitoit son autorité. Car, outre qu'elle nommoit à tous les Gouvernements, qui étoient auparavant assez à la disposition du Général, elle envoya encore Fernand d'Alcaçova en qualité d'Intendant des finances & droits du Roi, & elle avoit donné une commission particuliere à Antoine de Saldagne, pour croiser sur toute la Côte d'Arabie, avec des pouvoirs fort étendus, en lui assignant un nombre considerable de Vaisseaux. Soarez en eut beaucoup de chagrin. Mais après tout, comme un Gouverneur général se trouve toûjours avoir la principale autorité en main, & que dans cet éloignement il ne manque ni de prétextes, ni de couleurs pour interpreter ou suspendre les ordres de la Cour, Soarez fit si bien par lui-même & par ses créatures, qu'Alcaçova dégoûté, s'en retourna en Portugal cette même année, avec les Vaisseaux de la cargaison. Les plaintes qu'il y porta eurent leur effet, & se firent sentir à ses adversaires à leur retour. Car la coûtume fut établie dès-lors de faire sommer les Gouverneurs, & de les citer au Tribunal des finances du Roi pour y rendre compte. On ne laissa pas néanmoins de trouver des ressorts secrets pour échapper dans la suite à la rigueur de ce Tribunal. Pour ce qui est d'Antoine de Saldagne, il fut obligé de se contenter d'une escadre médiocre, avec laquelle il ne fit autre chose, que de traiter la Ville de Borbora de la même maniere que l'avoit été celle de Zeila.

Soarez dépêcha ensuite Don Alexis de Meneses, à qui il donna trois Vaisseaux pour Malaca, avec ordre d'y établir Gouverneur Alphonse Lopez d'Acosta, Edoüard de Mello dans le Généralat de la mer, & de faire passer Edoüard Coello à Siam, afin d'y renouveller l'alliance avec le Roi, & engager ce Prince à faire aller ses Vaisseaux à Malaca, pour en ranimer le commerce. Il envoya aussi Emmanuel de la Cerda à Diu, Don Tristan de Meneses aux Molucques, & Don Jean de Silvéira aux Maldives, d'où il devoit passer à Bengale, & de-là revenir à l'Isle de Ceilan, sur laquelle le Gouverneur avoit des vûës.

Don Alexis de Meneses s'acquita bien de sa commission. La confusion étoit plus grande que jamais à Malaca. Nugno Vaz Peréïra étoit mort, & il s'étoit élevé deux nouveaux Compétiteurs plus animés encore que les premiers ; de sorte que de part & d'autre on y étoit sur le qui vive : tandis que le Roi de Bintam profitant de ces troubles, avoit formé un nouveau camp sur le Fleuve Müar, pour fortifier celui

Ann. de J. C. 1517.
Don Emmanuel Roi.
Lope Soarez d'Albergaria Gouverneur.

de Ceribige, & infeſtoit tellement Malaca, qu'il la tenoit comme aſſiegée. Meneſes eut de la peine à remettre la tranquillité parmi les Portugais. Ce n'étoit pas le tems de punir les coupables; il ſe contenta de délivrer Pacheco & les autres priſonniers, & d'ordonner aux uns & aux autres d'oublier les injures paſſées. Coello, que Meneſes envoya à Siam, ſelon les ordres qu'il en avoit, réüſſit parfaitement dans ſa négociation, & à ſon retour eut l'obligation à une tempête, d'une autre bonne fortune qu'il ne cherchoit pas. Car ayant été jetté ſur les terres du Roi de Pam, gendre de Mahmud Roi de Bintam, qui étoit mal avec ſon beau-pere, ce Prince reçut Coello avec toutes les démonſtrations poſſibles d'amitié, & ſe rendit vaſſal du Portugal, s'engageant de payer un vaſe d'or d'un poids marqué pour tribut annuel.

Fernand Perez d'Andrade étant arrivé ſur ces entrefaites des Côtes de la Chine, où il avoit été envoyé, ainſi que nous le dirons ailleurs, Malaca ſe trouva un peu ſoulagée, & le Roi de Bintam aſſez déconcerté. Mais ce Prince recourant à ſes artifices ordinaires, fit ſemblant de vouloir la paix, & en jetta des propoſitions, dont il ne vouloit ſe ſervir que pour amuſer, ſçachant bien qu'Andrade & Meneſes ne feroient pas un long ſéjour à Malaca. En effet ces deux Officiers qui brûloient d'impatience de retourner en Portugal, voulurent à peine entamer une négociation, dont ils devoient renvoyer la conclusion au Gouverneur, & partirent tout le plûtôt qu'ils purent, emmenant avec eux presque toutes les forces de Malaca.

Ann. de J. C. 1517.
Don Emmanuel Roi.
Lope Soarez d'Albergariæ Gouverneur.

Alors le Roi de Bintam levant le masque, parut devant la Ville si inopinément, qu'Acosta, qui s'attendoit à la conclusion de la paix, pensa être enlevé avec la place dans le premier moment de la surprise. La Flotte ennemie composée de quatre-vingt-cinq bâtimens de ceux qu'on appelloit *Lanchares* & *Calaluzes*, parut d'abord dans le port, & mit le feu à deux Navires marchands & à une Galere, qu'on ne put secourir, à cause que la mer étoit basse. Il n'y avoit dans Malaca que soixante-dix Portugais la plûpart malades. La peur leur fit passer la fièvre. Tous s'armerent pour courir au port; mais dans le tems qu'ils y volent, l'armée de terre du Roi de Bintam se montra de l'autre côté. Ce fut une espece de miracle, que dans ce moment de trouble, la Ville ne fût point emportée. Mais malgré le désordre inséparable de ces attaques inopinées, Indiens & Portugais firent si bien leur devoir, que le Roi de Bintam s'étant morfondu près d'une vingtaine de jours devant la place, fut obligé de regagner son camp de Müar, se bornant, comme auparavant, à couper les vivres aux assiegez.

Il auroit peut-être pû réüssir à faire tomber la

Ville par ce moyen, sans une avanture, qui d'un hôte lui fit un ennemi, duquel il reçut depuis un échec, qui lui fit perdre l'un de ses deux camps. Il avoit pris un Jave homme riche & puissant, qui venoit s'établir à Malaca avec toute sa famille. Ce Jave avoit une femme très-belle, dont le Roi se rendit amoureux avec succès. Le Jave s'apperçut bien-tôt de l'affront qui lui étoit fait, & plein du desir de se venger, passe secretement à Malaca, se met à la tête d'un corps de Portugais soutenu du côté de mer par Edoüard de Mello, attaque le premier camp de Mahmud & l'emporte ; malheureux pourtant dans sa vengeance, puisqu'il y fut tué.

Don Jean de Sylveira réüssit assez bien dans son voyage des Maldives. Le Gouverneur le souhaitoit avec passion, & il en avoit plusieurs motifs. Ces Isles composent un Archipelague au-devant de la peninsule de l'Inde en deça du Gange, environ à soixante-dix lieuës de la Côte du Malabar. Les Arabes les comptent par milliers, la plûpart de peu d'étenduë, & séparées par de très-petits canaux les unes des autres. On les distribuë en treize parties, que les Indiens nomment *Atollons*, & qui sont distinguées par des bras de mer plus larges. C'est une persuasion commune qu'elles ont fait autrefois avec l'Isle de Ceilan, partie du continent, & qu'elles en ont été séparées par quelque violente révolution arrivée à la terre. Ce qui pourroit favoriser

cette

cette opinion est, qu'on voit encore dans la mer grand nombre de Cocotiers. Les fruits qu'en arrachent les tempêtes & qui viennent sur la surface de l'eau, sont recherchés avec soin, & d'un bon commerce, parce qu'on les regarde comme un contrepoison aussi efficace, que l'est le bezoard. Les Cocotiers qui croissent dans ces Isles, font la plus grande richesse du pays. C'est de tous les arbres celui qui sert à plus d'usages, ainsi que les Anciens l'ont écrit du Lotos & de la plante Papyros. Le principal de tous est, qu'il fournit *le Caire*, qui est la matiere de tous les cordages. Elle consiste dans ces filaments nerveux qui se trouvent entre la premiere écorce & le test ou corps ligneux du coco. Cette matiere est si abondante, qu'il y en a pour fournir abondamment l'Asie & l'Afrique, & pour en faire part à l'Europe. Le pays produit outre cela diverses sortes de fruits. Il a des mines d'or & d'argent, des pierres précieuses, des coquillages qui servent de basse monnoye dans les Indes. On trouve aussi quantité d'ambre de toute espece sur les Côtes. Ces Isles reconnoissoient un Souverain lequel faisoit sa résidence à Mâle, la capitale, qui donne le nom à toutes les autres.

Lorsque les Mores négociants des Indes se virent exposés aux courses des Portugais, qui prétendirent d'abord être les seuls maîtres de la mer, ils abandonnerent les Côtes, & prenant plus

ANN. de J. C. 1517.
DON EMMANUEL ROI.
LOPE SOAREZ D'ALBERGARIA GOUVERNEUR.

au large, afin d'échapper à leurs mains, ils faisoient route par les Maldives, & de-là ils alloient se charger à Malaca, à Sumatra, dans les autres Isles de la Sonde, & dans tous les endroits où les Portugais n'étoient pas encore établis. Don François d'Alméïda en ayant été averti, envoya Don Laurent son fils à la découverte de ces Isles, avec ordre de croiser sur ce Parage. Ainsi Don Laurent d'Alméïda fut le premier des Portugais qui y alla, quoique cependant quelques Auteurs assûrent, qu'il n'y aborda point, & que, soit qu'il s'égarât, soit que les vents lui fussent contraires, il ne découvrit que l'Isle de Ceilan, dont il prit possession au nom du Roi de Portugal, ayant moüillé dans le port de Galle, & fait un traité d'alliance avec le Roi.

Celui qui regnoit alors dans les Maldives, avoit un Compétiteur qui possedoit quelques-unes de ces Isles, & prenoit aussi le titre de Roi. C'étoit un More de Cambaïe nommé Mamale établi dans le Malabar & ami des Portugais. Ce fut le motif qui engagea son Compétiteur à rechercher l'alliance de ceux-ci, & il se rendit volontiers tributaire de la Couronne de Portugal, à condition qu'on obligeroit Mamale de renoncer à ses prétentions. Mamale le fit, en consideration d'Albuquerque ; mais les ennemis de ce grand homme s'étant moqués de sa complaisance, il voulut rentrer dans ses droits, appuyé par les Portugais même, ce qui dégouta beaucoup le Roi des Maldives.

Cependant sur les instructions qu'Albuquerque avoit données à la Cour, de ces Isles, & des avantages qu'en pourroit retirer, le Roi Don Manuel donna ordre à Soarez de menager l'esprit de ce Prince, & de former un établissement solide dans ses Etats. C'étoit en conséquence de ces ordres, que Soarez avoit dépêché Sylvéïra. Comme celui-ci avoit dans ses instructions de promettre au Roi toute la satisfaction qu'il pouvoit desirer, il obtint aussi tout ce qu'il voulut.

Il étoit ordonné en même tems à Sylveira de donner la chasse aux Vaisseaux qui prendroient cette route du large, & sur-tout à un More Guzarate nommé Alle-Can qui avoit sept bâtimens à rames, avec lesquels il devoit convoyer six Navires de Cambaïe, & empêcher qu'on n'apportât aux factoreries Portugaises, le *Caire* ou cette matiere des cordages dont la cargaison se fait aux Maldives. Sylveira donna bien la chasse à Alle-Can; mais celui-ci, qui connoissoit en perfection le labyrinthe de toutes ces Isles lui échappa toûjours, lassa sa patience, & l'obligea de s'en aller sans avoir rien fait autre chose, que prendre deux Navires qui venoient de Bengale, & qu'il envoya à Cochin.

La prise de ces deux Navires fut cause

ANN. de J. C.
1517.
DON EMMANUEL ROI.
LOPE SOAREZ D'ALBERGARIA GOUVERNEUR.

ANN. de J.C. 1517.
DON EMMANUEL ROI.
LOPE SOAREZ D'ALBERGARIA GOUVERNEUR.

qu'il eut un auſſi mauvais ſuccès dans le Royaume de Bengale, que celui qu'il avoit eu à la Cour du Roi des Maldives, avoit été heureux. Les Vaiſſeaux, que Sylvéira avoit pris, appartenoient au beau frere du Gouverneur de Châtigan, Ville du Royaume de Bengale, où Sylvéira alla moüiller. Un Mouſſe de ces Vaiſſeaux n'y eut pas mis plûtôt pied à terre, qu'il déclara que c'étoit Sylveira qui les avoit pris, & que lui & tous ceux de ſa ſuite n'étoient que des voleurs & des fourbans. Ce qui fortifia d'avantage cette opinion, ce fut la maniere dont Sylveira ſe comporta à l'égard de Jean Coello, que Fernand Perez d'Andrade avoit envoyé à la Cour de Bengale au nom du Roi de Portugal, dont il paſſoit pour être Ambaſſadeur. Car Coello étant allé innocemment à bord du Vaiſſeau de Sylvéira, celui-ci, qui voulut avoir l'honneur de cette Ambaſſade, retint Coello priſonnier. Le Gouverneur de Châtigan, qui aimoit Coello, & ne pouvoit douter qu'il ne fût là au nom du Roi de Portugal, ne put s'empêcher de conclure de cette détention, que c'étoit en effet un Pirate : Portugais à la verité, mais que la crainte d'être puni de quelque crime par le Gouverneur Général, avoit obligé de faire ce métier; de ſorte que toute la Ville s'étant ſoulevée contre lui, il eut beaucoup à ſouffrir, & de la faim, & de la part des habitans, pendant tout un hyver qu'il fut obligé de passer dans cette rade. Coello, qu'il relâcha, raccommoda un peu ses affaires ; mais la haine qu'on avoit pour lui, fit qu'on lui trama une trahison, où l'on fit entrer le Roi d'Arracan. Sylvéira s'en tira heureusement. Voyant cependant qu'il avançoit peu, & perdoit son tems, il partit pour aller joindre le Général à l'Isle de Ceilan, où il devoit être alors occupé à construire une Citadelle, dont Soarez avoit promis à Siquéïra de lui donner le Gouvernement.

<small>ANN. de J. C. 1518. DON EMMANUEL ROI. LOPE SOAREZ D'ALBERGARIA GOUVERNEUR.</small>

Ceilan étoit un grand objet pour les Portugais, & la Cour avoit aussi donné des ordres précis au Gouverneur de s'y établir, & d'y bâtir une Forteresse. L'Isle, qui est d'une forme presque ovale, & placée vis-à-vis du Cap de Comorin à la pointe de la Peninsule en deçà du Gange, a environ soixante-dix lieuës de long sur près de cinquante de large. La nature semble l'avoir faite pour les délices, & elle conserve encore aujourd'hui de quoi autoriser l'opinion de ses habitans, qui croyent, que là étoit le Paradis terrestre. L'air y est très-sain, & la terre extrémement fertile. Les bois de canelle y répandent une odeur des plus douces, qui se porte bien au loin dans la mer, & l'annonce avant qu'on la voye. Les arbres dont on la tire, les orangers & les citroniers y forment des bois touffus & précieux, sans avoir besoin d'une main qui les cultive. On y trouve plusieurs pierres précieuses. Il y a des mines

AAa iij

A N N. de
J. C.
1518.

DON EMMA-
NUEL ROI.

LOPE SOA-
REZ D'AL-
BERGARIA
GOUVER-
NEUR.

d'or, d'argent & d'autres métaux. On pêche sur ses Côtes de très-belles perles. Les Elephants y sont plus beaux & plus dociles, que dans nul autre endroit des Indes. Les Insulaires y professent pour la plûpart la Religion ancienne du païs, telle qu'elle leur est enseignée par les Brachmanes. Ils ont en particulier une grande veneration pour une montagne, qui s'éleve au milieu de l'Isle, que les Portugais ont nommé le *Pic d'Adam*. On voit sur son sommet un ou deux vestiges, que les Insulaires disent être ceux des pieds du premier homme. Ils prétend, que c'est là qu'il fut créé, & qu'il fut enseveli avec son épouse, sous deux pierres sépulchrales, qu'on y voit encore, à ce que rapportent quelques Auteurs. Quoique cette montagne, soit extraordinairement escarpée, & qu'on n'y monte qu'à travers d'affreux précipices & des dangers de mort continuels, les devots du pays & surtout les Jogues y font des fréquents pelerinages, pour y satifaire à leur devotion. L'Isle étoit partagée en neuf Royaumes, dont le principal étoit celui de Colombo, où le Général avoit ordre d'aller.

Soarez avoit hyverné à Cochin, pour faire les préparatifs de son expédition, à laquelle il travailla avec d'autant plus d'ardeur, qu'ayant appris qu'on lui envoyoit un successeur, il apprehenda que son arrivée ne le surprît, & lui ravît une petite gloire, dont il avoit grand besoin, pour reparer un peu ses disgraces passées. Il partit donc vers la mi-Septembre avec une Flotte de dix-sept Vaisseaux, sept à huit cens Portugais, plusieurs Naïres de Cochin, & quelques troupes Malabares. Il arriva en peu de tems à la vûë de Ceïlan, & prit port à Galle, où les vents contraires le tinrent près d'un mois. De-là ayant fait voile pour Colombo, il apperçut en y arrivant une petite Baye qui formoit un très-beau port, dans lequel se jettoit une riviere sortie des terres. Il s'y arrêta, résolu de construire la Forteresse en cet endroit. Il dépêcha aussi-tôt vers le Roi pour lui en demander l'agrément. Ce Prince prévoyoit assez les inconvenients de cette demande, qui fut bien combatuë dans son Conseil. Mais faisant reflexion aux avantages que le Roi de Cochin avoit retirés de son alliance avec les Portugais, par le moyen desquels il étoit devenu riche & puissant, d'assez petit Prince qu'il étoit, gagné d'ailleurs par les présents & les belles paroles de l'Envoyé du Gouverneur, il accorda tout de la meilleure grace du monde. Mais les Mores étrangers qui se trouvoient dans ses ports, ayant travaillé pour faire changer cette résolution, non-seulement le Roi se retracta; mais il fit encore tant de diligence pour se mettre en défense, que Soarez trouva le lendemain une espece de rétranchement fait dans l'endroit où il vouloit bâtir, & des batteries dres-

ANN. de J. C. 1518.
DON EMMANUEL ROI.
LOPE SOARIZ D'ALBERGARIA GOUVERNEUR.

Ann. de J. C. 1518.

Don Emmanuel Roi.

Lope Soarez d'Albergaria Gouverneur.

sées qui commençerent à tirer sur lui.

Moins étonné qu'indigné de la legereté du Prince qui lui manquoit de parole, il ne déliberera point à l'attaquer, & après quelque resistance il força le retranchement, où il perdit quelques-uns des siens, & entre autres Vetissime Pacheco. Mais la perte des ennemis fut plus considerable. Déterminé à bâtir sa Forteresse bon gré malgré, le Gouverneur fit creuser un fossé sur une des pointes de la Baye, & éleva en deça un mur de pierre seche pour mettre les pionniers à couvert. Le Roi voyant ce mur élevé, & rebuté de la premiere disgrace, envoya faire des excuses, & demander à renoüer la négociation. Soarez y consentit; mais il ajouta qu'il étoit juste, qu'en punition de la trahison quil lui avoit faite, il se rendît vassal de la Couronne de Portugal, & payât un tribut annuel d'un certain nombre de Bahars de Canelle, d'Elephants & de pierres précieuses enchassées dans leurs anneaux. On consentit à tout: la Citadelle se fit avec une extrême diligence, le Roi fournissant les manœuvres & les matériaux. Soarez en ayant donné le Gouvernement à Sylvéïra, & laissé Antoine de Miranda pour commander dans ce parage, repartit pour Cochin, où trouvant Diego Lopez de Siquéïra son successeur, il lui remit en main le Gouvernement des Indes, & fit voile pour le Portugal. Il y arriva en Janvier de l'an 1519. plus riche des biens qu'il emportoit

emportoit du nouveau Monde que de la gloire qu'il y avoit acquife.

Diego Lopez de Siquéira qui fucceda à Soarez, n'ayant pas eu une meilleure fortune que lui, n'eut auffi rien à lui reprocher. Il pourvut d'abord aux differens Gouvernemens felon les ordres qu'il en avoit de la Cour, expédia les Vaiffeaux de la cargaifon pour le Royaume, & partagea ceux qui devoient refter dans l'Inde, felon les diverfes deftinations. Antoine de Saldagne eut ordre d'aller croifer fur les Côtes de l'Arabie, pendant que le Gouverneur fe prépareroit à y aller reparer les fautes de fon prédeceffeur. Chriftophle de Sa & Chriftophle de Sofa avec leurs efcadres devoient veiller fur les Côtes de Diu & de Dabul, contre les Fuftes de ces deux places. Alphonfe de Menefes fut envoyé à Baticala, dont le Seigneur refufoit le tribut ordinaire. Jean Gomez Chéira-Dinéiro partit pour les Maldives, avec ordre d'y bâtir felon le traité fait, une Factorerie qui tînt lieu de Fortereffe. Hector Rodrigues fut continué dans fon pofte de Coulan, pour exécuter la commiffion qu'il avoit eue de Soarez d'y élever une Citadelle. Antoine Correa nommé pour aller en Ambaffade à la Cour de Pegu, devoit conduire un fecours à Malaca, & Simon d'Andrade avec une efcadre de cinq Vaiffeaux fut deftiné pour la Chine.

L'expédition d'Antoine de Saldagne fe borna

An n. de J. C. 1518.

Don Emmanuel Roi.

Diego Lopiz de Siqueïra Gouverneur.

ANN. de J. C. 1518.
DON EMMANUEL ROI.
DIEGO LOPEZ DE SIQUEÏRA GOUVERNEUR.

à quelques prises. Meneses obtint ce qu'il voulut à Baticala, parce qu'heureusement le Gouverneur Général allant à Goa, arriva presque en même tems que lui devant cette place. Christophle de Sosa perdit un de ses Vaisseaux qui sauta : les Fustes de Dabul lui en prirent un autre chargé d'effets pour le Roi de Portugal & lui-même ayant fait descente, fut si bien battu, qu'il eut toutes les peines du monde à se rembarquer. Jean Gomez étant arrivé aux Maldives y bâtit sa Factorerie, où il resta avec seulement quinze hommes pour en avoir la regie ; mais au lieu de s'y comporter avec prudence, s'étant érigé en petit tyran, & suivant son humeur brusque & emportée, il souleva contre lui les Maures étrangers, qui l'assommerent, & firent main basse sur tout son monde. Hector Rodrigues eut beaucoup de peine à venir à bout de ses fins. Personne ne consentoit qu'il bâtît un Fort. De son côté, il feignoit de se borner à un magazin ; mais les fondements qu'il jettoit le trahissant malgré lui, alors il se vit plusieurs fois sur le point d'être égorgé : mais comme la Reine lui prêtoit la main, & le favorisoit contre l'avis de son Conseil & de tout son peuple, il mit son ouvrage en état de pouvoir être perfectionné sans crainte. A peine en fut-il là, que reveillant de vieilles dettes, il aliena l'esprit de la Reine qui les avoit payées au centuple. Cette Princesse se répentit trop tard des services qu'elle lui avoit rendus, & éprouva ce qui lui avoit été dit souvent, qu'elle travailloit elle-même à se mettre sous le joug. Les tentatives qu'elles fit pour le secoüer, furent inutiles, & elle fut obligée de demander la paix, après l'avoir rompuë.

Ann. de J. C. 1518.
Don Emmanuel Rói.
Diego Lopez de Siqueïra Gouverneur.

Simon d'Andrade gâta à la Chine tout ce que son frere, qui y étoit allé avant lui, avoit fait de bien. Après la prise de Malaca, rien ne convenoit mieux aux affaires des Portugais, que de se faire connoître dans le grand Empire des Chinois, d'y établir une bonne correspondance, & d'en faire le commerce.

Il a paru au jour tant d'histoires & de relations de l'Etat de cette grande Monarchie si respectable par son antiquité, par la longue suite & la Majesté de ses Empereurs, la sagesse de son Gouvernement politique, l'étenduë, le nombre, la fertilité de ses provinces, qui embrassent un pays aussi grand que l'Europe, la multitude infinie de ses peuples, la beauté de ses Villes & de ses édifices, le caractere cultivé & poli de ses habitans, la varieté des arts & des sciences qui y fleurissent, les richesses immenses qui y sont, ou le fruit de l'industrie, de l'art, ou des avantages de la nature, qu'il seroit superflu de se jetter dans une digression inutile, pour donner à connoître des choses qu'aujourd'hui presque personne n'ignore : ainsi renvoyant mon lecteur à ces mêmes relations, je laisse tout ce qui

B B b b ij

ANN. de J. C. 1518.
DON EMMANUEL ROI.
DIEGO LOPEZ DE SIQUEÏRA GOUVERNEUR.

concerne la Religion, les mœurs, le Gouvernement & les autres notices de cet Empire, dont le détail me meneroit trop loin, pour venir à ce qui est précisément de mon histoire.

Les premiers Chinois que les Portugais virent, furent ceux que Diego Lopez de Siqueira trouva dans le port de Malaca, de qui il reçut toutes sortes de politesses & de bons conseils, ainsi que je l'ai dit. Le grand Albuquerque y en rencontra d'autres, quand il vint pour prendre cette Ville, & il trouva dans ceux-là les mêmes manieres engageantes qui l'obligerent à lier avec eux. Ce Général qui avoit un grand discernement, conçut une haute idée d'une nation, qui se faisoit estimer jusques dans des patrons de Vaisseaux, & dans des équipages composés de gens de basse naissance, & dont le métier ne s'accorde pas toûjours avec les bienséances. Il leur fit connoître à leur départ, que, lorsqu'il seroit maître de la place, il auroit un extrême plaisir que les Chinois voulussent bien la frequenter, & de leur part ils le lui promirent; mais la guerre, qui y avoit continué toûjours depuis, les en avoit écartés aussi bien que les autres nations.

Sur cela la Cour de Portugal détermina d'envoyer une escadre à la Chine pour y conduire un Ambassadeur. L'escadre composée de neuf Vaisseaux étoit commandée par Fernand Perez d'Andrade, qui s'y rendit la premiere année du

Gouvernement de Lope Soarez d'Albergaria. Quand Perez arriva aux Isles voisines de Canton, le Mandarin Général de la mer vint avec ses Vaisseaux au devant de lui dans l'esprit de défiance que devoit donner la premiere vûë des Vaisseaux Portugais. Perez ne fit point mine de se mettre en défense, & se comporta en tout fort prudemment. Etant arrivé à Canton quelque tems après, il donna part aux Mandarins du sujet de sa venuë, leur consigna l'Ambassadeur & sept personnes de sa suite, essuyant tout le cérémonial ordinaire en ce pays là. Et après quatorze mois de séjour, pendant lesquels il fit visiter les Villes maritimes par George de Mascareñas qu'il y envoya, il tacha de prendre par lui-même toute la connoissance qu'il put du pays, sans négliger ses intérêts personnels, il se disposa à s'en retourner. Mais, avant que de mettre à la voile, il fit publier dans les ports de Canton, de Taman & de Nanto où il avoit séjourné, que s'il y avoit quelqu'un qui eût lieu de se plaindre de quelque Portugais, il pouvoit venir en liberté pour en recevoir satisfaction, & par l'éclat d'une si belle action laissa cette nation sage pleine d'une haute idée de lui & de tous les sujets du Roi de Portugal. Son retour à Malaca y fut d'un grand secours à la Ville. De-là passant dans l'Indostan, il revint en Europe, où il arriva heureusement au grand contentement d'Emmanuel, qui ne pouvoit se

ANN. de J. C. 1518.

DON EMMANUEL ROI.

DIEGO LOPEZ DE SIQUEIRA GOUVERNEUR.

lasser d'entendre les relations qu'il lui fit de son voyage.

Cependant l'Ambassadeur Thomas Perez fut conduit à Pekin, avec tous les honneurs qu'on rend aux Ministres des plus grands Rois. Son voyage de Canton à Pekin fut de quatre mois. Tout étoit dans les plus favorables dispositions pour la réüssite de sa négociation. L'Empereur avoit conçu beaucoup d'estime pour les Portugais, dont le nom s'étoit répandu dans toute l'Asie. L'Envoyé du Roi de Bintam, qui étoit allé demander du secours contre eux, s'efforçoit en vain de les détruire. Mais Simon d'Andrade ne fut pas plûtôt rendu avec son escadre à l'Isle de Taman, que prenant une conduite toute opposée à celle de son frere, & croyant agir avec les Chinois, comme s'il eût eu affaire avec des Cafres du Cap de Bonne-Espérance, il commença par jetter les fondements d'une Forteresse dans l'Isle, dresser des batteries, disposer des sentinelles, courir sur les Vaisseaux marchands, piller ceux qui venoient de l'Inde sans passeport du Gouverneur, & les rançonner. Donnant ensuite carriere libre à tout ce que le libertinage a de plus effréné, lui & les siens firent insulte aux Chinois comme à l'étranger, enlevant les filles dans les maisons, faisant esclaves les personnes libres, & vivant dans une dissolution également honteuse à notre sainte Religion, & à l'honneur de leur nation ; de sorte qu'ayant irrité & scandalisé ces peuples moderés & judicieux, tout s'arma pour les détruire. Ils ne pouvoient éviter d'être pris, & traités comme des voleurs & des Pirates ; mais un ouragan ayant dissipé la Flotte Chinoise, ils eurent le tems de s'évader. Thomas Perez & ceux de sa suite payerent pour les coupables, & porterent la peine qui leur étoit dûë. La nouvelle de ces désordres étant parvenuë à la Cour, on ne les regarda plus que comme des espions. Ils furent renvoyés à Canton, où consumés de chagrins & d'ennuis, Perez & les autres de sa suite moururent miserablement. Ce qu'il y eut de plus déplorable, c'est que la nation Portugaise décriée se sentit de cette mauvaise conduite, & fut comme bannie de la Chine, qui lui ferma ses ports pendant une longue suite d'années.

Simon d'Andrade étoit si pressé d'aller à la Chine pour y faire cette belle manœuvre, que passant à Malaca il n'y laissa aucun secours, quoique la Ville toûjours pressée en eût un très-grand besoin. Antoine Correa allant au Royaume de Pegu, ne fit pas la même chose. Il trouva la place réduite à de très-grandes extrémités. Une très-petite mesure de ris s'y vendoit une cruzade, on n'y disoit plus la Messe, faute de vin ; les voyes étoient fermées à tous les secours des environs ; les ennemis se

Ann. de J. C. 1518.
Don Emmanuel Roi.
Diego Lopez de Siquïra Gouverneur.

ANN. de
J. C.
1518.

DON EMMA-
NUEL ROI.

DIEGO LO-
PEZ DE SI-
QUEÏRA
GOUVER-
NEUR.

préfentoient fouvent, fans que les Portugais ofaffent fortir pour leur courir fus ; le Gouverneur étoit mourant & une partie de la garnifon malade. Les trois Vaiffeaux que Correa avoit menés mirent la Ville un peu plus à l'aife. Malgré ce fecours néanmoins Correa pendant deux mois ne fut pas peu embarraffé à refifter aux fréquens affauts des ennemis, qui s'étant ranimés par l'arrivée même du renfort, devinrent fi importuns, que Correa, fur qui tout rouloit, ne mangeoit ni ne dormoit fans être armé, fatigant fans ceffe du corps & de l'efprit. A la fin les ennemis fe lafferent & fe retirerent plus loin, ce qui lui donna la facilité de fuivre fa route pour aller à fa deftination.

Du port de Pedir, où Correa alla fe charger, il fe rendit à celui de Martaban, d'où il envoya à la Cour de Pegu deux ou trois perfonnes en fon nom, pour y donner part de fa venuë. Le Roi de Pegu étoit alors un très-puiffant Prince, qui en avoit plufieurs autres pour fes tributaires. Le Roi de Siam & lui occupoient toute la prefqu'ifle au-delà du Gange. Leur Puiffance & leur voifinage les faifoient toûjours ennemis. Les peuples néanmoins de ces deux Princes fe reffemblent affez dans leur Religion, leurs mœurs & leurs inclinations.

Le Roi de Pegu ayant goûté les motifs de l'Ambaffade, dépêcha les Envoyés de Correa, & fit partir avec eux le *Raulin* de la Cour qui

eft

est le Chef de la Religion du pays, & un des principaux Ministres d'État, pour aller regler les conditions du traité. Dès qu'on en fut convenu, & qu'il fut question de les ratifier, le Raulin & le Ministre du Roi jurerent avec beaucoup de cérémonie sur les Livres de leur Religion. Correa, qui avoit fait prendre un surplis à l'Aumônier de son Vaisseau, pour donner aussi quelque dignité à son serment, soit qu'il ne fût pas content du breviaire de cet Aumonier qui se trouva trop mal propre, soit que persuadé en mauvais Casuiste, qu'il n'y avoit point de foi à garder avec ceux qui n'étoient pas dans le sein de la vraïe Religion, & qu'il ne voulût pas prophaner les Livres saints par un serment qu'il n'étoit résolu de garder, qu'autant que cela conviendroit à ses affaires, se fit apporter un recueil de sentences, de chansons & de vaudevilles, sur lequel il dit tout ce qu'il voulut. Le hazard néanmoins l'ayant fait tomber sur ces paroles de l'Ecriture, *vanité des vanités, tout n'est que vanité*, il fut saisi d'une secrete horreur, & sentit un juste scrupule de la prophanation qu'il venoit de faire, laquelle eût sans doute bien scandalisé les payens mêmes, s'ils eussent pu comprendre cette supercherie. Le traité ayant été ainsi fait, & le commerce reglé au contentement des contractans, Correa remit à la voile, & revint à Malaca accompagné de plusieurs Joncs chargés de vivres & de provi-

An n. de J. C. 1518. 1519.

Don Emmanuel Roi.

Diego Lopez de Siqueïra Gouverneur.

ANN. de J. C. 1518. 1519.
DON EMMA-NUEL ROI.
DIEGO LO-PEZ DE SI-QUEÏRA GOUVER-NEUR.

fions, qui y ramenerent l'abondance.

Garcie de Sa étoit arrivé dans cette Ville pendant l'abfence de Correa, & depuis fon depart pour le Royaume de Pegu. Il y étoit venu pour les intérêts perfonnels de Diego Lopez de Siquéïra. Mais Acofta, qui étoit toûjours malade, lui remit le Gouvernement de la place pour s'en aller mourir à Cochin. Mahmud étoit toûjours campé fur le Fleuve Müar, dont le voifinage tenoit auffi toûjours la Ville en inquiétude. Au retour de Correa on réfolut de fe délivrer de cette importunité. Correa & Mello commanderent le parti. Quelques forts que fuffent les retranchemens & les obftacles que l'ennemi avoit mis tout le long de la riviere, tout fut forcé. Les Portugais pourfuivant leur victoire, vont jufques à la Pagode où étoit le quartier du Roi. Il en étoit déja forti, & avoit mis fes troupes en bataille avec fes Elephans. Il fembloit devoir fe battre en brave homme, de la maniere dont il fit fervir fon canon, & que fes troupes paroiffoient animées : mais ce beau feu s'étant changé tout d'un coup en une terreur panique, il fe vit abandonné des fiens par une honteufe fuite, obligé de laiffer tous fes bagages en proye au vainqueur, & de fe retirer à Bintam pour y attendre une meilleure fortune.

Les Rois d'Achen & de Pacen, quoiqu'alliés des Portugais, profitant de l'état d'afflic-

tion où étoit Malaca, s'étoient mal compor- ANN. de
tés à leur égard. Ce dernier en particulier, J.C.
sous je ne sçais quels prétextes avoit pillé leur 1518.
Factorerie; & dans l'émeute qui se fit en cette Don Emma-
occasion, il y en eut jusques à vingt-cinq de nuel Roi.
tués, & plusieurs maltraités & mis en prison. Diego Lo-
Garcie de Sa se voyant un peu plus au large Qu'eïra
depuis la défaite du Roi de Bintam, jugea à Gouver-
propos de leur en marquer son ressentiment. neur.
Il en donna la commission à Emmanuel Pacheco, qui étoit un peu intéressé à la vengeance,
son frere Antoine étant du nombre de ceux
qu'ils avoient faits prisonniers. Quoique Pacheco n'eût qu'un seul Vaisseau, néanmoins la
crainte qu'il inspira fut telle, que non-seulement il éloigna de ces quartiers tous les Vaisseaux étrangers; mais que pas même une barque de pêcheur n'osoit se montrer.

Les ennemis n'ayant pas la hardiesse d'attaquer le Vaisseau, se bornerent à épier les occasions où Pacheco envoyoit sa Chaloupe à
terre. Il s'en présenta bien-tôt une si favorable, qu'il ne paroissoit pas que cette Chaloupe pût échapper. Elle s'étoit engagée dans
la riviere de Jacoparin pour aller faire aiguade. Les ennemis l'ayant apperçuë, bor-
derent aussi-tôt les deux rivages du Fleuve, &
commencent à décocher une grêle de fléches,
pendant qu'on équippe le plus promptement
qu'il est possible trois Lanchares, dans chacune

desquelles il y avoit cent cinquante hommes. Il n'y en avoit que cinq dans la Chaloupe assez occupés à parer avec leurs boucliers les traits qu'on leur lançoit. Le vent & le flux leur étoient contraires, & servoient les ennemis à souhait. Ces cinq braves dans cette extrémité, prennent le seul parti que pouvoit inspirer le courage, qui étoit de mourir en faisant les derniers efforts de valeur. Ainsi dès que le premier bateau que commandoit le Raja Sudamicin eut joint la Chaloupe, l'un des cinq hommes fort & robuste le saisit, les autres quatre prenant le nom de Jesus pour cri de guerre, volent dedans de plein saut, & à coups de lances percent tout ce qui se presente, le cinquiéme les ayant suivis & faisant pareillement son devoir, les ennemis étonnés se confondent, se renversent les uns sur les autres, & enfin se jettent à l'eau malgré les efforts de Sudamicin, qui forcé de faire comme eux, de rage & de désespoir ne cessa de blesser ou de tuer ceux des siens qui tomberent sous sa main, qu'après qu'il eût été noyé. Les deux Lanchares qui suivoient, ayant perdu cœur en voyant le mauvais succès de la premiere, se mettent en fuite à la vûë de cinq hommes épuisés de fatigues, & du sang qu'ils perdoient par leurs blessures; & leur ayant ainsi laissé une pleine victoire, mirent leur Roi dans la nécessité de demander la paix.

Le Gouverneur Général en partant de Lisbonne avec neuf Vaisseaux, avoit fait un voyage heureux ayant conduit avec lui toute sa Flotte aux Indes. L'année suivante le Roi en fit partir une autre de quatorze voiles, sous le commandement de George d'Albuquerque, qui portoit les provisions de la Cour pour être une seconde fois Gouverneur de Malaca. La destinée de cette seconde Flotte fut tout-à-fait déplorable. Un gros tems l'ayant séparée dans la mer Atlantique, l'un de ces Vaisseaux retourna à Lisbonne. Un second commandé par un Espagnol d'un grand nom, mais dont la conduite fit voir un cerveau blessé, n'ayant pu doubler le Cap de Bonne-Esperance, relâcha au Brésil, où les Sauvages tuerent jusques à soixante-dix hommes de son équipage. Le Capitaine ne fut point fâché de cette perte ; car ayant pris le dessus sur les Portugais qu'il désarma d'intelligence avec ses Castillans, il se fit Forban, & périt ensuite miserablement. Un troisiéme commandé par Emmanuel de Sosa, ayant perdu le Capitaine, le Pilote & grande partie de son monde vers les Isles du voisinage de Quiloa par la trahison des Insulaires, le Vaisseau mal gouverné alla se briser sur le rivage, où les Maures assommerent tout ce qui tomba sous leurs mains, à l'exception d'un Mousse dont le Roi de l'Isle de Zanzibar, fit présent au Roi de Mombaze. Neuf autres de ces bâtimens aborderent à Mozambique, où ils furent obligés

Ann. de J. C. 1518. 1519.

Don Emmanuel Roi.

Diego Lopez de Siqueira Gouverneur.

ANN. de J. C. 1520.

DON EMMA-NUEL ROI.

DIEGO LO-PEZ DE SI-QUEÏRA GOUVER-NEUR.

d'hyverner avec George d'Albuquerque leur Général. Il n'y en eut que quatre qui arriverent cette année dans l'Inde.

Cette Flotte portoit un nouvel Intendant des Finances. C'étoit le Docteur Pierre Nugnes, que le Roi envoyoit à la place d'Alcaçova, que Soarez avoit si fort maltraité. Celui-ci étoit exempt de la jurisdiction du Gouverneur général. Outre la finance, il avoit encore la police & la justice. Le Roi lui avoit assigné vingt hommes pour sa garde, de gros appointemens & des privileges considerables, & par là le Gouverneur général se trouvoit presque borné au seul militaire.

Siquéïra, qui avoit hyverné cette année à Cochin pour faire les préparatifs de son voyage de la mer Rouge, ayant appris par les quatre Vaisseaux qui étoient arrivés dans l'Inde, l'armement que le Roi avoit fait sous le Commandement de George d'Albuquerque, dépêcha un bâtiment à Mozambique, pour donner ordre à celui-ci de venir l'attendre vers le Cap de Rosalgate ; & supposé qu'il eût déja passé, de le venir joindre dans la mer Rouge, & de le suivre jusques à Gidda. Mais les Vaisseaux qu'il commandoit, étant presque tous Navires de charge, quelques Capitaines, qui avoient leurs commissions pour ailleurs, & n'étoient pas obligés de servir dans ces sortes d'expéditions, refuserent d'obéïr. Leurs instances ayant paru juſtes, il fut déterminé que des neuf Vaiſſeaux que commandoit Albuquerque, quatre paſſeroient en droiture dans l'Inde avec l'Intendant, & que les cinq autres iroient avec Albuquerque à la rencontre du Gouverneur. Mais Siquéïra étant déja entré dans la mer Rouge, les Capitaines refuſerent encore de ſe ſoumettre; & Albuquerque ayant pris acte de leur refus, fit route pour Ormus, & fut forcé de prendre port à Calajate. Là s'étant laiſſé perſuader par Edoüard Mendez de Vaſconcellos de faire priſonnier Raiz Zabadin Gouverneur de cette place, ſelon les ordres ſecrets que Mendez en avoit du Roi même d'Ormus, l'affaire fut ſi mal menée, qu'ils ne purent réüſſir dans leur tentative, & qu'il y eut vingt Portugais tués & plus de cinquante bleſſés, Zabadin n'ayant perdu que trois des ſiens, & s'étant fait autant d'honneur en cette rencontre que les Portugais s'en firent peu.

ANN. de J.C. 1520.
DON EMMA‑ NUEL ROI.
DIEGO LO‑ PEZ DE SI‑ QUEÏRA GOUVER‑ NEUR.

Siquéïra étoit enfin parti dès le mois de Février avec une Flotte de vingt-quatre voiles, & de trois mille hommes de troupes, dont il y en avoit dix-huit cens Portugais, pour renoüer la partie de la mer Rouge : entrepriſe ſi ſouvent recommandée par la Cour, ſi ſouvent tentée & toûjours malheureuſe. Il tira d'abord ſur le Cap de Guardafu, évitant la Côte d'Aden, dont il paroît qu'il ne voulut pas tâter. Son voyage fut prompt juſques au Cap, où il ar‑

riva presque aussi tôt que les Courvettes, à qui il avoit fait prendre les devants pour battre cette mer, & tâcher de sçavoir des nouvelles des Rumes qu'il avoit envie de surprendre. Il avoit ordonné à ces Courvettes de donner legerement la chasse aux Vaisseaux qu'elles trouveroient ; afin que croyant n'avoir que quatre ou cinq bâtimens en tête, les ennemis prissent confiance, & donnassent dans le piége. Quelques jours s'écoulerent, sans qu'il lui arrivât rien de considerable, que de prendre une miserable Bicoque, où il n'étoit resté qu'une vieille, à qui il eut l'obligation de trouver de l'eau dont il avoit grand besoin, en reconnoissance de quoi il ne voulut pas mettre le feu à la peuplade. Il passa ensuite à la Côte d'Arabie au dessous d'Aden, & alla donner sur un Ecüeil où son Vaisseau se brisa & périt. De-là étant entré dans le détroit, il apprit par les prises qu'il fit, qu'il étoit venu à Gidda six Galeres Turques & quinze cens hommes de renfort : Que les intentions de la Porte étoient d'occupper Zéibit, & de marcher ensuite contre Aden. Sur cela il tint conseil & exposa les ordres qu'il avoit, qui consistoient à marcher contre la Flotte du Sultan, ou s'il ne le pouvoit, de tacher de prendre quelque connoissance des terres du Prêtre-Jean, d'y aborder, & de mettre à terre l'Ambassadeur qui étoit venu en Portugal de la part de ce Prince, & celui que le

Roi

Roi Don Emmanuel lui envoyoit.

Le Conseil ayant opiné pour le premier parti, on mit le Cap sur Gidda ; mais les vents du Nord ayant commencé à souffler, & étant des vents durables en cette saison, la crainte qu'on eut d'éprouver les mêmes disgraces qui étoient arrivées aux deux précedents Gouverneurs, fit qu'après avoir lutté quelques jours inutilement, on fut obligé de revenir au second parti, & de faire route pour l'Isle de Maçua, qu'on découvrit le jour de Pâques, & où l'on moüilla le lendemain dixiéme d'Avril. Les habitans l'avoient abandonnée croyant que la Flotte dont ils avoient eu nouvelle par une Gelve, étoit celle des Turcs, de qui ils apprehendoient d'être maltraités, quoique Mahometans comme eux, de sorte que le Général fut obligé de faire avancer quelques brigantins pour prendre langue. Un de ces brigantins ayant rangé de fort près la terre, il vint un petit bateau à bord, conduit par trois hommes, qui ayant reconnu les Portugais sauterent dans le brigantin avec de grandes demonstrations de joye, montrant une Lettre & un anneau qu'ils portoient.

Ces hommes étoient envoyés par le Gouverneur d'Arquico, Ville sujete de l'Empereur d'Ethiopie, & port considerable. La Lettre écrite en Arabe témoignoit » le plaisir infini qu'il » avoit de voir enfin s'accomplir leurs ancien-

Ann. de J. C. 1520.
Don Emmanuel Roi.
Diego Lopez de Siqueïra Gouverneur.

ANN. de J. C. 1520.
DON EMMANUEL ROI.
DIEGO LOPEZ DE SIQUEÏRA GOUVERNEUR.

» nes Prophéties, qui leur annonçoient qu'il
» viendroit un jour sur leurs terres des Chré-
» tiens d'un puissant Royaume de l'Occident,
» qui devoient s'unir d'amitié & d'intérêts avec
» eux, comme ils l'étoient déja par la foi qu'ils
» professoient. Que le Roi David son maître
» ne soupiroit qu'après cette union, par l'espe-
» rance qu'il avoit conçûë qu'elle serviroit à
» la destruction de la secte de Mahomet : Qu'il
» lui avoit donné les ordres les plus précis de
» les bien recevoir quand ils paroîtroient : Qu'il
» alloit donner part au Barnagais, Gouverneur
» de la Province, de cette bonne fortune : Que
» cependant il prioit le Général de vouloir bien
» permettre aux habitans de l'Isle de Maçua de
» retourner chez eux, & de les regarder quoi-
» qu'ils fussent Mahometans, comme sujets de
» l'Empereur des Abissins. «

La lecture de cette Lettre remplit les Portugais de consolation. Siqueïra surtout, qui se regarda comme l'homme du monde le plus fortuné pour avoir fait cette découverte, ne pouvoit exprimer ni contenir le plaisir qu'il en ressentoit. Il répondit donc au Gouverneur le plus obligeamment qu'il lui fut possible, & donna à ses Envoyés un drapeau dans lequel paroissoit une Croix comme celle de l'Ordre de Christ, pour servir de sauve-garde. Cet Etendart si respectable de notre Religion, ne fut pas plûtôt apperçu par les habitans de la

Ville d'Arquico, que tous accoururent en foule comme en procession, le Gouverneur à la tête pour le recevoir, & le porterent ensuite en chantant des Hymnes & des Pseaumes jusques à son Palais, sur lequel il le fit arborer.

Les présens mutuels ayant succedé & établie une plus grande sûreté de part & d'autre, ceux qui vinrent parler de la part du Gouverneur d'Arquico demanderent des nouvelles d'un certain Ambassadeur que l'Empereur d'Ethiopie avoit envoyé dans les Indes pour le faire passer de là en Portugal. C'étoit celui qui étoit dans la Flotte, & qu'on tenoit caché pour les raisons que je vais dire; mais il faut que je reprenne d'un peu plus loin son histoire.

Nous avons vû jusques ici les soins infinis que s'étoient donnés les Rois Don Jean II. & Don Emmanuel, pour découvrir les terres d'un Prince Chrétien, connu dans l'Europe dès les tems des Croisades, sous le nom de Prêtre-Jean, les differentes personnes qu'ils avoient envoyées par diverses routes pour en avoir quelque connoissance. Leurs soins ne furent pas en quelque sorte inutiles, & nous avons remarqué que sur les indices qu'on leur avoit donnés, c'étoit l'Empereur des Abissins ou de la haute Ethiopie. Pierre de Covillan l'un des premiers qui avoient été envoyés à cette recherche, étoit arrivé à la Cour de ce Prince où nous l'avons

ANN. de J. C. 1520.

DON EMMANUEL ROI.

DIEGO LOPEZ DE SIQUEÏRA GOUVERNEUR.

laissé. Ceux qui depuis tenterent d'y pénétrer par le Sénégal, n'y réüssirent point par l'artifice des Portugais même. Ceux qui allerent par l'Egypte & par la Côte de Zanguebar, furent plus heureux, particulierement les trois que Tristan d'Acugna avoit débarqués à Quiloa, & qu'Alphonse d'Albuquerque fit mettre à terre vers le Cap de Guardafu.

Pierre de Covillan avoit été parfaitement bien reçu de l'Empereur Iscander ou Alexandre qui regnoit alors. Ce Prince ayant vu ses Lettres de créance le traita fort bien, & conçut de grandes esperances sur l'alliance qui lui étoit proposée. Mais la mort l'ayant enlevé à la fleur de son âge, son frere Nahu, qui lui succeda, se trouva avoir d'autres pensées, & par un principe de politique ordinaire à cette Monarchie, il ôta à Pierre de Covillan toute esperance de pouvoir retourner dans sa patrie; de maniere que Covillan prenant parti de la nécessité, se maria, & ne pensa plus qu'à finir ses jours dans cet exil. Nahu étant mort aussi peu de tems après son frere, David son fils encore enfant, monta sur le Trône sous la tutelle de l'Imperatrice Helene sa mere.

Cette Princesse, qui avoit beaucop de tête & de courage, reprit les erremens d'Iscander d'autant plus volontiers, qu'elle avoit déja appris par la voye publique les belles choses que les Portugais avoient faites aux Indes; de forte qu'elle résolut de répondre à l'Ambassade du Roi de Portugal. Elle ne jetta pas à la verité les yeux sur Pierre de Covillan, du retour duquel elle ne pouvoit pas s'assûrer ; mais elle choisit un Chrétien nommé Matthieu, Arménien de nation, qui avoit resté long-tems au Caire, fait plusieurs voyages en Ethiopie, dont elle s'étoit servie en plusieurs négociations, & qui par-là avoit mérité sa confiance. A ses Lettres de créance elle ajoûta un morceau de la vraye Croix dans un reliquaire d'or, dont elle faisoit present au Roi de Portugal. Elle lui donna ensuite pour compagnon d'Ambassade un jeune Abissin, homme de qualité, & les fit passer tous deux secretement dans les Indes, où ils devoient demander au Gouverneur un embarquement pour le Portugal.

Alphonse d'Albuquerque, qui étoit alors en place, retira l'Ambassadeur des mains du Tanadar de Dabul, qui le tenoit comme en prison. Il lui rendit toutes sortes d'honneurs dans la Ville de Goa, & le fit passer à Cochin, ainsi que je l'ai dit, pour le faire embarquer sur le meilleur voilier qui dût aller cette même année en Portugal. Mais l'Ambassadeur n'ayant rien de respectable que son propre mérite, chose assez peu connuë dans un étranger, & peu estimée de ceux qui ne font cas que d'un certain éclat qu'on ne voyoit pas en lui, les ennemis d'Albuquerque, ceux même qui a-

An. de J. C. 1521.
Don Emmanuel Roi.
Diego Lopiz de Siqueïra Gouverneur.

ANN. de
J. C.
1521.

DON EMMA-
NUEL ROI.

DIEGO LO-
PEZ DE SI-
QUEÏRA
GOUVER-
NEUR.

voient le plus d'autorité dans Cochin, le trait-
terent comme un impofteur, lui firent toutes
fortes d'avanies, fur lefquelles rencherirent encore les Capitaines Bernardin Freyre & François Peréira Peftaña, de qui il eut beaucoup
à fouffrir en route, & particulierement à Mozambique.

Don Emmanuel, qui en fut informé avant
même leur arrivée, en fut fi indigné, qu'il envoya au-devant de ces deux Capitaines pour les
mettre aux fers, & les traduire enfuite dans les
prifons de Lifbonne, où ils expierent long-tems
leur faute, & d'où ils ne fortirent que fur les
inftances réiterées de l'Ambaffadeur qu'ils
avoient fi maltraité. Pour ce qui eft de l'Ambaffadeur, le Roi lui fit tous les honneurs que me-
ritoit la Majefté du Monarque de qui il étoit
envoyé, & dont il avoit fouhaité la connoiffance avec tant de paffion. Après quelques
mois de féjour, Manuel le fit repartir pour les
Indes avec le jeune Abiffin, & il le fit accompagner d'un nouvel Ambaffadeur, qu'il envoyoit lui-même à la Cour d'Ethiopie, donnant
ordre à Soarez, qui étoit alors Gouverneur, de
les conduire en perfonne fur la Flotte qu'il devoit mener dans la mer Rouge, & de les débarquer ou il pourroit fur les terres des Abiffins.

Le Roi témoignoit affez combien il avoit
cette affaire à cœur, & la haute opinion qu'il
en avoit conçuë, par le choix de la perfonne

qu'il nomma pour cette Ambaſſade. C'étoit
Édoüard Galvan, qui après s'être diſtingué dans
les guerres d'Afrique, avoit commandé les
corps de troupes auxiliaires que le Roi de Portugal avoit envoyé aux Princes ſes alliés, s'étoit
rendu encore plus recommandable par les affaires importantes qu'il avoit traitées avec une
grande dexterité dans la plûpart des Cours des
plus grands Princes de l'Europe, & qui étant
alors d'un âge très-avancé, devoit ſe trouver
fort étonné de ſe voir chargé d'une commiſſion
pour le bout du monde, qui avoit plus l'air
d'une avanture que d'une Ambaſſade. Néanmoins le zéle & l'eſprit de la Religion la lui firent accepter avec plaiſir, dans l'eſperance d'y
procurer la gloire de Dieu. Mais comme Soarez dans ſon entrepriſe de la mer Rouge, n'e-
xécuta rien de tout ce que le Roi lui avoit ordonné, Galvan mourut des fatigues & de la
diſette qu'il ſouffrit dans l'Iſle de Camaran, à la
vûë, pour ainſi parler, de celle de Maçua, n'y aïant
que deux pas à faire pour le mettre au port tant
deſiré. Galvan étoit un ſaint ; le naufrage de
George ſon fils qu'il vit des yeux de l'eſprit, &
qu'il déclara en mourant, augmenta de beaucoup l'opinion qu'on avoit de ſa vertu, lorſque l'évenement eut juſtifié la verité de la prédiction.

L'Ambaſſadeur Matthieu étant retourné dans
les Indes avec Soarez, fut obligé d'y attendre

Ann. de J. C. 1521.

Don Emma-nuel Roi.

Diego Lo-pez de Si-queïra Gouver-neur.

jusques à l'expédition de Siquéïra, qu'il s'embarqua de nouveau avec Roderic de Lima, qu'Emmanuel avoit substitué à Edoüard de Galvan. Si pendant tout cet intervalle il ne fut pas maltraité, comme il avoit été par ses premiers persecuteurs, il avoit toûjours le désagrément de se voir en très-petite consideration, & pour le moins suspect à une infinité de gens qui le regardoient comme un imposteur, un vagabond & un espion.

Mais quand on l'eût représenté à ces Abissins qui demanderent de ses nouvelles, le moment de cette reconnoissance tira les larmes des yeux de tout le monde. Ces bonnes gens se prosternerent d'abord en lui baisant la main, & l'appellant souvent *Abba Mattheus*, c'est-à-dire, *Pere Matthieu*. Ce venerable vieillard pleurant lui-même de joye & de tendresse, & arrosant sa barbe blanche de ses pleurs, les embrassoit à son tour, comptant pour rien toutes ses peines passées, & les fatigues immenses de dix années consecutives, & rendoit publiquement des graces à Dieu, de ce que ne s'étant proposé que la gloire, il lui avoit plû de benir ses travaux en réünissant de si loin deux aussi puissantes nations, pour le bien & l'avantage de la Religion. Ses paroles & l'air dont il les disoit, touchoient vivement le cœur de tous ceux qui étoient présents, surtout aux Portugais à qui ce spectacle reprochoit vivement les indignités

dignités qu'on lui avoit fait souffrir.

On attendoit le Barnaguais ou Gouverneur Général de la Province, qui est une des premieres personnes du Royaume, d'ordinaire un proche parent de l'Empereur, & Roi lui-même du Royaume de Tigre-Mahon. Pendant cet intervalle Siquëira prit connoissance de l'Isle Maçua, fit purifier une de ses Mosquées, qu'il convertit en Chapelle sous le nom de Notre-Dame de la Conception, où l'on celebra les saints Mysteres. Pierre Gomez, President du Conseil des Indes d'autre part avec l'Ambassadeur Matthieu, allerent visiter un celebre Monastere de l'Ordre de saint Antoine, nommé de Jesus ou de la Vision, où ils reçurent toutes sortes de courtoisies de la part de ses Religieux.

Enfin le Barnaguais arriva. Il y eut d'abord quelques difficultés pour le ceremonial de son entrevuë, & de celle du Général. On regla néanmoins qu'elle se feroit dans une vaste campagne, où il y auroit trois sieges, l'un pour le Barnaguais, le second pour le Général & le troisiéme pour l'Ambassadeur Matthieu. Le Barnaguais y vint avec deux mille hommes de pied & deux cens chevaux. Siquëira ne conduisit que six cens hommes qu'il rangea en bel ordre, & s'avança seulement à la tête de soixante. Après quelques civilités qui furent suivies de presents mutuels, le Général remit entre les mains du Barnaguais les deux Ambassadeurs &

ANN. de J. C. 1521.
DON EMMANUEL ROI.
DIEGO LOPEZ DE SIQUEÏRA GOUVERNEUR,

leur suite. On parla ensuite du projet de bâtir une Citadelle à Maçua où à l'Isle de Camaran, sur quoi on ne put rien conclure sur l'heure. Enfin on jura de part & d'autre une espece d'alliance sur les saints Evangiles, & chacun se retira de son côté.

Les Ambassadeurs Matthieu & Roderic de Lima furent consignés au Gouverneur d'Arquico, qui devoit les faire conduire à la Cour, où nous les laisserons aller pour suivre Siquéïra qui se remit en chemin pour les Indes. Le retour de ce Général n'eut rien de singulier jusques au Golphe Persique, si ce n'est qu'il fit le dégat dans l'Isle de Dalaca, qu'il trouva abandonnée, & perdit encore un de ses Vaisseaux, commandé par Jerôme de Sosa. A Calajate il trouva George d'Albuquerque, à qui il laissa le Commandement de la Flotte, pour aller lui même avec les petits bâtimens hyverner à Ormus, d'où il partit au mois d'Août pour se rendre dans l'Indostan, sans avoir rien fait plus que ses prédécesseurs avec tout ce puissant armement, à moins qu'on ne comptât pour quelque chose ce qu'il fit à Arquico, & qu'auroit fait une simple Galere, aussi bien que lui avec toute sa Flotte.

Pendant l'absence de Siquéïra, le Roi de Narsingue & l'Idalcan se firent la guerre. Le premier la déclara, & rompit la treve qu'il avoit faite. Il en avoit d'assez forts motifs. L'Idalcan donnoit un asyle à tous les fugitifs contre les loix établies entre eux; mais comme la plainte pouvoit en être éludée par de fausses couleurs, le Roi de Narsingue voulant avoir un prétexte plus plausible, usa de ce stratagême. Il envoya à Goa un Maure, nommé Cid-Mercar pour y acheter des chevaux, lui donna une grosse somme d'argent & des lettres pour le Gouverneur. Comme le Maure devoit passer par les terres de l'Idalcan, que la chose n'étoit point secrete, & ne devoit pas l'être selon les intentions de celui qui l'envoyoit, l'Idalcan averti, fait mille caresses à Mercar, comme pour honorer en lui le sang de Mahomet & le Turban verd, le débauche du service du Roi de Narsingue, l'envoye Commandant dans une de ses places, le fait ensuite tuer secretement, & enleve ses trésors. Le Roi de Narsingue qui n'attendoit que ce moment, met une armée sur pied semblable pour le nombre à celle de Xerxes, & va assieger Rachol place forte que l'Idalcan lui avoit prise. L'Idalcan s'étant mis en mouvement pour en faire lever le siege, perd la bataille, dans laquelle quarante Portugais renegats se firent tuer pour défendre un des Généraux de l'Idalcan qui fut fait prisonnier. Après cette victoire, Rachol fut obligée de se rendre au vainqueur par la détermination de vingt autres Portugais qui servoient dans l'armée du Roi de Narsingue, & dont le chef se nommoit

ANN. de J. C. 1521.
DON EMMANUEL ROI.
DIEGO LOPEZ DE SIQUEÏRA GOUVERNEUR.

ANN. de J.C. 1521.

DON EMMANUEL ROI.

DIEGO LOPEZ DE SIQUEIRA GOUVERNEUR.

Chriſtophle de Figueredo, ces vingt hommes ayant fait plus d'impreſſion ſur les aſſiegés que cette multitude innombrable de Barbares victorieux, contre leſquels ils paroiſſoient réſolus de ſe bien défendre.

L'Idalcan reduit à une honteuſe retraite éprouvoit de nouvelles diſgraces de la fortune. Les Gines, qui font une Caſte d'Indiens établis dans les terres maritimes avant que les Maures les en euſſent chaſſés, voyant l'Idalcan occupé à cette guerre, deſcendirent de la montagne de Gate au nombre de huit mille hommes, & s'emparerent d'une partie de la terre ferme des environs de Goa. Le Tanadar de l'Idalcan voulant convertir à ſon profit ce qu'il avoit entre les mains du revenu de ſes fermes, donna avis ſur le champ à Ruy de Mello Gouverneur de Goa, de l'irruption des Gines, lui faiſant ſentir qu'il ne dépendoit que de lui de s'emparer des Doüanes de la terre ferme, & que l'Idalcan ſouffriroit plus volontiers qu'elles fuſſent entre ſes mains, qu'entre celles de ſes ſujets rebelles. Mello mit la choſe dans le Conſeil. Le cas étoit facile à décider. Les Gines étoient alliés, & on étoit en paix avec l'Idalcan; mais la cupidité ne manquant point de couleurs pour donner atteinte aux traités & à la ſainteté des fermens, on ſaiſit cette occaſion avec avidité, & Ruy de Mello Juſart fut envoyé par le Gouverneur ſon oncle contre les Gines à la tête de sept ou huit cens hommes. Ceux-ci ne se voyant point en état de contraster avec les Portugais, leur abandonnent le territoire de Goa, & passent plus loin. Le Tanadar s'applaudissant de sa perfidie, fait passer secretement de grosses sommes à Goa, & s'y retire pour se mettre en sûreté. Mais Dieu vengeur de la mauvaise foi, permit qu'elle ne fructifiât à personne. La trahison de l'Idalcan lui couta cher par les pertes qu'il fit. Celle du Roi de Narsingue lui profita peu, puisqu'il perdit peu de tems après la Ville de Rachol, qui avoit été l'objet de l'infraction de la paix. Le perfide Fermier voulant retirer l'argent de son maître qu'il avoit en dépôt, l'ami Portugais, à qui il l'avoit confié, nia la dette ; ce qui mit le Tanadar en si grande fureur, qu'il en devint fou. L'infidelle dépositaire ne joüit point de son larcin & de son parjure : une mort précipitée l'enleva peu de jours après. Enfin les Portugais perdirent aussi les Doüanes, qu'ils avoient enlevées avec plus de facilité que de justice.

Les Portugais eurent alors une occasion de faire encore mieux leur affaires ailleurs, sous l'apparence de l'équité & de la défense du droit des pupilles ; je ne sçais cependant si le fondement de cette équité étoit bien solide. Dans le tems qu'Alphonse d'Albuquerque alla prendre Malaca, il fit rencontre d'un Jonc, qu'il ne

ANN. de J. C. 1521.

DON EMMA-NUEL ROI.

DIEGO LO-PEZ DE SI-QUEÏRA GOUVER-NEUR.

put prendre, tous ceux qui étoient dedans étant résolus de périr, plûtôt que de se laisser enlever de vive force. Lorsqu'il desesperoit d'en venir à bout, ils vinrent parlementer d'eux-mêmes, & prier ce grand homme de prendre sous sa protection un Roi malheureux chassé de ses Etats par un injuste usurpateur. C'étoit Sultan Zeinal, qui avoit été dépoüillé du Royaume de Pacen. Albuquerque acquiesca volontiers à la proposition, & conduisit ce Prince à Malaca, résolu de s'en servir pour le bien de ses affaires après la prise de la Ville. Zeinal voyant que ce Général l'avoit manquée à la premiere attaque trouva le moyen de s'évader & de passer dans le camp de Mahmud. La Ville étant prise il revint encore à Albuquerque ; mais ayant pressenti qu'Albuquerque vouloit le conduire dans l'Indostan, & que le secours qu'on lui promettoit pourroit tirer en longueur, il repassa encore dans le camp ennemi, & suivit la fortune de Mahmud dépoüillé de ses Etats comme lui.

Les Rois de l'Isle de Sumatra étoient tellement dépendans du caprice de leurs sujets, qu'il devoit paroître surprenant, qu'on voulût l'être. Le moindre fanatique y causoit une émotion populaire, & dès qu'un inspiré avoit prononcé dans son enthousiasme, Meure le Roi, c'en étoit fait de sa vie, il étoit égorgé, & on faisoit main basse sur tous ceux qui lui étoient dévoüés, sans trouver de leur part la moindre resistance. On en avoit fait périr ainsi plusieurs à Pacen, quand Zeinal aidé des troupes de Mahmud remonta sur le Trône de ses peres. Le dernier Roi que Zeinal dépoüilla, laissoit un fils âgé d'environ douze ans. Le *Molana* ou chef de la Religion ayant sauvé cet enfant, le conduisit dans l'Indostan pour implorer le secours des Portugais, & le mettre sous la protection du Gouverneur général, offrant de le rendre lui & son Royaume tributaires du Portugal, & de donner un emplacement pour bâtir une Forteresse dans Pacen. Ce parti ayant été accepté, George d'Albuquerque qui alloit prendre possession du Gouvernement de Malaca, fut chargé de la commission de remettre ce Prince en possession de ses Etats.

Quoique Sultan Zeinal n'eût reçu les secours de Mahmud, qui même l'avoit fait son gendre pour se l'attacher davantage, qu'aux conditions de s'en servir contre les Portugais, néanmoins ce Prince changeant d'intérêts avec sa bonne fortune, ne souhaitoit rien tant que leur alliance. Et sur ce que lors de la révolution le facteur qui étoit à Pacen, s'étoit enfui par la crainte qu'il eut de lui, il en fut très-fâché, & envoya prier le Gouverneur de Malaca de lui envoyer quelqu'un avec qui il pût parler d'affaires, ce qui fut fait. Mais la paix ne fut pas de durée par l'imprudence de Diego Vaz

A n n. de J. C. 1521.

Don Emmanuel Roi.

Diego Lopiz de Siquïïra Gouverneur.

A n n. de J. C. 1521.

Don Emmanuel Roi.

Diego Lopez de Siqueira Gouverneur.

qui lui fut envoyé. Cet homme insolent ayant perdu plusieurs fois le respect dû à ce Prince, fut la victime de l'indignation de ses courtisans qui le poignarderent avec quelqu'uns de ses gens, sans en attendre l'ordre.

George d'Albuquerque s'étant présenté au port de Pacen avec son pupille, Zeinal pour détourner l'orage, offrit toutes les mêmes conditions & les mêmes avantages que les Portugais pouvoient esperer de celui dont il avoient pris la défense. Albuquerque ne voulut rien entendre, & se disposa à en venir à la force ouverte. Zeinal, qui avoit apprehendé les émotions populaires, s'étoit fortifié dans un camp hors de la Ville avec une double enceinte. Les troupes Portugaises d'un côté avec celles du Roi d'Auru de l'autre, l'attaquerent & l'emporterent. Zeinal combattant en brave y fut tué. Le Prince pupille n'ayant plus de Compétiteur, fut remis sur le Trône. Les Portugais bâtirent leur Citadelle, & profiterent de beaucoup de dépoüilles.

Le jour même qu'Albuquerque gagna cette belle victoire, les Portugais reçurent dans le voisinage un échec considerable qui servit à la contrebalancer. George de Britto étoit passé cette année de Portugal dans les Indes, commandant une escadre de neuf Vaisseaux. Etant arrivé à Cochin, il fut expédié par le Gouverneur général pour les Molucques, où étoit sa destination avec une escadre de sept Vaisseaux. Il partit peu après George d'Albuquerque, avec qui il ne put aller de conserve. Ayant pris port à Achen, un Portugais nommé Jean de Borba vint à son bord pour le saluer. Cet homme après avoir fait naufrage & lutté pendant neuf jours dans un petit esquif, contre la faim, les vens & les flots, avoit abordé à Achen, où il avoit été récüeilli par le Roi de la maniere du monde la plus gracieuse. Borba reconnut mal les bontés de ce Prince ; car dès qu'il fut à bord, il mit en tête à Britto de se rendre maître d'une Pagode, où il trouveroit, lui dit-il, des richesses immenses. Et afin de l'encourager à cette action, il lui supposa que le Roi d'Achen avoit profité des débris du naufrage d'un de leurs Vaisseaux, & fait mourir les Portugais qui s'en étoient sauvés. Britto, aveuglé par l'esperance de ces richesses qu'il croyoit déja tenir, envoya faire des propositions assez extraordinaires au Roi, qui y répondit néanmoins de maniere à satisfaire tout homme qui eût été bien aise qu'il eût eu raison. Britto refusa en même tems le secours d'un autre Vaisseau Portugais qui se trouvoit dans le port, sous le prétexte qu'il n'étoit pas de son escadre; mais en effet pour n'être pas obligé de lui donner part au butin de la Pagode. Ayant donc déterminé d'attaquer la Ville, il commanda deux cens hommes pour la des-

Ann. de J. C. 1521.
Don Emmanuel Roi.
Diego Lopez de Siqueïra Gouverneur.

cente, les Capitaines à leur tête dans leurs Chaloupes, à l'exception de François Godiz, qui suivoit avec sa Fuste où étoit l'artillerie & les arquebusiers au nombre de soixante-dix. Les Chaloupes ayant gagné les devants, parce que la Fuste ne pouvoit aller si vite, Britto voulut l'attendre, parce qu'elle portoit ses principales forces, qu'elle devoit outre cela l'épauler, & favoriser la descente ; mais un vent de terre qui grossissoit les eaux de l'embouchure du Fleuve, lui donnant beaucoup de fatigue aussi bien que quelques coups de fauconneau qu'on tiroit d'un petit boulevard voisin, ses gens le forcerent malgré lui à gagner le rivage & à débarquer. Celui qui portoit l'enseigne de Britto, s'étant étourdi à force de vin pour se donner plus de courage, partit de la main dès qu'il eut mis pied à terre sans attendre d'ordre. Britto par ses cris, fit ce qu'il put pour l'arrêter lui & les avanturiers qui le suivirent ; mais tous étant sourds à sa voix, & leur nombre grossissant toûjours, il se vit entraîné lui-même malgré lui. Ils ne furent pas long-tems sans tomber sur un corps de mille hommes conduit par le Roi en personne. Comme les Portugais n'avoient point avec eux leurs arquebusiers, ils eurent bien-tôt du dessous. L'Enseigne auteur de la disgrace commune porta la peine de son étourderie, ayant été tué le premier. George de Britto & trois autres Capitaines de sa Flotte eurent le même sort. Gaspar Fernandes, bon Officier, s'étant trop approché d'un Elephant pour le percer de sa lance, cet animal le prit avec sa trompe, le jetta en l'air si haut qu'il retomba mort de sa chute. Le reste s'étant mis en fuite, Laurent Coutinho l'un des Capitaines qui venoit joindre le gros, & faisoit comme le corps de reserve, voyant cette deroute, se mit aussi à fuir, au lieu d'attendre pour soutenir les fuyards. Cela ayant donné du cœur aux ennemis, il y eut soixante-dix Portugais qui périrent dans cette honteuse retraite. Deux seuls, sçavoir Louis Raposo & Pierre Velloso, dont les noms méritent d'être immortels, reparerent l'honneur de leur nation. Etant prêts de se rembarquer & ne voyant pas leur Général, ils résolurent d'aller le chercher, de le ramener, ou de périr avec lui ; & après avoir fait des prodiges de valeur, ils moururent percés de coups. Le Capitaine de la Fuste ayant jugé par le bruit, qu'on en étoit aux mains, fit tout ce qu'il put pour aborder ; mais s'étant assablé, il fut obligé d'attendre jusques à la pleine mer pour se relever. Après ce malheureux succès tous ayant regagné leur Flotte comme ils purent, ils firent voile pour Pedir où Antoine de Britto, qui se trouva dans ce port, fut élu Général en vertu d'une commission du Roi qu'il trouva dans les papiers de son frere, à qui il étoit substitué. Du port de Pedir

A n n. de J. C. 1521.

Don Emmanuel Roi.

Diego Lopez de Siqueira Gouverneur.

ANN. de
J. C.
1521.

DON EMMA-
NUEL ROI.
DIEGO LO-
PEZ DE SI-
QUEÏRA
GOUVER-
NEUR.

ils allerent à celui de Pacen, où ayant trouvé George d'Albuquerque prêt à partir, ils firent voile tous ensemble pour Malaca.

Albuquerque ayant pris possession de ce Gouvernement, & se trouvant si bonne compagnie, voulut en signaler les commencemens en allant debusquer Mahmud de l'Isle de Bintam. On lui avoit fait la chose facile, & il comptoit beaucoup sur dix-huit Vaisseaux qu'il menoit à cette expédition & six cens hommes de bonnes troupes. Mais ayant manqué de porter avec lui des échelles, dont on l'avoit assûré qu'il n'auroit pas besoin, il fit des efforts inutiles contre un seul boulevard, que Laczamana défendit avec tant de vigueur, qu'Albuquerque y ayant perdu beaucoup de monde, perdant encore l'esperance de le prendre, se rembarqua avec honte pour retourner à Malaca. Antoine de Britto & son escadre s'étant separés de lui pour suivre leur route aux Molucques, Laczamana qui le vit affoibli par cette division de forces, le suivit bien-tôt avec quinze Lanchares armées, de si près, qu'il entra avec lui dans le port, & y prit le brigantin de Gilles Simon, qui y fut tué avec tous ceux qui le défendoient.

Vers ce même tems, les Portugais se trouverent reduits à une grande extrémité dans l'Isle de Ceilan. Lopez de Britto qui avoit succedé à Don Jean de Sylvéira dans le Gouvernement de la Forteresse, que Soarez y avoit bâtie, en-

treprit de l'agrandir, & avoit pour cet effet
mené avec soi un renfort de soldats & de manœuvres. Les Chingulais, qui sont les Nobles
du pays, le trouverent fort mauvais & s'en plaignirent hautement comme d'une infraction
faite au traité, & d'une tentative hazardée pour
opprimer leur liberté. Il eût été sans doute de
la prudence de surseoir un ouvrage, contre lequel tout le monde paroissoit revolté : mais
Lopez méprisant les bruits populaires n'en eut
que plus de courage & de détermination à suivre son travail. Les esprits s'étant échauffés à
cette occasion, les Maures attisant le feu de
la division à leur ordinaire, le commerce de
la Forteresse avec la Ville fut interrompu, de
sorte que la disette s'y fit sentir en peu de tems.
L'audace des habitans alla plus loin, car s'ils
trouvoient quelques Portugais à l'écart, ils les
insultoient & les maltraitoient.

Lopez de Britto dissimula ces insultes, peut-être plus qu'il n'eût dû ; mais animé ensuite par
les murmures des siens, qui lui reprochant son
trop de patience accusoient son courage, il
passa tout d'un coup à une autre extrémité sans
en trop prévoir les consequences. Car un jour,
dans le tems du repos & de la grande chaleur,
étant sorti de son fort avec cent cinquante
hommes, il entre dans la Ville de Columbo,
où l'on ne s'attendoit à rien moins qu'à cette
hostilité, y porte une telle épouvante, que dans

Ann. de J. C. 1521.
Don Emmanuel Roi.
Diego Lopez de Siquïra Gouverneur.

Ann. de J. C. 1521.
Don Emmanuel Roi.
Diego Lopez de Siqueïra Gouverneur.

l'allarme d'une irruption si subite chacun des habitans ne pensa qu'à fuir. Mais ensuite s'étant réünis hors de la Ville, & ce premier moment de terreur étant passé, rappellés par l'amour de leurs femmes & de leurs enfans, ils rentrent avec fureur. Le spectacle de ces femmes & de ces enfans que Britto s'étoit contenté de faire lier, augmentant encore leur animosité, les Portugais sont poussés à leur tour, plus de trente sont blessés, ils regagnent leur Forteresse avec peine, & ne seroient peut-être pas venus à bout d'y rentrer, si le feu que Britto avoit sagement fait mettre aux maisons de la grande ruë, n'eût fait diversion & facilité la retraite.

Ce ne furent là que les commencements de leurs maux. L'indignation que causa dans toute l'Isle une irruption si brusque & si peu colorée la souleva toute entiere. Il n'y eut personne qui ne voulût s'armer pour détruire,
» disoit-on, d'indignes Pirates, qui ayant été
» reçus avec humanité, ne se contentoient point
» de se rendre maîtres du pays & du commer-
» ce pour le faire seuls selon les loix qu'il leur
» plaisoit de prescrire, mais paroissoient enco-
» re avides du sang de leurs hôtes, employoient
» pour le repandre les plus noires trahisons, se
» montroient en ennemis les armes à la main,
» sans aucun sujet, sans aucune dénonciation
» de guerre, & de ces formalités que les peu-

» ples les plus barbares ont coûtume de gar-
» der. « En moins de rien il y eut plus de vingt
mille hommes assemblés, en qui la fureur augmentant le courage naturel à ces Insulaires,
leur fit prendre les mesures les plus efficaces
pour assûrer leur juste vengeance. La Forteresse fut donc assiegée dans les formes. Les ennemis l'entourerent du côté de la terre par des
lignes & des redoutes, auxquelles ils joignirent
deux cavaliers, dont le canon dominant la
place, donna lieu pendant cinq mois entiers
à Britto de se repentir de son imprudente sortie, & à ses gens de l'y avoir forcé.

Ann. de J. C. 1521.
Don Emmanuel Roi.
Diego Lopez de Siqueïra Gouverneur.

Dès les commencemens du siege, Britto avoit
donné avis à Cochin de l'extrémité où il alloit
se trouver, mais comme le Général avoit dé-
pourvu toutes les places de l'Indostan, pour
la grande entreprise dont nous allons parler,
on ne put lui envoyer que cinquante hommes
sur une Galere, commandée par Antoine de
Lemos, qui fut très-long-tems à se rendre à
cause de l'hyver.

A l'arrivée de ce foible secours, Britto comprenant qu'il n'en devoit point attendre d'autre, prit conseil de son désespoir, & résolut de
risquer le tout pour le tout, de faire lever le siege aux ennemis, ou de périr en brave plûtôt que
de se laisser consumer par la faim, & les autres
disgraces qui sont les suites des longs sieges

Il ordonna donc à Lemos de faire approcher

sa Galere le plus près qu'il pourroit des retranchemens ennemis, & de les foudroyer pendant toute la nuit. Cette manœuvre ayant attiré de ce côté-là l'attention des assiegeans, ainsi qu'il l'avoit prévu, dès la pointe du jour suivant, il attaqua les retranchemens du côté opposé à la tête de trois cens hommes avec tant d'impetuosité, que ceux qui les défendoient, pris au dépourvû, les désemparerent pour se retirer vers la Ville. Mais comme la multitude des ennemis étoit sans nombre en comparaison des Portugais, & que d'ailleurs ils ne manquoient pas de gens habiles dans le métier de la guerre, ils se réünirent, firent un corps de cent cinquante chevaux & de vingt cinq Elephants, soutenus par une espece de bataillon quarré, & retournerent en bon ordre vers les retranchemens qu'ils venoient de perdre. Britto, qui en étoit déja sorti à leur poursuite, les voyant venir ne s'étonna pas, & ayant rassemblé tous ses arbalestriers, il leur ordonna de faire leur décharge sur les Elephants. Ils le firent avec tant d'addresse & de bonheur, que ces animaux épouvantés & irrités de leurs blessures, revenant sur leurs gens renversant hommes & chevaux, causerent sur le champ une déroute si générale, que les Portugais ne trouvant plus personne qui leur fit tête, entrerent avec les fuyards pêle-mêle dans la Ville, & les poursuivirent encore au-delà jusques à un bois

de

de palmiers, où Britto craignant que ſes gens ne ſe débandaſſent, ne jugea pas à propos de les forcer, & fit ſonner la retraite.

La paix fut le fruit d'une ſi belle victoire. Car le Roi de Columbo indigné de ce que les Maures, qui l'avoient porté à cette guerre, avoient été des premiers à fuir, fâché d'ailleurs des pertes qu'il avoit faites dans cette action & pendant le ſiége, ſe reconcilia de bonne foi avec les Portugais, & vécut depuis avec eux en bonne intelligence.

Don Emmanuel deſiroit paſſionnément de ſe voir une Foreterſſe à Diu. Il en avoit ſouvent donné les ordres aux Gouverneurs des Indes. Mais Mélic Jaz les avoit toûjours éludés par ſon habileté. Le Roi ennuyé de ſes artifices avoit enfin ordonné à Siquéira de faire en ſorte de venir à bout d'en obtenir l'agrément de gré ou de force. Il y avoit d'abord une modification à cet ordre ; car le Roi voulant ménager ſes troupes ſouhaitoit qu'il s'y prit de telle maniere, qu'on y employât tellement la force, qu'elle ne fît que prêter la main à l'adreſſe & à l'induſtrie. Après cela néanmoins cette modification fut ôtée, & l'ordre fut envoyé pur & ſimple : que ſi Mélic Jaz refuſoit de conſentir à la demande qu'on lui en feroit de nouveau, on lui déclarât la guerre. Le Roi ſe tenoit ſi aſſûré, que la choſe ſeroit facile, qu'il avoit fait partir Fernand de Béja avec les provisions de Gouverneur de la nouvelle Citadelle.

Siquéïra, qui reçut ces ordres à Ormus au retour de son expédition de la mer Rouge, les tint fort secrets, & alla en passant moüiller devant Diu, bien résolu de profiter de l'occasion, s'il la trouvoit favorable. Il lui fut répondu en tergiversant comme par le passé. Il s'y attendoit bien, mais il dissimula. Le facteur Portugais lui avoit fait entendre que la place étoit trop bien munie, pour qu'il pût se flatter de l'emporter dans l'état où il se trouvoit, de sorte qu'en effet ne se croyant pas assez fort, il continua sa route jusques à Cochin, pour y aller faire de plus grands préparatifs.

Jaz, qui étoit bien servi en espions qu'il païoit bien, fut aussitôt averti des mouvemens du Gouverneur, dont il étoit difficile qu'il ne prît quelque ombrage. Pour s'en assûrer davantage, il envoya à Cochin un Officier, sans autre vûë en apparence, que de faire porter quelques presents de sa part au Général, qui continuant à dissimuler les reçut fort bien, témoigna toûjours à l'Officier beaucoup d'estime pour son maître, & un grand desir de vivre en bonne correspondance avec lui. Mais il étoit difficile que cet homme, voyant une Flotte de plus de quatre-vingt voiles, la plus belle que les Portugais eussent encore eûë, ne soupçonnât quelque grand dessein, & que le Mélic n'en conclût que ce deſſein le regardoit. Siquéïra partant de Cochin mena l'Officier juſques à Goa ; mais là il s'échappa, & alla donner avis de tout à ſon maître.

Jaz, qui ne vouloit pas ſe trouver à l'arrivée de la Flotte, partit auſſi-tôt pour la Cour de Cambaïe, laiſſant dans la place Mélic Saca ſon fils, bien inſtruit de tout ce qu'il avoit à dire & à faire, & avec lui un brave Capitaine nommé Aga-Mahmud, homme de main & de conſeil, qui pouvoit ſervir à tout pour le beſoin. Siquéïra ayant moüillé dans la Rade avec cette Flotte formidable, envoya auſſi-tôt ſaluer le jeune Mélic, pour lui donner avis de ſon arrivée, ou pour mieux dire, de ſon paſſage. Son deſſein étoit, diſoit-il, d'aller à Ormus, où ſa préſence étoit néceſſaire ; mais qu'il le prioit en même tems de vouloir bien effectuer ce qu'on lui avoit promis tant de fois de lui aſſigner un emplacement pour bâtir une Forterelle. Saca, qui par précaution avoit fait mettre aux arrêts tous les Portugais diſperſés dans la Ville, afin qu'ils ne communiquaſſent point avec leur Général, ne refuſa point de s'abboucher lui-même avec lui, en prenant les précautions qui convenoient à ſa ſûreté.

Dans cette entrevûë, qui fut pleine de politeſſe, » il s'excuſa ſur ce qu'il ne pouvoit ac- » corder ce qu'on lui demandoit, ſans la per- » miſſion de ſon pere, qui étoit lui-même por-

ANN. de J. C. 1521.
DON EMMANUEL ROI.
DIEGO LOPEZ DE SIQUEÏRA GOUVERNEUR.

» té de la meilleure volonté, & n'étoit même » allé à la Cour qu'afin d'engager le Roi à ac- » corder cette demande, pour laquelle ce Prin- » ce avoit une oppofition invincible. Siquéira ayant fait inftance pour parler du moins aux Portugais qui étoient dans la place. Le jeune Mélic répondit: » Qu'il devoit être très-tran- » quille fur leur état, qu'ils étoient libres, con- » tens, & qu'ils joüiffoient de tous les avantages » d'une bonne correfpondance: Que la demande » qu'il lui faifoit de les lui reprefenter, lui étoit » injurieufe, marquant une défiance qui blef- » foit fa délicateffe: Qu'il ne les reprefenteroit » point que la Flotte ne fût partie, de peur » qu'il ne parut qu'on fe défioit de fa fincerité, » où qu'il agiffoit lui-même par pufillanimité, » & par crainte. «

Le Gouverneur tint fur cela plufieurs confeils avec fes Capitaines. La plûpart avoient leurs commiffions pour des poftes, où ils efperoient de s'enrichir, & fervoient mal volontiers dans une entreprife, où il n'y avoit rien à gagner. Ainfi la plus grande partie, opina que la place étant auffi bien fortifiée qu'elle l'étoit, c'étoit une témerité d'entreprendre de l'attaquer. Appuyant d'ailleurs les raifons du Mélic, ils conclurent que ce feroit ajoûter l'injuftice à l'imprudence, puifqu'en effet il ne tenoit, ni à fon pere, ni à lui, qu'ils ne lui donnaffent la fatisfaction qu'il demandoit.

Le soldat toûjours courageux, & qui ne demande qu'à être conduit, ne sçut pas plûtôt cette détermination du Conseil, que frémissant de honte & de colere, ce ne fut qu'une voix dans toute la Flotte, qui taxant de lâcheté & de poltronnerie le Général, lui mettoit en face la gloire de la nation avilie en perdant cette occasion la plus belle qu'il pût avoir, & qu'il ne retrouveroit plus. Ce fut pis quelques jours après : le Facteur étant venu à bord sur la permission que le Général en avoit euë en donnant des ôtages, & portant à diverses fois des caissons d'or & d'argent, qui étoient ses effets qu'il sauvoit dans la juste apprehension d'une guerre qu'il prévoyoit, on disoit hautement que le Général vendoit la nation & les intérêts du Roi à bel argent comptant. Les Capitaines de la Flotte parlant dans le public d'une maniere differente de ce qu'ils avoient fait dans le Conseil, appuyoient ces discours insolens; mais qui n'avoient que trop de fondement apparent. Siquéira qui le sçut, les ayant rappellés au Conseil, leur en fit les reproches les plus amers, qu'ils méritoient bien, & leur fit donner derechef leur avis par écrit. Ils signerent tout ce qu'il voulut, prêts encore à faire des protestations contre lui. Ainsi le Général se croyant en sûreté du côté de la Cour par cette précaution, résolut de poursuivre sa route pour Ormus : faute considerable, à l'examiner par tous

Ann. de J. C. 1521.

Don Emmanuel Roi.

Diego Lopez de Siquéira Gouverneur.

{ANN. de J. C. 1521.
DON EMMANUEL ROI.
DIEGO LOPEZ DE SIQUEÏRA GOUVERNEUR.}

les Chefs, y ayant des conjonctures où les Généraux doivent prendre fur eux les évenemens, furtout quand ils ont des ordres précis qui les favorifent, fans quoi en perdant l'occafion de bien faire, ils perdent auffi leur réputation malgré les apparences de fageffe, dont ils croyent la couvrir, & avec leur réputation la confiance des troupes, à qui il eft difficile d'en impofer.

Ayant donc fait fçavoir au Mélic Saca la détermination où il étoit de continuer fa route, il le fit prier de vouloir bien faciliter à Ruy Fernandes le voyage de la Cour de Cambaïe; où il l'envoyoit pour terminer cette affaire. Saca délivré d'une extrême inquiétude, promit tout, & dès-lors fit porter à la Flotte toutes fortes de rafraîchiffemens. Siquéïra expédia pour Cochin Don Alexis de Menefes, qui devoit commander dans l'Inde en l'abfence du Général, & avec lui, il fit partir George d'Albuquerque & George de Britto pour leurs deftinations, dont nous avons déja parlé, & dont nous avons vû les fuccès. Avec eux partirent auffi Coutinho & Pereftrelle deftinés pour la Chine, & les autres qui devoient commander les Navires de la cargaifon de retour pour le Portugal; ce qui faifoit en tout le nombre de vingt Capitaines plus marchands que foldats: mais qui peut-être auffi euffent été plus foldats que marchands, fi le Général eût plus aimé fa gloire que fon intérêt. C'est ce qu'il est difficile de demêler.

Enfin le Général, mettant à la voile pour Ormus, laissa Fernand de Béja & Pierre d'Outel avec leurs Vaisseaux, les deux freres Nugno Fernand & Emmanuel de Macedo avec leurs Caravelles, sous prétexte de charger quelques provisions ; mais avec ordre secret à Béja de retirer à bord tous les Portugais qui étoient à Diu, supposé que la négociation de Ruy Fernandes n'eût aucun succès, & de déclarer ensuite la guerre. Autre faute très-grande : car s'il n'avoit osé la déclarer lui-même en ayant une aussi belle occasion & une Flotte aussi formidable, il paroissoit bien peu sage de faire cette déclaration si hors de propos, & avec si peu de forces.

Depuis quelques années le Roi d'Ormus ne payoit pas exactement le tribut qu'il devoit à la Couronne de Portugal, il s'en excusoit sur la diminution de ses revenus, & avoit quelque raison. Les Isles de Baharen & de Catife dans le Golphe Persique étoient du domaine de ce Prince. La pêche des perles qui s'y fait n'est pas si abondante que celle des Indes ; mais les perles en ont une bien plus belle eau, & sont d'un meilleur acabit. Ces Isles, qui faisoient une partie considerable de la richesse de ce Prince, lui furent enlevées par un de ses vassaux nommé Mocrin, Roi de Lazar & gendre du Cheq de la Méque, qui fit soulever Baha-

Ann. de J. C. 1521.

Don Emmanuel Roi.

Diego Lopiz de Siqueira Gouverneur.

ANN. de J. C. 1521.
DON EMMANUEL ROI.
DIEGO LOPEZ DE SIQUEÏRA GOUVERNEUR.

rem en fa faveur, en même tems qu'Hamed fon neveu fit la même chofe à Catife. Le mépris qu'ils conçurent l'un & l'autre d'un Roi qui s'étoit fait tributaire d'une poignée d'étrangers, autorifant leur revolte, fut auffi le motif que le Roi Torun-Cha fit valoir auprès du Général pour l'aider à foumettre ces fujets rebelles, ou pour ne pas trouver mauvais qu'il ne payât point un tribut, dont le poids excedoit fes forces. Le Général entra dans fes raifons d'autant plus volontiers, que Mocrin ne fe contentant pas de fon ufurpation, entretenoit une petite Flotte qui ruinoit le commerce d'Ormus, prenant tous les bâtimens qui venoient de la Baçore & des autres endroits du Golphe.

Comme l'affaire étoit preffante, Siquéïra commanda pour cette expédition Antoine Correa avec fept Fuftes & quatre cens Portugais, qui devoient être fuivis de la Flotte de Torun-Cha compofée de près de deux cens petits bâtimens, conduits par Raix Seraph fon premier Miniftre. Une violente tempête les ayant difperfés, Correa fut obligé d'attendre quelques jours fur fes anchres à la vûë de Baharen, pour donner le tems à ceux qui pourroient venir le joindre de fe raffembler. Mocrin profita de ce délai, pour fe fortifier de plus en plus. Il avoit douze mille hommes de troupes, trois cens archers Perfans & vingt arbalêtriers. Correa débarqua tranquillement; mais

comme

comme il se défioit des troupes Armuziennes, il ordonna à Seraph de faire l'attaque d'un côté, tandis qu'il engageroit le combat de l'autre. Celui-ci qui vouloit prendre son parti selon les évenemens, s'empare d'une hauteur pour y attendre à se déterminer selon le succès. D'autre part les Portugais s'étant mis en mouvement, Arias Correa, frere d'Antoine menant l'avantgarde composée de soixante-dix hommes, la plûpart gens de distinction, se laissa un peu trop emporter à la vivacité de son courage : Et suivant la methode que les Portugais avoient alors de combattre sans ordre entraînés par leur impetuosité, il donne sur les ennemis de furie avec ses gens, qui s'étant debandés pour faire face à la multitude, furent fort maltraités, plusieurs ayant été blessés, & en particulier Arias Correa qui fut percé de plusieurs fléches, & auroit été tué, sans le secours de quelques braves qui se serrerent autour de lui pour le défendre. Antoine étant survenu avec le corps de bataille passa outre sans s'arrêter, malgré le triste état ou il voyoit son frere. Les retranchemens ennemis furent forcés ; mais il fallut bientôt les abandonner & ceder à la force & à la valeur de Mocrin, qui combattant à la tête des siens, ne se rebuta pas, quoiqu'il eût eu deux ou trois chevaux tués sous lui, & ne s'arrêta qu'après avoir repoussé le Portugais déja victorieux.

 L'extrême chaleur du jour ayant obligé les

Ann. de J. C. 1521.
Don Emmanuel Roi.
Diego Lopez de Siqueira Gouverneur.

Ann. de
J. C.
1521.
Don Emmanuel Roi.
Diego Lopez de Siqueïra Gouverneur.

deux partis à faire une efpece de treve pour reprendre haleine, chacun mit ordre à fes bleffés. Mais après un peu de repos, Antoine Correa étant revenu à la charge, le combat recommença avec plus de fureur. La victoire fut longtems douteufe, tandis que Mocrin put animer fes troupes par fa prefence; mais ayant reçu un coup dont il mourut trois jours après, il fut obligé de fe faire porter hors de la mêlée : alors fes gens lâcherent le pied, & fe mirent en fuite. Seraph oifif jufques à ce moment s'empreffa de venir prendre part au butin, plûtôt qu'à la victoire. Correa diffimulant ce qu'il ne pouvoit punir, le laiffe un peu fatisfaire fon avidité, & le met à la fuite des fuyards qui gagnoient le Royaume de Lafah. Seraph les atteint & revient avec la tête de Mocrin, qui ayant été embaumée, fut envoyée au Roi d'Ormus. Ce Prince en triompha, & la fit enchaffer dans un monument qu'il érigea dans fa Capitale avec une double infcription en langue Perfane & en langue Portugaife, pour immortalifer la gloire de cette action.

Correa ayant foumis les deux Ifles de Baharen & de Catife, & y ayant laiffé Seraph, revint à Ormus, où il fut également bien reçu du Roi & du Général, comme il méritoit de l'être. Car ce fut veritablement un beau fait d'armes qui lui fit donner le furnom de Baharen, auquel le Roi de Portugal conceda depuis une nouvelle marque d'honneur, en lui permettant d'ajoûter une tête de Roi à l'ancien blason des armes de sa maison.

Le Gouverneur pressé de retourner dans l'Inde, ayant pris congé du Roi, se remit à la mer, & vint se montrer devant Diu faisant toûjours mine de poursuivre le projet d'y construire une Citadelle. Les choses y avoient bien changé de face, & il eut alors bien sujet de se repentir du passé. Ruy Fernandes étoit revenu de son Ambassade sans avoir rien obtenu. Fernand de Béja avoit déclaré la guerre dans toutes les formes, & avoit couru sur quelques Vaisseaux de Cambaïe, qu'il avoit pris; mais cette levée de bouclier lui coûta cher. Les Fustes de Mélic Jaz, commandées par Aga Mahmud, lui tomberent sur le corps, & ayant trouvé sa petite escadre separée pendant un tems de bonace, Mahmud prenant ses Vaisseaux l'un après l'autre, les attaqua avec tant de vigueur, qu'il coula à fond Pierre d'Outel, & maltraita tellement la Caravelle de Nugno Fernand de Macedo, & le galion de Fernand de Béja, qu'ils auroient eu le même sort que d'Outel, si un petit vent frais qui fit cesser le calme, n'eût obligé l'Aga de se retirer.

Béja s'étant un peu reparé dans le port de Chaül, vint au-devant de Siqueïra selon les ordres qu'il en avoit. Il le joignit à la hauteur de Diu, & lui apprit ces tristes nouvelles, dont il fut extrémement affligé. Le Général crut

ANN. de J. C. 1521.

DON EMMANUEL ROI.

DIEGO LOPEZ DE SIQUEÏRA GOUVERNEUR.

HHhh ij

néanmoins remedier à tout en prenant le deſſein de bâtir à Madrefaba, cinq lieuës au-deſſous de Diu. Mais outre que Mélic Jaz, qui en avoit eu le vent, avoit fortifié ce poſte, il en fut encore empêché par un autre évenement. Les Maures d'un bâtiment qu'il avoit pris, & qu'il avoit fait paſſer dans celui d'Arias Correa ſon frere, où étoient toutes les choſes néceſſaires pour cette Forteſſe, ne pouvant ſouffrir leur captivité, mirent le feu aux poudres, & firent ſauter le Vaiſſeau en l'air, ſe ſouciant peu de périr, pourvû qu'ils fiſſent périr avec eux ceux qu'ils regardoient comme leurs injuſtes oppreſſeurs. Ainſi il ſervit peu à Arias Correa de s'être acquis beaucoup de gloire à Baharen, & il lui eût été plus avantageux de mourir là ſur le champ de bataille, que de ſurvivre peu de jours pour faire une auſſi triſte fin.

Le Général ne pouvant réüſſir dans ſon projet, changea encore de penſée, & réſolut de bâtir le Fort à Chaül. Nizamaluc y conſentoit & en preſſoit même l'exécution. Il en devoit retirer de grands avantages, & avec cela il avoit la douce ſatisfaction de faire dépit à Mélic Jaz, avec qui il étoit actuellement en guerre. Siquéïra ſaiſit l'occaſion avec plaiſir, & hâta l'ouvrage de tout ſon pouvoir, parce qu'il apprit alors l'arrivée de ſon ſucceſſeur. La Citadelle fut bâtie à une demie lieuë de la Ville à l'embouchûre du Fleuve du côté du Nord, & en peu de tems elle fut en état d'être conduite à son entiere perfection, sans crainte de la part des ennemis, lesquels étoient encore arrêtés par un ouvrage avancé qui mettoit les travailleurs à couvert

ANN. de J. C. 1521.
DON EMMANUEL ROI.
DIEGO LOPEZ DE SIQUEÏRA GOUVERNEUR.

Cette Forteresse, qu'on croyoit devoir ruiner absolument le commerce de Cambaïe, étoit trop préjudiciable aux intérêts de Mélic Jaz, pour qu'il ne fît pas tout ses efforts dans la vûë de l'empêcher. Aga Mahmud infatigable dans ses courses secondoit si bien ses intentions, qu'il ne laissoit passer aucune occasion d'attaquer les Portugais. Il coula d'abord à fond le Vaisseau de Pierre de Sylva de Meneses, qui revenoit d'Ormus, & étoit prêt d'entrer dans la barre de Chaül, sans que Don Alexis de Meneses, qui étoit venu de Cochin, & qui par ordre du Gouverneur alloit à sa rencontre, pût lui donner aucun secours, à cause du calme qui le prit. Enflé de ce succès, l'Aga continua encore plus de vingt jours de suite à affronter les deux Galeres que commandoient Fernand de Mendoze & Don George de Meneses, prenant si bien son tems à profiter du vent & du flot, que Don Alexis de Meneses ne pouvoit lui rien faire, & qu'il battoit à plaisir les deux Galeres sur lesquelles son artillerie avoit toûjours de l'avantage.

Siquéïra, qui se trouvoit là à l'étroit, & à qui cette petite guerre ne faisoit pas beaucoup

HHhh iij

d'honneur, fentant fon autorité peu refpectée depuis qu'on fçavoit qu'il avoit un fucceffeur, preffé d'ailleurs par le tems du départ des Vaiffeaux, qui devoient le ramener en Portugal, fe difpofa à partir pour Cochin, laiffant Henri de Menefes fon neveu pour commander dans le Fort de Chaül, & Fernand de Béja pour Général de la mer avec deux Galions, trois Galeres, une Fufte & un brigantin, avec quoi il étoit en état de tenir tête à l'Aga.

A peine le Général fe fut-il mis en mer que le vent lui manquant, il fe vit obligé de moüiller à une portée de canon de l'endroit où étoit Fernand de Béja avec fa petite Flotte. Le calme favorifant l'audace de Mahmud, il fut auffi-tôt aux mains avec Béja à la vûë du Général, à qui un vent de terre qui s'éleva, empêchoit de faire le moindre mouvement en faveur des fiens. Tout l'effort du combat tomba d'abord fur la Galere d'André de Sofa, qui fut extrémement maltraitée par le canon, jufques à ce que Don George de Menefes arriva à fon fecours, & fit retirer un peu les Fuftes de l'Aga, où il caufa quelque défordre. Fernand de Béja, qui étoit paffé de fon Galion fur la Galere de Fernand de Mendoça, étant furvenu avec trois Chaloupes bien armées & un efquif, les ennemis fe mirent en fuite malgré les efforts de l'Aga, qui fit ce qu'il put pour les retenir.

Mais la honte de cette fuite l'animant encore

davantage, il revint le lendemain avec plus de fureur. Et comme il n'avoit plus à faire qu'aux deux Galeres, parce qu'André avoit eu ordre d'aller se montrer au Gouverneur dans le mauvais équipage où les ennemis l'avoient mis, l'Aga eut plus d'avantage & le combat fut bien plus acharné que le jour précedent. L'Aga s'attacha à la Galere de Don George de Menefes, sur laquelle Fernand de Béja avoit passé. Béja combattant avec valeur, y fut tué entouré de ses gens, dont la plûpart étoient blessés : la Galere étoit criblée du feu continuel de l'ennemi. Don George de Menefes loin de s'en étonner ranimant le courage des siens, fit une si belle manœuvre, que les ennemis en perdirent cœur, & se retirerent les premiers, au grand étonnement de tout le peuple, qui de dessus le rivage étoit spectateur du combat. Don George tout fier de cette retraite moüilla, comme pour dire qu'il étoit maître du champ de bataille, & fit pavoiser sa Galere pour annoncer sa victoire. Mais dès le soir avec le Jusant, il alla rendre compte au Général des pertes qu'il avoit faites, & de l'affreuse situation où le canon ennemi avoit mis sa Galere, qui étoit entierement hors de service.

Béja fut très-regreté, & méritoit de l'être. Antoine de Correa fut laissé à sa place jusques à l'arrivée de Don Louis de Menefes, frere du nouveau Gouverneur général, qui avoit les pro-

Ann. de J. C. 1521.

Don Emmanuel Roi.

Diego Lopez de Siqueïra Gouverneur.

Ann. de J. C. 1521.
Don Emmanuel Roi.
Diego Lopez de Siqueïra Gouverneur.

visions de Général de la mer. Siquéïra étant ensuite parti pour Cochin, y trouva Don Edoüard de Meneses déja en possession de la Citadelle, & saisi du Gouvernement, sans autre formalité que de quelques démonstrations de politesse, qui ne signifioient rien. Après quoi Siquéïra partit avec les Navires de la cargaison pour retourner en Portugal, où l'on dit qu'il avoit envoyé déja beaucoup d'argent devant lui. On l'accusoit en effet, soit verité, soit envie, de ne s'être pas oublié, & d'avoir mieux fait ses affaires, que celles du Roi son maître.

Fin du septiéme Livre & du Tome premier.

TABLE
DES MATIERES

Contenuës dans le premier Tome.

A

Breu (Antoine d') se signale à la prise de Malaca, 420. y est blessé, *ibid*. envoyé aux Moluques par Alphonse d'Albuquerque, 430. revient à Malaca, 462. retourne dans l'Indostan, 472.

Abreu (Jean Gomes d') fait naufrage sur l'Isle de Madagascar où il étoit allé en compagnie de Tristan d'Acugna, 348.

Abyssinie, ou haute Ethiopie, 579.

Abyssin. Jeune Abyssin de qualité envoyé en Portugal en qualité d'Ambassadeur, avec l'Ambassadeur Matthieu par l'Imperatrice Helene, 581.

Abyssin (Seigneur Abyssin) établi à Sofala, s'attache à Pierre d'Agnaïa, lui découvre la trahison des Maures, 248. se jette dans le fort des Portugais, & leur rend service, 249.

Achen, Royaume de l'Isle de Sumatra. Roi d'Achen allié des Portugais, profite de l'affliction de Malaca, & donne des sujets de mécontentement, 570.

Acosta (Alphonse Lopes d') Gouverneur de Malaca, 549. y tombe malade, remet le Gouvernement à Garcie de Sà, & revient à Cochin où il meurt, 570.

Acosta (Soeïro d') l'un des Découvreurs de l'Infant, 18.

Acugna (George d') commande quelques chaloupes dans une action à Goa, 391. met en fuite plusieurs paraos ennemis, 392.

Acugna (Gomes d') fait alliance avec le Roi de Pégu, & conduit quelques joncs pleins de vivres à Malaca, 467.

Acugna (Manuel fils de Tristan) fait Chevalier par Alphonse d'Albuquerque pour s'être distingué à la prise de Goa, 405. sa témerité dans une sortie contre Pulatecan, 434. sa mort, 438.

Acugna (Nugno fils de Tristan) se signale à l'attaque de Panane, 266. accompagne son pere à Rome dans son Ambassade, 524.

Acugna (Pierre Vaz surnommé Bisagu) reconduit Bémoïn dans ses Etats, & le poignarde, 44.

Acugna (Tristan d') part pour les Indes avec une flote, 253. découvre quelques Isles, & leur donne son nom, 254. reconnoît l'Isle de Madagascar où de saint Laurent avec peu de succès, *ibid*. fait la guerre en faveur du Roi de Melinde aux Rois d'Hoya & de Lamo, 255. saccage la ville de Brava, *ibid*. tente inutilement la ville de Magadaxo, 258. aborde à Socotora, 259. défait les Fartaques, & se rend maître de l'Isle, *ibid*. accelere la paix de Cananor, 238. accompagne le Viceroi Don François d'Alméïda à l'entreprise de Panane, 265. retourne en Portugal, *ibid*. son Ambassade magnifique à Rome, 524.

Adam (Pic d'Adam.) Montagne de l'Isle de Ceïlan. Tradition du pays sur ce sujet, 558.

Aden, sa description. Tentée inutilement par Alphonse d'Albuquerque, 486. par Raix Soliman, 531. Par Lopes Soarez d'Albergatia, 538.

Afrique, si les anciens en ont fait le tour, 2.

Agacin, un des Gués ou passages pour entrer dans l'Isle de Goa, 378.

Agnaïa (Pierre d') Gouverneur de Sofala y bâtit un fort, & fait alliance avec le Cheq, 245. s'y défend contre les Maures & les Cafres, *ibid. & suiv*. sa mort, 251.

Agnaïa (François fils de Pierre) perd deux vaisseaux, & est mis en prison par le facteur de Quiloa, 247. faute qu'il faite par imprudence dans le combat donné par Laurent d'Alméïda contre l'Emir Hocem, 306.

Aiguade de la bonne paix, 80. de saint Blaise, 79. de Saldagne, 327.

Aladin, fils de Mahmud Roi de Malaca, conseille la guerre contre les Portugais, 412. défend la ville contre eux, 416. se retire avec Mahmud après la prise de la ville, 422. flaté de l'espoir de reprendre Malaca par Utemutis, 431.

Aguiar, (George d') nommé par la Cour au Gouvernement du district de la mer Rouge, 342. son naufrage, 345.

Aguiar (Pierre Alphonse d')

DES MATIERES.

Capitaine Lieutenant de la flote du Maréchal, perd deux pieces de campagne à l'affaire de Calicut, 344. est dépoüillé de presque toute sa flote par Alphonse d'Albuquerque, *ibid.*

Albergaria (Lope Soarez d') succede à Alphonse d'Albuquerque dans le Gouvernement, 515. renverse tous les projets de son prédécesseur, & persecute toutes ses créatures, 526. part pour la mer Rouge avec une flote, 533. se présente devant Aden, & manque l'occasion de s'en rendre le maître par une confiance indigne d'un homme en place, 535. entre dans la mer Rouge, & perd quelques vaisseaux, *ibid.* aborde à Gidda, & n'ose l'attaquer, 536. éprouve de nouvelles disgraces à l'Isle de Camaran où il détruit la Citadelle que les Turcs y avoient commencée au lieu de la finir, *ibid.* tombe sur Zeïla, & venge l'insulte qu'elle lui fait, 537. revient devant Aden, & connoît la faute qu'il avoit faite de ne pas la prendre d'abord, 538. va à Ormus, & de là retourne aux Indes, 539. sa conduite à l'égard de Fernand d'Alcaçova, envoyé pour être Intendant des finances, 548. fait diverses expéditions pour divers endroits, 549. passe à l'Isle de Ceïlan, y bâtit une Forteresse, & punit le Roi de Columbo de sa legéreté en le faisant tributaire, 559. rétourne en Portugal, 560.

Albuquerque (Alphonse d') surnommé le grand, conduit une escadre aux Indes, avec Don François son cousin, 163. construit la Forteresse de Cochin, 165. ses exploits sur les terres des ennemis du Roi de Cochin, 167. établit une factorerie à Coulan, 169. revient en Portugal, & est bien reçû du Roi, 171. retourne aux Indes avec Tristan d'Acugna, 254. se signale à la prise de Brava, 256. à celle du fort de Socotora, 262. entrepend de conquérir le Royaume d'Ormus, 269. prend plusieurs places sur sa route, 271. bat la ville d'Ormus, & force le Roi à se rendre tributaire, 275. commence à y bâtir une Citadelle, 281. artifices de Coje-Atar pour lui débaucher ses Officiers, 283. soulevement d'Ormus contre lui, 287. bat de nouveau la ville, & se réduit à l'affamer, *ibid.* est abandonné de ses Officiers, & forcé de se retirer à Socotora, après quelques exploits, 291. est nommé Gouverneur des Indes pour succeder à Alméïda, 314. se rend dans l'Indoſtan, 315. ſe préſente devant Ormus inutilement, *ibid.* eſt mal reçu du Viceroi, 317. eſt envoyé priſonnier à Cananor, 326. délivré par le Maréchal Don François Coutinho, & réconnu Gouverneur, 326. Entrepriſe malheureuſe de Calicut, & ſa conduite envers le Maréchal qui y fut tué, 329. Avantages qu'il en retire, 341. ſa conduite envers Pierre Alphonſe d'Aguïar & Lemos, *ibid.* ſes projets, 358. entreprend de ſe rendre maître de Goa, 361. eſt reçu dans la ville par les habitans, 372. eſt obligé d'en ſortir par les factions des ſiens, 386. hyverne dans la rade, 387. deſcription de cet hyvernement, *ibid.* revient à Cochin, & appaiſe les troubles au ſujet de la ſucceſſion de cet Etat, 400. rétourne ſur Goa, & s'en rend le maître, 401. ſa conduite à l'égard de Diego Mendes de Vaſconcellos, 408. ſon entrepriſe ſur Malaca, 409. la prend, & y bâtit deux Fortereſſes, 411. ordre qu'il y établit, 425. envoye des Ambaſſadeurs aux Princes voiſins, & Antoine d'Abreu aux Moluques, 429. fait couper la tête à Utemutis, &c. 432. revient dans l'Indoſtan, 434. ſon naufrage, 447. arrive à Cochin, & y rémedie aux déſordres, 449. revient à Goa, 473. aſſiége Roſtomocan dans Benaſtarin, & le force à capituler, 474. punition qu'il fait des Portugais rénegats, 479. reçoit pluſieurs Ambaſſadeurs, & ſa maniere de traiter avec eux, 482. ſon entrepriſe ſur Aden, 483. y échouë, 487. entre dans la mer Rouge, 491. revient ſur Aden avec le même ſuccès, & pourquoi, *ibid.* touche à Diu, 492. efforts de ſes envieux contre lui, 494. concilie le Zamorin & les Rois de Cochin & de Cananor, 497. paſſe à Ormus, & s'en rend le maître, 507. tombe malade, & repart pour l'Indoſtan, 515. nouvelles déſagréables qu'il apprend en chemin, 516. ſa mort, 517. origine de ſa maiſon, 518. ſon Portrait, *ibid.*

Albuquerque (Blaiſe, & enſuite nommé Alphonſe) fils naturel d'Alphonſe d'Albuquerque, écrit les Commentaires de ſon pere, 521.

Albuquerque (François d') conduit une flote aux Indes, 162. ſa généroſité envers le Roi de Cochin, 163. rétablit ce Prince dans ſes Etats, 164. ravage les terres de ſes ennemis, *ibid.* obtient l'agrément de bâtir une Fortereſſe à Cochin, 165. ſoûtient l'injuſtice du Facteur de Cochin, 170. aban-

DES MATIERES.

donne le Roi de Cochin pour retourner en Portugal, 171. son naufrage, 172. Vaisseaux envoyés pour le chercher, 251.
Albuquerque (George d') passe aux Indes, 451. est envoyé Gouverneur à Malaca, 502. dépossede Ninachetu, & met le Roi de Campar à sa place, *ibid*. fait couper la tête au Roi de Campar, 505. revient une seconde fois de Portugal aux Indes avec des provisions pour être une seconde fois Gouverneur de Malaca, 573. fait un voyage malheureux, *ibid*. reçoit des ordres de Siquéïra qu'il ne peut exécuter, 574. entreprend mal à propos d'enlever le Gouverneur de Calajate, & est battu, 575. va prendre possession de son Gouvernement de Malaca, & conduit l'héritier du Royaume de Pacen, 591. le retablit par la défaite de Sultan Zeïnal, *ibid*. mauvais succès de son entréprise sur l'Isle de Bintan, 596.
Albuquerque (Pierre fils de George d') passe aux Indes dans la flote de George de Mello Peréïra, 451. accompagne Alphonse d'Albuquerque à l'entreprise d'Aden; fait Gouverneur d'Ormus, 514. 484.
Albuquerque (Vincent) passe aux Indes dans la flote de George de Mello Peréïra,

451. Alphonse d'Albuquerque monte son vaisseau, & y tient conseil de guerre avant la seconde entreprise sur Ormus, 507.
Alexandre VI. détermine par une ligne imaginaire le partage du nouveau Monde entre les Couronnes de Castille & de Portugal, 69. écrit aux Rois de Castille & de Portugal, au sujet des Lettres du Caliphe, 298.
Alle-Can, Corsaire aux Maldives, 555.
Almade (Antoine d') 391.
Almadies, espece de petits bateaux, 80.
Alméida (Don François) Viceroi des Indes, part pour les Indes, 205. prérogatives de son Etat, *ibid*. établit un Roi à Quiloa, qu'il fait tributaire de Portugal, 241. y bâtit un fort, *ibid*. brule la ville de Mombaze, 242. bâtit une Forteresse à Anchedive, 207. traite avec le Roi d'Onor par l'entremise de Timoja, 212. son entrevuë avec le Roi de Cananor, 212. est recherché par le Roi de Narsingue, 213. va à Cochin, & y établit un Roi sous la protection du Roi de Portugal, 215. envoye Nugnes Vaz Peréïra Gouverneur à Sofala, 251. brule les vaisseaux Maures à Panane, 265. sa douleur sur la mort de son fils, 312. vengeance qu'il en prend, 320.

sa cruauté après sa victoire, 325. & à Dabul, 319. sa conduite envers Albuquerque, 317. 325. retourne en Portugal, 327. sa fin tragique, *ibid.*

Alméida (Don Laurent fils de Don François) se distingue dans l'attaque de Mombaze, 243. venge sur la ville de Coulan l'insulte faite aux Portugais, 220. bat la flote du Zamorin, 223. faute qu'il fait à Dabul, 230. est mis au Conseil de guerre, & se justifie, *ibid.* se distingue à l'entreprise de Panane, 266. Découvre l'Isle de Ceïlan, & en prend possession, est attaqué à Chaül par les flotes de l'Emir Hocem, & de Mélic Jaz, 302. combat, 304. fautes qu'il fait, 306. sa mort, 310.

Alphonse (Don) Prince, & ensuite Roi de Congo, son Baptême, 60. son zéle pour la Religion, 62. persécution qu'il souffre à cette occasion, *ibid.* sa victoire contre son frere, 64. sa constance à maintenir la Religion jusques à sa mort, 66. envoïe son fils & plusieurs jeunes Seigneurs en Portugal, 524.

Alphonse V. Roi de Portugal. Concession qu'il fait à l'Infant Don Henri, 14. troubles qui suivirent sa minorité, 27. fait battre une monnoye appellée Cruzade, 23.

établit un Comptoir aux Isles d'Arguin, 27.

Alpoëm (Pierre d') commandant le vaisseau *la Trinité*, sauve Alphonse d'Albuquerque après son naufrage, 448.

Alvarenga (Lope Soarez) envoyé aux Indes avec une flote, 195. fait des propositions trop fiéres au Zamorin, 196. canone la ville de Calicut, *ibid.* sa victoire contre les Malabares à Cranganor, 198. autre victoire à Pandarane, 201. retourne en Portugal, & y est bien reçu, 203.

Alvares (le Pere) Religieux Dominiquain, Confesseur du Roi Jean II. envoyé avec Bémoin au pais des Jalophes, 44.

Alvin (Jean Lopez d') se distingue dans le combat livré à Paté Onus, 470. succede à Fernand Perez d'Andrade dans le Généralat de la mer à Malaca, 473.

Amaral (André d') Bailli de l'Ordre de saint Jean de Jerusalem défait deux flotes du Calyphe dans la Méditerranée, 299. 530.

Ambarages, appellés les Esclaves du Roi, forcés de travailler aux fortifications de Malaca, 427. réduits à l'état de vrais Esclaves, 545.

Amerique, par qui découverte, 7. 66. 123. 137.

Amirjam (l'Emir) Gouverneur

DES MATIERES.

d'Aden se défend contre Alphonse d'Albuquerque, & l'oblige à se retirer, 486. 491. contre Raix Soliman, 531. contre Lope Soarez d'Albergaria, 534. avantage qu'il tire de la faute de ce Général, 538.

Anchedives (Isles) & pourquoi ainsi nommées, 116. fort bâti dans ces Isles par D. François d'Alméïda, 206. donne de la jalousie aux Princes voisins, 207. Insulté par les troupes du Zabaïe, 227. détruit & rasé par les Portugais, *ibid.*

Anconin (Mahomet) donné en otage à Vasco de Gama, 140. est établi Roi à Quiloa par Don François d'Alméïda, 241. sa grandeur d'ame, *ibid.* sagesse de son Gouvernement & sa mort tragique, 251.

Ancostan, Gouverneur de Ponda pour l'Idalcan, donne asile à Fernand Caldëïra, 541. coupe la tête à son assassin, 541. se défend avec succès contre l'attaque imprevuë des Portugais, *ibid.* conseille à l'Idalcan de venger cette infraction en reprenant Goa, 543.

Andrade (Fernand Perez) se signale dans un combat devant Cananor, 226. fait périr un vaisseau par son obstination à vouloir sortir de la barre de Goa, 387. belle action qu'il fait au siége de Goa, 393.

se souleve contre Albuquerque, & est mis aux arrêts, 395. est blessé à la prise de Goa, 405. chasse Mahmud de son poste du fleuve Müar, 428. fait Général de la mer par Albuquerque dans le district de Malaca, 434. son expédition contre Patequitir, 455. & *suiv.* son combat contre Laczamana Amiral de la flote de Mahmud, 458. prend un jonc, & court danger de la vie pour avoir donné trop de liberté aux prisonniers, 460. acheve de défaire Patequitir, 462. son combat & sa belle victoire contre Paté Onus, 464. & *suiv.* retourne dans l'Indostan, 472. revient de Portugal dans les Indes, secourt la ville de Malaca, 550. va à la Chine, & y conduit un Ambassadeur de Portugal, 564. sagesse de sa conduite à Canton, & dans les ports de la Chine, 565. retourne en Portugal, & est bien reçu du Roi, *ibid.*

Andrade (Simon d') se signale sous les ordres d'Edoüard Pacheco contre le Zamorin, 193. sur mer davant Cananor, 226. à Calicut, 337. à la prise du fort de Pangin, 370. belle action au siége de Goa, 392. se souleve contre Albuquerque, au sujet de Ruy Diaz, & est mis aux arrêts, 395. est blessé à la prise de Goa, 405. entre le premier dans les rétranchemens au siége de Malaca, 416. chasse Mahmud de son poste au fleuve Müar, 428. conduit aux Maldives par le Pilote d'un vaisseau qu'il amarinoit. Maltraité, & renvoyé à Cochin, 449. va à la Chine, & en passant à Malaca n'y laisse aucun secours, 567. détruit à la Chine tout le bien que son frere y avoit fait, 363.

Anés (Gilles) l'un des *Decouvreurs* de l'Infant double le cap Bojador, 11.

Anés (Rodrigue) l'un des *Découvreurs* de l'Infant, 18.

Aravio (Ruy d') attaché aux intérêts d'Alphonse d'Albuquerque, est envoyé en exil à Malaca dans la flote de Diego Lopez de Siquéira par Don François d'Alméida, 413. est fait facteur à Malaca, 351. est retenu prisonnier en consequence de la trahison faite à Siquéira, 357. est fait facteur à Malaca, 434. sa mort, 458.

Arbre triste de jour, sa description, 349.

Arguin (Isles) par qui découvertes, 18. leur commerce, 23. Comptoir établi dans ces Isles par Alphonse V. 27. fort bâti à Arguin, 31.

Arguin, Roi d'Arguin vassal de Mahmud Roi de Malaca conduit ses troupes contre les Portugais.

Arquico, ville de l'Ethiopie & port sur la mer Rouge, 577. joye du Gouverneur & des habitans d'Arquico à la veuë de la flote Portugaise, 579.

Ataïde (Pierre d') commande les vaisseaux de l'escadre de Vincent de Soldre après la mort de Vincent, 163. se brise sur la côte de la haute Ethiopie où il fait naufrage, 172.

Atar (Coje-Atar) Ministre du Roi d'Ormus, attaque la flote d'Alphonse d'Albuquerque dans le port, 275. est battu, 276. fait la paix avec lui, & soumet le Royaume d'Ormus à celui de Portugal, 279. en a honte, & s'en repent, 282. Débauche les gens d'Albuquerque, *ibid.* se souleve contre lui, & l'attaque de nouveau, 286. Profite des divisions du Viceroi & d'Albuquerque, pour faire sa paix avec le premier, 315. se sert avec avantage des Lettres qu'il en a reçuës pour éloigner Albuquerque lorsqu'il se présente à Ormus pour la seconde fois, *ibid.* s'engage à Lemos de continuer à payer le tribut, & lui refuse tout le reste, 345. reçoit bien un Ambassadeur qu'Albuquerque envoyoit au Roi de Perse, & le fait empoisonner secretement, 365. sa mort, 508.

Attollons, ce que c'est, 552.

Augin (le Pas de) l'un des passages

DES MATIERES.

passages pour entrer dans l'Isle de Goa, 380.

Aveïro (Jean) Notice qu'il donne des Etats du Prêtre-Jean, 46.

Avis donné à Siquéïra par une hôtesse Persanne de la trahison qui se tramoit contre lui à Malaca, 353.

Auru, Royaume de l'Isle de Sumatra, 447.

Azambuïe (Don Diegue d') bâtit la Forteresse de S. George de la Mine, 32. *& suiv.* son discours & son traité avec Caramansa, *ibid.*

Azevedo, Antoine de Miranda d') envoyé en Ambassade au Roi de Siam par Alphonse d'Albuquerque, 430.

Azevedo (Antoine d') sa mort, 458.

Azevedo (Fernand Lopes) Ambassadeur de l'Infant Don Henri à Rome, 14. Graces qu'il obtient du souverain Pontife, 16.

B

Abel Mandel, nom du détroit de la Méque ou des Gorges de la mer Rouge, 360. 489.

Baharen (Isle du Golphe Persique) Perles de Baharen, 607. enlevée au Roi d'Ormus par Mocrin, *ibid.* reprise par Antoine Correa, 610.

Bahars, mesure des Indes, 351.

Ballattes ou Ambarages, appellés les Esclaves du Roi, forcés au travail par Alphonse d'Albuquerque, 427. reduits à l'état de vrais Esclaves par George de Britto, 545.

Bardes (Fort de Bardes) fortifié par le Sabaïe, 369. emporté par Timoja, 370. retabli par Albuquerque, 373.

Baretto (Manuel Telles) laissé par Alvarenga avec quatre vaisseaux à la garde de Cochin, 201.

Baretto, (Pierre) se distingue à l'action de Panane, 267. & à celle où Laurent d'Alméïda fut tué, 304.

Barnagais (Prince Abyssin & Roi de Tigre Mahon) s'abouche avec le Gouverneur Diego Lopes de Siquéïra, & reçoit l'Ambassadeur Roderic de Lima, & l'Ambassadeur Matthieu, 585.

Barthema (Louis) nom supposé d'un Seigneur Romain de la maison de Patrizzi. Ses voyages, 222. avis qu'il donne au Viceroi D. François d'Alméïda, & ce qui en arriva, *ibid.*

Baticala, ville du Malabar au Roi de Narsingue, 214. Les Portugais souhaittent inutilement d'y bâtir une Forteresse, 374.

Beduins, Arabes commercent avec Vincent de Soldre, avis qu'ils lui donnent, 157.

Beja (Fernand de) sauve la vie

à Alphonſe d'Albuquerque, 339. ſe ſignale au ſiége de Goa, 391. eſt envoyé par Albuquerque pour détruire le fort de Socotora, 406. arrive à Goa, & y porte du ſecours, *ibid.* eſt fait Général de la mer dans l'Indoſtan par Alphonſe d'Albuquerque, 453. ordres qu'il reçoit du Gouverneur Diego Lopes de Siquëïra, 607. déclare la guerre au Roi de Cambaie, 611. eſt attaqué par Aga-Mahmud à la veuë de Chaül, 614. ſa mort, 615.

Belem ou *Bethlehem*, hermitage bâti par l'Infant Don Henri près de Liſbonne, 75. changé en Monaſtere & Egliſe magnifique par le Roi Don Manuel, 118.

Belle action, d'un Page & d'un Matelot du vaiſſeau de Laurent d'Alméïda, lorſqu'il fut tué, 310.

Bemoïn, Prince des Jalophes s'allie avec les Portugais, 38. en eſt abandonné, 39. battu & chaſſé par les ſiens, ſe refugie aux Iſles d'Arguin, & paſſe en Portugal, 39. eſt bien reçu du Roi, 40. ſe fait baptiſer, 42. eſt fait Chevalier, *ibid.* retourne en Afrique, 44. ſa fin tragique, *ibid.*

Benaſtarin, (Gué ou Pas de) pour entrer dans l'Iſle de Goa, 378.

Benaſtarin, paſſage de Benaſtarin fortifié deux fois par Pulatecan, 382. 439. par Roſtomocan 440. emporté par Alphonſe d'Albuquerque, 478.

Bendara (nom du premier Officier du Royaume de Malaca pour les Indiens Malais) 352. Le Bendara oncle du Roi Mahmud favoriſe les Portugais, leur devient contraire par la faction des Maures, 352. tâche de les ſurprendre, & de les faire périr, *ibid.* cherche à ſe juſtifier ayant manqué ſon coup, 357. forme une conſpiration contre Mahmud qui lui fait couper la tête, 410.

Berredo, (François Peréïra) ſa belle action pour porter des vivres à Goa, 445.

Betancour (Jean) Roi des Canaries repaſſe en France, & y meurt, 21.

Betancour (Menaut ou Maſſiot) traite pour les Canaries avec l'Infant Don Henri, 21.

Bezeguiche, pays ſur la côte d'Afrique Occidentale, traité fait avec le Seigneur du lieu, & par qui, 32.

Biſnaga. *Voyez* Narſingue.

Blanc (Cap Blanc) par qui découvert, 14.

Bojador (Cap Bojador) pourquoi ainſi nommé, 9.

Borba (Jean de) fait naufrage ſur la côte d'Achen, eſt traité du Roi fort gracieuſement, ſa perfidie envers ce

DES MATIERES.

Prince, & conseil qu'il donne à George de Britto, 592.
Borbora, ville de la côte d'Adel, 538. ruinée par Antoine de Saldagne, 549.
Botello (George) se signale contre Patequitir, dont il force les retranchemens, 456. contre Laczamana, 458. & dans le combat contre Paté Onus, 466. & *suiv*. délivre le Roi de Campar, & le conduit à Malaca, 502.
Brachmanes, leur origine, leurs mœurs & coûtumes, 98. leurs Dieux, *ibid*. vestiges de la vraye Religion dans leur Idolâtrie, 99.
Brachmane, perfidie d'un Brachmane pour perdre Vasco de Gama, 147. punie de mort, 148. perfidie d'un autre Brachmane à l'égard du Prince héritier de Cochin, 187.
Brama, Dieu des Indiens, 98.
Braquemont, (Robin de) Amiral de France obtient du Roi de Castille les Canaries à titre de Royaume pour Jean de Betancour son parent, 21.
Brava (Republique sur la côte de Zanguebar) faite tributaire du Portugal par quelques particuliers, 241. venge l'indignité de cette action, 255. se défend contre les Portugais qui la ruinent, 255.
Bresil, par qui découvert, 123.
Bresiliens, leurs mœurs & coûtumes, *ibid*.
Britto (Antoine de) succede à son frere George, 595. se trouve à l'expédition malheureuse de George d'Albuquerque sur l'Isle de Bintam, 596. suit sa route pour les Moluques, *ibid*.
Britto (Christophle) commande un vaisseau de la flote de Don Garcie de Norogna, & fait un voyage très-prompt, 451.
Britto (George de) envoyé à Malaca, 453. succede à George d'Albuquerque dans le Gouvernement de Malaca, s'y prend mal, & ne peut corriger ce mauvais début, sa mort, *ibid*. 544.
Britto (George de) passe dans les Indes avec une escadre de neuf vaisseaux, 592. est envoyé aux Moluques, *ibid*. entreprend d'attaquer une Pagode au voisinage d'Achen, 593. y est tué, *ibid*.
Britto (Lopes de) succede à Jean de Sylveïra dans le Gouvernement de la Forteresse de l'Isle de Ceïlan, 596. entreprend de l'aggrandir, *ibid*. difficultés qu'il y trouve, 597. fait une irruption dans la ville de Columbo, *ibid*. est battu par les Insulaires, 598. les bat à son tour, 599.
Britto (Ruy de Brito Patalin)

TABLE

Gouverneur de Goa, 434. se fortifie contre Patequitir, 455. prétend commander la flote contre Paté Onus, 466. ses démêlés avec Fernand Perez d'Andrade à ce sujet, le met aux arrêts, & le délivre, *ibid.* est prié par les Officiers de rester dans la place, 467. fait travailler au pont de la ville, *ibid.* envoye des munitions à la flote, 469. relevé par George d'Albuquerque, 502.

C

Cabis, Animal du Royaume de Siam. Effets prodigieux de ses ossemens pour étancher le sang, 411.
Cabral (Pierre Alvarez) commande une flote destinée pour les Indes, 120. honneurs qu'il reçoit du Roi avant son départ, 122. découvre la terre du Bresil, & en prend possession, 123. essuye une furieuse tempête, 126. arrive à Mozambique, & ensuite aux Indes, 126. obtient audience du Zamorin, & établit une factorerie à Calicut, 128. révolution arrivée à Calicut, & par qui causée, 129. vengeance qu'il prend du Zamorin, 131. son traité avec les Rois de Cananor, de Coulan & de Cochin, 133. retourne en Portugal, 134.
Cadamoste (Alvise) l'un des Decouvreurs de l'Infant Don Henri, 23.
Cafre (Prince Cafre) appellé par Isuph pour combattre les Portugais, se venge de sa défaite sur Isuph & les siens, 250.
Cagliao (Notre-Dame de) Eglise bâtie dans l'Isle Madere, 14.
Caïmales (Caste des Indiens Nobles titrés) 101.
Caïre, matiere dont ont fait les cordages, 553.
Calajate, ville du Royaume d'Ormus trompe Alphonse d'Albuquerque, 271. en est punie par le même, 315.
Calaluzes (espece de bateaux) 551.
Caldeïra (Fernand) créature d'Alphonse d'Albuquerque est envoyé en Portugal chargé de fers, 539. se justifie, & est renvoyé dans les Indes, *ibid.* ses démêlés avec Don Guttieres de Montroi, *ibid.* se retire à Ponda, 540. est assassiné par ordre de Montroi, *ibid.*
Calicut (Capitale du Malabar) premiere terre des Indes découverte par Vasco de Gama, 95. sa description, 104. insultée par Pierre Alvares Cabral, 131. par Vasco de Gama, 143. par Lope Soarez d'Alvarenga, 196. par le Maréchal D. François Coutinho, & par Alphonse d'Albuquerque, 329. Citadelle

bâtie à Calicut par Alphonse d'Albuquerque, 497.

Camaran, Isle de la mer Rouge. Raix Soliman y commence une Citadelle, 532. les Portugais la détruisent, 537.

Cambalam (Caimale de) allié du Zamorin. Ses terres ravagées par les Albuquerques, 167. Gué de Cambalam, 176.

Cambaïe, Royaume de l'Indostan, 97.

Campar (Roi de) gendre de Mahmud Roi de Malaca s'affectionne aux Portugais 501. assiégé par le Roi de Linda, est délivré par George Botello, 502. est fait Bendara de Malaca, 503. est fait mourir sur de faux soupçons, 504.

Campson, Calyphe ou Soudan d'Egypte. Ses inquiétudes sur l'Etablissement des Portugais dans les Indes, 296. sa politique pour l'empêcher, & sa Lettre au Pape, *ibid.* sa flote battuë deux fois dans la Mediterranée par le Bailli Amaral, 299. 530. envoye deux flotes aux Indes avec un malheureux succès, 300. 530. est défait par Selim Empereur des Turcs, & perd la vie dans la bataille, 532.

Cananor, ville & Royaume de l'Indostan. Roi de Cananor recherche l'alliance des Portugais, traite avec Pierre Alvares Cabral, & envoye un Ambassadeur en Portugal, 133. traite de nouveau avec Vasco de Gama, 144. 151. nouveau Roi de Cananor contraire aux Portugais, & pourquoi, 228. siége de Cananor, 231. siége levé, 238. Princes de Cananor traîtres à leur Roi favorisent les Portugais assiégés, 232. *& suiv.*

Can (Diego) pénetre jusques au Zaïre, & découvre le Royaume de Congo, 53. détail de son expédition, *ibid. & suiv.*

Canaries, par qui découvertes, 19. occupées par Jean de Betancour à titre de Royaume, 20. cedées à l'Infant Don Henri, 21. & ensuite au Roi d'Espagne, 22.

Canonier, constance d'un maître canonier pris par Patequitir, qui aima mieux souffrir la mort que servir le canon contre ceux de sa Nation, 457.

Cannes de succre transportées dans l'Isle Madere, 23.

Canton, ville & port de la Chine, 565.

Cap des Courants, 80.

Caramansa, Prince Négre, accorde à Don Diegue d'Azambuïe la permission de bâtir le fort de saint George de la Mine, 33. *& suiv.*

Castel Blanco (Jean Gonçales de) sa hardiesse à passer sous le feu des batteries de la ville de Goa, 391.

TABLE

Castes des Indiens, & leur division, 100. & *suiv*.

Castro (Fernand de) conduit une colonie aux Canaries d'ordre de l'Infant Don Henri, 22.

Castro (George Baretto de) emporte le poste des puits de Torombac, 288.

Catife ou El Catif dans le Golphe Persique prise sur le Roi d'Ormus par Mocrin, Roi de Lasah, 607. reprise par Antoine Correa, 610.

Caxem (Roi de) maître de l'Isle de Socotora, y tient une garnison sous le Commandement de son fils Ibrahim, 260.

Ceilan, Isle de l'Océan des Indes, sa description, 557. partagée en neuf Royaumes, 558. fort bâti, 560.

Cerame (petit fortin de Calicut) emporté par Alphonse d'Albuquerque, 335.

Cemeri (Coje) faux ami des Portugais, sa trahison & ses suites, 130. & *suiv*.

Cerda (Louis de la) couronné Roi des Canaries dans Avignon, 20.

Cerda (Manuel de la) est fait Gouverneur de Goa, 453.

Ceribige (Général de Mahmud Roi de Malaca) forme un camp sur le fleuve Müar, 546.

Cerniche (Denis) Capitaine condamné à avoir la tête tranchée, obtient sa grace, 409.

Chanoca (Gaspard) envoyé en Ambassade auprès du Roi de Narsingue, 374.

Chatigan, port du Royaume de Bengala, 554.

Cheïra-Dineïro (Jean Gomes) établit une Factorerie aux Maldives, s'y comporte mal, & est massacré avec les siens, 562.

Chine, idée abregée de l'Empire de la Chine, 563. Portugais exclus de cet Empire, & pourquoi, *ibid*.

Chinois, Patrons de vaisseaux Chinois, service qu'ils rendent à Diego Lopes de Siqueïra à Malaca, 353.

Chinois, Patron de vaisseaux Chinois trouvés à Malaca par Alphonse d'Albuquerque, leur éloge, 564.

Chorcam, Paradis des Indiens, 99.

Chrétiens de saint Thomas, leur députation à Vasco de Gama, se mettent sous la protection du Portugal, 148.

Christianisme, son établissement dans le Royaume de Congo, 56.

Cid-Alle, Maure sert d'entremetteur pour la paix entre le Viceroi & Mélic Jaz, 325.

Cintacora, Place du Zabaïe, donne de la jalousie à la ville d'Onor. Conservée par la sagesse de son Gouverneur, 210. ruinée par Timoja, 367. retablie par Alphonse d'Al-

DES MATIERES.

buquerque, 373.

Clement VI. Pape couronne dans Avignon Louis de la Cerda Roi des Canaries, 20.

Cochin, ville, Isle & Royaume de l'Indostan, 132. attaquée par le Zamorin & prise, 161. ravagée par le même, 162. reprise par les Albuquerques 164. fort bâti à Cochin par les mêmes, 165.

Cocotiers & Cocos, leur usage, 553.

Cocotiers, qui naissent au fond de la mer aux Maldives, & leur fruit, 553.

Coello (Edoüard) envoyé à Siam, 549. est bien reçu par le Roi de Pam qui est fait vassal du Portugal, 550.

Coello (Gonsalve) son voyage au Bresil peu heureux, 137.

Coello (Nicolas) passe aux Indes avec Vasco de Gama à son premier voyage, 74. arrive à Lisbonne avant lui, 118

Coello (Nicolas) envoyé en Ambassade au Roi de Siam par Alphonse d'Albuquerque, 430.

Coje-Atar. Voyez Atar.

Coje Bequi, ami des Portugais, 129. consulté sur l'affaire de Calicut, 332.

Coje-Qui, conseil qu'il donne à Roderic Rabello, 437. *& suiv.* sa mort & son éloge, 441.

Colascar (Tuam) Maure de Malaca entre dans la conspiration de Maxelis, 500.

Colomb (Christophle) découvre les Isles de l'Amerique, 66. aborde à Lisbonne à son retour, 67. sa vanité, 68. danger qu'il y court, *ibid.*

Colombo, principal Royaume de l'Isle de Ceilan, 558. Roi de Colombo traite avec Lope Soares d'Albergaria, accorde ce qu'il demande, s'en repent, y est ensuite contraint & forcé de se rendre tributaire du Portugal, 558.

Commerce des Indes par le Levant. Comment il se faisoit avant la découverte des Portugais, & par qui, 294.

Comorin (Cap de) termine la presqu'Isle de l'Indostan, 104.

Concessions, faites à l'Infant Don Henri par les Rois de Portugal, 14. par les Papes, 16.

Conception (Isle de la) par qui découverte, 135.

Congo, sa découverte, 51. progrés de la foi dans ce Royaume, 56. révolution à ce sujet, 61.

Correa (André) facteur à Calicut, 129. sa mauvaise conduite & sa mort, *ibid. & suiv.*

Correa (Antoine) va au Royaume de Pegu, secours qu'il donne en passant à Malaca, sa bravoure, 567. poursuit sa route, & arrive au port de Martaban, 368. fait alliance avec le Roi de Pegu, *ibid.* supercherie de Correa dans le serment qu'il fait, 569.

s'en repent, *ibid.* retourne à Malaca avec de nouveaux secours de vivres, *ibid.* commande avec Mello un parti contre Mahmud qu'il chasse de son poste sur le fleuve Müar, 570.

Correa (Antoine) commande dans l'expédition faite contre Mocrin Roi de Lasah, reprend les Isles de Baharen & d'Elcatif, 610. est nommé pour tenir la place de Fernand de Beja, 615.

Correa (Arias frere d'Antoine) blessé dans l'action contre Mocrin, 609.

Correa (Diego) tué à l'affaire de l'attaque de Benastarin, 477.

Correa (Fernand) facteur à Cochin, son avarice cause la guerre, 169.

Cortereal (Gaspard) découvre l'Amérique vers le Nord, 137. y retourne, & périt avec Michel son frere à son second voyage, 138.

Corvinel (François) est fait facteur à Goa par Alphonse d'Albuquerque, 373.

Cories (petits bateaux) 382.

Covillan (Pierre) envoyé pour découvrir les Etats du Prêtre-Jean, 48. ses voyages, *ibid. & suiv.* envoye son Itineraire au Roi de Portugal, 50. arrive à la Cour d'Ethiopie, & y est accredité, *ibid.*

Coulan, ville & Royaume de l'Indostan, Roi de Coulan s'allie avec les Portugais, 133. renouvelle l'alliance avec Alphonse d'Albuquerque, 169. description de la ville de Coulan, *ibid.* alliance troublée par la faute du facteur Portugais, 220. sédition excitée à cette occasion, *ibid.* punie par Don Laurent d'Améïda, *ibid.*

Coutigno (Fernand) grand Maréchal de Portugal arrive aux Indes avec une flote, 326. délivre Alphonse d'Albuquerque de sa prison, & le fait reconnoître pour Gouverneur, *ibid.* travaille en vain à le reconcilier avec le Viceroi, 327. motifs de son voyage, 330. sa proposition à Alphonse d'Albuquerque, *ibid.* son entreprise sur Calicut, & sa mauvaise conduite, son emportement contre Albuquerque, sa mort, *ibid. & suiv.*

Coutinho (Laurent) sa lâcheté, 595.

Coutinho (Lionel) envoyé en qualité de trompette à Magadaxo 258. envoyé vers le Roi d'Onor, 361. sa mort, 388.

Coutinho (Louis) donne occasion au Patron de sa chaloupe de sauver les cinq Champions qui se signalerent au siége de Goa, 393.

Coutinho (vaz Fernand) blesse l'Elephant sur lequel étoit Mahmud Roi de Malaca, 437.

Coûtume,

DES MATIERES.

Coûtume établie en Portugal de faire rendre compte aux Gouverneurs, revenants des Indes, 548.
Cranganor, ville de l'Indostan, sa description. Brulée par Lope Soarez d'Alvarenga, 198.
Criminels, livrés aux Navigateurs pour tenter les découvertes, & être exposés sur les terres neuves, 88.
Croix plantées par les premiers Navigateurs, 31.
Croix (sainte Croix) premier nom de la terre du Bresil, 123.
Cruzades, monnoye faite par le Roi Don Alphonse V. du premier or apporté d'Afrique, & pourquoi ainsi appellée, 23.
Catüal, Ministre du Zamorin, reçoit Vasco de Gama, 106. devient contraire aux Portugais gagné par les Maures, 114. est donné en ôtage à Pierre Alvares Cabral, 128.
Cüama fleuve, 244.
Curiate, ville du Royaume d'Ormus saccagée par Alphonse d'Albuquerque, 271.
Cutial, Général du Zamorin, battu à Panane par le Viceroi & Tristan d'Acugna, 265.
Çufe-Condal (Mélic) trahit Albuquerque après la reddition de Goa, 381. puni, 383.
Çufe-Curgi (Mélic) commande les Rumes dans Goa après la mort du Sabaïe, 371. entreprend de défendre le fort de Pangin, y est blessé, & rentre dans la ville, 370. sort de Goa après la prise de la place, & se rend auprès de l'Idalcan, 371. commande un corps de deux mille hommes au pas de Gondalin, 382.
Çufolarin commande un corps de deux mille hommes pour l'Idalcan, & force le passage de Benastarin, 384. vient audevant de la petite flote d'Antoine de Norogna, & est battu, 391. se joint à Ancostan avec un renfort de troupes pour attaquer Goa, 544.

D

DAbul, ville de la dépendance de l'Idalcan, saccagée par le Viceroi Don François d'Alméïda. Témerité de son Gouverneur punie, 319. Cruauté que les Portugais y exercent passe en proverbe, ibid.
David, Empereur d'Ethiopie sous la tutele de sa mere Helene, 580.
Decan, Royaume de l'Indostan, 97.
Delli, Royaume de l'Inde, 97.
Devise de l'Infant Don Henri, 6.
Dévoués parmi les Indiens, 102. parmi les Maures, 265.
Diaz (Barthelemi) ses découvertes jusques au Cap de

Tome I. LLll

Bonne-Efperance, 51. Son naufrage & fa mort, 126.

Diaz (Ruy) convaincu d'intrigue amoureufe avec les filles Maures gardées par Alphonfe d'Albuquerque, eft condamné à être pendu, & exécuté malgré la fédition qui fe fit à ce fujet, 395.

Diu, Ifle & ville du Royaume de Cambaïe donnée à Mélic Jaz, & fortifiée par lui, 300. Efforts des Portugais pour y bâtir une Citadelle, 492. 601. Victoire remportée par Don François d'Alméida dans le port de Diu, 320. *& fuiv.*

Doüanes de Goa affermées au Roi de Vengapour, 481.

E

Doüard (Don) Roi de Portugal favorife l'Infant Don Henri fon frere. Conceffions qu'il lui fait, 13.

Eiras (Jean d') l'un des Champions qui fe fignalerent à Goa, fe noye par trop de précipitation, 393.

Eleonor, Reine de Congo, fon Baptême, 60. Son habileté pour fauver fon fils Don Alphonfe, 63.

Elephant, envoyé en Portugal, eft conduit à Rome au Pape à qui le Roi Don Emmanuel en faifoit préfent, 523.

Emmanuel ou Don Manuel Duc de Beja parvient à la Couronne, 71. Ses premiers foins pour continuer les découvertes, 72. fait partir Vafco de Gama 73. lui parle & à fes gens avec une efpece de folemnité, 74. Reception qu'il fait à Gama à fon retour, 118. Graces qu'il lui accorde, *ibid.* fait bâtir le Monaftere & la fuperbe Eglife de Notre-Dame de Belem ou Bethleem, *ibid.* Sa reconnoiffance envers l'Infant Don Henri fon grand oncle, 119. Nouveaux titres qu'il ajoûte aux fiens, 120. envoye une flote aux Indes fous les ordres de Pierre Alvares Cabral, 120. Cérémonie qu'il obferve en cette occafion, 122. envoye Jean de Nove aux Indes, & Gonfalve Coello au Bréfil, 134. fait partir une feconde fois l'Amirante Vafco de Gama pour les Indes avec une flote divifée en trois efcadres, 139. Reception qu'il fait à Gama à fon retour, 152. fait équiper trois petites flotes de trois vaiffeaux pour les Indes, 162. envoye aux Indes Lope Soarez d'Alvarenga, 195. expédie une nouvelle flote, & nomme un Viceroi pour les Indes. Honneurs qu'il lui attribuë, 205. Ordre qu'il donne pour le commerce de Sofala. Abrogé, 252. travaille à ruiner le commerce des Maures par la mer Rouge, 261. Etat qu'il fait des plaintes du Caliphe au Pape, & de ses menaces, 299. revoque Don François d'Alméida, & lui substituë Alphonse d'Albuquerque en qualité de Gouverneur, 326. Dessein qu'il forme de détruire Calicut. Envoye pour cet effet le Maréchal Don François Coutigno, 330. sepáre les Indes en trois Gouvernements, 342. fait partir George d'Agüiar pour la mer Rouge, & Diego Lopez de Siqueira pour Malaca, *ibid.* fait partir ensuite Diego Mendez de Vasconcellos pour Malaca, 398. un autre pour les Indes, & un troisiéme pour l'Isle de Madagascar, *ibid.* donne des ordres à Albuquerque d'aller se saisir d'Aden, & d'y bâtir une Citadelle, 406. envoye D. Garcie de Norogna au secours d'Albuquerque avec une puissante flote, 480. se laisse prevenir contre Albuquerque, 494. lui substituë Soarez d'Albergaria, 525. s'en repent, 521. Ordres renouvellés à Soarez d'aller à Aden, 533. Ambassade & presents magnifiques qu'il envoye à Rome, 523. dépêche une escadre avec un Ambassadeur à l'Empereur de la Chine, 564. une seconde à Malaca sous la conduite de George d'Albuquerque, envoye un autre Ambassadeur à l'Empereur d'Ethiopie, & renvoye celui qu'il avoit reçu de cette Cour, 382.

F

Fereira (Nicolas) Sicilien renegat envoyé en Portugal par le Roi d'Ormus en qualité d'Ambassadeur, 506. se convertit, *ibid.* persuade au Roi Emmanuel de se rendre maître d'Ormus, *ibid.* renvoyé aux Indes détermine le conseil de guerre à l'entreprise d'Ormus, plûtôt qu'à une nouvelle expédition sur Aden, 507.
Fereira (Pierre) Facteur à Quiloa, 251.
Fernandes [Emmanuel] Facteur à Sofala, coupe la tête au Cheq, 259.
Ferdinand le Catholique envoye des Ambassadeurs en Portugal pour soutenir les droits de la Castille, touchant les découvertes de Christophle Colomb, 68. Bon mot du Roi Jean second sur le caractere de ces Ambassadeurs, 69.
Fernand [Don] Prince de Portugal neveu de l'Infant Don Henri, & adopté par lui, donne ses soins à pousser les découvertes, 28.
Fernandes (Antoine) Portugais renegat, conduit une flote du Sabaïe pour tâcher d'enlever la Forteresse d'Anchedive, 227.

TABLE

Fernandes [Frederic] fait Chevalier par Alphonse d'Albuquerque pour être entré le premier dans la ville à l'attaque de Goa, 405.
Fernandes (Gaspar) sa mort, 595.
Fernandes (Ruy) envoyé par Siquéira Ambassadeur à la Cour de Cambaïe, 606.
Fernandes (Thomas) ingénieur rend un grand service au siége de Cananor, 233.
Fidalgo (Jean) commandé par Albuquerque à l'attaque d'Aden, 487.
Fleuve des Rois, 79.
Fleuve des bons Signaux, 81.
Forteresses bâties par les Portugais, aux Isles d'Arguin, 31. à saint George de la Mine, 36. à Mozambique, 83. à Cochin, 165. à Anchedive, 206. à Sofala, 246. à Ormus, 282. à Ceilan, 560. à Chaül, 614. à Coulan, 562.
François, les François sont les premiers qui ont découvert l'Amerique, ainsi que l'écrit Odoric Raynaldi dans ses Annales, 7.
Franguis, noms des Europeans aux Indes, 302.
Freyre (Bernardin) traite mal l'Ambassadeur Matthieu, est mis aux fers, & traduit dans les prisons de Lisbonne, 582.
Freïtas (Alvare de) l'un des *Découvreurs* de l'Infant, 18.
Fustigé (Isles du fustigé) pourquoi ainsi nommées, 85.

G

Galle, partie de l'Isle Ceïlan, 559.
Galvan (Edoüard) nommé Ambassadeur par le Roi de Portugal pour la Cour d'Ethiopie, 582. meurt dans l'Isle de Camaran. Son éloge, 583.
Galvan (George fils d'Edoüard) son naufrage vû en esprit par son pere mourant, 583.
Gama (Arias de) frere de l'Amirante commande un vaisseau de l'escadre de Don Garcie de Norogna, & fait un voyage très-prompt, 451.
Gama (Estevan) cousin de Vasco part avec lui pour les Indes commandant une escadre à son second voyage, 139.
Gama (Vasco de) commande la premiere flote que le Roi Don Emmanuel envoye aux Indes, 74. Pieté par laquelle il se dispose à ce voyage, 75. Sa route jusques au Cap de Bonne-Esperance, 76 & *suiv.* double ce fameux Cap, 78. touche à plusieurs endroits: à Mozambique, à Mombaze, à Melinde, 78. & *suiv.* Danger qu'il court à Mombaze, *ibid.* Traitement gracieux qu'il reçoit du Roi de Melinde, 90. & *suiv.* Notices qu'il acquiert pour perfectionner la Navigation, 91. arrive à Calicut,

95. Sa reception *ibid. & suiv.* voit ses esperances renversées, & pourquoi, 113. Dangers qu'il court à Anchedive où il se retire, 115. 209. Il s'en tire habilement, *ibid.* Son retour en Portugal, 116. Sa route, *ibid.* Sa pieté avant que d'entrer dans Lisbonne, 117. Honneurs & graces qu'il reçoit du Roi, 118. est fait Amiral des mers des Indes, *ibid.* Son second voyage aux Indes, 139. fait tributaire du Portugal Ibrahim Roi de Quiloa, 140. prend la Meris vaisseau du Calyphe : sa cruauté en cette occasion, 141. Sa cruauté envers les Indiens de Calicut, 143. Son traité avec les Rois de Cochin, & de Cananor, 144. Danger qu'il court de la part du Zamorin, 146. reçoit les Envoyés des Chrétiens de saint Thomas, 148. remporte quelques avantages sur le Zamorin, 147. retourne en Portugal, 152.

Gama (Paul de) frere de Vasco passe aux Indes avec lui à son premier voyage, 74. Son inquiétude au sujet de Vasco obligé de se présenter au Zamorin, 106. meurt aux Terceres, 117.

Gambea fleuve d'Afrique, 37.

Gate, nom des montagnes qui coupent tout l'Indostan, 378.

Guedez (Martin) envoyé à Malaca, 453. aborde le premier un jonc de la flote de Paté-Onus, 470.

Gines (Caste d'Indiens) Anciens possesseurs de la terre ferme de Goa. Excursion qu'ils font sur ces terres, 588. chassés par les Portugais, *ibid.*

Gelves, petits batimens plats, dont ont se sert dans la mer Rouge, 490.

Goa, ville du Malabar du Domaine du Sabaïe fortifiée par ce Prince, 367. se rend à Albuquerque, 371. entrée d'Albuquerque dans cette ville, 372. se souleve contre lui en faveur de l'Idalcan, 376. reprise par l'Idalcan, 384. Albuquerque s'en rend pour toûjours le maître, 402. assiégée de nouveau par Pulatecan dans l'absence d'Albuquerque, 434. ensuite par Rostomocan, 441. délivrée par les secours qui y arrivent dans la belle saison, 446. attaquée par Ancostan & Çufolarin est encore délivrée de la même maniere, 544.

Goa (vieux Goa) 475.

Godiz (François) commande une fuste à l'expédition de George de Britto, 594.

Goes (Gonsalve Vaz de) action atroce, par laquelle il cause la guerre de Cananor, 228. en est puni trop legerement, 231. Sa mort, 236.

Gomere (l'une des Canaries) trahison de quelques Portugais qui y abordent, 18.

Gomés (Fernand) obtient le commerce exclusif de la côte d'Afrique, 26. continue de pousser les découvertes, établit la poste de S. George de la Mine, prend le surnom de la Mine, services qu'il rend, & honneurs qu'il reçoit du Roi, 26.

Gomés (Jean) Facteur aux Maldives, y est massacré avec ses gens à cause de son imprudence, 562.

Gomez [Pierre] Président du Conseil des Indes, va visiter le Monastere de Jesus avec l'Ambassadeur Matthieu, 585.

Gomez [Ruy] envoyé par Albuquerque à Ismaël Roi de Perse est empoisonné par Coje-Atar, 375.

Gonçales [Antoine] découvre jusques au Cap Blanc, 14.

Gonçales [Gilles] Facteur de Cananor, faux avis qu'il donne à l'Amirante, 144.

Gondalin ou le pas sec, l'un des passages pour entrer dans l'Isle de Goa, 382.

Guadalajara Gentilhomme Castillan fait une belle sortie durant le siége de Cananor, 235.

Guardafu, Cap d'Afrique à l'entrée de la mer Rouge, 259.

Gupin [Mélic] l'un des favoris du Roi de Cambaïe jaloux de la faveur de Mélic Jaz, favorise le dessein qu'avoient les Portugais d'avoir une forteresse à Diu, 451. tombe dans la disgrace du Roi de Cambaïe par l'adresse de son rival, 498.

H

Amed (Raix) neveu de Nauradin, se rend maître à la Cour d'Ormus, ses mauvaises intentions, est assassiné par ordre d'Albuquerque, 508. & *suiv.*

Hamed, neveu de Mocrin Roi de Lasah, se saisit d'El-Catif, & en est dépossedé, 688. & *suiv.*

Helene mere de David Empereur d'Ethiopie envoye un Ambassadeur en Portugal avec un présent du bois de la vraye Croix, 580.

Sainte Helene [Isle de] par qui découverte, 137. par qui cultivée, 479.

Henri, Don Henri Infant de Portugal, Duc de Viseü, Grand-Maître de Christ, premier auteur des découvertes, 4. Sa naissance, 5. Sa devise, 6. est excité à entreprendre de nouvelles découvertes, *ibid.* Contradictions qu'il éprouve à ce sujet, 11. confirmé dans son dessein par les Rois de Portugal & par ses succès, 13. députe vers le Pape, 14. Graces qu'il en obtient, 14. applaudi pour ses succès, 17. encouragé par les Compagnies qui se formerent pour

DES MATIERES.

suivre ses projets, *ibid*. Suite des découvertes faites de son tems, 18. Ses soins pour les peupler & les continuer 22. devient maître des Canaries, y envoye, & les cede à la Couronne de Castille, 22. Ses chagrins domestiques, 27. adopte l'Infant D. Fernand son neveu, 28. Sa mort & son caractere, *ibid*.

Henri, Prince de Congo passe en Portugal & à Rome, 524.

Henri [le pere] Religieux de l'Ordre de saint François, Superieur des Missionnaires envoyés aux Indes avec Pierre Alvarés Cabral, fait un discours aux Brésiliens, 125. est fait depuis Evêque de Ceuta, *ibid*.

Hocem, fils de Mahomet Anconin, fait Roi de Quiloa, 252. deposé, 253.

Hocem [l'Émir] Général du Calyphe, conduit une flote de la mer Rouge dans les Indes, 300. aborde à Diu, *ibid*. joint ses forces à Mélic Jaz, 301. bat la flote Portugaise à Chaül, 303. est défait par le Viceroi à Diu, 320. se rend à la Cour de Cambaïe, 324. fait sa paix avec le Calyphe, 528. s'empare de Gidda, & la fortifie, 530. va à l'attaque d'Aden sous les ordres de Raix Soliman, 531. construit une forteresse dans l'Isle de Camaran, 532. se retire à Gidda sur la nouvelle de la mort du Calyphe, *ibid*. Division entre Soliman & lui suivie d'une fausse paix, 533. est noyé par ordre de Soliman, *ibid*.

Homme [Jean de l'] faute qu'il fait étant arrivé à Coulan, 219. Sa punition, 221.

Hoya [Roi de] tué en défendant sa ville, & sa ville saccagée, 259.

Hyver des Indes, & sa singularité, 104.

I

JAlophes, peuple de Guinée, 37.

Japara, ville & Royaume de l'Isle de Jave, 465.

Jave [grande & petite] Isles du détroit de la Sonde, 463. Description de la grande Jave & des mœurs de ses habitans, *ib*. Artifices des Javes quand ils sont pris sur mer, 465.

Jave, pris prisonnier par Mahmud Roi de Malaca qui lui enleva sa femme, cherche à se venger en prenant le parti des Portugais, force le camp de Miiar, & y est tué, 532.

Jaz [Mélic] Seigneur de Diu, sa naissance, son caractere, 300. se joint à Hocem pour aller combattre Laurent d'Alméïda, 301. détermine la victoire en faveur de l'Emir, 308. Sa politesse à l'égard du Viceroi sur la mort de son fils, 311. Sa politique après cette victoire, *ibid*. sa flote jointe à celle de l'Emir battuë devant Diu par

TABLE

Don François d'Alméïda, 320. fait sa paix avec lui, 325. amuse les Portugais,& élude tous leurs efforts pour bâtir une Citadelle à Diu, sentiment d'Alphonse d'Albuquerque sur sa politique, 492. Regret qu'il témoigne du rappel d'Albuquerque, 516. élude de nouveau les intrigues des Portugais pour s'établir à Diu sous Diego Lopes de Siqueïra, 601. Ses fustes font la course sur les Portugais, avantages qu'elles remportent, 611. & suiv.

Ibrahim [Roi de Quiloa] fait prisonnier & tributaire par Vasco de Gama, 140. Sa perfidie, 127. 241. déposé par D. François d'Alméïda, 241. rétabli sur son Trône, 253.

Idalcan, ou Adilcan, ou Sabaïe, Prince de Goa, sa jalousie contre le Roi d'Onor, & pourquoi, 209. tache de surprendre Vasco de Gama par le moyen d'un Juif Polonois, ibid. envoye une flote contre la Forteresse d'Anchedive conduite par un Portugais renegat. Sa mort, 365. Son caractere, 368.

Idalcan (fils du Sabaïe nommé Ibrahim) son embarras à se défendre contre ses sujets revoltés & les Princes voisins après la mort de son pere, 365. fait la paix avec ses ennemis, dès qu'il apprit la reddition de Goa, 375. envoye des troupes pour la reprendre, 378. s'en rend le maître, & y rentre, 384. tache de boucher le Canal de la riviere pour brûler la flote d'Albuquerque, 385. jette des propositions de paix pour amuser & fortifier le fort de Pangin, 387. envoye des vivres à Albuquerque avec un compliment fort poli, 388. admire la valeur des freres d'Andrade & leur envoye faire compliment, 393. se voit dans la nécessité de quitter Goa, à l'occasion de la guerre que lui fait le Roi de Narsingue, 397. perd pour toûjours Goa qui lui est enlevée par Albuquerque, 402. envoye de nouveau Pulatecan pour prendre Goa dans l'absence du Général, 434. Le Roi de Narsingue lui fait la guerre, & pourquoi. Suite de cette guerre, 586. les Gines se soulevent contre lui, 588.

Jean (Roi de Congo) reçoit le Baptême, 60. Son inconstance, 61. persecute son fils calomnié par les ennemis de la Religion, 62.

Jean II. Roi de Portugal, son zéle pour la découverte du nouveau Monde, 30. en prend possession par les poteaux qu'il fait planter, 31. ajoûte à ses titres ceux de Roi de Guinée & côte d'Afrique, ibid. fait construire les forts d'Arguin & de saint George de la Mine, 32. reçoit

DES MATIERES.

çoit le Prince Bémoin dans ses Etats, & le renvoye honorablement, 39. & suiv. Son activité pour découvrir les terres du Prêtre-Jean, mesures qu'il prend pour cela, 45. Notices qu'il en a, 46. envoye une flote & des Missionnaires au Congo, 54. est piqué de la vanité de Christophle Colomb, 68. Sa mort, 70.

Indes & Indostan, leur description, 96. Rois qui partageoient l'Indostan au tems de l'arrivée des Portugais, 97.

Indiens, leurs mœurs, coûtumes & Religion, 97. Leurs Temples, 103. Condition cruelle de leurs femmes, 103.

Initiations des Indiens, 100.

Insulaires, ennemis du Roi de Congo vaincus, 59.

Jogues, espece de Penitens Indiens, 101. Jogue converti à la foi sert d'entremetteur auprès du Roi de Cochin pour traiter avec les Portugais, 133. Jogue porte une Lettre du Viceroi aux prisonniers faits dans l'action où Don Laurent d'Alméïda fut tué, 314. Jogues vont en pelerinage au Pic d'Adam dans l'Isle de Ceïlan, 558.

Jonc, espece de vaisseau des Indiens, 465. Jonc de Paté-Onus, 465.

Iscander ou *Alexandre*, Empereur d'Ethiopie, reçoit très-bien Pierre de Covillan, 580.

Ismaël (Schah ou Sophi de Perse) son éloge, 374. marque son estime à Albuquerque, 316. l'un & l'autre s'envoyent mutuellement des Ambassadeurs, mais sans effet, 375.

Isuph (Cheq de Sofala) reçoit les Portugais, 246. est forcé par les siens de les attaquer, 248. Sa mort, 250.

Italiens, deux Italiens transfuges rendent de grands services au Zamorin, 158. le Zamorin refuse de les rendre aux Portugais, 168. 196. se repentent, & traitent de leur retour, 222. sont massacrés par les Maures de Calicut, 223.

Jusart (Christophle) combat sous les ordres d'Edoüard Pacheco contre le Zamorin, 189.

Juifs envoyés par le Roi Don Jean second après Pierre de Covillan & Alphonse de Païva, 49.

L

L Aczamana (Amiral de la flote de Mahmud Roi de Malaca) s'oppose à la trahison que le Roi veut faire à Siquéïra, 352. traite avec Albuquerque pour se rendre à lui, & en est empêché par un faux avis, 428. se retranche sur le fleuve Miiar, 455. est battu par Fernand Perez d'Andrade qui admire sa manœuvre, 458. poursuit

Tome I.   M M m m

TABLE

George d'Albuquerque après son entreprise sur l'Isle de Bintan jusques dans le port de Malaca, & y prend le brigantin de Gilles Simon, 596.

Lagos (la ville de) seconde l'Infant Don Henri dans ses entreprises, 18.

Lamo (Roi de) évite sa ruine & celle de sa ville, en se faisant tributaire du Portugal, 255.

Lançarot, commande les Caravelles de la ville de Lagos, 18.

Lançarote (Isle des Canaries) descente qu'y font les premiers *Découvreurs* Biscayens, 19.

Lanchares, espece de petit bateau, 551.

Lar, Royaume sur la côte de Carmanie au voisinage d'Ormus. Deux neveux du Roi de Lar défaits & tués en secourant Ormus contre les Portugais, 291.

Lasah, petit Royaume dans l'Yemen, 607.

Lauriere (Antoine de) Religieux de saint François laissé pour Missionnaire à Socotora, 264. Belle action par laquelle il se fait rendre la liberté, & à tous les prisonniers Portugais par le Roi de Cambaïe, 452.

Lemos (Antoine de) porte du secours à la Forteresse de l'Isle de Ceïlan, 599. bat les ennemis, *ibid.*

Lemos (Edoüard de) succede à Don George d'Agüiar dans le district de la mer Rouge, 345. va se présenter devant Ormus, & n'obtient pas tout ce qu'il souhaitoit, *ibid.* revient à Socotora, *ibid.* Conduite d'Albuquerque à son égard, 346. passe dans les Indes, 399. Ses démêlés avec Albuquerque, *ibid.* est revoqué, & repasse en Portugal, *ibid.*

Lemos (Fernand Gomés de) attaque les Elephants de Mahmud Roi de Malaca, 417.

L'Enfant (Jean) envoyé avec Diaz pour découvrir les Etats du Prêtre-Jean par l'Océan Atlantique, 51.

Leon (George Nugnes de) tué à l'attaque de Benastarin, 477.

Lima (D. Jean de) est commandé par Albuquerque pour conduire les malades aux Isles d'Anchedive, 397. forcé de rélâcher, *ibid.* est commandé de nouveau pour donner un coup d'œil à Goa, & le fait avec bravoure, 402. force le poste de l'attaque où il avoit été envoyé, 403. attendri par la blessure de son frere & par son discours, vole à sa vengeance, 404. commande un corps de troupes à Malaca, & s'y signale, 416. & *suiv.*

Lima (Don Jerôme de) com-

DES MATIERES.

mandé pour aller donner un coup d'œil à la ville de Goa s'en acquite avec bravoure, 402. est blessé mortellement, 404. Son discours à son frere digne d'un héros, *ibid*.

Lima (Don Roderic de) substitué à Edoüard Galvan pour l'Ambassade d'Ethiopie, 584. est remis entre les mains du Barnagais & du Gouverneur d'Arquico par Diego Lopez de Siquéïra, 586.

Linda, petit Etat au voisinage de Malaca, 428. le Prince de Linda vassal de Mahmud Roi de Malaca, ayant appris la prise de la ville, se retire dans ses Etats, *ibid*.

Louis (le Pere) Religieux de l'Ordre de saint François envoyé par Alphonse d'Albuquerque en Ambassade auprès du Roi de Narsingue, 374.

M

Macedo (Emmanuel) commande une caravelle sous les ordres de Fernand de Beja, 607.

Macedo (Nugno Fernand de) laissé avec une caravelle sous les ordres de Fernand de Beja, 607.

Machiado (Jean) Portugais renegat, l'un des Proscrits d'Alvares Cabral, passe aux Indes, & s'engage au vieux Idalcan qui lui donne une Compagnie de Rumes, 379.

envoyé par Idalcan le fils à Albuquerque pour négocier avec lui, *ibid*. Son zéle & ses propositions suspectes à Albuquerque, 380. avis qu'il donne à l'Idalcan, 389. Sa conversion & sa fausse pieté envers ses enfans, 443. se rend à Goa avec les prisonniers Portugais, 444. cede le Commandement à Ferdinand de Montroi dans l'affaire de Ponda, 542. Conseil qu'il lui donne, *ibid*. Sa mort, 543.

Machines inventées par un Ingénieur Arabe pour bruler les vaisseaux d'Edoüard Pacheco, 191.

Maçua, Isle de la mer Rouge sur la côte d'Ethiopie, 577. Siquéïra y convertit une mosquée en Eglise sous le nom de Notre-Dame de la Conception, 585.

Madagascar (Isle de Madagascar ou de saint Laurent) par qui découverte, 254. Sa description & mœurs de ses habitans, *ibid*. est visitée sans succès par Tristan d'Acugna, 255. par Jean Serran, 398. par Pelage Sala, 446.

Madere (Isle) par qui découverte, 10. Pourquoi ainsi nommée, *ibid*. affectée à l'Ordre de Christ, 13. Sa fertilité, 23.

Magadaxo, ville de la côte du Zanguebar. Insultée par Vasco de Gama, 117.

TABLE

Magellan (Fernand de) sauve les équipages de deux vaisseaux Portugais qui périrent sur des batures, 363.

Mahamed (Tuam) se signale dans le combat donné contre Paté-Onus, 471.

Mahmud (Aga) conseille Mélic Saca, lors de l'arrivée de Diego Lopez de Siquéïra devant Diu, 603. commande les fustes de Mélic Jaz, après la déclaration de la guerre, 611. coule à fond le vaisseau de Pierre d'Ontel, & maltraite ceux de Fernand de Beja & de Nugno Fernand de Macedo, *ibid*. coule à fond le vaisseau de Pierre de Sylva Menefes, 613. continuë à donner de la peine aux Portugais, 614. combat avec Fernand de Beja, 614. revient au combat, où Fernand de Beja est tué, *ibid*.

Mahmud (Roi de Malaca) reçoit bien Diego Lopes de Siquéïra, se laisse ensuite gagner par les Maures, & lui fait une trahison, 351. *& suiv*. se justifie auprès d'Alphonse d'Albuquerque, jette des propositions de paix pour l'amuser, 412. renvoye Aravio & les prisonniers, 414. fait connoître sa mauvaise foi, 413. se dispose à se défendre sur les propositions fiéres que lui fit Albuquerque, 414. est blessé dans la premiere attaque de la ville, 417. arrive trop tard à la seconde, 421. abandonne la ville, & se retire chez le Roi de Pam son gendre, 422. se fortifie sur le fleuve Müar, 427. en est chassé par les freres d'Andrade, 428. se retire avec son fils Aladin à l'Isle de Bintan, en dépoüille le Roi, & s'y fortifie, 454. se concerte avec Utemutis, ensuite avec Patequitir & avec Paté-Onus, 454. *& suiv*. fait un effort pour enlever Malaca par une trahison, 499. fait semblant de vouloir la paix, & tache de s'en rendre maître par une nouvelle surprise, 550. prend pour gendre Sultan Zeinal, & lui fournit des troupes pour l'aider à remonter sur le Trône, & s'en faire un allié contre les Portugais, 591. Tentative inutile que fait George d'Albuquerque pour le chasser de Bintan, 596.

Maïmane, Général d'une flote du Zamorin, battu à Cranganor, perd la vie avec deux de ses fils, 198.

Malaca, ville de la Presqu'isle du Gange, 350. prise par Albuquerque, 415. fortifiée par le même, 420.

Male, capitale des Maldives donne son nom aux autres Isles, 553.

Maldives, grouppe d'Isle dans la mer des Indes, leur description, 552. Pourquoi ainsi nommées, 553.

DES MATIERES.

Roi des Maldives, fait alliance avec Alphonse d'Albuquerque, 554.

Malvoiſie, plans de Malvoiſie portés dans l'Iſle Madere, 22.

Mamale, Maure de l'Indoſtan s'intitule Roi des Maldives, renonce à ce titre en conſideration d'Alphonſe d'Albuquerque, 554. s'en repent dégouté par les Officiers envieux de ce grand homme, *ibid.*

Mammellus, nom de la Milice des Soudans d'Egypte, 369. Empire des Mammellus détruit par Selim Empereur des Turcs, 533.

Manuel, Oncle du Roi de Congo. Son Baptême, sa pieté & son zéle pour la Religion, 56. 57.

Manuel Roi de Portugal. *Voyez* Emmanuel.

Marcos (Prêtre Abyſſin) envoyé de Rome au Roi de Portugal, renvoyé par le Roi en Ethiopie avec des Lettres, 50.

Mariages faits à Goa par Alphonse d'Albuquerque, 407.

Marian (Idole des Indiens) qui a quelque rapport à la sainte Vierge tenant son fils, & nom que les Maures donnent à la sainte Vierge, 109.

Martinez (Fernand) interpréte de Vasco de Gama, 81.

Martinez (Simon) commandé pour aller mettre le feu aux maiſons dans l'attaque de Malaca, 418.

Martaban, Port du Royaume de Pegu, 568.

Maſcaregnas (George de) viſite divers ports de la Chine, 565.

Maſcaregnas (Pedro de) arrive aux Indes avec les proviſions de Gouverneur de Cochin, 478. veut suivre Alphonse d'Albuquerque au siége de Benaſtarin, *ibid.* s'y signale, *ibid.* Deſtiné au Gouvernement de Goa par Albuquerque, *ibid.* délivre D. Garcie de Norogna, *ibid.*

Maſcate, ville du Royaume d'Ormus, s'arme contre Albuquerque malgré son Gouverneur, & en eſt punie, 271.

Mathematiciens du Roi Jean II. leurs efforts pour perfectionner la Navigation, & leurs découvertes, 51.

Matthieu (Arménien) Ambaſſadeur de l'Empereur d'Ethiopie auprès du Roi de Portugal, 581. fait prisonnier par le Tanadar de Dabul, eſt délivré par Alphonse d'Albuquerque, 581. Reçu avec honneur par ce Général, qui lui procure un embarquement pour le Portugal, *ibid.* maltraité par les Portugais, 582. reçu avec diſtinction par le Roi Don Emmanuel, *ibid.* renvoyé aux Indes avec un nouvel Ambaſſadeur au nom du Roi de Portugal, *ibid.* s'embarque sur la flote de Diego Lopez de Siqueïra pour aller en

MMmm iij

TABLE

Ethiopie, 584. demandé & reconnu par les Abyssins, 579. 584. va visiter le Monastere de Jesus ou de la Vision, 585. tient son rang d'Ambassadeur dans la conference du Gouverneur avec le Barnagais, *ibid.* est consigné entre les mains du Barnagais & du Gouverneur d'Arquico avec le nouvel Ambassadeur de Portugal, *ibid.*

Maur, Religieux de l'Ordre de saint François, & Supérieur du Monastere du Mont Sinaï, ses terreurs sur les projets du Calyphe, 296. Ses Négociations en Europe sans succès, 298. *& suiv.*

Maures & Mahometans répandus dans les Indes, leurs efforts pour perdre les Portugais & ruiner leur commerce, 114. &c. 135. mettent une flote en mer contre Pierre Alvares Cabral, 135. sont battus par Jean de Nove, 136. Maures de Cochin. Discours que leur fait Edoüard Pacheco, & la crainte qu'il leur inspire, 173.

Maure, Gurazate Sabandar à Malaca, change la volonté du Roi & de son Ministre contre les Portugais, 352. entre dans la conjuration du Bendara contre le Roi, est obligé de s'enfuir, 410. se retire chez le Roi de Pacen, *ibid.* se sauve pour aller à Malaca porter la nouvelle de l'arrivée des Portugais, & mériter sa grace, 411. est rencontré & attaqué par Albuquerque, se défend en homme desesperé, & est tué, 411. Merveille arrivée à sa mort, *ibid.*

Maxelis (Tuam) concerte avec Mahmud une trahison pour le rendre maître de Malaca, 499. se refugie à Malaca comme transfuge, est bien reçu, & obtient une garde pour sa sûreté, 500. tue le Facteur, & est tué lui-même, *ibid.*

Medine, dessein d'Albuquerque pour la détruire, 529.

Mélinde, sa description, 90. Roi de Mélinde & le Prince reçoivent poliment Vasco de Gama, 90. envoyent un Ambassadeur en Portugal, & se font tributaires de cette Couronne, 117. Roi de Melinde soûtient la guerre contre le Roi de Mombaze en faveur des Portugais, 127. engage Tristan d'Acugna dans sa querelle contre les Rois d'Hoïa & de Lamo, 255.

Mello (Edoüard de) force le camp de Mahmud sur le fleuve Müar, 532.

Mendoze (Fernand de) commande une galere dans une action contre Aga-Mahmud, 613.

Mello (Fernandez de) se signale à l'attaque de Goa, 403.

Mello (François de) envoyé à

Malaca, 453. se distingue dans le combat contre Paté-Onus, 470.
Mello (George de) mal servi par la malice de son Pilote, 321. fait bien son devoir, 323.
Mello (Martin de) tué à l'attaque de Benastarin, 477.
Mello (Ruy de) Gouverneur de Goa, profite de l'irruption des Gines pour se rendre maître des terres fermes du voisinage de Goa, 588. les perd peu après, 589.
Menaïque (Indien) fidelle à Albuquerque, lui rend de bons services, 384.
Menefes (Don Alexis de) ne peut secourir Pierre de Menefes attaqué par Aga-Mahmud, à cause du calme, 613. commande dans l'Indostan dans l'absence du Gouverneur général, 606.
Menefes (Alphonse de) envoyé à Baticala pour y exiger le tribut, 561. obtient ce qu'il veut à cause de l'arrivée du Gouverneur général Diego Lopes de Siquéïra, 562.
Menefes (Don Edoüard de) arrive aux Indes en qualité de Gouverneur, 616.
Menefes (Don George de) donne du secours à André de Sosa maltraité par Aga-Mahmud, 614. se bat personnellement contre l'Aga, & le fait fuir, 615. se retire extrémement maltraité, *ibid*.
Menefes (Henri ou Enrique neveu de Siquéïra) laissé pour être Gouverneur de Chaül, 614.
Menefes (Don Louis) frere de Don Edoüard, arrive aux Indes avec les provisions de Général de la mer, 615.
Menefes (Pierre de Sylva) coulé à fond par Aga-Mahmud, 613.
Méque [la] dessein d'Alphonse d'Albuquerque pour la détruire, 529.
Méque [Cheq de la Méque] s'entremêle pour accorder l'Emir Hocem, & Raix Soliman, 533.
Mercar [Cid-] envoyé par le Roi de Narsingue se laisse gagner par l'Idalcan qui le fait assassiner, 587.
Meris [la] vaisseau du Souldan ou Calyphe d'Egypte pris par Vasco de Gama, 141.
Merlao [frere du Roi d'Onor] obtient d'Alphonse d'Albuquerque la Surintendance des fermes de Goa, 408. défait Pulatecan, 434. est défait à son tour par le même, 435. s'enfuit auprès du Roi de Narsingue, *ibid*. devient Roi d'Onor après la mort de son frere, *ibid*.
Mer-Rouge, sa description, 489. Alphonse d'Albuquerque est le premier qui y entre avec une flote, 491.
Micant fait Roi de Quiloa, &

TABLE

est déposé, 253.
Mine (S. George de la Mine) Ville & Forteresse sur la côte d'Afrique, 31.
Miral, trahit Albuquerque après la reddition de Goa, 381. puni, 383.
Miranda (Antoine de) laissé à Ceïlan pour Capitaine de Port, 560.
Missionnaires de l'Ordre de saint François envoyés aux Indes avec Pierre Alvares Cabral, 121.
Mocrin Roi de Lasah, se saisit des Isles de Baharen & d'El-Catif, son courage à les défendre, 607. *& suiv.* est blessé, & meurt trois jours après, 610. Sa tête est portée à Ormus où le Roi en triomphe, *ibid.*
Molana ou Chef de la Religion sauve l'héritier du Roi de Pacen dépossédé, le conduit dans l'Indostan, & le rétablit par l'entremise des Portugais, 591.
Mombaze, sa description, 86. trahison que le Roi de Mombaze fait à Vasco de Gama, *ibid.* Ce Roi moleste le Roi de Mélinde, 240. est forcé de faire une paix simulée avec les Portugais, 241.
Monde nouveau, long-tems inconnu, & pourquoi, 1.
Montroi (Don Fernand de) commande le parti que Don Guttieres son frere envoye vers Ponda, & est battu, 542.
Montroi (Don Guttieres de) va dans les Indes Gouverneur de Goa, 539. expose cette ville par une folle passion, *ibid.* Ses démêlés avec Caldeïra, *ibid.* fait irruption sur les terres de l'Idalcan avec un très-mauvais succès, 543.
Montroi (Jean de) attaqué par quinze fustes de Melic Jaz les bat, 547.
Monzaïde, Maure Tunetain s'attache aux Portugais, 105. donne des bons conseils à Gama, & lui rend de grands services, *ibid.* retourne en Portugal avec Gama, & se fait Chrétien, 116.
Moreno (Laurent) combat en faveur du Roi de Cochin, 159. 193.
Mosambique, sa description, 82.
Cheq du Mosambique, sa trahison envers Vasco de Gama, 84. est plus traitable à l'arrivée de Pierre Alvares Cabral, 128.
Mouçon, terme pour signifier les vents reglés, 105.
Musaph, gendre d'Isuph Cheq de Sofala, ennemi des Portugais cause la guerre & la ruine des siens, 246.
Müar, fleuve au voisinage de Malaca, fortifié par Mahmud Roi dépossedé de Malaca, 427.
Mythologie des Indiens. Son rapport avec la Mythologie ancienne, 99.

DES MATIERES.

N

N*Abande* (Place de la Carmanie) Alphonse d'Albuquerque y défait deux Seigneurs, Généraux d'Ismaël Roi de Perse, 316.
Nahu Roi des Abyssins ou Empereur d'Ethiopie peu favorable aux Portugais, 580.
Naïres de Cochin s'en fuyent par la trahison d'un Caïmale parent du Roi de Cochin, 187.
Naïres (Caste des Nobles Indiens) leurs mœurs leurs épreuves, 101. Naïres dévoüés, 102. Naïres de Calicut. Avantage qu'ils remportent sur le Maréchal, 337.
Nanto, Port de la Chine, 565.
Navigation des Anciens imparfaite, 1.
Navigation imparfaite au tems des découvertes, 7.
Naramuhin neveu & héritier du Roi de Cochin, défend l'entrée de l'Isle de Cochin au Zamorin, 160. Sa bravoure, *ibid.* Sa mort & celle de ses deux neveux, 161.
Narsingue (Roi de) ses Etats & ses intérêts, 207. 213. Vengeance qu'il prend des Maures ses sujets qui faisoient la contrebande, 208. envoye une celebre Ambassade au Viceroi Don François d'Alméïda, 213. en reçoit une de la part d'Alphonse d'Albuquerque; 362. déclare la guerre à l'Idalcan, & fait sa paix avec lui par la crainte des Portugais, 375. recommence la guerre en faveur des Portugais contre l'Idalcan, 397.
Naubeadarin, neveu & héritier du Zamorin favorable aux Portugais, 154. Sagesse de ses remontrances, *ibid.* fait conclure la paix, 168. suspend la détermination d'une nouvelle guerre, 170. Ses vains efforts pour entrer dans l'Isle de Cochin, 178. *& suiv.* Battu à Cranganor par Diego Soares d'Alvarenga, & ensuite par le Roi de Tañor, 199. s'entremet pour la paix & la traite avec D. Garcie de Norogna, 481. succede au vieux Zamorin son oncle, traite de nouveau avec les Portugais, leur accorde un emplacement dans Calicut pour une Citadelle, & envoye ses Ambassadeurs en Portugal, 496.
Naubeadora (neveu de Trimumpara) fait Roi de Cochin à sa place, 215. instalé avec pompe, *ibid.* se reconnoît tributaire du Portugal, & permet qu'on construise une nouvelle Citadelle, 217. maintenu contre son aîné par Alphonse d'Albuquerque, 400.
Négres d'Afrique. Leur carac-

TABLE

tere, 24. Leur commerce avec l'Europe avant le tems des découvertes, *ibid.* Leur étonnement à l'arrivée des Portugais, *ibid.* Difficultés qu'on eut d'abord à lier commerce avec eux, 25.

Ninachetu, favorise les Portugais à Malaca, 423. est fait Bendara ou Chef des Indiens Gentils, 425. se signale dans la bataille contre Paté-Onus, 471. est déposé de son emploi par George d'Albuquerque, 503. se brûle vif à la façon des Indiens Gymnosophistes, son discours en cette occasion, *ibid.*

Nizamaluc, l'un des Tyrans qui s'éleverent dans le Royaume de Decan, reçoit les Portugais à Chaül, se fait tributaire, & paye le tribut à Don François d'Alméïda, 325. consent que les Portugais fassent un fort à Chaül, & en presse l'exécution, 612.

Noguera (Antoine de) dépêché par Alphonse d'Albuquerque à Edoüard de Lemos, rafraîchit le fort de Socotora, 346.

Noms, affectés aux terres nouvellement découvertes, & usage des Navigateurs pour les appliquer, 79. Divers noms donnés à cette occasion, *ibid.*

Non, Cap Non, pourquoi ainsi nommé, 7.

Noradin (Raix) Ministre du Roi d'Ormus. Réponse fiére que lui fait Albuquerque, 285. empoisonne le Roi Zeiphadin, & met Toruncha à sa place, 508. attire de Perse ses neveux, *ibid.* Sujettion qu'il reçoit de l'un d'eux nommé Hamed, *ibid.* favorise Albuquerque pour se tirer de la tyrannie de ce neveu, 510. est forcé par Don Garcie de Norogna à livrer toute l'artillerie de la ville, 513.

Noradin (fils de Raix Noradin) ingrat envers Albuquerque, & prêt à le tuer, a le bras emporté, 289.

Norogna (Don Alphonse de) se distingue à l'attaque du fort de Socotora, & tuë Ibrahim qui y commandoit, 262. reste Gouverneur à Socotora, 264. passe dans l'Inde, & périt dans un naufrage allant prendre le Gouvernement de Cananor, 394.

Norogna (Don Antoine de) désigné par Alphonse d'Albuquerque pour lui succeder, en cas de mort au siége de Goa où il l'avoit suivi, 367. enleve le fort de Pangin, 367. est fait Gouverneur de Goa, 373. fait mettre mal à propos le feu à un magazin, & découvre par là la retraite des Portugais, 386. Commandé pour attaquer Çufolarin, est blessé mortellement dans le com-

DES MATIERES.

bat, 392. Sa mort & son éloge, 394.

Norogna (Don Garcie de) neveu d'Alphonse d'Albuquerque envoyé aux Indes commandant une flote avec les provisions de Général de la mer dans l'Indostan, 480. va à Cochin expédier les vaisseaux de la Cargaison, *ibid.* Malmené à l'affaire de Benastarin, est délivré par Pedro Mascaregnas, 478. traite de la paix avec Naubeadarin, 481. Enleve l'artillerie du Palais & de la ville d'Ormus, 513. conduit à Goa les Princes aveuglés d'Ormus, 514. essuye beaucoup de mauvaises manieres de la part de Lope Soarez d'Albergaria avant son départ pour le Portugal, 526.

Nove (Jean de) part pour les Indes, 134. découvre l'Isle de la Conception, & donne son nom à une autre, 135. remporte une belle victoire sur le Zamorin, 136. retourne en Portugal, & découvre l'Isle de sainte Helene, 137.

Nove (Isle de Jean de Nove) 135.

Nugnes (Pierre) envoyé aux Indes en qualité d'Intendant, passe sur la flote de George d'Albuquerque, 574.

O

Océan Atlantique, Isles de l'Océan Atlantique connues par les Anciens sous divers noms, inconnues jusqu'au quatorziéme siécle, 19.

Officier Espagnol d'un grand nom, mais d'esprit foible commandant un vaisseau Portugais, relâche au Bresil, & se fait forban, 573.

Onor. Ville & Royaume de l'Indostan. Roi d'Onor cherche à surprendre Vasco de Gama à son premier voyage, 209. Inquiet de l'établissement que les Portugais font à Anchedive, 207. traite avec Alméïda par la médiation de ses Ministres, *ibid.* Intérêts de ce Prince, *ibid.* Incident qui trouble la paix, 210. renouë avec Alméïda par l'entremise de Timoja, 211.

Onus. Voyez *Paté-Onus.*

Ormus [Isle, Ville & Royaume du Golphe Persique] sa description, 269. attaquée par Albuquerque, 275. faite tributaire par le même, 280. Citadelle commencée, 281. se souleve, 287. attaquée de nouveau en vain, *ibid.* prise & soumise par Albuquerque, 508. & *suiv.*

Orphazan, ville du Roi d'Ormus, pillée & brûlée par Alphonse d'Albuquerque, 272.

Outel (Pierre d') croise sur les côtes de Diu, 607. est coulé à fond par Aga-Mahmud, 611.

P

PAcen, Royaume de l'Isle de Sumatra. Roi de Pacen accorde à Diego Lopes

TABLE

de Siquéïra la permission de planter un poteau dans ses États, reçoit bien Alphonse d'Albuquerque, mais sous main fait sauver l'ancien Sabandar de Malaca qu'il renvoye à Mahmud pour lui donner avis de l'arrivée des Portugais, 411.

Roi de Pacen pille la Factorerie des Portugais, 571. Emmanuel Pacheco envoyé pour l'en punir, le contraint à demander la paix, 572.

Pacen, Pupille fils d'un Roi de Pacen dépoüillé, est retabli par George d'Albuquerque, 591.

Pacheco (Antoine) Général de la mer à Malaca, prétend succeder à George de Britto dans le Gouvernement de cette ville, 545. est fait prisonnier par son Compétiteur ; 546. délivré par Don Alexis de Meneses, 550.

Pacheco (Christophle) sa mort, 458.

Pacheco(Edoüard) passe aux Indes avec Pierre Alvarez Cabral, & s'y distingue, 164. y revient avec Alphonse d'Albuquerque, *ibid.* sauve la vie à Alphonse, 167. est laissé aux Indes pour défendre le Roi de Cochin, 171. Sa conduite à l'égard du Roi & des Maures de Cochin, 172. Ses victoires contre le Zamorin, 175. *& suiv.* repasse en Portugal, 203. Honneurs qu'il y reçoit, *ibid.* mal récompensé de ses services, 204.

Pacheco (Emmanuel) envoyé par Garcie de Sà contre les Rois d'Achen & de Pacen, 570. Belle action de cinq personnes de son équipage attaquées dans sa chaloupe, 572.

Padoüé (Battures de) Hautsfonds ainsi nommés sur la côte du Malabar, 363.

Païva (Alphonse de) envoyé pour découvrir les Etats du Prêtre-Jean, sa mort, 48. 49.

Païva (Gaspar de) est fait Castellan major de Goa par Alphonse d'Albuquerque, 373.

Païva (Gaspar de) commandé pour aller mettre le feu aux maisons dans l'attaque de Malaca, 418.

Paix (Aiguade de la bonne Paix) 80.

Palignard (Gué de) 184.
Paliport (Gué de) 198.
Palurt (Gué de) 184.

Pam, petit Royaume feudataire de celui de Malaca, 412. fils du Roi de Pam, gendre de Mahmud conseille la guerre contre les Portugais, *ibid.* défend sa ville, 422. se fait vassal de Portugal, 550.

Panane, ville & maison de plaisance du Zamorin brûlée par Don François d'Alméida, 265.

Pança Aquitimo Prince de

DES MATIERES.

Congo ennemi des Chrétiens, vaincu par son frere, 64. Sa mort, 65.

Pandarane, victoire gagnée à Pandarane sur les vaisseaux Maures par Lopes Soares d'Alvarenga, 201.

Pangin (fort de) dans l'Isle de Goa, emporté par Don Antoine de Norogna, 370. retabli par Albuquerque, 373. pris & renforcé de nouveau par l'Idalcan, 389. repris encore par Albuquerque, *ibid*. repris une troisiéme fois par le même, 402.

Panthere envoyée au Pape par le Roi Don Emmanuel, 523.

Pantoja (François) refuse de succeder à Rabelo dans le Gouvernement de Goa, 430. veut revenir, mais en vain, *ibid*.

Pantoffa (François) dépêché par Alph. d'Albuquerque vers Edoüard de Lemos, 346.

Parabrama, Dieu des Indiens, 98.

Parao, espece de bateau, 160.

Parias (Caste des Indiens) 103.

Paté-Onus, arme une flote contre Malaca, 464. Description de cette flote, 465. battu par les Portugais. Description de cette action, 468.

Patequitir, est fait Sabandar de Malaca à la place d'Utemutis, 433. se joint à la veuve d'Utemutis pour la venger, & épouse sa fille, *ibid*. brûle le quartier des Quittins & des Chatins, *ibid*. leve le masque, & insulte Malaca, 455. est forcé deux fois dans ses retranchemens, & se sauve dans l'Isle de Jave, 445. 462.

Patequitir (fils de Patequitir) prisonnier dans un jonc, se sauve, 461.

Pazzagne (Manuel) établi Gouverneur de la Forteresse d'Anchedive, 212. s'y défend contre les troupes du Zabaïe commandées par un renegat Portugais, 227. Son sentiment sur la disposition de l'attaque de Calicut, 334. Conseil qu'il donne au Maréchal, 337. est tué en le défendant, 338. Mort de ses enfans, 334.

Pedir, Royaume de l'Isle de Sumatra. Roi de Pedir accorde à Diego Lopes de Siquéira l'agrément de planter un poteau sur ses terres, 350. Intimidé par Albuquerque, lui renvoye quelques Portugais qui avoient été arrêtés à Malaca, 410.

Pedre (Don Pedre) Prince de Portugal Regent du Royaume & frere de l'Infant Don Henri, anime les découvertes par les concessions qu'il lui fait, 14. Malheur de ce Prince, & sa fin tragique, 27.

Peréira (Diego Fernand) découvre l'Isle de Socotora, 240.

TABLE

Pereïra (Gafpard) Secretaire des Indes. Propofition qu'il fait à Albuquerque de la part du Maréchal, 330. Son caractere, 494. Etant paffé à la Cour de Portugal, y rend de mauvais fervices à Alphonfe d'Albuquerque, *ibid.* retourne dans les Indes avec ordre au Gouverneur de reftituer Goa à l'Idalcan, 495. Continuë à cabaler contre le Gouverneur, *ibid.* eft convaincu par Albuquerque de fes mauvaifes intrigues, 497.

Pereïra (George de Mello) paffe aux Indes commandant une efcadre, 451.

Pereïra (Nugnes Vaz) fait Gouverneur de Sofala, 251. paffe à Quiloa, y retablit le commerce, & fait reconnoître Hocem pour Roi, 252.

Pereïra (Nugno Vaz) commande l'avant-garde de la flote Portugaife devant Diu contre l'Emir Hocem, 321. faute dans le vaiffeau de l'Emir, 322. eft bleffé à la gorge, *ibid.* Sa mort, *ibid.*

Pereïra (Nugnez Vaz) nommé par George de Britto pour lui fucceder dans le Gouvernement de Malaca, 545. eft troublé par les prétentions d'Antoine Pacheco, *ibid.* le fait prifonnier par trahifon, 546. meurt, 549.

Pereftrelle (Barthelemi) l'un des Découvreurs de l'Infant, 102.

Peres (Thomas) Ambaffadeur vers l'Empereur de la Chine, 565. eft conduit à Pekin avec de grands honneurs, 567. meurt dans les prifons de Canton, 567.

Perfonne (Alphonfe) conduit par terre un détachement contre Patequitir, & arrive trop tard, 456.

Perfonne (Pierre) Facteur de Malaca affaffiné; fa préfence d'efprit en ce moment fauve la place, 500.

Peftaña (François Pereïra) traite mal l'Ambaffadeur Matthieu, eft mis aux fers, & traduit dans les prifons de Lifbonne, 582.

Pilotes perfides du Mofambique cherchent à faire périr Vafco de Gama, 84. *& fuiv.*

Pilote de George de Mello le fait fortir de ligne par malice, 321.

Pilotes de Diego Mendes de Vafconcellos, condamnés à mort, deux font exécutés, les autres ont leur grace, 409.

Portugal, fituation du Portugal au tems de la découverte du nouveau Monde, 4.

Porto Securo, premier port du Brefil où toucha Pierre Alvares Cabral, 123.

Poteaux établis pour prendre poffeffion des terres nouvellement découvertes, 31.

Prêtre-Jean, idée confufe qu'on avoit de ce Prince, 43. Em-

DES MATIERES.

preſſement du Roi Jean II. pour le découvrir, *ibid.* Notices qu'on avoit de ſes Etats, 46.

Priſonniers Portugais à la Cour de Cambaïe comment délivrés, 452.

Puiſſances d'Europe juſtifiées contre les calomnies de quelques Auteurs, 295.

Pulatécan, Général de l'Idalcan, vient à Goa pour la reprendre, 378. tente d'abord la voye de la Négociation, 379. force le paſſage de l'Iſle, 383. Forcé dans ſon camp par Albuquerque, rentre dans Goa, 390. revient ſur Goa dans l'abſence du Général, 434. bat Merlao & Timoja, 435. eſt battu par Rabelo Gouverneur de la place, & court un grand riſque de ſa perſonne, 437. ſe remet de ſes pertes, & continuë à preſſer la ville, 439. eſt relevé par l'Idalcan, contre lequel il ſe ſouleve, 439. Battu par Diego Mendez de Vaſconcellos & par Roſtomocan joints enſemble, ſe retire vers l'Idalcan qui le fait empoiſonner, 440.

Q

Quexiomé, Iſle au voiſinage d'Ormus, inſultée par Alphonſe d'Albuquerque, 291.

Quemado (Gonçales) ſe fait tuer pour ſauver la vie à Alphonſe d'Albuquerque, 339.

Quiloa, ville & Royaume de la côte de Zanguebar, 86. Fort bâti à Quiloa, & enſuite détruit, 242.

Quitir. Voyez *Patequitir.*

Quitins, leur quartier brûlé par Patequitir, 433.

R

RAbello (Roderic) commandé pour brûler les batimens qui étoient ſur les chantiers, à l'affaire de Calicut, 337. apporte du ſecours aux fuyards, 340.

Rachol, Foreterſſe dans les terres de l'Idalcan, aſſiégée par le Roi de Narſingue, 587. priſe par le même, *ibid.* repriſe par l'Idalcan, 589.

Rama, Cap de Rama, 367.

Rangel (Simon) exilé de Gochin par ceux qui y commandoient à cauſe de ſa probité & de ſa liberté à reprendre leurs vices, 450. eſt fait eſclave par les Maures, & conduit à Aden, *ibid.*

Raphaël (Côte de S.) Vaiſſeau le S. Raphaël échoué ſur la côte de Mombaze,

Raphaël (Diego) commande une Caravelle au pas de Palurt, 189. fait tirer ſur le Zamorin, *ibid.*

Rapoſo (Louis) ſa mort glorieuſe, 595.

TABLE

Raulin, nom du Chef de la Religion au Royaume de Pegu, 568. jure le traité d'alliance avec Antoine Correa, 569.

Ravasco (Ruy Laurent) fait tributaire le Roi de Zanzibar, 240.

Real (Antoine) écrit en Cour contre Albuquerque à la sollicitation de Gaspard Peréïra, 497. est surpris & convaincu de ses calomnies, 497.

Rebandar (Pointe de Rebendar) placée à l'entrée de la barre de Goa, 387.

Religieux de saint Dominique Missionnaires au Royaume de Congo, leurs succès, 56.

Repelin (Caïmale de) ennemi personnel du Roi de Cochin détermine le Zamorin à la guerre contre ce Prince, 154. voit ses terres de Repelin ravagées par les Albuquerques, 164. 167. Caïmale de Repelin combat en faveur du Zamorin, & tente plusieurs fois d'entrer dans l'Isle de Cochin, 179. & *suiv.* abandonne le Zamorin, 194.

Requête présentée à Alphonse d'Albuquerque, mépris qu'il en fait, 284. Porte de la Requête, *ibid.*

Rinocerot envoyé au Pape par le Roi Don Manuel meurt sur les côtes de Gennes, 523.

Riviere d'Or, par qui découverte, 18.

Rodrigués (le Pere) Religieux Dominiquain Missionnaire à Coulan, 169.

Rodrigués (Hector) envoyé à Coulan pour y bâtir une Forteresse, y réussit avec adresse & avec peine, 562.

Rodrigués (Sebastien) s'expose pour aller chercher des vivres, afin de ravitailler Goa, 445.

Rosalgate, Cap de l'Arabie où commence le Royaume d'Ormus, 269.

Routren, Dieu des Indiens, 98.

Rumes, nom donné dans les Indes aux Mahometans d'Europe, 302.

S

SA (Antoine de) Facteur de Coulan son avarice & son imprudence, causes de sa mort, 268. & *suiv.*

Sà (Christophle de) conduit une escadre pour croiser sur les côtes de Dabul & de Diu, 561.

Sà (Garcie de Sà) va à Malaca pour les intérêts du Gouverneur général, prend le Gouvernement de la ville, 570. chasse Mahmud de son poste du fleuve Müar, *ibid.* envoye Pacheco contre les Rois d'Achen & de Pacen, *ibid.*

Sabaïe ou *Zabaïe*. Voyez *Idalcan.*

Sabandar de Goa, trahit Albuquerque, & envoye tous les petits

DES MATIERES.

petits bateaux vers les ennemis, 384. Sa punition, *ibid.*

Saca (Mélic) fils de Mélic Jaz, jouë habilement Diego Lopes de Siquéira qui lui demandoit l'agrément pour bâtir une Fortereſſe à Diu, 603.

Saldagne (Aiguade de) célebre par la fin tragique de Don François d'Alméïda & de onze Capitaines de ſa ſuite, 227.

Saldagne (Antoine de) croiſe ſur les côtes de l'Arabie, 162. 549. 561.

Sampaïo, Lopes Vaz de Sampaïo, ou de ſaint Pelage, ſe ſignale au ſiége de Benaſtarin, 477.

Sauterelles, jettées par hazard dans la Forterefſe de Cananor, y ſervent de nourriture & de remede, 237.

Scorbut, 82.

Selim, Empereur des Turcs, ſa victoire contre Campſon Soudan d'Egypte, 532. détruit l'Empire des Mamélus, 533. Raix Soliman fait déclarer la ville de Gidda pour lui, *ibid.*

Sénégal, fleuve d'Afrique, 37.

Seraph (Miniſtre du Roi d'Ormus) accompagne Antoine Correa à l'expédition de Baharen, 608. ſe comporte mal dans l'action, 610. ſe met à la ſuite des fuyards, & rapporte la tête de Mocrin, *ibid.*

Sepultures des Rois anciens trouvées à Malaca, 426.

Siam, Royaume de l'Inde dans la Peninſule au-delà du Gange. Roi de Siam félicite Albuquerque ſur la priſe de Malaca, 429. Ambaſſadeurs qu'Albuquerque lui envoye, *ibid.*

Sierre Lyonne (Cap de) par qui découvert, 26.

Simon (Gilles) attaqué par Laczamana dans le port de Malaca perd ſon brigantin & la vie, 596.

Sintra (Gonzalve de) l'un des *Découvreurs* de l'Infant, 18.

Siquéira (Diego Lopes de) deſtiné par le Roi pour faire un établiſſement à Malaca, 347. Reconnoît l'Iſle de Madagaſcar, *ibid.* aborde à Cochin, 348. découvre les Iſles de Nicobar & de Sumatra, *ibid.* fait alliance avec les Rois de Pacen & de Pedir, 350. arrive à Malaca, *ibid.* traite avec le Roi, & établit une Factorerie, 351. Trahiſon qui lui eſt faite à la ſollicitation des Maures, 352. eſt averti de ſe défier par des Capitaines de vaiſſeaux Chinois, & enſuite par une femme Perſane, 353. Son aveugle ſecurité, 354. eſt attaqué, & danger qu'il courut, 355. ſe retire, n'oſe revenir dans les Indes, & retourne en Portugal 358. revient Gouverneur des Indes, 560.

Tome I.

TABLE

arrive à Cochin, & fait diverses expéditions, *ibid*. passe avec une flote dans la mer Rouge, 575. Ne pouvant aller à Gidda, il tourne sur l'Isle de Maçua, 577. reçoit des Lettres du Gouverneur d'Arquico, *ibid*. traite avec le Barnagais, & lui remet l'Ambassadeur Matthieu & l'Ambassadeur du Roi de Portugal, 585. va hyverner à Ormus, 586. se présente à Diu avec une flote, & est la dupe des artifices de Mélic Jaz & de Saca son fils, 601. *& suiv*. revient à Ormus, 607. delà dans les Indes où il trouve la guerre déclarée avec Mélic Jaz, 611. aborde à Chaül, & s'y trouve pressé par les fustes du Mélic, 613. retourne à Cochin, & delà en Portugal, 616.

Soar, ville du Roi d'Ormus se soumet à Albuquerque, 272.

Soarez (Ruy) belle action qu'il fait à Diu dans le combat contre l'Emir Hocem, 324.

Socotora (Isle de) par qui découverte, 240. Sa description, 259. crue la dioscoride des anciens, *ibid*. Mœurs & Religion de ses habitans, 260. soumise aux Fartaques, *ibid*. Fort de Socotora pris par Tristan d'Acugna, 261. Détruit par Alphonse d'Albuquerque, 446.

Soldats Portugais déserteurs pris & brûlés à Ormus avec le bateau dans lequel ils avoient déserté, 514.

Soldre (Vincent de) conduit une escadre aux Indes au second voyage de Vasco de Gama, 139. refuse lâchement de secourir le Roi de Cochin & les Portugais 156. Son naufrage & celui de son frere aux Isles de Curia Muria, 157.

Soliman (Raix) Corsaire commande la seconde flote que le Calyphe envoye aux Indes, 530. tente inutilement la ville d'Aden, 531. emporte la ville de Zeibit, *ibid*. Ses démêlés avec l'Emir Hocem, 533. le fait mourir, & se déclare pour Sultan Selim, *ibid*.

Sosa (Christophle de) commande une escadre pour croiser sur les côtes de Diu & de Dabul, 561. perd deux de ses vaisseaux, 562.

Sosa (Garcie de) commande au Pas de Benastarin, 378. repasse aux Indes commandant une escadre, 451. croise vers Dabul, 480. retire l'Ambassadeur Matthieu des mains du Tanadar de Dabul, 483. se signale à l'attaque d'Aden, dont il devoit être Gouverneur, 487. y est tué, 488.

Sosa (Manuel de) est fait Gouverneur de la Citadelle de Goa, 453. Son nau-

frage, 573.
Sofa (Pelage de) efforts inutiles qu'il fait avec Diego Perez pour sauver le vaisseau de Laurent d'Alméïda, 308.
Sofa (Roderic) succede à son oncle Gonsalve dans l'Ambassade auprès du Roi de Congo, 56. Son entrée dans cette Cour, 58.
Sudamicin (Raïa) attaque la chaloupe d'Emmanuel Pacheco, son courage, sa mort, 572.
Sumatra (Isle) sa description, 349. cruë la Taprobane des anciens, 350. découverte par Diego Lopes de Siqueïra, *ibid.*
Suez, ville à l'extremité de la mer Rouge du côté du Nord, 490. Cruë l'Asiongaber d'où partoient les flotes de Salomon, 489.
Sylva (Arias de) commande un vaisseau dans le Canal de la riviere au pas de Benastarin, pour défendre le passage à Pulatecan, 378.
Sylva (Laurent de) commandé par Alphonse d'Albuquerque pour porter une piece d'artillerie sur une éminence, 288.
Sylvéira (George) abandonne Albuquerque, & va à Cochin sans ordre, 378. refuse de retourner, en étant prié par Albuquerque, 384.
Sylvéira (Don Jean de) envoyé aux Maldives par Lopes Soarez d'Albergaria, 552. fait un établissement aux Maldives, 555. donne la chasse à Alle-Can, *ibid.* prend deux navires de Bengale, *ibid.* va à Chatigan dans le Royaume de Bengale, y est mal reçu, & pourquoi, 556. Sa mauvaise conduite à l'égard de Jean Coello, *ibid.* échappe à une conjuration que les Indiens de Bengale avoient faite contre lui, *ibid.* se rend à l'Isle de Ceilan où il devoit construire un fort, dont il devoit être fait Gouverneur, 557.
Sylvéira (Nugno Vaz de) dépêché à Alphonse d'Albuquerque par Edoüard de Lemos, se trouve à l'affaire de Calicut, s'y signale, & y est tué, 338.

T

TAman, Isle & port de la Chine, 555.
Tanadar, perfidie du Tanadar ou Fermier des Doüanes de l'Indostan dans la terre ferme des environs de Goa, 588. Punition de cette perfidie, 589.
Tanor (Roi de) piqué contre le Zamorin, & pourquoi, 199. Sa vengeance, *ibid.*
Tavora (François de) se signale dans l'attaque de la flote de l'Emir Hocem devant Diu, 325.

TABLE

Texeira (Blaife) envoyé vers le Roi d'Onor, 362.

Texeira (Jerôme) accompagne Albuquerque à l'entreprife de Goa, 370. Albuquerque ôte à cet homme furieux le commandement de fon vaiffeau, & le lui rend peu après, 376. continue à broüiller & à foulever les efprits contre le Général, 378. Albuquerque s'en delivre en lui accordant la permiffion d'âller à Cochin, *ibid*. Rappellé par ce Général, il refufe de lui obéïr, 384. fait tout ce qu'il peut pour faire échoüer l'entreprife de Goa, 401. tache de débaucher Vafconcellos, & le calomnie auprès d'Albuquerque, fouleve les troupes, & retourne en Portugal, *ibid*.

Tiçüarin, nom de l'Ifle où eft fituée la ville de Goa, 367.

Timoja, Amiral du Roi d'Onor, tache de furprendre la flote de Vafco de Gama, 209. cherche à faire alliance avec les Portugais, 210. Contretems arrivé pour lors, *ibid*. fait fon traité avec Don François d'Alméïda, 212. s'attache à Albuquerque, 362. va le joindre pour l'entreprife de Goa, fon difcours à ce fujet, 364. Services qu'il rendit, 366. *& fuiv*. Ses prétentions après la prife de la ville & fes inquiétudes, 376. Soupçon d'Albuquerque & habileté de ce Général pour le fixer, 380. époufe la fille de la Reine de Gozompa, 402. abandonne fon époufe, pour fe trouver à la prife de Goa, & arrive trop tard, 406. combat contre un Officier de l'Idalcan, 434. Sa mort, 435.

Tones, efpece de bateaux des Indiens, 192.

Toro [Henri de] infulté par Caldéïra qu'il avoit offenfé, 540.

Torombac, pofte dans l'Ifle de Gerun où étoient des puits, action, qui s'y donne, 288.

Torun-Cha (Roi d'Ormus) mis fur le Trône par Raix Noradin, 508. a l'obligation à Alphonfe d'Albuquerque de l'avoir délivré du perfide Hamed, 510. paroît content de ce Général, 514. l'envoye vifiter à fon départ, 515. perd Baharen & Catife 607. a recours au Général Portugais, & les recouvre par fon moyen, 608. *& fuiv*.

Tovar (Sanche de) accompagne Cabral aux Indes, 120. perd fon vaiffeau, 134. découvre la côte de Sofala, fait alliance avec le Cheq, & retourne à Lifbonne, *ibid*.

Tourmente, Cap Tourmente ou de Bonne-Efperance, par qui découvert, pourquoi ainfi nommé, 52. 53.

Transfuges Portugais comment

DES MATIERES.

punis par Albuquerque, 479.
Trimumpara, Roi de Cochin, fait alliance avec les Portugais, 132. la ratifie avec Vasco de Gama, 145. resiste aux prieres, aux menaces du Zamorin & aux sollicitations des siens, 150. 155. est abandonné par Vincent de Soldre, 156. perd son neveu & deux de ses petits neveux, 161. est chassé de ses Etats, *ibid*. secouru, & retabli par les Albuquerques, 163. leur permet de bâtir une Citadelle à Cochin, 165. en est abandonné, 171. soutient une nouvelle guerre contre le Zamorin, & est défendu par Edoüard Pacheco, 204. *& suiv*. Sa retraite & preuve de la constante affection qu'il donne aux Portugais en cette occasion, 214.
Tristan (Nugno) découvre jusques au Cap Blanc, 14.

V

Vaïpin (Isle de) sert de refuge au Roi de Cochin, 161.
Vasconcellos (Diego Mendes de) arrivé de Portugal avec une flote 397. est destiné par le Roi pour aller à Malaca, *ibid*. est calomnié auprès d'Albuquerque, mis aux arrêts, & délivré, 401. se signale à la prise de Goa, & a tout l'honneur de cette journée, 407. Ses démêlés avec Albuquerque, 408. se sauve, est arrêté & condamné à être renvoyé en Portugal & à tenir prison, jusque au départ, 409. Tiré de prison pour être fait Gouverneur de Malaca par *interim*, 438. est la dupe de Rostomocan, & soutient le siege de Goa contre lui, 439. est relevé & renvoyé en Portugal par Albuquerque, 452. est renvoyé par le Roi aux Indes pour être Gouverneur de Cochin, 518.
Vasconcellos [Edoüard Mendez de] mauvais conseil qu'il donne à George d'Albuquerque, 575.
Vaz (Diego) envoyé vers Sultan Zeïnal, lui perd le respect, & est massacré par les Courtisans de ce Prince, 592.
Vaz. [Tristan] découvre l'Isle de Porto Santo, 10. ensuite celle de Madere, *ibid*. y obtient une Capitainerie, 11.
Vedam [Livre de la Religion des Brachmanes] son antiquité, 99.
Vellofo [Fernand] soldat de l'équipage de Vasco de Gama. Terreur panique dont il est saisi dans une bourgade de Négres, 77. expose par-là les siens à être défaits, *ibid*.
Vents reglés en certains Pa-

TABLE

rages, 78.
Vichnou, Dieu des Indiens, 98.
Utemutis [Raïa] Chef des Javes à Malaca, son crédit, 352. est contraire aux Portugais, *ibid*. s'attache à Albuquerque, 422. est fait Sabandar de Malaca, 425. Sa trahison, 430. Son supplice, 432.
Utemutis [le fils d'] chargé de poignarder Diego Lopes de Siquëïra, n'ose exécuter son projet, 355. est puni avec son pere, 432.

Z

Zafadin, Gouverneur de Calajate se défend avec succès contre George d'Albuquerque qui vouloit le faire prisonnier, 575.
Zafaradin, défait par Alphonse d'Albuquerque, 315.
Zaïre, fleuve d'Afrique, 53.
Zambese, fleuve, 244.
Zamorin, ou Empereur de Calicut, 97. donne audience à Vasco de Gama, 106. Son portrait, 110. se laisse gagner par les Maures, 114. écrit au Roi de Portugal, 116. donne audience à Pierre Alvarez Cabral, & lui accorde une Factorerie, 127. 129. lui fait une trahison, & en est puni, 129. & *suiv*. Trahison qu'il fait à Vasco de Gama, 146. écrit au Roi de Cochin pour le retirer de l'alliance des Portugais, 150. lui déclare la guerre après un grand Conseil tenu sur ce sujet, 153. entre victorieux dans Cochin, 161. en est chassé par les Albuquerques, 164. fait la paix avec eux, 168. recommence la guerre avec raison, 169. Détail de cette guerre, 176. & *suiv*. est consterné de ses mauvais succès, *ibid*. a recours à la trahison & au poison, 189. fait des tentatives pour la paix, 190. se retire à Calicut, 194. renonce à l'Empire, & reprend les rennes du Gouvernement à la sollicitation de sa mere, 195. envoye au-devant de Lope Soarez d'Alvarenga pour traiter de la paix, sans succès, 196. est défait par le Roi de Tanor 199. met une flote en mer contre les Portugais, laquelle est battuë par Don Laurent d'Alméïda, 223. Don François d'Alméïda lui brûle une autre flote à Panane, 265. Don François Coutinho & Alphonse d'Albuquerque vont ravager Calicut dans son absence, 331. Indignation qu'il en conçut, & dommage qu'il en reçut, 340.
Zanguebar, Côte d'Afrique, 140.
Zanzibar [Isle sur la côte de

DES MATIERES.

Zanguebar] son Roi fait tributaire de Portugal, 240.

Zarco (Jean Gonzales) découvre l'Isle de Porto Santo & l'Isle Madere, obtient une Capitainerie dans cette derniere, 9. *& suiv.*

Zeïbit [Ville d'Arabie] emportée par Raix Soliman, 532.

Zeïfadin II. (Roi d'Ormus) se fait tributaire du Portugal, 279. se souleve contre Albuquerque, 286. Sa mort, 508.

Zeinal [Sultan] Roi de Pacen, se bat contre Alphonse d'Albuquerque, & se donne ensuite à lui sans y être forcé, 589. passe deux fois du camp d'Albuquerque dans celui de Mahmud, & pourquoi, 590. est fait gendre de Mahmud, & rentre dans ses Etats, 591. recherche les Portugais, 591. propositions qu'il fait à George d'Albuquerque, 592. est attaqué, se défend avec courage, & meurt en combattant, *ibid.*

Zones. Erreur populaire sur celles qu'on croyoit inhabitées, 8.

Fin de la Table des Matieres du I. Tome.

www.ingramcontent.com/pod-product-compliance
Lightning Source LLC
Chambersburg PA
CBHW061950300426
44117CB00010B/1286